Michael Schickerling, Birgit Menche
Bücher machen

Edition Buchhandel   Band 13

Herausgegeben von Michael Schickerling und Klaus-W. Bramann

Michael Schickerling, Birgit Menche

Bücher machen

Ein Handbuch für Lektoren und Redakteure

Programmplanung • Projektmanagement • Manuskript-
bearbeitung • E-Books • Rechtliche Aspekte • Herstellung •
Vertrieb • Werbung und Öffentlichkeitsarbeit • Berufsbild
Lektor • Freie Mitarbeiter in Verlagen
Adressen • Literaturtipps • Checklisten

Mit Beiträgen von Klaus-W. Bramann,
Michaela von Koenigsmarck und Sybil Volks

3., aktualisierte und erweiterte Auflage

:Bramann

©   2012 Bramann Verlag, Frankfurt am Main
Alle Rechte vorbehalten

Einbandgestaltung
und Typografie   Margarete Bramann nach einer Reihenkonzeption von
Stefanie Langner und Hans-Heinrich Ruta
Herstellung und Satz   Margarete Bramann
Schrift   gesetzt aus der 9,25/12 pt Concorde BE und der GST Polo 11
Papier   Gedruckt auf säurefreiem und chlorfrei gebleichtem Papier
Druck und Bindung   Kösel, Altusried-Krugzell (www. KoeselBuch.de)
Printed in Germany, 2012
ISBN   978-3-934054-52-3

Inhalt

Vorwort

Liebe Leserinnen und Leser,

Bücher sind sinnliche Objekte. Sie vermitteln nicht einfach nur wichtige Informationen oder bieten kurzweilige Unterhaltung, im besten Fall befriedigen sie die Sehnsucht nach Poesie, Ästhetik und Status. Diese Tugend wird jetzt besonders wichtig, da digitale Lektüren in Konkurrenz zum gedruckten Buch treten, seien es E-Books, Smartphone-Apps oder Online-Angebote.

Auch wenn der (noch) geringe Marktanteil täuschen mag: Der mediale Wandel hat die Buchbranche schon längst voll erfasst. Das haben Kartenverlage (mobile Navigationssysteme statt Straßenatlanten) ebenso zu spüren bekommen wir Ratgeberverlage (Apps zur Vogelbestimmung statt Naturführern) oder Fachverlage (juristische Datenbanken statt Loseblattwerken). Darüber zu debattieren, ob solche Veränderungen positiv zu bewerten sind, scheint verschwendete Energie, die in die aktive Entwicklung neuer Produktideen wesentlich besser investiert wäre. Denn die Buchbranche wird sich in weiten Teilen neu erfinden müssen. Dabei geht es sowohl um innovative Angebote als auch um neue Produktionsabläufe – der Anschluss an den Markt und die Erwartungen der Kunden dürfen nicht verpasst werden. Die Qualität der Inhalte wird dabei auch weiterhin eine herausragende Rolle spielen. Das ist jedenfalls die Überzeugung der Herausgeber und Autoren von *Bücher machen*.

Rund 10 Milliarden Euro zu Endverbraucherpreisen erwirtschaftete der deutschsprachige Buchhandel im Jahr 2011. Doch was ist dieser Betrag schon, der sich auf Tausende von Firmen aufteilt, angesichts der Umsätze von Volkswagen, Deutsche Bank oder Aldi? Natürlich kann man Bücher schlecht mit Autos, Sparbüchern oder Milchtüten vergleichen, aber im Verhältnis zur Automobilindustrie, zu den Banken und den Filialisten im Lebensmittelhandel trägt die Medienbranche nur wenig zum Bruttosozialprodukt bei.

Rein ökonomisch betrachtet eher ein Zwerg, ist die Branche in kultureller Hinsicht ein Riese, deckt dieser Wirtschaftszweig doch berufliche und private Bedürfnisse vieler Menschen ab. Immerhin geben 59 Prozent der Bevölkerung an, im Laufe eines Jahres ein Buch gekauft zu haben.

Natürlich variiert dieser statistische Durchschnittswert je nach Alter, Schulbildung, Haushaltseinkommen, Berufstätigkeit, Wohnort – oder nach Geschlecht, denn 66 Prozent der Frauen gehören zu den Buchkäufern, wohingegen es bei Männern nur 52 Prozent sind, wie das Allensbacher Institut für Demoskopie im Rahmen der *Werbeträgeranalyse 2011* herausfand.

Den unterschiedlichen Lese- und Kaufbedürfnissen entsprechen die vielfältigen Buch- und Medienangebote. Über 100.000 Titel werden Jahr für Jahr im deutschsprachigen Raum produziert, wobei sich das Verhältnis Erst- zu Neuauflagen auf 4 zu _ beläuft. Im Klartext heißt das: Mehr als 80.000 neue Bücher werden alljährlich auf den Markt gebracht. *Bücher machen* handelt von diesen Titeln, die ihren Weg zu den Käufern und Lesern antreten, um im Dickicht der Neuerscheinungen erfolgreich zu bestehen.

Natürlich richtet sich *Bücher machen* auch in der dritten Auflage vor allem an die Büchermacher in den Verlagen: an Lektoren und Redakteure. Obwohl sich deren Tätigkeit in den kommenden Jahren stark weiterentwickeln wird, bleiben die wesentlichen Grundlagen des Berufs unverändert. Deshalb steht das Handwerkszeug für die tägliche Arbeit im Vordergrund – und das ist für die Entwicklung von Printprodukten wie von digitalen Angeboten in vielen Fällen dasselbe: eine klare Orientierung an den Kundenbedürfnissen, überzeugende Projektideen und ein zielgerichtetes Projektmanagement. Und allen Veränderungen zum Trotz: Im Zentrum steht weiterhin die Arbeit mit hochwertigen Inhalten und hochkarätigen Autoren.

Bücher machen behandelt alle Aspekte des Büchermachens, die für Lektoren und Redakteure wichtig sind. Dabei geht es weniger darum, wie ein moderner Buchverlag funktioniert, sondern wie man gute und erfolgreiche Bücher macht. Schwerpunkte bilden deshalb Programmplanung, Projektmanagement und Textbearbeitung sowie Urheber- und Vertragsrecht. Da aber ebenso wichtig ist, was die Kollegen in den anderen Abteilungen zum Erfolg beitragen, kommen die Themen Herstellung, Vertrieb, Werbung und Öffentlichkeitsarbeit nicht zu kurz. Die beruflichen Perspektiven – sowohl für fest angestellte als auch für freie Lektoren und Redakteure – stehen im Mittelpunkt des letzten Kapitels.

Bücher machen ist ein Gemeinschaftswerk. Alle Autoren verfügen über umfangreiche Berufserfahrung und geben ihr Wissen nicht nur in diesem Buch weiter, sondern auch als Referenten:

- Klaus-W. Bramann (info@bramann.de) ist als Verleger und Berater aktiv. Darüber hinaus engagiert er sich im Seminarbereich, unter anderem am mediacampus frankfurt | die schulen des deutschen buchhandels. Dort leitet er das einwöchige Lektorenseminar, das den Anstoß zu diesem Buch gab. Als gelernter Buchhändler und unabhängiger Kleinver-

leger hat er Erfahrungen mit Tops und Flops in Publikums- und Fachverlagen gesammelt. Er schreibt über den Vertrieb in Kapitel 4 und mit
Michaela von Koenigsmarck über die Werbung in Kapitel 5.1.

• Michaela von Koenigsmarck (MVKOE@T-ONLINE.DE) ist ebenfalls Dozen-
tin am mediacampus frankfurt und selbstständige PR- und Kommuni-
kationsberaterin in Hanau. Zuvor war die gelernte Buchhändlerin als
Pressesprecherin bei mehreren Verlagen tätig. Sie weiß daher genau, wie
schwer es ist, immer wieder Menschen für Bücher zu begeistern. Werbung
und Öffentlichkeitsarbeit sind ihre Themen in Kapitel 5 (zusammen mit
Michael Schickerling).

• Birgit Menche (MAIL@RA-MENCHE.DE) ist Anwältin in Frankfurt am Main
und hat sich auf Urheber-, Verlags- und Medienrecht spezialisiert. Zuvor hat sie über zehn Jahre für den Börsenverein des Deutschen Buchhandels gearbeitet. Bücher ohne juristischen Ärger auf den Markt zu
bringen, ist ihr wichtigstes Anliegen – mit Diplomatie, Verhandlungsgeschick und solider Kenntnis der Rechtslage. Rechtsfragen beantwortet sie in Kapitel 2.

• Michael Schickerling (MAIL@SCHICKERLING.CC) lebt in München und ist
Experte für Ratgeber, Sach- und Fachbücher. Er berät Verlage bei allen
Fragen zur Programmstrategie, Autoren bei der Entwicklung von Buchkonzepten und Unternehmen bei Publikationsvorhaben. Ferner bietet
er Seminare zur Programmplanung und Textbearbeitung an. Von ihm
sind Kapitel 1 über das Lektorat (Kapitel 1.1.5 zusammen mit Stephan
Wantzen), Kapitel 3 über die Herstellung, Kapitel 4.1 über die Pro-
gramm- und Vertreterkonferenz sowie Kapitel 6.1 über die Berufswege
fest angestellter Lektoren.

• Sybil Volks (TEXTUNDSTIL@W4W.DE) ist freie Lektorin und Autorin aus
Überzeugung, denn Texte sind ihre Leidenschaft. Als Autorin hat sie bereits mit ihrem Lektor Michael Schickerling ein Buch auf den Markt gebracht; für *Bücher machen* haben beide ihre Erfahrungen ausgetauscht.
Außerdem hat sie zahlreiche literarische Texte veröffentlicht, unter anderem den Berlin-Roman *Torstraße 1*. In Berlin betreibt sie ein Lekto-
ratsbüro und kennt daher die Höhen und Tiefen der Selbstständigkeit.
In Kapitel 6.2 beschreibt Sybil Volks Aufgaben und Perspektiven freier
Lektoren und Redakteure.

• Cornelia Palm (INFO@FORMMACHER.DE) ist freiberufliche Medieninfor-
matikerin und beschäftigt sich mit allem, was mit den neuen Medien zu
tun hat. Spannend findet sie, Design mit Technik zu verbinden – egal
ob bei Web-Design und -Programmierung oder bei der Entwicklung
von Apps für iPhone und iPad. Zusammen mit Desirée Šimeg (INFO@
WORTKLINIK.DE), freie Lektorin und Autorin, konnte sie sich kreativ ent-
falten: die Inhalte aus *Bücher machen* neu arrangieren und zu einer
Smartphone-App verschmelzen.

Der fachkundige Rat vieler Kolleginnen und Kollegen war uns beim
Schreiben eine wertvolle Hilfe. Besonders danken wir deshalb Inga
Dopatka, Momo Evers, Carla Meyer, Kristian Müller von der Heide,
Monika Rohde, Hans-Heinrich Ruta, Christian Sprang, Anne Stalfort,
Julia Walch und Stephan Wantzen für die sorgfältige Durchsicht von Tei-
len des Manuskripts.

Bücher machen haben wir mit direktem Bezug zur Arbeitswelt von
Lektoren und Redakteuren geschrieben – sowohl am Arbeitsplatz im
Verlag als auch im Home Office. Wir wünschen uns, dass unsere Ausführungen Ihnen bei der täglichen Arbeit helfen, Sie aber auch bei der
Berufswahl und Karriereplanung unterstützen. Wir wissen: Nicht auf alle Fragen können wir ausführliche Antworten geben. Denn dafür unter-
scheiden sich die Anforderungen und Arbeitsabläufe in den einzelnen
Verlagen zu stark voneinander – je nachdem, ob Sie Kinder- und Jugendbücher, Belletristik, Sachbücher, Ratgeber, Nachschlagewerke,
Schul- und Lehrbücher, Fachbücher, Wissenschaftsliteratur, Loseblattwerke, Bildbände, Kalender, Comics oder Geschenkbücher publizieren.
Die zahlreichen Literaturtipps oder Internetverweise haben wir für Sie
kurz kommentiert; sie bieten Ihnen zu vielen Themen weiterführende
Informationen. Im Verzeichnis weiterführender Literatur finden Sie die
vollständigen bibliografischen Angaben der Quellen und der Literaturtipps. Darüber hinaus können Sie einige Checklisten aus diesem Buch
auf der Internetseite des Bramann Verlags unter www.bramann.de als
Arbeitshilfe herunterladen.

Wenn Sie bei der Lektüre trotzdem feststellen, dass wir Wichtiges vergessen haben oder dass sich Fehler eingeschlichen haben, freuen wir uns
auf Ihre Fragen, Ergänzungen und Verbesserungsvorschläge. Schreiben
Sie einfach eine E-Mail an den Bramann Verlag unter info@bramann.de.

München und Frankfurt am Main,   *Michael Schickerling*
im Juli 2012   *Klaus-W. Bramann*

1
Lektorat

Lektor bedeutet »Leser«, doch wer sich in Verlagen umsieht, trifft selten auf Menschen, die in Manuskripte vertieft sind oder regelmäßig ins Café gehen, um dort im angeregten Austausch mit ihren Autoren den Tag zu verbringen. Auch wenn sich auf den Schreibtischen Papierberge türmen, sieht der Alltag oft anders aus: ständig klingelnde Telefone, Dutzende von E-Mails, endlose Besprechungen, enge Termine und Produktionsabläufe, die immer wieder aus dem Ruder laufen. In all der Hektik sollen Lektoren den Überblick behalten, aus zahllosen Angeboten einen Bestseller herausfischen und ganz nebenbei ein verkäufliches Buchprogramm für das nächste Jahr entwickeln.

Tatsächlich hat sich das Tätigkeitsfeld von Lektoren deutlich verschoben: Immer weniger Aufgaben werden in den Verlagen selbst ausgeführt. Nur wenige leisten sich noch einen hauseigenen Korrektor, und selbst die Bearbeitung der Manuskripte – lange der Kern redaktioneller Arbeit – wird häufig außer Haus gegeben. Umso mehr müssen Lektoren oder Redakteure den Überblick über den gesamten Produktionsprozess behalten: Sie werden zu Produktmanagern, die über gute Kenntnisse der Zielgruppe verfügen, kostenbewusst handeln und in enger Abstimmung mit Vertrieb und Marketing neue Projekte entwickeln – eben Bücher, manchmal auch Hörbücher, CD-ROMs, zunehmend auch E-Books oder andere Medien.

Dabei spielt auch eine Rolle, dass 80 Prozent der Verlage Sach- und Fachbücher produzieren. Diese werden – anders als in der Belletristik – häufig vom Schreibtisch aus konzipiert. Die Autoren zum Buch finden sich später. So steht nicht der »gute Text« im Vordergrund, sondern die Erwartungen einer Vielzahl von Interessengruppen: von Lesern, Medien, Buchhändlern und Verlagsleitung.

Während Lektoren früher vor allem für die Inhalte ihrer Produkte verantwortlich waren, tragen sie heute oft Umsatz- oder Ergebnisverantwortung. Damit geht einher, dass Cheflektoren und Redaktionsleiter nicht mehr nur über das Programm entscheiden, sondern ihren Bereich als ein finanziell eigenständiges Profit-Center führen, das mit einem eigenen Budget ausgestattet ist und gewinnorientiert arbeiten soll. In gleichem Maß wächst der Erfolgsdruck auf jeden einzelnen Mitarbeiter im Verlag.

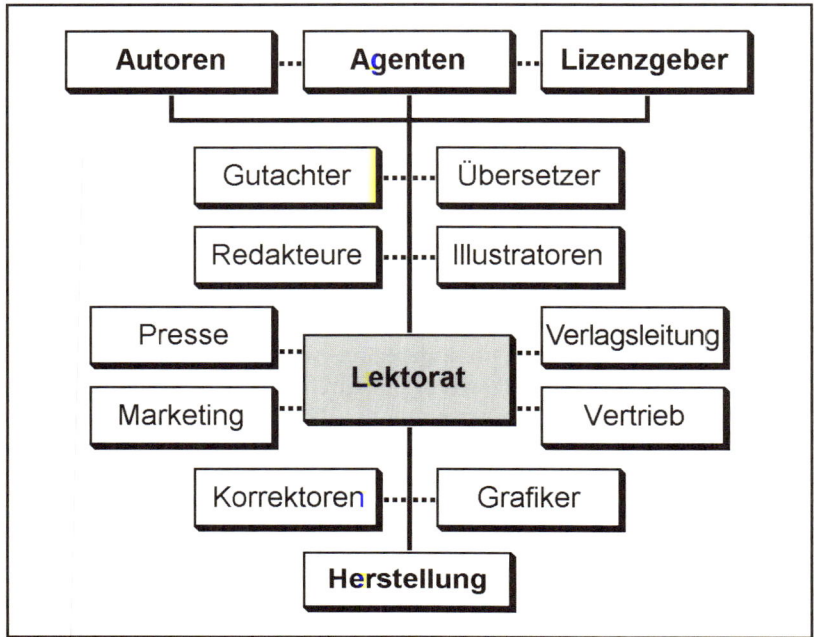

1 Schaltzentrale Lektorat

In den Redaktionen der Verlage vollzieht sich eine immer stärkere Differenzierung des Berufsbilds: Der redigierende Lektor oder Copy-Editor ist für die termingerechte Projektabwicklung verantwortlich und arbeitet wie eh und je inhaltlich am Manuskript, während der akquirierende Lektor oder Acquisition-Editor neben der Autorengewinnung eher konzeptionelle Aufgaben übernimmt. So sind Lektoren und Redakteure nicht nur Fachleute für die Beurteilung und Bearbeitung von Texten, sondern vor allem die Schaltzentrale der Buchproduktion, in der alle Fäden zusammenlaufen:
- Bei der Projektakquise arbeiten sie mit Autoren, Agenten sowie in- und ausländischen Lizenzgebern zusammen.
- Gutachter helfen bei der fachlichen Beurteilung eines Manuskripts.
- Manuskripte entstehen in der Zusammenarbeit mit Autoren oder Übersetzern.
- Freie Redakteure, Korrektoren oder Illustratoren bearbeiten das Manuskript.
- Grafiker und Hersteller geben dem Text eine Form.
- Presse, Marketing und Vertrieb schließlich bringen das Buch in die Öffentlichkeit.

So koordiniert das Lektorat den gesamten Entstehungsprozess eines Buchs und ist von allen Beteiligten am besten über Inhalte, Autoren und Termine informiert. Damit sind Lektoren und Redakteure zugleich erste Anlaufstelle bei allen Fragen und Problemen – innerhalb des Verlags ebenso wie nach außen. Gesucht wird also weniger der philosophisch gebildete Schöngeist, sondern der multitasking-fähige Pragmatiker. Doch auch für diesen gilt, was der Soziologe Gerhard Schulze feststellte: »Im heißen Spektakel des Literaturbetriebs ist der Kopf des Lektors die einzige kühle Stelle. Illusionslos sieht er die Entbehrlichkeit der vielen Wörter, für die er mitverantwortlich ist.«

1.1
Programm- und Projektplanung

Immer mehr Bücher – immer weniger Zeit zum Lesen: 2011 erschienen auf dem deutschen Buchmarkt etwa 96.000 Titel erstmals oder in einer Neubearbeitung, zehn Jahre zuvor waren es lediglich 79.000. Hinzu kommen 10.000 Novitäten in Österreich und 6.000 deutschsprachige Neuerscheinungen in der Schweiz. Gedruckt werden jährlich mehr als eine Milliarde Exemplare. Da stellt sich zu Recht die Frage: Wer soll das alles lesen? Denn etwa 38 Prozent der Bevölkerung nehmen mehrmals pro Woche ein Buch zur Hand, 44 Prozent tun dies höchstens einmal im Monat – obwohl Lesen immer noch zu den beliebtesten Freizeitbeschäftigungen zählt. Zwar ist die durchschnittliche Zeit, die für die Lektüre zur Verfügung steht, in den letzten Jahren leicht auf 65 Minuten gestiegen; diese Zeit aber muss sich das Buch mit den anderen Printmedien teilen – zum Beispiel Tageszeitungen, Fernsehzeitschriften oder Fachmagazinen. Hinzu kommt die neue Lesekonkurrenz im Internet oder auf dem Handy.

Eine weitere Tendenz: Konzentrationsprozesse im Buchhandel und bei Verlagen. Auch das hat Auswirkungen auf die Lesekultur. Auf der einen Seite verdrängen wenige große Buchhandelsketten viele kleinere Buchhandlungen, die oft mit hohem persönlichem Engagement geführt werden. Auf der anderen Seite versammeln große internationale Verlagskonzerne zahlreiche Imprints unter ihrem Dach, die sich auf immer kleinere Zielgruppen spezialisieren. Doch häufig sinken damit zugleich die Verkaufszahlen pro Titel, verstärkt durch die zunehmende digitale Konkurrenz – eine schwierige Situation für Verlage. Für die Programmmacher stellt sich daher immer drängender die Frage: Wie muss ein Buch aussehen, damit es den Nerv der Zielgruppe trifft? Und soll es überhaupt noch ein gedrucktes Buch sein? Der Buchhandel hat dabei hohe Erwartungen an die Verlage: schnelle Verkäuflichkeit bei guter inhaltlicher und herstellerischer Qualität.

Lektoren stehen vor der schwierigen Aufgabe, den zahlreichen Novitäten weitere Titel hinzuzufügen – für deren Lektüre eigentlich niemand so recht Zeit hat. Was tun? Den richtigen Riecher haben nur wenige; der hängt mehr von Gefühl und Zufall ab als von durchdachter Programmplanung. Darauf können Lektoren also nicht bauen, ebenso wenig darauf, dass sie die richtigen Bücher schon rechtzeitig finden werden. Denn in einem heiß umgekämpften Markt, in dem gleichzeitig um die Aufmerksamkeit der Leser und um knappe Regalflächen im Buchhandel gerungen wird, sind erfolgreiche Verlagsprodukte meist das Ergebnis klarer Konzepte.

Das Stichwort lautet Programm- beziehungsweise Produktpolitik. Sie ist Teil des klassischen Marketingmix, oft auch als die »4 P« bezeichnet. Die vier Elemente sind:

- **PRODUKT** Welche Produkte (zum Beispiel Buch, E-Book, App oder CD-ROM) oder Dienstleistungen (zum Beispiel Aktualisierungen via Internet) sollen zu welche Themen angeboten werden?
- **PROMOTION** Welche Bestandteile hat das Kommunikationskonzept (Werbung, Verkaufsförderung, Öffentlichkeitsarbeit)? Was sind die Werbebotschaften? Welches sind die optimalen Medien für Werbung und Öffentlichkeitsarbeit?
- **PLATZIERUNG** Welches sind die geeigneten Absatzkanäle (zum Beispiel Buchhandel, E-Book-Stores, Direktvertrieb oder Nebenmärkte wie Lebensmittelgeschäfte, Apotheken und Tankstellen)?
- **PREIS** Was ist der richtige Ladenpreis? Wie sind die Lieferbedingungen (zum Beispiel Rabatte, Valuta oder Skonto)?

Der Kern verlegerischer Aktivitäten ist die Programmgestaltung. Hierzu zählen die Entwicklung und Herstellung sämtlicher Produkte und Dienstleistungen, die ein Verlag anbietet. Daran orientieren sich die anderen Instrumente des Marketingmix.

Auch der umgekehrte Weg ist möglich: Die Marketingstrategie verlangt unter Umständen beispielsweise eine bestimmte Umschlaggestaltung, unterschiedliche Vertriebskanäle erfordern unterschiedliche Ausstattungen, und nicht zuletzt hat der Ladenpreis großen Einfluss auf die Aufmachung eines Buchs. Die Grundlinien der Produkt- und Programmpolitik werden aber in der Regel im Lektorat festgelegt, oft in enger Abstimmung mit der Marketingabteilung. Dabei lauten die beiden wesentlichen Fragen:

- **TITELPOSITIONIERUNG** Wie lassen sich einzelne Titel innerhalb des eigenen Verlagsprogramms und nach außen in Abgrenzung zur Konkurrenz eindeutig positionieren?
- **PROGRAMMENTWICKLUNG** Wie wird aus der Vielzahl der Einzeltitel ein profiliertes und erfolgreiches Verlagsprogramm?

Bei jedem Buchprojekt werden Sie als Lektor oder Redakteur immer auch mit Fragen der Programmentwicklung konfrontiert. Das gilt umso mehr, wenn Sie neue Reihen oder gar Programmbereiche planen. Umgekehrt hat das Programmprofil ebenfalls entscheidenden Einfluss auf Auswahl und Positionierung einzelner Titel.

1.1.1
Programmentwicklung

Stärker als das einzelne Buch prägt das Gesamtprogramm das Erscheinungsbild. Hierin findet auch das verlegerische Selbstverständnis Ausdruck. So gehört beispielsweise die italienische Literatur zu Wagenbach wie modische Kochbücher zu Gräfe und Unzer. Während bei Wagenbach der kulturpolitische Anspruch im Vordergrund steht, beruht die Programmplanung bei Gräfe und Unzer auf intensiver Marktforschung. Beiden ist jedoch ein Ziel gemeinsam: Trends rechtzeitig zu erkennen, teure Flops zu vermeiden und aus einzelnen Büchern ein erfolgreiches, gewinnbringendes Programm mit unverwechselbarem Profil zu machen.

Die meisten Verlage – egal wie klein sie sind – bieten mehr als nur einen Titel an; bei großen Verlagen geht die Titelzahl leicht in die Tausende. Doch damit stellt sich die Frage: Worauf soll sich der Verlag spezialisieren? Welche Titel tragen am stärksten zum Gewinn und zur Profilierung bei? Welche Programmsegmente sollten besser eingestellt werden? Alle Verlage wünschen sich, dass sich ein neu erschienenes Buch möglichst lange und erfolgreich am Markt behaupten kann. Doch kaum ein Titel verkauft sich auf unbegrenzte Zeit. Wichtig ist also, in einem überschaubaren Zeitraum einen ausreichenden Umsatz zu erzielen, der die Entwicklungskosten ausgleicht und einen Gewinn abwirft.

Produktlebenszyklus

Jedes Buch hat einen charakteristischen Lebenszyklus. Dieser zeigt, wie Absatz und Gewinn über die gesamte Lebensdauer verlaufen. Der Produktlebenszyklus teilt sich in fünf Phasen:

• **PRODUKTENTWICKLUNG** Ein neues Buchprojekt entsteht und verursacht Kosten, zum Beispiel für Autorenhonorare, Übersetzung, Lektorat oder Herstellung, aber es gibt noch keine Verkaufserlöse.

• **MARKTEINFÜHRUNG** Die Neuerscheinung wird dem Handel angeboten, und das Buch erscheint. Noch decken die Einnahmen nicht die Kosten für Projektentwicklung und Marketing.

• **WACHSTUM** Die Markteinführung ist erfolgreich verlaufen, das Buch

wird von den Lesern angenommen, die Medien berichten positiv. Der
Absatz steigt, die Gewinne wachsen.

- **REIFE** Der Absatz schwächt sich ab, weil alle potenziellen Kunden den
  Titel gekauft haben; eventuell erscheinen auch erste Konkurrenzpro-
  dukte, billigere Taschenbuch- oder Sonderausgaben. Um die Verkäufe
  auf diesem Niveau zu halten, muss wieder stärker in Marketing und
  Vertrieb investiert werden.
- **ABSATZRÜCKGANG** Der Absatz geht endgültig zurück, die Gewinne
  sinken. Eventuell läuft das Buch aus, um durch einen Nachfolgetitel
  ersetzt zu werden.

Dieses Konzept aus der Marketingpraxis ist auch bei der Programmplanung eine nützliche Orientierungshilfe. Entscheidend ist dabei, rechtzeitig
zu erkennen, an welcher Stelle sich einzelne Reihen oder Titel befinden.

Während die Entwicklungsphase je nach Buchprojekt sehr unterschiedlich sein kann – von zwei Monaten für so genannte Schnellschüsse bis zu
zwei oder mehr Jahren bei Fachbüchern oder Lexika –, ist die Markteinführung klar umrissen: Sie beginnt mit der Ankündigung der Neuerscheinungen in der Vorschau – einem der wichtigsten Werbemittel –, umfasst
die Vertreterreise, während der der Außendienst des Verlags die Novitäten dem Handel persönlich anbietet, und endet bei den Publikumsverlagen manchmal schon drei Monate nach Erscheinen. Zu diesem Zeitpunkt lässt sich häufig ein abrupter Abbruch der Absatzkurve feststellen:
Der Titel wurde in den Handel hineinverkauft, findet von dort aber nur
schwer seinen Weg zum Endkunden – und wird deshalb nicht mehr nach-
bestellt. Im schlimmsten Fall wird er bei der nächsten Vertreterreise remittiert, also an den Verlag zurückgegeben. Fachbüchern räumen Handel
und Verlage meist mehr Zeit ein, sich am Markt zu behaupten.

2 Produktlebenszyklus

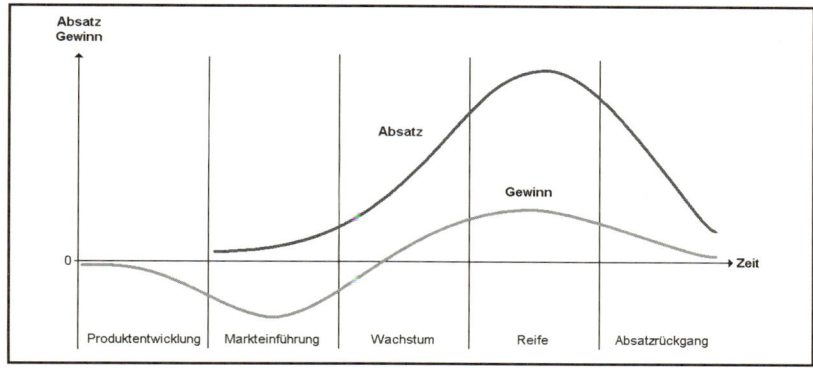

Neuerscheinungen, die diese kritische Einführungsphase überstehen, haben gute Chancen, sich als so genannte Backlist-Titel über einen längeren Zeitraum zu verkaufen. Dabei helfen regelmäßige Erwähnungen in den Medien, den Titel am Laufen zu halten – sei es als kleiner Buchtipp oder als umfangreiche Rezension. Die Werbung setzt den Schwerpunkt nicht mehr auf den Inhalt, sondern nutzt hohe Auflagenzahlen oder positive Statements bekannter Medien und Persönlichkeiten als Verkaufsargumente. Über zusätzliche Absatzkanäle wie Direktvertrieb oder Versandhandel werden neue Käufer gefunden. Neuauflagen in veränderter Ausstattung, eventuell in Verbindung mit Preissenkungen, können den Absatz ebenfalls ankurbeln.

Klassiker wie die *Bibel*, Kinderbücher wie *Pippi Langstrumpf* oder Sachbücher wie *Götter, Gräber und Gelehrte* zählen zu den erfreulichen Ausnahmen – die Regel ist, dass selbst der beste Longseller irgendwann alle seine Käufer gefunden hat. Der Rückgang der Verkaufszahlen mag dabei langsam verlaufen, aber allzu oft geht ein neuer Titel von der Phase der Markteinführung direkt in die Reifephase über: Dann wurde die Größe der Zielgruppe wahrscheinlich falsch eingeschätzt oder die Zielgruppe nicht erreicht. Auf keinen Fall darf der Verlag nun den Fehler begehen, einem schwachen oder veralteten Titel zu viel Aufmerksamkeit zu widmen. Denn diese Kapazitäten können produktiver für die Entwicklung neuer – hoffentlich erfolgreicherer – Projekte eingesetzt werden.

Boston-Matrix

Der Produktlebenszyklus zeigt zwar, wie sich ein einzelner Titel entwickelt, er gibt jedoch wenig Aufschluss über die Positionierung des Gesamtprogramms. Mithilfe einer einfachen Matrix, die von der Unternehmensberatung Boston Consulting Group entwickelt wurde, lassen sich Marktanteile und Wachstumsraten anschaulich darstellen:

- FRAGEZEICHEN befinden sich häufig in der Einführungsphase und besitzen einen geringen Marktanteil in schnell wachsenden Märkten. Um den Marktanteil auszubauen, sind Investitionen in Marketing und Vertrieb notwendig.
- STARS weisen hohe Wachstumsraten und einen hohen Marktanteil auf. Um den Marktanteil bei hohem Wachstum halten zu können, sind weitere Investitionen in Marketing und Vertrieb nötig. Auf Dauer entwickeln sie sich oft zu Melkkühen.
- MELKKÜHE sind Produkte mit hohem Marktanteil, aber geringen Wachstumsraten: Es handelt sich um eingeführte und erfolgreiche Titel, die hohe Umsätze und Gewinne bringen – ein Glücksfall für jeden Verlag.

		Fragezeichen	Star

3 Boston-Matrix

• **LAHME HUNDE** sind Titel ohne Schwung: Der Marktanteil ist gering, ebenso das Wachstum. Im besten Fall spielen sie ihre Kosten gerade ein, leisten aber keinen Beitrag zum Gewinn. Sie haben keine Zukunft; der Verlag sollte sie aufgeben.

Eine optimale Programmstruktur weist möglichst keine lahmen Hunde auf, dafür aber viele Melkkühe. Optimal ist, wenn Stars und Melkkühe 80 Prozent des Umsatzes ausmachen. Für jeden Programmbereich eines Verlags stellt sich also regelmäßig die Frage nach dem Standort: Wie hoch ist der Marktanteil? Gibt es ein Wachstum? Welche Investitionen in Marketing und Vertrieb oder für Aktualisierungen sind notwendig? Das Programm eines Ratgeberverlags könnte beispielsweise so aussehen:

• **FRAGEZEICHEN** Der Markt für Heimwerker-Titel wächst, allerdings besitzt der Verlag hier nur eine mäßige Marktposition. Zu Recht überlegt das Lektorat: Soll in das Programmsegment investiert werden, um es zum Star auszubauen? Oder ist die Konkurrenz so stark, dass sich hohe Investitionen nicht lohnen? Diese Frage stellt sich vor allem für die Garten-Reihe, die bereits vor mehreren Jahren lanciert wurde.

• **STARS** Das Lektorat hat Wellness frühzeitig als Trend erkannt und eine entsprechende Reihe erfolgreich im Buchhandel platziert. Die Verkaufszahlen liegen über den Erwartungen und steigen weiter. Es empfiehlt sich, die Reihe schnell auszubauen.

• **MELKKÜHE** Mit Titeln zum Thema Essen und Trinken sowie zu Beruf

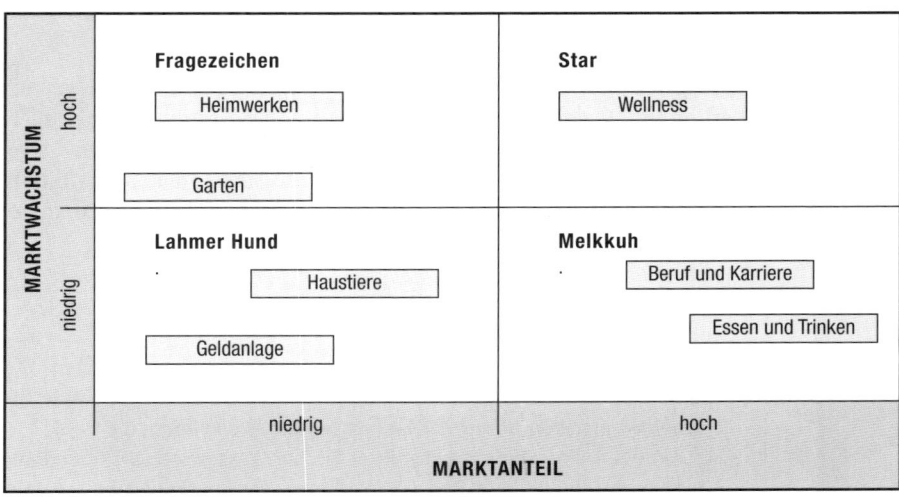

4 Beispiel: Programm-Portfolio eines Ratgeberverlags

und Karriere ist der Verlag schon lange erfolgreich am Markt etabliert. Das Programmsegment leistet einen wesentlichen Beitrag zum Gesamtumsatz. Eine kontinuierliche Programmpflege hält diese Melkkühe bei Laune.

• **LAHME HUNDE** Das Programmsegment Geldanlage ist das Sorgenkind des Verlags: Kurz vor einem Börsencrash wurde eine neue Reihe herausgebracht, die nicht Fuß fassen konnte. Da zudem der Markt für Finanzratgeber eingebrochen ist, sollte der Verlag diese Reihe einstellen. Die Haustier-Reihe hingegen kann der Verlag noch weiterlaufen lassen, solange sie ihre Kosten einspielt.

Neuerscheinungen sind teuer, denn neben der Produktion verschlingen vor allem die Werbemaßnahmen zur Markteinführung viel Geld. Eine erfolgreiche Verlagspolitik richtet deshalb das Augenmerk nicht allein auf die Neuerscheinungen, sondern auch auf die Pflege der Backlist. Gerade Wissenschafts- und Fachverlage, die selten schnell verkäufliche Bestseller im Programm haben, sind auf die Langlebigkeit ihrer meist hochpreisigen Bücher angewiesen. Programmpflege bedeutet aber nicht nur, ein Buch lieferbar zu halten, sondern ihm auch regelmäßig neuen Schub zu geben: mit einem neuen Cover, einer aktualisierten Neuauflage, einer Sonderausgabe zu einem niedrigeren Ladenpreis oder einer Werbeaktion. Das hält die Melkkühe noch lange Zeit bei Laune. Programmpflege kann aber auch heißen, schlecht verkäufliche Titel aus dem Programm zu nehmen oder Reihen einzustellen.

Programmanalyse

Die regelmäßige Analyse des eigenen Verlagsprogramms hilft, rechtzeitig
zu erkennen, welche Themen, Reihen oder Programmsegmente im Trend
liegen und welche keine Zukunft besitzen. Sie zielt auf eine bewusste Planung und Gestaltung des Verlagsprogramms und führt weg von den Zu-
fälligkeiten eines bunt zusammengewürfelten Programms, in dem verlegt
wird, was gerade anfällt.

CHECKLISTE: PROGRAMMANALYSE
- SEGMENTIERUNG Welches Programmsegment wollen Sie betrachten? Welche
  Themen und Titel sind hier in den letzten Jahren erschienen? Wie viele Titel
  erscheinen pro Programm? Wie ist das Verhältnis von Print zu E-Books?
- ZIELGRUPPEN Wer sind die Leser Ihrer Bücher? Was wissen Sie über deren
  Alter, Geschlecht, Bildung, Beruf, Einkommen, Konsumgewohnheiten und
  Freizeitverhalten (siehe Kapitel 1.1.4)? Hat sich die Zusammensetzung Ihrer
  Zielgruppe in den letzten Jahren verändert?
- ERFOLGSANALYSE Welche Titel waren in den letzten Jahren erfolgreich
  (Gesamtabsatz mindestens … Exemplare)? Welche Titel waren Misserfolge
  (Gesamtabsatz weniger als … Exemplare)? Welche Titel haben besonders zur
  Profilbildung des Programmsegments beigetragen?
- FINANZANALYSE Wie erfolgreich ist das Programmsegment unter Berücksich-
  tigung von Umsatz und Kosten? Welche Titel waren finanziell besonders
  erfolgreich?
- ERSCHEINUNGSBILD Gibt es eine wiedererkennbare Covergestaltung?
  Entspricht das Innenlayout dem Thema und den Lesererwartungen, oder ist es
  unübersichtlich und veraltet? Stimmen Format und Ausstattung?
- VERTRIEBSKANÄLE Auf welchen Vertriebskanälen wird Ihr Verlagsprogramm
  angeboten? Welche Absatzwege sind besonders stark, welche ausbaufähig?
- PRÄSENZ IM BUCHHANDEL In welchen Buchhandlungen ist das Verlagsprogramm vertreten? In welchen Buchhandelsregalen stehen die eigenen Titel,
  welchen Warengruppen sind sie zugeordnet? Sind die aktuellen Neuerscheinungen vollständig vertreten? Wird die Backlist gepflegt?
- STANDING Was ist das Profil des Programmsegments? Hat es ein unverwechselbares Alleinstellungsmerkmal? Wie ist das Standing des Verlags im Hinblick
  auf Titelzahl, Verkaufserfolge und Image? Auf welchen Online-Foren wie
  LovelyBooks, Facebook oder Twitter wird über Ihr Programm und Ihren Verlag
  gesprochen?
- KONKURRENZ Welche Verlage sind die wichtigsten Konkurrenten? Wo liegen
  ihre Stärken und Schwächen? Mit wie vielen Titeln sind sie zurzeit am Markt
  präsent? Wie sind deren Bücher ausgestattet? Wie teuer sind sie?

Achten Sie bei der Programmanalyse besonders auf auffällige Veränderungen und Abweichungen. Fragen Sie sich: Warum steigt der Altersdurchschnitt Ihrer Zielgruppe? Warum sinkt der Absatz seit zwei Jahren? Warum sind die Bücher der Konkurrenz durchschnittlich 5 Euro günstiger? Warum verkaufen andere Verlage mehr E-Books? Gerade solche Trends können Ihnen wichtige Erkenntnisse vermitteln und Ihnen beim nächsten Schritt helfen: der Auswertung.

Die Ergebnisse Ihrer Analyse bilden die Grundlage für die künftige Programm- und Titelplanung, denn Sie wissen jetzt: Welche strategische Richtung soll das Programm in den nächsten Jahren nehmen? Welche Themen und Reihen wollen Sie ausbauen? Wo gibt es Lücken im Programm? Welche Autoren können das Programmprofil schärfen? Stimmen Ausstattung und Ladenpreis? Wo können Sie Ihre Zielgruppe besser als bisher erreichen? Aber auch: Welche Themen sollten Sie in Zukunft nicht weiterverfolgen? Welche Reihen sollten Sie einstellen? Sofern Sie Ihre Titel über den Buchhandel vertreiben, hilft Ihnen bei der Beantwortung dieser Fragen der regelmäßige Besuch von großen wie kleinen Buchhandlungen: Der genaue Blick in die Buchhandelsregale wirkt oft ernüchternd und relativiert eine allzu euphorische Innensicht.

Programmplanung

Nur wer klare Ziele hat, kann später den Erfolg der eigenen Arbeit messen. Doch wie planen Sie ein ganzes Verlagsprogramm oder einen einzelnen Programmbereich – lange bevor alle Titel und Autoren feststehen? Ein systematisches Vorgehen hilft Ihnen, einen detaillierten Plan für die kommenden Monate zu entwickeln. Dabei geht es (noch) nicht um konkrete Projekte, sondern um die generelle Programmstruktur.

CHECKLISTE: PROGRAMMPLANUNG

- TITELZAHL Wie viele Titel wollen und können Sie im Planungszeitraum veröffentlichen? Soll das bestehende Programm ausgeweitet werden oder schrumpfen? Beachten Sie dabei, dass die Kapazitäten in Lektorat, Herstellung, Vertrieb und Marketing für die geplante Titelzahl ausreichen müssen.
- PROGRAMMSTRUKTUR Welche Themengebiete oder Reihen muss Ihr Programm abdecken? Wie viele Bücher sollen in jedem Segment erscheinen? In der Regel können Sie sich an der bestehenden Programmstruktur orientieren und diese behutsam weiterentwickeln. An konkrete Titel oder Autoren müssen Sie bei der Planung der einzelnen Programmplätze noch nicht denken.
- PROGRAMMPLATZDETAILS Welchen Ladenpreis, welchen Umfang und welche

Ausstattung soll jeder Titel haben? Welche Startauflage ist realistisch? In diesem Schritt konkretisieren Sie die Programmstruktur, sodass jeder Programmplatz eindeutig positioniert ist. Vergleichbare Projekte aus dem bestehenden Verlagsprogramm bieten Ihnen dabei eine gute Orientierung, insbesondere bei etablierten Reihen.

- TERMINE Wann sollen die geplanten Titel erscheinen? Welche wichtigen Termine wie Buchmessen oder andere Veranstaltungen müssen Sie berücksichtigen? Achten Sie dabei auf eine gleichmäßige Auslastung aller Verlagsabteilungen, vermeiden Sie eine zu starke Ballung arbeitsintensiver Projekte und das Erscheinen in verkaufsschwachen Phasen.
- EINZELPROJEKTE Sind einzelne Titel bereits fest vereinbart? Welche Neuauflagen stehen in nächster Zeit an? Tragen Sie diese Projekte auf den entsprechenden Programmplätzen ein.
- ABSATZ UND UMSATZ Wie entwickeln sich Absatz und Umsatz für jeden Programmplatz? Planen Sie ausgehend vom Erscheinungstermin für jeden Monat die voraussichtlichen Absatzzahlen und Umsätze einschließlich möglicher Sonderverkäufe und Remissionen. Berücksichtigen Sie dabei Verkaufsspitzen wie das Weihnachtsgeschäft ebenso wie Flauten, zum Beispiel während der Feriensaison.

Meistens gibt es einige Vorgaben, beispielsweise Umsatzziele, die Sie bei Ihren Überlegungen berücksichtigen müssen. Stimmen diese überein?

5 Programmplanung

Projekt				Projektdetails						Januar	
Nr.	Autor	Titel	Programmbereich	Ausstattung	Format	Farbe	Umfang	Auflage	Preis	Absatz	Umsatz
1.	N. N.	(Region in Deutschland)	Besser reisen	Paperback	12 × 19 cm	4c	240 S.	5.000 Ex.	14,95 €		
2.		Gardasee (3. Auflage)	Besser reisen	Paperback	12 × 19 cm	4c	240 S.	6.000 Ex.	14,95 €	600 Ex.	5.030 €
3.	N. N.	(Neuauflage)	Besser reisen	Paperback	12 × 19 cm	4c	280 S.	4.000 Ex.	17,95 €		
4.	N. N.	N. N.	Länderinfos	Paperback	12 × 19 cm	1c	128 S.	5.000 Ex.	12,95 €		
5.		Buntes Bhutan	Bildband	Hardcover	24 × 30 cm	4c	320 S.	2.000 Ex.	49,90 €		
6.	N. N.	N. N.	Bildband	Hardcover	24 × 30 cm	4c	280 S.	1.500 Ex.	49,90 €		
7.	N. N.	Mit Katzen unterwegs	Spezial	Paperback	12 × 19 cm	Farbteil	180 S.	4.000 Ex.	14,95 €		
8.											

Falls nicht, sollten Sie Ihre Planung nochmals Schritt für Schritt durchgehen und entsprechend anpassen.

Grundsätzlich gilt: Planen Sie sorgfältig und realistisch, und vermeiden Sie übertriebenen Optimismus. Denn am Ende ist die Enttäuschung groß, wenn Sie Ihre Ziele nicht erreichen können. Wenn alle Parameter stimmen, verfügen Sie über eine gute Orientierungshilfe für Ihre Arbeit: Sie wissen, nach welchen Themen Sie Ausschau halten und wo Sie Ihre Schwerpunkte setzen müssen.

Trotz aller gewissenhaften Planungen und Analysen – manche großen Erfolge beruhen auf Titeln, die quer zum Programm stehen und in keine Schablone passen. So ist neben allen marktorientierten Überlegungen immer auch verlegerischer Mut gefragt.

1.1.2
Projektakquise

Zu den wichtigsten Aufgaben von Lektoren und Redakteuren gehört die Akquise neuer Titel. Diese läuft meist nach dem gleichen Muster: Ein Exposé oder ein Manuskript geht im Verlag ein und wird daraufhin geprüft, ob es sich zur Veröffentlichung eignet. Wenn nicht bereits das Sekretariat alles aussiebt, was offensichtlich nicht ins Verlagsprogramm passt, genügt oft eine kurze Prüfung für eine direkte Ablehnung. Finden Sie an

Februar		März		April		Mai		...	November		Dezember		Summe	
Absatz	Umsatz	Absatz	Umsatz	Absatz	Umsatz	Absatz	Umsatz		Absatz	Umsatz	Absatz	Umsatz	Absatz	Umsatz
				800 Ex.	6.710 €	250 Ex.	2.100 €		300 Ex.	2.510 €	200 Ex.	1.680 €	3.200 Ex.	26.830 €
800 Ex.	6.710 €	300 Ex.	2.510 €	400 Ex.	3.350 €	500 Ex.	4.190 €		100 Ex.	840 €	100 Ex.	840 €	5.400 Ex.	45.270 €
		1.000 Ex.	10.070 €	400 Ex.	4.030 €	400 Ex.	4.030 €		100 Ex.	1.010 €	150 Ex.	1.510 €	3.600 Ex.	36.240 €
				1.800 Ex.	13.070 €	500 Ex.	3.630 €		50 Ex.	360 €	50 Ex.	360 €	3.900 Ex.	28.320 €
									400 Ex.	11.190 €	250 Ex.	7.000 €	1.000 Ex.	27.980 €
									300 Ex.	8.390 €	200 Ex.	5.600 €	800 Ex.	22.390 €
		600 Ex.	5.030 €	250 Ex.	2.100 €	200 Ex.	1.680 €		100 Ex.	840 €	100 Ex.	840 €	2.100 Ex.	17.600 €

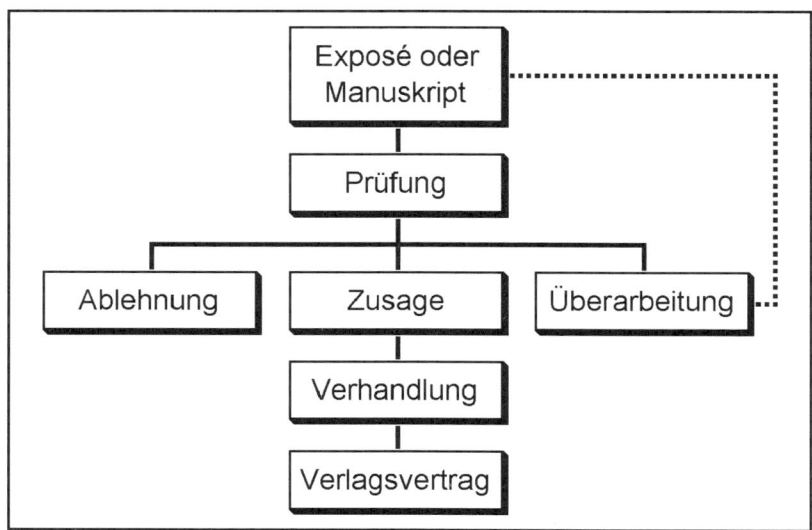

6 Vom Angebot zum Vertrag

einem Projektangebot jedoch Gefallen – und Ihre Kollegen vielleicht auch –, nehmen Sie nun Kontakt mit Autor, Literaturagent oder Originalverlag auf.

In Fachbuch-, Ratgeber- und Schulbuchverlagen ist es eher die Regel als die Ausnahme, dass Sie zusammen mit den Autoren am Konzept feilen. Für Lizenzausgaben und Übersetzungsprojekte trifft das weniger zu, aber auch hier sollten Sie stets überlegen: Sind Anpassungen an die hiesigen Verhältnisse notwendig? Soll der Text gekürzt oder umgekehrt mit neuen Texten ergänzt und neuem Bildmaterial versehen werden? Wenn das überarbeitete Konzept die Zustimmung des Verlags findet, steht einem Vertragsangebot nichts mehr im Weg (siehe Kapitel 1.1.3).

Es gibt einen Unterschied zwischen aktiver und passiver Projektakquise. Unter passive Akquise fällt vorwiegend alles, was »unverlangt« eingesandt, per E-Mail oder Telefon angeboten wurde – also Angebote von Autoren, die auf eine baldige Veröffentlichung hoffen, ebenso wie manche Angebote von Literaturagenten oder in- und ausländischen Lizenzgebern. Gerade große Publikumsverlage können sich vor solchen Offerten kaum retten. Es ist wahr, dass vielleicht ein Angebot aus Hunderten eine Chance auf Veröffentlichung hat. Das gilt häufig leider auch für Projekte, die Agenten und in- oder ausländische Verlage anbieten. In Fachverlagen ist die Qualität eingehender Buchideen etwas besser: Die Autoren sind Experten, die sich nicht nur mit der Materie, sondern meist auch mit der Zielgruppe bestens auskennen. Da sich aber auch im Stapel unverlangt eingesandter Angebote manchmal ein verlockendes Angebot verbirgt, sollten Sie stets einen Blick darauf werfen, ohne jedoch allzu viel Zeit darauf zu verwenden.

Ein Sonderfall sind Koproduktionen: Mehrere Verlage produzieren und vertreiben gemeinsam ein Werk. Dies ist beispielsweise auf internationaler Ebene bei aufwändigen Bildbänden sinnvoll, aber auch bei multimedialen Werken. Koproduktionen bieten sich immer dann an, wenn die Herstellung eines Werks teuer ist, das eigene Know-how nicht ausreicht, die beteiligten Verlage unterschiedliche Zielgruppen oder Absatzmärkte ansprechen. Wichtig ist eine klare Verteilung der Aufgaben, Vertriebskanäle, Kosten und Erlöse.

LITERATURTIPPS

Drei Bücher, die Sie Autoren empfehlen können, die auf der Suche nach einem Verlag sind oder einen Überblick über die Abläufe in einem Verlag bekommen möchten:

- Sylvia Englert: *Autorenhandbuch*. Die Autorin beschreibt den Weg zur ersten eigenen Veröffentlichung, unter anderem die Zusammenarbeit mit Verlagen.
- Dirk R. Meynecke: *Von der Buchidee zum Bestseller*. Der Autor spricht aus seiner Erfahrung als Lektor und Literaturagent, räumt mit vielen Vorurteilen auf und gibt praktische Hinweise für die eigene Buchveröffentlichung.
- Sandra Uschtrin und Heribert Hinrichs (Hg.): *Handbuch für Autorinnen und Autoren*. Dieses umfassende Nachschlagewerk lässt fast keine Frage unbeantwortet.

Exposé

Sie selbst können dazu beitragen, die Qualität der eingehenden Angebote zu steigern. Teilen Sie Ihren Autoren beispielsweise auf Ihrer Internetseite mit, welche Informationen Sie für die Entscheidung benötigen, und verlangen Sie ein strukturiertes Exposé. Dieses enthält eine kurze Skizze der Projektidee, eine Gliederung sowie Angaben zum geplanten Umfang, zum Verfasser, zur Zielgruppe, zu den Verkaufsargumenten und zur Konkurrenzliteratur. Eine kurze Leseprobe rundet das Exposé ab; in der Belletristik hingegen ist es üblich, gleich das gesamte Manuskript anzufordern und sich so ein umfassendes Bild zur Textqualität zu machen. Sie können sich damit einen guten Eindruck von dem geplanten Werk verschaffen. Ein weiterer Vorteil: Sie zwingen Ihre Autoren, auch komplizierte und umfassende Ideen prägnant darzustellen. Wer die Verkaufsargumente für sein Werk in einem Exposé nicht auf den Punkt bringen kann, wird das auch auf mehreren hundert Seiten nicht schaffen. Künftigen Autoren können Sie eine Checkliste an die Hand geben.

| BEISPIEL: **Hinweise zur Erstellung eines Exposés**

Wir freuen uns über Ihr Interesse, in unserem Verlag zu publizieren. Damit wir die richtige Entscheidung treffen, benötigen wir von Ihnen ein Exposé. Ihnen hilft ein Exposé, Ihre guten Ideen zu gliedern. Jeder Gedanke, auch ein anspruchsvoller, wird umso besser, je einfacher und klarer Sie ihn fassen.

- ARBEITSTITEL Machen Sie Vorschläge zu Titel und Untertitel. Diese sollen das Buch verkaufen, nicht bloß beschreiben. Gute Titel sind knapp, prägnant und eingängig.
- BUCHIDEE Was ist die Kernidee Ihres Projekts? Erläutern Sie in sechs bis acht Zeilen, was Ihr Buch einzigartig und nützlich macht.
- INHALT Bitte verfassen Sie einen kurzen Text. Skizzieren Sie den Inhalt Ihres Buchprojekts auf maximal drei Seiten.
- STRUKTUR Erstellen Sie bitte Gliederung und Inhaltsverzeichnis. Welche Struktur wird Ihr Manuskript haben? Beschreiben Sie jeden Gliederungspunkt mit wenigen Sätzen.
- ZIELGRUPPE Für wen ist das Buch von Interesse? Geben Sie die Zielgruppe Ihres Buchprojekts möglichst genau an.
- VERKAUFSARGUMENTE Formulieren Sie die wichtigsten Verkaufsargumente in Stichworten: Warum ist Ihr Buch für Leser interessant? Warum sollten Buchhändler es ihren Kunden anbieten?
- KONKURRENZ Welche Konkurrenzwerke gibt es? Wie unterscheidet sich Ihr Buch von diesen?
- KURZBIOGRAFIE Bitte schreiben Sie einen kurzen Text mit Ihrer beruflichen Vita und Ihren bisherigen Publikationen. Erklären Sie auch, was Sie persönlich motiviert, ein Buch zu schreiben.
- UMFANG Schätzen Sie den Umfang des Manuskripts. Soll es Abbildungen oder Tabellen enthalten? Wie viele?
- TERMIN Wann können Sie das fertige Manuskript liefern? Gibt es Veranstaltungen oder andere Ereignisse, die mit Ihrem Buch in Verbindung stehen?
- VERMARKTUNG Was können Sie selbst für die Vermarktung des Buchs tun? Verfügen Sie über tragfähige Kontakte zu potenziellen Multiplikatoren oder Medien? Welche Institutionen oder Unternehmen könnten am Kauf Ihres Buchs interessiert sein?

Bei Fragen wenden Sie sich bitte an das Lektorat.

Aktive Akquise

Trotz bester Exposés: Wer allein darauf baut, aus den vielen Angeboten nur die richtigen herauszufischen, wird kein erfolgreiches und inhaltlich überzeugendes Programm gestalten. Sie müssen also selbst aktiv werden. Für Ihre Autoren- und Themenakquise gibt es viele Ansatzpunkte:

- **LITERATURAGENTEN** Sie müssen nicht darauf warten, bis Agenten mit einem Projekt an Sie herantreten, Sie können natürlich auch den umgekehrten Weg wählen: Ein Literaturagent kann Ihnen helfen, den richtigen Autor zu einem bestimmten Thema zu finden oder gar eine neue Projektidee für ein Programmsegment zu entwickeln.
- **SCOUTS** Wenn Scouts für Ihren Verlag tätig sind, sind Sie besser informiert als andere. Scouts beobachten für Sie einen ausländischen Buchmarkt – meist den britischen oder amerikanischen. Dort verfügen sie über hervorragende Kontakte, durch die sie früh von wichtigen Projekten erfahren. Diese Informationen, Gerüchte und Trends fassen sie in regelmäßigen Berichten zusammen. Ein Scout arbeitet in einem Programmsegment exklusiv für Sie, kann aber vergleichbare Verlage beispielsweise auch in Italien, Polen oder Frankreich vertreten. Nur wenige große Verlagshäuser leisten sich einen oder gar mehrere Scouts, die vor allem in der Belletristik den Markt beobachten.
- **BUCHMESSEN** Nicht nur für den Einkauf von in- und ausländischen Lizenzen sind Buchmessen eine wichtige Quelle. Sie dienen auch der Marktbeobachtung, bieten einen Überblick über aktuelle Trends und dienen nicht zuletzt dem langfristigen Beziehungsaufbau zu Verlegern, Rights-Managern, Agenten und anderen Geschäftspartnern.
- **BOOK-PACKAGER/PRODUCER** Das sind Dienstleister, die Buchprojekte komplett produzieren, also alle Tätigkeiten von der Autorenakquise über Lektorat und Layout bis zur Lieferung fertiger Bücher übernehmen. Dabei handelt es sich meist um besonders aufwändig hergestellte Titel, beispielsweise Kochbücher oder Bildbände. Als Lizenzgeber können Book-Packager ihre Projekte auch international anbieten. Ein großer Vorteil für Sie: Die Kosten stehen von vornherein fest.
- **MARKTBEOBACHTUNG** Welche neuen Themen greifen Ihre Wettbewerber auf? Verlangt der Markt auch von Ihnen ein Buch dazu – natürlich noch aktueller und noch besser? Welche Autoren treten neu oder besonders prominent auf? Welche Autoren wechseln häufig den Verlag? Die Programmvorschauen der Konkurrenzverlage sind eine wichtige regelmäßige Informationsquelle, aber auch Artikel und Anzeigen in der Branchenpresse. Vergessen Sie dabei nicht die ausländischen Buchmärkte. Aber Achtung: Wer die Bestseller anderer Verlage kopiert, orientiert sich an Ideen, die bereits ein paar Jahre zuvor entstanden sind. Bis Sie mit eigenen Titeln auf dem Markt sind,

vergeht nochmals Zeit – und Ihre Bücher sehen bei Erscheinen dann vielleicht schon ganz schön alt aus.

- **MEDIENBEOBACHTUNG** Lesen Sie die Literatur, die für Ihr Programmsegment relevant ist – also all das, was Ihre Zielgruppe liest. Zeitungen und Zeitschriften, aber auch Rundfunk und Fernsehen und das Internet sind Medien, die nahe an Ihrem Publikum sind und als erste neue Trends aufgreifen oder über neue Themen berichten. Lässt sich daraus ein Buch machen? Vielleicht fallen Ihnen Autoren auf, die gut und verständlich schreiben können. Nutzen Sie auch Kontakte zu Journalisten.

- **ZIELGRUPPENBEOBACHTUNG** Nehmen Sie sich Ihre Zielgruppe vor, und überlegen Sie, womit Sie die Leser Ihrer Bücher positiv überraschen könnten. Fragen Sie sich beispielsweise: Wofür interessieren sich Ihre Leser? Welchen Hobbys gehen sie nach? Was machen sie beruflich? Wie leben sie? Welche Dinge mögen sie besonders? Welche Probleme haben sie, die sich vielleicht mit einem Buch zum Thema lösen lassen? Was macht ihr Leben schöner, besser, einfacher? Die Antworten auf diese Fragen liefern Ihnen Anregungen für neue, aktuelle Themen.

- **HAUSAUTOREN** Sprechen Sie mit Ihren Autoren, denn sie sind in der Regel nahe an der Zielgruppe und kennen die neuesten Trends. Und oft haben sie gute, vielleicht noch nicht ganz ausgereifte Ideen in der Schublade, aus der Sie gemeinsam ein überzeugendes Projekt entwickeln können. Ein weiterer wichtiger Punkt: Sie kennen eventuell weitere kompetente Personen, die gerne für Ihren Verlag ein Buch schreiben würden.

- **VERBÄNDE UND VERANSTALTUNGEN** Welche Vereinigungen, Berufsverbände, Forschungsinstitute, Stiftungen oder Seminaranbieter gibt es für Ihr Programmsegment? Welche Kongresse, Vorträge, Wettbewerbe, Festivals oder sonstigen Veranstaltungen besuchen potenzielle Autoren oder Ihre Zielgruppe? Sehen Sie sich dort regelmäßig um: Sie finden dort eine gute Basis, um neue Kontakte zu knüpfen. Vielleicht können Sie sogar selbst einen Kongress oder einen Wettbewerb veranstalten.

- **EIGENE IDEEN** Betreiben Sie regelmäßig Brainstorming – am besten mit Kollegen, auch aus anderen Abteilungen. Halten Sie sich über aktuelle Entwicklungen auf dem Laufenden, denken Sie an Ihre Zielgruppe, und suchen Sie nach Lücken in Ihrem Programm. Ganz wichtig dabei: ein wacher Blick über den Tellerrand Ihres eigenen Verlags und Programmbereichs hinaus!

Akquise ist keine einmalige oder punktuelle Tätigkeit, sondern eine konstante Aufgabe. Dabei gilt es vor allem, vielfältige Kontakte aufzubauen und zu pflegen, beispielsweise zu Autoren, Wissenschaftlern, Journalisten, Literaturagenten oder Verlagskollegen. Langfristig werden Sie mit einem dichten Beziehungsnetz belohnt, auf das Sie immer wieder zurückgreifen können.

Literaturagenten

Für die Akquise neuer Projekte werden Agenten immer wichtiger. Diese spielen dabei zwei Rollen: Sie vertreten ausländische Verlage und Autoren – eventuell als Subagentur – und bieten die Übersetzungsrechte für deren Titel an, oder sie vertreten direkt deutschsprachige Autoren. Ihre Vermittlungsdienste sind natürlich nicht kostenlos: In der Regel erhalten sie von den Lizenzgebern oder den Autoren eine Provision von 10 bis 20 Prozent des mit dem Verlag vereinbarten Honorars.

Insbesondere in den USA ist es bereits üblich, dass sich Autoren nicht mehr direkt an die Verlage wenden. Im Gegenteil: Um überhaupt eine Chance auf Veröffentlichung zu haben, ist es fast zwingend, sich durch Agenten vertreten zu lassen. Diese übernehmen darüber hinaus manchmal noch die Rolle von Lektoren.

Der Begriff Literaturagent ist heute sicher zu eng gefasst, verstehen sich die meisten doch als Medienagenten, die beispielsweise nicht nur das Buch zum Film, sondern umgekehrt auch den Film zum Buch anbieten. Ihre Tätigkeit kann dabei von der Projektentwicklung über die Vertragsverhandlung bis zur Honorarüberwachung reichen. Gerade viele so genannte Prominentenbücher sind Produkt einer solchen Kooperation: Der Agent bringt eine bekannte Politikerin, einen erfolgreichen Sportler oder eine populäre Fernsehmoderatorin mit einem Ghostwriter und einem Verlag zusammen. Üblicherweise bieten dabei Agenten den Verlagen Projekte an; umgekehrt können aber auch Sie an Agenten herantreten, wenn Sie auf der Suche nach einem bestimmten Thema oder einem bestimmten Autor sind.

LITERATURAGENTEN

Die folgenden Verzeichnisse enthalten die Adressen einiger deutschsprachiger Literaturagenten. Keines davon ist vollständig, teilweise fehlen sogar wichtige Agenturen. Im Gegenteil finden sich dort auch für die Verlagsarbeit unbedeutende Agenturen, die eng mit so genannten Druckkostenzuschussverlagen verflochten sind und unerfahrene Autoren für die Veröffentlichung ihres Werks kräftig zur Kasse bitten.

• **VERLAGE. DEUTSCHLAND, ÖSTERREICH, SCHWEIZ** Dieses Verzeichnis wird jährlich aktualisiert.

• ADRESSBUCH FÜR DEN DEUTSCHSPRACHIGEN BUCHHANDEL Der Marketing-
und Verlagsservice des Buchhandels (MVB) gibt dieses Verzeichnis jedes Jahr
neu heraus.

Am besten erkundigen Sie sich bei Kollegen nach den Agenturen, die für Ihre
Arbeit relevant sind. Auch Buchmessen bieten die Gelegenheit der persönlichen
Kontaktaufnahme. Literaturagenten können übrigens umso gezielter für Sie
tätig werden, je genauer sie über die Schwerpunkte Ihrer Arbeit informiert sind.

Leider gibt es einige Agenten, die mit kaum brauchbaren Exposés lediglich die Vorschusszahlungen in die Höhe treiben wollen. Doch das kann
ihnen nur dann gelingen, wenn mehrere Verlage zugleich an demselben
Projekt interessiert sind – und das ist die Ausnahme, nicht die Regel. Es
gilt auch hier: Lassen Sie sich nicht unter Druck setzen, und prüfen Sie
die Angebote sorgfältig. Denn nicht alles, was teuer angeboten wird, ist
es auch wert, veröffentlicht zu werden.

Professionelle Agenturen können Ihnen aber nicht nur bei der The-
men- oder Autorensuche viel Arbeit abnehmen: Gerade bei den Vertragsverhandlungen ersparen sie Ihnen das Feilschen um jede Formulierung. Zwar erhalten Sie einen Titel nicht zum Billigtarif, aber erfahrene
Agenten, denen an einer dauerhaften Zusammenarbeit gelegen ist, kennen im Gegensatz zu vielen Autoren die Grenzen des Markts. Somit
kann sich die Zusammenarbeit mit Agenten auch für kleine Verlage lohnen. Im Übrigen sollten Sie keinesfalls darauf verzichten, einen direkten
Kontakt zu den Autoren herzustellen. Gute Literaturagenten werden Ihnen dabei nie im Weg stehen – solange Sie nicht versuchen, Autoren und
Agenten gegeneinander auszuspielen.

Lizenzen

Für viele Verlage ist der Einkauf von Lizenzen eine wichtige Quelle für
neue Buchprojekte. Dabei geht es nicht nur um Übersetzungsrechte für
ausländische Titel, sondern auch um Taschenbuchlizenzen und immer
häufiger um die Rechte für Hörbücher oder multimediale Verwertungen.

Beim Einkauf ausländischer Titel ist der angelsächsische Sprachraum
die ergiebigste Quelle, mit großem Abstand gefolgt von Übersetzungen
aus anderen europäischen Sprachen. Besonders in der Belletristik sowie
bei Kinder- und Jugendbüchern spielen Übersetzungen eine große Rolle:
Über 30 Prozent aller Romane werden aus einer Fremdsprache ins Deutsche übersetzt, bei Kinder- und Jugendbüchern beträgt der Anteil immerhin fast ein Viertel der gesamten Produktion.

Bei der Lizenzvergabe gibt es weltweit ein kulturelles Gefälle: Während hierzulande hauptsächlich englischsprachige Titel übersetzt werden, finden nur wenige Titel ihren Weg nach Großbritannien oder in die USA. Hingegen sind neben Spanien und Italien beispielsweise Südkorea, China oder viele osteuropäische Staaten wichtige Partner für hiesige Verlage. Im Ausland besonders begehrt sind Kinder- und Jugendbücher.

Wenn Sie eine Lizenz nicht allein auf Grundlage eines Exposés erwerben, was bei potenziellen Bestsellern oder bekannten Autoren durchaus üblich ist, bieten Übersetzungen eine höhere Sicherheit als Eigenproduktionen: Sie können die Qualität von Text und Abbildungen genau beurteilen, kennen vielleicht sogar die Verkaufszahlen der Originalausgabe oder können sich an eine laufende (internationale) Marketingkampagne anschließen. Bedenken Sie aber auch, dass Übersetzungen einige Nachteile haben – sofern Sie nicht einen Weltbestseller einkaufen:

- **KOSTEN** Das Lizenzhonorar fällt in der Regel nicht viel geringer aus als das übliche Autorenhonorar. Zusätzlich müssen Sie für die Übersetzung zahlen.
- **ANPASSUNGSBEDARF** Gerade bei Ratgebern oder Fachbüchern erfordern ausländische Lizenztitel meist einen erheblichen Mehraufwand, um sie an heimische Verhältnisse anzupassen – zum Beispiel bei rechtlichen oder steuerlichen Fragen.
- **GLAUBWÜRDIGKEIT** Eine Übersetzung wurde nicht für den heimischen Markt geschrieben. Sie konkurriert oft mit vergleichbaren deutschsprachigen Originalwerken, die besser auf die hiesigen Bedürfnisse eingehen und denen die Leser deshalb den Vorzug geben.
- **MARKETING** Ausländische Autoren stehen nur selten für Marketing- oder PR-Aktivitäten wie Lesungen und Interviews zur Verfügung. Falls doch, ist das mit höheren Kosten verbunden.

Fragen Sie sich also, ob der Titel eine Übersetzung lohnt oder ob Sie nicht besser selbst eigene Autoren auf ein ähnliches Thema ansetzen. Sie dürfen das Original natürlich nicht plagiieren, aber als Anregung für eigene Ideen mag es Ihnen nützlich sein.

Informationen über die Angebote von Lizenzgebern erhalten Sie über die Rechteabteilungen der jeweiligen Verlage oder durch die Vermittlung von Literaturagenturen und Scouts. Buchmessen spielen im Lizenzgeschäft ebenfalls eine wichtige Rolle, auch wenn dort immer seltener Abschlüsse getätigt werden. Der persönliche Kontakt zu den Verlagspartnern ist trotz Telefon und E-Mail nicht zu unterschätzen und häufig immer noch ein entscheidender Wettbewerbsvorteil: wenn es beispielsweise darum geht, frühzeitig von viel versprechenden Projekten zu erfahren.

BUCHMESSEN

Auf Buchmessen stellen Verlage ihre Programme aus, werden Lizenzen gehandelt und Kontakte geknüpft. Regelmäßig finden folgende wichtige Messen statt:

- FRANKFURTER BUCHMESSE Bedeutendste internationale Buch- und Lizenzmesse für die Buchbranche, jährlich Mitte Oktober (WWW.BUCHMESSE.DE).
- LEIPZIGER BUCHMESSE Publikumsmesse mit den Schwerpunkten Belletristik, Kinder- und Jugendbuch, Comic, Hörbuch, Bildung, Reisen; jährlich im März. Für osteuropäische Literatur ist sie eine wichtige Lizenzmesse (WWW.LEIPZIGER-BUCHMESSE.DE).
- MAINZER MINIPRESSENMESSE Internationale Buchmesse der Kleinverlage und Handpressen; alle zwei Jahre in ungeraden Jahren Ende Mai/Anfang Juni (WWW.MINIPRESSE.DE).
- INTERNATIONALER COMIC-SALON ERLANGEN Comic-Messe; alle zwei Jahre in geraden Jahren im Mai/Juni (WWW.COMIC-SALON.DE).
- DIDACTA-BILDUNGSMESSE Nationale Schulbuchmesse; jährlich im Frühjahr an wechselnden Orten (WWW.DIDACTA.DE).

Wichtig für den internationalen Lizenzhandel sind weiterhin:
- BOLOGNA CHILDREN'S BOOK FAIR Internationale Kinder- und Jugendbuchmesse, Lizenzhandel und Treffpunkt für Buchillustratoren; jährlich im April (WWW.BOLOGNACHILDRENSBOOKFAIR.COM).
- BOOKEXPO AMERICA Internationale Fach- und Lizenzmesse; jährlich im Mai/Juni an wechselnden Orten in den USA (WWW.BOOKEXPOAMERICA.COM).
- LONDON BOOKFAIR Wichtige internationale Lizenzmesse, vor allem für den angelsächsischen Sprachraum; jährlich März/April (WWW.LONDONBOOKFAIR.CO.UK).

Wenn Ihr Programm den Schwerpunkt auf eine bestimmte Region oder einen bestimmten Sprachraum setzt, sind vielleicht auch nationale Buchmessen in den betreffenden Ländern interessant. Einen internationalen Buchmessekalender finden Sie unter WWW.BUCHMESSE.DE. Darüber hinaus können auch große Fach- und Publikumsmessen wie die CeBIT in Hannover für Computerbücher, die Internationale Tourismus-Börse in Berlin für Reisebücher oder die Spielwarenmesse in Nürnberg für Hobbyliteratur von Bedeutung sein – auch um direkt mit potenziellen Autoren in Kontakt zu treten. Regionale Bücherschauen können eine Plattform bieten, das Verlagsprogramm einem interessierten Publikum vorzustellen, eignen sich aber weniger für die Akquise.

Zu erwähnen ist schließlich noch der Frankfurt Rights Catalogue auf den Internetseiten von WWW.BUCHMESSE.DE unter »Kataloge«. Er listet mehrere tausend Titel auf, deren Lizenzen weltweit zum Verkauf stehen. Neben der Angabe der bibliografischen Daten und der verfügbaren Rechte, einer Kurzbeschreibung und Coverabbildung werden die zuständigen Ansprechpartner für den Lizenzverkauf genannt. Beachten Sie aber, dass dieses Verzeichnis keineswegs vollständig ist und nicht den direkten, persönlichen Kontakt zu den ausländischen Verlagen ersetzt. Das Gleiche gilt für die internationale Online-Lizenzbörse WWW.RIGHTSCENTER.COM, wo vor allem Filmrechte angeboten werden.

LIZENZEN VERKAUFEN

Der Verkauf von Lizenzen: Das ist die andere Seite des Projekteinkaufs. Entsprechend werden Rechte für einzelne Nutzungsarten von den Lizenzabteilungen der Verlage angeboten oder mithilfe spezialisierter Literaturagenturen, und auch hier sind Buchmessen ein wichtiger Handelsplatz. Allein aus wirtschaftlichen Gründen sind Verlage daran interessiert, die erworbenen Nutzungsrechte bestmöglich zu verwerten – das sollten Sie schon bei der Projektauswahl berücksichtigen. Die größte Bedeutung haben Lizenzen für Taschenbuch-Ausgaben, sofern diese nicht im eigenen Verlag publiziert werden, für Buchklub-Ausgaben, für Übersetzungen in andere Sprachen, für Hörbücher oder für Verfilmungen.

- TASCHENBUCH Die Originalausgabe sollten Sie nicht allzu preiswert anbieten, damit für das Taschenbuch noch Spielraum nach unten besteht; das gilt auch für die Ausstattung.
- BUCHKLUB Der Titel muss eine breite Zielgruppe ansprechen und eine hohe Verkäuflichkeit versprechen.
- ÜBERSETZUNG Achten Sie bei Sachbüchern darauf, dass lokale Bezüge nicht im Vordergrund stehen und gegebenenfalls internationale Aspekte berücksichtigt werden. Auch besonders umfangreiche Werke sind aufgrund der hohen Zusatzkosten für eine Übersetzung international schwer zu vermarkten.
- HÖRBUCH Für eine Hörbuchfassung eignen sich vor allem dialogisch angelegte Werke mit einer breiten Zielgruppe.
- VERFILMUNG Das Buch sollte ausreichende Bestseller-Qualitäten besitzen und möglichst nicht den Umfang von *Krieg und Frieden* erreichen – eine Verfilmung wäre kaum zu finanzieren.

Gerade bei Titeln, die Sie teuer eingekauft haben, ist die Lizenzvergabe neben den Handelsverkäufen eine wichtige Quelle zur Refinanzierung eines Buchprojekts. Erforderlich ist dabei stets ein Blick in den Verlagsvertrag: Welche Rechte wurden überhaupt erworben und können weitervergeben werden (siehe Kapitel 2.1.8)?

LITERATURTIPP
Petra Christine Hardt: *Buying, Protecting and Selling Rights*. Ein guter Überblick über den Einkauf und Verkauf von Lizenzen – trotz des Titels auf Deutsch.

1.1.3
Verträge

Haben Sie ein Projekt für Ihr Programm akquiriert, müssen Sie schließlich einen Vertrag aushandeln – sei es direkt mit Autoren, mit Agenten oder anderen Verlagen. Doch über welche Punkte verhandeln Sie überhaupt? Was können Sie anbieten? Wo können Sie nachgeben? Wie Sie am besten mit Autoren, Übersetzern oder freien Mitarbeitern verhandeln, erfahren Sie im Kapitel 1.2.3. Die vertragsrechtlichen Aspekte werden in Kapitel 2.3 ausführlich behandelt. Hier eine Übersicht über die wichtigsten Punkte:

- **VERWERTUNGSRECHTE** Darüber sollten Sie nicht verhandeln, denn noch wissen Sie nicht, welche buchnahen und buchfernen Rechte Sie später tatsächlich verwerten werden. Oft wünschen Autoren, die Übersetzungsrechte oder die digitalen Rechte zu behalten, um sie selbst zu verwerten. Doch für Übersetzungen gilt: Ihr Verlag hat mit Sicherheit die besseren Kontakte zu potenziellen Lizenznehmern. Auch die digitalen Rechte sollten Sie mit Bedacht verhandeln: Es ist immer noch nicht absehbar, welche Verwertungsformen sich in Zukunft durchsetzen werden und attraktive Einnahmen versprechen; immer mehr werden diese Rechte separat vergeben und verhandelt.
- **ARBEITSTITEL** Achten Sie darauf, dass Sie nur einen Arbeitstitel festlegen. So halten Sie sich die Möglichkeit offen, den Titel später zu ändern. Auch wenn die letzte Entscheidung über den Buchtitel stets beim Verlag liegt, sollten Sie die Autoren in die Entscheidung einbeziehen. Das Gleiche gilt übrigens für die Festlegung wesentlicher Ausstattungsmerkmale wie Einband oder Layout.
- **PROJEKTBESCHREIBUNG** Falls noch kein vollständiges Manuskript vorliegt, ist es empfehlenswert, Gliederung und Exposé zum Bestandteil des Vertrags zu machen. So können Sie absichern, dass das Werk am Ende Ihren Vorstellungen entspricht.
- **UMFANG** Vereinbaren Sie den Umfang des Manuskripts; bei Lizenzen ist das natürlich nicht notwendig. Stellen Sie auch klar, auf welcher Basis dieser Umfang berechnet wird und wie viele Grafiken, Tabellen und Abbildungen das Manuskript enthalten soll.
- **ABGABETERMIN** Verlegen Sie den Abgabetermin nach vorn; so haben

Sie bei Verspätungen immer noch Luft. Eine Nachfrist sollte nicht mehr als einen Monat betragen.

- **AUFLAGENHÖHE** Für Autoren oder Literaturagenten kann die Höhe der Erstauflage ein wichtiges Entscheidungskriterium bei der Wahl des Verlags sein. Daran lässt sich ablesen, welche Erfolgsaussichten der Verlag dem Werk einräumt. Auch zur Bestimmung des Vorschusses ist die Auflage wesentlich. Wahrscheinlich werden Sie sich jetzt noch nicht auf eine bestimmte Auflagenhöhe festlegen wollen. Wenn möglich, sollten Sie also verbindliche Zusagen vermeiden.
- **HONORAR** Sie können ein einmaliges Pauschalhonorar zahlen oder eine prozentuale Beteiligung. Letztere hat den Vorteil, dass Sie das Absatzrisiko nicht alleine tragen. Eine prozentuale Beteiligung wird auf Basis des Nettoladenpreises (Ladenpreis abzüglich Umsatzsteuer) oder des Nettohandelserlöses (Ladenpreis abzüglich Umsatzsteuer und Handelsrabatt) aller verkauften Exemplare berechnet. Sie können den Honorarsatz fix festlegen, also beispielsweise pauschal 9 Prozent auf alle abgesetzten Exemplare zahlen, oder staffeln. Zum Beispiel: 8 Prozent bis 5.000 Exemplare, 10 Prozent danach.
- **VORSCHUSS** Auf eine prozentuale Beteiligung können Sie einen Vorschuss gewähren. Diese Vorauszahlung wird mit dem übrigen Honorar verrechnet und ist meist nicht rückzahlbar. Das heißt: Der Verlag trägt das finanzielle Risiko, wenn die Verkaufszahlen hinter den Erwartungen zurückbleiben. Aus diesem Grund sollte der Vorschuss nicht höher sein als der Betrag, den Sie bei einer prozentualen Beteiligung

---

BEISPIEL: **Vorschuss**

Der Ladenpreis eines Buchs soll bei 19,80 € liegen. Sie planen eine Erstauflage von 6.000 Exemplaren und hoffen, davon 4.000 Exemplare in den ersten zwölf Monaten abzusetzen. Die Autoren erhalten ein Honorar von 8 %, bezogen auf den Nettoladenpreis; die Umsatzsteuer liegt bei 7 %. So berechnen Sie den Vorschuss:

$$\text{Nettoladenpreis} = \frac{\text{Ladenpreis}}{(1 + \text{Umsatzsteuer})}$$

$$\text{Nettoladenpreis} = \frac{19,80\,€}{1,07} = 18,50\,€$$

$$\begin{aligned}
\text{Vorschuss} &= \text{Nettoladenpreis} \times \text{Absatz im Erscheinungsjahr} \times \text{Honorarsatz} \\
&= 18,50\,€ \times 4.000 \text{ Exemplare} \times 8\,\% \\
&= 5.920\,€
\end{aligned}$$

Die Honorarvorauszahlung sollte also höchstens 6.000 € betragen.

zahlen müssten, wenn das Buch das Absatzziel für die ersten zwölf Monate nach Erscheinen erreicht. Kennen Sie dieses nicht, nehmen Sie die Hälfte der geplanten Erstauflage als Berechnungsgrundlage. Vorschüsse werden in der Regel zur Hälfte bei Vertragsunterzeichnung und bei Erscheinen oder Manuskriptannahme gezahlt. Achten Sie darauf, dass die Zahlung nicht automatisch bei Manuskriptabgabe fällig wird; dann haben Sie bessere Chancen, wenn Sie bei qualitativen Mängeln auf Nachbesserung drängen.

- **BESTSELLER-BONUS** Bei besonders verkaufsträchtigen Projekten oder hochkarätigen Autoren kann zusätzlich ein Bestseller-Bonus vereinbart werden. Dieser pauschale oder prozentuale Aufschlag auf das Honorar ist an das Erreichen vorab definierter Ziele gekoppelt: zum Beispiel an eine bestimmte Verkaufszahl, eine bestimmte (Mindest-) Platzierung oder Verweildauer in einer relevanten Bestsellerliste.

- **NEBENRECHTEVERWERTUNG** Aus der Verwertung der Nebenrechte, beispielsweise dem Verkauf von Taschenbuch- oder Übersetzungslizenzen, erhalten die Verfasser eine prozentuale Beteiligung. Auch wenn teilweise bereits bis zu 70 Prozent gefordert werden, sind zwischen 50 und 60 Prozent der Erlöse nach Abzug eventueller Provisionen üblich.

- **FREIEXEMPLARE** Das Verlagsrecht verlangt 1 Prozent der Auflage, mindestens jedoch 5 und höchstens 15 Belegexemplare. Solange es sich nicht um ein übermäßig teures Werk handelt, sollten Sie in diesem Punkt flexibel sein und den Wünschen Ihrer Vertragspartner entgegenkommen. Üblich sind zwischen 10 und 20 Freiexemplaren.

- **MARKETINGPLAN** Bei Bestsellern sind Marketingpläne oft fester Bestandteil der Verträge. In ihnen vereinbaren Sie, welches Marketingbudget Sie für ein Buch zur Verfügung stellen und mit welchen Werbemaßnahmen und Vertriebsaktivitäten Sie den Verkauf unterstützen. Auf solche Zusagen sollten Sie allerdings nach Möglichkeit verzichten, denn bei Vertragsschluss können Sie oft noch nicht absehen, welchen Stellenwert der Titel zum Erscheinungstermin in Ihrem Gesamtprogramm spielen wird. Wenn das Thema dann nicht mehr so aktuell ist, wie Sie jetzt glauben, sind Ihnen die Hände gebunden. Hüten Sie sich also vor Zusagen, die Sie später vielleicht nicht einhalten können! Auf jeden Fall müssen Sie die entsprechenden Abteilungen konsultieren, bevor Sie kostenträchtige Marketing- oder Vertriebsvereinbarungen treffen.

Besonders bei potenziellen Bestsellern, bei denen ein großes Interesse zu erwarten ist, veranstalten Literaturagenturen oder lizenzgebende Verlage eine Auktion. Sie laden geeignete Verlage ein, bis zu einem bestimmten Zeitpunkt ein verbindliches Angebot abzuliefern: Dieses kann neben einer prozentualen Absatzbeteiligung sowie einer nicht allzu geringen Honorarvorauszahlung auch einen Marketingplan beinhalten; oft fokussiert sich die Auktion allerdings auf die reine Vorschusszahlung. Eine Auktion kann über mehrere Runden laufen, an deren Ende jeweils das höchste Gebot bekannt gegeben wird, üblicherweise ohne Nennung des bietenden Verlags. Eine »Best Offer« kann die Auktion abschließen: Die mitbietenden Verlage geben ihr letztes und bestes Angebot ab. Ein gutes Marktgespür ist unerlässlich, um bei solchen Auktionen nicht überteuert einzukaufen – oder auch ständig leer auszugehen: Wer sind die potenziellen Mitbieter? Welche Honorare und Vorschüsse können diese zahlen? Auf jeden Fall sollten Sie sich vorab ein Limit setzen, das Sie keinesfalls überschreiten.

Ein Sonderfall ist ein »Preempt«, kurz für »Preemptive Offer«: Mit einem Sperrangebot können Sie versuchen, sich vorab ein besonders interessantes Projekt zu sichern und eine gegebenenfalls teure Auktion zu vermeiden. Ihr Angebot muss dabei so attraktiv sein, dass die Literaturagentur oder der lizenzgebende Verlag bei einer Auktion keine wesentlich besseren Konditionen erwarten kann. Sollte es dennoch zu einer Auktion kommen, dürfen Sie, um glaubwürdig zu bleiben, Ihre vorige Preemptive Offer keinesfalls überbieten wollen.

Bevor Sie den endgültigen Vertrag ausfertigen, ist es empfehlenswert, die wichtigsten Bedingungen schriftlich per Brief oder E-Mail in einem Vertragsangebot zusammenfassen. So vermeiden Sie, dass es zwischen Ihnen und Ihren Vertragspartnern – Autoren, Literaturagenten oder Lizenzgebern – zu Missverständnissen hinsichtlich der ausgehandelten Konditionen kommt. Außerdem müssen Sie im Fall von Änderungswünschen den Vertrag nicht neu schreiben. Einen Musterbrief finden Sie im folgenden Beispiel.

▌ BEISPIEL: **Vertragsangebot**

Sehr geehrte Frau Ruland,

wir freuen uns sehr, Sie als neue Autorin in unserem Verlag zu begrüßen. Für Ihr Buch möchten wir Ihnen folgende Konditionen anbieten:

- ARBEITSTITEL »Mit Kindern über Stock und Stein«.
- REIHE »on tour«.
- THEMA siehe Exposé und Gliederung vom 29. Juni 2012.
- ERSCHEINUNGSTERMIN circa Mai 2015.
- LADENPREIS circa 19,80 Euro.
- HONORAR 8 Prozent vom Nettoladenpreis bis 5.000 verkaufte Exemplare, 10 Prozent danach.

- **VORSCHUSS** 4.000 Euro, zahlbar hälftig bei Vertragsunterzeichnung und Manuskriptannahme, mit den Honorarzahlungen verrechenbar, aber nicht rückzahlbar.
- **NEBENRECHTE** 50 Prozent der Verlagseinnahmen ohne Umsatzsteuer und nach Abzug etwaiger Agenturprovisionen.
- **FREIEXEMPLARE** 10 Exemplare.
- **UMFANG** circa 260 Manuskriptseiten (zu je 30 Zeilen mit 60 Anschlägen), zuzüglich der erforderlichen Abbildungen.
- **ABGABETERMIN** 1. Dezember 2014.
- **SONSTIGES** Die Autorin stellt das erforderliche Bildmaterial (circa 30 Farbfotos).

Wenn Sie sich eine Zusammenarbeit mit uns vorstellen können und mit diesen Konditionen einverstanden sind, werden wir den Vertrag umgehend ausfertigen. Wenn Sie noch Fragen oder Anregungen haben, lassen Sie uns das bitte wissen.

Wir freuen uns auf die Zusammenarbeit!

Mit freundlichen Grüßen

Weisen Sie Ihre Autoren darauf hin, sich bei der Verwertungsgesellschaft Wort anzumelden (WWW.VGWORT.DE). Diese verwaltet treuhänderisch jene Nutzungsrechte, die individuell nicht wahrgenommen werden können. Dadurch erhalten Ihre Autoren eine Beteiligung an den Gewinnen, die durch Verwertung Ihres Werks entstehen, beispielsweise durch Kopieren in öffentlichen Bibliotheken (siehe Kapitel 2.1.8).

1.1.4
Projektpositionierung

Positionierung bedeutet, einem Buch eine eindeutige und wünschenswerte Position in der Vorstellung der Leser zu geben. Hierfür legen Sie Zielgruppe, Ausstattung, Format und Ladenpreis fest und entscheiden, ob der Titel in einer bestimmten Reihe oder als Einzeltitel erscheinen soll. Darüber hinaus müssen Sie die Wettbewerbsvorteile herausstellen – zum Beispiel einen hohen Nutzwert, einen besonders aktuellen Inhalt oder einen niedrigen Verkaufspreis. Es geht also im Wesentlichen um Profilierung, Unverwechselbarkeit und Markenbildung. Eine klare Positionierung ist unverzichtbar, um ein erfolgreiches Programm zu gestalten, angesichts der Vielzahl an Neuerscheinungen aber nicht immer einfach.

Auswahl und Positionierung

Angesichts zahlreich eingehender Manuskriptangebote müssen Sie sich in kürzester Zeit einen Überblick verschaffen und die besten Titel für das Verlagsprogramm finden. Mehrere grundsätzliche Fragen müssen Sie vorab klären:
- Passt der Titel in das Gesamtprogramm des Verlags?
- Ist bei Sachtexten das Thema interessant und die These überzeugend?
- Gibt es bei belletristischen Texten eine interessante Handlung, überzeugende Figuren oder eine neuartige Erzählweise?
- Ist der Schreibstil verständlich und anschaulich?
- Ist das Projekt seriös und fachlich in Ordnung?
- Ist das Konzept stimmig?
- Falls notwendig: Lässt sich das Werk mit vertretbarem Aufwand bearbeiten?

Können Sie diese Fragen nicht positiv beantworten, dürfen Sie sich den Aufwand einer weiteren Prüfung sparen: Lehnen Sie das Buchprojekt ab. Dazu bedarf es in der Regel keiner größeren Diskussionen im Verlag – wenn Sie sich mit Ihrem Urteil sicher sind.

ABSAGEN
Autoren haben in der Regel einige Mühe in ein Manuskriptangebot gesteckt. Wenig akzeptabel ist es deshalb, wenn Sie darauf überhaupt nicht oder erst nach einigen Monaten reagieren. Wenn Ihnen also ein Angebot nicht gefällt: Zum guten Stil gehört immer eine Absage. Schicken Sie einen freundlichen Standardbrief, ohne ausführlich auf die Gründe für die Ablehnung einzugehen. So ersparen Sie sich ausufernde Diskussionen darüber, was die Autoren gemeint und Sie nicht richtig verstanden haben. Gegenüber Autoren, die Sie bereits persönlich kennen, dürfen Sie Ihre Absage etwas genauer begründen.
Wenn Sie zwar das vorliegende Projekt nicht überzeugt, Sie aber dennoch die Chance für eine spätere Zusammenarbeit sehen, sollten Sie mit den Autoren direkt Kontakt aufnehmen. Vielleicht können Sie gemeinsam ein neues Thema finden und ein neues Konzept entwickeln. Wecken Sie jetzt aber noch keine allzu großen Hoffnungen!

Wenn Sie ein Angebot prinzipiell für interessant halten, müssen Sie versuchen, dem Projekt eine eindeutige Positionierung zu geben. Betrachten Sie dazu die folgenden Punkte:
- **ZIELGRUPPE** Wer sind die Leser des geplanten Titels?
- **PROGRAMMBEREICH** In welchem Programmsegment, in welcher Reihe

ist das neue Buchprojekt am besten aufgehoben? In welches Buch-
handelsregal wird es später einsortiert? Soll es als Einzeltitel oder im
Rahmen einer (neuen) Reihe angeboten werden?

- **PRODUKTFORM** Soll das geplante Werk klassisch als gedrucktes Buch
  erscheinen? Soll es Beigaben wie eine CD-ROM oder DVD enthalten?
  Soll es als E-Book, als Smartphone-Anwendung (App) oder als
  Online-Datenbank veröffentlicht werden? Sollen diese mit zusätz-
  lichen multimedialen oder interaktiven Elementen angereichert
  werden?
- **VERKAUFSARGUMENTE** Was sind die wichtigsten Verkaufsargumente?
  Warum soll ein Leser gerade dieses Buch erwerben? Warum soll ein
  Buchhändler diesen Titel auf Lager nehmen oder gar prominent
  präsentieren?
- **KONKURRENZ** Welches sind die Konkurrenztitel? Wie grenzen sie sich
  vom vorliegenden Projekt ab? Wie aktuell sind sie? Wie sind sie
  ausgestattet? Was kosten sie?
- **VERTRIEBSKANÄLE** Welches sind die wichtigsten Vertriebskanäle, zum
  Beispiel Fachbuchhandlungen, Versandbuchhandlungen, E-Book-
  Stores, Warenhäuser, Modernes Antiquariat oder Abonnements?
  Welchen Einfluss hat der gewählte Hauptvertriebsweg auf Ausstat-
  tung, Ladenpreis und Auflage?
- **AUSSTATTUNG** Welche Ausstattungsmerkmale wie Papierformat,
  Farbigkeit und Einbandart sind angemessen? Welcher Umfang ist
  notwendig und sinnvoll?
- **LADENPREIS** Wie hoch ist der optimale Ladenpreis? Orientiert sich der
  Preis an den Kosten, an der Kaufkraft der Zielgruppe oder an der
  Konkurrenz? Wollen Sie mit niedrigen Preisen den Verkauf ankurbeln
  oder mit hohen Preisen ein exklusives Image aufbauen?
- **ABSATZ UND AUFLAGE** Wie hoch ist die Absatzerwartung? Wie viele
  Exemplare lassen sich im Erscheinungsjahr und im Folgejahr abset-
  zen? Wie hoch soll die Erstauflage sein? Eignet sich das Projekt als
  Spitzentitel des Novitätenprogramms oder als Longseller für die
  Backlist?
- **ERSCHEINUNGSTERMIN** Welches Erscheinungsdatum ist realistisch und
  sinnvoll? Passt das Projekt dann in die aktuelle Programmplanung,
  oder kollidiert es mit anderen? Gibt es andere Termine, die beachtet
  werden müssen, wie Ausstellungseröffnungen bei einen Kunstbuch,
  Wahlen bei einer Politikerbiografie oder Fernsehsendungen?

Für die Kostenkalkulation (siehe Kapitel 1.1.5) und die Vermarktung
des Buchs sind darüber hinaus folgende Fragen wichtig:
- **KALKULATION** Welche Kosten fallen für Honorare und Produktion an?
  Welche für Übersetzung, Bearbeitung, Korrektur, Registererstellung,

Illustration, Bildrechte oder die Erstellung zusätzlicher Materialien?
Welche Umsätze sind zu erwarten? Welcher Deckungsbeitrag ergibt
sich daraus?

- **ZWEITVERWERTUNG** Ist eine Zweitverwertung möglich? Lässt sich der
  Titel gut ins Ausland, als Taschenbuch, als E-Book oder als Hörbuch
  verkaufen?
- **DIREKTVERKÄUFE** Gibt es Institutionen oder Personen, die eine größere
  Stückzahl des Buchs kaufen wollen, zum Beispiel Unternehmen,
  Kongressveranstalter oder die Autoren selbst?
- **AUTOR** Wer sind die Autoren? Wie bekannt sind sie dem Buchhandel,
  den Medien und den Lesern? Können sie das Marketing unterstüt-
  zen?
- **VERMARKTUNG** Welche Institutionen oder Medien können den Verkauf
  des Buchs unterstützen? Leisten die Autoren einen Beitrag zur
  Vermarktung des Werks, zum Beispiel über Seminare? Verfügen sie
  über wertvolle Kontakte, oder können sie wichtige Teilmärkte erschließen?

Während Ausstattung und Ladenpreis oft bereits durch die Zugehörig-
keit zu einer bestimmten Reihe oder einem Programmsegment festgelegt
sind, stehen Ihnen zur Schätzung des Absatzes, der Festlegung der Erstauflage oder der Kalkulation der Kosten meist nur Erfahrungswerte zur
Verfügung. Andere wichtige Fragen müssen Sie aber bei jedem Buchprojekt aufs Neue individuell beantworten.

Zielgruppenanalyse

Um den Absatz zu schätzen, Ausstattung und Ladenpreis festzulegen,
aber auch um die Marketing- und Vertriebsstrategie zu planen, müssen
Sie sich ein genaues Bild von den potenziellen Lesern machen. Eine Zielgruppe, die sich nicht genau fassen lässt, erschwert die Positionierung
und Vermarktung eines Buchs. Optimal ist, wenn Sie regelmäßig direkten Kontakt zu Mitgliedern Ihrer Zielgruppe haben und deren Verhalten,
Probleme, Wünsche, Vorlieben und Abneigungen genau kennen. Eine
Beurteilung nach soziodemografischen Faktoren wie Alter, Geschlecht,
Bildung, Beruf oder Einkommen hilft Ihnen ebenfalls dabei, sich ein Bild
von Ihren Lesern zu machen.

Darüber hinaus geht die psychografische Segmentierung nach Lebens-
stilen, die persönliche Werte, Lebensziele, Meinungen, Interessen und
Verhaltensweisen berücksichtigt. Sie geht davon aus, dass die meisten
Menschen einer bestimmten Gruppe Gleichgesinnter angehören und
gleichzeitig Verhalten und Lebensstil anderer Gruppen ablehnen. Ihre

Grundauffassung drücken sie unter anderem mit Ihren Kaufentschei-
dungen aus, zum Beispiel bei der Wahl der Wohnungseinrichtung, des
Urlaubsziels oder der Kleidung.

Die Gesellschaft für Konsumforschung (GfK) klassifiziert in den Roper
Consumer Styles acht Typen (www.GFK.DE). Bekannt sind auch die Sinus-
Milieus: Sie fassen Gruppen zusammen, die sich hinsichtlich ihrer Leben-
sauffassung und Lebensweise ähneln. Unterschieden werden die Milieus:
• nach sozialer Lage in Schichten von der Unterschicht bis zur oberen
  Mittelschicht auf der Grundlage von Alter, Bildung, Beruf und Einkommen,
• nach der Grundorientierung von traditionsverwurzelt bis postmodern
  auf der Grundlage von Lebensstil und Werten.

Eine »Kartoffel-Grafik« veranschaulicht diese Milieus, die auch hinsichtlich ihrer Größe, ihrer Lebenswelten und ihrer sozialen Lage genau beschrieben werden. Die einzelnen Milieus geben Auskunft über Arbeit,
Beruf, Konsumgewohnheiten, Mediennutzung, Freizeitverhalten oder
Wohnstil. Ausführliche Informationen finden Sie im Internet unter
www.SINUS-MILIEUS.DE. Vergleichbare Lifestyle-Segmentierungen gibt es
auch für Österreich (HTTP://MEDIARESEARCH.ORF.AT, Rubrik »Fernsehen«)
und die Schweiz (www.PUBLISUISSE.CH, Rubrik »Infos + Tools«).

7 Sinus-Milieus in Deutschland. (Quelle: Sinus 2012)

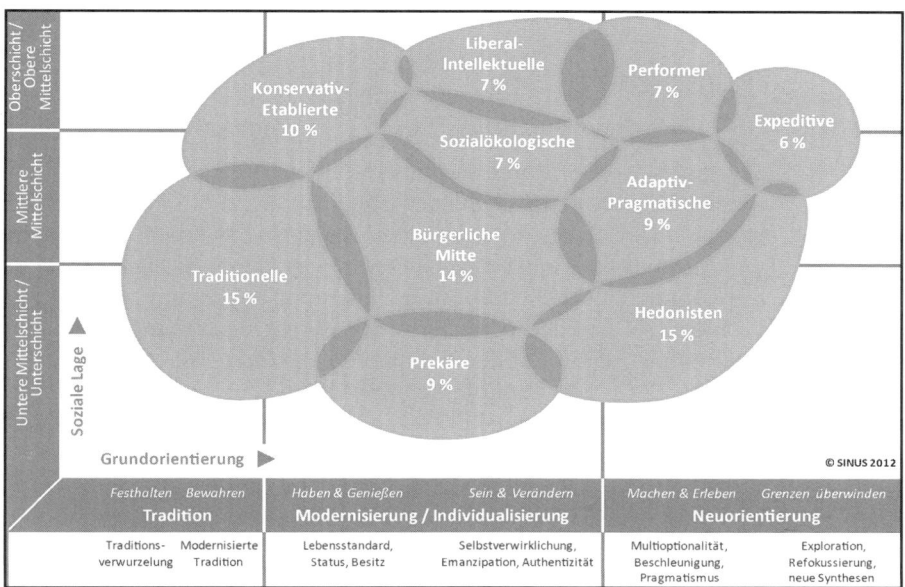

Die Milieus lassen sich je nach Fragestellung auch zusammenfassen, beispielsweise alle jungen Milieus, also die C-Milieus C1, C12, C2 und BC23, die 37 Prozent der deutschen Bevölkerung repräsentieren. So ist es möglich, die potenzielle Zielgruppe recht genau zu beschreiben und Aussagen über ihre Einstellungen und Werte und vor allem über ihre Lebensweise zu treffen. Im Prinzip sollten Sie jedes Buch, das Sie für Ihr Programm planen, einem oder mehreren Milieus zuordnen können.

SINUS-MILIEUS IN DEUTSCHLAND

- **KONSERVATIV-ETABLIERTES MILIEU (AB_2)** Klassisches Establishment. Konservativ-Etablierte betrachten sich als verantwortungsbewusste gesellschaftliche Elite mit Exklusivitäts- und Führungsanspruch. Ein stark ausgeprägtes Standesbewusstsein, unterstützt durch gute und gesicherte Einkommensverhältnisse, trifft auf den Willen zu Abgrenzung und Rückzug. Wichtig sind ihnen Kultur, Bildung, Disziplin, Zielstrebigkeit, Natur und Fortschritt.
- **LIBERAL-INTELLEKTUELLES MILIEU (B1)** Aufgeklärte Bildungselite mit liberaler Grundhaltung und postmateriellen Wurzeln. Liberal-Intellektuelle verfügen über eine hohe Bildung und ein hohes Einkommen. Sie streben nach einem selbstbestimmtem und ganzheitlichen Leben, übernehmen gesellschaftliche Verantwortung, sind weltoffen und schätzen Genuss, Kunst und Kultur.
- **SOZIALÖKOLOGISCHES MILIEU (B12)** Idealistisches, konsumkritisches Milieu mit normativen Vorstellungen vom »richtigen« Leben. Mitglieder dieses Milieus besitzen ein starkes ökologisches und soziales Gewissen. Die Globalisierung betrachten sie mit Skepsis, dafür befürworten sie Nachhaltigkeit, Gerechtigkeit, Political Correctness sowie gesellschaftliche und kulturelle Vielfalt.
- **MILIEU DER PERFORMER (C1)** Multioptionale, effizienzorientierte Leistungselite. Performer denken globalökonomisch, zeigen einen hohen Leistungswillen und sehen sich als Stil- und Konsum-Avantgarde. In der Regel besitzen sie eine hohe IT- und Multimedia-Kompetenz und sind oft voll berufstätig.
- **EXPEDITIVES MILIEU (C12)** Unkonventionelle kreative Avantgarde. Expeditive sind mental und geografisch mobil sowie in der realen und digitalen Welt gut vernetzt. Sie befinden sich stets auf der Suche nach neuen Erfahrungen, nach Grenzen und nach Veränderung, sind aber zugleich erfolgsorientiert. Wichtig sind ihnen Kreativität und Individualität. Expeditive bilden das jüngste Milieu mit einem hohen Anteil an Singles, Auszubildenden und Abiturienten.
- **MILIEU DER BÜRGERLICHEN MITTE (B23)** Leistungs- und anpassungsbereiter bürgerlicher Mainstream. Die bürgerliche Mitte bejaht die gesellschaftliche Ordnung, will sich beruflich und sozial etablieren und strebt nach Sicherheit und Harmonie. Freunde und Familie sind ihnen ebenso wichtig wie Treue und Zuverlässigkeit. Folglich findet sich hier der höchste Anteil an Verheirateten.
- **ADAPTIV-PRAGMATISCHES MILIEU (C2)** Mobile, zielstrebige junge Mitte der Gesellschaft. Erfolg ist für Adaptiv-Pragmatische das Ergebnis von Anstren-

gung und Anpassung. Sie sind deshalb zielstrebig und kompromissbereit,
flexibel und sicherheitsorientiert. Sie verbinden Familie und Verlässlichkeit
mit modernem Lifestyle und lustvollem Konsum.

- HEDONISTISCHES MILIEU (BC23) Spaß- und erlebnisorientierte moderne
  Unterschicht und untere Mittelschicht. Zu den Hedonisten gehören viele
  Arbeiter, aber auch zahlreiche Schüler und Studenten. Sie sind meist jünger
  als 40 Jahre, leben im Hier und Heute, wollen cool sein und Spaß haben. Die
  Konventionen und Erwartungen der Leistungsgesellschaft lehnen sie ab.
- PREKÄRES MILIEU (B3) Um Orientierung und Teilhabe bemühte Unterschicht.
  Das prekäre Milieu mit besonders vielen Geschiedenen und Arbeitslosen ist
  geprägt von starken Zukunftsängsten und Ressentiments. Es versucht, bei den
  Konsumstandards der breiten Mitte mitzuhalten – auch um dadurch soziale
  Benachteiligungen zu kompensieren. Prekäre haben schlechte Aufstiegs-
  perspektiven, besitzen eine reaktive Grundhaltung und neigen zum Rückzug
  ins eigene soziale Umfeld.
- TRADITIONELLES MILIEU (AB23) Sicherheit und Ordnung liebende Kriegs- und
  Nachkriegsgeneration. Dieses Milieu mit vielen Rentnern ist in einer kleinbür-
  gerlichen Welt oder der traditionellen Arbeiterkultur verhaftet. Traditionellen
  sind Sparsamkeit, Disziplin und Pflichterfüllung wichtig. Der gesellschaftliche Fortschritt verunsichert sie, sodass sie sich in ihr privates Umfeld zu-
  rückziehen.

Die Sinus-Milieus bieten nur ein grobes Raster, relevante Kundengrup-
pen zu erfassen – dessen sollten Sie sich bewusst sein. So fehlt hier beispielsweise die Zielgruppe der »bikulturellen Deutschtürken«, die ein
wichtiges Milieu in der Zielgruppengalaxie der Gesellschaft für innovative Marktforschung (WWW.G-I-M.COM) bildet. Insgesamt sind natürlich alle Milieubeschreibungen ständigen gesellschaftlichen Veränderungen
unterworfen, denen sie nur bedingt Rechnung tragen. Denn die meisten
Zielgruppenmodelle basieren auf festen gegenwartsorientierten Lebens-
mustern und ignorieren soziale Mobilität oder individuelle biografische
Brüche.

Nur wenige große Verlagshäuser können sich eine eigene Marktforschung leisten, doch bieten zahlreiche Zeitungen und Zeitschriften kostenlos Mediadaten für Werbekunden auf Ihren Internetseiten an. Suchen Sie also bei den Medien, die eine ähnliche Zielgruppe ansprechen!
Vielleicht können Sie sogar einige Vertreter Ihrer Zielgruppe einladen
und direkt zu ihren Bedürfnissen und Wünschen befragen. Solche Fo-
kusgruppen-Interviews bedürfen einer präzisen Vorbereitung und einer
professionellen Moderation, werden aber immer mit überraschenden
Einsichten und neuen Ideen belohnt. Weitere Informationen über Ihre
Zielgruppe finden Sie in folgenden grundlegende Studien:

- **TYPOLOGIE DER WÜNSCHE (TDWI)** stellt verschiedene Lebensstile mit differenzierten Konsum- und Mediengewohnheiten in einen Zusammenhang (WWW.TDWI.DE).
- **ALLENSBACHER MARKT- UND WERBETRÄGER-ANALYSE (AWA)** erhebt Daten zu Konsumgewohnheiten und Mediennutzung (WWW.AWA-ONLINE.DE).
- **LESERANALYSE ENTSCHEIDUNGSTRÄGER IN WIRTSCHAFT UND VERWALTUNG (LAE)** untersucht den Einfluss der Zielgruppe auf betriebliche Entscheidungen (WWW.LAE.DE).
- **SHELL JUGENDSTUDIE** untersucht in regelmäßigen Abständen Einstellungen, Werte und Gewohnheiten von Jugendlichen in Deutschland (WWW.SHELL.DE).

Umfangreiche Informationen stellen auch die statistischen Ämter in Deutschland (WWW.DESTATIS.DE), Österreich (WWW.STATISTIK.AT) und der Schweiz (WWW.STATISTIK.CH) sowie die Gesellschaft für Konsumforschung (WWW.GFK.DE) zur Verfügung. Zahlreiche Links zu aktuellen Studien sowie gute Recherchemöglichkeiten bietet die Homepage von *Werben & Verkaufen* (WWW.WUV.DE, Rubrik »Studien«).

Im Gegensatz zur Zielgruppenanalyse, die den Ist-Zustand der Gesellschaft beschreibt, wagt die Trendforschung einen Blick in die Zukunft: Welche soziokulturellen Veränderungen lassen sich beobachten, und welche Folgen werden sie für Gesellschaft, Unternehmen, Produkte, Medien oder andere Bereiche haben? Megatrends bezeichnen langfristige und tiefgreifende Entwicklungen, beispielsweise eine in Westeuropa alternde und schrumpfende Bevölkerung, die weltweit wachsende Mobilität, der Boom von Wellness und Gesundheit, die zunehmende digitale Vernetzung aller Lebensbereiche oder die verbesserte Partizipation von Frauen. Mithilfe der Trendforschung können Sie Rückschlüsse auf künftig relevante Themen, Produkte und Angebote ziehen.

Nutzen Sie alle verfügbaren Informationen, um Ihre Zielgruppe anschaulich zu beschreiben – über die soziodemografischen Faktoren hinaus: Wo leben die Leser Ihrer Bücher? Wie richten sie sich ein? Welche Musik hören sie? Welche Filme sehen sie sich an? Welche Zeitungen und Zeitschriften lesen sie? Welche Bücher stehen in ihren Regalen? Wie kleiden sie sich? Welche Automarke fahren sie? Wohin reisen sie in Urlaub? Welche Hobbys haben sie? Welchen Sport treiben sie? Welche Speisen kommen auf den Tisch? Welche Statussymbole sind ihnen wichtig? Woran glauben sie? Was lehnen sie ab? Wovor haben sie Angst? Machen Sie sich ein möglichst genaues und umfassendes Bild!

Neben der Zusammensetzung Ihrer Zielgruppe ist auch deren Größe entscheidend. Eine sehr kleine Zielgruppe erfordert beispielsweise einen hohen Ladenpreis – zu dem sich das Buch aber vielleicht kaum noch verkaufen lässt. Hinweise auf die Größe der Zielgruppe geben Ihnen die

Verkaufszahlen vergleichbarer Werke, die statistischen Ämter, Berufsverbände, Marktforschungsstudien oder die Mediadaten von Zeitungen und
Zeitschriften, welche die gleiche Zielgruppe wie Sie ansprechen.

LITERATURTIPP
- Jochen Kalka und Florian Allgayer (Hg.): *Zielgruppen.* Dieses Standardwerk
  stellt nicht nur alle Sinus-Milieus ausführlich vor, sondern auch die Zielgruppen des Semiometrie-Modells von TNS Infratest sowie die Zielgruppen-
  Galaxie der Gesellschaft für innovative Marktforschung.
- Eike Wenzel, Oliver Dziemba und Corinna Langwieser: *Wie wir morgen leben
  werden.* Die Autoren wagen einen Blick in die Zukunft und beschreiben fünf-
  zehn Lebensstiltrends im Jahr 2025, die sich bereits heute abzeichnen.

Buchreihen und Einzeltitel

Hat ein Buch in einer Reihe oder als Einzeltitel größere Chancen? Wenn
das Buchprojekt sowieso schon für eine Reihe konzipiert wurde, stellt
sich diese Frage nicht. Einzeltitel hingegen fallen in der Regel nur auf,
wenn das Werbebudget groß genug ist. Reihen müssen vier Voraussetzungen erfüllen, um langfristig erfolgreich zu sein:
- Sie müssen eine klare und einheitliche Zielgruppe haben.
- Sie müssen thematisch miteinander verbunden sein.
- Sie müssen gestalterisch als zusammengehörige Reihe erkennbar sein.
- Sie sollten schon beim Reihenstart mehr als nur einen Titel und die
  bloße Ankündigung von weiteren Folgebänden umfassen.

Diese Kriterien garantieren noch keinen Erfolg, denn weiterhin muss jeder Band für sich allein bestehen können. Das gilt für die Qualität des Inhalts ebenso wie für die Beurteilung des Absatzpotenzials. Reihen bieten
jedoch mehrere Vorteile:
- **WIEDERERKENNBARKEIT UND MARKENBILDUNG** Gut und erfolgreich
  eingeführte Reihen erlangen ein eigenständiges Image. Neue Titel
  profitieren dann von diesem Bonus. »Qualität und Glaubwürdigkeit in
  einer Reihe« lautet das Versprechen an die Leser. Das bedeutet aber
  gleichzeitig: In schlecht laufenden oder schlecht gemachten Reihen
  wird das Image schnell zum Bumerang!
- **KOSTEN** Durch Standardisierung in der Produktion und im Vertrieb,
  aber auch im Lektorat, sinken die Kosten für den einzelnen Titel. Das
  erhöht den Gewinn oder ermöglicht niedrigere Ladenpreise, die
  hoffentlich für steigende Absatzzahlen sorgen.

• **MARKETING** Eine Reihe lässt sich einfacher bewerben, zumal sie das Werbebudget mehrerer Titel auf sich vereint. Allzu oft reicht bei einem einzelnen Buch der Marketingetat für kaum mehr als eine kleine Anzeige.

Auch Reihen folgen einem Lebenszyklus: Irgendwann sind die Themen erschöpft, die Leserinteressen haben sich gewandelt, und die Absätze lassen spürbar nach. Nicht erst dann ist es wirtschaftlich unvernünftig, mit zweitklassigen Titeln ausgefallene Leserinteressen zu bedienen. Haben Sie also den Mut, Reihen einzustellen, bevor sie zu den lahmen Hunden gehören, und konzipieren Sie rechtzeitig einen Nachfolger. Auch ein Relaunch ist denkbar, wenn die Inhalte lediglich neuen Entwicklungen angepasst werden müssen oder das Layout einer Auffrischung bedarf. So bekommt eine eingeführte Reihe neuen Schwung.

Einzeltitel hingegen beanspruchen die volle Aufmerksamkeit von Marketing und Vertrieb. Ein Misserfolg ist vorhersehbar, wenn solche Projekte keine klaren Wettbewerbsvorteile versprechen, von den Medien kaum wahrgenommen werden, vom Vertrieb nur geringe Unterstützung erfahren und im Handel schlecht platziert werden. Einzeltitel verursachen einen höheren Aufwand und damit auch höhere Kosten; diese müssen sich mit entsprechenden Absatzerwartungen rechtfertigen lassen. Trotzdem können herausragende Einzeltitel maßgeblich zur Profilierung eines Verlags beitragen oder den Zugang zu neuen Programmsegmenten eröffnen.

MARKENBILDUNG

Wer kennt sie nicht: Milka, Nivea oder Tempo? Das sind Marken, die nicht nur ein einzelnes Produkt bezeichnen – also ein Getränk, eine Gesichtscreme oder ein Papiertaschentuch –, sondern darüber hinaus für das ganze Unternehmen und manchmal sogar ganze Produktgattungen stehen. Marken sind also mehr als bloß ein Wort oder ein Logo; sie genießen meist eine hohe Bekanntheit, Sympathie und Vertrauen und vermitteln bestimmte Wertvorstellungen. Diese beziehen sich nicht allein auf die inhaltlichen oder technischen Produktmerkmale, sondern genauso auf emotionale Aspekte. Auch unter Buchverlagen gibt es Beispiele für bekannte Marken: Langenscheidt oder Duden.

Im Vordergrund stehen bei allen Marken immer Unverwechselbarkeit und eine hohe Wiedererkennbarkeit: Die Kunden sollen auf Anhieb wissen, mit wem sie es zu tun und was sie zu erwarten haben. Dafür braucht eine Marke ein klares, sympathisches Profil, und der Verlag muss sich eindeutig positionieren. Optimal ist es, wenn das Markenimage über die rein inhaltlichen oder technischen Produkteigenschaften hinausgeht und funktionale mit emotionalen Vorteilen verbindet.

Doch wie schaffen Sie eine starke Marke? Die folgenden Punkte müssen Sie zunächst klären:

• ZIELGRUPPE Wer sind Ihre Leser beziehungsweise Kunden? Wen wollen Sie ansprechen und wen nicht?

• MARKT Wie würden die Leser oder Kunden das Marktsegment beschreiben?

• KERNANGEBOT Soll sich die Marke auf den ganzen Verlag oder auf einzelne Programmsegmente beziehungsweise Reihen beziehen? Welche Leistung, welche Inhalte und welches Ergebnis verspricht sich die Zielgruppe?

• MARKENKERN Was sind die Vorteile Ihres Angebots, Ihrer Bücher und Ihres Verlags? Welchen besonderen Nutzen bieten Sie Ihrer Zielgruppe? Wie grenzt sich die Marke von der Konkurrenz ab?

• MARKENPERSÖNLICHKEIT Welche Assoziationen soll die Marke bei der Zielgruppe auslösen? Welches Image soll die Marke haben? Welches Lebensgefühl soll sie transportieren?

Besonders schwierig gestaltet sich die Wahl eines geeigneten Markennamens: Dieser sollte einzigartig, prägnant und leicht auszusprechen sein sowie Inhalt, Nutzen und Vorteile des Angebots zum Ausdruck bringen. Für eine hohe Wiedererkennbarkeit sorgen daneben ein einprägsames Logo, ein zugkräftiger Slogan und ein einheitlicher Marktauftritt (Corporate Identity): Das beginnt beim Briefpapier, geht über Gestaltung von Buchumschlägen und Innenlayout und hört beim Marketing noch lange nicht auf. Sobald Sie sich einmal auf einen bestimmten Auftritt festgelegt haben, müssen Sie allerdings dabei bleiben. Ihre Marke dürfen Sie nur behutsam anpassen, sonst verwirren Sie Ihre Kunden. Damit sich Ihre Marke erfolgreich etablieren kann, sind deshalb eine klare Strategie und ein langer Atem wichtiger als ein hohes Werbebudget.

E-Books

Digitale Angebote ergänzen oder ersetzen zunehmend gedruckte Bücher – eine Entwicklung, die noch lange nicht abgeschlossen ist und deren Auswirkungen nicht vollständig abzusehen sind. In Zukunft können Sie sich jedoch nicht mehr nur darauf verlassen, spannende Autoren zu gewinnen oder gute Inhalte zu entwickeln. Sie müssen sich vielmehr auch die Frage stellen, wie Sie diese am besten präsentieren – und das nicht zwingend allein in gedruckter Form. Damit stellen sich völlig neue Herausforderungen, denn ein E-Book ist ebenso wie eine Smartphone-App oder ein Online-Portal weit mehr als das elektronische Pendant zur Printausgabe. Was zeichnet also das Buch der Zukunft aus?

• MULTIMEDIALITÄT Animierte Bildergalerien, Geräusche, Musik, Vorle-

sefunktionen, Filmsequenzen, Internet-Verknüpfungen, Anbindung an
Online-Foren bis hin zum Social Reading.

- **INTERAKTIVITÄT** Fragen, Übungen und Tests mit direkter Auswertung,
  Spiele, Rätsel, Puzzles und Suchbilder, animierte Grafiken und
  Landkarten mit unterschiedlichem Detaillierungsgrad.
- **PERSONALISIERUNG** Zusammenstellung von Textteilen, Ausblenden
  nicht relevanter Textstellen, Markieren und Kopieren von Textpassagen, Notiz- und Kommentarfunktionen.
- **TEXTZUGRIFF** Erweiterte Zugriffsmöglichkeiten durch Volltextsuche,
  Anlegen von Lesezeichen, direkte Verlinkungen vom Register zur
  entsprechenden Textstelle, vom Text zum Glossar oder zu einer
  anderen Textstelle.
- **AKTUALITÄT** Schnelle und ständige Aktualisierbarkeit, ohne noch zu
  verkaufende Lagerbestände berücksichtigen zu müssen, Verknüpfung
  mit aktuellen Online-Inhalten.

Doch was ist sinnvoll, was wichtig? Die Antwort ist abhängig von der
Zielgruppe und der Lesesituation: Welche Erwartungen haben Ihre Leser? Welchen Gewinn versprechen sie sich? In welchem Umfeld wird das
digitale Angebot genutzt? Auf welchem Gerät? Im Grunde sind es fast
die gleichen Fragen, die Sie auch an gedruckte Texte stellen müssen, denn
es geht nicht vorrangig um das technisch Machbare, sondern um die
Wünsche Ihrer Kunden.

E-Reader, also Lesegeräte für E-Books wie der Kindle, Tablet-Com-
puter wie das iPad oder Smartphones wie das iPhone bieten enorme technische Möglichkeiten, Bücher attraktiv aufzubereiten und nützlichen
Mehrwert zu schaffen, zum Beispiel als »Enhanced E-Book« mit zusätzlichen multimedialen oder interaktiven Inhalten. Zugleich wachsen die
Ansprüche Ihrer Zielgruppe: Wer ein teures und leistungsfähiges elektro-
nisches Gerät besitzt, möchte dessen Vorteile auskosten und sucht keine
langweilige Kopie eines statischen Printprodukts. Digitale Angebote, welche keine der neuen Möglichkeiten nutzen, den Text nahezu unverändert
auf den Bildschirm bringen und lieblos aufgemacht sind, haben somit
kaum eine Berechtigung.

Bereits bei der Produktentwicklung müssen Sie deshalb folgende Fragen klären: Wie lassen sich Ihre Bücher in der digitalen Welt interessant
umsetzen? Müssen sie überhaupt noch gedruckt erscheinen? Was kann
welches Medium besser? Welche zusätzlichen Inhalte werden benötigt,
und woher kommen diese? Wie informativ oder unterhaltsam müssen sie
inszeniert sein? Wie schnell und wie häufig müssen Sie die Inhalte aktualisieren? Und welches zusätzliche Budget steht dafür zur Verfügung?

Noch dürfen Sie keinen schnellen Profit oder allzu große Absatzzahlen von digitalen Produkten erhoffen, denn sie lassen sich nicht einfach

in die bestehenden Branchenstrukturen einfügen. Der Markt entwickelt sich gerade erst – und das rasant. Folglich sollten Sie digitale Angebote mit Augenmaß entwickeln, Neues ausprobieren und auch wieder verwerfen wollen, technische Entwicklungen aufgeschlossen verfolgen und vor allem die Bedürfnisse Ihrer Zielgruppen genau im Blick behalten.

Verkaufsargumente

Die wichtigsten Verkaufsargumente werden oft auch als USP (»Unique Selling Proposition«) oder Alleinstellungsmerkmal bezeichnet. Sie stellen den besonderen Nutzen des eigenen Produkts heraus, heben es damit von Konkurrenzangeboten ab und sollen den Konsumenten zum Kauf bewegen. Konkret lautet die Frage: Warum soll der Buchhändler seinen Kunden ausgerechnet dieses Buch anbieten? Und warum sollen diese es überhaupt lesen wollen? Verkaufsargumente sind beispielsweise:
• Bekanntheit oder Beliebtheit der Autoren bei Lesern, im Buchhandel oder in den Medien;
• spannende oder außergewöhnliche Geschichte;
• hervorragende oder neuartige Erzählweise;
• einzigartige Abbildungen oder Illustrationen;
• hohe Aktualität oder Brisanz des Themas;
• neue, einzigartige Erkenntnisse, die dieses Buch erstmals vermittelt;
• hoher praktischer Nutzen für Beruf und Alltag;
• Versprechen von Erfolg, Reichtum, Gesundheit und Glück;
• Erfolg vorhergehender Bücher desselben Autors oder derselben Reihe;
• überragender Erfolg der Originalausgabe in anderen Ländern;
• außergewöhnliche Ausstattung;
• nützliche oder interessante Beigaben;
• niedriger Verkaufspreis.

Stellen Sie das Besondere Ihres Buchprojekts heraus – am besten in ein oder maximal zwei Sätzen. Denken Sie verkaufsorientiert: Ihre Vertreter haben im Alltag oft nicht viel mehr Zeit, als mit diesen beiden Sätzen Buchhändlern Ihr Buch zu verkaufen! Aus diesem Grund ist ein überzeugender Titel wichtig, denn er bringt nicht nur die Kernaussage des Buchs auf den Punkt, sondern weckt zugleich auch die Neugier auf das Werk. Wie Sie einen guten Titel finden, lesen Sie im Kapitel 1.3.7.

TITELSCHUTZ
Prüfen Sie kostenlos im *Verzeichnis lieferbarer Bücher* (WWW.BUCHHANDEL.DE), bei der Deutschen Nationalbibliothek (WWW.D-NB.DE), der Österreichischen

Nationalbibliothek (WWW.ONB.AT), der Schweizerischen Nationalbibliothek (WWW.SNL.CH), im Titelschutz-Anzeiger (WWW.TITELSCHUTZANZEIGER.DE) oder gegen eine Recherchegebühr beim MediaRegister (WWW.MEDIAREGISTER.DE), ob Ihr Titel schon vergeben ist. Dann besteht Titelschutz, und Sie müssen sich erneut auf die Suche begeben. Berücksichtigen Sie auch andere Werkkategorien wie Filmtitel.

Wenn der Titel noch frei ist, können Sie ihn in Deutschland bis maximal sechs Monate vor Erscheinen mit einer Anzeige im Börsenblatt schützen. So darf ihn kein anderer Verlag verwenden. Die Titelschutzanzeigen der letzten sechs Monate finden Sie unter WWW.BOERSENBLATT.NET in der Rubrik »Titelschutz«. Für die Schweiz empfiehlt sich eine Titelschutzanzeige im *Schweizer Buchhandel*, für Österreich im *Anzeiger*. Beachten Sie, dass der Titelschutz in Österreich erst mit der Markteinführung entsteht. Nähere Informationen finden Sie in Kapitel 2.4.

Konkurrenzanalyse

»Einzigartig«, »völlig konkurrenzlos«, »das beste Buch zum Thema überhaupt« – das sind vollmundige Versprechen angesichts von Zigtausenden Neuerscheinungen alljährlich und Hunderttausenden lieferbarer Bücher. Mehr als ärgerlich, wenn Sie ein derart angepriesenes Buch in Ihr Programm aufnehmen und später feststellen müssen, dass es zum geplanten Thema bereits mehrere ähnliche Werke gibt. Es ist deshalb ein Muss, sich vor der Entscheidung, ein Buch zu verlegen, über die Konkurrenzsituation zu informieren. Genauso wichtig ist es aber, auf dem Laufenden zu bleiben und die Entwicklungen am Buchmarkt zu beobachten.

Besonders Lektoren aus Publikumsverlagen sollten nicht nur die Ratings der großen Online-Buchhandlungen studieren, sondern auch regelmäßig die kleinen und großen Buchhandlungen vor Ort besuchen und sich genau ansehen, welche Konkurrenzverlage dort mit welchen Titeln präsent sind. Nicht alle Leser machen sich nämlich die Mühe, gezielt ein Buch zu bestellen, sondern greifen zu dem, was gerade im Regal steht oder auf dem Büchertisch liegt.

Pflichtlektüre sind die Programmvorschauen der Mitbewerber. Archivieren Sie diese ein paar Jahre, um bei Bedarf darauf zurückgreifen zu können. Wenn Sie die Vorschauen nicht regelmäßig erhalten, lassen Sie sich auf den Verteiler des Verlags setzen. Und vergessen Sie nicht, Ihren Kollegen dort ebenfalls Ihre Vorschau zu schicken. Übrigens lassen auch die Titelschutzanzeigen im deutschen *Börsenblatt*, im österreichischen *Anzeiger* oder im *Schweizer Buchhandel* Rückschlüsse auf die geplanten Neuerscheinungen Ihrer Konkurrenten zu.

Die Kataloge der Deutschen Nationalbibliothek (WWW.D-NB.DE), der Österreichischen Nationalbibliothek (WWW.ONB.AT) oder der Schweizerischen Nationalbibliothek (WWW.SNL.DE) bieten ebenso wie das *Verzeichnis Lieferbarer Bücher* (WWW.BUCHHANDEL.DE) erste Anhaltspunkte dafür, ob bereits ein vergleichbares Werk auf dem Markt ist. Beide Kataloge sind allerdings sehr umfangreich und lassen nicht erkennen, ob ein Titel im Buchhandel tatsächlich präsent ist. Dies erfahren Sie über die Verkaufskataloge der Barsortimente unter WWW.BUCHKATALOG.DE oder WWW.LIBRI.DE.

Die Internet-Buchhandlung Amazon (WWW.AMAZON.DE) bietet Hitlisten und ausführliche Buchbeschreibungen. Berücksichtigen Sie dabei, dass die Absatzzahlen des Online-Handels nicht mit denen des Gesamtmarkts übereinstimmen: So kommen manchmal teure Fachbücher auf überdurchschnittlich gute Verkaufsränge. Auch bei den Rezensionen ist Vorsicht geboten: Zum Teil handelt es sich um die Klappentexte oder Pressemitteilungen der Verlage, zum Teil werden sie von Freunden und Verwandten der Autoren verfasst. Trotzdem hilft Amazon bei der ersten Orientierung.

Daneben bieten die Internet-Seiten der einzelnen Verlage mitunter sehr ausführliche Informationen; manchmal leider auch nur wenig mehr als eine Bestellfunktion. Einen Blick sollten Sie auch auf die Facebook- oder Twitter-Präsenz Ihrer Wettbewerber werfen.

Wie gehen Sie nun bei der Konkurrenzanalyse vor? Natürlich können Sie zuerst Ihre Autoren fragen. Doch diese sehen ihr eigenes Werk meist als einzigartig an, sodass Sie sich mit der Wettbewerbssituation am besten selbst vertraut machen.

CHECKLISTE: KONKURRENZANALYSE

In drei Schritten können Sie die wichtigsten Werke herausfiltern, die mit Ihrem Projekt konkurrieren:

• KONKURRENZAUFLISTUNG Finden Sie heraus, welche Titel im gleichen Programmsegment, zum gleichen Thema oder vom gleichen Autor in den letzten Jahren erschienen und tatsächlich lieferbar sind. Dabei können Sie in der Regel Werke getrost ausschließen, die bereits vor mehreren Jahren verlegt wurden. Denn der Verdacht liegt nahe: Diese sind nicht mehr aktuell. In der Belletristik gelten allerdings längere Haltbarkeitsdaten.

• INFORMATIONSBESCHAFFUNG Sammeln Sie über die verbleibenden Titel möglichst genaue Informationen: im Internet oder direkt im Buchhandel. Vielleicht kaufen Sie sich sogar das eine oder andere Buch – besonders günstig mit Kollegenrabatt direkt beim Verlag. Bei der Einschätzung des Verkaufserfolgs helfen Ihnen das Ranking bei Amazon oder die Abverkaufszahlen von Media Control.

• ABGRENZUNG Fragen Sie sich nun: Wie unterscheiden sich die Bücher voneinander? Werden andere inhaltliche Schwerpunkte gesetzt? Sind aktuelle Entwicklungen berücksichtigt? Wie sehen Plot, Figuren und Erzählperspektive bei belletristischen Titeln aus? Wo liegen besondere Schwächen oder Stärken? Welche Unterschiede gibt es bei Einband, Format, Innenlayout, Umfang und Ladenpreis? Werden unterschiedliche Zielgruppen angesprochen?

Übrig bleiben die Konkurrenztitel, die tatsächlich mit Ihrem Projekt vergleichbar sind und mit ähnlichen Inhalten die gleiche Zielgruppe ansprechen.

Sie können die Ergebnisse der Konkurrenzanalyse auch nutzen, um das Konzept und die Gliederung Ihres Buchs zu überprüfen: Fehlen wichtige Inhalte? Das Gleiche gilt für Ausstattung und Ladenpreis: Welche Gründe gibt es, von den Standards der Mitbewerber abzuweichen? Für jede dieser Fragen sollten Sie zufriedenstellende Antworten finden.

VERKAUFSZAHLEN DES HANDELSPANELS BUCH
Das Marktforschungsunternehmen Media Control erfasst die Abverkaufszahlen von über 800 Sortiments- und Internetbuchhandlungen sowie Buchhandlungen in Kauf- und Warenhäusern (»GfK-Zahlen«). Remissionen sind dabei nicht berücksichtigt. Im kostenpflichtigen Handelspanel Buch lassen sich diese Daten detailliert auswerten – zum Beispiel nach Warengruppen, Marktanteilen, Vertriebskanälen, Preiskategorien oder Zeitverläufen. Natürlich können Sie auch gezielt nach den Verkaufszahlen einzelner Titel oder Verlagsprogramme suchen. Mehr Informationen finden Sie im Internet unter WW.MEDIACONTROL.DE/BUCH.

Preisbildung

Der Ladenpreis spielt eine wichtige Rolle bei der Projektpositionierung, denn neben den äußeren Ausstattungsmerkmalen bewertet er das Produkt für eine bestimmte Zielgruppe, bestimmt das Image des Buchs und letztlich auch das Image des Verlags. Darüber hinaus entscheidet er über Gewinn und Verlust.

Die untere Grenze bei der Preisbildung ist der Kostenpreis – also der Preis, den Sie für ein Buch nehmen müssen, um alle Kosten für Entwicklung, Herstellung und Vertrieb einschließlich der Autorenhonorare zu decken. Einen Gewinn machen Sie damit allerdings noch nicht (siehe Kapitel 1.1.5). Die obere Preisgrenze wird durch die Nachfrage und das Wertempfinden Ihrer Zielgruppe bestimmt: Ist die Nachfrage gering oder halten die Kunden den geforderten Ladenpreis für zu hoch, bleibt das

Buch im Regal liegen. Der Marktpreis ist also der Preis, der von der Zielgruppe als angemessen akzeptiert wird.

Während Sie den Kostenpreis anhand der Projektkalkulation bestimmen können, ist es wesentlich schwieriger, den optimalen Marktpreis zu finden. Sofern der Ladenpreis nicht ohnehin feststeht, weil das Buch beispielsweise in einer bestimmten Reihe erscheint, bieten Ihnen folgende Punkte bei der Preisbildung eine Orientierung:

- **ZIELGRUPPE** Je kleiner, elitärer und kaufkräftiger die Zielgruppe, desto höher kann und muss der Ladenpreis sein. Wenn Sie jedoch sehr große und wenig differenzierte Zielgruppen erreichen wollen, ist ein niedriger Preis richtig oder ein Preis, der sich an der Konkurrenz orientiert.
- **ALLEINSTELLUNG** Wenn Sie einzigartige Inhalte anbieten, über eine starke Marke verfügen oder ein exklusives Image genießen, können Sie getrost Premiumpreise verlangen. Das gilt erst recht, wenn Ihre Zielgruppe auf Ihr (konkurrenzloses) Angebot angewiesen ist. Ihre Kunden erwarten dann allerdings auch eine entsprechend hohe Qualität!
- **KONKURRENZ** Etablierte Marktpreise ermöglichen eine gefahrlose Bestimmung des Ladenpreises. Mit einer Niedrigpreisstrategie können Sie die Mitbewerber vom Markt drängen, mit hohen Preisen ein exklusives Image aufbauen. Wenn das Angebot in einem Programmsegment allerdings groß ist, beispielsweise bei Kochbüchern, können die Kunden Inhalte und Preise mühelos miteinander vergleichen und reagieren in der Regel empfindlich auf Preisschwankungen.
- **VERTRIEBSWEGE** Spezialisierte Vertriebskanäle wie Fachbuchhandlungen oder der Direktbezug über Abonnements erlauben es, höhere Preise zu nehmen. Vertriebskanäle wie Warenhäuser oder Modernes Antiquariat verlangen dagegen massentaugliche Niedrigpreise.

Wichtig ist, dass Sie für Ihr gesamtes Buchprogramm oder zumindest für klar gegeneinander abgegrenzte Teilbereiche eine einheitliche und verständliche Preisstrategie verfolgen. Diese bestimmt, ob sich Ihre Preise an den Kosten, an der Nachfrage, an Ihrem Angebot oder an der Konkurrenz orientieren, aber auch, ob Sie runde Preise (20 Euro) oder so genannte Schwellenpreise (19,90 Euro) verlangen. Das sind die wichtigsten Preisstrategien:

- **NIEDRIGPREISSTRATEGIE** Sie bringen das Werk zu einem niedrigen Preis auf den Markt, erzielen dadurch schnell hohe Absätze und sichern Ihren Marktanteil. Die Qualität genügt den Mindestanforderungen.
- **PREIS-WERT-STRATEGIE** Sie bieten gute Qualität für wenig Geld. Möglich wird das durch eine kostengünstige Produktion und hohe Verkaufszahlen.

- **HOCHPREISSTRATEGIE** Sie wollen langfristig möglichst hohe Preise erzielen, weil Ihr Werk über eine exklusive Qualität, ein einzigartiges Image oder ähnliche Alleinstellungsmerkmale verfügt.
- **WUCHERSTRATEGIE** Sie versuchen, ein minderwertiges Produkt zu einem überhöhten Preis zu verkaufen. Diese Strategie funktioniert nur, wenn Ihr Werk konkurrenzlos ist oder die Käufer schlecht informiert sind. Sie müssen dabei allerdings in Kauf nehmen, dass Ihr Verlag einen dauerhaften Imageschaden erleidet. Gerade auf Online-Foren sind schnelle und heftige Reaktionen zu erwarten.
- **VERDRÄNGUNGSSTRATEGIE** Das Werk wird wie bei der Niedrigpreisstrategie zu einem geringen Preis eingeführt, sodass Sie schnell Marktanteile gewinnen und die Konkurrenz verdrängen. Sobald Ihnen das gelungen ist, können Sie den Preis erhöhen. Insbesondere bei digitalen Produkten können Sie umfangreiche kostenlose Leseproben anbieten und erst für den Erwerb des ganzen Werks oder weiterer Teile Geld verlangen (Lockvogelstrategie). Schwierig wird diese Strategie allerdings, wenn das niedrige Preisniveau bereits fest im Bewusstsein der Kunden verankert ist oder der niedrige Einführungspreis mit geringer Qualität gleichgesetzt wird.

8 Preisstrategien

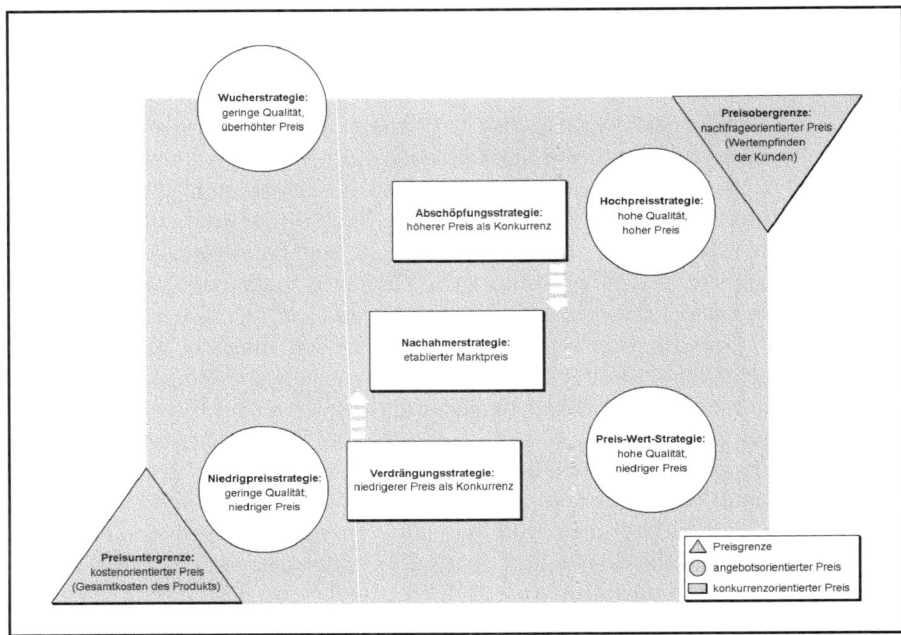

- **NACHAHMERSTRATEGIE** Sie bieten Ihr Werk dauerhaft auf dem Preisniveau der Konkurrenz an. Diese Strategie empfiehlt sich vor allem für austauschbare Werke auf mittlerem Qualitätsniveau.
- **ABSCHÖPFUNGSSTRATEGIE** Sie bieten ein Werk zunächst zu einem hohen Preis an. Sobald die Nachfrage gedeckt ist, können Sie den Preis verringern. Wird mit dem hohen Einführungspreis zunächst eine kleine Zielgruppe angesprochen, so nimmt deren Exklusivität mit der Preissenkung ab. Auf diese Weise schöpfen Sie in jedem Marktsegment den größtmöglichen Umsatz ab. Die Abschöpfungsstrategie bietet sich vor allem für konkurrenzlose Werke an.

Schwellenpreise sind psychologische Preise: Wenn die Projektkalkulation einen Kostenpreis einschließlich Gewinnzuschlag von 10,17 Euro ergibt, wirkt ein Schwellenpreis von beispielsweise 9,80 Euro oder 9,95 Euro günstiger als der runde Preis von 10,00 Euro. Wenn Sie allerdings eine Hochpreisstrategie verfolgen oder ein exklusives Image aufbauen wollen, sollten Sie mit Schwellenpreisen vorsichtig umgehen: Besonders Preise wie 7,99 Euro werden als »billig« empfunden und erinnern mehr an ein Sonderangebot aus dem Supermarkt als an ein hochwertiges Medienprodukt.

Sinnvoll ist es auch, von Anfang an eine Verwertungskette mit unterschiedlichen Preisstufen einzuplanen. So verlängern Sie nicht nur den Lebenszyklus, sondern erreichen auch mehrere Zielgruppen. Zum Beispiel können Sie einem umfangreichen Fachbuch zum Thema Verlagsmanagement zunächst mit einem zeitlich befristeten Einführungspreis, dem so genannten Subskriptionspreis, von 42,00 Euro zu einem erfolgreichen Start verhelfen und es danach für 49,80 Euro anbieten. Eine billigere und limitierte Sonder- oder Studienausgabe verkaufen Sie – vielleicht als Paperback – zwei Jahre nach Erscheinen für 29,80 Euro. Damit erreichen Sie Kunden, die sich das Buch bisher noch nicht leisten konnten oder wollten. Die Originalausgabe zum regulären Ladenpreis können Sie jetzt allerdings kaum mehr absetzen. Noch zwei Jahre später bieten Sie eine Taschenbuchausgabe für 14,80 Euro an.

Mit differenzierten Preisen ist es auch möglich, gleichzeitig unterschiedliche Teilmärkte und Zielgruppen zu bedienen. Beispielsweise können Sie einen Garten-Ratgeber als Hardcover im Buchhandel anbieten, für etwas mehr Geld noch eine CD-ROM dazupacken oder eine günstige Paperback-Ausgabe bei einem Lebensmittel-Discounter verkaufen. Und natürlich können Sie auch für ein E-Book einen anderen Preis verlangen als für die gedruckte Ausgabe – allerdings ist das allgemeine Preisgefüge in den E-Book-Stores und damit die Zahlungsbereitschaft der Kunden oft niedriger als im klassischen Buchhandel. Achten Sie darauf, nicht mit den Bestimmungen der Buchpreisbindung in Konflikt zu geraten.

BUCHPREISBINDUNG

In Deutschland und Österreich gibt es wie in vielen anderen Ländern der Europäischen Union eine Ladenpreisbindung für Bücher. Das heißt, dass die Verlage die Ladenpreise für alle Buchhandlungen und anderen Verkaufsstellen verbindlich festlegen. Nachlässe dürfen nur unter genau bestimmten Bedingungen gewährt werden; geregelt werden aber auch Subskriptions- und andere Sonderpreise oder die Preise von (fast) identischen Parallelausgaben. In Deutschland und Österreich ist die Preisbindung gesetzlich geregelt; in der Schweiz wurde sie 2007 aufgehoben.

Die Preisbindung wird von Experten unterschiedlich beurteilt. Zwar fördert sie eine vielfältige Leselandschaft, aber sie widerspricht marktwirtschaftlichen Prinzipien. Denn der eingeschränkte Wettbewerb kann zu fehlender Kreativität und Innovationsmangel führen. Aber nur theoretisch – denn der Wettbewerb wird auf andere Bereiche verlagert. Die Anbieter am Markt konkurrieren über den Umfang ihres Angebots und die Qualität ihrer Serviceleistungen im Rahmen der Kundenorientierung.

Verlagen ermöglicht sie eine Mischkalkulation: Schlecht verkäufliche, aber kulturell bedeutende Bücher werden durch Bestseller subventioniert. Kleinen Buchhandlungen sichert die Preisbindung das Überleben. Ohne feste Ladenpreise wären sie kaum in der Lage, einen Preiskampf mit Buchhandelsketten oder Warenhäusern zu überstehen, die ihre Ware in großen Mengen und zu günstigen Konditionen bei den Verlagen beziehen. Für die Kunden führt eine Aufhebung der Preisbindung dazu, dass nur wenige Bestseller billiger, alle anderen Titel aber teurer angeboten werden, wie die Erfahrungen aus anderen Ländern zeigen. Folglich heißt es im deutschen *Buchpreisbindungsgesetz:* »Das Gesetz dient dem Schutz des Kulturguts Buch. Die Festsetzung verbindlicher Preise beim Verkauf an Letztabnehmer sichert den Erhalt eines breiten Buchangebots. Das Gesetz gewährleistet zugleich, dass dieses Angebot für eine breite Öffentlichkeit zugänglich ist, indem es die Existenz einer großen Zahl von Verkaufsstellen fördert.«

Die zunehmende Verbreitung von E-Books wird in den kommenden Jahren zu einer intensiven Diskussion und Neubewertung der Preisbindung führen, insbesondere wenn sie zusätzliche multimediale oder interaktive Inhalte bieten.

Einen ausführlichen Leitfaden zum deutschen *Buchpreisbindungsgesetz* finden Sie unter WWW.BOERSENVEREIN.DE.

Auflagenhöhe

Die optimale Höhe der Erstauflage zu bestimmen, gleicht manchmal Kaffeesatzleserei. Nur bei Werken, die im Abonnement bezogen werden, können Sie den Absatz zuverlässig vorhersagen; in allen anderen Fällen sind Sie auf Schätzungen angewiesen. Folgende Faktoren spielen eine Rolle:

- **ZIELGRUPPE** Aufgrund Ihrer Zielgruppenanalyse kennen Sie den Markt für das geplante Buch und wissen, wie viele Exemplare Sie maximal absetzen können.
- **VERKAUFSZAHLEN** Eine gute Orientierungsgrundlage bieten die Verkaufszahlen vergleichbarer Werke – zu einem ähnlichen Thema, aus der gleichen Reihe oder vom selben Autor.
- **KONKURRENZ** Gibt es bereits Konkurrenzwerke zum gleichen Thema, kann das sowohl auf einen großen Markt mit guten Absatzchancen hinweisen als auch auf einen völlig übersättigten Markt. Umgekehrt kann auch eine vermeintliche Marktlücke sehr klein sein. Wichtig ist also eine genaue Kenntnis Ihrer Zielgruppe.
- **SPITZENTITEL** Mehr Exemplare als üblich sollten Sie von Spitzentiteln drucken, für die Ihr Verlag die Werbetrommel rührt.
- **VERTRIEBSWEG** Wenn Sie Bücher beispielsweise in Warenhäusern, Bahnhofsbuchhandlungen oder Tankstellen anbieten, verkaufen Sie wahrscheinlich ebenfalls mehr Exemplare als in spezialisierten Fachbuchhandlungen. Aber Achtung: Es ist selten sinnvoll, für nur ein einziges Buchprojekt einen neuen Vertriebsweg zu erschließen.
- **LADENPREIS** Ein besonders hoher Ladenpreis verringert in der Regel die Verkäuflichkeit.
- **DIREKTVERKÄUFE** Wenn es Institutionen oder Personen gibt, die einige Exemplare des geplanten Titels fest abnehmen, können Sie das bei der Erstauflage einplanen.

Auch wenn die Vertriebsabteilung bei der Festlegung der Auflagenhöhe das letzte Wort hat: Gehen Sie bei der Planung so realistisch wie möglich vor, und berücksichtigen Sie den Zeitraum, den Sie normalerweise brauchen, um die Erstauflage zu verkaufen: Bei Fachbüchern können das mehrere Jahre sein, bei Taschenbüchern vielleicht nur wenige Monate. Wenn Sie eine zu hohe Auflage drucken lassen, besteht die Gefahr, dass Sie auf einem Stapel unverkäuflicher Bücher sitzen bleiben. Auf jeden Fall verursachen Bücher, die sich über einen längeren Zeitraum nur schleppend verkaufen, zusätzliche Lagerkosten, die Sie in Ihrer Kalkulation einrechnen sollten. Aber auch eine zu vorsichtige Schätzung ist schlecht, weil Sie beispielsweise nicht von sinkenden Druckkosten für höhere Auflagen profitieren. Besonders ärgerlich ist dann, wenn die ersten Exemplare so schnell verkauft sind, dass Sie noch eine kleine und teure Auflage nachdrucken müssen. Lassen Sie sich aber keinesfalls dazu verleiten, die Auflagenhöhe nach oben zu treiben, nur um die Kalkulation des geplanten Projekts zu schönen (siehe Kapitel 1.1.5).

NACHDRUCKE UND NEUAUFLAGEN

Leider gibt es diese Situation immer wieder: Ein erfolgreiches, gut verkäufliches Werk ist nicht lieferbar. Das enttäuscht Leser und verärgert Buchhändler. Wichtig ist es also, die Absatzzahlen von Novitäten und Backlisttiteln im Blick zu haben. In den meisten Verlagen übernimmt diese Aufgabe die Vertriebsabteilung – unterstützt von elektronischen Datenbanksystemen, Verkaufs- und Lagerbestandslisten.

Ziel ist, Nachdrucke genau zu dem Zeitpunkt auszuliefern, zu dem die aktuelle Auflage ausverkauft ist. Berücksichtigt werden dabei der aktuelle Lagerbestand, die durchschnittlichen Verkaufszahlen der vergangenen Monate sowie eventuelle saisonale Schwankungen, beispielsweise zu Weihnachten oder zu Schuljahresbeginn.

Bevor Sie einen Nachdruck veranlassen, sollten Sie prüfen, ob Sie das Buch unverändert im Programm halten wollen. Wenn die Absatzzahlen bereits seit einiger Zeit konstant sinken, sind Sie wahrscheinlich froh, dass die aktuelle Auflage bald ausverkauft ist. Vielleicht aber haben sich in die erste Auflage viele Druckfehler eingeschlichen, die Sie korrigieren wollen? Oder das Buch ist nicht mehr auf der Höhe der Zeit und bedarf einer umfassenden Überarbeitung? In diesen Fällen ist eine verbesserte oder aktualisierte Neuausgabe sinnvoll. Gegebenenfalls können Sie jetzt auch einen neuen Ladenpreis für das Buch festlegen.

Vorsicht ist angebracht bei der Festsetzung der Auflagenhöhe: Den Gewinn einer gut verkauften Erstauflage machen Sie leicht dadurch zunichte, dass eine Nachauflage in den Regalen liegen bleibt, weil Sie die Größe der Zielgruppe überschätzt haben. Dies gilt ganz besonders, wenn Sie die Erstauflage gerade erst an den Buchhandel ausgeliefert haben und den endgültigen Erfolg noch nicht absehen können. Dann müssen Sie unter Umständen sogar damit rechnen, dass sich ein zunächst viel versprechender Titel am Ende schlecht verkauft und wieder remittiert wird (siehe Kapitel 4.4). Doch Print-on-Demand hilft, auch dieses Risiko zu reduzieren (siehe Kapitel 3.3.2).

Projektentwicklung

Sie wissen nun, wie Sie vorliegende Buchprojekte positionieren, doch oft werden am Schreibtisch neue Titel konzipiert – nicht nur in den Redaktionen von Ratgeberverlagen. Eine Methode, neue Verlagsprodukte zu entwickeln, ist das 3×3-Verfahren von Winfried Ruf. Sie können damit den komplexen Prozess der Projektkonzeption systematisch und kreativ zugleich in überschaubare Teilschritte auflösen. Betrachtet werden die Kundenseite, sowie Fragen der Produktgestaltung und des Marketings.

	BEDARF/NACHFRAGE	HANDEL/AUSTAUSCH	PRODUKT/ANGEBOT
Inhalt	③ **Wünsche (Weshalb?)** Welche unsichtbaren Wünsche wollen Sie primär befriedigen?	⑧ **Mittel (Womit?)** Mit welchen Mitteln überzeugen Sie Ihre Gruppen glaubwürdig?	④ **Inhalte (Was?)** Welche passenden Inhalte wollen Sie anbieten?
Gestalt	② **Verhalten (Wozu?)** Wie äußern sich die Wünsche der Gruppe?	⑨ **Preis (Wofür?)** Für welchen Preis wollen Sie Ihre Leistung anbieten?	⑤ **Darstellung (Wie?)** Welche geeignete Darstellung wollen Sie für Ihr Produkt wählen?
Träger	① **Gruppen (Wer?)** Welchen Gruppen wollen Sie das Produkt anbieten?	⑦ **Wege (Wodurch?)** Auf welchen Wegen wollen Sie Ihre Leistung transportieren?	⑥ **Träger (Worauf?)** Auf welchen passenden Trägern wollen Sie Ihre Inhalte anbieten?

9 Das 3×3-Verfahren zur Entwicklung von Verlagsobjekten (Quelle: Winfried Ruf, 2001)

Die Fragen, die dieses Verfahren enthält, können Ihnen bereits zahlreiche Ideen liefern. Dabei gibt es keine zwingende Reihenfolge, nach der Sie die einzelnen Punkte abarbeiten müssen. In der Praxis hat es sich jedoch bewährt, zunächst die linke, dann die rechte und zum Schluss die mittlere Spalte auszufüllen. Zur Klärung von Detailfragen ist es empfehlenswert, Ihre Kollegen einzubeziehen.

BEISPIEL: Projektskizze

① GRUPPEN Junge Berufseinsteiger, insbesondere Hochschulabsolventen, im Alter von 20 bis 30 Jahren, meist Singles.

② VERHALTEN Höhere Bildung, geringes oder kein eigenes Einkommen, mobil, aufgeschlossen, leistungsbereit.

③ WÜNSCHE Gelungener Berufseinstieg, berufliche Erfüllung, gutes Gehalt.

④ INHALTE Ratgeber mit Berufen für Aufsteiger und alle, die schnell Karriere machen wollen; Schwerpunkt auf Berufswahl und Jobsuche.

⑤ DARSTELLUNG Modernes zweifarbiges Layout, ansprechende Typografie mit hohem Nutzwert (Infokästen, Marginalien).

⑥ TRÄGER Paperback im Format $14,8 \times 24,0$ cm, 220 bis 240 Seiten.

⑦ WEGE *(Vertrieb)* Vor allem über den Buchhandel, insbesondere in Uni-Städten.

⑧ MITTEL *(Werbung)* Gewinnspiel in Unicum, Bannerwerbung in Internet-Jobbörsen.

⑨ PREIS 12,80 bis 14,80 Euro.

Neue Buchthemen finden Sie auch, indem Sie sich näher mit Ihrer Zielgruppe beschäftigen: In welcher Lebenssituation befindet sie sich? Was macht sie beruflich? Wofür interessiert sie sich? Welche Probleme hat sie? Was freut oder ärgert sie? Was macht ihr Leben besser? Wenn Sie wissen, was Ihre Leser bewegt, halten Sie bereits einen wichtigen Baustein für ein neues Produktkonzept in Händen.

Eine erste grobe Projektskizze kann bereits in weniger als einer Stunde entstehen, ein ausgereiftes und überprüftes Produkt-Marketing-Konzept nimmt bei detaillierter Planung mehrere Tage in Anspruch. Als Basis für weiterführende Diskussionen mit den Kollegen – insbesondere aus Vertrieb und Marketing – kann aber bereits ein Grobkonzept dienen. Dieses hilft, sich beispielsweise über Zielgruppen, Verkaufsargumente, Inhalte und Ausstattung zu verständigen. Auf dieser Grundlage können Sie eine erste Gliederung erstellen und mit der Autorensuche beginnen.

Dieses Verfahren ist nicht nur bei der Projektkonzeption von Nutzen, sondern ebenso bei der Titelpositionierung oder bei der Konkurrenzanalyse. Dabei können Sie mehrere Titel direkt miteinander vergleichen sowie deren Stärken und Schwächen unmittelbar ablesen.

Projektprüfung

Denken Sie bei Ihren Überlegungen daran: Die Zielgruppe, die Sie zuerst für sich gewinnen müssen, sind weder die Buchhändler noch die Leser, sondern die Kollegen im Verlag. Nur wenn es Ihnen gelingt, diese von Ihrem Buchprojekt zu überzeugen oder sie dafür zu begeistern, hat es Aussicht auf Erfolg. Lektoren und Redakteure sind zwar die erste Hürde, die ein neues Buchprojekt überwinden muss, doch bestimmen sie nicht allein darüber, ob ein Titel in das Programm aufgenommen wird.

Die Entscheidung für oder gegen ein Buchprojekt fällt im Rahmen einer regelmäßigen Lektorats- oder Redaktionskonferenz, manchmal auch nur schriftlich im Umlaufverfahren oder per E-Mail. Daran können beteiligt sein: Verlagsleitung, Lektorats- oder Redaktionsleitung, kaufmännische Leitung, Marketing, Vertrieb, Presse und Herstellung, die das Buchprojekt jeweils aus ihrem Blickwinkel beurteilen:

- **KAUFMÄNNISCHE LEITUNG ODER CONTROLLING** betrachten die finanziellen Aspekte: Kosten, Erlöse, Kapitalbedarf und Deckungsbeiträge.
- **VERTRIEB** beurteilt die Verkäuflichkeit und kann bei der Absatzschätzung auf umfangreiche Erfahrungen zurückgreifen. Auch die Preisgestaltung wird hier kritisch betrachtet.
- **MARKETING** erwartet klare Zielgruppen und Verkaufsargumente und fragt, wie sich ein Buch bekannt machen lässt. Ob ein Buch Spitzentitel wird, hängt wesentlich von dessen Vermarktbarkeit ab.

Projekt	Lektor:	KWB			Datum: 19. Oktober
	Autor/Hg.:	Michael Schickerling, Klaus-W. Bramann			
	Titel:	Bücher machen			
	Untertitel:	Ein Handbuch für Lektoren und Redakteure			
	Reihe:	Edition Buchhandel			

Daten	Ausstattung:	Hardcover	Format:	15,5 × 23,0 cm	Farbigkeit: einfarbig
	Umfang:	ca. 400 S.	Sonstiges: zahlreiche Grafiken und Tabellen		
	Erstauflage:	2.500 Ex.	Absatz:	2.200 Ex.	Abnahme:
	Ladenpreis:	ca. 40,00 Euro			
	Termin:	Herbstprogramm	Zweitverwertung: Studienausgabe, E-Book		

Lizenz	Originaltitel:		
	Verlag:		Ladenpreis:
	ISBN:		Jahr:

Honorar	Autor/Lizenz:	0	bis	3.000	Ex.:	8 %	Übersetzung:	
		3.001	bis	6.000	Ex.:	9 %	Redaktion:	
		6.001	bis	∞	Ex.:	10 %	Korrektur:	600 Euro
			bis		Ex.:		Register:	
	Vorschuss:						Sonstiges:	

Projektinfo	**Kurzbeschreibung:** Praxishandbuch für Lektoren und Redakteure in Buchverlagen. Von erfahrenen Experten, die als Referenten an den Schulen des Deutschen Buchhandels tätig sind, werden alle Aspekte der Arbeit im Lektorat vermittelt: Programmplanung, Akquise, Manuskriptbearbeitung, Autorenmanagement, Herstellung, Recht, PR- und Öffentlichkeitsarbeit, Vertrieb. Zahlreiche Checklisten, Praxistipps und Adressen sowie ein Überblick über berufliche Entwicklungsperspektiven machen dieses Handbuch zu einem umfassenden Nachschlagewerk, das sofort umsetzbares Praxis-Know-how bietet. **Autoreninfo:** Michael Schickerling studierte Anglistik und Betriebswirtschaft und berät Verlage, Autoren und Unternehmen bei Publikationsvorhaben. Dr. Klaus-W. Bramann promovierte in Germanistik, ist seit 1999 Verleger und Berater im Buchhandel; unter anderem unterrichtet er am Mediacampus Frankfurt. Auch die anderen Autoren sind erfahrene Experten: Rechtsanwältin Birgit Menche, PR-Profi Michaela von Koenigsmarck und die freie Lektorin Sybil Volks.

Marketing	**Positionierung:** Fachbuch Verlagswesen. **Verkaufsargumente:** Erstes umfassendes Grundlagenwerk für Lektoren. Berücksichtigt alle Bereiche redaktioneller Arbeit. **Zielgruppen:** Volontäre, Lektoren und Redakteure in Buchverlagen ohne oder mit wenig Berufserfahrung, Studenten der Buchwissenschaften, Quereinsteiger und Freie. **Konkurrenztitel:** Röhring: *Wie ein Buch entsteht.* Primus, 2011. (Standardwerk, bietet guten Überblick, weniger umsetzbares Praxiswissen.) Schneider: *Der unsichtbare Zweite.* (Berufsgeschichte des Lektors in Belletristikverlagen.) Nickel: *Krise des Lektorats*: Wallstein, 2006 (Sammelband zum beruflichen Selbstverständnis von Lektoren) **Vertriebskanäle:** Direktvertrieb, Seminaranbieter und -referenten, Buchhandel. **Marketingideen:** Gewinnspiel auf www.bramann.de; Werbepostkarten; Fanseite auf Facebook.

10 Checkliste: Projektprüfung

- **PRESSEABTEILUNG** überlegt, ob und wie sich ein Titel in den Medien vermitteln lässt, ob ein Vorabdruck oder eine Buchpräsentation sinnvoll sind.

• **HERSTELLUNG** nimmt zur Ausstattung, zur technischen Machbarkeit und zu Kostenaspekten Stellung.

Neben inhaltlichen Argumenten spielt die Kalkulation eine große Rolle, die über Kosten und Gewinn des Projekts Auskunft gibt. Für Sie heißt das: Bereiten Sie sich auf diese Punkte sorgfältig vor, wenn Sie die Zustimmung für ein Buchprojekt erhalten wollen, beispielsweise mit vorstehender Checkliste (siehe Abbildung 10). Denn in der Regel bekommen Sie nur einmal die Chance, Ihre Kollegen zu überzeugen.

Einwände Ihrer Kollegen sollten Sie übrigens ernst nehmen, beruhen Sie doch nicht auf Willkür, sondern auf langjähriger Erfahrung. Vielleicht hilft Ihnen die Kritik, das geplante Buch zu verbessern. Auf keinen Fall sollten Sie versuchen, das Projekt gegen den Widerstand Ihrer Kollegen durchzuboxen: Spätestens bei Werbung, Pressearbeit oder Verkauf sind Sie wieder auf das volle Engagement der anderen Abteilungen angewiesen. Wenn dieses fehlt, ist ein Misserfolg fast unausweichlich.

1.1.5
Projektkalkulation

Die Projektkalkulation stellt in den meisten Verlagen eine wichtige Entscheidungsgrundlage dar. Sie zeigt, ob sich ein Titel »rechnet«; das heißt, ob die zu erwartenden Verkaufserlöse alle Kosten decken, zum Beispiel für Honorarzahlungen oder Produktion, und darüber hinaus noch einen Gewinn abwerfen.

In der Praxis existieren unterschiedliche Verfahren zur Kalkulation von Einzeltiteln. Die klassische Multiplikator-Methode befindet sich immer mehr auf dem Rückzug: Dabei werden die Herstellungskosten pro Exemplar mit einem bestimmten Faktor multipliziert und so der Ladenpreis ermittelt. Diese Methode ist sehr ungenau, zumal regelmäßig überprüft werden muss, ob der verwendete Multiplikator noch realistisch ist. Immer mehr setzt sich deshalb die Deckungsbeitragsrechnung durch. Ergänzt wird diese Kalkulationsmethode häufig durch die Deckungsauflagenrechnung.

LITERATURTIPP
• Stefan Wantzen: *Betriebswirtschaft für Verlagspraktiker.* Eine knappe und gut verständliche Einführung in Kalkulation, Erfolgsrechnung, Bilanzierung und Kostenmanagement. Unter anderem wird ein fünfstufiges Modell der Deckungsbeitragsrechnung Schritt für Schritt ausführlich erklärt.

Deckungsbeitragsrechnung

Die Deckungsbeitragsrechnung sucht den Betrag, der nach Abzug aller Einzelkosten, die sich direkt dem Projekt zurechnen lassen, von den Erlösen übrig bleibt. Zu den Einzelkosten gehören beispielsweise die Kosten für Satz und Druck, für Autorenhonorare und Bildrechte oder für Auslieferung, Außendienst und Werbung. Das Verfahren ermöglicht eine mehrstufige Erfolgsrechnung für jeden Titel. Ziel dieser Kalkulationsmethode ist, nach Abzug der genannten Einzelkosten den Deckungsbeitrag herauszufinden, der ausreicht, um alle übrigen Gemeinkosten zu decken und einen Überschuss zu erwirtschaften. Gemeinkosten entstehen unabhängig von der Herstellung oder dem Vertrieb eines bestimmten Produkts; Beispiele hierfür sind Personal-, Miet- oder Telefonkosten.

Es gibt verschiedene Varianten der Deckungsbeitragsrechnung. Dabei werden weder die Zahl der Deckungsbeitragsstufen noch die ihnen zugeordneten Kosten einheitlich verwendet. Dieser Umstand sollte Sie nicht allzu sehr irritieren: Ob zwei, drei, vier oder gar fünf Deckungsbeitragsstufen – entscheidend ist, dass die direkt zurechenbaren Einzelkosten systematisch und vollständig erfasst werden, um sie von den Gemeinkosten abzugrenzen. Nach dem Modell von Stephan Wantzen wird im folgenden Beispiel ein einfaches zweistufiges Verfahren vorgestellt.

BEISPIEL: **Deckungsbeitragsrechnung**

Der Ladenpreis eines Buchs soll 24,95 Euro betragen. Sie planen eine Erstauflage von 5.000 Exemplaren und erwarten, davon 4.500 Exemplare abzusetzen. Der Autor erhält ein Honorar von 15 Prozent, bezogen auf den Nettohandelserlös, sowie eine Honorarvorauszahlung von 5.000 Euro. Die Umsatzsteuer beträgt 7 Prozent, der durchschnittliche Verkaufsrabatt 45 Prozent. So berechnen Sie die Deckungsbeiträge:

Erläuterungen zu den einzelnen Positionen:
① HANDELSERLÖSE Sie errechnen sich aus der Summe aller Verkäufe zu Bruttoladenpreisen abzüglich Umsatzsteuer und Handelsrabatten.
② SONSTIGE ERLÖSE Hierzu zählen Erlöse aufgrund von Festabnahmen ebenso wie Druckkostenzuschüsse oder andere Subventionen.
③ GESAMTERLÖSE Summe der Handelserlöse und der sonstigen Erlöse. In einer weiteren Spalte werden diese mit 100 Prozent bewertet. Die Prozentwerte in dieser Spalte dienen im Folgenden der Kostenkontrolle, da sie die Höhe der einzelnen Kostenarten beziehungsweise der Deckungsbeiträge im Verhältnis zu den Gesamterlösen widerspiegeln.
④ ERLÖSSCHMÄLERUNGEN Das sind Skonti oder Boni, die Kunden gewährt werden. Erfahrungsgemäß liegen sie zwischen 0,5 und 1,5 Prozent der

	BETRAG (€)	**SUMME (€)**	**ANTEIL (%)**
① Handelserlöse		57.711	
② Sonstige Erlöse: Druckkostenzuschüsse Festabnahmen Förderungen und Sponsoring	4.000	4.000	
③ **Gesamterlöse**		**61.711**	**100,0**
④ Erlösschmälerungen (1 % der Gesamterlöse)		617	1,0
⑤ **Erlöse nach Erlösschmälerungen**		**61.094**	**99,0**
⑥ Technische Herstellungskosten		13.000	21,1
⑦ Sonstige Herstellungskosten: Grafik und Layout Redaktion Registererstellung Korrektur	2.000 1.100 250	3.350	5,4
⑧ Honorar- und Lizenzkosten: Absatzhonorar (15 % der Handelserlöse) Pauschalhonorar Übersetzerhonorar Bild- und Abdruckrechte Künstlersozialkasse (0,8 % der Handelserlöse)	8.657 462	9.119	14,8
⑨ **Summe Wareneinsatz**		**25.469**	**41,3**
⑩ **DECKUNGSBEITRAG 1**		**35.625**	**57,7**
⑪ Auslieferungskosten (10 % der Handelserlöse)		5.771	9,4
⑫ Vertreterprovision (6 % der Handelserlöse)		3.463	5,6
⑬ Werbekosten (8 % der Gesamterlöse)		4.936	8,0
⑭ **Summe Vertrieb und Werbung**		**14.170**	**23,0**
⑮ **DECKUNGSBEITRAG 2**		**21.455**	**34,8**

Gesamterlöse. Anhand von Werten aus der Vergangenheit lässt sich eine durchschnittliche Größe bestimmen.

⑤ ERLÖSE NACH ERLÖSSCHMÄLERUNGEN Gesamterlöse abzüglich Erlösschmälerungen.

⑥ TECHNISCHE HERSTELLUNGSKOSTEN Kosten für Satz und Druck.

⑦ SONSTIGE HERSTELLUNGSKOSTEN Alle Kosten, die bei der Produktentwicklung anfallen, zum Beispiel Kosten für Covergestaltung, Manuskriptbearbeitung, Registererstellung oder Korrekturlesen.

⑧ HONORAR- UND LIZENZKOSTEN Kosten für den Erwerb von Rechten, insbesondere Lizenzgebühren, Autoren-, Bild- oder Abdruckhonorare. Die Autoren erhalten in diesem Fall ein absatzbezogenes Honorar von 15 Prozent, bezogen auf die Handelserlöse, was einem Betrag von 8.657 Euro entspricht. Die Honorarvorauszahlung von 5.000 Euro liegt darunter; wäre der Vorschuss höher als das erwartete Absatzhonorar, sollten Sie diesen hier einsetzen. Abgaben an die Künstlersozialkasse, zu der Verlage verpflichtet sind, werden ebenfalls unter den Honorarkosten aufgeführt. Deren Höhe wird jährlich neu festgesetzt. Für die Kalkulation greifen Sie auf Durchschnittswerte aus der Vergangenheit zurück: In diesem Beispiel wird ein durchschnittlicher Prozentsatz im Verhältnis zu den Handelserlösen ermittelt.

⑨ SUMME WARENEINSATZ Der Wareneinsatz ist die Summe der technischen und sonstigen Herstellungskosten sowie der Honorar- und Lizenzkosten. Er stellt eine wichtige Kennziffer zur Erfolgssteuerung dar: Übersteigen die Wareneinsatzkosten 50 Prozent der Gesamterlöse, ist es meist nicht mehr möglich, alle Kosten zu decken und einen Gewinn zu erzielen. Besser ist also, wenn der Wareneinsatz weniger als 45 Prozent der Erlöse ausmacht. Im Beispiel betragen die Fremdkosten für die technische und geistige Leistung sowie die Erlösschmälerungen 41,3 Prozent und bieten keinen Anlass zur Sorge.

⑩ DECKUNGSBEITRAG 1 Gesamterlöse abzüglich Erlösschmälerungen und Wareneinsatz. Aus dem absoluten Deckungsbeitrag ergibt sich in der zweiten Spalte die relative Deckungsspanne. Sie zeigt das prozentuale Verhältnis des Deckungsbeitrags zu den Gesamterlösen. In vielen Fällen gibt der Verlag hier eine Zielgröße vor, die jedes Projekt erreichen sollte.

⑪ AUSLIEFERUNGSKOSTEN Die Gesamtkosten der Auslieferung sind abhängig von Umsatz und vom Umfang der Auslieferungsleistung: Diese kann von der Wareneingangskontrolle über die Bestellannahme und -abwicklung bis zur Remissionsbearbeitung reichen und die Lagerkosten sowie kunden- oder titelbezogene Auswertungen umfassen. Einen branchenüblichen Durchschnittswert gibt es deshalb nicht; Auslieferungskosten von 20 Prozent bei einem Kleinverlag sind ebenso möglich wie 6 Prozent bei einem umsatzstarken Verlag. In diesem Beispiel werden die Auslieferungskosten mit 10 Prozent der Handelserlöse angesetzt.

⑫ VERTRETERPROVISION Die Höhe der Vertreterprovision wird errechnet, indem die in der Vergangenheit gezahlten Erfolgsbeteiligungen und sonstigen Vertreterhonorare in Bezug zu den erzielten Erlösen gesetzt werden. Die Zahlen bekommen Sie von der Finanzbuchhaltung oder vom Vertrieb. In der Beispielkalkulation sind das 6 Prozent der Handelserlöse.

⑬ WERBEKOSTEN Die meisten Verlage budgetieren diese Position im Verhältnis zu den Erlösen; in der Regel werden durchschnittlich zwischen 6 und 10 Prozent der Erlöse für Werbemaßnahmen aufgewendet. Für die Kalkulation kann es ratsam sein, allgemeine von titelbezogenen Werbekosten zu unterscheiden – besonders wenn der Verlag besondere Anstrengungen zur Vermarktung von Spitzentiteln unternimmt. Im Beispiel stehen 8 Prozent der Gesamterlöse für Werbemaßnahmen zur Verfügung.

⑭ SUMME VERTRIEB UND WERBUNG Die Kosten für Auslieferung, Vertreterprovision und Werbung werden traditionell zu den Gemeinkosten gezählt. Da sie sich aber im Kern variabel zu den Erlösen verhalten, werden sie in der Deckungsbeitragsrechnung aus dem Gemeinkostenblock gelöst und in einer eigenen Kostengruppe dargestellt.

⑮ DECKUNGSBEITRAG 2 Nach Abzug der Kosten für Vertrieb und Werbung vom Deckungsbeitrag 1 sollte üblicherweise eine Deckungsspanne von mindestens 30 Prozent übrig bleiben, um die restlichen Kosten zu decken und einen Überschuss zu erzielen. In der Musterkalkulation stehen dafür 21.455 Euro zur Verfügung. Je höher die Deckungsspanne, desto eher steigen die Chancen auf ein gutes Geschäft. Im Beispiel macht sie 34,8 Prozent der Gesamterlöse aus. Meist gibt es eine verlagsinterne Zielgröße, die zeigt ob ein geplanter Titel die kalkulatorischen Vorgaben erreicht.

Die Deckungsbeitragsrechnung eignet sich besonders gut für die Projektkalkulation, weil sie alle Kosten der technischen, geistigen und vertrieblichen Leistung erfasst und im Verhältnis zu den Erlösen bewertet. Sie müssen diese Rechnung allerdings den individuellen Bedingungen Ihres Verlags anpassen und beispielsweise festlegen, wie viele Deckungsbeitragsstufen für die Kalkulation notwendig sind, welche Kennzahlen wichtig sind und wie sie sich erarbeiten lassen. Dabei sollten Klarheit und Transparenz den Vorrang haben vor einer unübersichtlichen Detailverliebtheit.

Deckungsauflagenrechnung

Mithilfe der Deckungsauflagenrechnung können Sie leicht ausrechnen, wie viele Bücher Sie absetzen müssen, um bestimmte Verkaufsziele zu erreichen. Deshalb werden die Ergebnisse der Deckungsauflagenrechnung in Stückzahlen ausgedrückt. Die Grundfrage lautet hier: Wie viele Exemplare eines Titels müssen Sie verkaufen, um beispielsweise die Herstellungskosten der Erstauflage zu decken? Oder: Wie viele Bücher müssen Sie verkaufen, um alle Fremdkosten des Wareneinsatzes zu decken? Wie die Deckungsauflagenrechnung in der Praxis funktioniert, zeigen die folgenden Beispiele, die ebenfalls auf dem Modell von Stephan Wantzen beruhen.

BEISPIEL: Deckungsauflagenrechnung

Die Deckungsauflagenrechnung greift auf die Werte der vorigen Beispielkalkulation zurück. Zuerst wird der Nettohandelserlös pro verkauftem Exemplar ausgerechnet:

$$\text{Handelserlös} = \frac{\text{Ladenpreis} \times (1 - \text{Handelsrabatt})}{(1 + \text{Umsatzsteuer})}$$

$$\text{Handelserlös} = \frac{24{,}95\,€ \times 0{,}55}{1{,}07} = 12{,}82\,€$$

Die erste Deckungsauflagenstufe ermitteln Sie, indem Sie die auflagenbezogenen Herstellungskosten durch den Handelserlös dividieren:

$$\text{Deckungsauflage 1} = \frac{\text{Technische} + \text{sonstige Herstellungskosten}}{\text{Handelserlös}}$$

$$\text{Deckungsauflage 1} = \frac{13.000\,€ + 3.350\,€}{12{,}82\,€} = 1.275 \text{ Exemplare}$$

Sie müssen also 1.275 Exemplare des geplanten Buchs absetzen, um die Kosten der technischen Herstellung zu erwirtschaften. Erst ab 1.276 verkauften Exemplaren fallen Erlöse an, die der Deckung weiterer Kosten dienen, zum Beispiel der Honorar-, Vertriebs- oder Werbekosten.

Wenn Sie wissen möchten, wie viele zusätzlichen Exemplare Sie verkaufen müssen, um auch die Honorar- und Lizenzkosten zu decken, wird die Rechnung erweitert:

$$\text{Deckungsauflage 2} = \frac{\text{Wareneinsatzkosten}}{\text{Handelserlös}}$$

$$\text{Deckungsauflage 2} = \frac{25.469\,€}{12{,}82\,€} = 1.986 \text{ Exemplare}$$

Wenn sich die Honorarkosten von 9.119 Euro auf die gesamte Auflage beziehen, werden diese im Zähler den technischen und sonstigen Herstellungskosten zugeschlagen. Beziehen sie sich allerdings nur auf die tatsächlich abgesetzte Auflage, müssen Sie im Nenner von den Handelserlösen das Stückhonorar abziehen, also das Honorar pro verkauftem Exemplar.

$$\text{Stückhonorar} = \frac{\text{Honorarkosten}}{\text{Verkaufsauflage}}$$

$$\text{Stückhonorar} = \frac{9.119 \, €}{4.500 \text{ Exemplare}} = 2,03 \, €$$

$$\text{Deckungsauflage 2} = \frac{\text{Technische} + \text{sonstige Herstellungskosten}}{\text{Handelserlös} - \text{Stückhonorar}}$$

$$\text{Deckungsauflage 2} = \frac{13.000 \, € + 3.350 \, €}{12,82 \, € - 2,03 \, €} = 1.515 \text{ Exemplare}$$

Müssen Sie im ersten Fall 1.986 Exemplare verkaufen, um den gewünschten Erfolg zu erzielen – schließlich sollen hier die Honorarkosten für die gesamte Auflage gedeckt werden –, so sinkt im zweiten Fall die erforderliche Verkaufsmenge auf 1.515 Exemplare. Dieses Ergebnis zeigt, dass bis 1.515 verkaufte Exemplare die Herstellungskosten der Auflage und das bis dahin angefallene Absatzhonorar gedeckt sind.

In einer dritten Deckungsauflage können Sie ausrechnen, wie viele Exemplare Sie absetzen müssen, um die Herstellungskosten der Auflage sowie die Stückkosten für die Honorare zuzüglich der anteiligen Stückkosten für Auslieferung und Außendienst zu decken. Die Formel lautet dann:

$$\text{Vertriebsstückkosten} = \frac{\text{Auslieferungskosten} + \text{Vertreterprovision}}{\text{Verkaufsauflage}}$$

$$\text{Vertriebsstückkosten} = \frac{5.771 \, € + 3.463 \, €}{4.500 \text{ Exemplare}} = 2,05 \, €$$

$$\text{Deckungsauflage 3} = \frac{\text{Technische} + \text{sonstige Herstellungskosten}}{\text{Handelserlös} - \text{Stückhonorar} - \text{Vertriebsstückkosten}}$$

$$\text{Deckungsauflage 3} = \frac{13.000 \, € + 3.350 \, €}{12,82 \, € - 2,03 \, € - 2,05 \, €} = 1.870 \text{ Exemplare}$$

Die Deckungsauflage 3 zeigt, dass mehr als 40 Prozent der Verkaufsauflage benötigt werden, um die bis dahin entstandenen Kosten zu decken. Das heißt auch, dass Ihr Buch bis 1.870 verkaufte Exemplare noch keinen Beitrag zur Deckung weiterer Kosten erwirtschaft hat.

Nach diesem Prinzip lässt sich die Deckungsauflagenrechnung – ähnlich wie die Deckungsbeitragsrechnung – beliebig fortsetzen. Bei der Berechnung müssen Sie beachten, dass auflagenbezogene Größen im Zähler und stückbezogene Werte im Nenner der Formel stehen. Die Deckungsauflage 4 könnte zum Beispiel messen, wie viele Exemplare des geplanten Buchs Sie verkaufen müssen, um zusätzlich die Werbekosten zu erwirtschaften. Ihrer Rechenleidenschaft sind keine Grenzen gesetzt – in der Praxis sollten Sie sich allerdings auf einige wenige Deckungsauflagen beschränken. Denn der größte Vorteil dieser Rechnung ist, dass Sie auf einen Blick erkennen, ob Ihr Buchprojekt die entstehenden Kosten einspielt: Liegt die Absatzerwartung unter der notwendigen Deckungsauflage, machen Sie Verlust.

1.2
Projektmanagement

Die termingerechte Abwicklung von Buchprojekten ist eine der größten Herausforderungen der Buchproduktion. Dabei gilt es, stets den Überblick zu behalten – und das bei mehreren parallel laufenden Projekten und einer Vielzahl von Beteiligten mit unterschiedlichen Interessen. Dazu gehören neben Autoren auch freie Mitarbeiter wie Übersetzer, Redakteure oder Illustratoren. Ihre Aufgabe ist, diese ausfindig zu machen, für den Verlag zu gewinnen und möglichst auch dauerhaft zu halten. Verhandlungsstärke ist von Ihnen ebenso gefordert wie diplomatisches Geschick, wenn es darum geht, zwischen den Interessen des Verlags und der übrigen Beteiligten zu vermitteln. Für den Erfolg Ihrer Arbeit entscheidend ist aber nicht nur Ihre Fähigkeit, mit anderen zusammenzuarbeiten, sondern auch eine realistische Terminplanung und ein gutes Zeitmanagement.

1.2.1
Projektplanung

Projekte sind einmalige und zeitlich befristete Aufgaben, an denen ein Team von Spezialisten aus mehreren Abteilungen mitwirkt. So kann man in Verlagen eigentlich nicht von Projektmanagement sprechen, wenn es um die Produktion von Büchern geht. Weil daran viele Abteilungen beteiligt sind, ist es dennoch nicht falsch, den Begriff Buchprojekte zu verwenden. Damit Sie diese erfolgreich und vor allem termingerecht zum Abschluss bringen, lohnt es sich, Methoden des Projektmanagements wie Projektstrukturierung, Termin- und Ressourcenplanung genauer anzusehen.

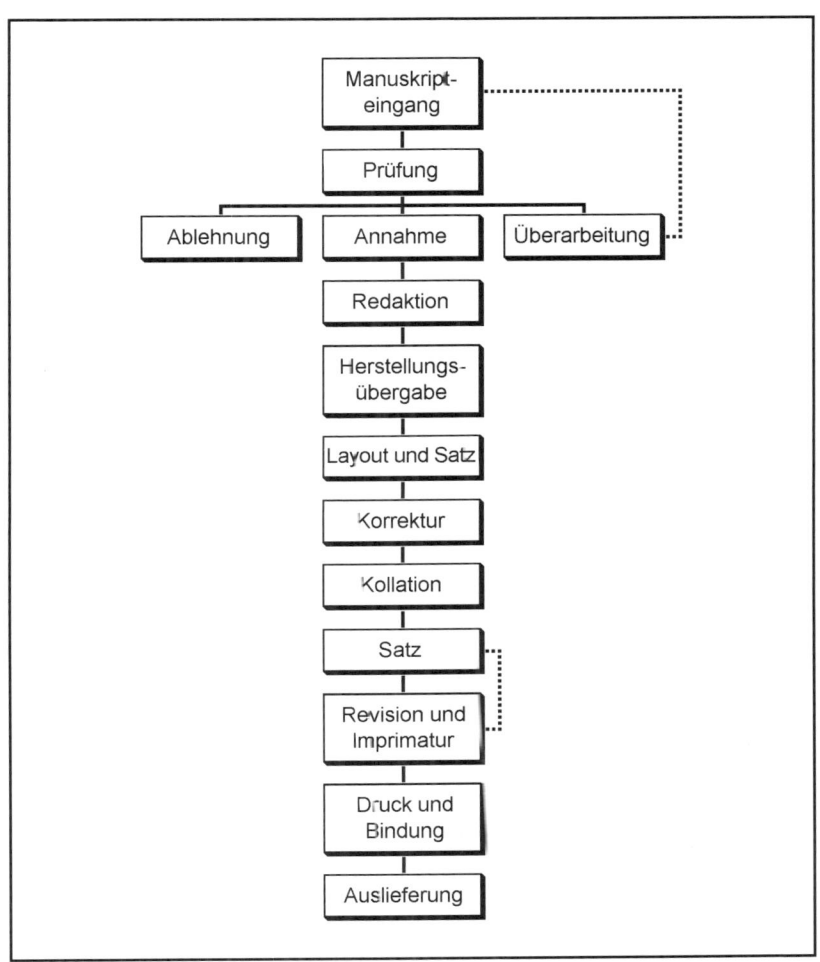

11 Projektablauf

Projektstrukturierung

Um Buchprojekte richtig zu planen, müssen Sie sich zunächst über die anfallenden Aufgaben klar werden und dann überlegen, wie lange Sie für jeden Schritt benötigen – auch bei vermeintlichen Routineprojekten. Denn an einem Projekt sind noch viele andere beteiligt, die vielleicht von anderen Voraussetzungen ausgehen. Üblicherweise gliedert sich ein Buchprojekt ab dem Eingang des Manuskripts in folgende Phasen, die im Kapitel 1.3 ausführlich beschrieben werden:

- **MANUSKRIPTEINGANG** Autoren oder Übersetzer liefern das Manuskript.
- **MANUSKRIPTPRÜFUNG** Sie prüfen, ob das Manuskript Ihren Erwartungen entspricht. Wurden die abgesprochene Gliederung und der vereinbarte Umfang eingehalten? Gibt es gravierende inhaltliche oder sprachliche Mängel? Sind formale Standards eingehalten, wenn beispielsweise mit einer Druckformatvorlage gearbeitet wurde?
- **MANUSKRIPTANNAHME** Wenn die Prüfung positiv verlaufen ist, können Sie das Manuskript annehmen. Andernfalls setzen Sie eine Nachfrist, während der die Autoren das Manuskript nachbessern. Nur wenn die Mängel so schwerwiegend sind, dass eine Nachbesserung nicht möglich ist, sollten Sie die Annahme des Manuskripts ablehnen.
- **REDAKTION/LEKTORAT** Das Manuskript wird inhaltlich und stilistisch bearbeitet, gegebenenfalls auch juristisch geprüft. Die beabsichtigten Änderungen sollten Sie immer mit den Autoren abstimmen.
- **HERSTELLUNGSÜBERGABE** Der Text steht, alle Abbildungen sind beschafft, alle Rechte eingeholt. Das Manuskript ist satzreif und kann der Herstellungsabteilung übergeben werden.
- **LAYOUT UND SATZ** Das Layout für das Buch wird erstellt, und das Manuskript wird gesetzt. Ein erster Korrekturabzug entsteht.
- **KORREKTUR** Verfasser, Korrektor und Lektor prüfen den abgesetzten Korrekturabzug auf orthografische und typografische Fehler. Eventuell wird auch ein Register erstellt.
- **KOLLATION** Die unterschiedlichen Korrekturen werden vereinheitlicht und in einem Abzug zusammengeführt. Dieser geht zurück an die Herstellungsabteilung beziehungsweise Setzerei.
- **REVISION UND IMPRIMATUR** Im neuen Korrekturabzug wird daraufhin überprüft, ob alle Änderungen ausgeführt wurden und ob neue Fehler entstanden sind. Ist er fehlerfrei, wird die Druckfreigabe, das so genannte Imprimatur, erteilt. Eventuell liefert die Druckerei noch einen korrigierten Umbruchabzug, gegebenenfalls auch einen Proof oder eine Blaupause, zur letzten Kontrolle.
- **DRUCK UND BINDUNG** Das Buch wird gedruckt und gebunden.
- **AUSLIEFERUNG** Das Buch erscheint.

Der reibungslose Ablauf eines Buchprojekts hängt von vielen Beteiligten ab. Notwendig ist deshalb eine genaue Terminplanung, die Sie frühzeitig mit Autoren oder Übersetzern und Ihrer Herstellungsabteilung abstimmen sollten. Vergessen Sie nicht, dass Sie parallel auch die Vertreterkonferenz vorbereiten und Vorschautexte schreiben müssen. Auch Marketingaktionen müssen noch geplant, Klappentexte geschrieben oder Bilder beschafft werden.

Alle Abteilungen im Verlag sind auf Ihre Zuarbeit und damit auf Ihre Termintreue angewiesen. Verzögerungen sind nicht nur ärgerlich und kostenträchtig, sondern können sogar das gesamte Projekt gefährden. So hängt der Erfolg eines Buchs auch von einer realistischen Terminplanung und genauen Absprachen ab. Falls es doch zu Terminverschiebungen kommt: Informieren Sie alle Beteiligten so rasch wie möglich.

Insbesondere bei umfangreichen Projekten, an denen ein größeres Team arbeitet, zum Beispiel bei einem Lexikon oder einem Schulbuch, ist eine Vorbesprechung sinnvoll. Dabei werden die Aufgabenverteilung geklärt und die Termine abgestimmt. Auch fachliche und formale Fragen wie die Terminologie oder die Vereinheitlichung von Schreibweisen können jetzt besprochen werden. So lässt sich ein hoher Bearbeitungsaufwand reduzieren, der sonst zu einem späteren Zeitpunkt anfiele.

Termin- und Ressourcenplanung

Da das Lektorat am Anfang des Produktionsprozesses steht, wird hier in der Regel der Ablauf geplant. Dabei haben Sie zwei Möglichkeiten: Entweder beginnen Sie bei der Manuskriptabgabe und addieren die Zeiten, die Sie für die einzelnen Arbeitsschritte benötigen – immer in Absprache mit den Beteiligten –, oder Sie gehen umgekehrt vom Erscheinungstermin aus, rechnen zurück und bestimmen so alle Termine bis zur Manuskriptabgabe. Dieser zweite Weg ist immer dann sinnvoll, wenn das Buch an bestimmte Ereignisse gebunden ist, zum Beispiel an ein Jubiläum, eine Ausstellungseröffnung oder eine Fernsehsendung.

❚ BEISPIEL: Terminplanung

Arbeitsschritt	Beteiligte	Dauer	Termin
Manuskriptabgabe	Autor		2. September
Prüfung des Manuskripts	Lektorat	2 Arbeitstage	4. September
Inhaltliche u. stilistische Bearbeitung	Redaktionsbüro	10 Arbeitstage	18. September
Prüfung der Bearbeitung	Lektorat	1 Arbeitstag	19. September
Einarbeitung der Änderungen	Autor	5 Arbeitstage	30. September
Satzfertigstellung des Manuskripts	Lektorat	2 Arbeitstage	2. Oktober
Herstellung und Satz	Setzerei	8 Arbeitstage	15. Oktober
Korrektur und Registererstellung	Korrektor	5 Arbeitstage	23. Oktober
Korrekturabgleich (Kollation)	Lektorat	1 Arbeitstag	24. Oktober
Einarbeitung der Korrekturen	Setzerei	4 Arbeitstage	30. Oktober
Revision und Prüfung des Registers	Lektorat	1 Arbeitstag	1. November
Letzter Korrekturlauf	Setzerei	3 Arbeitstage	7. November
Imprimatur	Lektorat	1 Arbeitstag	8. November
Druck und Bindung	Druckerei	15 Arbeitstage	28. November
Erscheinungstermin		**58 Arbeitstage**	**29. November**

Denken Sie bei Ihrer Terminplanung auch an Postwege, und vergessen Sie nicht, Wochenenden und Feiertage, aber auch Ihre eigenen Termine wie Urlaube oder Messebesuche zu berücksichtigen. Darüber hinaus sollten Sie stets einen zusätzlichen Zeitpuffer einbauen, denn erfahrungsgemäß kommt es immer zu Verzögerungen.

Wenn Sie jetzt noch einen Zeitpuffer von zwei Wochen einplanen, müssen Sie entweder den Abgabetermin für das Manuskript auf den 15. August vorverlegen oder die Auslieferung für das Buch auf den 13. Dezember verschieben. Denken Sie daran, dass nicht nur Verzögerungen unter Umständen viel Geld kosten. Auch ein zu hoher Termindruck verursacht zusätzliche Kosten, da die Honorarforderungen von externen Dienstleistern steigen und eine höhere Fehlerquote Mehrarbeit zur Folge hat.

Professionelle Software wie Project von Microsoft kann Ihnen dabei helfen, auch umfangreiche Projekte zu planen und zu überwachen. Wenn Ihnen ein solches System nicht zur Verfügung steht, tut es auch ein Terminplaner aus dem Schreibwarenhandel – neben Ihrem normalen Terminkalender, den Sie sowieso führen. Hierin tragen Sie auch alle allgemeinen Termine wie Messen, Konferenzen, Seminare, Dienstreisen oder Urlaube ein. So haben Sie einen guten Überblick über alle Projekte und

12 Beispiel: Projektplanung

	September 1–30		1–7
Allgemeine Termine	Reise Berlin (11–12)		Urlaub
Mönig: Pferderassen	Ms.-Abgabe · Ms.-Prüfung · Redaktion (Fr. Montella)	Ms.-Prüfung · Überarbeitung (Autor)	Satzfertigstellung
Schmitz: Zauber-ABC	Register (Hr. Leo)	Revision · Imprimatur	
Smokowski: Clever gärtnern	Korrektur (Hr. Leo)	Kollation · Revision	
Wessels: Federball			

sehen sofort, wenn Termine miteinander kollidieren. Wenn Sie jetzt noch den aktuellen Stand der einzelnen Projekte regelmäßig kontrollieren, erkennen Sie schnell die Auswirkungen von Verspätungen und anderen Terminverschiebungen.

Ein weiterer Vorteil: Sie können mit einem Terminplaner auch den Einsatz Ihrer freien Mitarbeiter steuern. Dann wissen Sie stets, wer gerade mit welchem Projekt betraut ist und wer noch Kapazitäten frei hat. Vergessen Sie aber nicht, zuvor mit den Beteiligten zu sprechen – vielleicht sind sie dann gerade mit anderen Projekten beschäftigt.

Eine detaillierte Checkliste (siehe Abbildung 12) hilft Ihnen, den Überblick über jedes einzelne Buchprojekt zu behalten. Darin vermerken Sie, welche Arbeitsschritte bereits erledigt sind. Auf der Rückseite können Sie beispielsweise wichtige Adressen notieren. Damit Sie diese Informationen immer griffbereit haben, ist es sinnvoll, diese Übersicht in Ihrer Projektmappe aufzubewahren. Die Pflege solcher Listen oder Datenbanken zur Terminüberwachung sollte aber nie zum zeitfressenden Selbstzweck ausufern; im Vordergrund steht immer die Arbeit am Projekt selbst! Weitere Punkte, an die Sie vielleicht auch noch denken müssen, sind:

Oktober																				November																													
2	13	14	15	16	17	18	19	20	21	22	23	24	25	26	27	28	29	30	31	1	2	3	4	5	6	7	8	9	10	11	12	13	14	15	16	17	18	19	20	21	22	23	24	25	26	27	28	29	30

Zeilen (Vorgänge):

- Vorschautexte schreiben
- Vertreterkonferenz
- Seminar Frankfurt
- Korrektur (Fr. Heusig)
- Kollation
- Revision
- Imprimatur
- ET
- Ms.-Abgabe
- Ms.-Prüfung
- Redaktion (Hr. Korthues)
- Prüfung
- Überarbeitung (Autorin)
- Satzfertigstellung
- Korrektur (Fr. Poganatz)

- **SCHREIBANWEISUNGEN UND FORMATVORLAGEN** Stellen Sie Autoren und Übersetzern rechtzeitig alle notwendigen Informationen und Hilfsmittel zur Verfügung.
- **HONORARZAHLUNGEN, INSBESONDERE VORSCHÜSSE** Diese werden in der Regel mit Vertragsunterzeichnung und bei Manuskriptannahme oder bei Erscheinen fällig.
- **BELEGEXEMPLARE** für Autoren und Lizenzgeber, Übersetzer, Bildagenturen oder freier Mitarbeiter.

Nehmen Sie sich Zeit für eine gründliche und realistische Planung. So können Sie einen reibungslosen Ablauf zwar nicht garantieren, aber zumindest die Voraussetzungen für eine termingerechte und kostensparende Abwicklung Ihres Buchs schaffen.

1.2.2
Zeitmanagement

Schnell wachsen die Papierstapel auf Ihrem Schreibtisch, ständig klingelt das Telefon, und am Ende des Tags fragen Sie sich, wo Ihre Zeit geblieben ist. Manchmal ist das ganz leicht herauszufinden, denn sicher kennen auch Sie die zehn häufigsten Zeitfresser:
- Der Schreibtisch ist unaufgeräumt und erschwert strukturiertes Arbeiten.
- Das Telefon oder eingehende E-Mails unterbrechen Sie ständig bei Ihrer Arbeit.
- Kollegen und Besucher schneien herein und halten Sie auf.
- Besprechungen – besonders ungeplante – lassen Sie nicht zu inhaltlicher Arbeit kommen.
- Sie können schlecht nein sagen oder wollen alles selbst erledigen und verlieren viel Zeit, weil Sie sich mit Details beschäftigen.
- Sie haben Prioritäten nicht konsequent gesetzt: Sie erliegen der Tyrannei des Dringenden und vernachlässigen das Wichtige.
- Sie versuchen, zu viele Dinge gleichzeitig zu erledigen und haben dabei eine unrealistische Zeitplanung.
- Sie sind unentschlossen und schieben Entscheidungen vor sich her.
- Fehlende oder verspätete Informationen verursachen Verzögerungen oder Mehrarbeit.
- Sie sind überarbeitet und gönnen sich nicht genug Pausen.

Schon mit wenigen Tricks können Sie Ihre kostbare Zeit viel effektiver nutzen. So sollten Sie sich angewöhnen, sich zu Arbeitsbeginn eine halbe Stunde freizuhalten, um den Tag zu planen, anstehende Aufgaben vor-

Projektdaten	ISBN:	978-3-934054-52-3			Lektor:	KWB
	Autor/Hg.:	Michael Schickerling, Klaus-W. Bramann				
	Titel:	Bücher machen				
	Untertitel:	Ein Handbuch für Lektoren und Redakteure				
	Reihe:	Edition Buchhandel Bd. 13				
	Ausstattung:	Hardcover	**Format:**	15,5 × 23,0 cm	**Farbigkeit:** einfarbig	
	Umfang:	ca. 400 S.	**Sonstiges**	Grafiken, Tabellen		
	Ladenpreis:	ca. 40,00 Euro	**Auflage:**	2.200 Ex.	**Abnahme:**	

Lizenz

Originaltitel:

Verlag: Jahr:

ISBN: Preis:

☐ 5 Arbeitsexemplare

☐ Originaldaten/-abbildungen

☐ Marketing-/Presseinfos

Rechte

☒ Autoren-/Lizenzvertrag

☐ Übersetzervertrag

☒ Titelschutz

☐ Bildrechte

Infos

☒ Autorenvita

☐ Autorenfoto

☒ Probekapitel

☒ Umschlagentwurf

☒ Vorschautext

☒ Umschlagtext

Termine

		bis:	am:
☒ Manuskriptabgabe:		bis: 7. Januar	am: 24. März
☒ Redaktion:	Name: Schickerling/Bramann	bis: 19. April	am: 23. April
☒ Korrektureingabe:	Name:	bis: 17. Mai	am: 21. Mai
☒ Register:	Name: Schickerling	bis:	am:
☒ Herstellungsübergabe:	Name: Ruta	bis: 1. Juni	am: 18. Juni
☒ Korrektur:	Name: Lehmann	bis: 15. August	am: 13. August
☒ Kollation:			am: 16. August
☒ 1. Revision:			am: 23. August
☐ 2. Revision:			am:
☒ Imprimatur:			am: 2. September
☒ Erscheinungstermin:		bis: 25. August	am: 15. September

13 Checkliste: Projektübersicht

zubereiten und kleine, aber dringende Dinge zu erledigen. Planen Sie täglich auch einen festen Zeitblock ein, um sich Routineaufgaben zu widmen, Briefe und E-Mails zu schreiben, Fachzeitschriften zu lesen oder Rechnungen zu prüfen.

LITERATURTIPPS
- Lothar J. Seiwert: *Das neue 1 × 1 des Zeitmanagements*. Klassiker zum Thema Zeitmanagement mit vielen praktischen Arbeitsblättern und Übungen.
- Kerry Gleeson: *Mit PEP an die Arbeit*. Der Ratgeber bietet sehr viele alltagstaugliche Ratschläge zur Arbeitsorganisation.

Informationsmanagement

Alle eingehenden Informationen und Aufgaben müssen Sie sichten, filtern und sortieren. Dabei haben Sie fünf Möglichkeiten:
- WEGWERFEN Sortieren Sie so viel aus, wie Sie können. Viele Informationen brauchen Sie überhaupt nicht. Tipp: Lassen Sie sich aus überflüssigen Verteilern streichen, und tun Sie Ihren Kollegen einen großen Gefallen – indem Sie sie nicht bei jeder E-Mail auf cc setzen.
- ABLEGEN Informationen, Unterlagen oder Schriftstücke, die Sie später benötigen und aufheben müssen, legen Sie sofort an der richtigen Stelle ab. So sammeln sich keine Papierberge an, die Sie später nochmals sichten müssen.
- DELEGIEREN Wenn sich eine Aufgabe oder Information weitergeben lässt, zum Beispiel an Praktikanten oder freie Mitarbeiter, tun Sie das sofort. Vielleicht warten andere, die diese Arbeit besser als Sie erledigen können, genau darauf, und Sie bekommen den Schreibtisch frei.
- ERLEDIGEN Möglichst viel sollten Sie nun selbst bearbeiten – sofort und vollständig. So vermeiden Sie, dass sich Rückstände bilden oder Rückfragen kommen. Setzen Sie dabei die richtigen Prioritäten: Beginnen Sie mit den Angelegenheiten, die dringend und wichtig sind, erledigen Sie danach alles Dringende, ohne zu viel Zeit damit zu verbringen. Den Rest arbeiten Sie je nach Wichtigkeit ab.
- AUFSCHIEBEN Auf einen späteren Zeitpunkt verschieben sollten Sie nur umfangreichere Aufgaben, die nicht dringend sind, für die noch wesentliche Informationen fehlen und um die Sie sich persönlich kümmern müssen. Setzen Sie sich für die Erledigung aber schon jetzt einen festen Termin.

Bis auf die wenigen Vorgänge, die Sie auf später verschieben mussten, haben Sie bereits alles erledigt. Wenn Sie stets sofort handeln, sparen Sie viel Zeit und vermeiden, die gleichen Papierstapel immer wieder neu durchgehen zu müssen: für eine erste Durchsicht, für die Bearbeitung, für die Ablage …

Wenn Sie Entscheidungen treffen müssen, sollten Sie das ebenfalls möglichst rasch tun. Denn meist ist es besser, überhaupt zu entscheiden, als unter Berücksichtigung aller denkbaren Umstände die optimale Lösung zu suchen. Das endlose Abwägen aller möglichen Argumente ist ein großer Zeitfresser, und vermutlich werden Ihnen sowieso nie alle wünschenswerten Informationen zur Verfügung stehen. Im Übrigen lassen sich alle Probleme leichter lösen, solange sie noch klein sind.

Wenn Sie doch Rückstände – auch auf Ihrem Computer – abzuarbeiten haben, sollten Sie dafür Zeit einplanen und sich dabei auch nicht stören lassen. Mit Rückständen verfahren Sie genauso wie mit allen anderen eingehenden Unterlagen: sichten und erledigen.

Arbeitsplatz

Organisieren Sie Ihren Arbeitsplatz so, dass es möglichst einfach ist, alles sofort zu erledigen. Denn bevor Sie etwas tun, wollen Sie sich nicht erst auf die Suche nach wichtigen Unterlagen begeben. Ein übersichtliches Ablagesystem entlastet Sie bei Ihrer täglichen Arbeit. Das Grundprinzip ist dabei, ähnliche Vorgänge zusammenzufassen, ihnen einen eigenen Platz zuzuweisen und sie eindeutig zu beschriften:

- **ABLAGEKÖRBE** Mit drei bis vier Ablagekörben organisieren Sie Ihren Informationsfluss. In den Eingangskorb kommt alles, was Sie noch sichten müssen. Der Ablagekorb für Laufendes enthält, was Sie nicht sofort erledigen können – aber spätestens während der nächsten zwei bis drei Tage. Im Ausgangskorb sammeln Sie, was Ihren Arbeitsplatz verlassen soll; dies verteilen Sie ein- bis maximal zweimal täglich. Einen weiteren Ablagekorb können Sie dafür nutzen, Zeitschriften oder Zeitungsartikel abzulegen – also alles, was Sie in Ruhe lesen möchten. Lassen Sie den Stapel aber nicht zu groß werden; werfen Sie ihn lieber ganz weg, wenn Sie sowieso nicht zum Lesen kommen. Übrigens: Nicht alles, was Ihnen jemand zu lesen gibt, müssen Sie auch lesen.
- **A-BIS-Z-MAPPE (PULTORDNER)** Diese ermöglicht Ihnen einen schnellen Zugriff auf aktuelle Informationen und auf alle Vorgänge, die Sie noch nicht wegwerfen können und die sich in keine Projektmappe einordnen lassen. Hier ist beispielsweise Platz für aktuelle Angebote oder Absagen: Gibt es Rückfragen, finden Sie den Vorgang sofort.
- **WIEDERVORLAGEMAPPE** Vorgänge, die Sie zu einem bestimmten Termin weiterverfolgen müssen, legen Sie hier ab, beispielsweise Rechnungen. Denken Sie daran, täglich einen Blick in diese Mappe zu werfen.
- **PROJEKTMAPPEN** Für jedes laufende Projekt legen Sie eine Mappe an; Hängemappen eignen sich besonders gut. Hier findet die gesamte Korrespondenz Ihren Platz. Auch E-Mails sollten Sie ausdrucken und

hier ablegen. Damit Sie wichtige Informationen wie Verträge, Rechnungen oder Kalkulationen sofort auffinden, können Sie farbige Klarsichthüllen nutzen. Die aktuelle Projektübersicht bietet Ihnen einen schnellen Überblick über den aktuellen Stand.

- **NACHSCHLAGEMAPPEN** In diesen sammeln Sie zum Beispiel Projektideen, Protokolle, Verkaufs- und Umsatzzahlen, Ihre Messevorbereitung oder Informationen für die Vertretertagung. Auch hierfür eignen sich Hängemappen.
- **ARCHIV** Projekt- und Nachschlagemappen, die Sie nicht mehr ständig benötigen, aber noch aufbewahren müssen, kommen ins Archiv. Zuvor aber sollten Sie alle unwichtigen Schriftstücke daraus entfernen, auf die Sie später mit Sicherheit nicht mehr zurückgreifen müssen.

Ihren Computer, auch Ihr E-Mail-Programm, organisieren Sie genauso mit Ordnern und Unterordnern. Wichtig ist, dass Sie Ihre Dateien nach einem einheitlichen Prinzip sinnvoll benennen. Denn sonst verbringen Sie viel Zeit damit herauszufinden, ob sich das Exposé, nach dem Sie gerade suchen, unter dem Namen »lekt_exp_120304_ms.doc« verbirgt.

Tipp: Sorgen Sie dafür, dass Sie alle Arbeitsmittel wie Stifte, Umschläge, Heftklammern und anderes immer griffbereit haben. Denn nichts ist ärgerlicher, als jedesmal eine Schere suchen zu müssen, wenn Sie sie brauchen. Umgekehrt sollten Sie aber auch nicht zu viele Büroutensilien horten, denn dadurch wird Ihr Arbeitsplatz unübersichtlich.

Tagesplanung

Ihre Arbeitszeit ist knapp – meist sogar viel zu knapp. Umso wichtiger ist es, den Tag genau vorzubereiten, damit Zeitdiebe keine Chance haben. Diese Tipps helfen Ihnen jeden Tag:

- **VORBEREITUNG** Überlegen Sie sich, was Sie am Tag erledigen wollen – am besten schon am Vorabend. Bleiben Sie dabei realistisch, und überfrachten Sie nicht Ihren Tagesplan mit Zielen, die Sie nicht erreichen können. Das schafft nur Enttäuschungen.
- **PRIORITÄTEN** Unterscheiden Sie zwischen Wichtigem wie der Konzeption neuer Projekte oder Autorengesprächen und Dringendem wie Besprechungen und Telefonaten. Beschäftigen Sie sich hauptsächlich mit den wichtigen Aufgaben. Vorrang haben allerdings immer Angelegenheiten, die gleichzeitig dringend und wichtig sind, wenn zum Beispiel Projekte in Verzug geraten.
- **PAUSEN UND ZEITPUFFER** Denken Sie an Ihre Pausen, und planen Sie zusätzliche Zeitpuffer ein für unvorhergesehene Aufgaben, überra-

schende Besucher und andere Störungen. Etwa 30 Prozent Ihres
Arbeitstags sollten Sie dafür freihalten.

• **LEBENSRHYTHMUS** Berücksichtigen Sie Ihren eigenen Lebensrhythmus,
und erledigen Sie die wichtigen Aufgaben, wenn Sie besonders leis-
tungsfähig sind. Quälen Sie sich als Morgenmuffel nicht in aller Frühe
ins Büro, sondern bleiben Sie lieber am Abend etwas länger.

• **TAGESBEGINN** Sorgen Sie für einen positiven Start in den Tag, und
nehmen Sie sich am Morgen ausreichend Zeit, damit Sie nicht schon
abgehetzt im Verlag ankommen. Nehmen Sie sich jeden Tag etwas
vor, worauf Sie sich freuen.

Ein regelmäßiger Arbeitsablauf hilft Ihnen, Ihren Alltag besser in den
Griff zu bekommen. Gewöhnen Sie sich auch an, unangenehme Angelegenheiten nicht aufzuschieben. Das vermeidet Stress.

Störungen

Störungen – gleich welcher Art – reißen Sie aus Ihrer Arbeit. Einige
Störungen können Sie bereits im Vorfeld vermeiden, indem Sie Ihre Aufgaben richtig und vollständig erledigen. So kommt es nicht zu lästigen
Rückfragen, weil beispielsweise noch wichtige Informationen fehlen.
Wenn jemand auf Ihre Reaktion wartet und Sie nicht gleich antworten
können, sollten Sie zumindest den Eingang der Nachricht, des Briefs
oder der E-Mail bestätigen und einen Termin vereinbaren, an dem Sie
sich wieder melden.

Unerwartete Besucher – oft sind es Kollegen – unterbrechen Ihre Arbeit und kosten viel Zeit: »Es dauert nur eine Minute ...« Sie wollen
nicht unhöflich sein oder fühlen sich sogar geschmeichelt, auf keinen
Fall aber möchten Sie wichtige Informationen verpassen. Finden Sie
zunächst heraus, worum es geht, und entscheiden Sie, ob Sie sich gleich
Zeit nehmen wollen. Wenn es sich um eine umfangreichere Angelegen-
heit handelt, vereinbaren Sie einen späteren Termin.

Auch das Telefon ist eine Störquelle. Das können Sie tun, wenn es
ständig Ihre Arbeit unterbricht:

• Schalten Sie den Anrufbeantworter ein, und rufen Sie zu einem
passenden Zeitpunkt zurück.

• Wenn Sie die Möglichkeit haben, können Sie Anrufe auch zu einem
Kollegen umleiten. Bitten Sie ihn, die Anliegen möglichst zu lösen
oder einen Rückruf zuzusagen. Das nächste Mal übernehmen Sie den
Telefondienst für Ihren Kollegen.

• Erledigen Sie die Rückrufe am besten an einem Stück.

• In hektischen Stoßzeiten: Richten Sie sich feste Zeiten für Stillarbeit

ein – etwa immer zwei Stunden am Vormittag. Während der übrigen
Zeit sollten Sie aber erreichbar sein.
• Wenn Sie einen Telefontermin vereinbart haben, halten Sie diesen
genauso gewissenhaft ein wie ein persönliches Treffen.

Mit manchen Menschen ziehen sich Telefonate endlos in die Länge.
Wenn Sie nur eine kurze Nachricht hinterlassen wollen, rufen Sie zur
Mittagszeit an – wenn der Anrufbeantworter eingeschaltet ist. Oder Sie
weichen auf E-Mails aus; das geht meist genauso schnell. Am besten lernen Sie, Gespräche höflich, aber bestimmt zu beenden.

Für Ihre E-Mail-Korrespondenz gilt dasselbe wie für Telefonge-
spräche: Erledigen Sie sie en bloc. Sie müssen nicht jede Mail sofort lesen und beantworten. Schalten Sie also den Signalton aus, der Ihnen die
Ankunft einer neuen Nachricht anzeigt und Sie aus Ihrer Arbeit reißt.

Besprechungen kommen zwar selten überraschend, fressen aber ebenfalls viel Ihrer kostbaren Zeit und bringen Ihren Tagesablauf stark durcheinander. Fragen Sie sich also zunächst, ob ein Meeting tatsächlich notwendig ist und ob Sie unbedingt daran teilnehmen müssen. Versuchen
Sie vor allem, die Zahl regelmäßiger Termine zu verringern: Vielleicht
reicht es, sich nur alle zwei Wochen statt wöchentlich zu treffen. In manchen Fällen ist auch eine kurze Telefonkonferenz ausreichend. So wird
Ihre Besprechung nicht zum endlosen Zeitfresser:
• TAGESORDNUNG Eine klare Agenda mit konkreten Zielen hilft, Besprechungen zu straffen. Wehren Sie sich, wenn jemand ohne guten
Grund von der Tagesordnung abweichen will.
• TEILNEHMER Oft sitzen zu viele oder die falschen Personen in einem
Meeting. Sie sollten also nur die wirklich erforderlichen Teilnehmer
einladen: je weniger Teilnehmer, desto kürzer die Besprechung.
• ORT Sorgen Sie für einen störungsfreien Raum; zugleich sollten
alle benötigten Materialien wie Beamer oder Flip-Chart vorhanden
sein.
• DAUER Beginnen Sie pünktlich, legen Sie das Ende fest, und halten
Sie sich auf jeden Fall an Ihren Zeitplan.
• INFORMATIONEN Allen Teilnehmern müssen die notwendigen Informationen rechtzeitig vor Beginn vorliegen. Nach dem Meeting
sollten alle Ergebnisse, Entscheidungen, Aufgabenverteilungen und
offenen Fragen in einem Protokoll zusammengefasst werden – das
schafft Verbindlichkeit.

Lassen Sie sich bei Ihrer Arbeit nur in dringenden Ausnahmefällen unterbrechen, halten Sie aber zugesagte Rücksprachetermine konsequent
ein. So werden Sie auf Dauer immer weniger mit lästigen Störungen zu
kämpfen haben.

1.2.3
Autoren

Autoren sind das wichtigste Kapital eines Verlags, aber natürlich auch Ihr wichtigstes Kapital. Dass Sie es dabei oft mit schwierigen, zumindest aber sehr eigenwilligen Charakteren zu tun haben, ist hinlänglich bekannt. Denn auch wenn es sich nicht um Romanschriftsteller handelt, sind sie doch kreative Menschen, die meist im Licht eines größeren oder kleineren Teils der Öffentlichkeit stehen. Immer ist Schreiben ein einmaliger Akt, in den nicht nur die Erfahrungen der Autoren einfließen, sondern auch deren Persönlichkeit. Darauf gilt es, Rücksicht zu nehmen, gleichzeitig aber die Interessen des Verlags zu wahren.

Erstkontakt

Sie haben eine Buchidee im Kopf und bereits eine Wunschautorin gefunden, doch diese weiß noch nichts von ihrem Glück? Sicher haben Sie schon recherchiert, kennen ihre bisherigen Veröffentlichungen, und haben Anschrift und Telefonnummer, vielleicht sogar die E-Mail-Adresse herausgefunden. Wie gehen Sie nun am besten vor?

Wenn Sie nicht bei einer öffentlichen Veranstaltung wie einem Kongress oder einer Lesung in Kontakt treten können, signalisieren Sie Ihr Interesse am besten schriftlich. So geben Sie der künftigen Autorin die Chance, zunächst in Ruhe darüber nachzudenken. In Ihrem Schreiben sollten Sie nicht nur Ihre Buchidee vorstellen, sondern auch deutlich machen, warum Sie ausgerechnet an ihr Interesse haben. Auf keinen Fall dürfen Sie vergessen, sich und Ihren Verlag vorzustellen; eine aktuelle Programmvorschau und eventuell eine Imagebroschüre helfen Ihnen, sich in ein positives Licht zu rücken. Sie wissen, wie entscheidend der erste Eindruck ist. Wenn Sie nach zwei bis drei Wochen noch keine Antwort erhalten haben, können Sie telefonisch nachfassen. Bedenken Sie aber, dass diese Form der Kaltakquise nur selten von Erfolg gekrönt ist.

Wenn Sie bereits in Kontakt mit einem neuen Autor sind, weil Sie ihn beispielsweise auf einer Messe kennen gelernt haben oder er Ihnen ein Manuskript angeboten hat, können Sie gleich zum Telefonhörer greifen. Aber auch dann sollten Sie werbewirksame schriftliche Informationen über Ihren Verlag und Ihr Programm umgehend nachreichen.

Gehen Sie in dieser Phase behutsam vor, und machen Sie keine Versprechungen. Noch wissen Sie nicht, ob Ihr Wunschautor Ihre Erwartungen erfüllt oder Ihre Kollegen das Projekt gutheißen. Vielleicht müssen Sie später von der Möglichkeit Gebrauch machen, sich höflich zurückzuziehen.

Autorenbindung

Wollen Sie neue Autoren für Ihren Verlag gewinnen, müssen Sie sich überlegen, mit welchen Argumenten Sie diese an Ihren Verlag binden. Anders gefragt: Warum sollte jemand ein Buch gerade bei Ihnen veröffentlichen?

• **VERLAGSPROGRAMM** Wenn Ihr Verlag in einem bestimmten Programmsegment führend ist, ist das ein starkes Argument. Sie können auf Ihre Erfahrungen, Erfolge und bekannte Autoren verweisen.

• **LEKTORAT** Das ist die Nahtstelle zwischen Autor und Verlag, an der sich meistens entscheidet, ob sich Autoren im Verlag »zu Hause« fühlen. Sie müssen mit Ihrer lektoralen Fachkompetenz aber auch mit Ihrer speziellen Themenkompetenz überzeugen. Dabei muss aber stets die Rollenverteilung klar sein: Sie sind Spezialist für alle Fragen rund um die Produktion und Vermarktung von Büchern, Ihre Autoren sind Experten im jeweiligen Themengebiet. Um dieser Vermittlerrolle gerecht zu werden, ist eine hohe Kommunikationsbereitschaft unverzichtbar.

• **AUTORENPFLEGE** Hierzu gehören regelmäßige Informationen über das Verlagsleben oder Einladungen zu Veranstaltungen ebenso wie die Karte zum Geburtstag oder zu Weihnachten. Wichtig ist auch die Bereitschaft, über die fachlichen Dinge hinaus ein offenes Ohr für die privaten Belange zu haben.

• **AUSSTATTUNGSQUALITÄT** Oft wünschen Autoren einfach ein »schönes« Buch. Pluspunkte sammelt, wer mit einer hochwertigen Ausstattung, einem gelungenen Cover oder einem schönen Layout aufwartet.

• **DIGITALES ANGEBOT** Immer wichtiger empfinden Autoren eine attraktive digitale Aufbereitung ihres Werks, zum Beispiel als E-Book. Das eröffnet neue Verbreitungskanäle und signalisiert Modernität.

• **PRESSEARBEIT, MARKETING UND VERTRIEB** Autoren wollen mit ihren Büchern erfolgreich sein oder erhoffen sich einen Prestigegewinn. Dann sind Verlage besonders attraktiv, die eine gute Pressearbeit leisten, intensives Marketing betreiben, über einen verkaufsstarken Vertrieb verfügen und vielleicht sogar einen Titel in den Bestsellerlisten haben.

• **KONDITIONEN** Dieser Punkt wird immer als erstes genannt, ist aber nicht der wichtigste. Denn wer wegen Geld kommt, geht auch wegen Geld. Honorare, Vorschüsse oder Freiexemplare sind also niemals allein ein dauerhaftes Mittel, Autoren an Ihren Verlag zu binden. Andererseits können Sie es sich auf Dauer nicht leisten, gute Autoren schlecht zu bezahlen.

Die Honorarfrage stellt sich spätestens, wenn Sie sich auf ein Projekt geeinigt haben und Ihr Verlag willens ist, den Titel zu veröffentlichen. Besonders mit unerfahrenen Autoren, aber auch mit erfolgsverwöhnten, gibt es hier Konflikte. In den Vertragsverhandlungen müssen Sie die besten Bedingungen für Ihren Verlag erzielen, ohne die Autoren zu benachteiligen, und gleichzeitig die Grundlage für eine dauerhafte Zusammenarbeit festigen.

ZUSAMMENARBEIT MIT AUTOREN

Einige Punkte sorgen bei Autoren regelmäßig für Verärgerung. Tragen Sie dazu bei, diese unnötigen Ärgernisse abzustellen und Ihren Verlag in ein gutes Licht zu rücken. Schließlich sind Sie auf interessante und engagierte Autoren angewiesen.

- INTRANSPARENTE ENTSCHEIDUNGSPROZESSE Mit einer Buchidee geben sich die meisten Autoren viel Mühe und treten gegenüber dem Verlag in Vorleistung. Wenn sie dann auf ihr Angebot monatelang keine Antwort erhalten, vielleicht nicht einmal eine Absage, entspricht das nicht den Mindestanforderungen an einen höflichen Umgang miteinander – daran ändert auch ein allgemeiner Hinweis an neue Autoren auf der Internetseite des Verlags nichts: »Wenn Sie nichts von uns hören, werten Sie das bitte als Absage.«

- LANGWIERIGE PRODUKTIONSZYKLEN Autoren ist kaum zu vermitteln, warum die Vorlaufzeiten, insbesondere in Publikumsverlagen, oft weit mehr als ein Jahr betragen und warum im Januar schon alle Plätze für das übernächste Frühjahrsprogramm vergeben sind. Für viele Autoren aber spielt der Faktor Zeit eine wichtige Rolle bei der Entscheidung für oder gegen einen bestimmten Verlag.

- NIEDRIGE HONORARE UND HOHE ABNAHMEFORDERUNGEN Nur wenige werden mit Büchern richtig reich. Das darf jedoch kein Grund dafür sein, besonders mickrige Honorare zu zahlen oder so hohe Eigenabnahmen zu verlangen, dass der Verlag kein Engagement bei der Verbreitung des Werks zeigen muss. Doch Autoren finden immer mehr attraktive Alternativen zu miesen Verlagsverträgen: Self-Publishing-Angebote wie Books on Demand des Buchgroßhändlers Libri oder Amazon Publishing des größten Online-Buchhändlers sind ebenso kostengünstig wie vertriebsstark.

- MANGELHAFTE VERMARKTUNG Vor Vertragsschluss wird viel versprochen, wie man ein Buch erfolgreich vermarkten könnte. Später jedoch wird davon wenig umgesetzt, denn es fehlt am Geld fürs Marketing, und keiner fühlt sich zuständig. Das macht kein Autor ein zweites Mal mit – jedenfalls nicht mit Ihrem Verlag.

Verhandeln

Mit Autoren müssen Sie nicht nur die Konditionen des Vertrags aushandeln, sondern viele andere Dinge: Beispielsweise wollen Sie Änderungen an der Gliederung durchsetzen, Ihren Autor von einer bestimmten Titelformulierung abbringen oder sich auf einen neuen Terminplan verständigen. Verhandeln bedeutet, unterschiedliche Interessen auszuloten und auszugleichen, nicht aber die eigene Position durchzusetzen. Beide Seiten sollten sich in der Mitte treffen, sodass niemand als Verlierer dasteht. Andernfalls wird die weitere Zusammenarbeit unmöglich, zumindest aber stark belastet.

Warnsignale sollten Sie schon frühzeitig ernst nehmen: Erfahrungsgemäß ergeben sich dauerhafte Probleme, wenn Sie sich schon von Anfang an über wesentliche Fragen uneins sind, lange um jedes Detail ringen müssen oder das Gefühl haben, nur schwer miteinander zurechtzukommen.

Voraussetzungen für erfolgreiche Verhandlungen sind eine positive Verhandlungsatmosphäre, Geduld, Einfühlungsvermögen, Zielstrebigkeit und ein ausgeglichenes Kräfteverhältnis. Zur Vorbereitung sollten Sie sich über folgende Fragen klar werden:

- ZIELE Was wollen Sie im besten Fall erreichen? Was ist Ihr Minimalziel? Wo liegt Ihre Schmerzgrenze? Was können Sie keinesfalls akzeptieren?
- VERHANDLUNGSMASSE Worüber können und dürfen Sie verhandeln? Wo können Sie nachgeben? Was können Sie zusätzlich anbieten?
- KRÄFTEVERTEILUNG Welches sind Ihre Stärken und Schwächen? Welche Macht hat Ihr Verhandlungspartner?

Denken Sie daran: Wenn Sie nicht bereit sind, zu geben und zu nehmen, brauchen Sie gar nicht erst verhandeln! Jede Verhandlung läuft in mehreren Schritten ab:

- AUFWÄRMPHASE Fallen Sie nicht gleich mit der Tür ins Haus. Sorgen Sie zunächst für eine positive Atmosphäre.
- AUSGANGSBASIS Stellen Sie sicher, dass Sie sich über den Gegenstand einig sind und überhaupt befugt sind, darüber zu verhandeln.
- EIGENE POSITION Legen Sie Ihre Position dar, und begründen Sie diese. Stellen Sie die Vorteile für Ihren Verhandlungspartner heraus. Verschießen Sie aber jetzt noch nicht Ihr ganzes Pulver!
- GEGENPOSITION Lassen Sie nun Ihren Verhandlungspartner seinen Standpunkt vorstellen – ohne ihn dabei zu unterbrechen. Versuchen Sie herauszuhören, wo seine Kompromisslinie liegt.
- VERHANDLUNG Wenn die Positionen nicht identisch sind, müssen Sie nun Ihre Verhandlungsmasse einbringen und Gegenvorschläge

unterbreiten. Betonen Sie Gemeinsamkeiten, denn Sie arbeiten am gleichen Ziel: dem Erfolg eines Buchs. So machen Sie es Ihrem Partner leichter, von seiner ursprünglichen Position abzurücken. Wichtig ist, wesentliche Aussagen und Zwischenergebnisse immer wieder zusammenzufassen; so beugen Sie Missverständnissen vor.

• **ABSCHLUSS** Sie einigen sich auf einen Kompromiss. Diesen halten Sie am besten schriftlich fest.

Achten Sie darauf, dass Sie die Kontrolle über das Gespräch behalten. Die Kunst des Verhandelns besteht darin, die andere Seite reden zu lassen und dennoch das Gespräch in die gewünschte Richtung zu lenken. Das können Sie jedoch nur, wenn Sie die Interessen und Beweggründe Ihres Verhandlungspartners kennen. Am besten erreichen Sie dies durch gezielte Fragen.

Verhandeln Sie immer ruhig und überlegt. Auf Einwände und Kritik sollten Sie sofort und sachlich reagieren. Vermeiden Sie Eskalationen, denn schließlich wollen Sie zu einem gemeinsamen Ergebnis gelangen. Falls die Verhandlung festzufahren droht: Machen Sie eine Pause, greifen Sie auf Zwischenergebnisse zurück, und suchen Sie zusammen nach neuen Ideen.

LITERATURTIPP
• Roger Fisher, William Ury und Bruce Patton: *Das Harvard-Konzept*. In diesem Ratgeber finden Sie alles, was Sie über Verhandlungen mit Geschäftspartnern, Kollegen oder Vorgesetzten wissen müssen. Grundlage ist ein sachbezogenes, faires Verhandlungskonzept.

Betreuung

Für Autoren ist das Lektorat die Schnittstelle zum Verlag. Hier erhalten sie alle notwenigen Informationen, hier werden sie ihre Wünsche und Fragen los. Als Lektor befinden Sie sich dabei häufig in einer Vermittlerrolle – zwischen den Interessen Ihrer Autoren, deren Sprachrohr Sie im Verlag sind, und den Interessen Ihres Verlags, der Sie beschäftigt und bezahlt. Dabei können Sie selten allen – manchmal sehr widersprüchlichen – Erwartungen gerecht werden. Lassen Sie sich auf keinen Fall in die Enge treiben, und machen Sie keine Versprechungen, nur um einer unangenehmen Situation zu entgehen. Sie werden unweigerlich mit immer weitergehenden Forderungen und Wünschen konfrontiert – oder mit enttäuschten Erwartungen. Wenn Sie das Gefühl haben, zu einer Entscheidung gedrängt zu werden, sollten Sie sich zunächst etwas Spielraum verschaffen: Sagen Sie, Sie müssten das Problem erst noch mit Kollegen im Verlag besprechen. Schieben Sie die Antwort dann aber nicht auf die lange Bank, sondern holen Sie gegebenenfalls noch fehlende Informationen ein, und treffen Sie die fällige Entscheidung zügig.

Größtmögliche Offenheit gegenüber allen Beteiligten ist Grundlage einer vertrauensvollen Zusammenarbeit: Machen Sie Ihren Autoren die Abläufe in Ihrem Verlag und die Gründe für Ihre Entscheidungen transparent. So kommt es erst gar nicht zu Enttäuschungen und Unstimmigkeiten, wenn Sie unrealistische Erwartungen oder überzogene Wünsche ablehnen müssen. Das gilt insbesondere bei Fragen, die Autoren besonders am Herz liegen, beispielsweise bei der Festlegung der Ausstattung, des Ladenpreises oder des Buchtitels. Hören Sie sich die Wünsche Ihrer Autoren an, machen Sie aber deutlich, warum letztlich der Verlag über diese Punkte entscheiden wird. Dafür gibt es schließlich gute Gründe: zum Beispiel die Konkurrenzsituation, die Einheitlichkeit von Reihen oder Erfahrungen mit vergleichbaren Büchern. Selbst wenn Sie nein sagen müssen: Ihre Autoren werden Sie als verlässlichen und fairen Gesprächspartner schätzen.

Wichtig für eine dauerhaft erfolgreiche Zusammenarbeit ist ein persönliches Kennenlernen zu einem möglichst frühen Zeitpunkt. Das sorgt nicht nur für eine entspannte und unkomplizierte Arbeitsatmosphäre, sondern bietet gleichzeitig die Chance, Autoren besser einzuschätzen. Dabei können Sie schon jetzt mögliche Reibungspunkte erkennen. Gibt es einen persönlichen Kontakt, entstehen viele Konflikte erst gar nicht. Auch wenn Sie unter Termindruck stehen: Die Zeit, die Sie in die Autorenpflege investieren, wird sich mit Sicherheit für Sie und Ihren Verlag lohnen.

Halten Sie regelmäßig Kontakt zu Ihren Autoren. Keinesfalls darf es geschehen, dass Sie einen Vertrag schließen, das Manuskript entgegennehmen und dann erst wieder bei Erscheinen des Buchs von sich hören lassen. Falls es nämlich unerwartet Probleme gibt, haben Sie kaum mehr die Möglichkeit, rechtzeitig gegenzusteuern. Damit es nicht zu bösen Überraschungen wie Terminverzögerungen oder Umfangsüberschreitungen kommt, sollten Sie sich regelmäßig – lange vor dem vereinbarten Abgabetermin – nach dem Fortschritt des Projekts erkundigen. Wenn Sie den Verdacht haben, dass etwas aus dem Ruder zu laufen droht, müssen Sie sofort aktiv werden. Fragen Sie genau nach, und bieten Sie gegebenenfalls Ihre Unterstützung an: Lesen Sie beispielsweise die ersten Kapitel, geben Sie Schreibtipps, oder helfen Sie mit praktischen Informationen weiter. Besonders während der Schreibphase sind Verständnis und Aufmunterung wichtig, ohne dass Sie Ihre eigenen Ziele aus den Augen verlieren. Völlig falsch wäre es, Warnsignale zu ignorieren in der Hoffnung, alles werde schon gutgehen, oder aus Furcht, Ihren Autoren auf die Nerven zu fallen.

Termine und andere Streitfälle

Selbst in den besten Beziehungen zwischen Lektor und Autor bleiben Spannungen und Streitigkeiten nicht aus. Dabei geht es meist um kleine Probleme wie die Wahl des richtigen Motivs für das Buchcover. Schieben Sie Konflikte nicht auf die lange Bank: Mit ein wenig Kompromissbereitschaft lassen sich diese Differenzen aus dem Weg räumen – je früher, desto besser. Doch was können Sie tun, wenn es um grundsätzliche Fragen Ihrer Zusammenarbeit geht – wenn beispielsweise Absprachen gebrochen werden, das Gliederungskonzept nicht eingehalten wird oder Termine verstreichen?

- Erinnern Sie freundlich an die Vereinbarungen.
- Wiederholen Sie Ihre freundliche Erinnerung. Versuchen Sie herauszufinden, welche Ursache das Problem haben könnte, und bieten Sie Hilfe an. Erklären Sie, welche Folgen das Nichteinhalten der Absprache für den Verlag und für das Buchprojekt hat, zum Beispiel Umsatzeinbußen oder zusätzliche Kosten. Gewähren Sie eine Nachfrist, oder geben Sie Gelegenheit zur Nachbesserung – unbedingt schriftlich.
- Vereinbaren Sie einen Arbeitsplan: Lassen Sie sich regelmäßig über den Fortschritt des Projekts informieren und Zwischenergebnisse vorlegen. Das wirkt disziplinierend, und Sie können jederzeit korrigierend eingreifen.
- Wenn das nichts hilft, können Sie auf den Vertrag verweisen. Erläutern Sie die Konsequenzen, die sich daraus ergeben.
- Überlegen Sie, wie wichtig das Buchprojekt für Ihren Verlag ist: Können Sie darauf verzichten, oder sind Sie darauf angewiesen? Vielleicht ist es sinnvoll, den Erscheinungstermin zu verschieben.
- Eine Vertragsauflösung sollten Sie nur androhen, wenn Sie dazu tatsächlich bereit sind. Das Vertrauensverhältnis ist damit meist dauerhaft zerstört, eine Zusammenarbeit nur noch schwer möglich. Bedenken Sie auch, dass Sie bereits gezahlte Honorare zwar zurückfordern können, in der Praxis aber abschreiben müssen.

Lassen Sie Konflikte nicht eskalieren; vielleicht können Ihnen in einer angespannten Situation Kollegen oder Vorgesetzte vermittelnd zur Seite stehen. Denn in den meisten Fällen müssen Sie weiter zusammenarbeiten und zumindest dieses Projekt zu einem zufriedenstellenden Ende bringen. Eine Vertragsauflösung ist deshalb immer das letzte Mittel.

Nachbetreuung

Das Buch ist erschienen. Doch das bedeutet noch lange nicht das Ende der Zusammenarbeit – im Gegenteil. Bedanken Sie sich jetzt am besten persönlich für die gemeinsame und hoffentlich erfolgreiche Arbeit. Vielleicht ist der Zeitpunkt gekommen, über ein neues Projekt nachzudenken. Auf alle Fälle sollten Sie Ihre Autoren über den weiteren Erfolg auf dem Laufenden halten: regelmäßig über die Verkaufszahlen informieren und wichtige Rezensionen zusenden. Oder Sie planen Veranstaltungen zur Vermarktung des Titels wie Lesungen oder Seminare.

Auch wenn die Verkaufszahlen hinter den Erwartungen zurückbleiben, die Resonanz in den Medien negativ ist und das Marketing das Geld für die Anzeigen gerade gestrichen hat, sollten Sie mit Ihren Autoren in Kontakt bleiben – und die Probleme direkt ansprechen. Die nächste Honorarabrechnung wird den Misserfolg ohnehin offenbaren. Vielleicht können Sie jetzt sogar noch gemeinsam etwas für das Buch tun.

Mit Ihrem Auftreten und Ihrem Verhalten prägen Sie maßgeblich das Image Ihres Verlags. Autoren, die sich bei Ihnen gut aufgehoben fühlen, empfehlen Ihren Verlag gerne weiter. Das erleichtert nicht nur die Akquise, sondern ist die Grundlage für eine dauerhaft gute Beziehung zwischen Ihnen und Ihren Autoren. Diese sind Ihr ganz persönliches Kapital, das Ihnen im besten Fall auch dann erhalten bleibt, wenn Sie den Arbeitgeber wechseln.

1.2.4
Ghostwriter

Nicht jeder Autor kann oder mag selber schreiben – weil beispielsweise Prominenten die Zeit fehlt, Fachleuten das Talent oder bei Autobiografien die Distanz. In diesen Fällen sind professionelle Auftragsschreiber oder Ghostwriter gefragt. Diese fertigen im Namen des Autors das Manuskript an und werden dabei meist vom Autor selbst, von dessen Agentur oder vom Verlag beauftragt und bezahlt.

Für Verlage kann ein Ghostwriting sinnvoll sein, um eine prominente Persönlichkeit für eine Buchidee zu gewinnen. Sie treten dann nicht nur mit einer Buchidee an Ihren Wunschautor heran, sondern bieten gleich ein Rundum-sorglos-Paket: Buchkonzept, Texterstellung und Vermarktung. Aber auch wenn ein Projekt aus dem Ruder zu laufen droht, weil beispielsweise der Erscheinungstermin naht und noch keine Zeile geschrieben ist oder weil die Qualität des Texts nicht stimmt, kann ein Ghostwriter die Lösung sein und den Autor bei der Manuskripterstellung unterstützen.

Auswahl

Sind Sie auf der Suche nach einem Ghostwriter, müssen Sie zunächst überlegen, was dieser leisten soll: Soll er nur Recherchen und Zulieferarbeiten übernehmen? Soll er ein Manuskript auf Basis bereits vorhandener Textfragmente erstellen? Oder soll er eigenständig das gesamte Buch schreiben? Als Ghostwriter infrage kommen erfahrene Journalisten oder Buchautoren, die bereits über eine nachweisbare Expertise im jeweiligen Fachgebiet verfügen. Lassen Sie sich Arbeitsproben zeigen und Referenzen geben; auch Empfehlungen im Kollegenkreis helfen Ihnen gegebenenfalls bei der Suche nach einem geeigneten Auftragsschreiber.

Versäumen Sie nicht, Autor und Ghostwriter möglichst früh – am besten vor Vertragsschluss – an einen Tisch bringen. Denn es ist unerlässlich, dass die persönliche Chemie zwischen beiden stimmt und gegenseitiges Vertrauen besteht. Der Autor muss bereit sein, sich dem Ghostwriter gegenüber zu öffnen, alle relevanten, teils auch sehr persönliche Informationen freiwillig zu liefern und konstruktiv während des oft langwierigen Buchentstehungsprozesses mitzuarbeiten. Ein Ghostwriter muss deshalb ebenso kommunikationsstark wie sensibel und verschwiegen sein und nicht nur über ausreichendes schriftstellerisches Talent und fachliches Know-how verfügen, sondern zudem in der Lage sein, Ton und Intention des Autors zu treffen und dessen Gedanken authentisch zu Papier zu bringen. Aus diesem Grund arbeitet auch nicht jeder gute Ghostwriter gleichermaßen gut mit jedem Autor zusammen.

Auftrag

Vereinbaren Sie mit dem Ghostwriter genau den Umfang seines Auftrags, damit es später nicht zu Missverständnissen kommt. Regeln sollten Sie dabei folgende Punkte:

- **ARBEITSUMFANG** Sollen Texte neu erstellt, ergänzt oder überarbeitet werden?
- **RECHERCHEN** Sollen eigene Recherchen angestellt werden? Welche weiteren Personen, Materialien oder Quellen stehen zur Verfügung? In welchem Umfang dürfen Reisen unternommen und Ausgaben getätigt werden?
- **ZUSAMMENARBEIT** In welchem Umfang steht der Autor für Fragen zur Verfügung? Soll der Ghostwriter in direktem Kontakt mit dem Autor stehen oder nur über Dritte, zum Beispiel dessen Pressestelle, Literaturagentur oder Verlag?
- **TERMINE** Bis wann soll eine erste Leseprobe, bis wann eine Rohfassung und bis wann das Gesamtmanuskript fertiggestellt sein? Wie

verläuft der Abstimmungs- und Freigabeprozess zwischen Ghostwriter und Autor?

Eine wichtige Frage lautet: Darf der Ghostwriter als (Mit-)Urheber der Publikation genannt werden? Wenn er tatsächlich ein unsichtbarer Geist bleiben muss, findet sich sein Name weder auf dem Buchumschlag noch in der Titelei, allenfalls versteckt im Impressum als Bearbeiter oder in der Danksagung. In der Regel wird dazu eine Verschwiegenheitsklausel vereinbart, die es dem Ghostwriter nicht erlaubt, seine Beteiligung an dem Werk offenzulegen. Daneben ist es natürlich auch möglich, den Ghostwriter als normalen Mitautor aufzuführen oder etwas zurückgenommener: »Vito Corleone unter Mitarbeit von Lieschen Müller«.

Wie Autoren besitzen Ghostwriter das Urheberrecht an dem Werk, sodass die Nutzungsrechte wirksam an den Autor oder besser direkt an den Verlag übertragen werden müssen. Und ganz genauso gilt auch in diesem Fall: Bearbeitungen bedürfen grundsätzlich der Zustimmung von Autor und Ghostwriter.

Honorar

Ghostwriter können auf unterschiedliche Weise honoriert werden: über einen einmaligen Pauschalbetrag oder ein Seitenhonorar im Rahmen eines Buy-out-Vertrags, über eine Aufteilung des Autorenhonorars und somit meist über eine Beteiligung an den Verkäufen oder über eine Kombination dieser beiden Modelle. Hinzu kommen Kosten für Recherchen, Reisen oder sonstige Auslagen. Ein Ghostwriting ist meist teuer und lohnt sich aus Verlagssicht deshalb nur bei besonders wichtigen und verkaufsträchtigen Projekten – es sei denn, der Autor übernimmt die Kosten komplett.

Das Honorar sollten Sie in einem Vertrag schriftlich ebenso fixieren, wie die Frage, ob Autor oder Verlag das Ghostwriting bezahlen oder ob der Verlag es gegebenenfalls mit den anfallenden Autorenhonoraren verrechnet. Daneben müssen Sie natürlich auch die Überlassung der Nutzungsrechte genauso wie in einem Autorenvertrag regeln.

1.2.5
Übersetzer

Etwa ein Achtel aller veröffentlichten Bücher sind Übersetzungen, in der Belletristik sind es sogar ein Drittel. Entsprechend hoch ist der Bedarf an qualifizierten Übersetzern. Die richtigen Übersetzer für ein Projekt zu finden ist mitunter nicht leicht. Deshalb sollten Sie vorab einige grundsätzliche Fragen klären:

- **TERMIN** Wann muss die Übersetzung fertiggestellt sein?
- **HONORAR** Welches Budget steht für die Übersetzung zur Verfügung?
- **ÜBERSETZUNGSUMFANG** Was und wie viel soll übersetzt werden? Wird bei einem Sachbuch beispielsweise das Literaturverzeichnis neu erstellt oder einfach übernommen?
- **TEXTART** Handelt es sich um ein Fach- oder Lehrbuch, um ein allgemeines Sachbuch oder einen belletristischen Text? Ist der Stil wichtiger als der Inhalt oder umgekehrt?
- **FACHWISSEN** Erfordert die Übersetzung spezielle Fachkenntnisse oder eher eine breite Allgemeinbildung?
- **ANPASSUNGSBEDARF** Muss der Text an die hiesigen Gegebenheiten angepasst werden, beispielsweise bei kulturellen oder rechtlichen Unterschieden?

Am Anfang steht immer eine intensive Beurteilung des Originaltexts: Wie leicht liest er sich? Wie stark ist er durch fachspezifische Ausdrücke geprägt? Welches fachliche oder kulturelle Vorwissen verlangt er vom Leser und damit auch vom Übersetzer? Bei Sprachen, die Sie selbst nicht beherrschen, sollten Sie Gutachter zu Rate ziehen, zum Beispiel Kollegen, Fachwissenschaftler oder andere Übersetzer.

Auswahl

Sobald Sie entschieden haben, was die Übersetzung leisten soll, können Sie sich auf die Suche nach einem geeigneten Übersetzer machen, der die geforderten Fähigkeiten mitbringt: Allgemeinwissen, landeskundliches Wissen oder Fachwissen. Selten finden Sie einen Übersetzer, bei dem diese unterschiedlichen Kenntnisse gleichermaßen stark vorhanden sind.

Können Sie nicht bereits auf einen bestimmten Übersetzer zurückgreifen, helfen oft Empfehlungen von Kollegen oder anderen Übersetzern weiter. Auch ein Blick in vergleichbare Konkurrenztitel ist ratsam: Wer hat diese übersetzt? Die einschlägigen Übersetzerverzeichnisse sind vor allem dann von Nutzen, wenn spezielle Sprach- oder Fachkenntnisse verlangt werden.

ÜBERSETZER

- **VERBAND DEUTSCHSPRACHIGER ÜBERSETZER LITERARISCHER UND WISSENSCHAFTLICHER WERKE (VDÜ)** Dieser branchenspezifische Zusammenschluss bietet auf seiner Internetseite WWW.LITERATURUEBERSETZER.DE ein umfangreiches Übersetzerverzeichnis mit sehr guten Recherchemöglichkeiten. Dort finden sich alle Kontaktdaten sowie ausführliche Angaben zu Sprachen, Genres, Sachgebieten und bisherigen Veröffentlichungen.

- BUNDESVERBAND DER DOLMETSCHER UND ÜBERSETZER (BDÜ) Der BDÜ ist zwar nicht auf die Verlagsbranche spezialisiert, bietet aber Fachübersetzer aus allen Wissensbereichen unter WWW.BDUE.DE.
- BUCHMESSE Auf der Frankfurter Buchmesse gibt es ein Fachzentrum für Übersetzer als Kontakt- und Informationsbörse. Auf den Internetseiten finden Sie unter www.buchmesse.de ein Übersetzerverzeichnis.
- ÜBERSETZERGEMEINSCHAFT (ÜG) Die österreichische Interessengemeinschaft von Übersetzerinnen und Übersetzern literarischer und wissenschaftlicher Werke bietet auf ihrer Internetseite WWW.TRANSLATORS.AT zurzeit keine Recherchemöglichkeiten.
- SCHWEIZERISCHER ÜBERSETZER-, TERMINOLOGEN- UND DOLMETSCHER-VERBAND (ASTTI) Die Internetseite WWW.ASTTI.CH listet Übersetzer aus der Schweiz. Die Mitglieder des ASTTI müssen bestimmte Qualitätsstandards erfüllen.

Wenn Sie einen oder mehrere Übersetzer gefunden haben, mit denen Sie das erste Mal zusammenarbeiten, müssen Sie sich einen Eindruck von deren Fähigkeiten verschaffen. Dabei hilft weniger die Referenzliste als vielmehr der vertiefte Blick in ein paar Textproben. Schauen Sie sich also einige der Bücher an, die Ihre Kandidaten bereits übersetzt haben. Eventuell lassen Sie selbst eine Probeübersetzung anfertigen. Die Zeit, die Sie hierfür aufwenden, sparen Sie später leicht wieder ein, wenn der Text Ihren Erwartungen entspricht und keine umfangreiche redaktionelle Bearbeitung notwendig ist.

Bei Sprachen, die Sie selbst beherrschen, wird es Ihnen sicher nicht schwerfallen, die Qualität einer Übersetzungsprobe zu beurteilen. Bei anderen Sprachen jedoch sind Sie auf Gutachter angewiesen – eventuell Kollegen, die diese Sprache sprechen. Allgemeine Kriterien können ebenfalls einen Hinweis auf die Qualität der Übersetzung liefern:

- TEXTVERSTÄNDNIS Sind alle Aussagen verständlich und nachvollziehbar?
- STIL Ist der deutsche Text flüssig lesbar?
- GRAMMATIK Stimmt die Grammatik des deutschen Texts?
- IDIOMATIK Stimmt die Wortwahl?
- TERMINOLOGIE Werden die richtigen Fachbegriffe verwendet?

Wenn Sie beim Lesen der deutschen Übersetzung über missglückte oder gar sinnlose Sätze, schiefe Bilder oder grammatikalische Ungereimtheiten stolpern, deutet das darauf hin, dass die Übersetzer entweder die Materie oder die Sprache nicht beherrschen – oder auch im Deutschen über keinen guten Schreibstil verfügen. Wenn Sie keinen anderen Übersetzer beauftragen können, müssen Sie mit einer umfangreichen und kostenträchtigen Überarbeitung der Übersetzung rechnen. Bei kleineren Mängeln können Sie hingegen gezielte Verbesserungsvorschläge machen: Redigieren Sie die Übersetzungsprobe, und besprechen Sie anschließend die wichtigsten Punkte.

Im Übrigen werden sich auch Übersetzer das Originalwerk zunächst genau ansehen, um den Arbeitsaufwand abzuschätzen. Wenn sie den Auftrag dann ablehnen, sollten Sie das respektieren: Andernfalls müssen Sie sich auf Termin- oder Qualitätsprobleme gefasst machen. Ein höheres Honorar kann diese Schwierigkeiten nicht immer lösen.

Auftrag

Teilen Sie Ihren Übersetzern genau mit, welche Termine einzuhalten sind und welche Aufgaben der Auftrag umfasst: welche Kapitel zu übersetzen sind, wo es Streichungen gibt, ob das Register übersetzt oder neu erstellt wird, ob das Literaturverzeichnis überarbeitet wird und welche weiteren Anpassungen oder Recherchen notwendig sind. Auch Angaben zur Zielgruppe des deutschsprachigen Werks sind wichtig, um bei der Übersetzung den richtigen Ton zu treffen.

Sie müssen außerdem vorgeben, wie frei die Übersetzer mit dem Originalwerk umgehen dürfen: Sollen sie einen lyrischen Text nachdichten, damit das Versmaß auch im Deutschen erhalten bleibt? Oder ist bei einem technischen Fachtext eine wörtliche Übersetzung zwingend?

Arbeiten mehrere Übersetzer an einem Werk, sollten diese sich frühzeitig abstimmen: beispielsweise über die Übersetzung wiederkehrender Begriffe, die Vereinheitlichung von Schreibweisen oder die Leseransprache. Das minimiert ebenfalls den späteren Bearbeitungsaufwand.

Falls der deutsche Text – beispielsweise bei Bildbänden – in ein vorgegebenes Layout eingepasst werden muss, entsteht oft ein Problem: Bei der Übersetzung aus dem Englischen wird der deutsche Text um 15 bis 20 Prozent länger, aus dem Französischen um etwa 10 Prozent. Wenn diese Erhöhung des Umfangs nicht durch eine kleinere Schrift oder eine Vergrößerung des Satzspiegels aufgefangen werden kann, ist eine straffe Übersetzung unter Verzicht auf alle überflüssigen Füllwörter notwendig. Eventuell müssen Sie überlegen, wo Kürzungen sinnvoll sind.

Bei Kürzungen oder anderen Bearbeitungen sollten Sie grundsätzlich vorsichtig vorgehen, denn die Lizenzvereinbarungen verlangen meist eine vollständige und genaue Übersetzung des Werks. Wenn Sie größere Streichungen oder umfangreiche inhaltliche Anpassungen vornehmen wollen, müssen Sie das unbedingt mit den Lizenzgebern vorab klären. In der Regel werden diese nichts einzuwenden haben.

Wichtig: Auch Übersetzer verfügen wie Autoren über ein Urheberrecht an ihrem Werk (siehe Kapitel 2.1.2). Bearbeitungen der Übersetzung, selbst um inhaltliche oder sprachliche Fehler zu verbessern, bedürfen also prinzipiell der Zustimmung. Übersetzer sind aber in diesem Punkt oft kooperativer als manche Autoren.

Honorar

Literarische Übersetzer sind tendenziell unterbezahlt. In der freien Wirtschaft würden sie für eine vergleichbare Leistung deutlich mehr verdienen. Damit teilen sie das Los aller, die in der Verlagsbranche tätig sind. Das Honorar ist dabei nicht nur von der Textmenge abhängig, sondern auch vom Umfang der Aufgaben: Zusätzliche Recherchen oder Bearbeitungen, die den Rahmen der üblichen Übersetzungstätigkeit sprengen, müssen Sie natürlich gesondert bezahlen. Es gibt mehrere Honorierungsmodelle:

- PAUSCHALHONORAR Für die Übersetzung zahlen Sie ein einmaliges festes Honorar. Das hat für Sie den Vorteil, dass Sie die Kosten vorab sicher kalkulieren können.
- SEITENHONORAR AUF BASIS DES ORIGINALTEXTS Diese Honorierung ist fast mit einem Pauschalhonorar gleichzusetzen, denn auch hierbei sind die Kosten genau planbar.
- SEITENHONORAR AUF BASIS DES ÜBERSETZTEN TEXTS Das ist der Standardfall. Allerdings können Sie die endgültigen Kosten nicht genau absehen. Berücksichtigen Sie, dass der Text im Deutschen bei der Übersetzung häufig länger wird.
- PROZENTUALE BETEILIGUNG Üblich ist eine Beteiligung vor allem bei der Übersetzung von Bestsellern.

Möglich ist natürlich eine Kombination mehrerer Modelle. So wird von Übersetzern zunehmend eine prozentuale Beteiligung am Verkaufserlös zusätzlich zu einem Seitenhonorar gefordert – nicht zuletzt aufgrund des Urhebervertragsrechts, das eine »angemessene« Vergütung vorsieht (siehe Kapitel 2.3.4). Üblich ist eine Beteiligung von 0,8 Prozent des Nettoladenpreises ab 5.000 verkauften Exemplaren bei Hardcoverausgaben und von 0,4 Prozent bei Taschenbüchern.

Seitenhonorare sind abhängig vom Genre, vom Schwierigkeitsgrad und von der Ausgangssprache. So werden Sachtexte besser bezahlt als belletristische, Texte mit spezieller Fachterminologie besser als solche ohne, Übersetzungen aus dem Finnischen besser als aus dem Englischen. Auch wird die Übersetzung von Bestsellern manchmal mit einem Zuschlag oder einer Beteiligung honoriert. Entsprechend bewegen sich die Honorare zwischen 13 und 20 Euro pro Normseite; akademische Fachübersetzungen können aber auch deutlich darüber hinausgehen. Schließlich müssen Sie über den Zahlungsmodus entscheiden: ob Sie erst bei Ablieferung des vollständigen Manuskripts zahlen, ob Sie einen Vorschuss bei Vertragsunterzeichnung gewähren oder ob Sie bei Teillieferungen zahlen.

Ein Tipp: Viele Länder fördern unter bestimmten Bedingungen die Übersetzung von Werken aus ihrer Sprache in eine Fremdsprache. Es lohnt sich also, bei den Kulturinstituten der entsprechenden Staaten genaue Informationen einzuholen.

MANUSKRIPT- UND NORMSEITE
Als Berechnungsgrundlage wird meist die Manuskript- oder Normseite vereinbart. Doch darum gibt es immer wieder Streit. Die Manuskriptseite wird in der Regel mit 30 Zeilen zu 60 Anschlägen definiert. Das ergibt rechnerisch 1.800 Zeichen, in denen auch Leerzeichen und Leerzeilen enthalten sind. Ursprünglich bezogen war die Manuskriptseite auf eine Schreibmaschinenseite, bei der die Zahl von 1.800 Zeichen in der Praxis nicht erreicht wird. Eine Normseite umfasst bei der Berechnung des Honorars also weniger als 1.800 Zeichen, sollte aber in der Regel 1.500 Zeichen nicht unterschreiten. Eine übermäßige Verwendung von Leerzeilen ist nicht akzeptabel, schließlich wird hierfür keine Leistung erbracht. Elektronische Textverarbeitungsprogramme ermöglichen, die Zeichenzahl exakt zu bestimmen – ein Rückgriff auf Schreibmaschinen, die sich ohnehin nur noch in Museen oder auf Flohmärkten finden, ist deshalb überflüssig.

Wenn Sie also das Honorar von Anfang an auf Basis von 1.000 Zeichen inklusive Leerzeichen berechnen, vermeiden Sie spätere Auseinandersetzungen. Auf alle Fälle sollten Sie schon bei Vertragsabschluss genau vereinbaren, worauf sich der Honoraranspruch bezieht und wie Sie gegebenenfalls eine Normseite berechnen

1.2.6
Freie Redakteure, Korrektoren und andere Dienstleister

In dem Maß, in dem die Personaldecke in den Verlagen dünner wird, werden freie Mitarbeiter für die Verlagsarbeit immer wichtiger. Dabei sind deren Aufgaben keine Grenzen gesetzt: Korrekturlesen, Registererstellung oder Textredaktion gehören ebenso dazu wie die Abwicklung kompletter Buchprojekte. Gerade auf Letzteres konzentrieren sich große Lektoratsbüros, die vom Trend zum Outsourcing profitieren und oft selbst wie kleine Verlage funktionieren – nur eben ohne eigene Produkte. Die Arbeit mit Freien hat den Vorteil, dass Sie sich für jedes Buchprojekt und jede Aufgabe genau das Know-how hinzukaufen, das Sie gerade benötigen. So können Sie sich von zeitfressenden Tätigkeiten wie dem Korrekturlesen befreien, die andere vielleicht sowieso besser beherrschen, und sich auf wichtigere Aufgaben konzentrieren. Darüber hinaus entstehen Ihrem Verlag keine festen Lohnkosten, da Sie freie Mitarbeiter nur fallweise beauftragen. Und nicht zuletzt können diese helfen, Arbeitsspitzen aufzufangen, zum Beispiel bei Urlaub oder Krankheit.

Diese Flexibilität darf aber nicht dazu führen, dass Sie Ihre Projekte unzureichend planen oder abwickeln. Sie können sich nicht darauf verlassen, dass freie Mitarbeiter einen Auftrag in Nachtschicht oder über das Wochenende erledigen, nur weil Sie das Manuskript wochenlang auf Ihrem Schreibtisch liegen ließen. Wie die Tätigkeit von Freien aus deren Perspektive aussieht, lesen Sie in Kapitel 6.2.

Auswahl

Je nach Art der Aufgabe wählen Sie Ihre freien Mitarbeiter aus. Soll ein Buch Korrektur gelesen werden, benötigen Sie einen genauen und geschulten Leser mit hervorragenden orthografischen und typografischen Kenntnissen. Die redaktionelle Bearbeitung eines Sachbuchs verlangt gute Fachkenntnisse, während Stilsicherheit vor allem bei belletristischen Texten gefragt ist. Achten Sie bei der Auswahl Ihrer freien Mitarbeiter darauf, vorhandenes Know-how optimal zu nutzen – beispielsweise bei einer Reihe oder mehreren Büchern desselben Autors. Diese Kontinuität spart Ihnen nicht nur Zeit, sondern kommt auch der Qualität Ihrer Bücher zugute.

Vergeben Sie aber trotzdem regelmäßig Aufträge an Neue. So bauen Sie Ihren Pool an freien Mitarbeitern aus. Am besten greifen Sie bei der Auswahl auf die Erfahrungen und Empfehlungen Ihrer Kollegen zurück. Auch das Impressum vergleichbarer Konkurrenztitel kann bei der Suche nach geeigneten Freien eine Orientierung bieten.

LEKTOREN, REDAKTEURE UND KORREKTOREN

- VERBAND DER FREIEN LEKTORINNEN UND LEKTOREN (VFLL) Hier haben sich qualifizierte und erfahrene Lektoren, Redakteure und Korrektoren zusammengeschlossen. Ein Mitgliederverzeichnis mit ausführlichen Recherchemöglichkeiten finden Sie unter WWW.LEKTOREN.DE/LEKTOR-IN-FINDEN oder WWW.VFLL.DE/LEKTOR-IN-FINDEN. Das Verzeichnis erhalten Sie beim Verband auch in gedruckter Form. Unter WWW.LEKTOREN.DE oder WWW.VFLL.DE können Sie darüber hinaus eine Auftragsanfrage versenden, die an eine interne Mailing-liste weitergeleitet wird. Dieser Weg empfiehlt sich bei sehr speziellen Aufgaben.

• LEKTORAT.DE Ein für Verlage kostenfreies kommerzielles Angebot mit Profilen und Adressen freier Lektoren, Redakteure und Korrektoren im deutschsprachigen Raum unter WWW.LEKTORAT.DE.

Auftrag

Nicht nur das Honorar und den Abgabetermin legen Sie fest, sondern Sie vereinbaren auch genau, welche Aufgaben der Auftrag an Ihre freien Mitarbeiter einschließt. Vergessen Sie nicht, auf Besonderheiten des Buchprojekts und die Schwächen des Manuskripts gezielt hinzuweisen. Nehmen Sie sich Zeit für ein ausführliches Briefing – besonders wenn Sie das erste Mal zusammenarbeiten. Dann sollten Sie außerdem alle generellen Regeln erklären, die in Ihrem Verlag für den Umgang mit Manuskripten wichtig sind, zum Beispiel zur Rechtschreibung oder zur Formatierung von Manuskripten. Ein Merkblatt hilft, dass Ihre freien Mitarbeiter alle Punkte im Auge behalten.

BEISPIEL: **Auftragserteilung**

Sehr geehrte Frau Poganatz,

wie besprochen erhalten Sie den Auftrag zum Korrekturlesen von *Bücher machen*. Bitte achten Sie wie üblich auf die folgenden Punkte:
• Korrektur und Vereinheitlichung aller Schreibweisen und der Interpunktion nach den Regeln der neuen Rechtschreibung;
• Stimmigkeit von Gliederung und Inhaltsverzeichnis sowie von Seiten-, Kapitel- und Abbildungsverweisen oder Ähnlichem.

Im Übrigen gelten die bekannten Regelungen hinsichtlich Schreibweisen und Vereinheitlichungen. Bei Fragen wenden Sie sich bitte an das Lektorat. Das Honorar beträgt 1,50 Euro pro Seite. Verbindlicher Abgabetermin ist der 17. Mai.

Mit freundlichen Grüßen

Sie müssen keinen Vertrag abschließen, doch sollten Sie den Auftrag unbedingt schriftlich erteilen und die wesentlichen Punkte festhalten – per

Brief, Fax oder E-Mail. Wenn Sie allerdings ein Buchprojekt weitgehend externen Dienstleistern wie Lektoratsbüros oder Book-Packagern überlassen – beispielsweise von der Autorensuche über Redaktion, Bildbeschaffung, Satz und Korrektur bis zur Ablieferung druckfertiger Daten – kommen Sie um einen Vertrag nicht herum. Das gilt insbesondere, wenn Urheberrechte berührt sind.

Wann immer es möglich und sinnvoll ist, sollten Sie einen direkten Kontakt zwischen Ihren freien Mitarbeitern und Autoren oder Übersetzern herstellen. So lassen sich inhaltliche Fragen zum Manuskript rasch und ohne Umwege klären. Fragen Sie Ihre Autoren und Übersetzer jedoch zuvor, ob sie damit einverstanden sind.

Prüfen Sie, sobald Sie das bearbeitete Manuskript zurückerhalten, ob Ihre Erwartungen erfüllt wurden oder ob eine Nachbesserung notwendig ist. Im Interesse einer langfristigen Zusammenarbeit sollten Sie Ihren Freien ein konstruktives Feedback geben: Anerkennung ebenso wie begründete Kritik und konkrete Verbesserungsvorschläge. Das ist besser, als bei Unzufriedenheit die freien Mitarbeiter kommentarlos auf eine »Schwarze Liste« zu setzen.

Honorar

Im Allgemeinen gilt: Je umfangreicher, schwieriger oder spezieller der Auftrag, desto höher das Honorar. Versuchen Sie aber nicht, Besonderheiten und Schwierigkeiten des Auftrags zu verheimlichen oder als »üblichen Aufwand« hinzustellen. Das wirkt wie der Versuch, die Arbeit Ihrer Freien von vornherein abzuwerten und das Honorar zu drücken. Die Honorare von freien Mitarbeitern wie Lektoren, Redakteuren oder Korrektoren sind ohnehin nicht üppig. Wie bei Übersetzern gibt es unterschiedliche Honorierungsmodelle:

* **PAUSCHALHONORAR** Sie vereinbaren eine einmalige feste Bezahlung.
* **SEITENHONORAR** Da das Manuskript bereits vorliegt, sind hier die Kosten genau absehbar. Vergessen Sie nicht abzusprechen, ob sich das Honorar auf die vorliegende Manuskriptseite oder auf eine Normseite bezieht.
* **STUNDENHONORAR** Wenn der Arbeitsaufwand nicht absehbar ist, ist eine Bezahlung auf Basis des Zeitaufwands sinnvoll. Voraussetzung ist natürlich gegenseitiges Vertrauen. Wenn Ihr Budget begrenzt ist, können Sie eine Obergrenze festlegen.

Auch wenn Sie die Konditionen festlegen, sollten Sie sie nicht einseitig diktieren. Ihr Budget bietet gewiss einen kleinen Spielraum. Das Gleiche gilt für Nachverhandlungen: Wenn sich die Bearbeitung eines Manuskripts aufwändiger gestaltet, als zuvor absehbar war, sollten Sie den Mehraufwand angemessen vergüten. Das dient nicht nur der Qualität Ihrer Bücher, sondern auch einer langfristig erfolgreichen Zusammenarbeit.

SCHEINSELBSTSTÄNDIGKEIT

Immer mehr Tätigkeiten, die ehemals von fest angestellten Mitarbeitern erledigt wurden, werden nach außen gegeben. Verlage sparen damit nicht nur die Einrichtung von Arbeitsplätzen, sondern auch Urlaubs- und Weihnachtsgeld sowie die Abgaben zur Kranken- und Rentenversicherung. Doch das gilt nur, wenn Ihre freien Mitarbeiter tatsächlich selbstständig sind und nicht auf der einen Seite zwar die Risiken eines Unternehmers, auf der anderen Seite aber die Pflichten von Arbeitnehmern tragen.

Vorsicht also vor so genannter Scheinselbstständigkeit, wenn freie Mitarbeiter wie Arbeitnehmer überwiegend oder ausschließlich für Ihren Verlag tätig sind. Dann gelten für sie alle Arbeitnehmerrechte rückwirkend, auch der Kündigungsschutz, und Sie müssen die Sozialabgaben nachzahlen. Nicht scheinselbstständig sind freie Mitarbeiter, wenn die folgenden Punkte überwiegend zutreffen:

• Sie bestimmen selbst über Arbeitszeit und Urlaub.
• Sie sind auch für andere Auftraggeber tätig.
• Sie können Aufträge ablehnen.
• Sie schulden Ihnen Arbeitserfolg, nicht Arbeitskraft.
• Sie erhalten keinen festen Lohn, sondern eine projektbezogene Vergütung.
• Sie treten unter eigenem Namen auf, nicht als Vertreter Ihres Verlags.
• Sie haben keinen eigenen Arbeitsplatz im Verlag und benutzen eigene Arbeitsmittel.
• Sie haben ein Gewerbe angemeldet, sofern sie nicht Freiberufler sind.

Achten Sie darauf, dass Ihre freien Mitarbeiter tatsächlich frei sind. Lassen Sie sich gegebenenfalls schriftlich bestätigen, dass sie ihre Tätigkeit frei gestalten sowie Arbeitszeit und Arbeitsort frei bestimmen.

1.2.7
Leser

Auf die Leser Ihrer Bücher treffen Sie persönlich bei Lesungen, Messen und anderen Veranstaltungen – Gelegenheit für Sie, Stimmen und Meinungen zu den Büchern Ihres Verlags einzuholen. Viel häufiger als diese direkten Begegnungen sind Briefe, E-Mails, Kommentare in Online-

Foren oder Anrufe von Lesern. Deren Inhalt sind Anregungen, Fragen und Kritik, seltener Lob. In der Regel werden sie von der Marketing- oder der Vertriebsabteilung beantwortet; manchmal landen sie auch im Lektorat oder in der Redaktion. Wie sollen Sie damit umgehen – angesichts der Menge an Arbeit, die Sie ohnehin zu erledigen haben?

Oft wollen Leser einfach nur mit den Verfassern eines Buchs in Kontakt treten. Da Sie die Adressen und Telefonnummern meist nicht herausgeben wollen oder dürfen, müssen Sie solche Anfragen weiterleiten. Das gilt insbesondere dann, wenn Schreiben erkennbar an Ihre Autoren gerichtet sind. Diese dürfen Sie aufgrund des Postgeheimnisses nicht öffnen, sondern müssen sie direkt weiterleiten. Natürlich können Sie von vornherein auch ein anderes Vorgehen vereinbaren.

Es lohnt sich, auf Anfragen, Lob und Kritik von Lesern einzugehen – selbst wenn Ihnen manche Einwände nicht berechtigt scheinen. Normalerweise wollen Sie in keine ausufernde Diskussion über detaillierte inhaltliche Fragen zu einem Buch eintreten, denn dafür haben Sie während Ihrer täglichen Arbeit wenig Zeit. Meist aber weisen Beschwerden auf bisher vielleicht nicht erkannte Mängel hin: Druckfehler, Zahlendreher, falsche Daten und andere fehlerhafte Informationen. Für solche Hinweise sollten Sie dankbar sein, denn sie helfen Ihnen beispielsweise bei geplanten Neuauflagen.

Querulanten, die allein auf Ärger aus sind, sind die Ausnahme. Nur 4 Prozent aller unzufriedenen Kunden beschweren sich überhaupt. Doch auch die anderen 96 Prozent schweigen nicht: Sie erzählen ihren Freunden, Bekannten und Kollegen von ihren negativen Erfahrungen. Die Zahl derer, die Ihren Verlag und Ihre Produkte in einem schlechten Licht sehen, ist also viel größer, als Sie zunächst vermuten – und besonders im Internet verbreitet sich ein schlechter Ruf rasch. Leser hingegen, deren Anliegen schnell, freundlich und kompetent erledigt werden, sind häufig sogar bessere Kunden als solche, die bisher nie einen Grund hatten, sich an den Verlag zu wenden. Jede positive Erfahrung, die Leser mit Ihrem Verlag machen, zahlt sich also aus. Im Schnitt werden dadurch sogar fünf neue Kunden gewonnen.

Deshalb sollten Sie auf jeden Fall reagieren – innerhalb von wenigen Tagen und auf Online-Foren wie Facebook noch schneller: Bedanken Sie sich bei Ihren Lesern für die Mühe, mit Ihnen in Kontakt zu treten, und nehmen Sie ihre Anliegen ernst. Vermeiden Sie bei Beschwerden Schuldzuweisungen, denn Ihre Leser interessiert es nicht, wer tatsächlich für den Fehler verantwortlich ist oder welche außergewöhnliche Verkettung unglücklicher Umstände den Mangel verursacht hat. Ihre Leser erwarten eine Lösung des Problems – und zwar von Ihnen! Beantworten Sie also alle Fragen so gewissenhaft wie möglich, entschuldigen Sie sich für eventuelle Fehler, und versprechen Sie Abhilfe bei begründeten Reklamationen – aber nur, wenn Sie dieses Versprechen wirklich halten können und wollen. Falls Sie die Möglichkeit dazu haben, können Sie einem Antwortschreiben eine Kleinigkeit beilegen, zumindest aber ein Verzeichnis Ihres aktuellen Verlagsprogramms. Eine solche Beigabe wirkt sympathisch und dient zugleich der Verkaufsförderung und Kundenbindung. Durch Ihr Auftreten können Sie nicht nur ein gutes Bild Ihres Verlags vermitteln, sondern vielleicht sogar aus einem unzufriedenen Leser einen begeisterten Kunden machen. Nutzen Sie diese Chance!

1.3
Textbearbeitung

Redaktion oder Lektorat: Das ist Arbeit am Text. Viele Schritte sind notwendig, um aus einer Buchidee ein druckreifes Manuskript zu machen (siehe auch Kapitel 1.2.1). Möglichst bevor die erste Zeile geschrieben oder übersetzt wurde, setzt das Lektorat ein: mit einem genauen Autorenbriefing, um den späteren Bearbeitungsaufwand zu verringern. Sobald das Manuskript im Verlag angenommen wurde, beginnt die redaktionelle Textbearbeitung. Sie bezieht sich auf inhaltliche, sprachliche und formale Aspekte. Auch die Beschaffung von Bildern oder die Erstellung eines Stichwortverzeichnisses gehören dazu. Wenn das Manuskript vollständig überarbeitet ist, können Sie es für Layout und Satz an die Herstellungsabteilung übergeben. Mehrere Korrekturgänge schließen sich an. Mit der Druckfreigabe endet die redaktionelle Arbeit.

Manuskriptbearbeitung bedeutet jedoch nicht nur, dass Sie Texte lesen und bearbeiten. Vielmehr müssen Sie häufig selbst Texte verfassen: außer Klappentexten auch Vorschau-, Presse- und andere kurze Werbetexte.

1.3.1
Manuskripterstellung

Handschriftliche oder mit Schreibmaschine getippte Manuskripte gehören der Vergangenheit an. Heute werden Buchmanuskripte meist mithilfe eines elektronischen Textverarbeitungsprogramms erstellt und dem Verlag digital zur Verfügung gestellt. Damit gewinnt der formale Aspekt, wie ein Manuskript abgefasst sein soll, gegenüber dem inhaltlichen beim Schreiben zunehmend an Bedeutung. Formale Vorgaben betreffen vor allem die Texterfassung und Formatierung, die Datenspeicherung, die Form des Papierausdrucks sowie die Festlegung von Schreibweisen oder die Verwendung von Sonderzeichen. So lassen sich Arbeitsabläufe im

Lektorat und in der Herstellung vereinfachen, insbesondere die Bearbeitung und der Satz von Manuskripten.

Dennoch darf die inhaltliche Seite nicht zu kurz kommen. Denn schon auf der Grundlage eines Exposés oder bei der gemeinsamen Erstellung einer Gliederung können Sie auf den Inhalt großen Einfluss nehmen. Wichtig ist deshalb ein genaues Briefing – besonders bei Reihen mit einer vorgegebenen inhaltlichen Struktur.

Formale Aspekte

Welche Form Manuskripte haben sollten, damit sie sich optimal verarbeiten lassen, besprechen Sie am besten mit Ihrer Herstellungsabteilung. Eventuell erstellen Sie sogar eine – möglichst einfach handhabbare – Formatvorlage oder Musterdatei, die Sie Ihren Autoren zur Verfügung stellen. Eine Musterdatei bietet den Vorteil, dass Autoren einfach in diese hineinschreiben und Formatierungen kopieren können, ohne den Umgang mit Formatvorlagen erlernen zu müssen.

Um auf Nummer sicher zu gehen: Klären Sie mit Autoren und Übersetzern rechtzeitig die technischen Voraussetzungen. Mit welchem Betriebssystem arbeiten sie: Windows, Mac oder Linux? Welches Textverarbeitungsprogramm nutzen sie? Wie gut können sie damit umgehen? Im Zweifel ist es sinnvoll, anhand einer Probedatei zu prüfen, ob sich die Daten für die Weiterverarbeitung eignen. Unabhängig davon sollten jedoch bei der Manuskripterstellung mit einem Textverarbeitungsprogramm folgende Grundregeln immer beachtet werden:
• linksbündige Textausrichtung, also kein Blocksatz,
• keine Silbentrennung,
• keine manuellen Zeilenumbrüche,
• Tabellen nicht mit Leerzeichen oder Tabulatoren aufbauen.

Aktuelle Textverarbeitungsprogramme bieten zahlreiche Gestaltungsmöglichkeiten wie früher nur professionelle Grafikprogramme. Leider unterliegen manche Autoren deshalb der Versuchung, ihrem Manuskript mit vielen Formatierungen ein buchähnliches Aussehen zu verleihen. Doch das ist nur sinnvoll, wenn reproduktionstaugliche Druckvorlagen erstellt werden, die vor allem bei Kleinauflagen üblich sind. In diesem Fall sind genaue Schreibanweisungen unverzichtbar, besser noch eine Druckformatvorlage (siehe Kapitel 3.1.1). In allen anderen Fällen ist es sehr aufwändig und damit kostenträchtig, überflüssige Formatierungen rückgängig zu machen. Selbst wenn alles professionell aussieht: Für die Verarbeitung mit den üblichen Layoutprogrammen eignen sich Manuskripte mit buchähnlichen Formatierungen kaum.

Damit Sie mit dem elektronischen Manuskript problemlos arbeiten können, müssen die Bild- und Textdateien nicht nur eindeutig benannt sein, sondern sich auch einfach zuordnen lassen. Auch dürfen die Textdaten keine Änderungen gegenüber dem mitgelieferten Papierausdruck aufweisen. Dieser sollte darüber hinaus folgende Mindestanforderungen erfüllen:

- Papierformat DIN A 4,
- einseitiger Ausdruck,
- zweifacher Zeilenabstand,
- breiter Korrekturrand,
- eindeutige Kennzeichnung der Überschriften.

Die wichtigsten Regeln zur Texterstellung sollten Sie für Ihre Autoren und Übersetzer auf einer übersichtlichen Checkliste zusammenfassen. Sie enthält Hinweise zur Arbeit mit elektronischen Textverarbeitungsprogrammen, zur Datenspeicherung, zum Papierausdruck und zu standardisierten Schreibweisen.

BEISPIEL: Manuskripthinweise für Autoren und Übersetzer

Bitte beachten Sie die folgenden Punkte, damit wir Ihren Text ohne Probleme setzen lassen können. Bei Fragen wenden Sie sich bitte an das Lektorat.

TEXTERFASSUNG
- **TEXTVERARBEITUNG** Schreiben Sie Ihr Manuskript mit einem aktuellen Textverarbeitungsprogramm – am besten Word.
- **MANUSKRIPTSEITE** Jede Manuskriptseite sollte 30 Zeilen à 60 Anschläge enthalten und mit doppeltem Zeilenabstand geschrieben sein. Bitte lassen Sie ausreichend Rand zur Korrektur.
- **FORMATIERUNG** Verzichten Sie auf alle Formatierungen. Schreiben Sie linksbündig, und stellen Sie keinen Blocksatz ein. Benutzen Sie nur eine Schriftart und keine Versalien, Kapitälchen, Sperrungen oder andere Hervorhebungen. Verwenden Sie keine manuellen Zeilenumbrüche. Verzichten Sie auf Worttrennungen. Verwenden Sie keine automatischen Hyperlinks zu Internet-Adressen.
- **HERVORHEBUNGEN** Stellen Sie Hervorhebungen im Text *kursiv*, ebenso die Titel von Büchern, Zeitschriften, Radio- oder Fernsehsendungen. Firmen- oder Produktnamen werden nicht hervorgehoben.
- **SONDERZEICHEN** Markieren Sie deutlich, wenn Sie Buchstaben aus fremden Schriften und andere Sonderzeichen verwenden. Sie können diese auch einheitlich codieren (zum Beispiel <alpha> für den griechischen Buchstaben α oder <c> für das Copyright-Zeichen ©).
- **LEERZEICHEN** Achten Sie darauf, dass sich im Text keine doppelten Leerzei-

chen einschleichen. Verwenden Sie geschützte Leerzeichen bei Abkürzungen
oder Maßangaben.

• FUSSNOTEN UND ANMERKUNGEN Benutzen Sie nicht die automatische Fuß-
notenverwaltung. Nummerieren Sie die Fußnoten kapitelweise, und stellen
Sie diese gesammelt an das Kapitelende.

• ÜBERSCHRIFTEN Beginnen Sie jede Überschrift mit der Kennzeichnung ihrer
Wertigkeit (zum Beispiel <Ü1> für eine Überschrift der 1. Kategorie). Heben
Sie die Überschriften nicht hervor – nicht durch Versalien, Kapitälchen,
Unterstreichungen, Fettdruck, Kursivdruck oder eine größere Schrift.

• ABBILDUNGEN UND GRAFIKEN Speichern Sie Abbildungen und Grafiken
getrennt vom Text in eigenen Dateien. Wenn Sie Grafiken selbst erstellen
wollen, klären Sie frühzeitig mit dem Verlag die technischen Anforderungen.
Änderungswünsche bei Abbildungen vermerken Sie auf einer Kopie, nicht
auf der Vorlage selbst.

• TABELLEN Erstellen Sie Tabellen mit dem Tabellen-Editor – nicht mit
Tabulatoren oder Leerzeichen.

MANUSKRIPTABGABE

• DATENTRÄGER Verwenden Sie als Datenträger eine CD-ROM oder ein anderes
geeignetes Medium. Beschriften Sie diesen mit: Autor, Titel, Dateinamen,
Datum.

• DATEIEN Speichern Sie jedes Kapitel in einer eigenen Datei, möglichst im
Word- oder im RTF-Format. Benennen Sie jede Datei einfach und eindeutig
(zum Beispiel »Kapitel_2.doc«).

• AUSDRUCK Dateien und Ausdruck müssen identisch sein – fügen Sie also
später keine Änderungen ein. Nummerieren Sie die Seiten durchgehend.

• PROBEDATEIEN Probedateien von Text- und Bilddateien stellen Sie bitte
möglichst früh dem Lektorat zur Verfügung. Wir können dann prüfen, ob
sich Ihre Daten problemlos weiterverarbeiten lassen.

SCHREIBWEISEN

• RECHTSCHREIBUNG Verwenden Sie die neue Rechtschreibung.

• SCHREIBWEISEN Achten Sie stets auf Einheitlichkeit.

• ABKÜRZUNGEN Verwenden Sie bitte keine Abkürzungen im Fließtext
(»Prozent« statt »%«, »Euro« statt »€«, »Dollar« statt »$«, »Millionen« statt
»Mio.«, »neunziger Jahre« statt »90er Jahre«). Vermeiden Sie »usw.«, »etc.«
und »u. Ä.«, und machen Sie konkrete Angaben. In Tabellen, Grafiken und
Literaturverzeichnissen können Sie Abkürzungen verwenden.

• ZAHLEN UND ZIFFERN Zahlen bis zwölf stehen meist als Wort, ab 13 als Ziffer.
Wenden Sie diese Regel jedoch behutsam an (nicht: »der elfjährige Hugo
und sein 13-jähriger Bruder«). Vor Mengen- oder Längenangaben stehen
Zahlen als Ziffern, außer bei ungefähren Angaben (»nicht ganz hundertprozentig«). Runden Sie gegebenenfalls Zahlen (nicht: »6,93 Prozent«, sondern:

»7 Prozent«). Tausenderzahlen trennen Sie bitte mit einem Punkt (»7.000«), nicht aber Jahresangaben.

- DATUMSANGABEN Im Fließtext steht der Monat ausgeschrieben (»12. März 2004«); in Tabellen können Sie schreiben: »12. 3. 2004«.
- ZITATE Verwenden Sie für Zitate »doppelte« An- und Abführungszeichen, für Zitate im Zitat ›einfache‹.
- SONDERZEICHEN Es ist hilfreich, wenn sie die richtigen Sonderzeichen verwenden. Ein Gedankenstrich ist ein langer Strich (»Da hilft nur noch eins – sofort operieren.«). Er steht ebenso für »minus« (»7 – 3 = 4«) wie für »bis«: (»1970–1995«), im Gegensatz zu einem kurzen Bindestrich, der Wörter verbindet (»Shareholder-Value-Konzept«). Ein Multiplikationszeichen ist kein x, sondern ein ×, ein Divisionszeichen kein /, sondern ein ÷. Und ein Auslassungszeichen sieht so aus: »Ich hab's.« und nicht »Ich hab's.« oder »Ich hab´s.«.
- VERWEISE Textverweise sollten sich nicht auf einzelne Seiten oder auf »die folgende Abbildung« beziehen, sondern auf Kapitel, Unterkapitel oder die Abbildungsnummer.
- ANMERKUNGEN Vermeiden Sie außer in wissenschaftlichen Werken Anmerkungen, die keine Quellenangaben sind. Nummerieren Sie Fußnoten im Text mit hochgestellten arabischen Ziffern.
- LITERATURVERZEICHNIS Ordnen Sie im Literaturverzeichnis alle Titel alphabetisch nach Autoren. Achten Sie auf eine einheitliche Zitierweise.

Sich in solche Richtlinien einzuarbeiten, bedeutet für Ihre Autoren zusätzliche Mühe. Doch manche sind mit solchen Detailfragen schnell überfordert. Deshalb sollten Sie bedenken: Die wichtigste Aufgabe Ihrer Autoren ist, ein inhaltlich überzeugendes Werk abzuliefern, nicht ein formal einwandfreies Manuskript. Umgekehrt gilt: Je einfacher und klarer Ihre Anweisungen sind, desto größer ist die Chance, dass sie beherzigt werden.

Für Reihen oder komplexe Werke, an denen mehrere Herausgeber oder Autoren beteiligt sind, empfiehlt sich hingegen, möglichst präzise – auch inhaltliche – Vorgaben zu machen. Diese können sich beispielsweise auf den Aufbau der einzelnen Beiträge, den Schreibstil oder die Vereinheitlichung von Schreib- und Zitierweisen beziehen.

Inhaltliche Aspekte

Autoren und Übersetzer liefern den Inhalt, die Feinarbeit von Lektoren und Redakteuren beginnt erst später. Dennoch können Sie zum Gelingen des Werks schon im Vorfeld beitragen. Richten Sie Ihr Augenmerk zunächst auf die Gliederung.

- **AUFBAU** Folgen die Kapitel logisch aufeinander, und ist ein roter Faden erkennbar? Überlegen Sie, ob es für das Verständnis sinnvoll ist, einzelne Kapitel umzustellen oder gar zu streichen. Eine gewisse Redundanz fördert das Verständnis, doch sind überflüssige Wiederholungen ermüdend und ärgerlich für die Leser. Achten Sie also darauf, dass es keine Wiederholungen oder Überschneidungen gibt, aber auch keine Gedankensprünge, die Sie nicht nachvollziehen können.
- **GLIEDERUNGSTIEFE** Wie stark ist das Buch untergliedert? Eine klare Gliederung hilft den Lesern, sich zu orientieren. Eine zu starke Untergliederung ist jedoch oft verwirrend. Deshalb ist es nicht sinnvoll, mit mehr als vier Hierarchieebenen zu arbeiten.
- **GEWICHTUNG** Stimmt die Gewichtung der einzelnen Kapitel? Ein Kapitel sollte sich einem Aspekt des Buchthemas widmen, eine Frage beantworten. Gut ist, wenn alle Hauptkapitel eines Werks ähnlich lang sind. Zu kurze Abschnitte lassen sich oft als Unterkapitel an anderer Stelle integrieren. Umgekehrt ist es vielleicht möglich, ein zu langes Kapitel zu teilen – insbesondere wenn darin mehrere Themen behandelt werden.

Die Einleitung führt zum Thema. Eventuell müssen die Autoren hier wesentliche Begriffe erläutern oder wichtige Informationen geben, die für das Verständnis des Buchs erforderlich sind. Den Abschluss des Buchs bilden beispielsweise Glossar, Literaturhinweise, Adressen oder Register. In einen Anhang können zusätzliche Materialien wie längere Originaldokumente, Statistiken oder Karten aufgenommen werden, die im Haupttext den Lesefluss stören würden. Neue Gedankengänge gehören allerdings nicht mehr in den Anhang.

Wenn das Buch in einer Sachbuchreihe erscheinen soll, können Sie genaue Vorgaben machen: zum Aufbau des Werks, zur Gliederungstiefe, zum Inhalt einzelner Kapitel, zum Einsatz von Grafiken, Tabellen oder anderer Textelemente, zum Schreibstil und zur Zielgruppe. Ein kurzes inhaltliches Autorenbriefing für eine Buchreihe kann zum Beispiel wie folgt aussehen:

❙ BEISPIEL: Autorenhinweise zu Kapitelaufbau und Stilelementen

Schön, dass Sie interessiert sind, einen Band für die Reihe *x-presso* zu schreiben: Sie richtet sich an junge Führungskräfte der unteren und mittleren Ebene, also an alle mit Mitarbeiterverantwortung und Entscheidungskompetenz im Alter von Mitte zwanzig bis Ende dreißig. Der Ton der Texte und die Anmutung der Cover ist – wie die Zielgruppe – jung und frisch. Das Motto: »Keine Zeit? Keine Ahnung? Keine Panik!« Auf 96 Seiten bringt *x-presso* auf den Punkt, worauf es bei der Lösung eines konkreten Alltagsproblems ankommt.

- Umfang: 65 bis 70 Manuskriptseiten (mit je 1.800 Anschlägen).
- »Einführung« bietet eine vier- bis fünfseitige Einleitung mit einer kurzen Zusammenfassung der Kapitel (als Kasten), eine Erläuterung der Textelemente (Tipps, Shortcuts und Checklisten) und ihrer Bedeutung für die Problemlösung (jeweils ein Satz).
- »Achtung Zeitdruck!« ist eine allgemeine Hinführung zum Thema – also zu dem Problem, das zu lösen ist.
- »Das Problem« macht das Thema mit einem Beispiel deutlich, das sich als roter Faden durch das Buch zieht. Möglich sind auch mehrere kurze Beispiele.
- Der Hauptteil des Buchs ist in sechs bis acht Kapitel gegliedert, die Schritt für Schritt eine Anleitung bieten, das Problem in den Griff zu bekommen. Innerhalb jedes Kapitels gibt es nur eine weitere Überschriftenebene. Jedes Kapitel schließt mit dem Kasten »Für das nächste Mal«, der Tipps enthält, wie die Leser ähnliche Situationen künftig vermeiden oder mit etwas mehr Zeit noch besser lösen.
- »Wenn Sie nur einen halben Tag Zeit haben« bietet auf zwei bis vier Seiten eine Schnellversion, wenn Sie ein Problem in wenigen Stunden lösen müssen. Nach einer kurzen Einleitung bekommen die Leser eine Checkliste mit allen notwendigen Schritten zur Problemlösung.
- »Wenn Sie nur eine Stunde Zeit haben« ist eine komprimierte Version der vorangegangenen Problemlösung. Die Leser erhalten rasche Orientierung mit einer Checkliste.
- In loser Folge sind über das ganze Buch etwa 30 Kästen »Auf den Punkt« verteilt. Sie geben in vier bis fünf Sätzen Ratschläge, wie das Problem noch eleganter und schneller bewältigt wird.
- Am Rand jeder Seite steht ein besonders markanter Satz des Fließtexts in einer Marginalspalte.

Haben Sie noch Fragen oder Anregungen? Dann wenden Sie sich bitte an Ihr Lektorat.

In der Belletristik ist der Stil gleichzeitig Inhalt; bei Sachbüchern hingegen sollte sich der Stil immer an der Zielgruppe orientieren. Hier sind Ihre Autoren in der Regel auch keine professionellen Schriftsteller, sondern Experten, die sich in ihrem Fachgebiet gut auskennen. Für Tipps zum Schreibstil, zur Leseransprache, zum Formulieren des Texts sind diese Autoren deshalb in der Regel dankbar – besonders wenn Sie sie behutsam vorbringen. Wenn Ihnen eine Textprobe vorliegt, können Sie auf deren Grundlage Verbesserungsvorschläge machen. Im Allgemeinen sollten auch Ihre Autoren beim Schreiben die gleichen Grundsätze beherzigen, die Sie in Kapitel 1.3.2 zum Thema Manuskriptbearbeitung finden.

Schreibblockaden

Enge Zeitpläne lassen selten Raum für größere Verzögerungen, doch manchmal geht trotz besten Willens gar nichts mehr: Ein Autor leidet an einer Schreibblockade und hat seit Längerem keine Zeile mehr zu Papier gebracht. Welche Hilfe Sie jetzt anbieten, hängt von der konkreten Situation ab. Denn Schreibblockaden können viele Ursachen haben:

- **GLIEDERUNG** Überprüfen Sie nochmals das Konzept. Vielleicht ist es unschlüssig oder überfordert den Autor.
- **MATERIAL** Selten mangelt es Autoren an Stoff – im Gegenteil: Eine unendliche Materialfülle macht es scheinbar unmöglich, »jetzt schon« mit dem Schreiben zu beginnen. Vielleicht hilft es, das Thema genauer einzugrenzen. Wichtig ist, dass Ihr Autor jetzt anfängt: Setzen Sie feste Termine für die Ablieferung einzelner Kapitel, und bieten Sie an, wichtige Informationen später noch in das Manuskript einzufügen.
- **ZEITMANAGEMENT** Andere wichtige Termine und Verpflichtungen hindern Ihren Autor immer wieder daran, am Buch zu arbeiten. Empfehlen Sie, kurze, aber regelmäßige Zeitblöcke für das Schreiben einzuplanen und während dieser Zeit alle externen Störungen wie Telefon oder Ähnliches auszuschließen. Kleinere Arbeitseinheiten machen gleichzeitig das ganze Projekt überschaubarer. Auch hier können Sie feste Termine setzen.
- **PERFEKTIONISMUS** Wenn der Drang nach Perfektion, nach Aktualität und nach Vollständigkeit beim Schreiben hemmt, hilft es, einfach drauflos zu schreiben – ohne Rücksicht auf Wortwahl, Rechtschreibung oder Grammatik. Empfehlen Sie, in einem Unterkapitel mit einer zentralen Aussage oder einem Kernbegriff zu beginnen und alle dazugehörigen Begriffe und Gedanken aufzuschreiben. Zur Orientierung kann die Leitfrage dienen: Was wollen die Leser zu diesem Thema wissen? Dabei ist es zunächst egal, ob ganze Sätze oder nur Satzteile entstehen. Wichtig ist nur, in möglichst kurzer Zeit möglichst viel Text zu Papier zu bringen. Diese Rohfassung lässt sich später ausformulieren, und fehlende Informationen können in aller Ruhe ergänzt werden.
- **ANGST** Wer ein Buch schreibt, setzt sich früher oder später einem öffentlichen Urteil aus. Das Werk wird ein Bestseller oder bleibt in den Regalen liegen; in den Medien erntet es positive Kritiken oder heftige Verrisse. Wenn dann noch der Drang nach Perfektionismus hinzukommt, entstehen schnell Versagensängste. Gegensteuern können Sie mit behutsamem, aber ehrlichem Lob sowie einer wohlwollenden Beurteilung der ersten Leseproben, selbst wenn diese kleine Mängel aufweisen. Diese können Sie später immer noch beheben, denn es geht jetzt vor allem darum, dass überhaupt Texte entstehen.

• **UMFELD** Störungen im Arbeitsumfeld können ebenso wie persönliche Probleme Schreibblockaden auslösen. Versuchen Sie im gemeinsamen Gespräch, die Ursachen zu erforschen und Lösungen zu finden. Manchmal geben schon ein offenes Ohr oder ein nettes Abendessen neuen Schwung.

Wichtig ist, dass Sie Ihren Autoren in dieser schwierigen Situation keine Vorwürfe machen und damit zusätzlich unter Druck setzen. Bieten Sie Ihre Hilfe an, erarbeiten Sie gemeinsam eine Lösung für das konkrete Schreibproblem, und halten Sie regelmäßig Kontakt.

1.3.2
Manuskriptbearbeitung

Die inhaltliche, sprachliche und formale Bearbeitung von Manuskripten ist neben der Akquise und Programmplanung eine wesentliche Aufgabe im Lektorat. Dieser Arbeitsschritt beginnt, sobald das Manuskript vom Verlag angenommen wurde. Voraussetzung ist also eine erneute Beurteilung des nun vollständig vorliegenden Texts.

Jetzt ist übrigens die letzte Gelegenheit zu entscheiden, ob Sie das Buch überhaupt noch verlegen wollen. Zwischen Vertragsabschluss und Manuskriptabgabe können durchaus mehrere Jahre vergehen. Vielleicht haben sich seitdem die Marktbedingungen grundlegend geändert, sodass der wirtschaftliche Erfolg des Projekts fraglich ist: Das Thema ist inzwischen nicht mehr aktuell, oder die Konkurrenz war schneller als Sie. Sie dürfen dann nicht zögern, dieses Projekt aufzugeben oder ihm eine neue Richtung zu geben; auf keinen Fall dürfen Sie einen lahmen Hund verlegen (siehe Kapitel 1.1.1). Gemeinsam mit den Autoren sollten Sie nach einer einvernehmlichen Lösung suchen.

Manuskriptbewertung

Verschaffen Sie sich einen genauen Überblick darüber, ob das Manuskript Ihren Erwartungen entspricht und welchen Aufwand die redaktionelle Bearbeitung erfordert. Anhand inhaltlicher, sprachlicher und formaler Kriterien finden Sie heraus, an welchen Stellen eine Nachbesserung notwendig ist. Inhaltliche Kriterien stehen bei der Beurteilung der Qualität eines Manuskripts im Vordergrund, denn strukturelle, inhaltliche oder juristische Mängel sind in der Regel schwerer zu beheben als sprachliche Schnitzer oder formale Defizite.

CHECKLISTE: INHALTLICHE MANUSKRIPTBEWERTUNG

• WURDE DAS ABGESPROCHENE KONZEPT EINGEHALTEN? Wenn von der Gliederung abgewichen wurde, bedeutet das nicht automatisch einen Mangel.
Vielleicht gibt es dafür überzeugende Gründe.

• GIBT ES ABWEICHUNGEN VOM GEPLANTEN UMFANG? Ist der Umfang wesentlich geringer als erwartet, wurde vielleicht das Thema nicht ausführlich und
verständlich genug behandelt. Ist der Umfang hingegen zu hoch, entstehen
zusätzliche Produktionskosten. Prüfen Sie in diesem Fall, ob Kürzungen möglich sind oder ob Sie einen höheren Ladenpreis verlangen können.

• IST DER AUFBAU DES TEXTS LOGISCH UND NACHVOLLZIEHBAR? Das gilt nicht
nur für die Struktur des Buchs, sondern auch für die Binnenstruktur einzelner
Kapitel bis zur Abfolge einzelner Gedankengänge und Sätze. Achten Sie dabei
auch auf Überschneidungen oder Gedankensprünge.

• SIND ERZÄHLPERSPEKTIVE, HANDLUNG UND CHARAKTERE STIMMIG? In der
Belletristik muss die erzählte Geschichte nicht völlig neu oder aktuell sein,
aber zumindest einen neuen Blickwinkel, eine besondere Figur oder Erzählweise braucht es, um Interesse zu wecken. Achten Sie darauf, dass die Erzählperspektive durchgehalten wird und sich der Plot nachvollziehbar entwickelt. Gerade in der Unterhaltungsliteratur ist ein gewisser Spannungs-
bogen gewünscht, immer eine dem jeweiligen Stoff angemessene Drama-
turgie. Die Protagonisten sollten stimmig charakterisiert sein und lebendig
wirken; im Idealfall können sich die Leser mit einer Hauptfigur identifizieren.
Darüber hinaus sollten die gängigen Regeln des jeweiligen Genres eingehalten sein.

• SIND ARGUMENTATION UND AUSSAGEN KLAR UND VERSTÄNDLICH? Wenn
Sie den Text nicht auf Anhieb verstehen oder nur ahnen, was die Autoren
zum Ausdruck bringen möchten, wird es den meisten Lesern ebenso er-
gehen.

• SIND JURISTISCHE PROBLEME ZU ERWARTEN? Vorsicht ist geboten bei Aussagen, die als ruf- oder geschäftsschädigend angesehen werden können.
Auch Romanfiguren dürfen nicht so beschrieben werden, dass reale Vorbilder
erkennbar sind, wenn deren Einwilligung nicht vorliegt; Ausnahmen sind
Personen des öffentlichen Lebens und öffentlich zugängliche Fakten über
dieselben. Im Zweifelsfall sollten Sie unbedingt juristischen Rat suchen.

• STIMMEN AUSSAGEN, ZAHLEN, DATEN UND FAKTEN? SIND DIESE AKTUELL?
Stichproben zeigen, ob die Autoren gründlich recherchiert haben. Das gilt
auch für Milieubeschreibungen in der Belletristik, zum Beispiel in historischen
Romanen. Bei Schulbüchern müssen dagegen die gültigen Lehrpläne berücksichtigt werden.

• WERDEN FACHBEGRIFFE RICHTIG UND SACHGEMÄSS VERWENDET? Die Leser
sollen Fachbegriffe problemlos verstehen, andernfalls müssen diese an geeigneter Stelle erklärt werden.

- **WERDEN ABBILDUNGEN, GRAFIKEN ODER TABELLEN SINNVOLL EINGESETZT?** Bilder, Diagramme, Karten und Tabellen bieten einen schnellen Überblick und verbessern so die Verständlichkeit des Texts.
- **SIND QUELLEN UND ZITATE KORREKT WIEDERGEGEBEN?** Prüfen Sie dies anhand einiger Stichproben.
- **LASSEN SICH DIE LITERATURHINWEISE VOLLSTÄNDIG ERSCHLIESSEN?** Bei Übersetzungen sollten möglichst die entsprechenden deutschsprachigen Werke angegeben werden.

Nicht immer können Sie das gesamte Manuskript auf seine inhaltliche Richtigkeit prüfen. Aus Zeitgründen müssen in vielen Fällen Stichproben genügen. Wenn Sie dabei jedoch auf Fehler stoßen, müssen Sie den Inhalt genauer unter die Lupe nehmen. Im nächsten Schritt beurteilen Sie Sprache und Stil des Texts.

CHECKLISTE: SPRACHLICH-STILISTISCHE MANUSKRIPTBEWERTUNG
- **IST DER STIL DEM GENRE, DEM THEMA UND DER ZIELGRUPPE ANGEMESSEN?** Ein Ratgeber erfordert einen anderen Ton als ein wissenschaftliches Fachbuch, ein Krimi, Jugendbuch oder Fantasy-Thriller einen anderen Stil als ein literarischer Roman.
- **IST DIE ERZÄHLPERSPEKTIVE STIMMIG?** Zwischen der auktorialen und personalen Perspektive können die Grenzen fließend sein, ebenso kann innerhalb der personalen Perspektive aus der Sicht unterschiedlicher Personen erzählt werden. Wichtig ist aber, dass die jeweilige Perspektive immer erkennbar ist und konsequent angewandt wird.
- **IST DIE WORTWAHL ANSCHAULICH UND KORREKT?** Eine klare, lebendige Sprache mit überzeugenden Bildern ist verständlicher als ein akademischer oder bürokratischer Stil, ein Jargon voller Floskeln oder ein Text voll von Klischees. Ein falscher Wortgebrauch ist ebenso zu korrigieren wie schiefe Bilder, hölzerne Dialoge und andere sprachliche Schnitzer.
- **IST DER SATZBAU LOGISCH UND VERSTÄNDLICH?** Zu lange und verschachtelte Sätze sind nur schwer verständlich. Auch sollte die Satzaussage bereits beim ersten Lesen eingängig sein.
- **STIMMEN RECHTSCHREIBUNG, GRAMMATIK UND ZEICHENSETZUNG?** Es geht meist nicht darum, jetzt schon ein völlig fehlerfreies Manuskript zu erstellen, dafür gibt es später noch einen speziellen Korrekturlauf. Aber auch hier hilft eine Stichprobe, den Bearbeitungsaufwand zu klären.
- **SIND ALLE SCHREIBWEISEN VEREINHEITLICHT?** Gleiches sollte immer gleich behandelt werden. Das gilt nicht nur für einzelne Ausdrücke, sondern auch für Eigennamen, Titel oder Abkürzungen.

Bei der Prüfung formaler Aspekte müssen Sie zum einen sicherstellen, dass Ihnen ein vollständiges Manuskript vorliegt, das sich zur Bearbeitung eignet. Zum anderen geht es um Fragen der Übersichtlichkeit und Leserfreundlichkeit.

CHECKLISTE: FORMALE MANUSKRIPTBEWERTUNG

- IST DAS MANUSKRIPT VOLLSTÄNDIG? Alle Abbildungen, Tabellen oder Anlagen sollten vollständig vorliegen. Fehlende Teile müssen deutlich vermerkt werden.
- WURDEN DIE REGELN ZUR MANUSKRIPTERSTELLUNG BEACHTET? Eventuell ist eine Aufbereitung der Daten oder des Papierausdrucks nötig, um weiterarbeiten zu können.
- IST DER TEXTAUFBAU ÜBERSICHTLICH UND LESERFREUNDLICH? Prüfen Sie zunächst die Stimmigkeit der Überschriftenebenen und die Gewichtung der einzelnen Kapitel. Das gilt ebenso für Marginalien und andere Textelemente. Auf Kapitelüberschriften sollte möglichst Text und keine weitere Unterüberschrift folgen. Absätze sollen einen kurzen Sinnabschnitt enthalten und weder zu lang noch zu kurz sein, um den Lesern eine gute Orientierung zu bieten.
- WERDEN GLEICHE TEXTELEMENTE EINHEITLICH UND RICHTIG VERWENDET? Das betrifft beispielsweise Infokästen und Übersichten, Zitate und Beispiele, Fußnoten und Anmerkungen, Marginalien oder Aufzählungen.
- STIMMEN KAPITELÜBERSCHRIFTEN UND INHALTSVERZEICHNIS ÜBEREIN? Gegebenenfalls ist das Inhaltsverzeichnis anzupassen.
- SIND ABBILDUNGEN, GRAFIKEN UND TABELLEN DEM TEXT EINDEUTIG ZUGEORDNET UND BESCHRIFTET? Da diese nicht immer genau an der vorgesehenen Stelle platziert werden können, müssen Verweise flexibel sein.

Auch wenn Sie das Manuskript nicht selbst bearbeiten, sondern einen freien Lektor damit beauftragen, sollten Sie sich für eine gründliche Beurteilung Zeit nehmen. Nur so können Sie sicherstellen, dass der Text nach der Bearbeitung Ihren Vorstellungen entspricht. In einem genauen Briefing sollten Sie dem freien Mitarbeiter alle Auffälligkeiten, Besonderheiten und Änderungswünsche genau mitteilen. Empfehlenswert ist auch, sich ein bearbeitetes Probekapitel anzusehen und gemeinsam durchzusprechen. Eine Checkliste hilft Ihnen, nichts Wichtiges zu übersehen.

Vergessen Sie nicht, nach der redaktionellen Bearbeitung alle wesentlichen Änderungen mit Autoren oder Übersetzern zu besprechen. Aus urheberrechtlichen Gründen müssen die Verfasser der Bearbeitung zustimmen. Da diese mit ihrem Namen für das Werk einstehen, können Sie lediglich Verbesserungsvorschläge unterbreiten. Wenn Sie jedoch ein gutes Vertrauensverhältnis aufgebaut haben und Ihre Änderungen überzeugend

Projekt			
ISBN:	978-3-934054-52-3	**Lektor:** KWB	**Datum:** 26. März
Autor/Herausgeber:	Michael Schickerling, Klaus-W. Bramann		
Titel/Untertitel:	Bücher machen. Ein Handbuch für Lektoren und Redakteure		
Reihe:	Edition Buchhandel Bd. 13		

Inhalt

Textaufbau:			
Gesamtstruktur:	☒ OK	☐	
Kapitelaufbau:	☒ OK	☐	
Argumentation:	☒ OK	☐	
Umfang:	☒ OK	☐	
Inhalt:			
Verständlichkeit:	☒ OK	☐	
Terminologie:	☐ OK	☐	
Fakten/Daten/Zitate:	☒ OK	☐	
Aktualität:	☐ OK	☒ Aktuelle Zahlen für laufendes Jahr recherchieren!	
Juristische Fragen:	☒ nein	☐ ja:	
Bilder/Tabellen:	☒ OK	☐	
Quellen/Literatur:	☒ OK	☐	
Sonstiges:			

Sprache

Stilebene:	☒ OK	☐
Wortwahl:	☒ OK	☐
Satzbau:	☒ OK	☐
Rechtschreibung:	☒ OK	☐ Gemäßigte neue Rechtschreibung!
Grammatik:	☒ OK	☐
Zeichensetzung:	☒ OK	☐ Soweit möglich: Regeln der alten Rechtschreibung!
Abkürzungen:	☐ OK	☒ Abkürzungen möglichst auflösen, sonst einheitlich verwenden!
Sonderzeichen:	☐ OK	☒ Richtige Rechenzeichen in Kapitel 1.1.3 und 1.1.5?
Einheitlichkeit:	☐ OK	☒ Auf einheitlichen Stil/Wortgebrauch in einzelnen Kapiteln achten!
Sonstiges:		

Form

Manuskript:	☒ vollständig	☐ unvollständig:
Papierausdruck:	☒ OK	☐
Textdateien:	☐ OK	☒ Verwendung der Formatvorlage prüfen und anpassen!
Bilddateien:	☒ OK	☐
Textaufbau:		
Überschriften:	Ü 1 bis Ü 4	
Übersichtlichkeit:	☒ OK	☐
Einheitlichkeit:	☐ OK	☒ Gleiche Textelemente in einzelnen Kapiteln gleich verwenden!
Abbildungen, Grafiken, Tabellen:		
Auswahl/Qualität:	☒ OK	☐
Beschriftung:	☐ OK	☒ Fehlende Beschriftungen ergänzen!
Sonstiges:		

14 Checkliste: Manuskriptbewertung von Sachtexten

begründen, stoßen Sie selten auf Widerstand. Im Zweifelsfall ist Ihr Verhandlungsgeschick gefragt.

Wenn Sie feststellen, dass ein Manuskript in wesentlichen Punkten nicht Ihren Erwartungen oder den Abmachungen entspricht, voller Fehler ist und selbst durch eine gründliche Bearbeitung nicht entscheidend verbessert werden kann, müssen Sie die Notbremse ziehen: Geben Sie das Manuskript mit genauen Anweisungen zur Überarbeitung zurück, und setzen Sie eine Nachfrist. Gegebenenfalls müssen Sie eine Vertragsauflösung in Betracht ziehen. Dafür brauchen Sie allerdings gute Gründe, wenn Sie nicht riskieren wollen, in einer juristischen Auseinandersetzung zu unterliegen. Bereits gezahlte Honorare können Sie in der Praxis meistens abschreiben. Sprechen Sie also in jedem Fall vorher mit den betroffenen Autoren oder Übersetzern, und versuchen Sie, sich gütlich zu einigen.

Sprachliche Textbearbeitung

Ziel der sprachlich-stilistischen Manuskriptbearbeitung ist nicht nur die Korrektur von Rechtschreibung, Grammatik und Zeichensetzung oder die Vereinheitlichung von Schreibweisen, sondern vor allem ein guter Text. Aber was ist das? Lektoren in Belletristikverlagen haben davon sicher eine andere Vorstellung als Redakteure in einem Wissenschaftsverlag. Gute Texte sind nicht nur verständlich und zielgruppengerecht, sondern überzeugen auch sprachlich und stilistisch. Darüber hinaus enthalten Sachtexte richtige und vollständige Informationen.

Es ist die Aufgabe von Lektoren und Redakteuren, diese Ansprüche an Texte zu erfüllen. Während in der Belletristik Stilfragen im Vordergrund stehen, muss der Verfasser eines Fachbuchs vor allem Fakten vermitteln. Es lohnt sich deshalb, sich bewusst machen, warum Texte überhaupt gelesen werden. Der Sprachexperte Wolf Schneider nennt drei Gründe:

- **SIE MÜSSEN GELESEN WERDEN.** Das gilt für die Schullektüre genauso wie für Bewerbungsratgeber oder die Bauanleitung für ein neues Bücherregal. Die Motive sind also Zwang oder Angst und hängen häufig mit einer akuten Notlage des Lesers zusammen.
- **SIE VERMITTELN INTERESSANTE INHALTE.** Beispiele sind ein Bildband über Rom, ein Kochbuch oder ein medizinisches Fachbuch. Persönliches oder berufliches Interesse sind die Hauptmotive.
- **SIE SIND ANGENEHM ZU LESEN.** Freude an Sprache und Stil, an einer spannenden, unterhaltsamen oder experimentellen Darstellung des Inhalts sollte bei jeder Art von Text wichtig sein – nicht nur in der Belletristik. Das schließt anspruchsvolle und sperrige Werke ein, die sich einer raschen und oberflächlichen Lektüre widersetzen. Ein wichtiges Motiv ist Unterhaltung.

Eigentlich sollten alle Bücher angenehm zu lesen sein, doch allzu oft ist ihre Lektüre ein Ärgernis – bei Unterhaltungsromanen ebenso wie bei

Sachbüchern. Und das liegt nicht nur an einem seichten Plot oder fehlerhaften Inhalten. Der Albtraum aller Leser heißt: Bürokratendeutsch. Dieses findet sich oft in Behördenbriefen und Gesetzestexten und leider auch in zahlreichen Manuskripten. Unüberschaubare Absätze, unendliche Sätze und ineinander verschachtelte Nebensätze machen manche Texte unerträglich. Viele Autoren – besonders in der akademischen Welt – halten dies für guten Stil und scheuen sich, die Dinge einfach, klar und verständlich beim Namen zu nennen. Groß ist die Furcht, als unwissenschaftlich oder gar unseriös zu gelten. Dabei vergessen die Verfasser solcher Werke, dass nicht der Stil, sondern der Inhalt Seriosität gewährleisten. Dass es auch anders geht, beweisen Autoren im angelsächsischen Sprachraum: Hier gehört es zum guten Ton, sich verständlich und eloquent auszudrücken – ohne dass der Anspruch darunter leidet.

Immer an die Leser denken. Diese Aussage gilt auch für Fachtexte. Denn welche Beamten lesen schon gern Behördenbriefe? Welche Akademiker erfreuen sich an den Elaboraten ihrer Kollegen? Außerhalb der Belletristik wird sprachlichen Aspekten leider oft wenig Beachtung geschenkt und ein guter Schreibstil als entbehrlicher Zierrat angesehen. Tatsächlich loben die Leser eines gut geschriebenen Marketingfachbuchs selten dessen sprachliche Eleganz. Umgekehrt jedoch werden sie vielleicht das Buch verärgert in die Ecke legen und Autor oder Verlag in Zukunft meiden.

Es ist nicht die Aufgabe der Leser, sich das Verständnis des Texts zu erarbeiten – gar mithilfe eines Handwörterbuchs. Es ist die Aufgabe von Autoren – unterstützt durch den Verlag –, sich ihren Lesern verständlich zu machen. Deshalb hat auch in Sachbuchverlagen die sprachlich-stilistische Redaktion neben der inhaltlichen Bearbeitung eine große Bedeutung. Sie sorgt dafür, dass Texte verständlich und lesbar sind – und damit die gewünschte Zielgruppe erreichen. Das sprachliche Lektorat achtet deshalb besonders auf eine sinnvolle Absatzgliederung, einen verständlichen Satzbau und eine treffende Wortwahl. Berücksichtigen Sie, dass sich die folgenden Tipps für gutes Deutsch nicht immer auf die Belletristik anwenden lassen – besonders wenn beispielsweise ein experimenteller Sprachgebrauch den Charakter des Werks bestimmt.

Tipps für gutes Deutsch

Absätze dienen der optischen und der inhaltlichen Gliederung des Fließtexts. Den Lesern signalisieren sie eine Sinneinheit. Deshalb gehört in jeden Absatz auch nur ein Gedanke oder eine Aussage. Absätze sollten überschaubar bleiben, also nicht zu lang werden: Mehr als zwanzig Zeilen sind problematisch. Viele kurze Absätze hingegen deuten auf einen

Telegrammstil mit unklaren Gedankengängen hin: Hier haben sich die Verfasser vielleicht die Mühe gespart, ihre Ideen vollständig und nachvollziehbar zu Papier zu bringen.

Statt ausufernder Erklärungen ist es oft übersichtlicher, eine Tabelle oder Aufzählung zu verwenden. Tabellen dürfen allerdings nicht zu kompliziert aufgebaut sein und sollten nur kurze Texte oder Zahlen aufnehmen. Zeilen- und Spaltenköpfe dienen der raschen Orientierung. Für Aufzählungen gilt: Kurz und prägnant sind sie übersichtlich. Lange Aufzählungen und Unteraufzählungen sind hingegen verwirrend.

Kurze, klare Sätze – so lautet eine alte Journalistenregel. Sie verlangt vom Schreiber, die eigenen Gedanken geordnet auf den Punkt zu bringen. So werden Texte flüssig und verständlich. Deshalb empfiehlt beispielsweise die Deutsche Presse-Agentur eine Satzlänge von höchstens zwanzig Wörtern. Aber Achtung: Ein Stakkato an kurzen Sätzen wirkt schnell ermüdend.

Auch Fachtexte verlangen mehr als eine präzise Darstellung der Fakten. Gerade wenn die Inhalte kompliziert sind, sollte die Sprache einfach und verständlich bleiben. Zunächst geht es bei der sprachlichen Bearbeitung darum, Lesehemmnisse zu beseitigen, zum Beispiel:

- **KLAMMERN UND PARENTHESEN** verbergen sich oft neue Gedanken – den Autoren erscheinen sie unverzichtbar –, die den Lesefluss stören (zum Beispiel diese Klammer). Meist können Sie unwichtige Randbemerkungen ersatzlos streichen; wichtigen Aussagen sollten Sie aber den gebührenden Platz einräumen – in einem Hauptsatz.
- **ABKÜRZUNGEN** »Abk. u. dergl.« erschließen sich nicht jedem Leser auf Anhieb und sind zudem oft hässlich. Hinzu kommen praktische Schwierigkeiten, weil Abkürzungen am Satzanfang laut *Duden* ausgeschrieben werden, und inhaltliche Probleme, weil Abkürzungen wie »u. Ä.«, »etc.« oder »usw.« oft nur verbergen, dass ein Sachverhalt nicht vollständig dargestellt wurde. Wenn nicht unbedingt Platz eingespart werden muss – zum Beispiel in Lexika oder Tabellen –, sollten Sie den Begriff also besser ausschreiben; auf jeden Fall müssen Abkürzungen erklärt werden.
- **ZUSAMMENSETZUNGEN** Lange Komposita wie »Wirtschaftsfachbuchredakteurin« sind schwer lesbar. Ein Bindestrich schafft meistens Abhilfe, aber nicht jede »Zusammen-Setzung« braucht einen.
- **INTEGRATIVE SPRACHE** Das Bemühen um einen integrativen Sprachgebrauch nimmt vielen Texten ihre Leichtigkeit. Viele »Leserinnen und Leser« empfinden das als ebenso störend wie den vermeintlich eleganten Ausweg für »Lesende« oder die orthografisch falsche Variante »LeserInnen«. Wenn Sie Funktionen oder Berufe (»Ich gehe zum Bäcker«) meinen, spricht wenig dagegen, die übliche männliche Form zu verwenden; wenn Sie sich hingegen auf konkrete Personen

beziehen (»Frau Ziegler ist Bäckerin.‹) oder Menschen direkt ansprechen – beispielsweise in einem Vorwort –, sollten Sie die passende Bezeichnung wählen. Im Übrigen bietet sich die Verwendung des Plurals ebenso an wie der Wechsel zwischen der weiblichen und männlichen Form (zum Beispiel in Kapitel 6.2).

Hauptsachen gehören in Hauptsätze – so lautet eine bekannte Regel. Verbalkonstruktionen wie »es besteht kein Zweifel« oder »klar ist« verführen dazu, die Kernaussage in einen Nebensatz zu packen. Einfache Sätze kommen mit einem Nebensatz aus. Dieser wird am besten angehängt, eventuell vorangestellt, aber nicht in den Hauptsatz eingeschoben; so erschließt sich die Aussage eines Satzes schneller.

BEISPIEL: Satzstellung

Erst am Ende des Satzes erfahren die Leser, was die Eltern von der Idee des Schuldirektors halten:
- VORHER »Der Direktor hatte die Eltern vor seiner Idee, die Klassenräume zu renovieren, während die Schüler in den Ferien waren, begeistern können.«
- NACHHER »Der Direktor begeisterte die Eltern von seiner Idee, die Klassenräume während der Ferien zu renovieren.«

Auch Attribute hemmen den Lesefluss, denn sie schieben sich störend zwischen Artikel und Substantiv. Am besten hängen Sie diese Attribute an – in einem Nebensatz oder mit einem Gedankenstrich. Oder Sie machen daraus gleich mehrere kurze Sätze.

BEISPIEL: Attribute

Etwas länger, aber flüssiger wird der folgende Satz, wenn Sie das Attribut herauslöse.
- VORHER »Einen in unserer Buchhandlung bestellten Bildband konnten wir schon am nächsten Tag abholen.«
- NACHHER »Schon am nächsten Tag holten wir den Bildband ab, den wir in unserer Buchhandlung bestellt hatten.« Oder in zwei Sätzen: »Wir bestellten einen Bildband in unserer Buchhandlung. Schon am nächsten Tag konnten wir ihn abholen.«

Ein Problem können Verneinungen darstellen, besonders doppelte: Wer sich klar ausdrücken will, sollte sagen, was Sache ist, nicht aber, was nicht ist.

| BEISPIEL: **Verneinungen**

Der fulminante Kommentar eines Journalisten bleibt im Gestrüpp seiner vielen Verneinungen stecken. Positiv formuliert, gewinnt der Text an Schwung:

- VORHER »Ob sich die Pleite des Heidelberger Baulöwen Roland Ernst am Ende noch zu einem Skandal auswächst, ist derzeit noch unklar. Völlig unwahrscheinlich ist es keineswegs. Nicht ohne Grund gilt Ernst bereits seit vielen Jahren als Absturzkandidat. Die Parallelen sind unverkennbar. Selbst die nicht gerade als unternehmerfeindlich geltende *FAZ* beschreibt den ehemaligen Möbelhändler als eine schillernde Figur.«

- NACHHER »Wird die Pleite des Heidelberger Baulöwen Roland Ernst zu einem ähnlichen Skandal wie der Fall des Immobilienspekulanten Jürgen Schneider? Möglich ist das, denn schon seit vielen Jahren gilt Ernst als Absturzkandidat. Die Parallelen sind offensichtlich: Sogar die unternehmerfreundliche *FAZ* beschreibt den ehemaligen Möbelhändler als schillernde Figur.«

Befreien Sie Texte von allem Wortballast, indem Sie Füllwörter streichen wie »immerhin«, »also«, »eigentlich«, »irgendwie«, »gewissermaßen«. Das Gleiche gilt für Floskeln wie »in diesem Zusammenhang« oder andere eingefahrene Sprachbilder. Viele Dinge lassen sich mit wenigen Worten besser ausdrücken: »ein Ding der Unmöglichkeit« ist »unmöglich«, »schlussendlich« ist »schließlich«, »notwendigerweise« ist »notwendig«, ein »Gefährdungspotenzial« ist eine »Gefahr«, »eine Aufgabenstellung« ist eine »Aufgabe«, »innovationsstark« ist »innovativ« »im schulischen Bereich« ist »in der Schule«. Vermeiden Sie solche unnötigen Aufblähungen: Sie enthalten nichts als heiße Luft.

| BEISPIEL: **Wortballast**

Ein Satz voller Füllwörter und Floskeln hat eine einfache Aussage und lässt sich problemlos kürzen:

- VORHER »Die Änderungen im Bereich des Urheberrechts ließen in diesem Zusammenhang nichts an Deutlichkeit zu wünschen übrig.«
- NACHHER »Es gab deutliche Änderungen des Urheberrechts.« Oder: »Das Urheberrecht wurde stark geändert.«

Vereinfachen Sie Sätze, indem Sie sie zunächst auf ihre Kernaussage reduzieren. Oft ist es besser, mehrere kurze Sätze zu bilden, die jeweils einen Gedanken enthalten.

▎ BEISPIEL: **Kernaussage**

Hier hat ein Wissenschaftler geschrieben. Testen Sie selbst, ob Sie die Aussagen beim ersten Lesen verstehen und ob er durch die Umformulierung an Aussagekraft einbüßt:

- VORHER »Unseren Wirtschaftspolitikern, vor allem den ordnungspolitisch interessierten und engagierten unter ihnen, sollten wir ins Stammbuch schreiben, dass Maßnahmen zur Finanzmarktliberalisierung zwar zu begrüßen sind, dass sie aber nicht zu chaotischen Verhältnissen und einen fairen Wettbewerb untergrabenden Strukturen führen dürfen.«
- NACHHER »Unsere Wirtschaftspolitiker sollten wissen: Die Liberalisierung der Finanzmärkte ist zwar begrüßenswert, darf aber nicht zu chaotischen Verhältnissen und unfairem Wettbewerb führen.«

▎

Hüten Sie sich vor falschen Eindeutschungen fremdsprachiger Begriffe: Es gibt im Deutschen zwar »Fronten«, aber keine »Frontlinien«. Ebenso ist meist die »US-Regierung« gemeint, wenn von der »US-Administration« die Rede ist. »Einmal mehr« ist die unglückliche Übersetzung von »once more« und heißt eigentlich »wieder«. Fragen Sie sich außerdem, ob Wörter wie »implementieren« oder »kommunizieren« notwendig sind; auch für Begriffe wie »Meeting« oder »Swimming-Pool« gibt es treffende deutsche Entsprechungen. Diese Liste ließe sich beliebig ergänzen. Manche Anglizismen stellen nicht nur ein orthografisches Problem dar, sondern sind gerade als Verb hässlich: Dosen werden »recycelt«, Unternehmen »gemanagt«, Mitarbeiter »outgesourct«.

Konkrete Begriffe sollten Sie abstrakten Benennungen vorziehen: Ein »Huhn« gackert lebhafter als »Geflügel«, »Tischdecken« sind dekorativer als »Heimtextilien«, und von »regionalen Niederschlägen« sollte nicht die Rede sein, wenn es am Bodensee regnet, blitzt und donnert. Natürlich haben abstrakte Sammelbegriffe in vielen Fällen ihre Berechtigung, besonders in Fachtexten; Sie sollten sich aber immer genau überlegen, ob sie wirklich notwendig sind.

Vorsicht ist bei Adjektiven geboten: Sie können einem Text Farbe und Esprit geben. Doch manche Adjektive sind überflüssig, wenn sie eine Aussage verdoppeln (»schwere Verwüstungen«). Besonders hässlich sind die selbstgebastelten Adjektive (»lektoratsspezifisch«). Zu viele Adjektive und Adverbien sind unnötig und wirken aufdringlich, besonders wenn sie fade Vorgänge interessanter erscheinen lassen wollen (»Leise plätschernd fiel ein Tropfen auf den Boden«). Auch bei sehr vielen gebräuchlichen Sprachbildern (»Spitze des Eisbergs«) und festen Wortkombinationen (»brennende Frage«) ist die Gefahr ist groß, in Klischees abzugleiten.

▌ BEISPIEL: **Adjektive**

Hier spüren die Leser, wie sehr der Autor schwitzte, um seinem Text Leben einzuhauchen. Der Text hat Tempo, doch die Bilder sind abgedroschen und widersprüchlich: Weniger ist mehr!

- VORHER »Mit Haut und Haaren hat der neue Anlegertyp Schicksalshasardeur sich voll und ganz dem Rausch der Börse hingegeben, Haus und Hof, Frau und Kind vergessen und versetzt! Börse, eine neue Spielwiese der Gesellschaft, auf der sich der einfache Bürger jenseits seines geregelten Alltags den ultimativen Schicksalskick holt. Gerade die Achterbahnfahrt der Börse fasziniert ihn so wie Bungee-Jumping oder Rafting auf reißendem Fluss: Börse ist auch eine Extremsportart. Das ist neu bei uns. Von dieser neuen Jagdgesellschaft soll in diesem Buch die Rede sein.«
- NACHHER »Tollkühn geben sich Anleger dem Rausch der Aktienkurse hin und versetzen dabei Haus und Hof. Börse, eine neue Spielwiese der Gesellschaft, auf der sich Manager und Hausfrauen gleichermaßen den ultimativen Schicksalskick holen. Bungee-Jumping oder Wildwasser-Rafting – was ist das schon gegen die Unberechenbarkeit börsialer Achterbahnfahrten? Von diesem Nervenkitzel erzählt unser Buch.«

▌

Verben tragen wesentlich dazu bei, Texte lebendig zu machen. Deshalb sollten Sie nie ein Substantiv verwenden, wo besser ein Verb stehen könnte. So sind Substantive, die auf »-ung«, »-heit« oder »-keit« enden, meist ebenso Unwörter wie der substantivierte Infinitiv. Dieser leblose Nominalstil gehört nicht nur zum Bürokratendeutsch, sondern weist häufig auch auf überflüssiges Passiv hin. Allerdings gibt es einige Verben wie »durchführen«, »erfolgen« oder »sich befinden« oder Verbkonstruktionen wie »in Erwägung ziehen«, »Maßnahmen ergreifen« oder »Entscheidungen treffen«, die Sie besser meiden: Sie wirken farblos und gestelzt.

▌ BEISPIEL: **Verben**

Ohne »-ung« und mit Verben wird der folgende Satz klar und lebendig:

- VORHER »Die Verschiebung der Auslieferung unserer Novitäten führt zu Verärgerungen im Buchhandel.«
- NACHHER »Wenn wir unsere Novitäten verspätet ausliefern, ärgern sich die Buchhändler.«

▌

Passivkonstruktionen sind der Tod eines jeden Texts. Deshalb finden sie sich besonders in Gebrauchsanweisungen (»Man nehme ...«), in Behördenschreiben (»Die Parteien werden unverzüglich aufgefordert …«) oder akademischen Lehrbüchern (»In der vorliegenden Arbeit wird versucht …«). Sie sind nicht nur umständlich und wenig anschaulich, sondern verbergen häufig die handelnden Personen. Das Gleiche gilt für die bereits genannten Verbalkonstruktionen (»Festzuhalten bleibt …«). Nennen Sie Ross und Reiter: Wer hat was getan, gesagt, geschrieben?

BEISPIEL: **Passiv**

Wechseln Sie die Perspektive – und den Satzbau!
- VORHER »Wird aus dieser Perspektive zunächst der besondere Stellenwert der Betriebe in der DDR-Gesellschaft erklärbar, so bleibt jedoch offen, weshalb Arbeit eine so große Bedeutung für den Alltag zukam.«
- NACHHER »Das erklärt den hohen Stellenwert der Betriebe in der DDR-Gesellschaft. Doch warum war Arbeit im Alltag so wichtig?«

Abschließend ein paar Tipps zum Umgang mit Zahlen und Ziffern: Vergessen Sie die alte Regel, nach der Zahlen bis zwölf grundsätzlich als Ziffern geschrieben werden. Es gibt keine »Seite sieben«, keine »Hausnummer elf« und keinen »zwölften März«. Auch vor Maß- und Mengenangaben, Währungs- oder Prozentangaben stehen stets Ziffern: So vermeiden Sie Zahlensalat, wenn über »eine Steigerung von acht auf 8,5 Prozent« berichtet wird. Bei ungefähren Angaben hingegen ist es sinnvoll, die Zahl auszuschreiben: »Fast tausend Tierschützer gingen auf die Straße«, nicht »fast 1.000 Tierschützer«.

LITERATURTIPPS
- Wolf Schneider: *Deutsch fürs Leben*. Fünfzig klare Regeln, gewürzt mit vielen Beispielen weisen den Weg zu einem guten und flüssigen Stil. Das beste Buch zum Thema!
- Wolf Schneider: *Deutsch!* Noch aktueller, noch umfassender, noch besser!
- Ludwig Reiners: *Stilfibel*. Ein Klassiker, der an manchen Stellen schon etwas angestaubt wirkt. Doch die grundlegenden Regeln sind immer noch aktuell.
- A. M. Textor: *Sag es treffender*. Wer das passende Wort sucht, wird hier fündig.

Daneben gibt es zahlreiche Ratgeber, die sich mit speziellen Aspekten des Schreibens oder einzelnen Literaturgattungen befassen – vom Schreiben von Kinderbüchern, Kriminalromanen oder Reiseberichten über biografisches, literarisches oder erotisches Schreiben bis hin zu technischem Schreiben für Informatiker.

1.3.3
Abbildungen

Ein Bild sagt mehr als tausend Worte. Nicht nur in Bildbänden oder Bilderbüchern, auch aus Ratgebern, Sachbüchern und Fachbüchern sind
Abbildungen kaum wegzudenken. Dabei reicht die Spanne von Farbbil-
dern über Karikaturen bis zu Infografiken. Allen ist gemeinsam: Sie
lockern den Text auf und bieten Orientierung oder unterstützen die Aussage des Texts. Denn Bilder bleiben meist besser in der Erinnerung haften als Texte und lösen eine stärkere innere Aktivierung aus. Beachten
Sie dabei aber, dass Leser erst den Bildinhalt und danach den Textinhalt
wahrnehmen. Aus diesem Grund sollte jede Abbildung eine erklärende
Beschriftung erhalten – selbst wenn sie sich dem dazugehörigen Textab-
schnitt mühelos zuordnen lässt.

Bevor Sie Abbildungen auswählen, müssen Sie sich über deren Einsatzzweck Gedanken machen:

- REPRÄSENTATIVE BILDER werden punktuell verwendet und erzählen die
  gleiche Geschichte wie der Text, beispielsweise in Kinderbüchern. Sie
  illustrieren die Handlung und visualisieren Akteure, Objekte oder
  Ereignisse.
- ORGANISIERENDE BILDER geben eine Übersicht oder eine Zusammenfassung des Inhalts, zum Beispiel bei Schritt-für-Schritt-Anleitungen.
  Sie machen den Text übersichtlicher und verständlicher.
- INTERPRETIERENDE BILDER veranschaulichen schwierige Sachverhalte,
  beispielsweise durch eine schematische Darstellung. Auch hier steht
  Verständlichkeit im Vordergrund.
- PERSPEKTIV-INDUZIERENDE BILDER bieten eine schnelle Orientierung
  über den Textinhalt, zum Beispiel in Sachbüchern oder als Auf-
  macherfotos für Zeitschriftenbeiträge. So lässt sich mit einem Blick
  erfassen, wovon ein Text handelt. Darüber hinaus zeigen sie oft den
  Standpunkt des Autors.
- TRANSFORMIERENDE BILDER werden speziell geschaffen, um beispielsweise als Eselsbrücken das Lernen von Begriffen zu erleichtern. Meist
  dienen sie als Erinnerungshilfen.
- DEKORATIVE BILDER haben meist keinen Bezug zum Text, sondern vor
  allem schmückenden oder unterhaltenden Charakter, etwa bei Cover-
  abbildungen. Sie sollen auflockern oder Interesse wecken. Beim
  Betrachter bleiben sie kaum in Erinnerung

Ob Sie Bilder farbig oder schwarzweiß abdrucken, ist nicht nur eine Kos-
tenfrage, sondern auch vom Genre und von der Konkurrenz abhängig.
Bedenken Sie dabei, dass Farbbilder ein anderes, teureres Papier erfordern und deshalb in normalen Textbänden nicht an jeder Stelle platziert

werden können, da in Bogen zu 8, 16 oder 32 Seiten gedruckt wird. Gegebenenfalls können Sie einen separaten Bildteil einfügen. Diese Alternative ist jedoch nicht besonders leserfreundlich.

Fotografien

Nur wenige Buchverlage haben eine eigene Bildredaktion oder verfügen über die finanziellen Mittel, um für ein Buch einen Fotografen zu beauftragen. Um trotzdem an geeignete Abbildungen zu kommen, müssen Sie sich dann an Bildagenturen wenden. Sie können sich aber auch die Arbeit erleichtern und spezielle Recherchedienste beauftragen, die gegen Gebühr das richtige Motiv bei Bildagenturen, Fotografen, Grafikern oder Illustratoren für Sie suchen.

Falls Sie eine passende Abbildung in einem Buch entdecken, sollten Sie beim entsprechenden Verlag anfragen. Gerade bei wissenschaftlichen Publikationen ist das international gängige Praxis (»STM Permissions Guidelines« unter WWW.STM-ASSOC.ORG).

Datenbanken und Kataloge bieten Ihnen eine gute Möglichkeit, Bilder in Ruhe auszuwählen. Bei einigen Bildarchiven können Sie auch einfach Ihre Wünsche schildern: Geeignete Bilder werden Ihnen dann zur Auswahl zugeschickt. Wenn Sie diese in Ruhe prüfen und auswählen wollen, können Sie sie meist für eine kurze Zeit reservieren lassen – manchmal gegen eine geringe Gebühr.

BILDAGENTUREN UND -ARCHIVE
Neben den Bildarchiven von Magazinen und Tageszeitungen sind die Picture-Alliance (WWW.PICTURE-ALLIANCE.DE) als Zusammenschluss großer Bildagenturen sowie Picture Press (WWW.PICTUREPRESS.DE) mit der Bilddatenbank des Verlagshauses Gruner + Jahr hervorzuheben. Zum Teil müssen Sie sich vorher registrieren lassen. Für Ihre Bildrecherche eignen sich weiterhin:
- BUNDESVERBAND DER PRESSEBILD-AGENTUREN UND BILDARCHIVE (BVPA)
  Der Verband veröffentlicht jährlich neu das Standardwerk *Der Bildermarkt* mit Adressen und Themenschwerpunkten aller Mitgliedsagenturen, der unter WWW.BVPA.ORG bestellt werden kann.
- FOTOLIA Auf WWW.FOTOLIA.DE finden Sie preiswerte lizenzfreie Bilder und Grafiken, die Sie einzeln oder zum Pauschaltarif im Abonnement erwerben können.
- SHUTTERSTOCK Ähnlich wie Fotolia bietet WWW.SHUTTERSTOCK.DE kostengünstig lizenzfreie Bilder an – allerdings nur als Abonnement. Videos können Sie dort ebenfalls kaufen.
- ISTOCK Ebenfalls preiswerte Bilder, Grafiken und Videos finden Sie auf

WWW.ISTOCKPHOTO.DE. iStock bietet teilweise hochwertige und außergewöhnliche Aufnahmen, die etwas teurer sind. iStock garantiert, dass für alle
Bilder die erforderlichen Rechte vorliegen.

- PRESSE INFORMATIONS AG (PIAG) Im Internet werden unter WWW.PIAG.DE
  in der Rubrik »Bildagenturen« viele Bildagenturen ausführlich vorgestellt
  und Anbieter von Fotokatalogen aufgelistet – leider ohne Recherchemöglichkeit.
- VERLAGE. DEUTSCHLAND, ÖSTERREICH, SCHWEIZ Das Verzeichnis bietet
  ebenfalls einen Überblick über Bildagenturen.

Wenn Sie einen speziellen Bildwunsch haben, aber nur wenig Geld zur
Verfügung steht, können Sie sich auch an die Presseabteilungen von Unternehmen und Behörden, an Fremdenverkehrsämter oder ähnliche Einrichtungen wenden. Diese stellen oft preisgünstiges oder kostenloses Bildmaterial zur Verfügung. Große Unternehmen verfügen zudem manchmal
über eigene Bilddatenbanken, in denen Sie recherchieren können. Der
Nachteil solcher PR-Bilder ist allerdings, dass Sie sie nicht exklusiv nutzen können.

Bilder-CDs sind ebenfalls eine kostengünstige Alternative. Sie werden
unter anderem von Bildagenturen angeboten und enthalten für einen
Pauschalpreis eine große Auswahl an lizenzfreien Bildern – meist the-
matisch geordnet. Ungewöhnliche Motive werden Sie hier selten finden.
Auch diese Bilder können Sie nicht exklusiv nutzen. Das gilt auch für
Online-Bilddatenbanken wie Fotolia (WWW.FOTOLIA.DE) oder Shutterstock
(WWW.SHUTTERSTOCK.DE), die Sie zu einem Pauschaltarif nutzen können.

Sobald Sie Ihre Auswahl getroffen haben, können Sie die gewünschten Fotos bestellen. In welcher Form Sie die Bilder oder die Bilddaten
benötigen, um sie optimal weiterzuverarbeiten, sollten Sie zuvor mit Ihrer Herstellungsabteilung klären (siehe Kapitel 3.1.2).

Illustrationen, Karikaturen und Cartoons

Wer Kinderbücher oder Comics verlegt, bekommt die Angebote von Illustratoren meist unaufgefordert auf den Tisch. Wer aber ein besonderes
Buchprojekt illustrieren lassen will, muss sich auf die Suche nach geeigneten Zeichnern begeben. Ein Blick gilt natürlich immer den Konkur-
renzverlagen: Wer zeichnet dort? Welcher Stil sagt Ihnen besonders zu?
Oft können Sie auch bei Zeitungen und Magazinen fündig werden: Gefällt Ihnen ein Cartoon oder der Stil eines Zeichners, wenden Sie sich am
besten an die entsprechende Publikation. Dort wird man Ihnen in der
Regel gerne weiterhelfen.

BUCHILLUSTRATOREN, KARIKATURISTEN UND CARTOONISTEN
Einige Bildagenturen und -archive, die im vorigen Kapitel genannt wurden, bieten auch Illustrationen, Karikaturen und Cartoons.

- FILU Filu ist ein branchenspezifisches Forum für Illustratoren, Buchkünstler, Zeichner und Grafiker. Unter WWW.FILU-ARCHIV.DE können Sie auf einer übersichtlichen Internetseite das Archiv nach Stilrichtungen, Anwendungen oder Stichworten kostenlos durchsuchen.
- ILLUSTRATOREN ORGANISATION (I. O.) Dahinter verbirgt sich die Interessenvertretung von Illustratoren – nicht nur im Verlagsbereich. Die Internetseite WWW.IO-HOME.ORG bietet in der Rubrik »Bild- & Zeichnersuche« eine praktische Recherchemöglichkeit.
- ILLUSTRATION.DE Unter WWW.ILLUSTRATION.DE werden ebenfalls Arbeiten zahlreicher Illustratoren vorgestellt. Die Recherche ist kostenlos, den Kontakt stellen Sie direkt mit den Künstlern her.
- INTERESSENVERBAND COMIC (ICOM) Unter WWW.ICOM-ZEICHNERARCHIV.DE werden verschiedene Zeichner mit Arbeitsproben vorgestellt. Möglich ist die Recherche nach Themen oder Zeichentechniken.
- CATPRINT Diese Cartoon-Datenbank ist ein Zusammenschluss zwischen dem Lappan Verlag und einer Agentur. Unter WWW.CATPRINT.DE können Sie Stichworte für Ihre Recherche eingeben.

Infografiken, Diagramme und Karten

Infografiken und Diagramme fassen komplexe Sachverhalte anschaulich zusammen. Die zugrunde liegenden Informationen liefern in der Regel Ihre Autoren. In der Herstellungsabteilung oder Setzerei werden diese Daten dann visuell aufbereitet. In vielen Fällen können Sie auf fertige Infografiken zurückgreifen, um beispielsweise ein Sachbuch aufzulockern.

Infografiken sollen sich den Lesern schnell erschließen, doch viele sind kompliziert aufgebaut und stiften nur Verwirrung. Im Prinzip gilt: je einfacher, desto besser. Aber Achtung: Wo Sie Dinge zuspitzen oder einfacher darstellen, als sie sind, ist der Weg zum ungewollten Missverständnis oder zur bewussten Manipulation nicht mehr weit. Folgende Regeln helfen Ihnen bei der Auswahl oder der Erstellung von Infografiken:

- ÜBERSICHTLICHE DARSTELLUNG Verwenden Sie für statistische Infografiken möglichst einfache Diagramme: Entwicklungskurven, Balken- und Tortendiagramme sind besser verständlich als komplizierte dreidimensionale Modelle.
- EINDEUTIGE MASSEINHEITEN Die Maßeinheit einer Grafik sollte auf Anhieb verständlich sein, andernfalls muss sie erklärt werden. Die verwendeten Zahlen sollten dabei von breitem Interesse sein: Geld-

werte sind die beliebteste Aussage, danach folgen Prozentwerte. Markieren Sie den Nullpunkt in Diagrammen; wenn das nicht möglich ist, benötigen Sie eine eindeutige Skala. Symbole und Piktogramme hingegen eignen sich nur schlecht zur Darstellung von Größenangaben; auch sie sind in einer Legende zu erklären.

- **KLARE TRENDS** Wenn Sie Entwicklungen oder Trends darstellen, sollten diese möglichst deutlich verlaufen: stark nach oben oder nach unten. Wenn es keine Veränderungen gibt, können Sie auf die Infografik in der Regel verzichten.
- **TITEL UND QUELLE** Jede Infografik braucht einen Titel und eine Quellenangabe: Der Titel fasst die Aussage der Grafik kurz zusammen, die Quelle nennt nicht nur die Herkunft der Daten, sondern möglichst auch deren Alter.

LITERATURTIPP

- Walter Krämer: *So lügt man mit Statistik.* Eine unterhaltsame Einführung in die Welt der Zahlenfälscher – auch für alle, die schon immer schlecht im Rechnen waren. Der Autor entlarvt getürkte Statistiken, trügerische Trends und frisierte Piktogramme.

Für Karten gilt im Prinzip das Gleiche: Die Leser müssen sie möglichst einfach erfassen können. Verzichten Sie also bei Karten auf Informationen, die für das Verständnis des Buchs überflüssig sind, und gehen Sie mit Symbolen oder Piktogrammen behutsam um.

INFOGRAFIKEN UND KARTEN

Die statistischen Ämter sind eine gute Quelle für aktuelle Infografiken mit statistischen Daten. Darüber hinaus können Sie hier recherchieren:

- **GLOBUS INFOGRAFIK** Globus gehört zur Deutschen Presse-Agentur und bietet Grafiken zu Politik und Zeitgeschehen, Wirtschaft und Wissenschaft, Verbraucher- und Ratgeberthemen, aber auch allgemeine und politische Karten. Die umfangreiche und gut strukturierte Datenbank ermöglicht die kostenlose Online-Recherche unter WWW.PICTURE-ALLIANCE.DE/GLOBUS.HTML.
- **ZAHLENBILDER** Die Zahlenbilder des Erich Schmidt Verlags sind zu fast allen Themen verfügbar. Die Recherche ist möglich über WWW.ZAHLENBILDER.INFO.
- **AUER GRAFIKDIENST** Honorarfreie Infografiken mit Schwerpunkt Österreich bietet WWW.INFOGRAFIK.AT.

Die staatlichen Vermessungsämter bieten ebenso wie Schulbuchverlage und kartografische Verlage Karten für fast jeden Verwendungszweck an.

- **GEODATENZENTRUM** Das deutsche Bundesamt für Kartographie und Geodäsie stellt aktuelle Karten Deutschlands bereit unter **WWW.GEODATENZENTRUM.DE**.
- **BUNDESAMT FÜR EICH- UND VERMESSUNGSWESEN (BEV)** Das österreichische Vermessungsamt ist im Internet vertreten unter **WWW.BEV.GV.AT**.
- **SWISSTOPO** Das schweizerische Bundesamt für Landestopografie finden Sie im Internet unter **WWW.SWISSTOPO.CH**.
- **KARTOGRAPHIE HUBER** Das Unternehmen erstellt Karten für jeden Verwendungszweck. Informationen finden Sie im Internet unter **WWW.KARTO-GRAPHIE.DE**.
- **KARTOPOLIS** Dieser Anbieter fertigt ebenfalls Karten nach individuellen Wünschen. Beispiele werden auf **WWW.KARTOPOLIS.DE** gezeigt.

Honorare und Rechte

Wenn Sie Abbildungen für ein Buchprojekt exklusiv erstellen lassen, werden die Honorare frei verhandelt, sonst hängen sie im Wesentlichen von folgenden Faktoren ab: von der Nutzungsart, der Auflagenhöhe und der Größe. Die Frage, ob Bilder schwarzweiß oder farbig reproduziert werden, spielt dabei meist keine Rolle. Hingegen müssen Sie für die exklusive Verwertung von Bildern oder den Erwerb von Nutzungsrechten für ausländische Ausgaben zusätzlich zahlen.

Es gibt keine festen Preise für die Bildnutzung. Die meisten Honorarempfehlungen beziehen sich auf Zeitungen und Zeitschriften sowie auf die Werbebranche, sind also für kleinere Buchauflagen meist zu hoch. Zudem fallen bei Nachdrucken oder Nachauflagen erneut Honorare an. Können Sie dies absehen, ist es kostengünstiger, ein Pauschalhonorar auszuhandeln und von Anfang an die Bildrechte für eine höhere Gesamtauflage zu erwerben.

HONORARE

Eine Orientierung bieten die Honorarempfehlungen der Mittelstandsgemeinschaft Foto-Marketing im BVPA:

- **BUNDESVERBAND DER PRESSEBILD-AGENTUREN UND BILDARCHIVE (BVPA)** Zusammen mit dem *Bildermarkt* erscheint *Bildhonorare*, eine Übersicht der marktüblichen Vergütungen für Bildnutzungsrechte. Die beiden Broschüren können Sie unter **WWW.BVPA.ORG** bestellen.

Die Werk- und Nutzungshonorare für Illustratoren lehnen sich an die Empfehlungen für Grafiker und Designer an, sie liegen meist jedoch deutlich niedriger:

- ALLIANZ DEUTSCHER DESIGNER (AGD) Den Tarifvertrag für Designdienstleistungen können Sie im Internet unter WWW.AGD.DE im »AGD-Shop« bestellen.
- INTERESSENVERBAND COMIC (ICOM) Die Honorar- und Vertragsrichtlinien für die Bereiche Comic, Cartoon und Illustration können Sie bestellen unter WWW.COMIC-I.COM.

Viele Honorarempfehlungen finden Sie im Internet gesammelt auf den Seiten von Mediafon unter WWW.MEDIAFON.NET in der Rubrik »Honorare/Verträge«. Unter dem Namen Mediafon bietet die Dienstleistungsgewerkschaft Verdi Informationen für Selbstständige in Medienberufen.

Vergessen Sie nicht, sich die Überlassung der Bildnutzungsrechte schriftlich bestätigen zu lassen (siehe Kapitel 2.2.4 und 2.3.5). Üblicherweise erhält der Rechteinhaber neben dem Honorar ein oder mehrere Belegexemplare des fertigen Buchs. Auf die Quellen müssen Sie in der Bildunterschrift oder einem Abbildungsverzeichnis hinweisen. Klären Sie die Rechte auch dann, wenn das Bildmaterial von den Autoren geliefert wird. Beachten Sie, dass das Retuschieren oder Beschneiden von Abbildungen eine Bearbeitung darstellt, für die Sie die Zustimmung der Rechteinhaber benötigen.

Wenn Sie die Inhaber der Bildrechte nicht ermitteln können, ist es besser, auf den Abdruck einer Abbildung zu verzichten. Ein allgemeiner Hinweis im Buch mit der Bitte, dass sich der Rechteinhaber beim Verlag melden soll, schützt Sie nicht vor Schadenersatzforderungen (siehe Kapitel 2.1.5). Zudem befinden Sie sich in einer schlechten Verhandlungsposition, sobald das Buch gedruckt und auf dem Markt ist.

Wichtig: Wenn Personen erkennbar abgebildet sind, muss auch deren ausdrückliches Einverständnis für eine Veröffentlichung vorliegen (»Model-Release«). Ähnliches gilt, wenn Eigentumsrechte betroffen sind – zum Beispiel bei der Abbildung von Innenräumen, Haustieren oder individuellen Gegenständen. Hier brauchen Sie ein »Property-Release« ebenso wie bei der Wiedergabe vom Werken der Architektur oder der Kunst. Problematisch sein können des Weiteren markenrechtlich geschützte Zeichen oder Gegenstände; auch hier sollten Sie eine Einwilligung einholen.

1.3.4
Register

Ein Register ist ein alphabetisch geordnetes Verzeichnis und enthält die wichtigsten Namen oder Sachbegriffe eines Werks mit Verweis auf die dazugehörigen Textstellen. Möglich ist dabei ein Verweis auf die Seite, eventuell mit Spalten- oder Zeilenangabe, oder ein Verweis auf ein Kapitel. Ebenso wie das Inhaltsverzeichnis erschließt ein Register den Text und ist damit für die Leser eine wichtige Orientierungshilfe. Gerade bei Sach- und Fachbüchern, aber auch bei Ratgebern, ist ein Register oft unverzichtbar.

Register enthalten sowohl Stich- als auch Schlagworte: Stichworte kommen wörtlich im Text vor; Schlagworte umschreiben einen Sachverhalt. Ein Gesamtregister enthält alle Stich- und Schlagworte. Wenn ein einheitliches Verzeichnis zu umfangreich und damit zu unübersichtlich wird, ist es sinnvoll, mehrere Register anzulegen: beispielsweise ein Sach-, ein Namens-, ein Orts- und ein Werkregister. Sie können ein Register mit kurzen Zusatzinformationen anreichern, etwa den Lebensdaten bei einem Personenverzeichnis. Ausführliche Biografien gehören aber ebenso in einen eigenen Anhang wie Fachbegriffe, die am besten in einem Glossar erklärt werden.

Register können einstufig oder mehrstufig angelegt sein: In einem einstufigen Verzeichnis folgen alle Begriffe alphabetisch aufeinander; in einem mehrstufigen Register werden Stich- und Schlagworte unter Oberbegriffen zusammengefasst. Vorsicht bei zu stark gegliederten Registern: Mit mehr als zwei Ebenen werden sie schnell unübersichtlich.

▌ BEISPIEL: Einstufiges Register

Ablauforganisation **17**	Aufgabenanalyse **202**
Adhocratie **137, 143** f.	Aufgabenfolgeplan *siehe* Folgeplan
Analysetechniken **203** ff.	
Arbeitsablaufkarte **226** ff.	Balkendiagramm **231** ff.
Aufbauorganisation **17**	Basissystem **97**

▌ BEISPIEL: Mehrstufiges Register

Satinieren **268**	Satzspiegel **43–51**
Satz	– goldener Schnitt **44**
– einfarbig **123–127**	– Kolumnentitel **45, 112–113**
– zweifarbig **127**	– Stege **44–45**
– vierfarbig **127–128**	Satzverfahren *siehe Fotosatz*
Satzfehler *siehe Setzfehler*	Scan **211–218**

Registerbegriffe

Die Registererstellung ist vor allem eine inhaltliche Arbeit und kann deshalb nur zu einem geringen Grad automatisiert werden. Die Qualität eines Registers hängt entscheidend ab von der Auswahl der Begriffe, nicht nur von der Genauigkeit der Seitenverweise. Stellen Sie sich deshalb bei der Auswahl von Registerbegriffen vor, wie die Leser des Buchs damit umgehen werden: Schließlich sollen sie alles finden, wonach sie suchen.

Ein gutes Verzeichnis enthält alle wichtigen Stich- und Schlagworte, die an einer Textstelle ausführlich behandelt und nicht bloß erwähnt werden. Begriffe, die auf fast jeder Seite auftreten, sind ebenfalls nicht sinnvoll (in diesem Buch beispielsweise »Buch«). Stellen Sie sich folgende Fragen, um eine Textstelle inhaltlich zu erschließen und die passenden Schlagworte zu finden:
• Welches Thema oder Fachgebiet wird behandelt?
• Welche Sachverhalte oder Objekte werden dargestellt?
• Gibt es Aussagen über Personen?
• Gibt es einen geografischen Zusammenhang?
• Gibt es einen zeitlichen Kontext?

Ins Register gehören auch die Inhalte von Bild- oder Tabellenunterschriften, nicht aber der Inhalt von Tabellen selbst. Da Kapitelüberschriften über das Inhaltsverzeichnis erschlossen werden können, müssen sie ebenfalls nicht aufgenommen werden. Das Gleiche gilt für Begriffe, die in einem Glossar erläutert werden.

Nicht nur bei umfangreichen Verzeichnissen sollten Sie Begriffe zusammenfassen und unter einem Oberbegriff einordnen. Dabei ist es besonders wichtig, den passenden Oberbegriff zu finden. Bei den Unterbegriffen können Sie auch von der alphabetischen Reihenfolge abweichen, wenn eine andere Sortierung logisch und verständlich ist.

Registerbegriffe sind in der Regel Substantive und werden im Singular aufgeführt. Dabei treten jedoch immer wieder einige Schwierigkeiten auf:
• ADJEKTIV-SUBSTANTIV-VERBINDUNGEN werden als feststehende Wendungen wie in »Erste Hilfe« alphabetisch sortiert, sonst wie in »sprachliche Redaktion« nach dem Substantiv als »Redaktion, sprachliche« eingeordnet.
• KOMPOSITA werden aufgelöst, wenn es sich um keine feste begriffliche Verknüpfung handelt: »Fachredaktion« wird dann unter »Redaktion, fachliche« oder »Redaktion, Fachredaktion« einsortiert.
• ABKÜRZUNGEN werden dann berücksichtigt, wenn sie als Sucheinstieg nützlich sind, zum Beispiel bei »ISBN« oder »CD-ROM«. Querverweise sind dabei möglich.

Ein Register sollte nicht zu umfangreich sein: Drei bis vier Begriffe pro Druckseite reichen meist aus. Darüber hinaus sollte es möglichst wenige Wiederholungen und Überscheidungen aufweisen. Diese lassen sich allerdings nicht immer vermeiden. Überlegen Sie, wo Querverweise innerhalb des Registers (»siehe«) sinnvoll sind, zum Beispiel bei Synonymen.

Registererstellung

Mit automatischen Suchroutinen in elektronischen Verarbeitungspro-
grammen lassen sich bislang keine sinnvollen Register erstellen – auch
wenn bereits Wortlisten vorliegen. Dies hat mehrere Gründe: Zum einen
finden entsprechende Programme keine Schlagworte, sondern nur Stichworte, und sie erkennen auch nicht alle Flexionsformen (»Haus« und
»Häuser«). Zum anderen können sie keine Homonyme unterscheiden,
also Wörter, die mehrere Bedeutungen besitzen. Geht es in diesem Buch
zum Beispiel um Sprache und Stil oder um Layout und Herstellung,
wenn von »Satz« die Rede ist? Automatisch erstellte Register erfordern
also immer eine starke Nachbearbeitung, sodass es in der Regel günstiger
ist, die Begriffe manuell zu suchen.

Die Registerbegriffe können Sie vollständig per Hand erfassen oder
mithilfe elektronischer Verarbeitungsprogramme. Folgendes Vorgehen
für die manuelle Erfassung hat sich bewährt:

- **REGISTERBEGRIFFE AUSWÄHLEN** Markieren Sie alle wichtigen Begriffe
  im satzreifen Manuskript oder im Korrekturabzug mit Leuchtstift. Sie
  können dabei unterschiedliche Farben für verschiedene Register verwenden. Denken Sie dabei daran, dass nicht jedes Auftauchen eines
  Stichworts gleich einen Registereintrag rechtfertigt. Aus diesem Grund
  ist auch für E-Books ein eigenständiger Index sinnvoll.
- **REGISTERBEGRIFFE ERFASSEN** Erfassen Sie die Begriffe bei Stichworten
  in der Grundform oder als Schlagwort auf Karteikarten oder direkt in
  einer eigenen Textdatei.
- **REGISTERBEGRIFFE ÜBERARBEITEN UND SORTIEREN** Prüfen Sie nochmals, ob jeder erfasste Begriff sinnvoll und notwendig ist. Streichen
  Sie überflüssige Begriffe, bilden Sie Ober- und Unterbegriffe, und
  fügen Sie Querverweise ein. Achten Sie auch auf die alphabetische
  Sortierung.
- **SEITENVERWEISE ERFASSEN UND KONTROLLIEREN** Wenn der endgültige
  Seitenumbruch vorliegt, können Sie alle Seitenverweise hinzufügen
  und gegebenenfalls überprüfen. Zur Kontrolle genügen in der Regel
  ausführliche Stichproben. Nur wenn sich der Seitenumbruch verschoben hat, müssen Sie jeden Eintrag kontrollieren.

SORTIERREGELN
Folgende Regeln helfen Ihnen bei der Einordnung von Registerbegriffen:
- Grundbuchstaben von A bis Z.
- Kleinbuchstaben vor Großbuchstaben (»m«, »M«).
- Grundbuchstaben vor abgewandelten Buchstaben, beispielsweise Buchstaben
  mit diakritischen Zeichen wie »à«.

- Umlaute »ä«, »ö«, »ü« entweder in »ae«, »oe«, »ue« auflösen (»Advokat«, »Ärger«, »Ästhetik«, »Affe«) oder besser nach den Grundbuchstaben (»Ast«, »Ästhetik«).
- »ss« vor »ß« (»Masse«, »Maße«)
- Bindestriche ignorieren (»Fach-Redaktion« wie »Fachredaktion«).
- Buchstaben aus anderen Alphabeten nach dem lateinischen Alphabet.
- Zahlen nach dem Alphabet.
- Römische Zahlen vor arabischen.

Registerbegriffe können Sie – besser noch Ihre Autoren, Übersetzer oder professionelle Indexer – auch direkt im Manuskript mit der Indexfunktion eines Textverarbeitungsprogramms wie Word elektronisch markieren. In die meisten Satzprogramme können diese Markierungen übernommen werden. Auch ist es möglich, die manuell markierten Begriffe in der Setzerei zu erfassen. In jedem Fall bieten sich folgende Vorteile: Das Register wird mitsamt den Seitenzahlen automatisch erstellt und spätere Verschiebungen des Seitenumbruchs lassen sich problemlos berücksichtigen. Selbstverständlich sollte sein, dass das Register später genauso gründlich Korrektur gelesen wird wie der übrige Text.

Wenn Sie die Indexfunktion von Textverarbeitungsprogrammen nutzen, die sich vor allem für kleinere Register eignet, können Sie ebenso Haupt- und Untereinträge festlegen. Wichtig ist allerdings, dass Sie die Begriffe nicht automatisch aus dem Text übernehmen, sondern individuell an jeder Stelle im Manuskript in der Form eingeben, in der sie im Verzeichnis auftauchen sollen: also in der Grundform bei Stichworten oder als Überbegriff bei Schlagworten.

REGISTERERSTELLER UND INDEXER
- DEUTSCHES NETZWERK DER INDEXER (DNI) Auf WWW.D-INDEXER.ORG finden Sie qualifizierten Experten für die Erstellung von Registern.
- VERBAND DER FREIEN LEKTORINNEN UND LEKTOREN (VFLL) Nach Registerspezialisten können Sie ebenfalls auf WWW.LEKTOREN.DE/LEKTOR-IN-FINDEN oder WWW.VFLL.DE/LEKTOR-IN-FINDEN suchen.

1.3.5
Satzreife

Sie haben das Manuskript vollständig überarbeitet, inhaltlich und sprachlich redigiert, alle Bilder und andere notwendige Materialien beschafft sowie vielleicht schon das Register erstellt. Nun können Sie das Manuskript an die Herstellungsabteilung übergeben, die ein Layout erstellen und den Text setzen lässt. Jetzt muss das Manuskript satzreif sein, sollte also keine weitere inhaltliche oder sprachliche Bearbeitung erfordern und möglichst fehlerfrei sein. Spätere Änderungen und Korrekturen kosten Geld und vor allem wertvolle Zeit.

Eine gründliche Vorbereitung des Manuskripts ist deshalb unverzichtbar. Für Sie ist jetzt die letzte Gelegenheit, substanzielle Änderungen vorzunehmen. Stellen Sie sicher, dass das Material vollständig vorliegt und keine wesentlichen Fragen offen bleiben. Die Zeit und Mühe, die Sie jetzt in das Manuskript stecken, sparen Sie später, denn Sie vermeiden nicht nur lästige Rückfragen, sondern verringern auch den Korrekturaufwand. Zudem ist ein gut aufbereitetes Manuskript eine wichtige Voraussetzung für die anschließenden Schritte der technischen Produktion.

Prüfen Sie zunächst unbedingt die rechtlichen Aspekte des Buchprojekts: Das betrifft sowohl die Rechteüberlassung als auch den Inhalt. Das Versäumnis, alle Rechte einzuholen oder den Inhalt juristisch abzusichern, kann nicht nur hohe Kosten zur Folge haben, sondern das gesamte Buchprojekt gefährden (siehe Kapitel 2). Stellen Sie sich also folgende Fragen:

- **SIND ALLE RECHTE EINGEHOLT?** Prüfen Sie, ob sämtliche Autoren-, Lizenz- oder Übersetzerverträge unterzeichnet vorliegen. Das Gleiche gilt für Bildrechte oder Abdruckgenehmigungen von längeren Zitaten.
- **IST TITELSCHUTZ FÜR DAS BUCH ANGEMELDET?** Nur wenn der Titel noch frei ist, können Sie ihn verwenden.
- **SIND MÖGLICHE RECHTLICHE PROBLEME AUSGERÄUMT?** Stellen Sie sicher, dass das Erscheinen des Buchs nicht aufgrund ruf- oder geschäftschädigender Aussagen verhindert wird oder Schadenersatzforderungen auf Ihren Verlag zukommen. Wenn Sie die fraglichen Stellen nicht einfach streichen können, sollten Sie unbedingt einen Anwalt oder die Rechtsabteilung des Börsenvereins zu Rate ziehen.

Alle konzeptionellen, inhaltlichen und sprachlich-stilistischen Fragen sollten Sie bei der redaktionellen Bearbeitung geklärt haben. Nehmen Sie sich trotzdem nochmals die Zeit, die wichtigsten Punkte durchzugehen, denn größere Änderungen sind später kaum mehr möglich.

- **IST DER TEXT FACHLICH UND SACHLICH IN ORDNUNG?** Nach der inhaltlichen Redaktion sollten das Buchkonzept stimmig, alle inhaltlichen Fragen beantwortet und alle Fakten überprüft sein.
- **IST DER TEXT SPRACHLICH UND STILISTISCH IN ORDNUNG?** Sprachliche Mängel sollten in der Redaktion behoben worden sein.
- **SIND ALLE SCHREIBWEISEN VEREINHEITLICHT?** Nutzen Sie die Suchfunktion von Textverarbeitungsprogrammen für notwendige Korrek-

turen. Falls das nicht geht: Listen Sie alle Begriffe auf, die im Satz noch geändert werden sollen. Gut ist auch, wenn das Manuskript bereits Korrektur gelesen wurde.

Bereiten Sie das Manuskript formal so auf, dass es den Wünschen Ihrer Herstellungsabteilung entspricht. Sie sollten nochmals genau prüfen, ob Inhaltsverzeichnis und Überschriften, Titelei und Kolumnentitel, Anmerkungen, Abbildungen und Tabellen stimmen, denn hierbei geht es meist um inhaltliche, weniger um herstellerische Entscheidungen.

- **IST DAS MANUSKRIPT VOLLSTÄNDIG?** Einzelne Manuskriptteile lassen sich nur mit zusätzlichem Aufwand weiterverarbeiten. Deshalb sollten jetzt auch Vorwort, Literaturverzeichnis, Abbildungen, Grafiken, Tabellen und Anmerkungen vorliegen. Vergessen Sie nicht, die Seiten des Manuskripts zu paginieren, also mit Seitenzahlen zu versehen, und eine vollständige Kopie sicher aufzubewahren.
- **SIND ALLE DATEIEN VORHANDEN UND MIT DEM AUSGEDRUCKTEN MANUSKRIPT IDENTISCH?** Die Setzerei verarbeitet das Manuskript auf Grundlage der mitgelieferten elektronischen Daten. Der Papierausdruck dient also vorwiegend der Kontrolle und zusätzlicher Auszeichnungen. Auch Grafik- und Bilddateien müssen vorliegen.
- **IST DIE TITELEI ERSTELLT?** Die Titelei enthält Buch- und Reihentitel, Namen des Verfassers, Herausgebers oder Übersetzers, das Impressum mit sämtlichen bibliografischen Angaben, ISBN und Copyright-Hinweisen sowie das Inhaltsverzeichnis. Möglich ist auch, dort die Autorenvita oder eine Widmung abzudrucken. Halten Sie sich bei den Copyright-Angaben von Lizenzausgaben stets an die Vorgaben aus dem Lizenzvertrag.
- **SIND ALLE ÜBERSCHRIFTEN KORREKT AUSGEZEICHNET UND MIT DEM INHALTSVERZEICHNIS VERGLICHEN?** Legen Sie auch fest, welche Überschriftebenen im Inhaltsverzeichnis stehen werden.
- **SIND DIE KOLUMNENTITEL FESTGELEGT?** Der Kolumnentitel bietet den Lesern schnelle Orientierung über den Inhalt einer Seite (siehe Kapitel 3.2.1). Deshalb sollte er möglichst prägnant sein; zu lange Überschriften müssen Sie für den Kolumnentitel eventuell kürzen.
- **SIND ALLE ABBILDUNGEN, GRAFIKEN UND TABELLEN BESCHRIFTET UND DEM TEXT EINDEUTIG ZUGEORDNET?** Da diese nicht immer genau an der vorgesehenen Textstelle platziert werden können, markieren Sie am besten mit Leuchtstift, wo sie später ungefähr stehen sollen.
- **IST DIE PLATZIERUNG VON ANMERKUNGEN FESTGELEGT?** Entscheiden Sie, ob Anmerkungen am Kapitel- oder am Buchende oder als Fußnoten auf jeder Seite stehen sollen. Fußnoten sind ästhetisch oft störend; dafür müssen die Leser aber nicht umständlich blättern.

Projektdaten					
	ISBN:	978-3-934054-52-3	**Lektor:**	KWB	**Datum:** 18. Juni
	~~Autor~~/Herausgeber:	Michael Schickerling, Klaus-W. Bramann			
	Titel:	Bücher machen			
	Untertitel:	Ein Handbuch für Lektoren und Redakteure			
	Reihe:	Edition Buchhandel Bd. 13			
	Auslieferung:	September		**PR-Termin:** Buchmesse	
	Erstauflage:	2.200 Ex.			

Ausstattung				
	Ausstattung:	Hardcover	**Format:**	15,5 × 23,0 cm
	Farbigkeit:	einfarbig	**Umfang:**	400 bis 420 S.
	Vergleichstitel:	Breyer-Mayländer: Wirtschaftsunternehmen Verlag		
	Manuskript:	☒ vollständig ☐ unvollständig:		
	Dateiformat:	☒ Vorlage ☒ Word ☐ Sonstiges		
	0 Abbildungen:	☐ Neusatz ☐ Daten vorhanden		
	64 Grafiken:	☐ Neusatz ☒ Daten vorhanden		
	12 Tabellen:	☐ Neusatz ☒ Daten vorhanden		
	Inhaltsverzeichnis:	Ü 1 bis Ü 3		
	Kolumnentitel:	☐ siehe Kolumnentitel-Manuskript		
		links: Hauptkapitel (Ü 1)		
		rechts: Unterkapitel (Ü 2)		
	Anmerkungen:	☐ Fußnoten ☐ Kapitelende ☐ Buchende		
	Literaturverzeichnis:	☐ Kapitelende ☒ Buchende		
	Register:	☐ markiert ☒ nach Umbruch		
	Schlussanzeigen:	Ackstaller/Evers/Hacke: »Treffpunkt Text«		
		Wantzen: »Betriebswirtschaft für Verlagspraktiker«		
	Umschlagtexte:	☒ siehe Anlage ☐ folgen bis		
	Sonstiges:			

Herstellung			
	Satz:	☐ Fahnen ☒ Umbruch	
	Korrekturabzüge:	2 Lektorat 1 Korrektor: Desirée Lehmann	
	Sonstiges:	Umfangsabweichungen mit dem Lektorat absprechen!	

15 Checkliste: Herstellungsübergabe

Sprechen Sie bei der Manuskriptübergabe mit Ihren Herstellern über Ihre Ausstattungs- und Gestaltungswünsche, und informieren Sie sie über alle Besonderheiten des Manuskripts. Gemeinsam können Sie überlegen, wie Sie zum Beispiel Überschriften, Marginalien, Infokästen, Anmerkungen, Abbildungen und Tabellen gestalten. Bei Lizenzausgaben wie Übersetzungen oder Taschenbüchern ist es hilfreich, wenn ein Exemplar der Originalausgabe zur Verfügung steht, an dem sich die Herstellung orientieren kann. Eine Checkliste hilft Ihnen, alle Punkte im Blick zu behalten (siehe Abbildung 14).

1.3.6
Korrektur

Sobald das Manuskript gesetzt ist, erhalten Sie einen ersten Korrekturabzug – entweder als Fahne oder als Umbruch. In Fahnen ist im Gegensatz zum Umbruch das Layout noch nicht vollständig eingerichtet: Zwar stimmt meist die Breite des Satzspiegels, nicht aber unbedingt dessen Höhe; außerdem sind Abbildungen und Tabellen noch nicht richtig platziert. Einfache Textbände, bei denen nur wenige Korrekturen zu erwarten sind, werden häufig gleich auf Umbruch gesetzt. Bei einem komplizierteren Layout ist das nicht empfehlenswert. In der Regel sind mehrere Korrekturgänge – vom Korrekturlesen über Kollation und Revision bis zum Imprimatur – notwendig, um einen möglichst fehlerfreien Umbruch zu erhalten, der die Grundlage für den Druck oder die Veröffentlichung als E-Book bildet.

Korrekturlesen

Korrektur heißt, das ganze Buch gründlich zu lesen und Fehler zu entdecken. Neben dem Text gehören dazu auch Impressum, Inhaltsverzeichnis, Kolumnentitel, Marginalien, Anmerkungen, Literaturverzeichnis, Register, Tabellen, Grafiken, Abbildungen und Karten. Beim Korrekturlesen geht es um Rechtschreibung, Grammatik, Zeichensetzung und Silbentrennung, aber auch um die Einheitlichkeit von Schreibweisen oder die richtige Verwendung von Formeln und Sonderzeichen. Hinzu kommt die Beseitigung von typografischen Fehlern, die Korrektur des Layouts und die Prüfung von Strukturelementen wie Pagina, Kolumnentitel oder die Nummerierung von Abbildungen und Tabellen.

Denken Sie daran, dass durch die Konvertierung der Textdateien in ein Layoutprogramm weitere Fehler entstehen können: Texte verschwinden oder verdoppeln sich, Umlaute und Sonderzeichen werden nicht richtig wiedergegeben. Deshalb ist es sinnvoll, anhand des Originalmanuskripts Korrektur zu lesen; bei Übersetzungen und anderen Lizenzausgaben sollte die Originalausgabe zum Vergleich nicht fehlen. Die folgende Checkliste zeigt, worauf Sie und Ihre Korrekturleser achten müssen.

CHECKLISTE: KORREKTUR

Orthografie

- RECHTSCHREIBUNG Werden die Regeln der neuen Rechtschreibung angewendet? Sind Begriffe wie »Top-Ten-Liste« vollständig durchgekoppelt?
- SATZBAU UND GRAMMATIK Gibt es unvollständige Sätze? Stimmen die grammatischen Formen?
- SILBENTRENNUNG Stimmt die Silbentrennung – am besten nach Sprechsilben? Gibt es verwirrende Trennungen (»Hausa-potheke«)? Folgen mehr als vier Trennungen aufeinander? Werden Zahlen vom zugehörigen Wort getrennt?
- ZEICHENSETZUNG Stimmt die Zeichensetzung? Wird sie einheitlich verwendet?
- SONDERZEICHEN Werden die richtigen Sonderzeichen verwendet – insbesondere lange Gedankenstriche (auch für »minus« und »bis«), kurze Binde- und Trennstriche, die richtigen Anführungszeichen, Multiplikationszeichen und Auslassungszeichen?

Vereinheitlichung

- EINHEITLICHKEIT Sind Schreibweisen, Kursivierung, Layout, Anführungszeichen einheitlich im gesamten Text – auch in den Anmerkungen, im Literaturverzeichnis, im Register sowie in Abbildungen und Tabellen?
- INHALTSVERZEICHNIS, ÜBERSCHRIFTEN UND KOLUMNENTITEL Stimmen Inhaltsverzeichnis, Überschriften und Kolumnentitel überein?
- SEITENNUMMERIERUNG Ist sie korrekt? Stimmt sie mit Inhaltsverzeichnis und Register überein?
- KURSIVIERUNG Stehen Zeitschriften, Buchtitel und Fernsehsendungen kursiv und ohne Anführungszeichen? (Firmen- und Produktnamen werden wie Eigennamen nicht kursiv gesetzt, Aufsätze und Buch- oder Zeitschriftenbeiträge stehen in Anführungszeichen.)
- ABKÜRZUNGEN Sind alle Abkürzungen aufgelöst, andernfalls einheitlich verwendet? (In Tabellen und Grafiken können Abkürzungen stehen.)
- ANMERKUNGEN, LITERATURVERZEICHNIS UND REGISTER Sind sie einheitlich aufgebaut? (Genauso gründlich Korrektur lesen wie den Text.)
- AUFZÄHLUNGEN Werden Aufzählungspunkte durch Kommas verbunden, bei komplexen, unvollständigen Punkten durch Semikolons, und mit einem Punkt abgeschlossen?
- ZAHLEN Stehen Zahlen bis zwölf als Wort, ab 13 als Ziffer? (Dabei vermeiden: »die zwölfjährige Beate und ihr 13-jähriger Bruder«.) Werden vor Währungs-, Prozent-, Mengen- oder Längenangaben Zahlen immer als Ziffern geschrieben? Werden Tausenderzahlen einheitlich mit Spatium oder mit Punkt getrennt? Werden Dezimalzahlen korrekt mit einem Komma getrennt, nicht mit einem Punkt?

Layout

• TYPOGRAFIE Stimmen Schriftarten und Schriftgrößen, Einzüge, Leerzeilen, Wortauszeichnungen wie Kursiv, Halbfett, Fett sowie Block- oder Flattersatz und Wortzwischenräume? Werden Rahmen, Raster und Farben richtig verwendet?

• ZEILEN Stimmen die Leerzeilen vor und nach Überschriften und Aufzählungen? (Nach einer Überschrift oder Leerzeile wird die erste Zeile nicht eingezogen.) Steht die letzte Zeile eines Absatzes auf einer neuen Seite? (Diese Zeile durch Kürzen einholen. Möglichst auch vermeiden: einzelne Zeilen am Seitenende.)

• ABBILDUNGEN, GRAFIKEN UND TABELLEN Passen Platzierung und Nummerierung von Abbildungen, Grafiken und Tabellen? Stimmen die Verweise im Text?

»Rechtschreibung nach *Duden*« lautet eine häufige Korrekturanweisung. Dabei bezieht sich die Verbindlichkeit des *Dudens* nur auf den »amtlichen« Sprachgebrauch, zum Beispiel in Justiz, Verwaltung und Schule. Unabhängig davon, wie Sie zu den Regeln der reformierten deutschen Rechtschreibung stehen, ergeben sich bei der ungeprüften Übernahme der *Duden*-Schreibung einige Probleme: In einigen Fällen lässt der *Duden* nämlich mehrere Alternativen zu – bei Schreibweisen ebenso wie bei Silbentrennung und Zeichensetzung. Darüber hinaus weist die neue Rechtschreibung zahlreiche Ungereimtheiten auf und liefert keine Hinweise, wie Sie mit neuen fremdsprachigen Begriffen hinsichtlich ihrer Getrennt- und Zusammenschreibung oder Groß- und Kleinschreibung umgehen sollen. Wichtig ist deshalb, dass Sie einheitliche und klare Vorgaben machen – besonders wenn Sie mit mehreren freien Korrektoren zusammenarbeiten. Diese Vorgaben sollten möglichst nicht für ein einzelnes Buch gelten, sondern für das gesamte Buchprogramm Ihres Verlags. Seien Sie sich dabei bewusst, dass Sie mit Ihrer Arbeit auch einen Beitrag zur Sprachnormung leisten.

Um eine einheitliche Schreibung zu gewährleisten, ist die einfachste, aber schlechteste Lösung, die jeweilige Hauptvariante des *Dudens* verbindlich zu machen. Besser sind detailliertere Anweisungen. So können Sie so weit wie möglich das vertraute Schriftbild bewahren – vor allem bei alternativen Schreibweisen. Das gilt für die Zeichensetzung und die Silbentrennung ebenso wie für die Eindeutschung von Fremdwörtern aus dem Englischen oder Französischen. Wenn Sie keine Regeln für eine eigene Hausschreibung entwickeln wollen, können Sie auf die Richtlinien von Nachrichtenagenturen, Zeitungen oder Zeitschriften zurückgreifen. Wie auch immer Sie sich entscheiden: Schreiben Sie einheitlich, und bleiben Sie konsequent.

RICHTIG RECHTSCHREIBEN

Hier finden Sie ausführliche Hinweise zur neuen Rechtschreibung:
• Die offiziellen Regeln stehen natürlich vollständig im *Duden. Die deutsche Rechtschreibung* oder im Internet unter WWW.DUDEN.DE in der Rubrik »Neue Rechtschreibung«. Hier gibt es auch einen »Crashkurs« in 25 Schritten.
• Empfehlenswert sind die Regeln der deutschsprachigen Presseagenturen, die Sie im Internet finden unter WWW.DIE-NACHRICHTENAGENTUREN.DE.

Haben Sie spezielle Fragen zu Rechtschreibung und Grammatik? Dann helfen Ihnen die gebührenpflichtigen telefonischen Sprachberatungen von Duden unter 09 00-1 87 00 98 (aus Deutschland), 09 00-84 41 44 (aus Österreich) oder 09 00-38 33 60 (aus der Schweiz) weiter.

Genauso wie auf orthografische Fehler müssen Sie auf typografische Mängel achten. Dazu gehört die Kontrolle der Auszeichnungen, also der Hervorhebung einzelner Wörter, Zeilen oder Absätze (siehe Kapitel 3.2.1). Prüfen Sie unter anderem auch Zeilenabstände, Wortzwischenräume, Texteinzüge, die Verwendung von Leerzeilen, Rahmen oder Rasterflächen. Häufige typografische Fehler von A bis Z finden Sie in der folgenden Tabelle.

		Falsch	Richtig
Abkürzungen	werden mit kleineren Festabständen gesetzt	z.B. F.A.Z.	z. B. F. A. Z.
	werden am Zeilenende nicht getrennt	Am Ende einer Zeile wird z. B. nicht getrennt.	Am Ende einer Zeile wird z. B. nicht getrennt.
An- und Abführung	deutsche Anführungszeichen „…" (99-66), als französische »…« oder als Guillemets «…»	"doppelte" "Anführungszeichen" 'einfache 'Anführungszeichen' >>doppelte Anführungszeichen<< <einfache Anführungszeichen>	„doppelte Anführungszeichen" ‚einfache Anführungszeichen' »doppelte Anführungszeichen« ‹einfache Anführungszeichen›
Apostroph	ist kein Fußzeichen ('), kein Abführungszeichen ('), kein Akzent (´ oder `), sondern »'« (9)	Das gibt's nicht! Das gibt's nicht! Das gibt's nicht!	Das gibt's nicht!
Auslassungspunkte	werden nicht zu eng und nicht zu weit gesetzt	... . . .	…
	werden mit Abstand gesetzt, wenn sie für ganze Wörter stehen	Hier fehlt ein...	Hier fehlt ein …
	werden angehängt, wenn sie für Wortteile stehen	Wer wird Millio …?	Wer wird Millio…?

		Falsch	Richtig
Datums-angaben	werden mit Punkten und kleineren Festabständen getrennt, wenn sie als Zahlen angegeben werden	12.3.2012 19/10/1971	12. 3. 2012 19. 10. 1971
	haben im Deutschen die Reihenfolge Tag, Monat, Jahr	1940-09-15	15. 9. 1940
Divis	ist ein kurzer Strich als Trenn- oder Bindestrich und wird ohne Abstand gesetzt	Manuskriptannahme und –bearbeitung	Manuskriptannahme und -bearbeitung
Gedanken-strich	ist ein langer Strich, kein kurzer Trennstrich (Divis)	Das Divis als Gedankenstrich ist - nicht nur im Werksatz - ein Ärgernis.	Das Divis als Gedankenstrich ist – nicht nur im Werksatz – ein Ärgernis.
	wird mit Abstand vom Wort gesetzt, außer in Verbindung mit Satzzeichen	Gedankenstriche stehen immer mit Abstand-außer in Verbindung mit Satzzeichen-, was jeder wissen sollte.	Gedankenstriche stehen immer mit Abstand – außer in Verbind-ung mit Satzzeichen –, was jeder wissen sollte.
	dient auch als Strecken- oder Bis-Strich, als Minuszeichen oder als Auslassungszeichen und wird dann ohne Abstand gesetzt	1998 - 2015 Paris - Dakar - 12°C 150,- Euro	1998–2015 (aber: von 1998 bis 2015) Paris–Dakar –12°C 150,– Euro (oder: 150,00 Euro)
Gradzeichen	wird bei Temperaturangaben mit kleinerem Festabstand von der Zahl getrennt, sonst direkt angeschlossen	23,8° C 47 ° 30 ' 6 '' nördlicher Breite	23,8 °C 47° 30' 6" nördlicher Breite
Klammern	stehen ohne Abstand vor oder nach den von ihnen einge-schlossenen Zeichen	Sie kaufte einen Sportwagen für 120.000 D-Mark (circa 60.000 Euro)	Sie kaufte einen Sportwagen für 120.000 D-Mark (circa 60.000 Euro).
Maß-einheiten	Währungen stehen im Deutschen nach den Werten	€ 19,95	19,95 €
	werden mit Festabstand vom Wert getrennt	20% 50km	20 % 50 km
Paragrafen-zeichen	wird mit kleinerem Festab-stand von der Zahl getrennt	§2ff. UrhG §31-34 VerlagsG	§ 2 ff. UrhG §§ 31–34 VerlagsG
Rechen-zeichen und Formeln	werden mit kleinerem Fest-abstand gesetzt und mög-lichst nicht getrennt	5-2+3=6	5 – 2 + 3 = 6
	werden als Vorzeichen ohne Abstand gesetzt	5 - 8 = - 3 + 17 °C	5 – 8 = –3 +17 °C
	verwenden als Minuszeichen nicht den Divis »-«, sondern den Gedankenstrich »—«	27 - 8 = 19	27 – 8 = 19

		Falsch	Richtig
Rechen-zeichen und Formeln	verwenden für die Multipli-kation kein »x«, sondern »×« oder »·«	$3 \times 4 = 12$	$3 \times 4 = 12$ $3 \cdot 4 = 12$
	verwenden für die Division kein »/«, sondern »÷« oder »:«	$10 / 2 = 5$	$10 \div 2 = 5$ $10 : 2 = 5$
	haben bei Brüchen den Bruchstrich auf Höhe des Gleichheitszeichens	$x = \frac{7}{100} = 7\,\%$	$x = \frac{7}{100} = 7\,\%$
ß	wird als Versalie oder Kapitälchen zu »ss«	STRAßE STRAßE	STRASSE STRASSE
Zahlen	können ab der vierten Stelle mit einem kleineren Festab-stand oder Punkt als Tausender-trennzeichen strukturiert wer-den; als Dezimaltrennzei-chen dient immer ein Komma	120,319.66 Euro	120.319,66 Euro 120 319,66 Euro
	Telefon- und Telefaxnummern werden von rechts in Zweier-gruppen mit kleinerem Fest-abstand gegliedert; Vorwahlen stehen in Klammern, »+« steht für »00« in Landes-vorwahlen; möglich ist auch die funktionsbezogene Gliederung ohne Klammern, wobei bei Sondernummern die Gebührenkennziffer abgetrennt wird	06101/30786-0 06101 / 30786 - 0 0049/06101/307860 +49-(0)6101-307860 0190870098	(0 61 01) 30 78 60 0 61 01 30 78 60 (0 61 01) 3 07 86-0 (00 49-61 01) 30 78 60 +49-6101-307860 +49.6101.307860 +49_6101_307860 0190 8 70098 0190-8-70098
	Postfachnummern werden von rechts in Zweiergruppen mit kleinerem Festabstand gegliedert	Postfach 12345	Postfach 1 23 45
	Kontonummern werden von rechts und Bankleitzahlen von links in Dreiergruppen mit kleinerem Festabstand gegliedert	Konto 1234568 BLZ 10020030	Konto 12 345 678 BLZ 100 200 30
	Internationale Kontonummern (IBAN) werden von links in Vierergruppen gegliedert. Internationale Bankleitzahlen (BIC) werden nicht geliedert	IBAN DE89660100780250417756 BIC INGD DE FF	IBAN DE89 6601 0078 0250 4177 56 BIC INGDEFF

		Falsch	Richtig
Zeilen und Wortabstände	sollten keine Löcher enthalten; besser ist Flattersatz bei kurzen Zeilen sind schlecht lesbar	Zeilen mit großen Wortabständen sind schlecht lesbar.	Zeilen mit großen Wortabständen sind schlecht lesbar.
	dürfen nicht durch Sperren auf Spaltenbreite gebracht werden	Zeilen, die durch Sperren auf Spaltenbreite gebracht werden, sind hässlich.	Zeilen, die durch Sperren auf Spaltenbreite gebracht werden, sind hässlich.
	dürfen nicht zu eng gesetzt werden	Zeilen, die zu eng gesetzt sind, sind schwer zu lesen.	Zeilen, die zu eng gesetzt sind, sind schwer zu lesen.

Liegt bereits ein Umbruch vor, müssen Sie auch auf die Platzierung von Abbildungen, Grafiken und Tabellen achten. Eventuell müssen Sie auch Über- und Untersatz ausgleichen, also Zeilen streichen oder auffüllen, um den Seitenumbruch anzupassen. Vermeiden sollten Sie, dass die letzte Zeile eines Absatzes als erste Zeile auf einer neuen Seite oder Spalte steht, ein so genanntes »Hurenkind«. Kürzen oder ein paar Füllwörter verhindern auch den »Schusterjungen«, den Absatzbeginn als letzte Zeile einer Seite oder Spalte.

LITERATURTIPPS
- Hans Peter Willberg und Friedrich Forssmann: *Erste Hilfe in Typografie*. Eine unterhaltsame und verständliche Einführung in grundlegende typografische Fragen. Eigentlich eine Pflichtlektüre für alle, die mit Drucksachen zu tun haben.
- Dudenredaktion (Hg.): *Duden. Die deutsche Rechtschreibung*. Im Kapitel »Textverarbeitung« werden einige grundsätzliche typografische Probleme behandelt.
- Brigitte Witzer: *Satz und Korrektur*. Hier finden Sie eine ausführliche Auflistung auch ausländischer Korrekturzeichen, ein Verzeichnis wichtiger Sonderzeichen, fremder Schriften und Alphabete sowie ausführliche Hinweise für den Formelsatz.

Nur selten werden Bücher sowohl vor dem Satz als auch danach vollständig Korrektur gelesen. Aus Kostengründen gibt es oft nur noch eine Korrektur. In jedem Fall sollten Sie Ihre Bücher von mindestens zwei Lesern korrigieren lassen – am besten parallel, denn das spart wertvolle Zeit.

Die Autorenkorrektur wird vom Inhaber der Urheberrechte vorgenommen, also von Autoren, Herausgebern oder Übersetzern. Diese achten erfahrungsgemäß vor allem auf inhaltliche Mängel und erliegen dabei häufig Gefahr, das Buch noch einmal umzuschreiben. Die Hauskorrektur übernehmen Sie selbst oder ein freier Mitarbeiter. Diese professionelle Korrektur stellt sicher, dass alle orthografischen und typografischen Fehler gefunden werden.

Wichtig ist, dass einheitliche Korrekturzeichen verwendet werden – nur sie gewährleisten, dass Änderungen und Korrekturen von allen Beteiligten gleichermaßen verstanden und richtig umgesetzt werden. Im deutschen Sprachraum folgen sie der DIN 16511 und sind in der folgenden Übersicht wiedergegeben.

BEISPIEL: Korrekturzeichen nach DIN 16518

KORREKTURVORSCHRIFTEN

GRUNDREGEL
Markieren Sie jede Korrektur an zwei Stellen: im laufenden Text und als Wiederholung am Rand. Verwenden Sie bei mehreren Fehlern innerhalb einer Zeile verschiedene Korrekturzeichen (I, L, 7 et cetera) in der Reihenfolge der zu korrigierenden Zeichen. Setzen Sie die erforderliche Änderung rechts neben das wiederholte Korrekturzeichen an den Rand.

SCHRIFTART UND AUSZEICHNUNG
Geben Sie eine andere Schriftart oder Schriftgröße oder sonstige Auszeichnungen am Rand wörtlich an. Die zu ändernde Textstelle wird unterstrichen oder bei einer gewünschten kursiven Auszeichnung mit Wellenlinien gekennzeichnet.

Polo 9pt

Kursiv

FALSCHE BUCHSTABEN
Streichen Sie falsche Buchstaben durch, und ersetzen Sie sie am Rand durch die richtigen.

l e
7 R

TRENNUNGSFEHLER
Markieren Sie falsche Trennungen sowohl am Ende der Zeile als auch zu Beginn der neuen Zeile. Achten Sie auf sinnentstellende Trennungen (Drucker-zeugnis statt Druck-erzeugnis), damit ein müheloser Lesefluss gewährleistet wird.

ZUSAMMEN- UND GETRENNTSCHREIBUNG
Kennzeichnen Sie Wörter, die zusammengeschrieben werden, durch einen Doppelbogen ($\cap$). Wörter, die getrenntgeschrieben werden, erhalten das Sonderzeichen L .

FEHLENDE ODER FALSCHE WORTZWISCHENRÄUME
Kennzeichnen Sie fehlende Wortzwischenräume mit dem Trennzeichen L, zu weite Zwischenräume mit $\widehat{}$ und zu lenge mit $\downarrow$.

FEHLENDE WÖRTER, SATZTEILE, BUCHSTABEN ODER SATZZEICHEN

Kennzeichnen Sie Wörter oder Satzteile durch ein Winkelzeichen im Text (⌐). Am Rand stehen die Ergänzungen. Ergänzen Sie fehlende Buchstaben oder Satzzeichen, indem Sie den angegangenen bzw. nachfolgeh Buchstaben durchstreichen und am Rand mit dem fehlenden Buchstaben oder Satzzeichen wiederholeh. Bei größeren fehlenden Textpassagen können Sie auf die entsprechenden Manuskriptseiten verweisen.

ÜBERFLÜSSIGE WÖRTER, SATZTEILE, BUCHSTABEN ODER SATZZEICHEN

Streichen Sie überflüssige Wörter, Textpassagen, Absätze oder Satzzeichen durch, und markieren Sie sie am Rand mit dem Zeichen ⅌ für deleatur (lateinisch »es werde getilgt«).

FALSCHE REIHENFOLGE

Streichen Sie Buchstaben in falscher Reihenfolge durch und schreiben Sie sie am Rand in der richtigen Reihenfolge auf. Wörter oder Satzteile in Reihenfolge falscher erhalten das Umstellungszeichen (⌐⌐⌐). Größere Umstellungen beziffern Sie in der richtigen Reihenfolge. Zahlen in falscher Reihenfolge streichen Sie prinzipiell komplett durch, und wiederholen Sie sie am Rande in der richtigen Reihenfolge.

FEHLENDER (ODER ZU ENGER) ZEILENABSTAND (DURCHSCHUSS)

Zeichnen Sie einen fehlenden (oder zu engen) Zeilenabstand durch einen Strich mit nach außen offenem Bogen (⏋) und zu große Zeilenabstände durch einen Strich mit nach innen offenem Bogen (⏌) an.

ABSATZLÖSUNGEN UND EINZÜGE

Fügen Sie einen neuen Absatz mit dem Absatzzeichen ⌐ ein. Soll kein separater Absatz erfolgen, so benutzen Sie eine verbindende Linie (⌐). Kennzeichnen Sie einen fehlenden Einzug mit dem Zeichen ⌐ und eine Textstelle ohne Einzug mit dem Abschluss-Strich ⊢.

IRRTÜMLICHE KORREKTUREN

Sie machen Ihre irrtümliche Korrektur dadurch rückgängig, dass Sie das Korrekturzeichen am Rand durchstreichen und im Text die entsprechende Stelle punktieren.

Kollation und Revision

Kollation bezeichnet die Zusammenführung von mehreren Korrekturabzügen in ein Exemplar, beispielsweise der Autoren- und der Hauskorrektur. Es geht darum, der Herstellung beziehungsweise der Setzerei nur ein Korrekturexemplar mit eindeutigen Änderungen zur Verfügung zu stellen. Beim Kollationieren entscheiden Sie, welche Korrekturen Sie übernehmen möchten. Dabei sollten Sie stets auf Einheitlichkeit achten.

Korrekturkosten sind manchmal pauschal im Satzpreis enthalten, werden aber oft auch nach Aufwand in Rechnung gestellt. In diesem Fall ist es sinnvoll, Korrekturen in einer anderen Farbe hervorzuheben, die aufgrund von Fehlern bei der Arbeit in der Setzerei entstanden sind. Diese werden dann nicht berechnet.

Sobald die Korrekturen in der Setzerei eingearbeitet wurden, erhalten Sie einen neuen Ausdruck – spätestens jetzt als Umbruch. Anhand dieses neuen Korrekturexemplars und des vorhergehenden kollationierten Exemplars prüfen Sie, ob alle Änderungen vollständig und richtig durchgeführt wurden oder ob dabei neue Fehler entstanden sind, zum Beispiel falsche Trennungen. Solche Fehler markieren Sie mit den üblichen Korrekturzeichen. Dieser Vorgang heißt Revision und kann beliebig oft wiederholt werden. Mehr als zwei Revisionen sollten Sie aus Zeit- und Kostengründen allerdings vermeiden.

CHECKLISTE: REVISION

Korrekturen
- Sind die Korrekturen vollständig und richtig ausgeführt?
- Sind die korrigierten beziehungsweise eingefügten Wörter, Satzteile oder Sätze richtig geschrieben?
- Haben sich durch Korrekturen neue Fehler im Satz oder Absatz eingeschlichen?
- Sind die Trennungen richtig?
- Sind Lücken in der Zeile entstanden?
- Sind Textteile auf die nächste Seite gerutscht, sodass sich der Text ungünstig verschiebt? Gingen dabei Textteile verloren, haben sich Textteile verdoppelt?
- Gibt es »Hurenkinder« oder »Schusterjungen«?
- Stimmen noch alle Textverweise?

Inhaltsverzeichnis, Überschriften und Kolumnentitel
- Stimmen Wortlaut, Wertigkeit und Seitenzahl der Überschriften im Inhaltsverzeichnis mit dem Text überein?
- Stimmen die Kolumnentitel mit Kapitelüberschriften oder Inhaltsverzeichnis überein?

Abbildungen und Tabellen
• Stimmt die Platzierung?
• Sind die Abbildungen und Tabellen konsequent durchnummeriert?
• Sind die Quellenverweise vollständig erschließbar?
• Müssen Verweise im Text neu eingefügt oder verändert werden?
• Sind alle Grafiken, Übersichten und Tabellen Korrektur gelesen?

Register
• Stimmen die Seitenangaben im Register?

Titelei und Umschlag
• Sind die Angaben in der Titelei vollständig und korrekt, insbesondere die
  Copyright-Angaben bei Lizenzausgaben?
• Sind die Angaben zu den Autoren vorhanden?
• Stimmen alle Daten wie ISBN, EAN-Code, Bestellnummer und Ladenpreis?
• Stimmt der Umschlag mit dem Entwurf überein, insbesondere hinsichtlich
  Layout, Farbgebung und Format?
• Stimmen alle Angaben auf dem Umschlag wie Autorennamen, Haupt- und
  Untertitel und Reihenangabe – und zwar auf der Vorderseite ebenso wie auf
  dem Rücken, der Rückseite oder den Klappen?
• Sind alle Logos vorhanden und an der richtigen Stelle platziert?

Imprimatur

Das Imprimatur bezeichnet die rechtsverbindliche Druckfreigabe durch
Lektorat oder Herstellung. Es kann erst dann erteilt werden, wenn das
letzte Revisionsexemplar fehlerfrei ist. Die Druckfreigabe kann auch aufgrund von Proofs (Probeabzügen, die farbverbindlich sein können) erfolgen. Sollten trotzdem noch Korrekturen notwendig sein, darf das Imprimatur nur unter Vorbehalt erteilt werden, zum Beispiel: »Druckfreigabe
nach Korrektur.« Nach der Druckfreigabe haftet der Verlag für mögliche
Fehler, nicht die Setzerei oder die Druckerei. Eine Ausnahme bilden
natürlich technische Fehler, die erst später entstehen.

WENN DER FEHLERTEUFEL ZUSCHLÄGT

Ein unangenehmes Thema: Das Buch liegt druckfrisch vor Ihnen, Sie schlagen
es auf – und finden Fehler. Aber vielleicht werden Sie auch von Autoren, Übersetzern, Lesern oder Rezensenten auf Unrichtigkeiten aufmerksam gemacht.
Trotz sorgfältiger Arbeit lassen sich Fehler leider nie völlig vermeiden. Bleiben
Sie also ruhig, und überlegen Sie, wie schwerwiegend der Mangel ist.

Handelt es sich um kleinere Fehler, beispielsweise bei Rechtschreibung und Zeichensetzung, können Sie diese bei einer späteren Neuauflage korrigieren. Am besten kopieren Sie die entsprechende Seite, markieren den Fehler und legen das Blatt in der Projektmappe ab. Auf diese werden Sie bei einer Neuauflage ohnehin wieder zugreifen.

Bei unwesentlichen sachlichen Fehlern können Sie ebenso verfahren und die Druckauflage verkaufen. Bei größeren sachlichen Fehlern, die unter Umständen das Wohl Ihrer Leser gefährden oder juristische Folgen haben (siehe Kapitel 2.3.5), kommen Sie wahrscheinlich nicht umhin, sofort zu handeln und die Auslieferung des Buchs zunächst zu stoppen. Bei besonders gravierenden Mängeln sind Sie im schlimmsten Fall sogar gezwungen, das Buch ganz vom Markt zu nehmen. Meist reicht es aber, dem Buch einen Berichtigungszettel, die so genannten Errata, beizufügen. Dort listen Sie alle Fehler mit Korrektur auf. Solche Berichtigungen und gegebenenfalls Aktualisierungen können Sie außerdem online auf Ihrer Internet-Homepage einstellen. Befindet sich der Fehler auf dem Schutzumschlag, können Sie diesen neu drucken lassen. Auch bei Hardcover- und Paperback-Ausgaben ist es prinzipiell möglich, die alten Umschläge durch neue zu ersetzen. Auf jeden Fall kostet das viel Geld – nicht nur für den Druck –, da solche Korrekturen stets viel Handarbeit bedeuten.

1.3.7
Werbetexte

Lektoren und Redakteure bearbeiten nicht nur Texte, sie verfassen regelmäßig eigene Texte. Das sind jedoch selten Bücher oder Vorworte, sondern meist Werbetexte wie Klappen-, Vorschau- und Pressetexte. Mit diesen Texten wollen Sie vor allem eines erreichen: Aufmerksamkeit für Ihr Buch. Dazu müssen Sie sich Gedanken über die jeweilige Zielgruppe machen und die richtige Ansprache finden (siehe Kapitel 5.2). Ein besonderes Problem stellen dabei oft die ganz kurzen Texte dar: zugkräftige Buchtitel, pfiffige Headlines für die Vorschau oder überzeugende Werbeslogans.

LITERATURTIPPS
- Hans-Peter Förster: *Texten wie ein Profi.* Wenn es um Werbe- und Pressetexte oder ein flotten Slogan geht, ist dieses Buch ein große Hilfe. Es bietet zahlreiche Anregungen für außergewöhnliche Textideen.
- Andreas Baumert: *Professionell texten.* Wer beruflich Texte schreiben muss, findet in diesem Buch viele praktische Ratschläge.

• Doris Märtin: *Erfolgreich texten.* Eine systematische und flott geschriebene Anleitung zum Selbertexten mit guten Stiltipps.

Darüber hinaus sind die Bücher von Wolf Schneider und Ludwig Reiners empfehlenswert, die bereits in Kapitel 1.3.2 zum Thema Sprache und Stil vorgestellt wurden.

Umschlag-, Vorschau- und Pressetexte

Bücher werden geschrieben und gelesen, um zu unterhalten oder zu informieren. Die Werbetexte, die Sie schreiben, können ebenfalls informieren und im besten Fall sogar unterhaltsam sein. Doch das Hauptanliegen dieser Texte ist, die Leser neugierig zu machen und von dem beworbenen Produkt zu überzeugen. Werbetexte haben unterschiedliche Zielgruppen und damit unterschiedliche Ziele:

• **UMSCHLAGTEXTE** richten sich direkt an die Endkunden, aber auch an Buchhändler: Sie sollen neugierig machen, einen kurzen Einblick in das Thema und den Inhalt bieten und vor allem zum Kauf verführen.
• **VORSCHAUTEXTE** wenden sich in erster Linie an Buchhändler. Sie sollen über Neuerscheinungen informieren, Verkaufsargumente liefern und zu Bestellungen bewegen.
• **PRESSETEXTE** werden von Journalisten und Buchrezensenten in den Medien gelesen. Sie sollen zur Berichterstattung über Buch und Autoren oder zu einem Vorabdruck animieren.

Umschlag- und Vorschautexte werben für das Buch: Käufer eines Buchs wollen wissen, warum die Lektüre gut für sie ist, Buchhändler wollen wissen, wie ihnen der Titel zu mehr Umsatz verhilft. Pressetexte hingegen sollen vor allem informieren: über Verlag, über Autoren, über Neuheiten (siehe Kapitel 5.2). Die Übertreibungen der Werbesprache sind hier fehl am Platz. Rezensenten oder Journalisten wollen wissen, warum sie beispielsweise über die Neuübersetzung eines vergessenen finnischen Autors berichten sollen, und sie brauchen eine gute Story. Fragen Sie sich: Welche Geschichte können Sie über Buch und Autor, Entstehung oder Verlag erzählen? Was macht Ihr Buchprojekt für Journalisten und deren Zielgruppen interessant?

Je nach Zielgruppe und Zweck vermitteln Werbetexte Informationen, Sicherheit, Erlebnisse oder Gefühle. Diesen Funktionen ordnet der Schreibtrainer Hans-Peter Förster zur einfachen Orientierung vier Farben zu:

• **INFORMATIONEN (BLAU)** Zahlen, Daten, Fakten. Überzeugen Sie mit Verkaufsargumenten, Ausstattungsmerkmalen, Preisen und Rabatten.

Machen Sie beispielsweise eine kurze Inhaltsangabe, erläutern Sie den Nutzen des Buchs, nennen Sie die Daten einer Lesereise oder die Medien, in denen Sie werben. Solche sachlichen Texte empfehlen sich für Leser, bei denen Erfolg, Nutzen und Prestige im Vordergrund stehen.

- **SICHERHEIT (GRÜN)** Qualität, Zuverlässigkeit, Tradition. Berichten Sie von positiven Erfahrungen, geben Sie Garantien. Erwähnen Sie zum Beispiel, dass es sich um einen »Weltbestseller« handelt, das Buch wichtige Preise gewonnen hat, sich schon in der x-ten Auflage befindet, die Autoren bedeutende Experten sind, oder werben Sie mit Statements bekannter Persönlichkeiten oder Medien. Leser konservativer Texte streben nach Sicherheit und fürchten Überraschungen.
- **ERLEBNISSE (GELB)** Individualität, Ideen und Visionen. Begeistern Sie die Leser – mit Witz, mit Glamour, mit Abenteuern. Erzählen Sie eine Geschichte, beschreiben Sie Erfolg, Schönheit und Sportlichkeit. Erlebnisreich texten Sie am besten für kreative und fantasievolle Menschen, die das Unkonventionelle lieben und den Mainstream verachten.
- **GEFÜHLE (ROT)** Emotion, Sympathie und Aufregung. Vermitteln Sie mit Ihrem Text Wärme und Geborgenheit, oder verbreiten Sie Angst und Schrecken. Verleihen Sie beispielsweise einer Lyrikanthologie Sinnlichkeit, nutzen Sie bei Ratgebern Schuldgefühle, oder lehren Sie bei einem Schauerroman das Gruseln. Emotionale Texte sprechen Leser an, denen Harmonie und Zuneigung wichtig sind.

In Werbetexten immer den richtigen Ton zu treffen, ist keine leichte Aufgabe. Bevor sie mit dem Schreiben anfangen, sind deshalb einige grundsätzliche Fragen zu klären. Sie müssen beispielsweise wissen, wie die Zielgruppe Ihres Texts aussieht (siehe Kapitel 1.1.4), wie diese auf die Lektüre reagieren soll und welchen Zweck der Text erfüllen soll: Wollen Sie den Verkauf unterstützen, Neugier wecken, Kaufanreize bieten, eine Kaufentscheidung bestätigen, den Bekanntheitsgrad erhöhen, das Image verbessern, über Neuheiten und Veränderungen informieren, über Produkt oder Autor oder Verlag berichten, Vertrauen und Sympathie schaffen, Kontakte zu Presse und Öffentlichkeit pflegen? Wichtig ist auch, wann und wo – das heißt auch in welchen Medien – Ihr Werbetext erscheinen wird. Denn Sie vergeuden nur Ihre guten Ideen, wenn Sie in einem sachlichen Umfeld emotional texten wollen.

Selbst wenn die Zeit noch so sehr drängt. Vermeiden Sie unüberlegtes Recycling von Werbetexten. Für die Projektentscheidung dichten viele Lektoren häufig einen ersten zugkräftigen Text, der mehr den Wunschvorstellungen als dem späteren Werk entspricht. Dieser Text bildet dann die Grundlage für den Vorschautext, aus dem wiederum ein Klappentext entsteht. Die Inhalte des Buchs und die zielgruppengerechte Leseransprache bleiben dabei auf der Strecke. Machen Sie sich deshalb die Mühe, jeden Werbetext völlig neu zu schreiben. Es lohnt sich, denn gelungene Werbetexte sind ein wichtiger Baustein für den Erfolg Ihrer Bücher!

Textaufbau

Erstes Ziel von Klappen-, Vorschau- und Pressetexten: die Leser neugierig machen, zum Weiterlesen und zum Handeln bewegen. Wenn die Leser Ihnen folgen sollen, brauchen Ihre Texte eine klare Struktur. Dabei hilft die so genannte AIDA-Regel:

- **A – ATTENTION** Erregen Sie Aufmerksamkeit – ein knappes Gut! Fesseln Sie die Leser mit einem guten Einstieg.
- **I – INTEREST** Machen Sie sich interessant! Nennen Sie Vorteile und Verkaufsargumente, bieten Sie einen hohen Nutzwert, erzählen Sie eine Geschichte.
- **D – DESIRE** Wecken Sie Sehnsucht und Verlangen! Liefern Sie weitere Argumente, bieten Sie Zusatznutzen, oder kommen Sie zur Pointe.
- **A – ACTION** Animieren Sie zum Handeln! Sagen Sie deutlich, was Ihre Leser jetzt tun sollen.

Ein guter Einstieg entscheidet darüber, ob Ihr Text gelesen wird – und wirken kann. Nehmen Sie sich die Zeit, einen ungewöhnlichen Anfang zu finden. Sie haben zwei Möglichkeiten: Ein deskriptiver Einstieg beschreibt den Inhalt, ein situativer Einstieg erzählt eine Geschichte. Beide Alternativen können Sie für belletristische Texte ebenso gut wie für Sachtexte verwenden. Bei Sachtexten können Sie auch situativ einsteigen und deskriptiv fortfahren.

BEISPIEL: Situativer Einstieg

- **BELLETRISTIK** »Als man es gefunden hat, stand es des Nachts auf der Straße, mit einem leeren Eimer in der Hand, auf einer Geschäftsstraße, und hat nichts gesagt. Als die Polizei es dann mitgenommen hat, ist es von Amts wegen gefragt worden, wie es heiße, wo es wohne, die Eltern wer, das Alter welches. Vierzehn Jahre alt sei es, sagte das Mädchen, aber seinen Namen wusste es nicht zu sagen, und auch nicht, wo es zu Haus war.«
- **SACHBUCH** »Wie unangenehm! Sie müssen mit Ihrem Mitarbeiter endlich mal ein ernstes Wort reden, denn sein Verhalten lässt zu wünschen übrig. Oder Sie müssen eine schlechte Nachricht überbringen. Keine Lust, dieses heiße Eisen anzufassen? Keine Ahnung, wie Sie dieses Gespräch taktvoll aber deutlich, verständnisvoll aber konsequent führen sollen? Keine Panik! Ob es

sich um Kritik handelt, um ein peinliches Thema oder um eine enttäuschende
Nachricht: Dieses Buch hilft Ihnen, jedes Gespräch erfolgreich anzupacken.«

BEISPIEL: **Deskriptiver Einstieg**

- **BELLETRISTIK** »Meisterdetektiv Hercule Poirot zeigt sich wieder einmal von
  seiner besten Seite. Ob er im Grand Hotel einen großangelegten Juwelen-
  diebstahl im letzten Augenblick aufdeckt, durch ein winziges Detail dem
  Geheimnis eines berühmten Bankiers auf der Spur ist oder dem Fluch der
  ägyptischen Gottkönige mit seiner nüchternen Logik beikommt – Poirot
  wirbelt alle durcheinander: die Polizei, seinen Freund Hastings und den
  gebannten Leser ...«
- **SACHBUCH** »Das Buch vermittelt ein farbiges und faszinierendes Bild von der
  Geschichte der Juden und dem Leben des jüdischen Volkes: eine Saga, die
  Kontinente und Jahrhunderte umspannt, Zeiten der Umbrüche und Verfol-
  gungen, aber auch der Erneuerung.«

Eine prägnante Headline kann einen hervorragenden Einstieg in einen
Text darstellen. Kurz, einprägsam und möglichst bildhaft wirkt sie am besten. Eine starke Headline ist meist ebenso schwer zu finden wie ein treffender Buchtitel. Tipps hierfür finden Sie am Ende dieses Kapitels.

Autorenbiografien müssen nicht immer nach dem gleichen Muster ge-
strickt sein: »Die Autorin wurde in einer kleinen Stadt geboren, studierte
an einer Hochschule und promovierte dort in einem schwierigen wissenschaftlichen Fach. Heute lebt und arbeitet sie in einer anderen großen
Stadt. Sie kann lesen und schreiben, hat bereits viele Bestseller in unserem
Verlag veröffentlicht und dafür wichtige Preise gewonnen.« Was spricht
dagegen, statt des üblichen Werdegangs Anekdoten zu erzählen oder Un-
konventionelles hervorzuheben – wenn es einen Bezug zum Inhalt hat?

BEISPIEL: **Autorenvita**

- **AUS EINER SAMMLUNG ASTROLOGISCHER KRIMINALGESCHICHTEN** »Als die
  Sonne am 13. August 1966 über dem Rhein am höchsten steht, erblickt U. G.
  in Bad Godesberg das Licht der Welt. Als nicht ganz umgängliche Mischung
  aus Löwe und Aszendent Skorpion wächst sie in Köln auf und beginnt, sich für
  den FC, Kölsch und Karneval zu interessieren. Ihr Verhältnis zur Astrologie
  konzentriert sich vor allem auf die Beschäftigung mit schwierigen Konstel-
  lationen. U. G. ist der festen Überzeugung, dass man nur lange genug in der
  Kneipe sitzen muss, um auch die letzten Geheimnisse der Astrologie zu
  erklären.«

• AUS EINEM KULINARISCHEN REISEFÜHRER »R. B., geboren 1962, ist seit fast zwanzig Jahren Journalist in München. Er liebt die Arbeit, die Berge, das Reisen und eine gute Küche – besonders die italienische. Als Arbeitstier hat er viel zu tun, als Gourmet will er aufs Genießen nicht verzichten. Als Texter für Alfons Schubeck kann er das eine mit dem anderen hervorragend verbinden. Vom Alfons lässt er sich auch gern mal einen guten Wein empfehlen. Sein Motto: ›Wer nicht genießt, wird ungenießbar.‹«

Lebendige Texte

Wie Sie Ihre Leser ansprechen und welchen Ton Sie in Ihren Texten anschlagen, hängt in erster Linie davon ab, ob Informationen, Sicherheit, Erlebnisse oder Gefühle im Vordergrund stehen. Im Prinzip gelten für gute Werbetexte sprachlich und stilistisch dieselben Empfehlungen wie für die Manuskriptbearbeitung in Kapitel 1.3.2. Aber noch weniger als auf ein Buch wartet irgendjemand auf Ihre Werbetexte. Im Gegenteil: Viele empfinden sie als lästig. Mit den folgenden Tipps kommen Sie trotzdem bei Ihren Lesern an:

• SCHREIBEN SIE EINFACH! Formulieren Sie auch schwierige Dinge so einfach wie möglich. Wer kompliziert schreibt, ist zu faul zum Denken.

• SCHREIBEN SIE KURZE SÄTZE! Hauptsachen gehören in Hauptsätze – das wissen Sie bereits. Vermeiden Sie Nebensätze in Werbetexten, und machen Sie lieber aus einem langen Satz zwei kurze. Dann werden Ihre Texte klar und verständlich.

• WÄHLEN SIE KURZE WÖRTER! Ein- und zweisilbige Wörter sind eingängig, kräftig und meist besonders anschaulich. Spätestens ab der vierten Silbe sind sie »zu lang«, nicht »kürzungsbedürftig«.

• SCHREIBEN SIE, WIE SIE SPRECHEN! Vermeiden Sie in Werbetexten alles, was sowieso keiner sagt. So bleibt Ihre Sprache lebendig.

• SCHREIBEN SIE AKTIV UND EINDEUTIG! Passiv ist die Sprache von Behörden und Gebrauchsanweisungen und gehört in keinen Werbetext. Verwenden Sie Verben statt Substantive, denn starke Verben bringen Leben in den Text. Und schließlich: Formulieren Sie positiv, und sagen Sie »ja« statt »nein«. Auch Modalverben wie »könnte«, »dürfte«, »würde«, »müsste« oder »sollte« verwässern Ihre Aussage.

• SCHREIBEN SIE ANSCHAULICH! Wählen Sie lebendige Wörter und Bilder statt abstrakter Begriffe. Sprechen Sie von »Spanien und Portugal« statt von »Pyrenäenhalbinsel«, von »Nudeln und Kartoffeln« statt von »Sättigungsbeilage«. Denn ein Teil ist als Beispiel für das Ganze besonders anschaulich: »Haus und Hof verlieren«, zeigt einen Bankrott – da müssen Sie Tafelsilber, Sparbuch und Auto gar nicht erwähnen.

- **MEIDEN SIE PHRASEN, ÜBERTREIBUNGEN UND KLISCHEES!** Viele Ausdrücke und Sprachbilder sind durch häufigen Gebrauch nur noch leere Worthüllen. Das »herausragende Buch« einer »renommierten Autorin« mit »zahlreichen praktischen Tipps und Tricks« enthält wahrscheinlich nur heiße Luft. Streichen Sie überflüssige, nichtssagende Adjektive. Besser sind Verben, Beispiele und verblüffende Formulierungen.
- **STELLEN SIE FRAGEN!** Mit Fragen sprechen Sie Ihre Leser direkt an – und wer angesprochen wird, bleibt am Ball. Oder werden Sie gerne mit Informationen bombardiert?

Auf Ihre Werbetexte kommt es an, denn sie leisten einen wichtigen Beitrag zum Erfolg Ihrer Bücher. Nehmen Sie sich Zeit, gute Texte zu schreiben, und lassen Sie sie von mehreren Unbeteiligten kritisch gegenlesen: Wer Ihre Werbetexte nicht versteht, wird wahrscheinlich auch die Botschaft Ihres Buchs nicht verstehen – und es nicht kaufen.

Titel und Slogans

Einen idealen Titel oder Slogan für die Verlagsvorschau zeichnet dreierlei aus: Er fasst den Inhalt des Buchs in einen Halbsatz oder eine Wortkombination, weckt die Neugier des Lesers und motiviert ihn zum Kauf. Doch der Weg zu einem prägnanten Titel ist schwierig, zumal unterschiedliche Interessen aufeinandertreffen: Autoren möchten den gesamten Inhalt des Buches darlegen mit einem Titel wie »Die Aufgaben von LektorInnen und RedakteurInnen im Buchverlag unter Berücksichtigung rechtlicher, herstellerischer und vertrieblicher Aspekte«. Marketing und Vertrieb wünschen sich einen griffigen Werbeslogan wie »BuchMacher«. Bei der Suche nach zugkräftigen Titeln helfen Kreativitätstechniken.

LITERATURTIPPS
- Matthias Nöllke: *Kreativitätstechniken*. Anschaulich und prägnant vorgestellt und bewertet werden die wichtigsten Kreativitätsmethoden.
- Hans-Peter Förster: *Texten wie ein Profi*. Dieses Standardwerk bietet gute Tipps, um schnell einen zugkräftigen Titel oder Slogan zu finden.

Brainstorming hat zum Ziel, in kurzer Zeit möglichst viele Ideen zu produzieren. Notieren Sie alle Ideen, selbst wenn sie zunächst abwegig erscheinen. Kommentare, Kritik, aber auch Lob sind in dieser Phase, die nicht länger als 30 Minuten dauern sollte, streng verboten. Machen Sie dann etwas anderes, um etwas Abstand zu gewinnen. Später können Sie Ihre Ideen sortieren und bewerten. Brainstorming funktioniert am besten in einer Gruppe, aber auch allein.

Die semantische Intuition ist eine etwas weniger bekannte Kreativitätsmethode, die sich besonders für die Titelfindung eignet. Hierbei kombinieren Sie Wörter aus zwei möglichst unterschiedlichen Themengebieten. Zum Beispiel richtet sich dieses Buch in erster Linie an Lektoren und Redakteure in den ersten Berufsjahren. Aufgrund Ihrer genauen Zielgruppenanalyse wissen Sie, dass diese nicht nur gerne lesen, sondern sich auch für Musik, Theater, Wellness und Tiere interessieren.

• Listen Sie zunächst zwanzig Substantive untereinander rund um das Thema Buch auf.
• Wählen Sie ein zweites Thema aus den Interessensgebieten der Zielgruppe, zum Beispiel Theater, und schreiben Sie weitere zwanzig Begriffe daneben.
• Kombinieren Sie alle Wörter der ersten Spalte mit denen der zweiten Spalte. Jedes Wort kann in jeder Kombination vorkommen und vorne oder hinten stehen. So entstehen zweihundert neue Begriffe.

BEISPIEL: Semantische Intuition

1. Thema	2. Thema	Wortkombinationen
Buch	Kulisse	Buch-Kulisse, Buch-Premiere, Buch-Probe, Buch-Spiel, Buch-Bühne, Kulissen-Buch, Kulissen-Lektor, …
Lektor	Premiere	Lektoren-Kulisse, Lektoren-Premiere, Lektoren-Probe, Lektoren-Spiel, Lektoren-Bühne, Premieren-Buch, …
Seite	Probe	Seiten-Kulisse, Seiten-Probe, Probe-Text, …
Text	Spiel	Text-Kulisse, Text-Spiel, Spiel-Buch, …
Druck	Bühne	Druck-Kulisse, Druck-Premiere, Druck-Probe, …

• Überlegen Sie nun, welche Bilder und Ideen in den neuen Wortkombinationen stecken. Versuchen Sie, daraus zugkräftige Titel zu entwickeln: »Lektoren auf der Buchbühne«, »SeitenSpiel für Buchprofis« et cetera.

Wenn bei diesen Begriffskombinationen nichts Brauchbares entsteht, nehmen Sie ein anderes Thema, das nicht zu dicht am ersten liegt. Für diese Übung benötigen Sie ungefähr eine Stunde.

Die morphologische Analyse erlaubt Ihnen ebenfalls, innerhalb vorgegebener Satzstrukturen Wörter zu kombinieren. Hier einige Beispiele:

- **BEGRIFF – ADJEKTIV »UND« ADJEKTIV** »Handbuch Lektorat – umfassend und modern«.
- **BEGRIFF – »WAS« SUBSTANTIV VERB** »BuchMacher – was Lektoren wissen müssen«.
- **BEGRIFF – ARTIKEL ADJEKTIV SUBSTANTIV ARTIKEL SUBSTANTIV** »BuchSpiel – das moderne Handbuch der Verlagspraxis«.
- **BEGRIFF – ARTIKEL SUBSTANTIV »FÜR« SUBSTANTIV** »Bücher machen – ein Handbuch für Lektoren und Redakteure«.
- **BEGRIFF – VERB »UND« VERB** »Lektorat – akquirieren und redigieren«.

Überlegen Sie sich zuerst mögliche Titelstrukturen. Diese können Sie später immer wieder verwenden. Das ist besonders bei Reihen hilfreich, deren Titel einem einheitlichen Muster folgen sollen. Nach diesem Schema finden Sie griffige Titel schon in einer Viertelstunde.

Wenn Sie einen überzeugenden Titel oder eine griffige Headline gefunden haben oder wenn Sie zwischen mehreren Alternaiven schwanken, ist es am besten, ein paar Tage später noch einmmal darüber nachzudenken. Mit etwas Abstand fällt es Ihnen leichter, Ihre Lösungen objektiv zu beurteilen. Folgende Fragen sollten Sie dann positiv beantworten können: Passen Titel, Headline oder Slogan zum Buch? Treffen Sie den Nerv der Zielgruppe? Entsprechen Sie der gewünschten Positionierung? Stimmen Sie mit dem Image des Verlags überein? Bei Buchtiteln müssen Sie zudem sicher sein, dass sie noch frei sind und nicht von einem anderen Verlag geschützt wurden (siehe Kapitel 2.4).

2
Recht

In Buchverlagen nehmen Lektoren vielfältige Aufgaben wahr. Neben die traditionelle Tätigkeit des Prüfens und Redigierens von Manuskripten sind in den letzten Jahren eine Fülle weiterer Arbeiten getreten. Bereits bei der klassischen Lektoratsarbeit kommen Sie mit juristischen Fragen in Berührung. Rechtliches Hintergrundwissen ist – neben Fingerspitzengefühl und Diplomatie – gerade bei Unstimmigkeiten hinsichtlich der Qualität eines Manuskripts gefragt. Manuskripte entsprechen nicht immer Ihren Vorstellungen oder sind objektiv fehlerhaft. Dann stellt sich die Frage, ob und in welchem Umfang Sie das Manuskript verändern dürfen. Meist stehen Fragen aus dem Urheber- und Verlagsrecht im Vordergrund. Eine weitere wichtige Rechtsmaterie ist das Titelschutzrecht, das die Frage regelt, unter welchen Voraussetzungen Titel von Verlagserzeugnissen Schutz beanspruchen können – und mit welchen Konsequenzen im Falle einer Titelkollision zu rechnen ist.

In dem Maße, in dem Sie über die klassische Lektoratsarbeit hinaus zusätzliche Aufgaben übernehmen, werden Sie mit weiteren, teils komplexen, rechtlichen Fragen konfrontiert. Lektoren führen die Vertragsverhandlungen mit ihren Autoren, handeln angemessene Honorare aus und sorgen für die Einhaltung der geschlossenen Verträge. Hat ein Verlag keine eigene Lizenzabteilung, kümmern sich Lektoren auch um die Einholung oder Vergabe von Abdruckgenehmigungen. Häufig ergeben sich Fragestellungen aus anderen Rechtsgebieten, zum Beispiel aus dem Bereich des Wettbewerbsrechts und des Persönlichkeitsschutzes.

LITERATURTIPPS
- Gernot Schulze: *Meine Rechte als Urheber.* Ein Rechtsratgeber, der in leicht verständlicher Form alle wichtigen Aspekte des Urheberrechts behandelt. Der Autor ist Rechtsanwalt in München mit Schwerpunkt Urheberrecht.
- Ludwig Delp: *Kleines Praktikum für Urheber- und Verlagsrecht.* Der Autor des bekannten Werks *Der Verlagsvertrag* hat hier eine leicht verständliche Einführung zum Urheber- und Verlagsrecht für juristische Laien, insbesondere für Buchhändler und Verleger, geschrieben.

2.1
Urheberrecht und verwandte Schutzrechte

Sie haben sich für den Beruf des Lektors entschieden und halten Bücher wahrscheinlich schon aus diesem Grund für etwas Besonderes. Das trifft auch in rechtlicher Hinsicht zu: Bücher sind einerseits körperliche Produkte wie andere Gegenstände auch. Gleichzeitig sind Bücher geistige Erzeugnisse, die je nach Einzelfall mit großem schöpferischen Schwung, vielleicht aber auch in mühevoller Kleinarbeit geschaffen werden.

Das Urheberrecht ist dem Eigentum verwandt. Ähnlich wie der Eigentümer genießt der Urheber eine ausschließliche Rechtsposition, eine Art Monopol: Ihm gehört das Werk, und niemand darf es ohne seine Erlaubnis verwerten. Heute ist ein starker Urheberschutz aus keiner modernen Wirtschafts- und Rechtsordnung mehr wegzudenken. Trotzdem hat sich die Idee vom geistigen Eigentum erst langsam entwickelt und konnte sich erst im 19. Jahrhundert endgültig durchsetzen.

Darüber hinaus hat der Gesetzgeber einzelne, nicht schöpferische Arbeiten einem so genannten Leistungsschutz unterstellt. Es handelt sich um eine Art Investitionsschutz für Arbeiten, die der schöpferischen Tätigkeit des Urhebers ähnlich sind oder im Zusammenhang mit Werken von Urhebern erbracht werden. Dazu zählen zum Beispiel das Recht von ausübenden Künstlern, etwa Schauspielern und Sängern, oder das Recht an einfachen, also nicht künstlerisch gestalteten, Lichtbildern. Weil diese Schutzrechte ähnlich ausgestaltet sind wie das Urheberrecht, werden sie auch als verwandte Schutzrechte bezeichnet.

Rechtsgrundlage für das Urheberrecht und die verwandten Schutzrechte ist das Urheberrechtsgesetz. Es stammt aus dem Jahr 1965 und wurde zuletzt am 1. Januar 2008 im Zuge der Umsetzung der EU-Richtlinie zur Informationsgesellschaft reformiert. Eine aktuelle Fassung des Urheberrechtsgesetzes sowie weitere relevante Gesetze finden unter WWW.GESETZE-IM-INTERNET.DE. Rechtsgrundlage in Österreich ist das österreichische Urheberrechtsgesetz, in der Schweiz ist es das Bundesgesetz über das Urheberrecht und verwandte Schutzrechte. Beide Gesetze enthalten im Wesentlichen gleiche oder vergleichbare Regelungen wie das deutsche Urheberrechtsgesetz.

2.1.1
Urheberschutz

In Deutschland gibt es keine Behörde und kein amtliches Register, bei dem Sie oder Ihre Autoren Urheberrechte anmelden oder eintragen können. Das hat einen einfachen Grund: Urheberrechtsschutz entsteht kraft

Gesetzes mit Schaffung des Werks, ohne dass es dazu einer Eintragung oder sonstigen Formalität bedarf. Bei Schriftwerken entsteht das Urheberrecht also automatisch mit der manuskriptmäßigen Niederschrift. In nahezu allen Staaten der Welt – einschließlich der USA – ist das genauso. Eine junge Autorin, die ein bislang unveröffentlichtes Manuskript auf der Festplatte ihres Computers gespeichert hat, ist damit Rechteinhaberin, ohne dass dies in irgendeiner Weise publik gemacht werden müsste. Der Gesetzgeber geht von der Vorstellung aus, dass eine unmittelbare und unauflösliche Verbindung des Urhebers zu seinem Werk besteht. Da ist es nur folgerichtig, das Urheberrecht an keine Behördengänge zu knüpfen.

Auch die Aufnahme eines Copyright-Vermerks ist freiwillig und für die Entstehung des Urheberrechtsschutzes nicht erforderlich. Früher hatte der Vermerk für die Entstehung eines solchen Schutzes in anderen Ländern Bedeutung. Nachdem fast alle Staaten der Welt auf formale Kriterien verzichtet haben, hat diese Funktion ihre Bedeutung praktisch verloren. Trotzdem sollten Sie den Copyright-Vermerk anbringen: Bei Büchern geschieht dies üblicherweise auf der Rückseite des Titelblatts. Verlage zeigen auf diese Weise an, wer Rechteinhaber und damit Adressat für etwaige Abdruckanfragen ist. Außerdem schärft der Vermerk das Bewusstsein für den Urheberschutz und wirkt abschreckend. Diese Wirkung können Sie verstärken, indem Sie den Copyright-Vermerk um einen Hinweis auf die Rechtsfolgen von Verstößen erweitern, insbesondere auf eine mögliche strafrechtliche Verfolgung. Die meisten Verlagsverträge enthalten eine Verpflichtung des Verlags, den Copyright-Vermerk in jedem Vervielfältigungsexemplar anzubringen.

Manche Autoren zögern, Verlagen ihre bislang unveröffentlichten Manuskripte zuzusenden, weil sie ohne vorherige Schutzvorkehrungen einen Missbrauch ihres Werks befürchten. Solche Ängste sind in der Regel unbegründet. Nur wenn ernsthaft zu befürchten ist, dem Autor werde die Urheberschaft an seinem Werk streitig gemacht, kann sich die Hinterlegung eines Manuskripts bei einem Anwalt, einem Notar oder bei einer anderen vertrauenswürdigen Person empfehlen. Freilich ist die Hinterlegung für sich allein noch kein Beweis für die Urheberschaft des betreffenden Autors.

Was gehört in den Copyright-Vermerk?

Der Copyright-Vermerk ist ein Symbol, das ein von einem Kreis umschlossenes C mit Angabe des Inhabers des Urheber- und/oder Verlagsrechts sowie der Jahreszahl der Erstveröffentlichung enthält (Artikel 3 Welturheberrechtsabkommen).

Üblicherweise wird als Inhaber des Copyrights der Verlag angegeben. Erscheint das Buch im Selbstverlag, sind Autor und Inhaber des Copyrights identisch. Streng genommen müssten auch inhaltlich unveränderte Neuauflagen und Lizenzausgaben mit dem ursprünglichen Copyright-Vermerk versehen werden. In diesen Fällen empfiehlt es sich, den Vermerk um die Angabe des aktuellen Lizenznehmers mit der dazugehörigen Jahreszahl zu erweitern. Sinnvoll, aber nicht zwingend, sind ergänzende Hinweise zum Urheberrecht und zu den Rechtsfolgen von Verstößen.

BEISPIEL: Copyright-Angabe

© der deutschen Ausgabe 2012 by Bramann Verlag, Frankfurt am Main.
© der Originalausgabe »Reading and Writing« 2010 by Genny Williams.
Published by arrangement with ABC Books, London.

Die Verwertung der Texte und Bilder, auch auszugsweise, ist ohne Zustimmung des Verlags rechtswidrig und strafbar. Das gilt auch für Vervielfältigungen, Übersetzungen, Mikroverfilmungen und für die Verarbeitung in elektronischen Systemen.

Urheberrecht schützt alle Kreativen

Die Frage, ob eine bestimmte Darstellung Urheberrechtsschutz genießt, ist von großer praktischer Bedeutung, denn wenn Sie ein urheberrechtlich geschütztes Werk nutzen möchten, müssen Sie vorher die entsprechenden Rechte einholen. Wenn kein Schutz besteht, müssen Sie normalerweise weder eine Nutzungserlaubnis einholen noch Gebühren zahlen. In Zeiten knapper Budgets spielt dieser finanzielle Aspekt eine wichtige Rolle.

Woran erkennen Sie, ob eine konkrete Darstellung Urheberschutz genießt? Hier sind eigene Erfahrung und Sachverstand gefragt. Denn eine Instanz, die im Vorfeld Auskunft über das Urheberrecht gibt, existiert nicht. Das hat unmittelbar damit zu tun, dass Urheberschutz kraft Gesetzes entsteht, ohne dass ein amtliches Prüfverfahren mit anschließender Eintragung stattfindet.

Urheberschutz ist auf keine bestimmte Werkgattung beschränkt. Der Schutz kommt im Prinzip jedem zugute, der schöpferisch tätig ist: dem Komponisten eines Musikstücks ebenso wie der Kinderbuchautorin oder dem kreativen Webdesigner. Das Urheberrechtsgesetz gibt Ihnen eine kleine Hilfestellung, indem es die wichtigsten Werkarten nennt, die einem Urheberschutz zugänglich sind (§2, Absatz 1, UrhG): Neben den Sprachwerken sind das unter anderem Werke der bildenden Kunst, Lichtbildwerke und Darstellungen wissenschaftlicher oder technischer Art. Der eigentlich wichtige Satz steht am Ende der Bestimmung, wo es lapidar heißt: »Werke im Sinne dieses Gesetzes sind nur persönliche geistige Schöpfungen.« Die vorgenannten Werkarten, zum Beispiel Sprachwerke, genießen also nicht unter allen Umständen Urheberschutz, sondern nur, wenn sie eine persönliche geistige Schöpfung darstellen. Umgekehrt können auch unbenannte Werkarten wie Internetseiten oder Linksammlungen urheberrechtlich geschützt sein.

GESCHÜTZTE WERKE (§ 2 URHG)

(1) Zu den geschützten Werken der Literatur, Wissenschaft und Kunst gehören insbesondere:

1. Sprachwerke, wie Schriftwerke, Reden und Computerprogramme;
2. Werke der Musik;
3. pantomimische Werke einschließlich der Werke der Tanzkunst;
4. Werke der bildenden Künste einschließlich der Werke der Baukunst und der angewandten Kunst und Entwürfe solcher Werke;
5. Lichtbildwerke einschließlich der Werke, die ähnlich wie Lichtbildwerke geschaffen werden;
6. Filmwerke einschließlich der Werke, die ähnlich wie Filmwerke geschaffen werden;
7. Darstellungen wissenschaftlicher oder technischer Art, wie Zeichnungen, Pläne, Karten, Skizzen, Tabellen und plastische Darstellungen.

(2) Werke im Sinne dieses Gesetzes sind nur persönliche geistige Schöpfungen.

Persönliche geistige Schöpfung

Persönlich-geistige Schöpfungen sind Werke, die auf einer menschlich-gestalterischen Tätigkeit beruhen und eine individuelle Ausdruckskraft besitzen – gewissermaßen eine eigene persönliche Note. Ähnlich wie der Begriff »Kunst« entzieht sich der Begriff »persönlich-geistige Schöpfung« einer genauen Definition. Das hat sein Gutes, denn schöpferisches Tun ließe sich schnell im Keim ersticken, wenn man es festen Regeln unterwerfen wollte.

Dreh- und Angelpunkt des urheberrechtlichen Werkbegriffs ist die Individualität, die unterschiedlich ausgeprägt sein kann. Es gibt höchst eigenwillige Texte, bei denen Sie nach der Lektüre weniger Zeilen wissen, von wem sie stammen. Dann wiederum gibt es Werke, bei denen sich die Individualität auf ein Minimum beschränkt. Wird auch dieses Minimum nicht erreicht, fehlt es an der für den Urheberschutz erforderlichen »schöpferischen Höhe«, und die betreffende Darstellung bleibt gemeinfrei.

Kurze Nachrichtenmeldungen etwa, die sich in der Wiedergabe einzelner Tatsachen erschöpfen, genießen in der Regel keinen Urheberschutz. Auch einzelne Worte oder kurze Slogans erreichen in aller Regel nicht die für den Urheberschutz erforderliche schöpferische Höhe. Die Wortneuschöpfung »Heidelbär« etwa, die für eine Werbekampagne Heidelberger Geschäftsleute kreiert wurde, war nach Auffassung der Gerichte keinem Urheberschutz zugänglich.

Kommt es zum Streit, weil die eine Seite Urheberschutz für sich in Anspruch nimmt und die andere einen solchen Schutz verneint, haben die Gerichte das letzte Wort. In der Praxis werden die meisten Konflikte außergerichtlich beigelegt. Das ist vernünftig, weil Gerichtsverfahren teuer sind und häufig für beide Seiten ein Prozessrisiko besteht, es also unsicher ist, wer daraus als Gewinner hervorgeht.

Schutzfähigkeit von Ideen

Das Phänomen ist auch in der Buchbranche bekannt: Jemand hat eine Idee, die sich gut verkauft, und über kurz oder lang finden sich Nachahmer, die den Einfall aufgreifen und selbst vermarkten. Das ist für den Ideenlieferanten ärgerlich, in aller Regel aber nicht verboten. Weil geistiges und künstlerisches Schaffen stets auf den Gedanken Dritter aufbaut, hat der Gesetzgeber bewusst davon abgesehen, abstrakte Ideen einem eigenen Schutz zu unterstellen.

In den letzen Jahren ist dieses Problem bei Kinder- und Jugendbüchern akut geworden: Einzelnen Autoren und Illustratoren ist es gelungen, höchst populäre Fantasiegestalten zu schaffen, die andere zur Schaffung ähnlicher Figuren inspiriert haben – mehr oder weniger offensichtlich. So lange es bei der Anregung bleibt, bestehen keine urheberrechtlichen Einwände. So genießt etwa die Idee, eine vermenschlichte Tierfigur – beispielsweise einen kleinen Eisbären – eine Reihe von Abenteuern durchleben zu lassen, für sich genommen keinen Urheberschutz. Das gilt selbst dann, wenn die Idee in ein konkretes Werk umgesetzt wurde und die Geschichte hohe Popularität erlangt hat. Im Einzelfall kann es schwierig sein, eine klare Grenze zwischen freiem Einfall und der zu schutzfähigem Inhalt verdichteten Idee zu ziehen. Die Gerichte gehen davon aus, dass bei Romanen oder Kurzgeschichten nicht nur deren Form Urheberschutz genießt, sondern grundsätzlich auch der auf der Fantasie des Autors beruhende Gang der Handlung, die so genannte »Fabel«. Denken Sie zum Beispiel an einen Kriminalroman mit klar strukturiertem Handlungsablauf. Wer aus einem Roman wesentliche Handlungsstränge übernimmt und das eigene Werk ohne Rücksprache mit dem Rechteinhaber vermarktet, geht ein hohes rechtliches Risiko ein. Auch Fortsetzungsromane, die an ein Buch eines anderen Autors anknüpfen, dürfen nur mit dessen Erlaubnis veröffentlicht werden, zum Beispiel *Laras Tochter* als Fortsetzung von *Doktor Schiwago*.

Urheberschutz von Schriftwerken

»Schriftwerk« ist der Oberbegriff für eine Vielzahl unterschiedlicher Werkgattungen. Schriftwerke sind beispielsweise Romane und Gedichte, aber auch sach- und fachbezogene Texte und wissenschaftliche Abhandlungen.

Literarische Schriftwerke wie Romane oder Kurzgeschichten sind urheberrechtlich geschützt, weil sie in aller Regel eine gewisse schöpferische Höhe aufweisen. Unter dieser Voraussetzung können sogar pornografische oder sonstige Darstellungen strafbaren Inhalts Urheberschutz beanspruchen.

Bei wissenschaftlichen Werken ergeben sich Einschränkungen aus der Freiheit von Wissenschaft und Lehre. Die einem wissenschaftlichen Werk zugrunde liegenden Entdeckungen, Lehren und Theorien wie Einsteins Relativitätstheorie sind gemeinfrei. Das gilt auch für sonstige tatsächliche Angaben, die in Fachpublikationen oder Nachschlagewerken enthalten sind. Von diesen Einschränkungen abgesehen, genießen auch wissenschaftliche Werke Urheberschutz. Ein solcher Schutz ergibt sich aus der sprachlichen Gestaltung und im Einzelfall aus der individuellen Auswahl, Anordnung oder Verknüpfung des dargestellten Inhalts.

Stellen Sie sich im Zweifelsfall die Frage, ob Spielraum für eine individuelle Darstellung besteht und wie der Autor einen etwaigen Spielraum nutzt. Bereitet er einen trockenen Sachverhalt auf besonders pfiffige Weise auf? Dann wird er Urheberschutz in Anspruch nehmen können. Sogar eher spröde Schriftwerke wie Allgemeine Geschäftsbedingungen oder Bedienungsanleitungen können urheberrechtlich geschützt sein. Ergibt sich die Art der Darstellung aus der Natur der Sache, ohne dass ein nennenswerter sprachlicher Gestaltungsspielraum besteht? Dann scheidet Urheberschutz aus. Das Gleiche gilt, wenn der Autor gängigen Ordnungsprinzipien folgt.

Ein Beispiel: Jemand erfasst die Namen sämtlicher Inhaber eines Telefonanschlusses von A bis Z. Der Arbeitsaufwand hierfür ist wahrscheinlich sehr hoch. Trotzdem kann der Betreffende für seine Arbeit keinen Urheberschutz beanspruchen, weil er sich der gängigen Darstellungsweise bedient. Umgekehrt hat die Rechtsprechung eine Sammlung von Kontrollfragen zu einem medizinischen Lehrbuch für schutzfähig befunden, weil die Autoren aus der Fülle möglicher Fragen eine gut durchdachte Auswahl getroffen hatten.

CHECKLISTE: URHEBERSCHUTZ

Indizien für fehlenden Urheberschutz
- Der Autor übernimmt Inhalte aus allgemein zugänglichen Quellen, ohne eine eigene Auswahl oder Neuordnung zu treffen.
- Der Autor folgt der üblichen oder notwendigen Darstellungsweise.
- Der Autor ordnet den Inhalt nach gängigen Kriterien.
- Der Autor bedient sich der üblichen Fachterminologie.

Indizien für Urheberschutz
- Der Autor übernimmt Inhalte aus allgemein zugänglichen Quellen, trifft aber eine eigene Auswahl oder ordnet sie nach bestimmten, nicht vorgegebenen Kriterien.
- Der Darstellung liegt ein bestimmtes, nicht zwingend vorgegebenes Ordnungsprinzip zugrunde.
- Die Darstellung besticht durch besondere Merkmale, zum Beispiel durch Benutzerfreundlichkeit, Verständlichkeit, Komplexität, Durchdringung des gesamten Stoffes, Beschränkung auf das Wesentliche oder Querverweise.

Urheberschutz von wissenschaftlichen oder technischen Darstellungen

Wissenschaftliche oder technische Darstellungen sind unter anderem technische Zeichnungen, Tabellen und Grafiken, aber auch Formulare, Karten und Stadtpläne. Sie sind geschützt, wenn ausreichend Spielraum für schöpferisches Schaffen besteht. Ein solcher Spielraum ist bei dieser Werkart gewöhnlich noch geringer als bei den wissenschaftlichen Schriftwerken. Topografische Gegebenheiten wie der Verlauf von Flüssen oder Straßen stehen fest, und der Gestaltungsspielraum bei der Herstellung von Landkarten ist entsprechend klein. Trotzdem weisen kartografische Produkte häufig besondere Merkmale auf, beispielsweise besondere Hervorhebungen oder Farbgebungen. Deshalb sollten Sie im Zweifel annehmen, dass Karten oder andere technische Zeichnungen urheberrechtlich geschützt sind.

In der Praxis werden Sie immer wieder auf Grenzfälle stoßen, bei denen die Frage nach dem Urheberschutz zweifelhaft ist. Dann sollten Sie vorsorglich eine Genehmigung einholen. Vielleicht empfinden Sie es auch einfach als schlechten Stil, eine bei einem anderen Verlag veröffentlichte gemeinfreie Zeichnung ohne Rücksprache zu übernehmen, obwohl sie dies rechtlich gesehen tun könnten. Häufig lässt sich das Problem schnell und unbürokratisch lösen, indem Sie die Darstellung nach Rücksprache zwar unentgeltlich übernehmen, den Verlag aber mit einem freundlichen Hinweis bedenken. Sie können zum Beispiel folgenden Hinweis einfügen: »Mit freundlicher Genehmigung des Bramann Verlags.«

Urheberschutz von Werken der bildenden Kunst

Zu den Werken der bildenden Kunst zählen Illustrationen, Zeichnungen und Grafiken, aber auch Figuren und Darstellungen in (Bild-)Geschichten. Kunstwerke im engeren Sinne wie Gemälde oder Zeichnungen besitzen fast immer die für den Urheberschutz erforderliche Individualität. Das Gleiche gilt für Figuren aus (Bild-)Geschichten – vor allem, wenn ihr Schöpfer sie mit unverwechselbaren Eigenschaften oder Fähigkeiten ausgestattet hat. Denken Sie beispielsweise an Harry Potter oder an Asterix und Obelix. Dass eine konkrete zeichnerische Darstellung nicht einfach abgemalt und das Ergebnis nicht kommerziell verwertet werden darf, liegt auf der Hand. Der Schutz charakteristischer Figuren beschränkt sich aber nicht auf die konkrete Zeichnung, geschützt ist vielmehr auch die allen Einzeldarstellungen zugrunde liegende literarische Gestalt.

Anders als Kunstwerke sind rein naturalistische Darstellungen, zum Beispiel Abbildungen in medizinischen Lehrbüchern, nicht immer urheberrechtlich geschützt. Im Zweifel sollten Sie aber auch hier von einem Urheberschutz ausgehen. Denn allein die Umsetzung eines dreidimensionalen Objekts in eine zweidimensionale Darstellung erfordert oft eine gewisse Kunstfertigkeit. Außerdem tendiert die Rechtsprechung dazu, vergleichsweise simplen Darstellungen Urheberschutz zuzuerkennen (so genannte »kleine Münze«). Das hatte ein Fischzüchter übersehen, der das in einem renommierten Fachverlag veröffentlichte Bild einer springenden Bachforelle ungefragt für eine Werbeanzeige benutzte. Der idealisiert wiedergegebene Fisch, so belehrte ihn das Gericht, sei als Werk der bildenden Kunst urheberrechtlich geschützt mit der Folge, dass eine Zustimmung hätte eingeholt werden müssen.

Urheberschutz von Fotografien

Fotografien sind durch das Urheberrechtsgesetz ausdrücklich geschützt. Das Gesetz unterscheidet zwischen künstlerisch anspruchsvollen Lichtbildwerken und einfachen Lichtbildern. Lichtbildwerke genießen Urheberrechtsschutz wie andere Werkarten auch. Dagegen kommt einfachen Schnappschüssen nur ein so genanntes Leistungsschutzrecht zugute. Dieses ist allerdings ähnlich ausgestaltet wie der Urheberschutz. Der wesentliche Unterschied liegt darin, dass Lichtbilder – vorbehaltlich abweichenden EU-Rechts – nur für 50 Jahre ab Erscheinen und nicht wie künstlerisch gestaltete Lichtbildwerke für 70 Jahre ab dem Tod des Fotografen geschützt sind. Meist brauchen Sie sich also den Kopf nicht darüber zu zerbrechen, ob ein Foto als anspruchsvolles Lichtbildwerk oder einfaches Lichtbild einzuordnen ist. Denn eine Abdruckgenehmigung benötigen Sie in der Regel in beiden Fällen. Bei älteren Ablichtungen kann der Unterschied allerdings zum Tragen kommen.

Besonders sorgfältig sollten Sie vorgehen, wenn auf einem Foto ein Werk der bildenden Kunst abgelichtet ist. In diesem Fall müssen Sie unter Umständen zweimal eine Genehmigung einholen: beim Fotografen und beim Urheber des abgebildeten Werks. Es kann aber auch sein, dass das abgelichtete Objekt gemeinfrei ist, zum Beispiel das Bildnis der Mona Lisa, während die Fotografie Urheber- oder Leistungsschutz genießt.

Urheberschutz von Enzyklopädien, Anthologien und anderen Sammelwerken

Enzyklopädien, Anthologien, aber auch Linksammlungen, Kochrezepte und sonstige Datensammlungen können als so genannte Sammelwerke urheberrechtlich geschützt sein. Voraussetzung ist, dass Auswahl und Anordnung der einzelnen Bestandteile eine persönliche geistige Schöpfung darstellen (§ 4 UrhG). Ähnlich wie bei den wissenschaftlichen Werken kommt es darauf an, ob im Einzelfall Spielraum für individuelles Schaffen besteht und wie dieser Spielraum genutzt wird. Unerheblich ist, ob die einzelnen Bestandteile ihrerseits urheberrechtlich geschützt sind. Bei Lesebüchern oder Anthologien ist das fast immer der Fall; dagegen sind beispielsweise die Verweise in einer Linksammlung oder die Rezepte in einem Kochbuch meist gemeinfrei.

Mit dem Problem von Sammelwerken kommen Sie in Berührung, wenn an einem Buchprojekt ein Herausgeber beteiligt ist. Gerade bei Mehrautorenwerken kommt es häufig vor, dass Verlage einen oder mehrere Herausgeber einschalten, die sich um die Akquise der Autoren und um die Zusammenstellung der einzelnen Beiträge kümmern. Wenn der Herausgeber die Beiträge individuell zusammenstellt, kommt ihm unabhängig vom Urheberrecht an den einzelnen Beiträgen ein eigenes Herausgeber-Urheberrecht zugute. Das müssen Sie beachten, wenn Sie mit Herausgebern zusammenarbeiten und Verträge schließen. Wenn Ihr Verlag darauf Wert legt, dass ihm vom Herausgeber ein etwaiges Herausgeber-Urheberrecht übertragen wird, sollten Sie dies vertraglich festlegen. Dabei kann die mitunter schwierige Frage nach der schöpferischen Qualität der Herausgebertätigkeit offen bleiben, indem sich der Verlag etwaige Rechte für den Fall ihrer Entstehung vorsorglich einräumen lässt.

Leistungsschutz von Datenbanken

Der Fall ging vor einigen Jahren durch die Presse: Eine Tochtergesellschaft der Deutschen Telekom hatte eine CD-ROM auf den Markt gebracht, die alle Inhaber eines Telefonanschlusses in alphabetischer Reihenfolge enthielt. Weil es einen beträchtlichen Zeit- und Kostenaufwand erfordert hatte, die Daten zu erfassen, war das Produkt recht teuer. Das rief konkurrierende Unternehmen auf den Plan, die die Daten vervielfältigten und in eine eigene, preiswertere CD-ROM integrierten. Die Telekom-Tochter konnte sich für ihr Verzeichnis zwar nicht auf den Urheberschutz berufen. Die Gerichte stuften den Datendiebstahl jedoch als unlauteren Wettbewerb ein und verboten ihn. Inzwischen hat der Gesetzgeber ein neues Leistungsschutzrecht geschaffen, auf das sich die Telekom heute berufen könnte und das in der Verlagspraxis zunehmend an Bedeutung gewinnt: das Recht des Produzenten einer Datenbank.

Nach der gesetzlichen Definition sind Datenbanken »Sammlungen von Werken, Daten und anderen unabhängigen Elementen, die systematisch oder methodisch angeordnet und einzeln mit Hilfe elektronischer Mittel oder auf andere Weise zugänglich sind« (§ 87a UrhG). Anders als das herkömmliche Verständnis des Begriffs vermuten lässt, fallen nicht nur elektronische Datenbanken darunter, sondern auch Datensammlungen, die auf andere Weise zusammengestellt sind, beispielsweise als Printprodukt. Beispiele für digitale und nicht digitale Datenbanken sind elektronische Facharchive, Linksammlungen, Online-Lexika, gedruckte Wörterbücher, Bibliothekskataloge oder Adressbücher.

Eine Datenbank ist nur geschützt, wenn die Beschaffung, Überprüfung oder Darstellung der Daten eine nach Art oder Umfang wesentliche Investition erfordert. Das ist regelmäßig der Fall bei umfangreichen Datensammlungen, die von einem oder mehreren Mitarbeitern erstellt, erfasst oder aktualisiert werden müssen. Ob die Zusammenstellung der Informationen schöpferisch ist, spielt keine Rolle. Im Gegenteil: Der eigentliche Anwendungsbereich des Datenbankrechts liegt bei Datensammlungen, die keinem Urheberschutz zugänglich sind.

Inhaber des Datenbankrechts ist der Hersteller der Datenbank – oft also die Verlage selbst. Das Datenbankrecht ist ähnlich ausgestaltet wie das Urheberrecht: Der Inhaber hat ein ausschließliches Nutzungsrecht und kann verbieten, dass Dritte die Datenbank vollständig oder in wesentlichen Teilen ungefragt übernehmen. Ein Unterschied zum Urheberrecht liegt in der Dauer der Schutzfrist: So erlöschen die Rechte des Datenbankherstellers grundsätzlich 15 Jahre nach Veröffentlichung.

Von den einfachen Datenbanken sind die anspruchsvollen Datenbankwerke zu unterscheiden. Sie sind als Sammelwerke urheberrechtlich geschützt, wenn ihre Auswahl und Anordnung eine persönlich-geistige Schöpfung darstellt.

2.1.2
Bearbeitung und freie Benutzung

Bearbeitung im Rechtssinn bedeutet: Ein Werk wird in schöpferischer Weise umgestaltet oder verändert, die Bearbeitung bleibt jedoch vom ursprünglichen Werk abhängig. Klassisches Beispiel ist die Literaturübersetzung. Wer ein Buch wie *The Corrections* von Jonathan Franzen aus dem Englischen ins Deutsche überträgt, erbringt eine großartige schöpferische Leistung. Trotzdem bleibt die Übersetzung vom amerikanischen Original abhängig und ist damit eine unfreie Bearbeitung.

Die Bearbeitung ist unabhängig vom Originalwerk bis 70 Jahre nach dem Tod des Urhebers geschützt. Deshalb kommt es häufig vor, dass die Bearbeitung, zum Beispiel eine Übersetzung, Urheberschutz genießt, während das ursprüngliche Werk längst gemeinfrei ist. So gesehen führen Original und Bearbeitung jeweils ein Eigenleben. Beispielsweise sind jahrhundertealte Märchen und Erzählungen, so genanntes Volksgut, gemeinfrei. In Büchern werden aber mitunter neu bearbeitete, modernisierte Fassungen veröffentlicht. Dann darf der Text, sofern die Schutzfrist noch nicht abgelaufen ist, nur mit Erlaubnis des Bearbeiters oder des Rechteinhabers abgedruckt werden. Die kostengünstigere Alternative: Der Nutzer greift wenn möglich auf die Urfassung zurück.

Der Bearbeiter muss den Urheber des Originals um Erlaubnis fragen, wenn er die Bearbeitung veröffentlichen oder kommerziell nutzen will. Denn der Urheber kann nicht nur verbieten, dass andere sein Werk in identischer Form nutzen, er kann auch verhindern, dass es in bearbeiteter Form verwertet wird (§ 23 UrhG). Ein Verlag, der eine Literaturübersetzung auf den Markt bringen will, muss daher sowohl mit dem Inhaber der Originalrechte als auch mit dem Übersetzer einen Vertrag abschließen. Weitere Beispiele für unfreie Bearbeitungen: die Übernahme wesentlicher Handlungsstränge einer Erzählung, die Verbreitung eines Kurzmanuskripts über Kerninhalte eines Sachbuchs (»Abstract« oder »Summary«) oder die Veröffentlichung eines Fortsetzungsromans unter Übernahme charakteristischer Romanfiguren (»Character-Licensing«).

Bei der freien Benutzung wird ebenfalls ein fremdes Werk als Vorlage verwendet. Das neu geschaffene Werk ist jedoch von dem ursprünglichen losgelöst und verselbstständigt – die Vorlage dient nur als Anregung. Ein Werk, das durch freie Benutzung geschaffen wurde, darf ohne Zustimmung des Urhebers des benutzten Werks verwertet werden (§ 24 UrhG).

Manchmal kommt es zum Streit, ob eine unfreie Bearbeitung oder eine freie Benutzung vorliegt. Die Rechtsprechung hat eine Formel entwickelt, mit deren Hilfe Abgrenzungsprobleme gelöst werden sollen: Eine freie Benutzung liegt vor, wenn das neue Werk so individuell ist, dass die charakteristischen und eigenschöpferischen Züge der Vorlage »verblassen«. Maßgebend ist sowohl Schöpfungshöhe des benutzten als auch des bearbeiteten Werks. Denken Sie an die vergleichsweise einfache Darstellung der springenden Bachforelle. Hier hätte es genügt, einige charakteristische Merkmale der Vorlage, zum Beispiel die Körperform, zu ändern und der Plagiatsvorwurf wäre ins Leere gelaufen. Ein Werk von Andy Warhol im Weg der freien Benutzung umzugestalten, dürfte dagegen Schwierigkeiten bereiten.

Ein weiteres aktuelles Beispiel ist die *Perlentaucher*-Entscheidung des Bundesgerichtshofs. Darin hatte das Gericht über die Frage zu befinden, ob und unter welchen Voraussetzungen ein Online-Magazin selbst erstellte Kurzzusammenfassungen von Buchrezensionen kommerziell vermarkten darf, die zuvor im Feuilleton großer Tageszeitungen erschienen waren. Zwar stellten die Gerichte fest, dass einzelne Beiträge nicht vom Urheberrecht gedeckt waren, jedoch hat der Bundesgerichtshof das Geschäftsmodell als solches für zulässig erklärt. Die Entscheidung zeigt die Grenzen des Urheberrechts: Ist ein Werk erst einmal veröffentlicht, so können Urheber und Rechteinhaber nicht verhindern, dass sich Dritte mit dem Werk befassen und mit den Ergebnissen einer solchen Auseinandersetzung gegebenenfalls auch Geld verdienen.

In anders gelagerten Fällen ist es die Intention des Werkschaffenden, dass die Vorlage gerade nicht verblasst. Ein Beispiel hierfür ist die Parodie, die zwangsläufig auf das parodierte Werk Bezug nehmen muss und die deshalb in der Regel als freie Benutzung einzuordnen ist. Das gilt auch für die Verwendung zeitgenössischer Literatur für Unterrichtszwecke. Diese Frage wurde aktuell im Zusammenhang mit den *Harry-Potter*-Romanen der britischen Autorin Joanne K. Rowling: Die Autorin beziehungsweise die amerikanische Time Warner Entertainment hatten Anstoß daran genommen, dass ein deutscher Schulbuchverlag Sekundärliteratur zu dem beliebten Zauberlehrling in Form von Unterrichtsmaterialien hergestellt hatte. Das Landgericht Berlin beispielsweise ging von einer freien Benutzung aus und verneinte den Vorwurf einer Urheberrechtsverletzung.

Es gibt keine Instanz, die im Vorfeld verbindlich darüber entscheidet, ob eine unfreie Bearbeitung oder eine freie Benutzung vorliegt. Kommt es zum Rechtsstreit, entscheiden die Gerichte, ob ein Werk eine Bearbeitung oder eine freie Benutzung darstellt. Das lässt sich häufig nur durch einen genauen Vergleich beider Werke klären. Hat das Gericht ein Urteil gefällt, muss dies nicht zwangsläufig das Aus für die unterlegene Partei bedeuten. Einen pragmatischen Weg wählte ein Sachbuchverleger, der gegen einen anderen Verlag mit Erfolg wegen einer Urheberrechtsverletzung klagte. Anlass: Der Beklagte hatte ein populäres, beim Kläger erschienenes Sachbuch ohne Zustimmung des Klägers in stark verkürzter Fassung auf den Markt gebracht. Nach dem Urteilsspruch fanden die Kontrahenten zusammen und trafen eine Lizenzvereinbarung.

2.1.3
Inhalt des Urheberrechts

Urheber haben ein ausschließliches Verfügungs- und Bestimmungsrecht an ihrem Werk. Sie können entscheiden, ob sie es der Öffentlichkeit preisgeben, es selbst vermarkten oder die Nutzungsrechte an einen professionellen Verwerter, beispielsweise einen Verlag, übertragen wollen. Das Recht des Verlags ist so gesehen ein abgeleitetes Recht – ein Recht, das sich vom Autor herleitet. Das zeigt sich bei den Schutzfristen: Die meisten Verlage lassen sich das Verlagsrecht für die Dauer des gesetzlichen Urheberrechts übertragen. Mit Ablauf der 70-jährigen Schutzfrist endet automatisch das ausschließliche Verwertungsrecht des Verlags.

Ausschließliche Rechte wie das Urheberrecht sind immer auch Abwehrrechte. Das bedeutet, dass Urheber Dritte von der Nutzung ihrer Werke ausschließen oder eine Nutzung von der Zahlung eines Honorars abhängig machen können. Verstöße gegen das Urheberrecht können mit zivil- und strafrechtlichen Mitteln verfolgt werden.

In der letzten Zeit sind die Exklusivrechte der Urheber verstärkt in die Diskussion geraten. Zum Teil wird sogar die Auffassung vertreten, das Urheberrecht habe sich im Zeitalter von Internet und Google überholt. Zweifellos stellt die Digitaltechnik die Buchbranche vor gewaltige Herausforderungen, denn technikbedingte strukturelle Veränderungen lassen sich nicht mit den Mitteln des Rechts aufhalten. Trotz aller zum Teil berechtigten Kritik darf aber nicht übersehen werden: Beim Urheberschutz geht es nicht um die Monopolisierung von Informationen – diese sind als solche frei –, sondern um den Schutz schöpferischer Arbeit. Ein umfassender Schutz geistigen Eigentums erscheint aber auch und gerade im Internetzeitalter unverzichtbar: Wer damit rechnen muss, dass sich andere die eigene Leistung ungestraft aneignen, wird keine Zeit und kein Geld in geistiges Schaffen investieren wollen. Es gibt also handfeste wirtschaftliche Gründe, wenn der Gesetzgeber dem Urheber eine umfassende Rechtsposition zuweist. Das sind die Inhalte des Urheberrechts:

- Schutz des Urhebers in seinen geistigen und persönlichen Beziehungen zum Werk (persönlichkeitsrechtliche Komponente),
- Schutz des Urhebers in der wirtschaftlichen Nutzung seines Werks (merkantile Komponente),
- Sicherung einer angemessenen Vergütung für die Nutzung des Werks (merkantile Komponente).

Im Vergleich zum Eigentum ist das Urheberrecht facettenreicher, weil es neben der wirtschaftlichen auch eine persönlichkeitsrechtliche Komponente besitzt. Die wichtigsten Urheberpersönlichkeitsrechte sind:
- Veröffentlichungsrecht,
- Urhebernennungsrecht,
- Beeinträchtigungsverbot,
- Änderungsverbot.

Während der Urheber die wirtschaftlichen Verwertungsrechte gewöhnlich mehr oder weniger umfassend einem professionellen Verwerter einräumt, sind die Urheberpersönlichkeitsrechte in ihrem Kern weder übertragbar noch verzichtbar. Deswegen wäre eine Vereinbarung nichtig, in der eine Autorin auf sämtliche Urheberpersönlichkeitsrechte verzichtet oder diese auf einen Lizenzpartner überträgt – selbst wenn dies dem ausdrücklichen Wunsch der Autorin entspräche. Anders in den USA: Dort ist es zulässig und durchaus üblich, dass sich Urheber ihrer Rechte vollständig begeben. Allerdings können Urheberpersönlichkeitsrechte auch hierzulande in bestimmtem Umfang vertraglich eingeschränkt werden.

Veröffentlichungsrecht

Veröffentlichungsrecht bedeutet: Ein Urheber kann frei entscheiden, ob und unter welchen Umständen sein Werk zum ersten Mal veröffentlicht werden soll (§ 12 UrhG). Hat sich ein Autor allerdings zu einer Veröffentlichung entschlossen und entsprechende Nutzungsrechte an einen Verlag übertragen, kann er sich grundsätzlich nicht mehr auf sein Veröffentlichungsrecht berufen – der Verlagsvertrag hat Vorrang.

Recht auf Urhebernennung

Von größerer praktischer Bedeutung ist das Recht von Urhebern auf Anerkennung ihrer Urheberschaft beziehungsweise das Recht auf Urhebernennung (§ 13 UrhG). Autoren haben die Wahl, ob sie ihr Buch unter ihrem bürgerlichen Namen, einem Pseudonym oder in anonymer Form veröffentlichen wollen. Vom Verlag können sie verlangen, auf jedem Werkexemplar an der üblichen Stelle genannt zu werden – bei Büchern ist das gewöhnlich die Titelseite.

Das Urhebernennungsrecht gilt auch zugunsten von Fotografen, Illustratoren und anderen schöpferisch Tätigen. Bei Bänden mit Fotografien eines oder weniger Fotografen ist das ohnehin klar: Hier gehört der Name des Fotografen regelmäßig auf die Titelseite. Aber auch bei Fotobänden, die viele Abbildungen unterschiedlicher Fotografen enthalten, muss grundsätzlich jeder einzelne Fotograf genannt werden. Urhebervermerk und Foto brauchen zwar in keinem unmittelbaren Zusammenhang zu stehen, doch muss sich jedes Foto zweifelsfrei dem richtigen Namen zuordnen lassen. Das ist besonders wichtig, wenn sich Fotonachweise im Anhang finden, zum Beispiel als so genannter Sammelnachweis.

Probleme wirft das Nennungsrecht immer wieder bei wissenschaftlichen Standardwerken auf, an denen verschiedene Autoren mitgewirkt haben (Mehrautorenwerke). Grundsätzlich haben alle Mitautoren und Herausgeber einen Anspruch auf Namensnennung. Dies ist auch dann so, wenn ein Autor aus dem Vertragsverhältnis ausgeschieden ist, das Werk aber weiterhin von seiner schöpferischen Arbeit geprägt ist. Ein vom Autor nicht genehmigter Verzicht des Verwerters auf den Urhebervermerk stellt eine Urheberrechtsverletzung dar und kann dem Verlag Probleme bereiten: Viele Fachautoren legen großen Wert auf namentliche Nennung, weil es ihnen gerade im Wissenschaftsbereich weniger ums Geld als um die eigene Reputation geht. Trotzdem kann es aus Sicht des Verlegers erforderlich sein, das Nennungsrecht behutsam einzuschränken – insbesondere bei mehrfach überarbeiteten Neuauflagen. Anregungen dafür geben unter anderem die Vertragnormen für wissenschaftliche Verlagswerke, zum Beispiel § 11 des Verlagsvertrags über ein wissenschaftliches Werk, abrufbar unter www.boersenverein.de.

Beachten Sie außerdem: Wer auf den Vervielfältigungsstücken eines erschienenen Werks in der üblichen Weise als Urheber genannt ist, wird bis zum Beweis des Gegenteils als Urheber des Werks angesehen (§ 10 UrhG).

Beeinträchtigungsverbot

Urheber haben das Recht, eine Beeinträchtigung oder gar Entstellung ihres Werks zu verbieten, wenn diese ihre berechtigten geistigen oder persönlichen Interessen am Werk gefährden können (§ 14 UrhG). Verbotene Beeinträchtigungen sind zum Beispiel: die verstümmelte Wiedergabe eines künstlerischen Lichtbilds auf einem Buchumschlag, die reißerisch veränderte Fassung eines wissenschaftlichen Beitrags oder die grobe Entstellung einer Romanvorlage in einem Film. Eine unzulässige Beeinträchtigung kann auch auf indirekte Weise erfolgen: Dabei wird das Werk zwar authentisch wiedergegeben, aber in einen Zusammenhang gestellt, der für den Urheber negativ ist. Ein Beispiel: Ein Verlag vergibt ohne Rücksprache mit den Autoren Rechte an einem wissenschaftlichen Text an den Betreiber eines Internetportals, das vor allem pornografische Inhalte anbietet.

Das Beeinträchtigungsverbot richtet sich auch an die Adresse der Nutzungsberechtigten. Eine Theaterregisseurin etwa plant einschneidende Änderungen an einer Romanvorlage, der Redakteur einer Zeitschrift möchte einen wissenschaftlichen Text unterhaltsam aufbereiten. Nicht jede Änderung ist freilich entstellend oder auf sonstige Weise beeinträchtigend. In der Praxis geht es deshalb weniger darum, ob solche Änderungen möglich sind; im Vordergrund stehen vielmehr folgende Fragen: Wie weit darf sich die Regisseurin von der Vorlage entfernen? In welchem Umfang darf ein Redakteur Änderungen am Originaltext vornehmen?

Das Beeinträchtigungsverbot ist immer dann verletzt, wenn substanzielle Eingriffe in das Werk vorgenommen werden, welche die Kernaussage verändern oder verfälschen. Auch einschneidende sprachliche Änderungen können den Tatbestand der Beeinträchtigung erfüllen. Das hat ein Gericht zugunsten eines Buchautors angenommen, der dem Herausgeber eines »Herrenmagazins« die Abdruckerlaubnis für einen wissenschaftlich orientierten Text erteilt hatte. Doch der durch und durch seriöse Beitrag wurde in reißerischer Weise verändert, indem Begriffe aus einer anderen Stilschicht verwendet wurden (zum Beispiel »Menschenrechtsfundi« statt »Bundesaußenminister«) oder maßvoll vorgetragene Kritik in »Schweinerei« oder »Stümperei« umgemünzt wurde. Nach Auffassung des Gerichts war die reißerische Aufbereitung des Beitrags der wissenschaftlichen Reputation des Verfassers abträglich und der Beeinträchtigungstatbestand erfüllt. Den Einwand der Gegenseite, der Kläger habe sich immerhin mit einer Publikation in einem »Herrenmagazin« einverstanden erklärt, mochte das Gericht nicht gelten lassen: Es sei bekannt, dass in Zeitschriften dieser Art durchaus auch seriöse Beiträge erschienen.

Änderungsverbot

Der Inhaber eines Nutzungsrechts darf das Werk und dessen Titel nicht ohne Einverständnis des Urhebers ändern. Das ist der Kern des urheberrechtlichen Änderungsverbots (§ 39 UrhG). Dieser Grundsatz der Werktreue steht in unmittelbarem Zusammenhang mit dem Beeinträchtigungsverbot. Das Änderungsverbot geht weiter, weil es im Prinzip jeden Eingriff in das Werk verbietet.

Das Änderungsverbot hat für Buchverlage, insbesondere für das Lektorat, praktische Bedeutung. Denn es läuft darauf hinaus, dass Sie sachliche und sprachliche Änderungen am Text nur in Abstimmung mit Ihren Autoren vornehmen dürfen. Dies gilt auch dann, wenn ein Manuskript objektiv fehlerhaft ist oder nicht der vertraglichen Vereinbarung entspricht, zum Beispiel: Ihre Autoren halten sich nicht an die vereinbarte maximale Seitenzahl oder schreiben am Thema vorbei. Wegen des Änderungsverbots dürfen Sie das Manuskript auch in diesem Fall nicht eigenmächtig ändern und beispielsweise auf die vereinbarte Länge kürzen. Immerhin können Sie von Ihren Autoren Nachbesserung verlangen und für den Fall, dass die notwendigen Korrekturen unterbleiben, mit dem Rücktritt vom Vertrag oder der Geltendmachung von Schadenersatz drohen.

Noch kleiner ist Ihr Handlungsspielraum, wenn das Manuskript zwar hinter Ihre Erwartungen zurückfällt oder einfach schlecht geschrieben ist, jedoch keine Fehler im rechtlichen Sinn enthält. So berechtigt Ihre Vorbehalte im Einzelfall sein mögen: Rechtlich gesehen haben Sie schlechte Karten. Denn bei geschmäcklerischen Einwänden dürfen Sie das Manuskript weder eigenmächtig ändern, noch müssen sich Ihre Autoren auf Ihre Änderungsvorschläge einlassen.

ÄNDERUNGSVERBOT

Ohne Absprache mit den Autoren in der Regel verboten
• Änderungen an Stil und sprachlichem Ausdruck,
• Kürzungen oder Zusätze,
• Änderungen an Aufbau und Gliederung,
• Einfügung von Unterpunkten (insbesondere bei wissenschaftlichen Werken und Fachbüchern),
• Änderungen an der Rechtschreibung und Zeichensetzung, wenn diese in charakteristischer Weise verwandt wird (insbesondere bei belletristischen Werken).

Ohne Absprache mit den Autoren in der Regel erlaubt
• Korrektur von Flüchtigkeitsfehlern,
• Korrektur offenkundig falscher Zahlen und Angaben,
• Korrektur von Grammatik-, Rechtschreibungs- und Zeichensetzungsfehlern.

Trotz dieser Einschränkungen stellt das Änderungsverbot für Sie in den meisten Fällen keine unüberwindliche rechtliche Hürde dar. Änderungen sind erlaubt, wenn sich Ihre Autoren stillschweigend oder ausdrücklich mit Änderungen einverstanden erklären. Das kann bereits bei Abschluss des Autorenvertrags geschehen. So behalten sich einige Verlage ausdrücklich Änderungen am Manuskript vor, zum Beispiel Kürzungen oder Umstellungen. Häufig werden entsprechende Vorbehalte mit dem Hinweis verbunden, dass die Urheberpersönlichkeitsrechte des Verfassers gewahrt bleiben. Das ist an sich eine Selbstverständlichkeit, zerstreut aber Bedenken Ihrer Autoren.

Üblich und empfehlenswert sind Änderungsabreden im Wissenschaftsbereich: Meist geht es darum, eine Regelung für den Fall zu treffen, dass eine Neuauflage geplant ist, der Autor der Vorauflage jedoch verstorben oder nicht zu einer Neubearbeitung bereit ist. Konkrete Formulierungsvorschläge finden Sie unter anderem in den Vertragsnormen für wissenschaftliche Verlagswerke, zum Beispiel in § 10 des Verlagsvertrags über ein wissenschaftliches Werk, den Sie im Internet finden unter WWW.BOERSENVEREIN.DE.

Auch wenn keine ausdrückliche oder schriftliche Änderungsabrede vorliegt: Die meisten Autoren sind dankbar für Ihre Arbeit und in aller Regel mit sinnvollen und notwendig erscheinenden Änderungen einverstanden. Sofern es um keine einschneidenden Überarbeitungen geht, müssen Sie deshalb auch nicht jedes Detail mit Ihren Autoren vorab besprechen; vielmehr genügt es, wenn Sie ihnen den überarbeiteten Text mit der Bitte um Durchsicht zur Kenntnis geben. Dabei ist es empfehlenswert, wesentliche Änderungen hervorzuheben, die nicht auf den ersten Blick zu erkennen sind. Weniger pflegeleichte Autoren werden Sie schon im eigenen Interesse frühzeitig über beabsichtigte Änderungen informieren. Geben Sie zu bedenken, dass sich alle Beteiligten – Autoren, Verlag und Sie persönlich – für den Erfolg des Buchs einsetzen und sich deshalb niemand notwendigen Änderungen verschließen sollte. Bleibt Ihr Vertragspartner bei einem Nein, dürfen Sie die gewünschten Änderungen allerdings nicht gegen seinen Willen vornehmen. Selbst wenn es nur um einzelne Wendungen geht: Das letzte Wort hat in jedem Fall Ihr Autor.

Eine Notbremse für Extremfälle ist § 39, Satz 2, UrhG. Danach darf der Urheber seine Zustimmung nicht treuwidrig verweigern, andernfalls dürfen notwendige Änderungen auch gegen seinen Willen vorgenommen werden. Ein solches einseitiges Änderungsrecht ist allerdings nur in seltenen Ausnahmefällen anzunehmen.

Eine Sonderregelung gilt für periodische Sammelwerke: Der Verlag hat das Recht, an einem Beitrag auch ohne Rücksprache mit dem Autor die »üblichen« Änderungen vorzunehmen, sofern der Beitrag ohne namentliche Nennung erscheint (§ 44 VerlagsG).

Änderungsrecht des Autors

Dem Änderungsverbot steht ein vergleichsweise weitreichendes Änderungsrecht zugunsten Ihrer Autoren gegenüber, die ihr Manuskript noch nach Ablieferung überarbeiten dürfen. Dies gilt mit folgenden Einschränkungen: Nimmt der Autor nach Beginn der Vervielfältigung, das heißt nach Beginn der Drucklegung, Änderungen vor, die das übliche Maß übersteigen und nicht vom Verlag zu verantworten sind, muss er die daraus entstehenden Mehrkosten tragen. Das Änderungsrecht endet mit Beendigung der Vervielfältigung (§ 12 VerlagsG). Das ist in der Regel der Fall, sobald der Drucksatz fertig vorliegt.

Grenzen des Urheberpersönlichkeitsrechts

Neben den ausdrücklich genannten Urheberpersönlichkeitsrechten kennt das Urheberrechtsgesetz weitere Vorschriften, die der engen Verbindung von Urhebern zu ihren Werken Rechung tragen. Diese Vorschriften sind im Prinzip abschließend. Das bedeutet, dass ein Urheber nicht selbst definieren kann, was unter seinem Urheberpersönlichkeitsrecht zu verstehen ist. Deshalb kann kein Urheber verlangen, dass im Zusammenhang mit dem Werk sämtlichen persönlichen Vorlieben und Abneigungen Rechung getragen wird. Presseberichten zufolge etwa soll es das Anliegen der Autorin der *Harry-Potter*-Romane gewesen sein, ihre Bücher aus dem Schulunterricht herauszuhalten. Dieser Wunsch ist nach deutschem Urheberrecht nicht einklagbar. Hat sich nämlich die Autorin erst für eine Veröffentlichung ihres Werks entschieden, kann sie nicht bestimmte Institutionen von der Nutzung ausnehmen, selbst wenn ihr die betreffende Einrichtung persönlich unsympathisch ist.

2.1.4
Urheberverwertungsrechte

Die wirtschaftlichen Verwertungsrechte betreffen die kommerzielle Seite des Urheberrechts. Sie stehen originär und ausschließlich den Urhebern zu, die sie normalerweise ganz oder teilweise professionellen Verwertern einräumen. Die wichtigsten Verwertungsrechte sind in § 15 UrhG angeführt.

Das Recht der öffentlichen Zugänglichmachung in § 19 a UrhG ist im Zuge der Umsetzung der EU-Richtlinie zur Informationsgesellschaft im Jahr 2003 in das Urheberrechtsgesetz eingefügt worden. Zu dem ausschließlichen Recht von Urhebern gehört es, ihre Werke dadurch zu nut-

VERWERTUNGSRECHTE (§ 15 URHG)

(1) Der Urheber hat das ausschließliche Recht, sein Werk in körperlicher Form zu verwerten; das Recht umfasst insbesondere

1. das Vervielfältigungsrecht (§ 16),
2. das Verbreitungsrecht (§ 17),
3. das Ausstellungsrecht (§ 18).

(2) Der Urheber hat ferner das ausschließliche Recht, sein Werk in unkörperlicher Form öffentlich wiederzugeben (Recht der öffentlichen Wiedergabe). Das Recht der öffentlichen Wiedergabe umfasst insbesondere

1. das Vortrags-, Aufführungs- und Vorführungsrecht (§ 19),
2. das Recht der öffentlichen Zugänglichmachung (§ 19 a),
3. das Senderecht (§ 20),
4. das Recht der Wiedergabe durch Bild- oder Tonträger (§ 21),
5. das Recht der Wiedergabe von Funksendungen und von öffentlicher Zugänglichmachung (§ 22).

(3) Die Wiedergabe ist öffentlich, wenn sie für eine Mehrzahl von Mitgliedern der Öffentlichkeit bestimmt ist. Zur Öffentlichkeit gehört jeder, der nicht mit demjenigen, der das Werk verwertet, oder mit den anderen Personen, denen das Werk in unkörperlicher Form wahrnehmbar oder zugänglich gemacht wird, durch persönliche Beziehungen verbunden ist.

zen, dass sie in elektronischen Netzen wie dem Internet, Intranets oder anderen Netzen der Öffentlichkeit zugänglich gemacht werden. Das hat der Gesetzgeber damit klargestellt.

Das Recht der öffentlichen Zugänglichmachung in § 19 a UrhG ist im Zuge der Umsetzung der EU-Richtlinie zur Informationsgesellschaft im Jahr 2003 in das Urheberrechtsgesetz eingefügt worden. Zu dem ausschließlichen Recht von Urhebern gehört es, ihre Werke dadurch zu nutzen, dass sie in elektronischen Netzen wie dem Internet, Intranet oder anderen Netzen der Öffentlichkeit zugänglich gemacht werden. Das hat der Gesetzgeber damit klargestellt.

Bei der Lektüre der gängigen Vertragsmuster werden Sie unweigerlich auf die wichtigsten Nutzungsrechte für Verlage stoßen: angefangen beim Recht zur Vervielfältigung und Verbreitung des Werks über das Recht zur Übersetzung bis hin zu den Film- und Vertonungsrechten. Für den Verlag steht das Recht zur Vervielfältigung und Verbreitung des Werks im Mittelpunkt. Deshalb wird dieses Recht auch als Verlagsrecht bezeichnet (§ 8 VerlagsG).

Manchmal erschließt sich erst auf den zweiten Blick, dass eine urheberrechtlich relevante und damit genehmigungsbedürftige Verwertungshandlung vorliegt. Einen Rechtsstreit provozierte beispielsweise eine

Bildagentur, die im Jahr 1995 den von Christo und Jeanne-Claude kunst-
voll verhüllten Berliner Reichstag ablichten und die Fotografien als Postkarten verbreiten ließ. Das war ohne Zustimmung der Künstler unzulässig, bestätigte der Bundesgerichtshof in seiner Entscheidung: Herstellung
und Vertrieb der Postkarten seien eine erlaubnispflichtige Vervielfältigung und Verbreitung eines Kunstwerks.

Ein ähnliches Problem entsteht, wenn Lichtbilder aus Kunst- und Fotobänden abfotografiert werden, um sie in einen eigenen Fotoband zu
übernehmen. So einfach und kostengünstig dieses Vorgehen erscheinen
mag: In der Regel brauchen Sie die Genehmigung des Fotografen oder der
Bildagentur, denn selbst wenn das abgebildete Objekt keinem Urheberschutz mehr unterliegt, ist das Lichtbild meist geschützt.

2.1.5
Urhebergemeinschaften

Am Entstehen eines Buches haben viele Anteil. Neben dem Autor können dies Illustratoren, Herausgeber oder Fotografen sein – auf Verlags-
seite unter anderem Lektoren. Wenn ein Werk, zum Beispiel ein Manuskript, von mehreren Personen gemeinsam geschaffen wird, spricht man
von Miturheberschaft (§ 8 UrhG). Voraussetzung ist, dass die Anteile der
einzelnen Urheber zu einem untrennbaren Ganzen verschmolzen sind;
damit begründet nicht jede Form der Zusammenarbeit schon eine Miturheberschaft. Miturheber bilden eine so genannte Gesamthandgemein-
schaft. Dies bedeutet, dass die Urheber ihre Rechte aus dem Urheberrecht grundsätzlich nur gemeinsam wahrnehmen können. Wenn Sie Verträge über in Miturheberschaft erstellte Werke schließen, achten Sie also
darauf, dass alle Beteiligten ihr Einverständnis erklären – gegebenenfalls
im Rahmen einer Vollmacht.

In Einzelfällen können auch Lektoren Miturheber an den von ihnen
bearbeiteten Werken sein. Das setzt freilich voraus, dass der Lektor mehr
tut, als grammatikalische Fehler auszumerzen; vielmehr muss eine ei-
genschöpferische Leistung vorliegen. In barer Münze zahlt sich eine solche Miturheberschaft in der Regel nicht aus – jedenfalls dann nicht, wenn
Sie als angestellter Lektor arbeiten. Denn das Arbeitsergebnis steht dann
im Zweifel Ihrem Arbeitgeber zu (§ 43 UrhG).

In der Praxis kommt es auch häufig vor, dass mehrere eigenständige
Werke zwecks gemeinsamer Verwertung miteinander verbunden werden
(§ 9 UrhG). Ein Beispiel dafür ist die Kombination aus Text und Illustration in einem Kunstband oder Comic. Ähnlich wie bei der Miturheberschaft können die Urheber auch bei dieser Konstellation nur gemeinsam
über die Verwertungsrechte verfügen, es sei denn, sie haben etwas ande-

res vereinbart. Außerdem bestehen in beiden Fällen wechselseitige Treuepflichten, die im Einzelfall zur Zustimmung in eine bestimmte Verwertungshandlung verpflichten können.

2.1.6
Sanktionsmöglichkeiten

Ein Recht ist nicht viel wert, wenn der Gesetzgeber keine wirksamen Instrumente zur Verfügung stellt, um Verstöße zu ahnden. Deshalb können Urheber gegen Urheberrechtsverletzungen vorgehen (§§ 97ff. UrhG). In vielen Fällen kann der Verlag aus eigenem Recht klagen, wenn beispielsweise sein ausschließliches Recht zur Vervielfältigung und Verbreitung durch ungenehmigte Ab- oder Nachdrucke verletzt wird.

Ein Verlag hat mehrere Möglichkeiten, auf einen ihm bekannt gewordenen Urheberrechtsverstoß zu reagieren. Geht es ihm vor allem darum, dass ein rechtswidrig in Verkehr gebrachtes Werk – zum Beispiel ein Buchplagiat – vom Markt genommen wird, ist der Unterlassungsanspruch das richtige Mittel, der mit einem Anspruch auf Vernichtung der rechtswidrig hergestellten Exemplare kombiniert werden kann. Die Unterlassungsklage zielt darauf ab, dass der Verletzer die weitere Verbreitung der inkriminierten Bücher unterlässt. Für den Verklagten kann das im Extremfall bedeuten, alle am Markt befindlichen Bücher zurückrufen und vernichten zu müssen. Neben dem Anspruch auf Unterlassung und Beseitigung steht dem Rechteinhaber ein Anspruch auf Schadenersatz zu. Häufig wird der Schadenersatzanspruch mit einem vorgeschalteten Auskunftsanspruch verbunden, damit der erlittene Schaden annähernd beziffert werden kann.

Verstöße gegen das Urheberrecht müssen nicht zwangsläufig im Gerichtssaal enden; tatsächlich sind die Konsequenzen meist weniger spektakulär. Häufig beschränken sich Verlage darauf, einen Geldbetrag als Kompensation für die in der Vergangenheit liegende Nutzung zu fordern. Dabei kommen grundsätzlich drei Arten der Schadenberechnung in Frage: der entgangene eigene Gewinn, die Herausgabe des Verletzergewinns oder die so genannte Lizenzanalogie. Dabei darf der Geschädigte zwischen den drei Arten der Schadenberechnung wählen; in der Regel wählt er die für ihn günstigste. Meist wird auf die Lizenzanalogie zurückgegriffen, weil sich der tatsächliche Schaden des Verlags nur selten nachweisen lässt. Praktisch heißt das: Verlangt wird eine Lizenzgebühr in der Höhe, die bei Abschluss eines Nutzungsvertrags üblicherweise gezahlt worden wäre. Anstelle oder neben den Schadenersatzanspruch tritt häufig der verschuldensunabhängige Bereicherungsanspruch (§ 812 BGB). Danach hat der Rechtsverletzer mindestens den Betrag zu zahlen, den er durch das Unterlassen des Rechterwerbs erspart hat; Bemessungsgrundlage ist die angemessene und übliche Lizenzgebühr. Nach dem Willen der Europäischen Union soll der Verletzer in Zukunft stärker zur Kasse gebeten werden: Geplant ist eine Verdoppelung der üblichen Lizenzgebühr als Kompensation für den in seinen Rechten Verletzten.

Unabhängig von den vorgenannten zivilrechtlichen Sanktionen können Verstöße gegen das Urheberrecht strafrechtlich belangt werden. Urheberrechtsverstöße sind keine Kavaliersdelikte: Bei gewerbsmäßigem Handeln – darunter fällt beispielsweise das systematische und organisierte Anfertigen von Raubkopien – sieht das Gesetz eine Freiheitsstrafe bis zu fünf Jahren oder eine Geldstrafe vor. Betroffene Verlage sollten sich nicht scheuen, Strafanzeige bei Polizei oder Staatsanwaltschaft zu erstatten. Verlage, die dem Börsenverein des Deutschen Buchhandels angehören, können sich außerdem zur Beratung an die Rechtsabeilung ihrer Interessenvertretung wenden.

2.1.7
Schranken des Urheberrechts

Das Urheberrecht wird nicht schrankenlos gewährt. Der Urheber muss es in bestimmten, gesetzlich geregelten Fällen hinnehmen, dass Dritte sein Werk verwerten dürfen, ohne dafür eine Genehmigung einholen oder ein Nutzungsentgelt zahlen zu müssen. Die wichtigsten Beschränkungen sind:
• die zeitliche Begrenzung des Urheberrechts,
• das Zitatrecht,
• das Kopierrecht,
• Schranken zugunsten von Schule, Forschung und Lehre.

Daneben sieht das Urheberrechtsgesetz weitere Ausnahmen vor. Amtliche Werke wie Gesetzestexte und Verordnungen beispielsweise sind ganz vom Urheberschutz ausgenommen (§ 5 UrhG).

Eine weitere Schrankenbestimmung ist für Schulbuchverlage von großer praktischer Relevanz: Nach § 46 UrhG dürfen Texte, die in Schulbücher aufgenommen werden sollen, unter bestimmten Umständen genehmigungsfrei vervielfältigt und verbreitet werden. Als Ausgleich erhält der Urheber eine angemessene Vergütung, die von der Verwertungsgesellschaft Wort geltend gemacht wird.

SAMMLUNGEN FÜR KIRCHEN-, SCHUL- ODER UNTERRICHTSGEBRAUCH (§ 46 URHG)

(1) Nach der Veröffentlichung zulässig ist die Vervielfältigung, Verbreitung und

öffentliche Zugänglichmachung von Teilen eines Werks, von Sprachwerken oder von Werken der Musik von geringem Umfang, von einzelnen Werken der bildenden Künste oder einzelnen Lichtbildwerken als Element einer Sammlung, die Werke einer größeren Anzahl von Urhebern vereinigt und die nach ihrer Beschaffenheit nur für den Unterrichtsgebrauch in Schulen, in nichtgewerblichen Einrichtungen der Aus- und Weiterbildung oder in Einrichtungen der Berufsbildung oder für den Kirchengebrauch bestimmt ist. In den Vervielfältigungsstücken oder bei der öffentlichen Zugänglichmachung ist deutlich anzugeben, wozu die Sammlung bestimmt ist.

(2) Absatz 1 gilt für Werke der Musik nur, wenn diese Elemente einer Sammlung sind, die für den Gebrauch im Musikunterricht in Schulen mit Ausnahme der Musikschulen bestimmt ist.

(3) Mit der Vervielfältigung oder der öffentlichen Zugänglichmachung darf erst begonnen werden, wenn die Absicht, von der Berechtigung nach Absatz 1 Gebrauch zu machen, dem Urheber oder, wenn sein Wohnort oder Aufenthaltsort unbekannt ist, dem Inhaber des ausschließlichen Nutzungsrechts durch eingeschriebenen Brief mitgeteilt worden ist und seit Absendung des Briefes zwei Wochen verstrichen sind. Ist auch der Wohnort oder Aufenthaltsort des Inhabers des ausschließlichen Nutzungsrechts unbekannt, so kann die Mitteilung durch Veröffentlichung im *Bundesanzeiger* bewirkt werden.

(4) Für die nach den Absätzen 1 und 2 zulässige Verwertung ist dem Urheber eine angemessene Vergütung zu zahlen.

Schutzfrist

Urheber- und Leistungsschutzrechte enden nach Ablauf bestimmter Fristen. Danach ist das Werk gemeinfrei und kann von jedermann genehmigungsfrei vervielfältigt und verbreitet werden; auch Bearbeitungen sind dann erlaubt. Autoren und Verlage sind auf Schutzfristen mit angemessener Länge angewiesen. Denn die teils beträchtlichen Gelder, die Verlage in Bücher investieren, müssen sich während der Dauer der Schutzfrist amortisieren. Urheberrechtlich geschützte Werke sind während der gesamten Lebenszeit des Urhebers und dann noch einmal 70 Jahre nach seinem Tod geschützt. Zum Zeitpunkt des Todes gehen die Rechte auf die Erben des Autors über.

SCHUTZFRISTEN
- REGELSCHUTZFRIST 70 Jahre nach dem Tod des Autors. Die Schutzfrist beginnt mit dem Ende des Jahres, in dem der Autor verstorben ist. Ein

Beispiel: Franz Kafka starb am 3. Juni 1924, seine Werke wurden zum 1. Januar 1995 gemeinfrei.

- WERKE, DIE IN MITURHEBERSCHAFT GESCHAFFEN WERDEN Die Schutzfrist beginnt mit Tod des Urhebers, der am längsten lebt.
- WISSENSCHAFTLICHE AUSGABEN 25 Jahre ab Erscheinen (Leistungsschutz). Definition: Ausgaben urheberrechtlich nicht geschützter Werke oder Texte, die das Ergebnis wissenschaftlich sichtender Tätigkeit darstellen und die sich wesentlich von den bisher bekannten Ausgaben unterscheiden. Beispiel: Die Rekonstruktion eines urheberrechtlich nicht mehr geschützten Originaltexts als text- und quellenkritische Ausgabe.
- NACHGELASSENE WERKE 25 Jahre ab Erscheinen (Leistungsschutz). Definition: Erstmalig und erlaubterweise herausgegebene Werke, die bislang weltweit nicht erschienen sind und deren Urheberschutzfrist bereits abgelaufen ist.
- KÜNSTLERISCH GESTALTETE FOTOGRAFIEN (LICHTBILDWERKE) 70 Jahre nach dem Tod des Fotografen.
- EINFACHE FOTOGRAFIEN (LICHTBILDER) 50 Jahre ab Erscheinen oder Herstellung, vorbehaltlich abweichender EU-Regelungen (Leistungsschutz).
- RECHT DES DATENBANKHERSTELLERS 15 Jahre ab Veröffentlichung; erneuter Lauf der Schutzfrist, sofern eine in ihrem Inhalt nach Art oder Umfang wesentliche Änderung erfolgt (Leistungsschutz).
- ALLGEMEINE URHEBERSCHUTZFRIST INNERHALB DER EUROPÄISCHEN UNION 70 Jahre nach dem Tod des Urhebers.

Ungeklärte Rechteinhaberschaft

Die Frage nach der Schutzfrist wird aktuell, wenn Sie für ein Buchprojekt auf bestehende Werke, zum Beispiel auf Fotografien, Illustrationen oder Texte, zurückgreifen wollen. Möglicherweise werden Sie sich für die Übernahme eines gemeinfreien Werks entscheiden, dessen Nutzung das meist knappe Budget nicht zusätzlich belastet.

Um sicher zu gehen, dass ein Werk gemeinfrei ist, müssen Sie das Todesjahr des Urhebers ermitteln; bei einfachen Lichtbildern kommt es darauf an, wann das Foto erstmalig erschienen ist. Sofern das Werk Ihrer Wahl in einem Buch erschienen ist, geben Impressum und Copyright-Vermerk erste Hinweise. Auch wenn der Verlag nicht mehr über das Verlagsrecht verfügt, wird er meist Auskunft über den Verbleib der Rechte oder über die Person des Urhebers geben können. In anderen Fällen hilft ein – in der Regel kostenpflichtiger – Rechercheauftrag weiter (siehe Kapitel 1.1.4 zum Thema Titelschutz). Trotzdem kann es passieren, dass Ihre Recherchen ins Leere laufen und Sie keine hinreichenden Informationen über den Urheber oder den aktuellen Rechteinhaber erhalten.

Verlage, die sich trotz Rechtsunsicherheit für eine Veröffentlichung entscheiden, bringen häufig an gut sichtbarer Stelle einen Hinweis an, dass ihnen trotz gewissenhaften Bemühens nicht gelungen sei, einen etwaigen Rechtsinhaber ausfindig zu machen; gegebenenfalls werde dieser gebeten, sich mit dem Verlag in Verbindung zu setzen. Dieser genannte Hinweis führt jedoch nach bisheriger Rechtslage zu keinem wirksamen Ausschluss der Verantwortung. Prüfen Sie deshalb sorgfältig, ob Sie in einem solchen Fall auf die geplante Veröffentlichung besser verzichten sollten. Die Europäische Union plant eine Novelle zum Thema verwaiste Werke, die zu einer Verbesserung der Rechtslage für Verlage führen wird.

Zitatrecht

Eine eindeutige Definition für den Begriff des Zitats gibt es nicht. Auch werden Zitate in unterschiedlichen Zusammenhängen benutzt. Der Redner verwendet Zitate als Kunstgriff, die Presse als Mittel authentischer Berichterstattung. Viele Menschen streuen Zitate ein, um die eigene Bildung unter Beweis zu stellen. Das Urheberrechtsgesetz hält einen eigenen Zitatbegriff parat: Danach ist die Vervielfältigung, Verbreitung und öffentliche Wiedergabe eines veröffentlichten Werkes zum Zwecke des Zitats (nur) zulässig, wenn die Nutzung, auch in ihrem konkreten Umfang, durch den besonderen Zweck gerechtfertigt ist. Welcher Zweck in Betracht kommt, hängt vom Charakter des Werkes ab. Bei wissenschaftlichen Werken dient das Zitat in aller Regel der Erläuterung eigener Ausführungen. Das eigene Werk darf also nicht aus sich heraus oder nicht ausreichend verständlich sein, wenn das Zitat fehlen würde. Bei nicht wissenschaftlichen Werken reicht für den Zweck unter anderem die Belegfunktion aus (§ 51 UrhG).

Autoren und Verlage stehen häufig vor der Frage, ob sie ein fremdes Werk, zum Beispiel eine Fotografie oder einzelne Textpassagen aus anderen Büchern, als kostenfreies Zitat in ein eigenes Werk übernehmen dürfen. Zulässig ist dies nur unter folgenden Voraussetzungen:

• Das fremde Werk muss veröffentlicht sein.
• Ein Zitat muss als Fremdbeitrag kenntlich gemacht werden: Wer sich mit fremden Federn schmückt, begeht eine Urheberrechtsverletzung in Form eines Plagiats.
• Das Zitat muss mit einer Quellenangabe versehen werden. Dazu gehören die Namen der Autoren sowie in aller Regel der Titel des Werks, aus dem zitiert wird. Bei Übernahme ganzer Sprachwerke ist neben den Autoren auch der Verlag anzugeben und zusätzlich kenntlich zu machen, ob am Werk Kürzungen oder andere Änderungen vorgenommen worden sind (§ 63 UrhG).

- Das Zitat muss in ein eigenes, selbstständiges Werk aufgenommen werden. Daran fehlt es bei einer Zitatensammlung, die nur aus Fremdbeiträgen besteht. Wenn Sie ein Geschenkbuch herausbringen möchten, in dem ausschließlich Äußerungen bedeutender Zeitgenossen wiedergegeben werden, handelt es sich um keine Zitate im Rechtssinn. Sie müssen also eine Genehmigung einholen. Natürlich kann eine Äußerung zwar witzig sein oder voller Weisheit stecken, aber dennoch wird nicht das Niveau eines urheberrechtlich geschützten Werks erreicht; eine Genehmigung ist dann entbehrlich. Das gilt auch, wenn der Betreffende bereits gestorben ist und seitdem 70 Jahren vergangen sind. Goethe können Sie also nach Herzenslust zitieren.
- Schließlich muss der Zitatzweck gewahrt sein, das heißt, das Zitat muss in der Regel Erläuterungs- oder Belegfunktion haben. Die Übernahme eines fremden Beitrags ist nicht mehr vom Zitatzweck gedeckt, wenn er eigene Ausführungen ersetzen soll oder als bloßes Anhängsel, als so genanntes »schmückendes Beiwerk«, erscheint.

In welchem Umfang zitiert werden darf, hängt unter anderem davon ab, ob Sie ein wissenschaftliches Werk oder ein sonstiges Sprachwerk betreuen. In nicht wissenschaftliche Sprachwerke dürfen Sie von vornherein nur einzelne Stellen übernehmen, das heißt kleine Ausschnitte oder Abschnitte aus fremden Werken. Eine großzügigere Regelung gilt für wissenschaftliche, einschließlich populärwissenschaftlicher, Werke. Soweit vom Zitatzweck gewahrt, dürfen in diesem Fall ganze, also vollständige, Werke wiedergegeben werden. Zwei Beispiele: In eine Geschichte der modernen Kunst werden Fotografien verschiedener Kunstwerke, in eine Abhandlung über Lyrik ganze Gedichte übernommen. In keinem Fall dürfen Autoren mehr zitieren, als erforderlich ist. Weil es hierfür keine allgemeingültigen Zahlen oder Prozentanteile gibt, kommen Sie nicht umhin, die Erforderlichkeit in jedem konkreten Einzelfall zu prüfen. Beim so genannten Kleinzitat dürfen Sie in aller Regel nur einzelne Sätze bis zu einer halben Seite übernehmen; ausnahmsweise können Sie diese Grenze aber überschreiten.

Bildzitate

Nach dem Wortlaut des Gesetzes dürften Bildzitate nur in wissenschaftliche Werke übernommen werden. Denn Abbildungen wie Fotos oder Illustrationen lassen sich üblicherweise nur im Ganzen wiedergegeben. Die Gerichte gehen davon aus, dass Bildzitate auch in nichtwissenschaftlichen Sprachwerken zulässig sind – jedenfalls im Rahmen eines politisch beziehungsweise gesellschaftspolitischen Meinungskampfs. So druckte die Herausgeberin der Frauenzeitschrift *Emma* in einem kritischen Beitrag mehrere Bilder des Starfotografen Helmut Newton ab. Die provozierende Frage und Überschrift lautete: »Kunst oder faschistoide Propaganda?« Die Fotografien waren grundsätzlich als so genannte Bildzitate einzuordnen, die ohne Erlaubnis des Fotografen und seines Verlags abgedruckt werden durften.

Noch ist nicht endgültig geklärt, ob und in welchem Umfang Bildzitate in nicht wissenschaftlichen Werken außerhalb des politischen Meinungskampfs zulässig sind. Die meisten Rechtsexperten sind der Auffassung, dass Bildzitate auch dann zulässig sind, wenn sich der Autor mit sonstigen Fragen und Entwicklungen auseinandersetzt, zum Beispiel mit Stilen, Methoden, Meinungen oder Kampagnen. So sollen zum Beispiel in einem Beitrag über die Entwicklung der Modebranche die dargestellten Modestile durch entsprechende Fotografien belegt werden können.

Auch bei Bildzitaten müssen Sie streng auf den erforderlichen Zitatumfang achten. Dies gilt umso mehr, als die Rechtslage in diesem Bereich noch nicht geklärt ist. Beschränken Sie sich also unbedingt auf das Erforderliche. Im erwähnten Beispiel sollte es der Verlag bei der Wiedergabe eines, eventuell auch einiger weniger, für den jeweiligen Modestil repräsentativen Fotografien belassen. Im Rechtsstreit um die Fotografien Helmut Newtons war das zulässige Maß überschritten: Das Gericht akzeptierte die Fotos zwar im Grundsatz als Bildzitate, hielt der Herausgeberin aber vor, mit 19 Abbildungen zu viel des Guten getan zu haben.

CHECKLISTE: ZITATRECHT
- Ist das Zitat erforderlich?
- Erfüllt das Zitat eine Belegfunktion?
- Erfüllt das Zitat bei wissenschaftlichen Werken eine inhaltliche Erläuterungsfunktion?
- Wird das Zitat in ein eigenes, selbstständiges Werk aufgenommen?
- Handelt es sich um ein wissenschaftliches oder um ein nichtwissenschaftliches Werk?
- Ist der Umfang des Zitats noch zulässig?
- Ist das Zitat als Fremdbeitrag gekennzeichnet?
- Ist die Quelle angegeben?

Kopierrecht

Studenten, die in Copyshops einschlägige Fachbeiträge vervielfältigen, nehmen es als selbstverständlich für sich in Anspruch: das Kopierrecht

zu privaten oder wissenschaftlichen Zwecken. Dabei gehört das Kopierrecht zu den umstrittensten Regelungen im Urheberrecht, geht es doch
um einen handfesten Interessenkonflikt: auf der einen Seite der Wunsch
der Allgemeinheit nach einem möglichst umfassenden und kostenlosen
Zugriff auf Vervielfältigungsexemplare, auf der anderen Seite das Interesse der Verwerter an einer möglichst engen Schrankenregelung. Denn je
mehr genehmigungsfrei fotokopiert werden darf, desto geringer sind Bereitschaft und Notwendigkeit, die betreffenden Bücher zu kaufen.

Voraussetzungen und Grenzen des Kopierrechts sind in § 53 UrhG geregelt. Danach ist es unter anderem zulässig, einzelne Vervielfältigungsstücke eines Werks zum privaten Gebrauch und unter bestimmten Voraussetzungen zum sonstigen eigenen Gebrauch genehmigungsfrei herzustellen oder herstellen zu lassen. Das gilt für analoge ebenso wie für digitale Privatkopien. Sofern die Vorlage, zum Beispiel eine CD oder eine
Musikdatei, mit einem Kopierschutz versehen ist, darf dieser nicht um-
gangen werden. Außerdem muss die Quelle eine legale Vorlage sein. Eine Quelle ist immer dann legal, wenn die Vorlage nicht offensichtlich
rechtswidrig hergestellt oder offensichtlich rechtswidrig im Internet zum
Download angeboten wird. Bedeutung haben diese Vorgaben vor allem
für Tauschbörsen im Internet.

**VERVIELFÄLTIGUNGEN ZUM PRIVATEN UND SONSTIGEN
EIGENEN GEBRAUCH (§ 53 URHG)**

(1) Zulässig sind einzelne Vervielfältigungen eines Werkes durch eine natür-
liche Person zum privaten Gebrauch auf beliebigen Trägern, sofern sie weder unmittelbar noch mittelbar Erwerbszwecken dienen, soweit nicht zur
Vervielfältigung eine offensichtlich rechtswidrig hergestellte oder öffentlich
zugänglich gemachte Vorlage verwendet wird. Der zur Vervielfältigung Be-
fugte darf die Vervielfältigungsstücke auch durch einen anderen herstellen
lassen, sofern dies unentgeltlich geschieht oder es sich um Vervielfältigungen auf Papier oder einem ähnlichen Träger mittels beliebiger photomecha-
nischer Verfahren oder anderer Verfahren mit ähnlicher Wirkung handelt.

(2) Zulässig ist, einzelne Vervielfältigungsstücke eines Werks herzustellen
oder herstellen zu lassen zum eigenen wissenschaftlichen Gebrauch, wenn
und soweit die Vervielfältigung zu diesem Zweck geboten ist, zur Aufnahme in ein eigenes Archiv, wenn und soweit die Vervielfältigung zu diesem
Zweck geboten ist und als Vorlage für die Vervielfältigung ein eigenes Werk-
stück benutzt wird, zur eigenen Unterrichtung über Tagesfragen, wenn es
sich um ein durch Funk gesendetes Werk handelt, zum sonstigen eigenen
Gebrauch,

a) wenn es sich um kleine Teile eines erschienenen Werks oder um einzelne
   Beiträge handelt, die in Zeitungen oder Zeitschriften erschienen sind,

b) wenn es sich um ein seit mindestens zwei Jahren vergriffenes Werk handelt.

Diese Auflistung ist nicht abschließend. Der vollständigen Gesetzeswortlaut von § 53 sowie § 52 a UrhG finden Sie auch im Internet auf der Seite WWW.URHEBRRECHT.ORG.

Schranken zugunsten von Forschung und Lehre

Weitere Schranken bestehen zugunsten von Forschung und Lehre. Seit 2003 gilt die von Verlegerverbänden stark kritisierte Vorschrift des § 52a UrhG. Danach dürfen Schulen und Universitäten digitalisierte Werke unter bestimmten Voraussetzungen in ein Intranet einstellen, ohne den Rechteinhaber fragen zu müssen. Nach § 52b UrhG dürfen öffentliche Bibliotheken, Museen und nicht kommerzielle Archive urheberrechtlich geschützte Werke unter bestimmten Voraussetzungen scannen und an elektronischen Leseplätzen öffentlich zugänglich machen (§ 52b UrhG). Nach einem Urteil des Oberlandesgerichts Frankfurt darf die Bibliothek Studenten aber keine Möglichkeit geben, die jeweiligen Texte auszudrucken oder auf einen USB-Stick zu laden. Man kann sich vorstellen, dass die Entscheidung unterschiedliche Reaktionen hervorgerufen hat: von ungläubigem Kopfschütteln bis zu ungeteilter Zustimmung durch Fach-, und Wissenschaftsverlage.

Grundsätzlich stehen Verlage und ihre Interessenvertreter auf dem Standpunkt, dass der Abschluss individueller Lizenzverträge mit Bibliotheken und Bildungseinrichtungen gesetzlichen Schrankenregelungen vorzuziehen ist. Praktisch bedeutend ist für Wissenschafts- und Fachverlage der im Jahre 2007 ausgehandelte Subito-Rahmenvertrag über die Lizenzierung des elektronischen Dokumentenversandes innerhalb Deutschlands, Österreichs und der Schweiz. Das Vertragsdokument ist im Internet unter WWW.BOERSENVEREIN.DE abrufbar.

2.1.8
Urheberrecht im Rechtsverkehr

Rechte sind wie andere Güter Gegenstand des Geschäftsverkehrs: Sie werden gehandelt, auf Lizenzbörsen eingekauft oder ersteigert. Die Vergabe von Rechten – gemeint sind urheberrechtliche Nutzungsrechte – kann inhaltlich unterschiedlich gestaltet werden: Der Urheber kann ein Recht als einfaches oder ausschließliches Recht vergeben.

Der Inhaber eines einfachen Rechts hat eine schwächere Position als der Inhaber eines ausschließlichen Rechts, weil er das Werk nur neben dem Urheber und gegebenenfalls weiteren Nutzungsberechtigten verwerten darf. Dazu ein Beispiel: Ein medizinischer Fachbuchverlag erwirbt eine einfache Abdrucklizenz für ein Foto; in diesem Fall kann der Verlag nicht verhindern, dass das gleiche Foto auch in einem anderen Fachbuch erscheint.

Der Urheber kann ein Recht räumlich auf ein bestimmtes Gebiet, zeitlich auf eine bestimmte Dauer oder inhaltlich auf eine bestimmte Nutzungsart beschränken. Beispiel: Eine Grafikerin räumt einem Verlag das Nutzungsrecht an einer Grafik nur für die Illustration eines bestimmten Buchs ein und schließt gleichzeitig die Nutzung für Werbezwecke aus.

Vergabe von Lizenzen

Der Begriff Lizenz ist im Urheberrecht nicht einheitlich definiert, häufig wird er synonym für den des Rechts verwandt. Im Verlagswesen wird unter Lizenz überwiegend die Einräumung von Haupt- oder Nebenrechten durch einen Originalverlag an Dritte verstanden.

Der lizenzgebende Verlag kann, soweit er über die entsprechenden Rechte verfügt, Lizenzen in der gleichen Weise beschränken wie der Urheber. Buchgemeinschafts-, Taschenbuch- und Übersetzungslizenzen werden normalerweise als ausschließliche Rechte vergeben. Denn der Lizenznehmer ist in der Regel nur bereit, das wirtschaftliche Risiko einer Verwertung zu übernehmen, wenn er das betreffende Recht exklusiv nutzen kann. Das Recht zur Vornahme und Verwertung einer Übersetzung wird häufig auf einen bestimmten Sprachraum begrenzt. Beispiele für die auf eine bestimmte Nutzungsart beschränkte Lizenz sind die Taschenbuch- oder die Buchgemeinschaftslizenz.

Ausschließliche Lizenzen können nur an einer klar abgrenzbaren, wirtschaftlich-technischen Verwendungsform vergeben werden. Im Buchhandel sind das unter anderem das Recht zur Veröffentlichung einer Hardcover-Ausgabe, das Recht zur Veröffentlichung einer Paperback-, Taschenbuch- oder einer so genannten Reader-Ausgabe. Ein Verlag, der über die entsprechenden Nebenrechte verfügt, kann also für jede dieser Ausgaben eine separate Lizenz vergeben.

Von Bedeutung sind darüber hinaus die so genannten digitalen Rechte. Welche Verwendungsformen in diesem Bereich eigenständige Nutzungsarten darstellen, ist rechtlich noch nicht endgültig geklärt. So ist zum Beispiel die Frage offen, ob das Internet-Fernsehen eine eigenständige Nutzungsart darstellt mit der Folge, dass sie separat lizenziert werden kann. Oder ist das Internet-Fernsehen eine bloße Spielart des herkömmlichen Filmrechts? Einigkeit besteht darüber, dass die Nutzung eines Werks auf einem Datenträger, zum Beispiel einer CD-ROM und die öffentliche Zugänglichmachung eines Werks zum Download im Internet zwei selbstständige Nutzungsarten sind.

Vererblichkeit des Urheberrechts

Das Urheberrecht ist vererblich. Wenn ein Autor stirbt, treten seine Erben in vollem Umfang in die Rechtsstellung des Erblassers ein. Das gilt für die Manuskripte und Rohentwürfe, die der Autor hinterlässt ebenso wie für sämtliche urheberrechtlichen Befugnisse. Die Erben treten außerdem in alle Verträge ein, die der Autor zu Lebzeiten geschlossen hat – auch in Verlagsverträge mit allen Rechten und Pflichten. Der Verlag muss dann seine Vertragspflichten gegenüber den Erben erbringen.

Oft spielt sich die neue Situation schnell ein. Manchmal haben Sie es aber auch mit ignoranten Erben oder einer in sich zerstrittenen Erbengemeinschaft zu tun, die Ihnen und Ihrem Verlag das Leben schwer machen. Zumindest in einem Punkt können Sie Vorsorge treffen: Üblich und empfehlenswert sind Vertragsklauseln, nach denen die Rechte und Pflichten des Verlags nur gegenüber jenen Erben bestehen, die sich durch einen so genannten Erbschein ausweisen können. Sie erhalten auf diese Weise Klarheit über die Person der Erben sowie über eine eventuelle Beschränkung des Erbrechts durch einen Testamentsvollstrecker (§§ 2353 ff. BGB). Ebenfalls empfehlenswert: Die Erben werden vertraglich verpflicht, jeweils einen vertretungsbefugten Sprecher zu benennen.

2.1.9
Verwertungsgesellschaften

Verwertungsgesellschaften sind Einrichtungen, die auf Grundlage so genannter Wahrnehmungsverträge bestimmte Nutzungs- und Einwilligungsrechte von Urhebern und Leistungsschutzberechtigten ausüben. Die Mitgliedschaft in einer Verwertungsgesellschaft steht auch Verlagen offen. Verwertungsgesellschaften nehmen nur solche Rechte wahr, welche die Urheber praktisch nicht selbst wahrnehmen können, weil der Aufwand für eine individuelle Vergabe und Rechtekontrolle zu groß wäre.

Dies gilt beispielsweise für die so genannten kleinen Aufführungsrechte, die von der für den Musikbereich zuständigen Gesellschaft für musikalische Aufführungs- und mechanische Vervielfältigungsrechte (GEMA) wahrgenommen werden. Jeder Konzertveranstalter muss aus diesem Grund entsprechende GEMA-Gebühren abführen. Wenn Sie ei-

ne Werbeveranstaltung auf der Buchmesse mit Musik untermalen oder
für eine Multimediaproduktion Musikrechte benötigen, müssen Sie die
erforderlichen Rechte ebenfalls bei der GEMA einholen. Die Tarife stehen fest; Sie finden sie im Internet unter WWW.GEMA.DE.

Die für den Bereich der Literatur und Wissenschaft zuständige Verwertungsgesellschaft ist die VG Wort. Sie zieht unter anderem die Bibliothekstantieme ein oder macht Vergütungsansprüche gegen die Hersteller
und Betreiber von Fotokopiergeräten geltend.

Die für den Bereich der bildenden und angewandten Kunst zuständige Verwertungsgesellschaft ist die VG Bild-Kunst. Diese Organisation ist
für Sie der richtige Ansprechpartner, wenn Sie ein Werk der bildenden
Kunst, zum Beispiel ein Gemälde, in einem Kunstband abdrucken wollen. Selbst wenn die Rechte nicht bei der Verwertungsgesellschaft liegen
– Sie müssten sich dann unmittelbar mit dem Rechteinhaber in Verbindung setzen –, wird Ihnen die Verwertungsgesellschaft bei Ihrer Recherche meist weiterhelfen.

Verwertungsgesellschaften werden nur aktiv, wenn der Urheber seine
Rechte tatsächlich in die Gesellschaft eingebracht hat. Dazu muss er ei-
nen so genannten Wahrnehmungsvertrag schließen. Für Autoren und
Verlage ist der Abschluss eines solchen Vertrags empfehlenswert, weil
nur so eine Teilhabe an den Einnahmen der Gesellschaft möglich ist.
Daran sollten Sie auch dann denken, wenn Sie – neben Ihrer Lektoratsarbeit – als freie Autorin oder freier Autor arbeiten. Lassen Sie sich die
Mitgliedschaftsformulare von der VG Wort zusenden, oder besprechen
Sie diese Frage mit Ihrem Verlag. Auch Verwerter können urheberrechtliche Nutzungsrechte in eine Verwertungsgesellschaft einbringen, was in
der Praxis häufig geschieht (siehe § 2, Absatz 4, des Normvertrags für den
Abschluss von Verlagsverträgen). In diesem Fall kommen die Einnahmen
sowohl dem Autor als auch dem Verlag zugute. Die meisten Verwertungsgesellschaften haben hervorragend aufbereitete Internetseiten, die
abzurufen sich in jedem Fall lohnt.

VERWERTUNGSGESELLSCHAFTEN

- VG WORT Mitglieder der VG Wort sind Autoren, Verlage, Übersetzer. Zustän-
  dig ist sie unter anderem für die Bibliothekstantieme, die Kopiervergütung
  (Betreiber- und Geräteabgabe einschließlich des Vergütungsanspruchs beim
  Kopienversand auf Bestellung), den Vergütungsanspruch für die Aufnahme
  von Texten in Schulbuchsammlungen sowie die Werkverwertung von Altrech-
  ten durch CD-ROM-Ausgaben. Die VG Wort ist im Internet vertreten unter
  WWW.VGWORT.DE.
- GESELLSCHAFT FÜR MUSIKALISCHE AUFFÜHRUNGS- UND MECHANISCHE
  VERVIELFÄLTIGUNGSRECHTE (GEMA) Zu den Mitgliedern zählen unter

anderem Komponisten, Textdichter und Musikverleger. Die GEMA ist unter anderem zuständig für das Recht zur Wiedergabe eines Werks in Hör- und Fernsehsendungen, das Recht zur Aufnahme und Wiedergabe von Ton- und Bildtonträgern, das Aufführungsrecht oder das Recht zur Benutzung von Musikwerken zur Filmherstellung einschl eßlich Multimedia-Produktionen. Die GEMA finden Sie online unter WWW.GEMA.DE.

* VG BILD-KUNST Mitglieder sind beispielsweise Fotografen, bildende Künstler, Designer oder Verleger. Die Verwertungsgesellschaft ist unter anderem zuständig für die Abdruckrechte von Werken der bildenden Kunst und Fotografie oder für das Recht der öffentlichen Wiedergabe durch Bild- oder Tonträger. Im Internet ist sie unter WWW.BILDKUNST.DE zu finden.

* GESELLSCHAFT ZUR VERWERTUNG VON LEISTUNGSSCHUTZRECHTEN (GVL) Mitglieder sind zum Beispiel Plattenfirmen, Musikinterpreten oder darstellende Künstler in Rundfunk, Film und Fernsehen. Zuständig ist die GVL für die Zweitverwertungsrechte von Künstlern und Herstellern, zum Beispiel Vergütungsansprüche gegen Hörfunk- und Fernsehsender für die Verwendung von bereits publizierten Tonträgern in ihren Programmen. Sie finden die GVL online unter WWW.GVL.DE.

2.1.10
Internationale Aspekte

Mit Fragen internationalen Rechts kommen Sie in Berührung, wenn Ihr Verlag Werke ausländischer Urheber verlegen möchte oder Auslandslizenzen erwirbt.

Internationale urheberrechtliche Schutzfristen

Seit dem 1. Januar 1995 gilt für alle Mitgliedsstaaten der Europäischen Union eine einheitliche Schutzfrist von 70 Jahren nach dem Tod des Urhebers. Sie brauchen also wie hierzulande keine Lizenzgebühren mehr zu bezahlen, wenn die betreffenden Urheber mehr als 70 Jahre tot sind. Auch die USA haben die Schutzfrist für urheberrechtlich geschützte Werke inzwischen auf 70 Jahre erhöht; für bestimmte Werke, zum Beispiel für ältere Publikationen, gelten Ausnahmeregelungen. In den meisten anderen Staaten beträgt die allgemeine Schutzfrist – der so genannten Revidierten Berner Übereinkunft (RBÜ) entsprechend – 50 Jahre nach dem Tod des Urhebers.

Bei der Berner Übereinkunft, auch Berner Konvention genannt, handelt es sich um das älteste und umfassendste internationale Abkommen zum Schutz der Urheber, dem mittlerweile alle, jedenfalls für deutschsprachige Verlage, wichtigen Staaten beigetreten sind. Die Berner Übereinkunft enthält eine Reihe von Mindestrechten, auf die sich die Urheber aller Mitgliedsstaaten berufen können und die die Verwerter beachten müssen. Zu diesen Mindestrechten gehören das ausschließliche Recht von Urhebern zur Vervielfältigung ihrer Werke, das Urheberpersönlichkeitsrecht sowie eine Mindestschutzdauer von 50 Jahren. Ohne ein solches länderübergreifendes Abkommen wären die Werke ausländischer Autoren in Deutschland schutzlos – und umgekehrt. Denn das Urheberrecht folgt dem Territorialitätsprinzip: Es endet an der Landesgrenze.

Ein weiteres wichtiges Prinzip der Berner Übereinkunft ist der Grundsatz der Inländerbehandlung. Er besagt, dass ausländische Werke in den einzelnen Mitgliedsstaaten grundsätzlich in der gleichen Weise geschützt sind wie die Werke einheimischer Urheber. Dieses Prinzip wird bei den Schutzfristen durchbrochen. Nach der Berner Übereinkunft kann der ausländische Urheber im Inland keinen längeren Schutz beanspruchen, als ihm in seinem Heimatstaat zuteil wird. Ein Beispiel: Kanada als Mitglied der Berner Übereinkunft kennt eine allgemeine Urheberschutzfrist von 50 Jahren. Nach dem Prinzip der Inländerbehandlung wären die Werke kanadischer Autoren in Deutschland 70 Jahre geschützt, sie sind es aber – aufgrund des Schutzfristenvergleichs – nur 50 Jahre. Eine aktuelle Liste der Mitgliedsstaaten finden Sie im Internet auf den Seiten der World Intellectual Property Organization (WIPO) unter www.wipo.int.

Neben der Berner Übereinkunft ist das durch die UNESCO im Jahr 1952 geschaffene Welturheberrechtsabkommen (WUA) das zweite umfassende internationale Regelwerk zum Schutz der Urheber. Die Anforderungen, die das Welturheberrechtsabkommen an eine Mitgliedschaft stellt, sind deutlich geringer als die der Berner Übereinkunft. Eine weitere internationale Vereinbarung ist das TIPS-Abkommen (Agreement on Trade-Related Aspects of the Intellectual Property), gültig für die Mitgliedsstaaten der Welthandelsorganisation.

Anwendbares Recht

Stellen Sie sich vor, Sie oder Ihr Autor möchten aus dem Werk eines amerikanischen Autors zitieren. In diesem Fall ist das Studium amerikanischen Rechts entbehrlich, denn der Grundsatz der Inländerbehandlung hat zur Folge, dass die Werke des Amerikaners im gleichen Umfang geschützt sind wie Werke eines inländischen Autors. Es kommt also nicht darauf an, ob das Zitat nach amerikanischem Recht zulässig wäre – entscheidend ist allein das deutsche Urheberrechtsgesetz.

Die Berner Übereinkunft hilft auch bei anderen Fragen weiter. Vielleicht kommt Ihnen zu Ohren, dass die erfolgreiche Fachzeitschrift Ihres Verlags jahrgangsweise in Malaysia oder auf Tobago raubgedruckt wird. Dann können Sie sicher sein, dass eine Urheberrechtsverletzung vorliegt, weil beide Staaten als Mitglieder der Berner Übereinkunft das ausschließliche Vervielfältigungsrecht des Urhebers oder Rechteinhabers anerkannt haben. Ob und wie schnell es Ihnen tatsächlich gelingt, die Verstöße zu unterbinden, steht allerdings auf einem anderen Blatt.

Die Frage nach dem anwendbaren Recht stellt sich ebenfalls, wenn Sie Verlags- oder Lizenzverträge mit ausländischen Partnern schließen. Grundsätzlich können Sie frei bestimmen, welches Recht für Ihre Vertragsbeziehung gelten soll. Haben Sie die Wahl, sollten Sie die Geltung deutschen Rechts vereinbaren. Haben Sie es mit einem starken Verhandlungspartner zu tun, noch dazu aus dem angloamerikanischen Raum, wird es Ihnen selten gelingen, Ihre Vorstellungen durchzusetzen. Dann bleibt Ihnen nichts anderes übrig, als die Geltung englischen oder amerikanischen Rechts zu akzeptieren. Wundern Sie sich nicht über den Detailreichtum vieler englischsprachiger Verträge: Das englische und amerikanische Recht ist in geringerem Umfang kodifiziert als das deutsche oder französische, sodass ein entsprechend größerer vertraglicher Regelungsbedarf besteht. Eine Besonderheit im angloamerikanischen Raum besteht im Übrigen darin, dass sich viele Autoren oder Verlage durch Agenten vertreten lassen, die in aller Regel die Vertragsverhandlungen führen oder den Eingang der Lizenzzahlungen überwachen. Trotzdem fungieren die Agenten nur als Vertreter: Das heißt, Vertragspartner Ihres Verlags sind die Autoren oder Verlage selbst.

2.2
Sonstige praxisrelevante Rechte

Wenn Sie in Ihrer praktischen Arbeit mit rechtlichen Fragen in Berührung kommen, stehen meist Fragen des Urheberrechts im Vordergrund. Es gibt aber auch weitere Rechte, die im Verlagsalltag eine Rolle spielen. Die wichtigsten sind: das Eigentumsrecht, das Titelschutzrecht, das Wettbewerbsrecht, das allgemeine Persönlichkeitsrecht sowie das Recht am eigenen Bild.

CHECKLISTE: ABBILDUNGEN IN BÜCHERN

• URHEBER- ODER LEISTUNGSSCHUTZ AN DER ABBILDUNG   Liegt eine Abdruckerlaubnis des Rechteinhabers vor, oder ist die Abbildung bereits gemeinfrei?

• URHEBERECHT AM ABGEBILDETEN GEGENSTAND   Ist auf der Abbildung ein

(noch) urheberrechtlich geschützter Gegenstand, zum Beispiel ein Werk der bildenden Kunst, wiedergegeben? Wenn ja, liegt eine Abdruckerlaubnis vor?
* RECHT AM EIGENEN BILD   Ist der oder die Abgebildete mit einer Veröffentlichung einverstanden, oder ist eine Einwilligung entbehrlich?
* ALLGEMEINES PERSÖNLICHKEITSRECHT   Verletzt eine Veröffentlichung aus anderen Gründen das Persönlichkeitsrecht einer Person (Beispiel: Fotos aus Privaträumen). Liegt eine Einwilligung vor?
* KENNZEICHEN ODER MARKENSCHUTZ   Ist auf der Abbildung ein kennzeichen-, oder markenrechtlich geschützter Gegenstand, zum Beispiel eine Coca-Cola-Flasche oder ein Firmenlogo, zu sehen? Wenn ja, liegt eine Einwilligung des Markeninhabers vor, oder ist diese entbehrlich?

2.2.1
Eigentumsrecht

Das Eigentum ist das Recht, »mit einer Sache nach Belieben zu verfahren und andere von jeder Einwirkung auszuschließen« (§ 906 BGB). Urheberrecht und Eigentum stehen eigenständig nebeneinander. Die strikte Trennung beider Rechtskreise wird beispielsweise in der bildenden Kunst deutlich: In vielen Fällen sind Museen Eigentümer der in ihrem Besitz befindlichen Kunstgegenstände und Bilder, verfügen aber nicht über die urheberrechtlichen Nutzungsrechte. Das müssen Sie berücksichtigen, wenn Sie Museen oder Kunstvereine um Überlassung von Reproduktionsvorlagen für ein Buchprojekt bitten. In diesem Fall darf das Institut für die Überlassung von Vorlagen zwar ein Entgelt verlangen – Grundlage dafür sind das Eigentum und gegebenenfalls entsprechende öffentlich-rechtliche Vorschriften –, es darf in der Regel aber keine Reproduktionsgenehmigungen im urheberrechtlichen Sinn erteilen. Sofern das Kunstwerk nicht bereits gemeinfrei ist, müssen Sie also zweimal eine Genehmigung einholen: erstens beim Eigentümer und zweitens beim jeweiligen Künstler oder bei der Verwertungsgesellschaft Bild-Kunst.

2.2.2
Wettbewerbsrecht

Das Wettbewerbsrecht hat die Aufgabe, einen fairen Wettbewerb zu sichern und unlautere Geschäftspraktiken zu unterbinden. Wichtigste Rechtsquelle ist das Gesetz gegen den unlauteren Wettbewerb (UWG).
Für die Verlagspraxis sind mehrere Tatbestände von Bedeutung, unter

anderem das Verbot der unlauteren Nachahmung oder der Behinderung von Wettbewerbern. Dabei geht es häufig um Fälle, in denen eine Person unter zeitlichem und finanziellen Aufwand eine Leistung erbringt, die ein Dritter sich zunutze macht. Bei der Grenzziehung zwischen dem, was noch erlaubt ist, und dem, was bereits unzulässig ist, hat die bisherige Rechtsprechung auf den Amortisationsgedanken abgestellt. Danach ist die Aneignung einer fremden Leistung in der Regel wettbewerbswidrig, wenn der Betreffende keine Gelegenheit hatte, »die Früchte seines Tuns ausreichend zu ziehen«, wenn sich also seine Investitionen noch nicht amortisiert haben. Unter diesem Aspekt ist es in der Regel unzulässig, gemeinfreie Werke nachzudrucken, wenn noch Exemplare des Erstdrucks im Handel sind. Verboten ist es außerdem, den guten Ruf eines fremden Produkts auszunutzen oder Verbraucher irrezuführen. Diesen Vorwurf musste sich ein Verleger gefallen lassen, der die Taschenbuchrechte an verschiedenen Bestsellern erworben hatte und auf eine scheinbar gute Idee gekommen war: Um neue Käufer zu gewinnen, hatte er die Titel der eingeführten Originalausgaben kurzerhand umbenannt und damit den Ärger der getäuschten Fangemeinde auf sich gezogen.

Freilich ist es nicht automatisch wettbewerbswidrig, sich an einen Trend dranzuhängen, und nicht jede vollmundige Äußerung ist irreführend. Dass sich Autoren und Verlage gelegentlich an erfolgreichen Publikationen Dritter orientieren, indem sie ein ähnliches oder das gleiche Thema besetzen, ist kein Geheimnis und rechtlich nicht zu beanstanden. Auch bei der Auswahl des Titels haben Sie Spielraum, ohne gleich befürchten zu müssen, wegen irreführender oder falscher Angaben belangt zu werden.

2.2.3
Allgemeines Persönlichkeitsrecht

Das allgemeine Persönlichkeitsrecht umfasst den gesamten Privatbereich einer Person (§ 823 BGB). Zur geschützten Privatsphäre gehören unter anderem Briefe, Tagebücher und andere vertrauliche Aufzeichnungen, aber auch das Recht am eigenen Lebens- und Charakterbild. Vorsicht ist bei der Veröffentlichung von Briefen geboten: Normalerweise sollten Sie eine Genehmigung des Absenders einholen oder den Text an den entscheidenden Passagen anonymisieren.

Das allgemeine Persönlichkeitsrecht wird allerdings nicht unbegrenzt gewährt, sondern wird durch andere Rechtsgüter eingeschränkt, zum Beispiel durch die im Grundgesetz garantierte Meinungsfreiheit oder durch die Kunstfreiheit.

Meinungsfreiheit

Artikel 5 des Grundgesetzes gewährt das Recht, die eigene Meinung
in Wort, Schrift und Bild frei zu äußern und zu verbreiten, unabhängig
vom benutzen Medium. Dieses Recht können auch Autoren und (Sach-
buch-) Verlage in Anspruch nehmen, wenn sie Bücher schreiben und
verbreiten. Der Begriff der Meinung ist weit gefasst: Meinungen sind
Äußerungen, die von Elementen der Stellungnahme oder des Dafürhal-
tens geprägt sind. Meinungen entziehen sich also der Kategorie von richtig oder falsch.

Im Gegensatz dazu stehen Tatsachenbehauptungen, die – anders als
Meinungsbeiträge – eines Beweises zugänglich sind. Tatsachenbehauptungen fallen in den Schutzbereich von Grundgesetzartikel 5, wenn sie in
engem Zusammenhang mit Meinungsäußerungen stehen. Bewusst unwahre oder erkennbar falsche Tatsachenbehauptungen unterliegen auf
keinem Fall dem Grundrechtsschutz. Dagegen können unwahre Tatsachenbehauptungen, bei denen sich die Unwahrheit erst später heraus-
stellt, im Einzelfall durch die Wahrnehmung berechtigter Interessen gerechtfertigt sein (§ 193 StGB). Diese Vorschrift kommt insbesondere Verlegern von Tagezeitungen zu gute. Buchverlage können sich seltener auf
diese Vorschrift berufen, denn ihnen steht mehr Zeit für gründliche Recherchen zur Verfügung als Presseverlagen.

Kunstfreiheit

Nach einer Definition des Bundesverfassungsgerichts ist Kunst »die
freie schöpferische Gestaltung, in der Eindrücke, Erfahrungen, Erlebnisse des Künstlers durch das Medium einer bestimmten Formensprache
zur unmittelbaren Anschauung gebracht werden«. Verlage können sich
auf die Kunstfreiheit berufen, wenn sie Verlagserzeugnisse vertreiben,
die in diesem Sinne Kunst darstellen. Dies trifft auf Belletristik und Lyrik ohne Weiteres zu, ebenso auf Satire oder Karikaturen. Auch Schlüs-
selromane oder autobiografisch gefärbte Romane, in dem sich Fiktion
und Wirklichkeit mischen, genießen grundsätzlich den Schutz der
Kunstfreiheit.

Klaus Mann, Dieter Bohlen oder Maxim Biller: Die Gerichte haben
sich in der Vergangenheit immer wieder mit der Frage auseinandersetzen müssen, wie im konkreten Fall der Konflikt zwischen Persönlichkeitsschutz und Kunstfreiheit zu lösen ist. Welches Rechtsgut im Einzelfall Vorrang hat – das Recht, sich künstlerisch-literarisch zu äußern, oder
das Recht des Betroffenen auf Privatsphäre –, müssen die Gerichte im
Streitfall im Rahmen einer umfassenden Güterabwägung ermitteln.

Dass dies nicht immer einfach ist, zeigt die langwierige Auseinandersetzung um Maxim Billers Roman *Esra,* in den – wie in viele andere literarische Werke – tatsächlich existierende Personen Eingang gefunden haben. Während Autor und Verlag das Buch als Werk der Fiktion betrachten, fühlten sich die dargestellten Protagonistinnen in ihrem Persönlichkeitsrecht verletzt. Das Bundesverfassungsgericht hat den Klägerinnen in einer vielbeachteten und umstrittenen Entscheidung aus dem Jahr 2007 Recht gegeben. Bei Büchern, die für sich in Anspruch nehmen, wahre Ereignisse aufzugreifen, spielt die Freiheit der Kunst keine oder nur eine untergeordnete Rolle. Fakten müssen stimmen: Normalerweise muss es niemand hinnehmen, dass unwahre Tatsachen über ihn verbreitet werden.

2.2.4
Recht am eigenen Bild

Das Recht am eigenen Bild ist Bestandteil des allgemeinen Persönlichkeitsrechts. Es besagt, dass Fotografien grundsätzlich nur mit Einverständnis der abgelichteten Person angefertigt und verbreitet werden dürfen. Rechtsgrundlage ist das Kunsturhebergesetz. Genau genommen ist diese Bezeichnung irreführend, weil es um den Schutz der Privatsphäre und nicht um das Urheberrecht geht. Wenn Sie Fotos verwenden möchten, auf denen Personen abgebildet sind, müssen Sie deshalb unter Umständen zwei Genehmigungen einholen: die urheberrechtliche Nutzungsbefugnis sowie die Zustimmung der Abgebildeten.

Wenn Sie Abdruckrechte von einer Bildagentur erwerben, wird diese häufig über die urheberrechtlichen Nutzungsrechte und das Recht am eigenen Bild verfügen. Das muss aber nicht zwangsläufig so sein – zuweilen erleben Verlage böse Überraschungen. Dann sollten Sie prüfen, ob und in welchem Umfang Sie die Agentur für einen eventuellen Schaden haftbar machen können. Lassen Sie sich am besten vorab bestätigen, dass sämtliche Rechte einschließlich des Rechts am eigenen Bild bei der Agentur liegen.

Das Gesetz sieht mehrere Ausnahmen vor, die Ihre tägliche Arbeit erleichtern. Die Wichtigsten: Fotografien aus dem Bereich der Zeitgeschichte dürfen ohne Einwilligung des Abgelichteten veröffentlicht werden – es sei denn, es wird ein berechtigtes Interesse des Abgebildeten durch die Verbreitung oder Schaustellung verletzt. Gemeint sind Fotos von Personen, die ständig oder vorübergehend im Licht der Öffentlichkeit stehen, zum Beispiel Politiker, bekannte Schauspieler, Sänger, Sportler oder Angehörige von Fürstenhäusern. Voraussetzung ist, dass die Veröffentlichung Informationszwecken dient. Das ist in der Regel dann der

Fall, wenn Sie Fotos im redaktionellen Teil einer Zeitschrift oder eines Buchs verwenden und ein sachlicher Bezug zum Inhalt der Publikation besteht. Für die Zulässigkeit einer Veröffentlichung spricht außerdem, wenn der Prominente bei Ausübung der für ihn typischen Tätigkeit gezeigt wird, zum Beispiel beim Fußballspielen, Singen oder Redenschwingen. Vorsicht geboten ist bei der Veröffentlichung von Fotos, die Prominente in einer Alltagssituation zeigen, beispielsweise beim Einkaufsbummel mit Frau oder Freundin. Auch ist eine Veröffentlichung von Prominentenfotos zu Werbezwecken nur mit deren vorheriger Zustimmung erlaubt. Einen Grenzfall stellen Abbildungen auf einem Buchcover dar: Weil das Cover meist auch Werbezwecke erfüllt, sollten Sie bei dieser Variante vorsichtshalber die Zustimmung der abgebildeten Person einholen.

Ohne Einwilligung verwertbar sind ferner Bilder, auf denen die Person nur als Beiwerk neben einer Landschaft oder sonstigen Örtlichkeit erscheint. Sind Sie unsicher, ob diese Voraussetzung vorliegt, stellen Sie sich die Frage, ob Sie die betreffende Person weglassen könnten, ohne dass sich der Gesamteindruck des Bildes verändert. Wenn Sie die Frage positiv beantworten, dürfen Sie davon ausgehen, dass es sich bei der betreffenden Person um »unwesentliches Beiwerk« handelt. Kommt es zum Konflikt, sollten Sie sich nicht wundern, wenn die abgelichtete Person Ihrer Einschätzung widerspricht: Niemand sieht sich gern als »unwesentliches Beiwerk«.

Bilder von Versammlungen, Aufzügen und ähnlichen Vorgängen, an denen die dargestellten Personen teilgenommen haben, dürfen ebenfalls ohne Einwilligung der Abgebildeten veröffentlicht werden. Das gilt auch in einem weiteren Fall: Wenn sich der Abgebildete gegen Entgelt ablichten ließ, gilt seine Einwilligung im Zweifel als erteilt.

Die Schutzdauer für das Recht am eigenen Bild beträgt die Lebensdauer der Abgebildeten und dann noch einmal 10 Jahre nach deren Tod.

2.2.5
Postmortaler Persönlichkeitsschutz

Mit dem Tod einer Person erlischt deren Persönlichkeitsrecht, der allgemeine Wert- und Achtungsanspruch des Verstorbenen aber besteht fort. Auch bei der Darstellung Verstorbener ist Vorsicht geboten, weil dessen fortwirkendes Lebensbild zumindest gegen grobe Beeinträchtigungen geschützt ist. Feste Fristen existieren nicht. Die Rechsprechung tendiert dazu, die vermögenswerten Bestandteile des postmortalen Persönlichkeitsschutzes wie das Recht am eigenen Bild auf 10 Jahre nach dem Tod zu begrenzen. Bei den ideellen Bestandteilen stellen die Gerichte auf die Umstände des Einzelfalles ab, insbesondere auf die Intensität des Eingriffs und die Bedeutung des Persönlichkeitsbildes. Rechtesexperten bringen die 10-Jahresfrist auch in diesem Zusammenhang ins Spiel, von anderer Seite wird eine Maximalfrist von 30 Jahren vorgeschlagen. Weil es nach der Rechtssprechung auf die Umstände des Einzelfalls ankommt, können diese Zeiträume allerdings nur als grobe Richtschnur dienen.

2.3
Vertragsrecht

Die urheberrechtlichen Nutzungsrechte stehen von Hause aus dem Urheber zu. Wie aber kommt der Verlag zu seinem Recht und zu welchen Bedingungen? Das ist im Wesentlichen eine Frage der Vertragsgestaltung.

2.3.1
Grundsatz der Vertragsfreiheit

Der Grundsatz der Vertragsfreiheit bestimmt die gesamte Rechts- und Wirtschaftsordnung und kommt auch in Verlagen zum Tragen. Wenn Sie Verträge schließen – gleichgültig, ob Sie Bildrechte einholen oder einen komplexen Autorenvertrag verhandeln –, sind Sie an bestimmte juristische Vorgaben gebunden. Es gibt zwar Gesetze, die das rechtliche Miteinander von Autoren und Verlagen zum Gegenstand haben – allen voran das Verlagsgesetz –, allerdings sind viele Paragrafen dieses Gesetzes dispositiv. Das heißt, sie können durch andere, Ihnen sinnvoller erscheinende Regelungen ersetzt werden.

Vertragsfreiheit bedeutet zunächst, dass Sie sich Ihre Vertragspartner aussuchen dürfen. Von diesem Recht machen Sie beispielsweise Gebrauch, wenn Sie ein Manuskript, das Ihnen unverlangt übermittelt wird, mit einem höflichen, aber abschlägigen Begleitschreiben zurücksenden. Vertragsfreiheit bedeutet außerdem, dass Sie den Inhalt eines Vertrags nach Ihren eigenen Vorstellungen gestalten können. Dies gilt grundsätzlich auch für urheberrechtliche Nutzungsverträge. Sie sind nicht einmal an einen bestimmten Vertragstyp gebunden. So müssen Sie mit Ihren Autoren nicht zwangsläufig Verlagsverträge schließen, sondern können stattdessen einen Bestell- oder Werkvertrag wählen. Auch bleibt es Ihnen unbenommen, verschiedene Vertragstypen miteinander zu kombinieren und gewissermaßen Ihren ganz persönlichen Vertrag zu entwerfen. Meist fehlen dazu allerdings Zeit und Muße, und Sie greifen auf vorformulierte Verträge zurück. Dagegen ist im Prinzip nichts einzuwenden. Im Gegenteil: Viele Musterverträge haben sich in der Praxis bewährt, sodass es nicht sinnvoll ist, das Rad immer wieder neu zu erfinden.

Zur Vertragsfreiheit gehört auch, dass die Vertragspartner einen einmal geschlossenen Vertrag jederzeit einvernehmlich aufheben oder ändern können. Wenn Sie der Auffassung sind, dass eine bestimmte Vertragsklausel geändert werden sollte und Ihre Autoren das genauso sehen, sollten Sie den betreffenden Passus streichen und neu formulieren. Verträge können auch einvernehmlich erweitert werden, indem beispielsweise der Vertrag nachträglich um ein bestimmtes, bei Vertragabschluss nicht berücksichtigtes Nebenrecht ergänzt wird.

In der Praxis wird der weite vertragliche Gestaltungsspielraum oft durch wirtschaftliche Zwänge begrenzt. Sofern Sie in der glücklichen Lage sind, unter mehreren geeigneten Autoren auswählen zu können, werden Sie Ihre eigenen Vorstellungen vergleichsweise leicht durchsetzen und zu Papier bringen können. Dagegen wird ein Verlag, der die begehrten Übersetzungsrechte an einem neuen amerikanischen Besteller erwerben will, in aller Regel die Konditionen akzeptieren müssen, die der amerikanische Lizenzpartner für richtig hält.

Rechtliche Grenzen der Vertragsfreiheit

Der Gesetzgeber hat zum Schutz des schwächeren Vertragspartners einzelne Bestimmungen zwingend vorgeschrieben. Diese Vorschriften können weder einseitig noch im gegenseitigen Einvernehmen außer Kraft gesetzt werden. Dazu gehören allgemeine Bestimmungen wie das Verbot sittenwidriger Verträge (§ 138 BGB) oder das Verbot einer unangemessenen Benachteiligung bei der Verwendung allgemeiner Geschäftsbedingungen (§§ 307 ff. BGB). Daneben enthält das Urheberrechtsgesetz spezielle Tatbestände, die Urheber als die üblicherweise schwächeren Vertragspartner schützen. Verlage, die sich über zwingende Vorschriften hinwegsetzen oder sie aus Unkenntnis außer Acht lassen, müssen mit wirtschaftlichen Nachteilen rechnen. Im Extremfall ist der gesamte Vertrag nichtig.

ÜBERSICHT ÜBER DIE WICHTIGSTEN ZWINGENDEN VORSCHRIFTEN
• Verbot sittenwidriger Verträge (§ 138 BGB),
• Verbot einer unangemessenen Benachteiligung der Vertragspartner bei Verwendung vorformulierter Verträge (§ 307 ff. BGB),
• Grundsätzlich keine Übertragung des Urheberrechts im Ganzen (§ 29 UrhG),
• Zweckübertragungsregel (§ 31, Absatz 5, UrhG),
• Widerrufsrecht des Urhebers bei Verträgen über unbekannte Nutzungsarten (§ 31, Absatz 4, UrhG),

- Schriftform von Verträgen über künftige Werke des Urhebers, die nicht näher oder nur der Gattung nach bestimmt sind (§ 40 UrhG),
- Schriftform bei Verträgen über unbekannte Nutzungsarten (§ 31 a, 1 UrhG),
- Kündigungsmöglichkeit von Vorverträgen nach 5 Jahren (§ 40 UrhG),
- Rückrufrecht des Urhebers wegen Nichtausübung ausschließlicher Nutzungsrechte, wobei der Ausschluss dieses Rechts für nicht mehr als 5 Jahre im Voraus möglich ist (§ 41 UrhG),
- Rückrufrecht des Urhebers wegen gewandelter Überzeugung (§ 42 UrhG),
- Anspruch des Urhebers auf angemessene Vergütung und gegebenenfalls auf weitere angemessene Beteiligung (§§ 32 und 32a UrhG).

2.3.2
Urheberrechtliche Nutzungsverträge

Urheberrechtliche Nutzungsverträge bedürfen grundsätzlich keiner bestimmten Form. Das gilt beispielsweise für Verlagsverträge, die auch mündlich wirksam vereinbart werden können. Wer sich auf mündliche Absprachen verlässt, riskiert jedoch, bei einer späteren Auseinandersetzung in Beweisnot zu geraten. Schon aus diesem Grund sollten Nutzungsverträge nach Möglichkeit schriftlich abgefasst werden, besonders wenn sie wie Verlagsverträge auf einen längeren Zeitraum angelegt sind.

Manchmal geht der eigentlichen Vertragsunterzeichnung ein längerer Schriftwechsel voraus, oder es bleibt bei der im Vorfeld gewechselten Korrespondenz. Sofern Sie die Vertragsmodalitäten lediglich brieflich festhalten, sollten Ihre Autoren zum Zeichen ihres Einverständnisses eine Kopie des Schreibens unterzeichnen und an Sie zurücksenden. Kommt es zum Konflikt, kann der vorliegende Schriftverkehr die Frage klären, ob und zu welchen Bedingungen ein Vertrag zustande gekommen ist.

Aufschluss kann auch eine bestimmte Handhabung in der Praxis geben. Ein Beispiel: Autorin und Verlag haben neben anderen Punkten versäumt, die Höhe des Absatzhonorars schriftlich zu fixieren. Der Verlag überweist der Autorin seit Jahr und Tag ein Honorar in Höhe von 10 Prozent des Nettoladenpreises, das von ihr widerspruchslos entgegengenommen wurde. In diesem Fall können Sie davon ausgehen, dass ein Honorar in Höhe von 10 Prozent Vertragsinhalt geworden ist; man spricht von einem »Vertrag kraft stillschweigenden Verhaltens«. Ihre Autorin kann sich also später nicht darauf berufen, sie habe eigentlich 11 Prozent verlangen wollen.

Eine Ausnahme von der Formfreiheit macht § 40 UrhG: In dieser Vorschrift geht es um den Fall, dass ein Autor sich zur Übertragung der Nutzungsrechte an künftigen Werken verpflichtet, die überhaupt nicht näher oder nur der Gattung nach bestimmt sind. Zum Schutz des Urhebers bedarf eine solch weitreichende Verpflichtung der Schriftform. Ein Beispiel: Ein Verlag ist bereit, Zeit und Geld in einen offensichtlich talentierten, aber völlig unbekannten jungen Autor zu investieren, knüpft sein Engagement aber an die Voraussetzung, dass der Autor ihm die Rechte an künftigen Werken im Voraus einräumt. Eine solche Vereinbarung ist möglich, zum Beispiel in Form eines Vorvertrags oder Optionsvertrags; zum Schutz des Autors muss die Vereinbarung aber schriftlich abgefasst werden.

Die wichtigsten urheberrechtlichen Nutzungsverträge sind der Verlagsvertrag, der Bestell- und Werkvertrag, der Herausgebervertrag sowie der Übersetzungsvertrag.

Verlagsvertrag

Der Verlagsvertrag als wichtigster urheberrechtlicher Nutzungsvertrag ist in einem eigenen Gesetz geregelt, nämlich dem Verlagsgesetz aus dem Jahr 1901. Es behandelt die rechtlichen Beziehungen zwischen Autor und Verlag. Die meisten Paragrafen des Verlagsgesetzes können durch anders lautende Regelungen ersetzt werden. Folglich weichen die meisten Verlagsverträge in der Praxis zulässigerweise vom Verlagsgesetz ab. Eine uneingeschränkte Geltung des Gesetzes hätte für Verlage nachteilige Folgen: Diese wären etwa nur zur Vervielfältigung und Verbreitung des Werks in gedruckter Form berechtigt, während die wirtschaftlich wertvollen Nebenrechte beim Autor verblieben.

Der Verlagsvertrag begründet für Autoren und Verlage wechselseitige Pflichten: Autoren müssen dem Verlag ein Manuskript zur Vervielfältigung und Verbreitung überlassen und ihm die entsprechenden Nutzungsrechte einräumen. Im Gegenzug geht der Verlag die Verpflichtung ein, das Werk auf eigenes wirtschaftliches Risiko zu verwerten (§ 1 VerlagsG). Die Veröffentlichungspflicht des Verlags ist ein charakteristisches Merkmal des Verlagsvertrags. Trifft den Verlag keine Verwertungspflicht, liegt ein anderer Vertragstyp vor, häufig ein Bestell- oder Werkvertrag.

Die Veröffentlichungspflicht besteht auch beim Verlagsvertrag nicht uneingeschränkt: So bezieht sich die Publikationspflicht in der Regel nur auf die erste Auflage. Ist der Verlag wie üblich zur Veranstaltung einer Neuauflage berechtigt, kann er von diesem Recht zwar Gebrauch machen, muss es aber nicht. Ist die Auflage vergriffen, können die Autoren dem Verlag eine angemessene Frist zur Veröffentlichung einer Neuauflage setzen und vom Vertrag zurücktreten, sobald die Frist ergebnislos verstrichen ist (§ 17 VerlagsG). Entgegen einem weit verbreiteten Irrtum fallen die Rechte bei Vergriffensein also nicht automatisch an die Autoren zurück.

Von einer Veröffentlichung können Sie auch dann Abstand nehmen, wenn das Manuskript fehlerhaft ist und die Autoren die bestehenden Mängel nicht innerhalb angemessener Frist ausbessern (§ 31 VerlagsG). Beachten Sie jedoch: Ein Rücktrittsrecht besteht nur, wenn das Werk fehlerhaft ist, wenn es also objektive Mängel aufweist oder von dem abweicht, was Sie vertraglich vereinbart haben. Unter diesem Gesichtspunkt ist es empfehlenswert, im Vertrag möglichst konkrete Angaben zur Beschaffenheit des Werks zu machen. Die meisten Verlagsverträge enthalten außerdem eine Regelung, nach der sich der Verlag intensiv um eine Verwertung der übertragenen Nebenrechte bemühen muss. Das gilt auch für § 5, Absatz 1, des Normvertrags für den Abschluss von Verlagsverträgen, den Sie unter WWW.BOERSENVEREIN.DE abrufen können.

Normvertrag für den Abschluss von Verlagsverträgen

Im Belletristik- und Sachbuchbereich haben der Normvertrag für den Abschluss von Verlagsverträgen, im Fachbuch- und Wissenschaftsbereich die Vertragsnormen für wissenschaftliche Verlagswerke große Bedeutung erlangt. Die Normverträge enthalten im Prinzip alle regelungsbedürftigen Punkte – angefangen vom Vertragsgegenstand bis hin zu den Voraussetzungen, unter denen schlecht verkäufliche Bücher verramscht werden dürfen. Die Vertragsmuster im Wissenschaftsbereich enthalten zusätzliche Regelungen, zum Beispiel über die Handhabung bei Neuauflagen oder die Zusammenarbeit mehrerer Autoren.

Die Normverträge sind als Grundlage für eigene Vereinbarungen gut geeignet. Allerdings ist der Normvertrag für den Abschluss von Verlagsverträgen hinsichtlich des Rechtekatalogs regelmäßig ergänzungsbedürftig, denn er berücksichtigt nur die so genannten Offline-Rechte, also das Recht, ein Werk digital auf einem körperlichen Datenträger zu nutzen, beispielsweise auf CD-ROM oder DVD. Dagegen ist das Recht der öffentlichen Zugänglichmachung nicht erfasst, also das Recht, das Werk in unkörperlicher Form zu nutzen. Wer beabsichtigt, ein Werk als E-Book herauszubringen oder im Rahmen einer Smartphone-Anwendung zu vermarkten, sollte es daher nicht versäumen, den Rechtekatalog um die einschlägigen digitalen Nutzungsrechte zu erweitern. Auch andere Rechte fehlen, die im Einzelfall Bedeutung haben, zum Beispiel das Merchandising-Recht.

Viele Verlagsverträge jüngeren Datums weichen insofern von der Systematik des Normvertrags ab, als sie nicht mehr zwischen Haupt- und Nebenrecht unterscheiden. Davon abgesehen können Musterverträge naturgemäß nicht allen Besonderheiten des Einzelfalls Rechnung tragen. Deshalb müssen Sie Detailangaben zum Vertragsgegenstand, terminliche

Vorgaben oder Angaben zu Art und Höhe des Autorenhonorars immer individuell ergänzen.

NORMVERTRÄGE

Die Normverträge sind auf der Internetseite des Börsenvereins für jedermann zugänglich (WWW.BOERSENVEREIN.DE). Für Mitgliedsverlage hält die Rechtsabteilung des Börsenvereins außerdem eine Vielzahl weiterer Musterverträge bereit, unter anderem einen ausführlichen Verlagsvertrag, der in Abweichung zum Normvertrag nicht mehr zwischen Haupt- und Nebenrecht unterscheidet. Die Vertragsnormen enthalten auch einen Revers für die Einräumung von Rechten an Zeitschriftenbeträgen.

Bestell- und Werkvertrag

Ein Bestellvertrag liegt vor, wenn der Verlag einem Dritten den Inhalt eines Werks sowie einen genauen Plan über die Art und Weise der Darstellung exakt vorschreibt (§ 47 VerlagsG). Beispiele: Ein Autor wird mit der Kommentierung von bestimmten Gesetzesvorschriften beauftragt, wobei ihm genaue Vorgaben über Art und Methode der Erläuterung gemacht werden; die Tätigkeit einer Autorin beschränkt sich auf die Mitarbeit an einer Enzyklopädie oder auf Hilfs- und Nebenarbeiten für das Werk anderer.

CHECKLISTE: BESTELLVERTRAG
• Bestimmung des Vertragsgegenstands,
• Vorgaben hinsichtlich Beschaffenheit und Umfang,
• Vereinbarung zeitlicher Vorgaben,
• Umfang der Rechteübertragung,
• Regelungen zur Neubearbeitung,
• Regelungen zur Urhebernennung,
• Festlegung von Honorar und Ausfallhonorar,
• Regelung für die Verramschung,
• Vereinbarung einer Publikationspflicht oder des Verzichts darauf.

Haben Autoren ein Werk zwar im Auftrag des Verlags, aber ohne detaillierte Vorgaben geschaffen, und behält sich der Verlag vor, von einer Veröffentlichung abzusehen, liegt kein Bestellvertrag, sondern ein Werkvertrag vor. Im Ergebnis laufen beide Sachverhalte auf das Gleiche hinaus:

Bestell- und Werkvertrag verpflichten den Verleger zur Zahlung einer angemessenen Vergütung, nicht aber zur Vervielfältigung und Verbreitung des Werks – im Unterschied zum Verlagsvertrag.

Wenn Sie sich offen halten möchten, ob Sie ein Werk publizieren, Ihre Autoren aber trotzdem vertraglich binden wollen, sollten Sie den Abschluss eines Werkvertrags in Betracht ziehen. Werkverträge werden vor allem bei Sach- und Fachbüchern geschlossen, besonders bei Sammel- und Mehrautorenwerken, aber auch Verträge mit Illustratoren oder Grafikern sind häufig als Bestell- oder Werkverträge gestaltet.

Vorsorglich sollten Sie die fehlende Publikationspflicht im Vertrag ausdrücklich erwähnen. So vermeiden Sie im Streitfall Auslegungsschwierigkeiten. Denken Sie auch daran, sich alle notwendigen urheberrechtlichen Nutzungsrechte einräumen zulassen. Selbst bei Auftragswerken mit engen Vorgaben bleibt dem Auftragnehmer oft ein eigener schöpferischer Spielraum, sodass in seiner Person ein Urheberrecht entsteht. Wenn Sie das Werk exklusiv nutzen wollen, sollten Sie dies ebenfalls ausdrücklich festhalten. Während der Autor das Verlagsrecht beim Verlagsvertrag als ausschließliches Recht überträgt, ist dies beim Bestellvertrag nicht zwangsläufig so. Wichtig ist außerdem eine Vereinbarung über Art und Höhe des Autorenhonorars, einschließlich einer Regelung für den Fall, dass Sie von einer Veröffentlichung absehen wollen (Ausfallhonorar).

WERKVERTRÄGE

Die Vertragsnormen für wissenschaftliche Verlagswerke enthalten unter anderem das Muster eines Werkvertrags über einen wissenschaftlichen Beitrag zu einer Sammlung. Den Vertrag können Sie unter der Internetadresse des Börsenvereins WWW.BOERSENVEREIN.DE abrufen.

Herausgebervertrag

Der Begriff des Herausgebers ist im Verlagswesen nicht einheitlich definiert. Ebenso wenig lässt sich die Arbeit von Herausgebern auf einen gemeinsamen Nenner bringen. Im Fachbuch- und Wissenschaftsbereich besteht die Aufgabe von Herausgebern häufig darin, ein Sammelwerk nach bestimmten inhaltlichen und ordnenden Kriterien zusammenzustellen. Tun sie dies auf schöpferische Weise, steht ihnen ein eigenes Herausgeber-Urheberrecht zu. Beschränkt sich die Tätigkeit des Herausgebers dagegen auf ein bloßes alphabetisches oder chronologisches Anordnen, entsteht kein eigenes Herausgeber-Urheberrecht. Mitunter besteht die Tätigkeit der oft prominenten Herausgeber darin, einem Verlagsobjekt ihren Namen zu leihen oder ein Vorwort zu verfassen, in dem auf die Bedeutung der folgenden Abhandlung hingewiesen wird. Ein eigenes Herausgeber-Urheberrecht am Gesamtwerk entsteht auch in diesem Fall nicht.

Wegen der unterschiedlichen Funktion von Herausgebern sind auch die Rechtsbeziehungen zwischen Herausgebern, Autoren und Verlag von Fall zu Fall unterschiedlich. Bevor Sie auf ein bestimmtes Vertragsmuster zugreifen, sollten Sie überlegen, wie die Aufgabenverteilung in Ihrem konkreten Fall aussehen wird: Haben Sie oder Ihr Verlag das Buchprojekt initiiert? Übernimmt der Verlag die Gesamtplanung und trägt das finanzielle Risiko? In diesem Fall ist der Verlag so genannter »Herr des Unternehmens« und zieht die Herausgeber als Dienstleister heran. Der Herausgebervertrag sollte deshalb ein Bestell-, Werk- oder Dienstvertrag sein. Im anderen Fall sind die Herausgeber »Herr des Unternehmens«, die die Durchführung ihres Vorhabens auf den Verlag übertragen – ähnlich wie Autoren im Verlagsvertrag. Zwischen beiden Extremen sind verschiedene Varianten denkbar, die den Aufgaben der beiden Vertragspartner im Einzelfall Rechung tragen.

Vom Herausgebervertrag sind die Verträge mit den einzelnen Beiträgern zu unterscheiden. Häufig schließt der Herausgeber die Verträge im Namen des Verlags, sodass die Verträge unmittelbar zwischen Autoren und Verlag zustande kommen. Die Verträge mit den Beiträgern sind oft als Bestell- oder Werkverträge ausgestaltet.

HERAUSGEBERVERTRÄGE

Es gibt keinen einheitlichen Herausgebervertrag. Bevor Sie einen vorformulierten Mustervertrag verwenden, sollten Sie sich vergewissern, dass er Ihren Interessen entspricht. Die Vertragsnormen für wissenschaftliche Verlagswerke enthalten unter anderem das Muster eines Herausgebervertrags über ein wissenschaftliches Werk mit mehreren Autoren. Dieses Vertragsmuster belässt Ihnen die Möglichkeit, die Frage des »Rechts am Unternehmen« individuell zu regeln (siehe § 7, Absatz 2, des Herausgebervertrags).

Übersetzungsvertrag

Ein Übersetzungsvertrag regelt die vertragliche Beziehung zwischen Übersetzern und Verlag. Vertragsgegenstand ist die (deutsche) Übersetzung eines in der Regel bereits existierenden fremdsprachigen Werks. Im Rahmen des Vertrags übertragen die Übersetzer ihr Übersetzer-Urheberrecht auf den Verlag. Übersetzungsverträge sind in der Regel Verlagsverträge mit einer entsprechenden Publikationspflicht, aber genauso ist der Abschluss eines Bestell- oder Werkvertrags denkbar. Weil der Verlag die Übersetzung eines Werks nur mit Einwilligung des Originalautors oder -verlags veröffentlichen und verwerten darf, müssen Sie sowohl mit den Übersetzern als auch mit den Inhabern der Originalrechte einen urheberrechtlichen Nutzungsvertrag abschließen.

ÜBERSETZUNGSVERTRÄGE
Den Normvertrag für den Abschluss von Übersetzungsverträgen finden Sie im Internet unter WWW.BOERSENVEREIN.DE.

2.3.3
Rechteeinräumung

Dreh- und Angelpunkt urheberrechtlicher Nutzungsverträge ist die Regelung der Rechteübertragung. Denn ein Verlag kann ein Werk nur in dem Umfang auswerten, in dem er zuvor entsprechende Rechte erworben hat. Um also ein Verlagsprojekt ohne Rechtsverstöße verwirklichen zu können, müssen Sie zumindest die Rechte erwerben, die für die Durchführung Ihres Vorhabens zwingend erforderlich sind. Welche Rechte dies sind und von wem sie erworben werden müssen, hängt vom Einzelfall ab. Bei der Veröffentlichung von Schriftwerken steht das Recht zur Vervielfältigung und Verbreitung, üblicherweise in gedruckter Form, im Vordergrund. Wenn Sie beabsichtigen, das Werk auf CD-ROM oder über eine Datenbank zu vermarkten, müssen Sie auch diese Rechte erwerben. Gerade bei Multimedia-Produktion müssen Sie unter Umständen eine Vielzahl verschiedener Rechte von unterschiedlichen Rechteinhabern einholen – manch ein Verlag kapituliert vor dieser Aufgabe.

Beim Abschluss von Verlags- und Bestellverträgen sind Verlage bestrebt, die Rechte möglichst vollständig zu erwerben. Grundsätzlich ist das für beide Seiten sinnvoll. Denn normalerweise bemühen sich Verlage, sämtliche eingeräumten Nutzungsrechte optimal auszuwerten – im eigenen Interesse und dem ihrer Autoren, die von den Nebenrechtserlösen anteilig profitieren. Autoren können Nutzungsrechte jedoch einzeln zurückrufen, wenn sich der Verlag nicht hinreichend um deren Auswertung bemüht und dadurch die Interessen seiner Autoren verletzt (§ 41 UrhG, siehe auch § 5, Absatz 1, Autorennormvertrag). So gesehen können Verlage gezwungen sein, wirtschaftlich wertvolle Nebenrechte zeitnah auszuüben. Nach § 41, Absatz 2, allerdings kann der Rückruf grundsätzlich nicht vor Ablauf von zwei Jahren seit Einräumung des Rechts erfolgen.

RÜCKRUFSRECHT WEGEN NICHTAUSÜBUNG (§ 41 URHG)

(1) Übt der Inhaber eines ausschließlichen Nutzungsrechts das Recht nicht oder nur unzureichend aus und werden dadurch berechtigte Interessen des Urhebers erheblich verletzt, so kann dieser das Nutzungsrecht zurückrufen. Dies gilt nicht, wenn die Nichtausübung oder die unzureichende Ausübung des Nutzungsrechts überwiegend auf Umständen beruht, deren Behebung dem Urheber zuzumuten ist.

(2) Das Rückrufsrecht kann nicht vor Ablauf von zwei Jahren seit Einräumung oder Übertragung des Nutzungsrechts oder, wenn das Werk später abgeliefert wird, seit der Ablieferung geltend gemacht werden. Bei einem Beitrag zu einer Zeitung beträgt die Frist drei Monate, bei einem Beitrag zu einer Zeitschrift, die monatlich oder in kürzeren Abständen erscheint, sechs Monate und bei einem Beitrag zu anderen Zeitschriften ein Jahr.

(3) Der Rückruf kann erst erklärt werden, nachdem der Urheber dem Inhaber des Nutzungsrechts unter Ankündigung des Rückrufs eine angemessene Nachfrist zur zureichenden Ausübung des Nutzungsrechts bestimmt hat. Der Bestimmung der Nachfrist bedarf es nicht, wenn die Ausübung des Nutzungsrechts seinem Inhaber unmöglich ist oder von ihm verweigert wird oder wenn durch die Gewährung einer Nachfrist überwiegende Interessen des Urhebers gefährdet würden.

(4) Auf das Rückrufsrecht kann im Voraus nicht verzichtet werden. Seine Ausübung kann im Voraus für mehr als fünf Jahre nicht ausgeschlossen werden.

(5) Mit Wirksamwerden des Rückrufs erlischt das Nutzungsrecht.

(6) Der Urheber hat den Betroffenen zu entschädigen, wenn und soweit es der Billigkeit entspricht.

(7) Rechte und Ansprüche der Beteiligten nach anderen gesetzlichen Vorschriften bleiben unberührt.

Haupt- und Nebenrecht

Unter Hauptrecht versteht man herkömmlicherweise das Recht, ein Werk als Hardcover-Ausgabe zu vervielfältigen und zu verbreiten, während unter den Begriff des Nebenrechts sämtliche verbleibenden Rechte fallen, angefangen beim Recht, das Werk als Taschenbuch zu publizieren, bis zum Verfilmungsrecht. Der juristische Unterschied zwischen Haupt- und Nebenrecht liegt darin, dass der Verleger ein als Hauptrecht bezeichnetes Recht auswerten muss, und zwar im eigenen Verlag, während er sich um die Auswertung der Nebenrechte nur bemühen muss; auch darf die Auswertung im Wege der Lizenzvergabe an Dritte erfolgen.

Die Einteilung urheberechtlicher Nutzungsrechte in Haupt- und Nebenrechte ist kein starres System. Vielmehr steht es den Vertragspartnern frei, im Verlagsvertrag ein klassisches Nebenrecht als Hauptrecht zu bezeichnen und umgekehrt. So kommt es nicht selten vor, dass ein Werk nur als Taschenbuch erscheint, nicht aber als Hardcover-Ausgabe. Die digitalen Nutzungsrechte lassen sich von vornherein in keine der beiden Kategorien einordnen.

Vor diesem Hintergrund wird in Verlagsverträgen zunehmend auf die Einteilung in Haupt- und Nebenrecht verzichtet. Stattdessen wird nur noch allgemein von Nutzungsrechten gesprochen, die der Verlag selbst oder im Wege der Lizenzvergabe auswerten darf. Ein weiterer Vorteil dieser Vertragstechnik liegt darin, dass sie eine nahtlose Bezugnahme auf die Vergütungsregelung ermöglicht, in der ebenfalls zwischen verlagseigener und verlagsfremder Auswertung unterschieden wird.

Ganz entbehrlich ist eine Klassifizierung der Nutzungsrechte aber nicht. So ist es auch aus Verlagssicht wichtig, vertraglich festzulegen, wie der Verlag seiner Veröffentlichungspflicht nachkommt. So können die Vertragspartner eine konkrete Ausgabeform bestimmen, zum Beispiel Hardcover, Taschenbuch oder E-Book, oder sich darauf einigen, dass der Verlag unter verschiedenen Ausgabeformen wählen kann.

Zweckübertragungsregel

Das Urheberrechtsgesetz sieht weitere zwingende Bestimmungen vor, die Urheber vor einem Ausverkauf ihrer Rechte schützen. Eine dieser Vorschriften ist der so genannte Zweckübertragungsgrundsatz (§ 31, Absatz 5, UrhG). Er besagt, dass sich bei der Einräumung von Nutzungsrechten der Rechteumfang aus dem Vertragszweck ergibt, sofern die Nutzungsrechte nicht einzeln aufgeführt sind. Dieser Grundsatz ist für Verlage tendenziell nachteilig. Ergibt sich nämlich aus dem Vertragszweck, der durch den Vertrag, Nebenabreden oder Branchenübung bestimmt wird, nichts anderes, erwirbt der Verlag nur das notwenige Minimum an Rechten.

Sie können diese Rechtsfolge vermeiden, indem sie im Vertrag für klare Verhältnisse sorgen. Das funktioniert am besten, wenn Sie sämtliche relevanten Nutzungsrechte und Nutzungsarten einzeln auflisten. Vielleicht haben Sie sich schon einmal über die vielen Details in Nebenrechtskatalogen gewundert: Hintergrund ist die Zweckübertragungsregel. Alternativ oder zusätzlich können Sie versuchen, den Vertragszweck möglichst genau zu beschreiben. Meist empfiehlt es sich, beide Methoden miteinander zu kombinieren.

Digitale Nutzungsrechte

Viele Wissenschaftsverlage verwerten die Werke ihrer Autoren schon lange in digitaler Form – häufig auf Grundlage ausgeklügelter Lizenzmodelle. Aber auch Publikumsverlage ziehen nach: Wenn nicht schon erste Erfahrungen mit digitalen Produkten vorliegen, so wird eine solche Verwertung zumindest in Betracht gezogen. Wenn auch Sie eine digitale Nutzung beabsichtigen, sollten Sie mit Blick auf die Zweckübertragungstheorie jede in Betracht kommende Nutzungsform im Verlagsvertrag aufführen.

Wichtig ist, zwischen Offline- und Online-Nutzung, also zwischen einer Nutzung in körperlicher und unkörperlicher Form, zu unterscheiden. Darüber hinaus erscheint eine weitere Differenzierung bei der Online-Nutzung geboten: Die Nutzung von Werken oder Werkteilen im Rahmen elektronischer Datenbanken sollte ebenso angeführt werden wie die Bereitstellung des Werks im Internet zum individuellen Abruf. Empfehlenswert ist dabei die beispielhafte Aufzählung verschiedener Produktformen wie E-Book oder Smartphone-App. Viele Verträge enthalten zudem Details zu möglichen Übertragungswegen und Endgeräten, zum Beispiel PC, MP3-Player, Smartphone oder Whiteboard.

Bei den digitalen Nutzungsrechten sollte zweckmäßigerweise, wie bereits erwähnt, auf eine Klassifizierung in Haupt- oder Nebenrecht verzichtet werden. Stattdessen sollte sich der Verlag das Recht vorbehalten, die digitalen Rechte wahlweise selbst oder im Wege der Lizenzvergabe auszuüben.

Besonderes Augenmerk sollten Sie auf die Einholung von Bearbeitungsrechten legen, denn digitale Produkte bieten häufig viel mehr Möglichkeiten als gedruckte Bücher (Kapitel 1.1.4). Oft sind durch entsprechende Zusatzfunktionen Urheberpersönlichkeitsrechte berührt. So bedarf es im Zweifel der ausdrücklichen Zustimmung des Urhebers, wenn Werke nur ausschnittsweise wiedergegeben oder mit Werken anderer Urheber verbunden werden sollen. Neben dem Recht zur ausschnittsweisen Wiedergabe und zur Werkverbindung kommen das Recht zu Indizierung und Verlinkung in Betracht sowie das Recht, das Werk für eine interaktive Nutzung aufzubereiten.

Denken Sie außerdem daran, umfassende Werberechte einzuholen. Zwar dürfen Verlage kurze Lese- oder Hörproben der verlegten Werke auch dann auf der eigenen Internetseite zugänglich machen, wenn dies nicht ausdrücklich im Vertrag festgehalten wurde. Im Zweifel gilt dies aber nicht, wenn Dritte, zum Beispiel Online-Buchhandlungen oder Unternehmen wie Google, Werke oder Werkteile im Rahmen von Angeboten wie »Search inside« zugänglich machen.

Verträge über unbekannte Nutzungsarten

Seit 1. Januar 2008 können in schriftlichen Verträgen Nutzungsrechte wirksam übertragen werden, die erst nach Vertragsschluss durch technische Neuentwicklungen entstehen (§ 31 a UrhG). Das war vorher nicht möglich. Zuvor konnten Urheber Rechte nur an solchen Nutzungsarten übertragen, die bereits bekannt waren; weitergehende Rechteübertragungen waren unwirksam.

Ein Beispiel: Die Verlagsbranche hat das Internet als ernstzunehmende Verwertungsmöglichkeit erst zu einem recht späten Zeitpunkt für sich entdeckt, nach allgemeiner Auffassung erst im Jahre 1995. Daher können vor 1995 abgeschlossene Verträge die so genannten Internetrechte nicht abdecken, gleichgültig wie der Vertragstext im Einzelnen aussieht.

Das Verbot der Übertragung von Rechten an unbekannten Nutzungsarten hat Verlage in der Vergangenheit vor große praktische Probleme gestellt, insbesondere dann, wenn sie ein in Printform veröffentlichtes Werk digital verwerten wollten. Sofern Verträge die digitalen Rechte nicht berücksichtigten, was häufig der Fall war, mussten die Rechte nachträglich eingeholt werden – bei Mehrautorenwerken oder Sammelwerken häufig ein hoffnungsloses Unterfangen.

Die Neuregelung bedeutet aus Sicht der Verlage daher einen Fortschritt, besitzt allerdings auch Tücken: Hat sich nämlich nach Vertragsschluss eine neue Nutzungsart etabliert und will der Verlag das Werk entsprechend auswerten, muss er den Urheber hierüber informieren. Der Urheber hat dann die Möglichkeit, die Rechteeinräumung binnen drei Monaten nach Eingang der Mitteilung zu widerrufen. Das Widerrufsrecht ist gesetzlich zwingend und erlöscht erst mit dem Tod des Urhebers. Außerdem hat der Urheber hinsichtlich der neuen Nutzungsart einen Anspruch auf angemessene Vergütung. Es empfiehlt sich, die Mitteilung über die beabsichtigte Nutzung mit dem Angebot einer Vergütungsvereinbarung zu verbinden.

Die neue Regelung hat Rückwirkung für Altverträge, die zwischen dem 1. Januar 1966 und dem 31. Dezember 2007 abgeschlossen wurden (§ 137 l UrhG). Danach kann ein Verlag das Werk – häufig ist von so genannten Archivwerken die Rede – ohne ausdrückliche Regelung mit dem Urheber oder seinen Erben nutzen, wenn die Nutzungsart erst nach Vertragsschluss bekannt geworden ist, dem Verlag alle »wesentlichen Nutzungsrechte« vollumfänglich eingeräumt wurden und der Urheber der Nutzung nicht bis zum 31. Dezember 2008 widersprochen hat. Anstatt Rückgriff auf die Vorschrift des § 137f UrhG zu nehmen, kann der Verlag versuchen, die erforderlichen Rechte nachzuverhandeln. In beiden Fällen hat der Urheber Anspruch auf eine angemessene Vergütung, wobei im ersten Fall die VG Wort für die Geltendmachung dieses Anspruchs zuständig ist. Verlage, die von der Regelung des § 137l UrhG Gebrauch machen wollen, ohne einen neuen Vertrag mit dem Urheber abzuschließen, sollten sich mit dem Gesamtvertrag vertraut machen, den der Börsenverein mit der VG Wort ausgehandelt hat. Diese Vereinbarung enthält unter anderem Honorarregelungen für E-Books.

2.3.4
Urhebervergütung

Seit 1. Juli 2002 hat der Urheber das Recht, gegenüber dem Verlag eine Erhöhung der vereinbarten Vergütung zu verlangen, wenn diese nicht »angemessen« ist. Dies darf allerdings nicht zu der Annahme verleiten, in der Verlagsbranche gäbe es ein feststehendes Tarifsystem. Im Grundsatz ist die Urhebervergütung frei verhandelbar.

Absatz- und Pauschalhonorar

Absatz- und Pauschalhonorar sind die geläufigsten Honorararten. Beim Absatzhonorar sind die Urheber unmittelbar an den Erträgen der Werknutzung beteiligt und teilen so gewissermaßen Erfolg oder Misserfolg ihres Werks. In Verlagsverträgen wird in der Regel eine Umsatzbeteiligung der Autoren an den Verkäufen vereinbart. Das Honorar besteht üblicherweise in einem bestimmten Prozentsatz vom Nettoladen- oder vom Verlagsabgabepreis der verkauften und bezahlten Exemplare. Beim Pauschalhonorar erhalten die Urheber einmal oder wiederkehrend einen feststehenden Betrag. Für die Autoren muss das nicht nachteilig sein. Im Gegenteil: Sind die Absatzchancen des Werks bei Vertragsschluss ungewiss, stehen die Autoren mit einem Pauschalhonorar unter Umständen besser da.

Ein Pauschalhonorar bietet sich besonders dann an, wenn Inhalt und Umfang des Werks von vornherein feststehen. Beispiele hierfür sind: Ein Autor verfasst einen Beitrag für ein medizinisches Nachschlagewerk, an dem noch weitere Verfasser mitwirken, oder eine Grafikerin fertigt eine Skizze für ein Fachbuch an. Auch einfache Abdrucklizenzen werden häufig pauschal abgegolten.

Absatz- und Pauschalhonorar können miteinander kombiniert werden, indem ein Autor beispielsweise bei Vertragsschluss oder Manuskriptablieferung eine feststehende Summe erhält sowie ein Absatzhonorar ab einer bestimmten Zahl verkaufter Bücher. Bei schwer verwertbaren wissenschaftlichen Werken oder bei so genannten Vanity-Publikationen, die nicht von öffentlichem Interesse sind, kommt es mitunter vor, dass Autoren ganz auf ihr Honorar verzichten oder sich sogar an den Herstellkosten des Verlags beteiligen (Druckkostenzuschuss).

Höhe des Autorenhonorars

Ebenso wie die Honorarart ist auch die Höhe der Urhebervergütung grundsätzlich frei verhandelbar. Es gibt also keine verbindlichen Vergütungssätze, an die Sie sich zwingend halten müssten. Wie viel Sie Ihren Autoren zahlen, hängt in erster Linie von Ihren kalkulatorischen Vorgaben ab. Vor diesem Hintergrund sind bestimmte Eckdaten entstanden, die bei der Urhebervergütung regelmäßig zugrunde gelegt werden. Feststehende Tarife gibt es für Verwertungsgesellschaften; größere praktische Bedeutung haben für Fotografen die Honorarempfehlungen der Mittelstandsgemeinschaft Foto-Marketing des Bundesverbands der Pressebild-Agenturen und Bildarchive (BVPA) erlangt.

Anspruch auf angemessene Vergütung

Der Urheber hat einen Anspruch auf nachträgliche Anpassung seines Honorars, wenn die vereinbarte Vergütung zum Zeitpunkt des Vertragsschlusses unangemessen niedrig war (§ 32 UrhG). Was angemessen ist und was nicht, bestimmt sich nach Branchenübung und Redlichkeit. Bewegt sich die Vergütung im Rahmen dessen, was bei vergleichbaren Werken üblicher- und redlicherweise gezahlt wird, ist die Vergütung angemessen. Dabei müssen die besonderen Umstände des Einzelfalls berücksichtigt werden. In besonders gelagerten Fällen, zum Beispiel im Wissenschaftsbereich, kann die angemessene Vergütung sogar auf Null schrumpfen.

Zur Bestimmung der Angemessenheit von Honoraren können Urhebervereinigungen mit einzelnen Verwertern oder deren Vereinigungen gemeinsame Vergütungsregeln aufstellen (§ 36 UrhG). Bislang existieren solche gemeinsamen Vergütungsregeln in der Verlagsbranche nicht. Eine Ausnahme bilden Vergütungsregeln, die der Verband Deutscher Schriftsteller (VS) in der Dienstleistungsgewerkschaft Verdi und einige deutsche Publikumsverlage im Jahre 2005 für Autoren belletristischer Verlage abgeschlossen haben. Danach liegt der Richtwert bei Hardcover-Ausgaben bei 10 Prozent vom Nettoverkaufspreis; Abweichungen nach oben und unten sind im konkreten Fall möglich. Bei Taschenbuch-Ausgaben liegt das Honorar von vornherein niedriger.

Die meisten Autoren erhalten eine prozentuale Beteiligung, die in aller Regel auch vom Prozentsatz her angemessen ist. Gerichtliche Auseinandersetzungen hat es in diesem Bereich nicht gegeben – von einer Ausnahme abgesehen. Besonderes Augenmerk sollten Verlage allerdings auf so genannte Buy-out-Verträge legen. Von Buy-out-Verträgen spricht man dann, wenn sämtliche Nutzungsrechte auf den Verlag übertragen werden und der Urheber dafür eine einmalige Pauschalsumme erhält. Solche Absprachen können zwar nicht grundsätzlich als unangemessen angesehen werden und lösen auch nicht automatisch Anpassungsansprüche des Autors aus, vielmehr kommt es auch hier auf die Umstände des Einzelfalls an. Stellt die Verwertung des Werks für den Verlag eine laufende Einnahmequelle dar, spricht dies allerdings für die Unzulässigkeit einer rein pauschalen Vergütung. Bei Werken, an denen mehrere Urheber mitgewirkt haben, wird es auch darauf ankommen, ob der Urheber einen wesentlichen oder eher untergeordneten Beitrag geleistet hat. Je stärker der Urheber das Werk mitgeprägt hat, desto eher wird eine ausschließlich pauschale Vergütung unangemessen sein. In vielen Fällen bietet es sich an, eine pauschale und absatzorientierte Vergütung in der Weise miteinander zu verknüpfen, dass der Urheber zunächst eine feststehende Summe erhält, jedoch ab einer bestimmten Anzahl verkaufter Exemplare prozentual beteiligt wird. Auch ist denkbar, dass der Urheber unter bestimmten Voraussetzungen eine weitere Pauschalvergütung erhält.

Übersetzervergütung

Eine besondere Situation ergibt sich in Hinsicht auf literarische Übersetzer, die für ihre anspruchsvolle Arbeit häufig pauschal abgegolten wurden. Hintergrund für diese Praxis sind die oft beträchtlichen Summen, die Verlage für den Erwerb von Übersetzungslizenzen zahlen – insbesondere aus dem angloamerikanischen Raum – und die einen Großteil des zur Verfügung stehenden Budgets aufzehren. Die Literaturübersetzer haben die seit 2002 geltende Neuregelung zum Anlass genommen, die Übersetzervergütung auf den Prüfstand zu stellen.

Mittlerweile liegen zwei Grundsatzurteile des Bundesgerichtshofs vor, die ungewöhnlich klare Vorgaben zur Übersetzervergütung machen. Danach kann der Übersetzer neben dem üblichen Normseitenhonorar in der Regel ab dem 5.001. verkauften Exemplar eine prozentuale Beteiligung an den Nettoumsatzerlösen verlangen, deren Höhe einem Fünftel des in den Vergütungsregeln Belletristik festgelegten Autorenhonorars entspricht. Erhält der Übersetzer ein Seitenhonorar in üblicher Höhe, ist ein Abschlag von 60 Prozent vorzunehmen, sodass sich die Sätze auf 0,8 Prozent für Hardcover-Ausgaben und 0,4 Prozent für Taschenbuch-Ausgaben reduzieren. Nach einer weiteren Entscheidung des Bundesgerichtshofs haben Übersetzer Anspruch auf angemessene Beteiligung an

Erlösen, die der Verlag durch die Vergabe von Lizenzen, beispielsweise an einen Taschenbuchverlag, erzielt. Dabei soll die Beteiligung ebenfalls ein Fünftel der Beteiligung des Autors des fremdsprachigen Werkes an diesen Erlösen betragen. Bei Publikumsverlagen und ihrer Interessenvertretung sind diese Urteile auf Kritik gestoßen, unter anderem wegen einer befürchteten Verteuerung von Büchern. Ein großer deutscher Publikumsverlag hat mit Unterstützung des Börsenvereins Verfassungsbeschwerde gegen diese Rechtsprechung eingelegt.

Eine weitere zwingende Regelung im Urheberrechtsgesetz ist der Anspruch auf weitere Beteiligung des Urhebers (§ 32a UrhG). Es handelt sich um eine verschärfte Fassung des schon früher bekannten Bestseller-Paragrafen. Danach kann der Urheber eine Nachvergütung beziehungsweise eine zusätzliche angemessene Beteiligung verlangen, wenn sein Honorar in ein auffälliges Missverhältnis zum wirtschaftlichen Erfolg der Werknutzung gerät.

2.3.5
Problemfälle

Lektoren kommen bei ihrer Arbeit in vielfältiger Weise mit juristischen Fragen in Berührung. Trotzdem gelingt es Verlagen in den meisten Fällen, Bücher ohne rechtliche Händel auf den Markt zu bringen und dort zu belassen. Manchmal aber laufen die Dinge nicht so, wie sie sollten, und rechtliche Schritte erscheinen unvermeidlich.

Verträge werden nicht erfüllt

Wenn Verträge nicht erfüllt werden, sprechen Juristen von Leistungsstörung. Es gibt im engeren Sinne drei Formen von Leistungsstörungen: Die Vertragspartner leisten zu spät, sie leisten mangelhaft oder sie leisten überhaupt nicht, weil ihnen die Leistung unmöglich war oder geworden ist.

Wenn Ihre Autorin ein Manuskript bis Mitte des Jahres abliefern soll und Sie noch Monate später auf den Sankt Nimmerleinstag vertröstet, befindet sich Ihre Autorin im Verzug. Wenn sie statt vereinbarter hundert Seiten zweihundert Seiten abliefert, liegt ein Mangel vor. In beiden Fällen müssen Sie nicht tatenlos zusehen, sondern können geeignete Gegenmaßnahmen ergreifen. Die Wichtigsten: Sie fordern Ihre Autorin auf, das Manuskript bis zu einem bestimmten Datum abzuliefern oder innerhalb einer angemessenen Nachfrist zu kürzen. Wenn die Autorin dieser Aufforderung nicht fristgerecht nachkommt, haben Sie die Möglichkeit, vom Vertrag zurückzutreten oder Schadenersatz zu verlangen. Ohne vorherige Fristsetzung sind Rücktritt und Schadenersatz unwirksam; nur in wenigen Ausnahmefällen ist eine Nachfrist entbehrlich. Beim Verlagsvertrag müssen Sie die Nachfristsetzung zudem mit einer so genannten Ablehnungsandrohung verbinden, indem Sie Ihrer Autorin klar zu erkennen geben, dass Sie eine Veröffentlichung des Manuskripts nach fruchtlosem Ablauf der Frist ablehnen (§§ 30, 31 VerlagsG).

Umgekehrt müssen auch Verlage mit Gegenmaßnahmen rechnen, wenn sie ihre vertraglichen Pflichten verletzen, insbesondere wenn sie das Werk nicht vertragsgemäß vervielfältigen und verbreiten oder eine Auswertung der Nebenrechte vernachlässigen. Doch auch Autoren dürfen Sie nicht vor vollendete Tatsachen stellen: Bevor sie vom Vertrag zurücktreten, müssen sie Ihnen eine angemessene Nachfrist zur Nacherfüllung setzen (§ 32 VerlagsG, § 41 UrhG).

Autoren machen sich und Ihnen Konkurrenz

Viele Autoren haben ein Thema besetzt, um das alle ihre Bücher kreisen. Bei Fachautoren, die auf einem bestimmten Gebiet Experten sind, ergibt sich das fast zwangsläufig. Mitunter kommt es vor, dass ein Autor während der Laufzeit eines Vertrags bei einem anderen Verlag ein Buch zum gleichen Thema veröffentlicht. Sofern sich der Autor nicht selbst plagiiert, andere Worte wählt oder das Buch anders strukturiert, können Sie den Verlag kaum wegen einer Urheberrechtsverletzung belangen. Rechtlich gesehen handelt es sich nämlich um ein anderes Werk, sodass eine Klage wegen Urheberrechtsverletzung ins Leere liefe.

Möglicherweise stellt das Verhalten Ihres Autors aber eine Vertragsverletzung dar. Denn es gehört zu den ungeschriebenen Rechtssätzen, dass ein Autor seinem Verlag die Verwertung des Werks weder unmöglich machen noch in vertragswidriger Weise beeinträchtigen darf. Nach Auffassung des Bundesgerichtshofs liegt ein Vertragsbruch vor, wenn ein Autor während der Dauer des Verlagsvertrags in einem anderen Verlag ein Werk erscheinen lässt, das sich an den gleichen Abnehmerkreis wendet und nach Art und Umfang geeignet ist, dem früheren Werk ernsthaft Konkurrenz zu machen. Wenn Sie erfahren, dass Ihr Autor ein solches Konkurrenzwerk bei einem anderen Verlag herausbringen will oder bereits herausgebracht hat, sollten Sie sich unverzüglich mit beiden Seiten in Verbindung setzen. Der Verlag kann unter Umständen als so genannter Störer auf Unterlassung verklagt werden.

Am besten ist, Sie lassen es gar nicht so weit kommen. Deshalb empfiehlt sich die Aufnahme eines ausdrücklichen Konkurrenzverbots in den Verlagsvertrag. Zwingend erforderlich ist das nicht, weil das Konkurrenzverbot auch ohne ausdrückliche Absprache gilt. Bei der Formulierung von Konkurrenzklauseln sollten Sie sich an der Rechtssprechung des Bundesgerichtshofs orientieren: Weitergehende Konkurrenzverbote laufen Gefahr, wegen Knebelung als sittenwidrig und damit nichtig eingestuft zu werden. Im Einzelfall kann eine für beide Seiten akzeptable Lösung darin liegen, ein Konkurrenzverbot auf einen bestimmten Zeitraum zu begrenzen, zum Beispiel auf zwei Jahre. Die Normverträge bieten eine gute Orientierung, zum Beispiel § 7 des Verlagsvertrags über ein wissenschaftliches Werk, den Sie unter WWW.BOERSENVEREIN.DE finden.

Sie haben ein Recht erworben – und doch wieder nicht

Räumt Ihnen ein Autor, den Sie seit langen Jahren kennen und schätzen, die Nutzungsrechte an seinem neuen Werk ein, können Sie ziemlich sicher sein, dass es sich um den wirklichen Rechteinhaber handelt. Mitunter kommt es aber vor, dass Ihnen Rechte verkauft werden, über die Ihr Vertragspartner gar nicht verfügt. Sie holen zum Beispiel bei einem Kunstinstitut die Abdruckrechte für ein Foto ein, das in einem Bildband erscheinen soll, aber später meldet sich der Fotograf und weist sich als der eigentliche Rechteinhaber aus. Die Nachricht vom fehlenden Verfügungsrecht kommt meist überraschend, denn oft hat der Urheber seine Verfügungsbefugnis sogar vertraglich zugesichert. Aus dem Schneider sind Sie dadurch nicht, da es keinen gutgläubigen Erwerb an Rechten gibt. Wenn Ihnen jemand ein Recht verkauft, das er in Wahrheit gar nicht besitzt, stehen Sie mit leeren Händen da. Außerdem schützt Sie Unwissenheit nicht davor, wegen einer Verletzung des Urheberrechts auf Unterlassung in Anspruch genommen zu werden.

Ausweglos ist die Lage trotzdem nicht: Zum einen schützt das Urheberrechtsgesetz den gutgläubigen Rechtsverletzer vor besonderen Härtefällen. Er darf den Rechteinhaber in Geld entschädigen, wenn andernfalls ein unverhältnismäßig großer Schaden entstünde und wenn dem Verletzten eine finanzielle Abfindung zumutbar ist. Zum anderen haben Sie die Möglichkeit, Ihren Vertragspartner in Regress zu nehmen. Letztlich gehen die meisten Fälle glimpflich aus, weil sich die Beteiligten gütlich einigen. Das sieht meist so aus, dass der Verlag eine angemessene Entschädigung zahlt und das Werk im Übrigen weiter verbreiten darf.

Die meisten Verlagsverträge enthalten eine Klausel, in welcher der Urheber zusichert, zur Verfügung über die urheberrechtlichen Nutzungsrechte berechtigt zu sein (siehe § 1, Absatz 3, Autorennormvertrag). Solche Zusicherungen schützen zwar nicht vor möglichen Abwehransprüchen Dritter. Trotzdem erfüllen sie ihren Zweck, da sie Ihrem Vertragspartner dessen Pflichten, insbesondere etwaige Prüfungspflichten, nachdrücklich vor Augen führen. Außerdem erleichtern sie die Durchsetzung möglicher Regressansprüche und verringern das Risiko, selbst Schadenersatz leisten zu müssen. Ein Allheilmittel sind vertragliche Zusicherungen allerdings nicht. Wenn Sie Anlass haben, an der Verfügungsberechtigung Ihrer Vertragspartner zu zweifeln, dürfen Sie auch schriftlichen Zusagen nicht ohne Weiteres Glauben schenken, sondern müssen gegebenenfalls weitere Nachweise verlangen.

Autoren schreiben aus dem Internet ab

Grundsätzlich ist es nicht verboten, beim Verfassen eigener Texte auf allgemein zugängliche Quellen, auch im Internet, zurückzugreifen. Soweit sich die Übernahme auf gemeinfreie Inhalte beschränkt, zum Beispiel auf Fakten und Tatsachen, und der Inhalt in eigene Worte gekleidet wird, liegt kein Plagiat im Rechtssinn vor. Dasselbe gilt, wenn der im Internet zugänglich gemachte Text zwar wörtlich übernommen wird, die betreffende Passage aber nicht die erforderliche schöpferische Höhe erreicht. Bei Übernahme geschützter Passage können im Ausnahmefall die Voraussetzungen eines Zitats im Sinne von § 51 UrhG vorliegen. Im Übrigen darf der Autor urheberrechtlich geschützte Inhalte nicht ohne Erlaubnis des Verfassers für eigene Beiträge verwerten.

Leider sind längst nicht alle Autoren mit den urheberrechtlichen Spielregeln vertraut. So ist es in der Vergangenheit wiederholt vorgekommen, dass Autoren beim Verfassen vermeintlich eigener Texte in nicht mehr zulässigen Umfang Anleihe aus dem Internet genommen und den Verlag damit dem Risiko ausgesetzt haben, wegen Urheberrechtsverletzung belangt zu werden. Vor diesem Hintergrund sollten Sie Ihre Autoren für dieses Thema sensibilisieren oder sie sogar ausdrücklich zusichern lassen, keine urheberrechtlich geschützten Inhalte wörtlich oder in unzureichend veränderter Form übernommen zu haben. Zudem gibt es mittlerweile spezielle Computerprogramme zur Plagiatserkennung, mit deren Hilfe Urheberrechtsverstöße aufgedeckt beziehungsweise verhindert werden können. Deren Einsatz als Präventivschutz sollte aber die Ausnahme bleiben.

Dritte klagen wegen Persönlichkeitsverletzung

Einige Verlage greifen in ihren Publikationen brisante Themen auf. Dann kann es vorkommen, dass im Buch dargestellte Personen nicht mit allem einverstanden sind, was über sie geschrieben steht. Manche von ihnen – meist sind es Prominente – rufen die Gerichte an und versuchen, die weitere Verbreitung der Werks zu verbieten. Tatsächlich sind in den letzten Jahren eine Vielzahl einstweiliger Verfügungen gegen Verlage erwirkt worden.

Was können Sie tun, um das Risiko einer Inanspruchnahme zu minimieren? Wie immer in Rechtsfragen kommt es auf die Umstände des Einzelfalls an. Bei einem Sachbuch müssen Sie tunlichst darauf achten, dass die mitgeteilten Tatsachen zutreffen. Auch auf die Gefahr hin, sich den Vorwurf der Selbstzensur einzuhandeln: Weisen Sie Ihre Autoren auf die Rechtslage hin, und erläutern Sie den Unterschied zwischen Meinungsäußerung und Tatsachenmitteilung. Machen Sie ihnen klar, dass der Verlag gegebenenfalls glaubhaft machen muss, dass eine bestimmte Tatsachenmitteilung der Wahrheit entspricht und dass ein Verbreitungsverbot droht, wenn dieser Nachweis nicht gelingt. Bitten Sie Ihre Autoren bei kritischen Angaben um entsprechende Belege, zum Beispiel in Form von Dokumenten oder schriftlichen Zeugenaussagen. Das sollten Sie allein schon deshalb tun, um sich besser gegen mögliche Schadensersatz- oder Schmerzensgeldklagen abzusichern. Grundsätzlich gilt: Je brisanter das Thema und je größer der Schaden, den eine falsche Angabe anrichten kann, um so höher sind Ihre Sorgfaltspflichten.

Im Einzelfall kann es helfen, den Betroffenen zu anonymisieren. Ist der Dargestellte nicht mehr erkennbar, so fehlt es an einer persönlichen Betroffenheit, die Voraussetzung für eine auf das Persönlichkeitsrecht gestützte Unterlassungsklage ist. Man kann die Situation vergleichen mit einer Fotografie, auf der die Gesichtszüge des Abgelichteten oder andere Identifizierungsmerkmale unkenntlich gemacht wurden. Allerdings bedeutet Anonymisierung nicht nur, auf eine Nennung des Namens zu verzichten: Im Zweifel müssen sämtliche Passagen gestrichen oder verfremdet werden, die Rückschlüsse auf die Identität des Dargestellten zulassen. Denn die Rechtsprechung geht von einer Erkennbarkeit bereits dann aus, wenn nur ein kleiner Kreis von Menschen die dargestellte Person wiedererkennen kann. Eine durchgängige Anonymisierung ist daher nicht immer einfach und geht oft zulasten der Authentizität.

Schließlich ist zu beachten, dass auch die Wiedergabe wahrer Tatsachen gegen das allgemeine Persönlichkeitsrecht einer Person verstoßen kann – besonders dann, wenn der Betroffene keine Person des öffentlichen Lebens ist. Wahre Tatsachenberichte über Prominente sind also eher zulässig als solche über »Frau Maier von nebenan«. Von Bedeutung ist außerdem, ob die Tatsachenmitteilung Vorgänge aus der Privat- und Intimsphäre oder nur aus der Sozialsphäre betrifft, zu der etwa die beruflichen und geschäftlichen Aktivitäten einer Person gehören. Je intimer oder privater ein Vorgang, desto eher ist er tabu.

Bei Romanen und Erzählungen ergeben sich Schranken des allgemeinen Persönlichkeitsrechts aus der Kunstfreiheit. Das Bundesverfassungsgericht hat in seiner *Esra*-Entscheidung klargestellt, dass literarische

Werke, die sich als Roman ausweisen, einer kunstspezifischen Betrachtung bedürfen. Auch bei Texten, die erkennbar real existierende Personen als Vorbild haben, gilt eine Vermutung für ihre Fiktionalität. Nach den Vorgaben des Gerichts kommt es darauf an, ob und in welchem Maße es dem Autor gelingt, ein vom »Urbild« losgelöstes verselbstständigtes »Abbild« zu schaffen. Dabei besteht zwischen dem Grad der Verfremdung und der Stärke des Persönlichkeitsschutzes eine Wechselwirkung. Die Fiktionalisierung muss dort besonders stark sein, wo besonders geschützte Dimensionen des Persönlichkeitsrechts, beispielsweise die Intimsphäre, berührt sind.

Jedermann steht es frei, auf einen Teil seines Persönlichkeitsschutzes zu verzichten und eine ihn betreffende Berichterstattung freizugeben. Der Verlag hat also stets die Möglichkeit, vor Veröffentlichung eines Textes die Erlaubnis des Betroffenen einzuholen.

Wird ein Verlag zur Unterlassung verurteilt, ist zunächst nur der Verlag an die Entscheidung des Gerichts gebunden. In den letzten Jahren häufen sich Fälle, in denen Betroffene auch Barsortimente und Buchhändler wegen Verbreitung angeblich oder tatsächlich ehrenrühriger Tatsachenbehauptungen auf Unterlassung in Anspruch nehmen. Vor diesem Hintergrund sollte der Buchhandel frühzeitig über ein anhängiges Verfahren informiert und gegebenenfalls aufgefordert werden, die inkriminierten Passagen unkenntlich zu machen oder das Buch zumindest vorläufig aus dem Verkehr zu ziehen.

Namen genießen Markenschutz

Sie wollen ein Fachbuch über bestimmtes Fitnessprogramm, ein modernes Heilverfahren oder ein andere bekannte Methode veröffentlichen? Dann sollten Sie vorab prüfen, ob der betreffende Name beim deutschen oder europäischen Marken- und Patentamt als Wort- oder Wortbildmarke eingetragen ist. Häufiger als vermutet nämlich sind die Namen entsprechender – in aller Regel gemeinfreier – Verfahren als eingetragene Marke geschützt. Grundsätzlich bedeutet dies, dass die betreffende Methode zwar ohne Erlaubnis ihres Erfinders beschrieben, nicht aber unter dem betreffenden Namen vermarktet werden darf.

Vorsicht geboten ist daher insbesondere bei der Widergabe der Bezeichnung im Titel eines Buchs. Eine Markenverletzung hingegen liegt meist nicht vor, wenn die Marke nur im Fließtext einer Publikation genannt wird. Häufig fehlt es dann an einer markenmäßigen Benutzung, oder es liegt eine nach § 23 MarkenG zulässige beschreibende Benutzung vor. Aber wie immer bei juristischen Fragen kommt es auch hier auf die Umstände des Einzelfalls an.

Bücher enthalten falsche Angaben

Inhaltlich falsche Angaben in Sach- und Fachbüchern können Probleme aufwerfen, insbesondere im Bereich der so genannten Anleitungsliteratur. Denken Sie an Ratgeber, die sich mit juristischen und steuerlichen Tipps an interessierte Laien wenden, an naturwissenschaftliche Standardwerke oder technische Anleitungen, bei denen schon ein kleiner Kommafehler großen Schaden anrichten kann. Wie andere Unternehmen unterliegen auch Verlage einer Produkthaftung. Die Haftung nach dem Produkthaftungsgesetz ist verschuldensunabhängig: Das heißt, der Verleger kann sich nicht darauf berufen, der Fehler liege allein im Verantwortungsbereich des Autors, Druckers oder einer anderen Person. Etwas anderes gilt nur, wenn der Fehler nach dem Stand der Wissenschaft und Technik nicht erkannt werden konnte. Außerdem kann Ersatz nur für Körper-, Gesundheits- und Sachschäden, nicht aber für reine Vermögensschäden verlangt werden.

Was können Sie tun? Sie sollten Ihre Autoren nachdrücklich auf potenzielle Gefahren aufmerksam machen und gegebenenfalls weitere Spezialisten Korrektur lesen lassen. Bei besonders gefahrenträchtiger Literatur wie technischen Versuchsanleitungen ist ein ausreichender Versicherungsschutz unumgänglich; das Produkthaftpflichtrisiko wird in der Regel von der Betriebshaftpflichtversicherung abgedeckt. Der in Büchern häufig anzutreffende Hinweis, dass eine Haftung für fehlerhafte Angaben trotz gewissenhafter Recherchen nicht übernommen werde, ist zwar empfehlenswert, führt aber zu keinem wirksamen Haftungsausschluss.

2.4
Titelschutz

Verlage geben Büchern Namen, damit sie sich von Zigtausenden anderen Büchern unterscheiden. Bei Fach- und Sachbüchern gibt der Titel Hinweise auf den Inhalt, in der Belletristik soll er vor allem neugierig machen auf das, was im Buch steht. Für ein Buch einen griffigen und geeigneten Namen zu finden, ist keine leichte Aufgabe (siehe Kapitel 1.3.7). Hinzu kommt, dass Sie bei der Titelgebung juristische Vorgaben beachten müssen.

2.4.1
Titel- und Markenschutz

Die Bezeichnungen von Büchern unterliegen in Deutschland einem eigenen Schutz, dem so genannten Titelschutz (§§ 5 und 15 Markengesetz). Das Recht an einem Werktitel steht grundsätzlich dem zu, der die Bezeichnung berechtigterweise zuerst benutzt. Beim Titelschutz kommt es also auf die so genannte Priorität an – gemäß dem Motto: Wer zuerst kommt, mahlt zuerst. Oft werden Lektoren damit betraut, in Absprache mit den Autoren einen geeigneten Buchtitel zu finden und die erforderlichen rechtlichen Schritte zu veranlassen. Dabei geht es in Regel um zwei Dinge: Sie wollen Ihren Titel möglichst frühzeitig und umfassend schützen sowie gleichzeitig mögliche Titelrechtsverletzungen vermeiden.

Schutzfähigkeit von Titeln

Sie und Ihre Autoren haben einen Titel gefunden, der Ihnen passend erscheint. Überlegen Sie zunächst, ob es sich um eine schutzfähige Bezeichnung handelt. Dazu ist lediglich erforderlich, dass der Titel geeignet ist, das dazugehörige Werk zu individualisieren – Juristen sprechen von der Kennzeichnungs- und Unterscheidungskraft.

Die meisten Titel erfüllen diese Voraussetzung. Das ist ohne Weiteres ersichtlich bei besonderes originellen, pfiffigen oder poetischen Bezeichnungen, so genannten starken Titeln (»Warum Männer nicht zuhören und Frauen schlecht einparken« oder »Sommerhaus, später«). Ein schutzfähiger Titel braucht auch nicht besonders lang zu sein, sondern kann im Einzelfall in einem einzigen, einprägsamen Wort bestehen (»Schande«). Auch gemeinfreie Lebensweisheiten (»Wer anderen eine Grube gräbt, fällt selbst hinein«) sind als Buchtitel schutzfähig, weil es beim Titelschutz nicht auf das Urheberrecht, sondern allein auf die Kennzeichnungskraft ankommt. Selbst eher farblose Bezeichnungen und Titel mit inhaltsbezogenem Aspekt, so genannte schwache Titel, sind einem Titelschutz zugänglich. Beispiele: »Im Garten zu Hause« als Titel für ein Gartenbuch oder »Pizza & Pasta« als Bezeichnung für ein Kochbuch.

Nur solche Bezeichnungen, denen jede Kennzeichnungskraft fehlt, lassen sich nicht schützen. Neben reinen Gattungsbezeichnungen wie »Lehrbuch« oder »Handbuch« gilt dies besonders für rein inhaltsbeschreibende Titel, an denen die Allgemeinheit ein Freihaltebedürfnis hat. Beispiele hierfür sind »Preußen«, »Homöopathie«, »Lehrbuch der Chemie«. Auch das Wort »Wellness« – eine Wortneuschöpfung, die inzwischen zu einem Fachbegriff avancierte – ist ohne kennzeichnungskräftige Zusätze nicht geschützt. Geht es in Ihrem Fall um einen nicht schutzfähigen Titel – meist handelt es sich um Bezeichnungen von Fachbüchern –, liegen die Dinge einfach: Sie bringen das Buch auf den Markt, ohne Gefahr zu laufen, von dritter Seite wegen Titelrechtsverletzung in Anspruch genommen zu werden. Titelrecherchen und andere Vorkehrungen sind überflüssig. Die Kehrseite der Medaille: Auch Sie haben kein Exklusivrecht an dem betreffenden Titel.

Ob ein Titel Kennzeichnungs- und Unterscheidungskraft besitzt, muss nicht zwangsläufig für alle Zeiten feststehen. So kann ein ursprünglich nicht schutzfähiger Titel im Nachhinein Schutz erlangen, wenn er sich aufgrund seines hohen Bekanntheitsgrads am Markt durchgesetzt hat. Das trifft allerdings nur auf wenige Titel zu, sodass eine solche nachträgliche Schutzfähigkeit die Ausnahme bleibt. Umgekehrt kann sich die Unterscheidungskraft eines Titels im Laufe der Zeit immer mehr abschwächen und schließlich ganz entfallen. Denkbar ist dies beispielsweise bei gleichlautenden Titeln, die seit einem längeren Zeitraum von mehreren Verlagen unabhängig voneinander benutzt werden.

Titelschutz erstreckt sich aber nicht nur auf Hauptitel von Büchern, sondern auch auf Unter-, Neben- und Reihentitel sowie die Namen von Gedichten oder Kolumnen. Außerdem sind nicht nur Titel von Druckschriften schutzfähig, vielmehr gilt der Titelschutz medienübergreifend. So lassen sich neben Zeitungs- und Zeitschriftentiteln unter anderem die Titel von Filmen, Hörspielen, Theaterstücken, Spielen oder CD-ROMs schützen; auch Internetadressen wie »www.bramann.de« genießen im Fall einer eigenen Kennzeichnungskraft Schutz nach dem Markengesetz.

Die meisten Verlage bemühen sich im eigenen Interesse darum, für ihre Bücher individuelle Titel zu finden. Eine Einrichtung, die Ihnen im Vorfeld verbindlich Auskunft über die Schutzfähigkeit einer bestimmten Bezeichnung gibt, gibt es nicht; im Streitfall entscheiden die Gerichte. Diese stellen jedoch an die Kennzeichnungs- und Unterscheidungskraft von Titeln nur geringe Anforderungen. Sie müssen damit rechnen, dass Gerichte einem Titel eine – vielleicht nur schwache – Schutzfähigkeit zuerkennen würden, selbst wenn Sie ihn für alltäglich und banal halten. Deshalb sollten Sie im Zweifelsfall immer davon ausgehen, dass eine Bezeichnung schutzfähig ist.

TITELSCHUTZ (§§ 5 UND 15 MARKENG)

Geschäftliche Bezeichnungen (§ 5)
(1) Als geschäftliche Bezeichnungen werden Unternehmenskennzeichen und Werktitel geschützt.
(2) Unternehmenskennzeichen sind Zeichen, die im geschäftlichen Verkehr als Name, als Firma oder als besondere Bezeichnung eines Geschäftsbetriebs oder eines Unternehmens benutzt werden. Der besonderen Bezeichnung eines Geschäftsbetriebs stehen solche Geschäftsabzeichen und sonstige zur Unterscheidung des Geschäftsbetriebs von anderen Geschäftsbetrieben bestimmte Zeichen gleich, die innerhalb beteiligter Verkehrskreise als Kennzeichen des Geschäftsbetriebs gelten.
(3) Werktitel sind die Namen oder besonderen Bezeichnungen von Druck-

schriften, Filmwerken, Tonwerken, Bühnenwerken oder sonstigen vergleichbaren Werken.

Ausschließliches Recht, Unterlassungs- und Schadensersatzanspruch (§ 15)

(1) Der Erwerb des Schutzes einer geschäftlichen Bezeichnung gewährt ihrem
Inhaber ein ausschließliches Recht.

(2) Dritten ist es untersagt, die geschäftliche Bezeichnung oder ein ähnliches
Zeichen im geschäftlichen Verkehr unbefugt in einer Weise zu benutzen, die
geeignet ist, Verwechslungen mit der geschützten Bezeichnung hervorzu-
rufen.

(3) Handelt es sich bei der geschäftlichen Bezeichnung um eine im Inland
bekannte geschäftliche Bezeichnung, so ist es Dritten ferner untersagt, die
geschäftliche Bezeichnung oder ein ähnliches Zeichen im geschäftlichen
Verkehr zu benutzen, wenn keine Gefahr von Verwechslungen im Sinne des
Absatzes 2 besteht, soweit die Benutzung des Zeichens die Unterscheidungskraft oder die Wertschätzung der geschäftlichen Bezeichnung ohne
rechtfertigenden Grund in unlauterer Weise ausnutzt oder beeinträchtigt.

(4) Wer eine geschäftliche Bezeichnung oder ein ähnliches Zeichen entgegen
den Absätzen 2 oder 3 benutzt, kann von dem Inhaber der geschäftlichen
Bezeichnung auf Unterlassung in Anspruch genommen werden.

(5) Wer die Verletzungshandlung vorsätzlich oder fahrlässig begeht, ist dem
Inhaber der geschäftlichen Bezeichnung zum Ersatz des daraus entstandenen Schadens verpflichtet.

Ein ausführliches »Merkblatt für Titelschutzfragen« finden Sie auf den Internetseiten des Börsenvereins unter WWW.BOERSENVEREIN.DE.

In Österreich ist der Titelschutz ähnlich ausgestaltet wie in Deutschland:
Der Schutz einer unterscheidungskräftigen Bezeichnung beginnt
grundsätzlich mit Ingebrauchnahme und gewährt Schutz vor Verwechslungen (§ 80 UrhG, § 9 UWG). In der Schweiz erfolgt der Schutz über das
Markenrecht und das Wettbewerbsrecht.

Beginn des Titelschutzes

Ähnlich wie im Urheberrecht gibt es keine Stelle, bei der Titelschutz angemeldet oder überprüft wird. Anders als im Bereich der Marken gibt es kein
amtliches Titelregister. Titelschutz entsteht vielmehr automatisch durch
Ingebrauchnahme einer kennzeichnungskräftigen Bezeichnung. Wenn
Sie also einen bestimmten Buchtitel für Ihren Verlag schützen möchten,
reicht es aus, das Buch auf den Markt zu bringen. Der Titel ist dann ab Erscheinen geschützt, ohne dass Sie weitere Vorkehrungen treffen müssen.

Vielleicht möchten Sie aber gar nicht abwarten, bis das von Ihnen betreute Buch auf den Markt kommt. Dann haben Sie die Möglichkeit, eine so genannte Titelschutzanzeige zu schalten, zum Beispiel im *Börsenblatt.* Durch eine solche Vorankündigung sichern Sie sich die Priorität. Beispiel: Sie schalten am 24. September eine Titelschutzanzeige im *Börsenblatt,* am 29. September bringt ein anderer Verlag ein Buch mit dem gleichen Titel heraus; Ihr Werk erscheint aber erst im November des gleichen Jahrs. In diesem Fall haben Sie die älteren und damit besseren Titelrechte und können verlangen, dass der Konkurrenzverlag die Verwendung Ihres Titels unterlässt.

Voraussetzung für eine so genannte Titelschutzanzeige ist allerdings, dass das betreffende Werk zum Zeitpunkt des Erscheinens der Anzeige bereits in Vorbereitung ist und innerhalb eines angemessenen Zeitraums unter dem angekündigten Titel erscheint. Eine allgemeingültige Frist gibt es nicht; die Rechtsabteilung des Börsenvereins geht davon aus, dass sechs Monate nach Erscheinen der Anzeige in aller Regel eine angemessene Frist darstellen. Ein von der Benutzung des Titels losgelöster abstrakter Titelschutz ist dagegen nicht möglich. So kommt es nicht selten vor, dass ein potenzieller Autor den Titel seines künftigen Werks schon fest im Kopf hat, mit der Niederschrift des Manuskripts aber noch nicht begonnen hat. Titelschutz kommt in diesem Fall nicht in Betracht, denn die bloße Idee für einen Buchtitel lässt sich nicht schützen.

Titelschutzanzeigen sind überflüssig, wenn das betreffende Buch bereits auf dem Markt ist, denn in diesem Fall ist das Werk schon geschützt. Ein Mehr an Titelschutz können Sie auch durch eine nachträgliche Anzeige nicht erreichen. Vorankündigungen sind rechtlich gesehen auch dann entbehrlich, wenn der angezeigte Titel keine eigene Kennzeichnungskraft besitzt. Wundern Sie sich nicht, wenn Sie bei Durchsicht der Vorankündigungen im *Börsenblatt* trotzdem auf offensichtlich nicht schutzfähige Buchtitel stoßen. Teils werden diese aus purer Unkenntnis, teils aus werbe- und verkaufstaktischen Gründen angezeigt. Außerdem gibt es immer wieder Grenzfälle, in denen unklar ist, ob ein Titel das erforderliche Schutzniveau erreicht. Im Zweifelsfall sollten Sie vorsorglich eine Titelschutzanzeige schalten.

BEISPIEL: Titelschutzanzeige

Unter Hinweis auf §§ 5 und 15 Markengesetz nehmen wir Titelschutz in Anspruch für die folgende Bezeichnung:
»Bücher machen. Ein Handbuch für Lektoren und Redakteure«.
Bramann Verlag, Alt Erlenbach 17, 60437 Frankfurt am Main

In Österreich ist das Pendant zur Anzeige im *Börsenblatt* eine Insertion im österreichischen *Anzeiger* (www.buecher.at). Zwar gibt es in Österreich keine gefestigte Rechtsprechung zur Vorverlagerung des Titelschutzes, jedoch entspricht die Vorankündigung eines Titels im *Anzeiger* den üblichen Gepflogenheiten. In der Schweiz wird eine Titelschutzanzeige im *Schweizer Buchhandel* empfohlen (www.swissbooks.ch).

Ende des Titelschutzes

Der Titelschutz kennt keine gesetzlichen Schutzfristen wie das Urheberrecht, sondern ist an die Benutzung der Bezeichnung geknüpft. Er beginnt mit Ingebrauchnahme und endet, wenn der Berechtigte die Benutzung des Titels endgültig aufgibt. Dabei schadet es nicht, wenn der Titel eine Zeitlang nicht benutzt wird, etwa weil er vorübergehend vergriffen ist. Erst wenn das betreffende Buch schon längere Zeit nicht mehr lieferbar ist, sodass mit einer Wiederaufnahme der Titelbenutzung nicht mehr zu rechnen ist, liegt eine endgültige Aufgabe des Titels und damit des Titelrechts vor.

Verwechslungsgefahr

Titelschutz gewährt in erster Linie Schutz vor Verwechslungen. Der Verlag mit den prioritätsälteren Rechten kann jeden, der denselben oder einen ähnlichen Titel später verwendet, auf Unterlassung in Anspruch nehmen. Voraussetzung ist, dass zwischen den beiden sich gegenüberstehenden Titeln eine Verwechslungsgefahr besteht. Ob dies der Fall ist, kann nur im konkreten Einzelfall geklärt werden. Abstrakt formuliert kommt es auf eine Wechselwirkung der Faktoren Werknähe, Kennzeichnungskraft der Titel und Titelähnlichkeit an.

Grundsätzlich gilt: Je enger die Werknähe, desto größer die Kennzeichnungskraft der Titel, und je größer ihre Übereinstimmung, desto eher müssen Sie von einer Verwechslungsgefahr ausgehen. Stehen sich etwa zwei identische Titel der gleichen Werkkategorie gegenüber – zum Beispiel zwei Bücher oder zwei Filmtitel –, ist eine Verwechslungsgefahr regelmäßig gegeben, ohne dass es auf den Inhalt der Werke ankommt. Das Argument, bei dem einen Buch handele es sich um ein Sachbuch, bei dem anderen um einen Roman, hilft meist nicht weiter, zumal die angesprochenen Verkehrskreise – also Buchhändler und Leser – dies nicht unbedingt wissen.

Eine enge Werknähe besteht auch zwischen der Werkkategorie Film und einem Roman, denn Romanvorlagen werden häufig in Filme umge-

setzt. Gerade bei Titelidentität werden die angesprochenen Verkehrskreise vermuten, der Film sei eine Bearbeitung des Buchs oder umkehrt
(»Buch zum Film«). Deshalb sollten Sie es tunlichst unterlassen, einen
populären Filmtitel für ein Buch zu verwenden, ohne vorab beim Produzenten oder Sender um Erlaubnis nachzufragen.

Titelschutz gewährt Schutz nicht nur vor Verwendung von verwechselbaren identischen, sondern auch von verwechselbaren ähnlichen Titeln. Entscheidend ist der Gesamteindruck der Bezeichnungen, die einander gegenüberstehen. Weisen beide Titel die gleichen charakteristischen Merkmale auf, spricht dies für das Vorliegen einer Verwechslungsgefahr. So hat die Rechtsprechung die Titel »Pizza & Pasta« sowie »Pasta & Pizza« als Titel für ein Kochbuch für verwechslungsfähig befunden,
weil sie die gleichen prägenden Merkmale aufwiesen. Fragen Sie sich also: Bestehen wesentliche klangliche, schriftbildliche oder begriffliche
Übereinstimmungen mit einem ähnlichen Titel? Wenn ja, müssen Sie davon ausgehen, dass eine Verwechslungsgefahr besteht.

Markenschutz

Titel für Verlagsprodukte können unter bestimmten Voraussetzungen
beim Patentamt als Marke eingetragen werden (§§ 3 und 4 MarkenG).
Das gilt in erster Linie für Zeitungs- und Zeitschriftentitel sowie für Se-
rien- und Buchreihentitel. Im Einzelfall kann die Eintragung eines Titels
als Marke vorteilhaft sein, insbesondere dann, wenn sie internationalen
Schutz erlangt. Der kennzeichenrechtliche Titelschutz (§§ 5 und 15 MarkenG) gewährt in aller Regel jedoch ausreichend Schutz, sodass Verlage
in den meisten Fällen von einer zusätzlichen Markeneintragung absehen. Dafür sprechen häufig auch finanzielle Gesichtspunkte: Während
der kennzeichenrechtliche Titelschutz grundsätzlich automatisch entsteht und an keinerlei Kosten geknüpft ist – auch Titelschutzanzeigen
sind vergleichsweise preiswert –, ist die Eintragung einer Marke ge-
bührenpflichtig.

2.4.2
Recherche und Streitfälle

Bevor Sie sich endgültig für einen Titel entscheiden, sollten Sie sich möglichst sicher sein, keine prioritätsälteren Titelrechte zu verletzen. Handelt
es sich um einen kennzeichnungskräftigen Titel, sollten Sie sich vorsorglich einen Überblick über die bereits am Markt befindlichen Buchtitel
verschaffen.

Titelrecherche

Zunächst empfiehlt sich ein Blick in das *Verzeichnis Lieferbarer Bücher* (WWW.BUCHHANDEL.DE), eine Recherche in der Datenbank der Deutschen Nationalbibliothek (WWW.D-NB.DE), der Österreichischen Nationalbibliothek (WWW.ONB.AT), der Schweizerischen Nationalbibliothek (WWW.SNL.CH) oder mit einer Internet-Suchmaschine (zum Beispiel WWW.GOOGLE.DE).

Wenn Sie feststellen, dass ein anderer Verlag den Titel Ihrer Wahl bereits im Programm führt, können Sie immer noch auf die Verwendung des Titels verzichten oder entsprechende Änderungen vornehmen. Gerade bei schwachen Titeln mit nur geringer Unterscheidungskraft genügen bereits kleine Änderungen, um eine Verwechslungsgefahr entfallen zu lassen. Dagegen müssen die Abweichungen bei starken Titeln deutlicher ausfallen. Es genügt nämlich in der Regel nicht, lediglich einzelne Worte umzustellen oder aus einem unbestimmten einen bestimmten Artikel zu machen.

Einen vollständigen Überblick über geschützte Buchtitel kann Ihnen das *Verzeichnis Lieferbarer Bücher* (VLB) freilich nicht verschaffen. Abgesehen davon, dass es nicht sämtliche auf dem Markt befindlichen Bücher auflistet, erfasst das VLB nur lieferbare Bücher, nicht aber im Rahmen einer Titelschutzanzeige vorangekündigte oder bereits vergriffene Titel. Das müssen Sie berücksichtigen, wenn Sie sich einen Überblick über mögliche prioritätsältere Rechte verschaffen wollen. Unter WWW.BOERSENBLATT.NET sind in der Rubrik »Titelschutz« vorangekündigte Titel recherchierbar, unter WWW.BUECHER.AT im Bereich »HVB-Services«. Wenn Sie wissen möchten, ob ein Buchtitel mit prioritätsälteren Markenrechten kollidiert, können Sie sich im Markenregister einen Überblick über vorbestehende Marken verschaffen (WWW.PATENTAMT.DE).

Weil Titelschutz medienübergreifend zu verstehen ist, dürfen Sie auch andere Werkkategorien wie Filmtitel nicht vergessen. Um das Risiko einer Titelkollision zu minimieren, kann es im Einzelfall sinnvoll sein, eine (kostenpflichtige) Titelrecherche durchführen zu lassen – zum Beispiel bei Thomson Compumark (HTTP://TRADEMARKS.THOMSONREUTERS.COM), im Titelschutzanzeiger (WWW.TITELSCHUTZANZEIGER.DE) oder beim MediaRegister (WWW.MEDIAREGISTER.DE). Darüber hinaus haben Sie stets die Möglichkeit, sich mit dem betreffenden Verlag in Verbindung zu setzen, um sich beispielsweise einvernehmlich über eine zeitlich befristete Nutzung der beiden identischen oder ähnlichen Titel zu einigen.

Titelrechtsstreitigkeiten

Auseinandersetzungen über Titelrechte müssen nicht zwangsläufig vor Gericht ausgetragen werden. Titelschutzprozesse sind häufig mit einem erheblichen Prozessrisiko verbunden, was unter anderem damit zusammenhängt, dass es weder für die Feststellung einer Verwechslungsgefahr noch für die Beurteilung einer hinreichenden Kennzeichnungskraft allgemeingültige Kriterien gibt. In der Praxis bieten sich verschiedene Möglichkeiten einer außergerichtlichen Streitbeilegung an.

Ist das betreffende Buch noch in der Vorbereitung, verständigen sich die Parteien häufig darauf, dass eine Seite den Titel durch unterscheidungskräftige Zusätze ändert. Mitunter wird auch die Hinzufügung eines aussagekräftigen Unter- oder Nebentitels als ausreichend erachtet. Ist das betreffende Buch bereits auf dem Markt, ist denkbar, dass der Verletzer an den Verletzten eine Abschlagssumme zahlt, bis die erste Auflage verkauft ist, und den betreffenden Titel bei einer weiteren Auflage ändert. Kommt es zu einer Titelkollision, kann es für die betroffenen Verlage empfehlenswert sein, den Buchhandel über eine gemeinsame Anzeige im *Börsenblatt* darauf hinzuweisen, dass zwei inhaltlich verschiedene Werke mit identischem oder ähnlichem Titel lieferbar sind.

Die meisten Verlage sind bemüht, Konflikte außergerichtlich beizulegen. Dazu mag die Einsicht beitragen, dass niemand vor einer möglichen Titelrechtsverletzung gefeit ist. Angesichts der Vielzahl von Titeln, die jährlich neu erscheinen, sowie der Tendenz von Verlagen, Bücher möglichst umfassend zu vermarkten, ist es schwer, sich einen vollständigen Überblick über sämtliche vorbestehende Titel zu verschaffen.

3
Herstellung

Die Herstellungsabteilung ist im Verlag für die gestalterische und technische Produktion von Büchern und anderen Medien zuständig. Sie übernimmt die Verantwortung dann, wenn das Lektorat mit der Satzreife die Arbeit am Manuskript beendet hat, ist aber auch schon vorher in die Produktplanung eingebunden. Idealerweise arbeiten Hersteller und Lektoren Hand in Hand; in manchen Verlagen übernehmen Redakteure zugleich herstellerische Aufgaben – nicht nur in Kleinverlagen, in denen wenige Menschen möglichst viel selbst machen müssen. Eine strikte Trennung zwischen Inhalt einerseits und Form andererseits ist ohnehin bei kaum einem Projekt möglich oder sinnvoll, denn Überschneidungen gibt es spätestens bei Fragen der Buchgestaltung.

Für Hersteller ist deshalb ein Gespür für Texte und Inhalte hilfreich, wenn sie beispielsweise das Lektorat bei der Festlegung von Ausstattung und Layout beraten. Lektoren hingegen sollten nicht nur ein Gefühl für Typografie besitzen, sondern auch Verständnis für Kosten- und Terminzwänge haben und die Produktionsabläufe kennen. Für eine reibungslose Kommunikation zwischen Lektorat und Herstellung ist es außerdem notwendig, die Bedeutung der wichtigsten Fachbegriffe zu kennen. Denn je besser Sie sich auskennen, desto besser wird das Gesamtergebnis ausfallen. In diesem Kapitel erfahren Sie alles Wesentliche über die Arbeit der Herstellung sowie von Setzerein, Druckereien und Buchbindereien.

In den Verantwortungsbereich der Herstellungsabteilung fallen viele unterschiedliche Aufgaben. Dafür verfügt sie nicht nur über umfangreiches technisches, sondern oft auch über kaufmännisches und gestalterisches Know-how.

- **PROJEKTMANAGEMEMT** Neben der Terminplanung und -kontrolle zählen dazu die Auswahl der geeigneten Produktionsverfahren sowie die Auswahl und Koordination externer Dienstleister, zum Beispiel Grafikstudios, Reproanstalten, Setzereien, Papierlieferanten, Druckereien oder Buchbindereien.
- **KALKULATION** Die Projektkalkulation und Kostenkontrolle ist häufig der Herstellungsabteilung zugeordnet, weil hier mit dem Setzen, Drucken und Binden von Büchern die höchsten Einzelkosten der Produktion entstehen.

- **EINKAUF** Der kostengünstige Einkauf von Papier und anderen Materialien oder von Druckkapazitäten ist eine weitere wichtige Aufgabe. Mit genauer Marktkenntnis, etwas Verhandlungsgeschick und guter Planung lässt sich dabei viel Geld sparen.
- **BERATUNG** Die Herstellung berät Lektoren und Autoren in allen technischen Fragen, zum Beispiel bei der Erstellung von Grafiken, bei speziellen Ausstattungswünschen, beim Datenmanagement oder bei internationalen Koproduktionen.
- **AUSSTATTUNG UND LAYOUT** Festgelegt werden in Abstimmung mit dem Lektorat und gegebenenfalls der Marketing- und Vertriebsabteilung alle Ausstattungsmerkmale wie Format, Farbigkeit, Papier, Bindeverfahren und Einbandart. Hinzu kommen die Entwicklung des Innenlayouts und die Gestaltung von Buchumschlägen – sofern damit nicht freie Grafiker beauftragt werden.
- **DATENMANAGEMENT** Immer wichtiger wird die Prüfung, Aufbereitung und Aufbewahrung von Text- und Bilddaten, da Autoren, Setzereien und Druckereien fast nur noch mit elektronischen Daten arbeiten.
- **BUCHPRODUKTION** Die Herstellung steuert und überwacht den gesamten Prozess der Buchproduktion – von der Aufbereitung der Manuskriptdaten über die Satzherstellung bis zu Druck und Bindung.
- **QUALITÄTSKONTROLLE** Im Vordergrund steht die Sicherung einer einheitlich hohen Qualität auf allen Produktionsstufen – vom satzreifen Manuskript bis zum fertigen Buch.

Wie im Lektorat ist auch in der Herstellung ein Trend unübersehbar: Immer weniger Arbeiten werden im Verlag selbst erledigt, immer mehr Aufgaben werden an externe Dienstleister vergeben. Hinzu kommt, dass vor allem in großen Verlagen für die Papierbeschaffung die Einkaufsabteilung oder für die Kalkulation das Controlling verantwortlich sind – um nur zwei Beispiele zu nennen. Damit verstehen sich viele Hersteller ebenso wie ihre Kollegen in Lektorat und Redaktion zunehmend als Produktmanager.

Wie auch immer die genaue Aufgabenverteilung im Einzelfall aussehen mag: Erforderlich ist stets eine enge Kooperation zwischen Lektorat und Herstellung. Voraussetzung dafür ist, dass Sie Ihre Hersteller über alles Wichtige rechtzeitig und umfassend informieren – am besten schon bei der Entscheidung, ein Buch neu ins Programm aufzunehmen. Das betrifft die grundlegenden Projektdaten ebenso wie Ihre Ausstattungs- und Gestaltungswünsche. Dass Sie nur gut aufbereitete und möglichst fehlerfreie Manuskripte in die Herstellung geben, sollte sich von selbst verstehen (siehe Kapitel 1.3.5).

Konflikte entstehen allerdings immer wieder, weil Ihre Vorstellungen technisch nicht machbar oder gar unsinnig sind, sich in der vorgegebenen Zeit nicht umsetzen lassen oder einfach zu viel Geld kosten. Vertrauen Sie der Erfahrung Ihrer Hersteller! Haben Sie aber das Gefühl, dass Produktionszwänge immer dann ins Feld geführt werden, wenn Sie etwas Neues ausprobieren wollen, müssen Sie sich selbst kundig machen oder Kollegen um Rat fragen. Denn manchmal fehlt nur das Know-how, wie sich technische Probleme kostengünstig lösen lassen.

Besonders ärgerlich sind nicht eingehaltene Termine – oft verursacht durch eine unpünktliche Manuskriptabgabe. Da die Herstellungsabteilung die Produktion eines ganzen Programms schon früh plant und die notwendigen Kapazitäten bei Setzereien und Druckereien bucht, entstehen bei unerwarteten Verzögerungen schnell hohe Kosten. Wenn Sie Terminprobleme rechtzeitig offen ansprechen, lassen sich gemeinsam meist noch Wege finden, Verspätungen aufzufangen und eine Verschiebung der Auslieferung zu vermeiden.

- **TERMINPLAN** Stellen Sie gemeinsam einen genauen Zeitplan auf, der für alle Beteiligten verbindlich ist. In der Regel haben Ihre Hersteller ebenso wie Sie zusätzliche Zeitpuffer eingebaut (siehe Kapitel 1.2.1); diese können Sie bei Bedarf aufbrauchen.
- **AUFGABENVERTEILUNG** Vielleicht können Sie einige Arbeiten wie Redaktion, Registererstellung oder Korrektur selbst erledigen, statt an externe Dienstleister zu vergeben; das reduziert den Kommunikationsaufwand und spart Bearbeitungswege. Oder Sie gehen den umgekehrten Weg, wenn die Kapazitätsengpässe bei Ihnen liegen. Grundsätzlich gilt aber: Ein genaues Briefing aller Beteiligten spart von Anfang an viel Zeit.
- **KORREKTUR** Überlegen Sie, ob Sie durch einen anderen Ablauf Zeit gewinnen können, indem Sie beispielsweise das Manuskript vor der Satzherstellung Korrektur lesen lassen. Anschließend müssen Sie vor allem auf Trennungs- und Layoutfehler achten.
- **REGISTER** Das Stichwortverzeichnis können Sie ebenfalls schon vor dem Satz anhand des Manuskripts erstellen – am besten elektronisch markiert, sodass die Seitenverweise automatisch erzeugt werden können (siehe Kapitel 1.3.4). Klären Sie aber zuvor mit der Herstellungsabteilung beziehungsweise mit der Setzerei, ob sie diese Markierungen in ihr Satzprogramm übernehmen können.
- **TEILBEARBEITUNG** Eine kapitelweise Bearbeitung und Ablieferung des Manuskripts sehen Lektoren und Hersteller ungern, weil dabei schnell der Überblick verloren geht. Im Notfall sollten Sie trotzdem von dieser Möglichkeit Gebrauch machen.
- **TRANSPORTWEGE** Beim Transport können Sie Zeit sparen, indem Sie beispielsweise auf Kurierdienste zurückgreifen oder die Produktion bei Betrieben in Ihrer Nähe durchführen lassen. Damit steigen allerdings meist auch die Kosten. Wenn das Erscheinen an die Buchmesse oder

eine andere Veranstaltung gebunden ist, können Sie sich die Bücher direkt dorthin statt an den Verlag liefern lassen.

• **PRIORITÄTEN** Wenn Sie den Auslieferungstermin auf keinen Fall verschieben dürfen, weil Ihr Buch beispielsweise als Spitzentitel breit angekündigt oder an den Start eines neuen Kinofilms gebunden ist, können Sie ausnahmsweise alle freien Kapazitäten darauf verwenden. Darunter leiden dann eventuell andere Projekte.

Hersteller sind zahlreichen Zwängen unterworfen: Sie müssen Bücher und andere Medien pünktlich, in guter Qualität und möglichst preiswert produzieren. Gleichzeitig sollen jeder Titel und jede Reihe dem Inhalt und der Zielgruppe entsprechend ein individuelles Erscheinungsbild erhalten. Diese Ziele kollidieren häufig mit den Vorstellungen von Autoren und Lektoren. Rationalisierung bei den Abläufen und Standardisierung bei der Gestaltung spielen deshalb bei der kostenträchtigen Buchproduktion eine große Rolle.

Dazu können Sie selbst viel beitragen: Fragen Sie sich beispielsweise, ob Ihre Leser einen gestalterischen Sonderwunsch überhaupt wahrnehmen oder ob ein bestimmtes Ausstattungsdetail wirklich erforderlich ist – und zur besseren Verkäuflichkeit beiträgt oder dem Renommee Ihres Verlags dient. Das Gleiche gilt für Korrekturen nach der Satzherstellung, die Ihnen oder Ihren Autoren vielleicht gering erscheinen: In manchen Fällen ziehen diese aufwändige und teure Detailarbeit nach sich, die Sie bei besserer Planung vermeiden könnten. Letztlich bewegt sich die Herstellung immer zwischen dem Machbaren und dem Notwendigen. Dieser Spagat kann nur gelingen, wenn alle Beteiligten an einem Strang ziehen.

LITERATURTIPPS
• Hubert Blana: *Die Herstellung*. Dieses Grundlagenwerk beschäftigt sich mit der Aufbereitung von Manuskripten sowie mit gestalterischen und technischen Fragen.
• Annette Gevatter: *Druckreif*. Sehr verständlich führt dieses Büchlein Schritt für Schritt durch alle Stufen der Druckproduktion.
• Hans-Heinrich Ruta: *Basiswissen Herstellung für Buchhändler*. Ein sehr anschauliches Grundlagenwerk – nicht nur für Buchhändler, sondern ebenso für Verlagsmitarbeiter.
• Brigitte Witzer: *Satz und Korrektur*. Ein praxisorientiertes Nachschlagewerk, das die Abstimmung zwischen Autoren, Verlag und Setzerei optimiert. Ausführliche Hinweise zur Manuskriptvorbereitung, zum Formelsatz, zur medienneutralen Datenstrukturierung und zur herstellerischen Verarbeitung finden Sie hier ebenso wie einen umfangreichen Anhang mit Arbeitsmaterialien.

3.1
Daten und Vorlagen

Gute Vorlagen sind die Voraussetzung für die Satzherstellung und den Druck eines Buchs. Am besten liegen diese bereits von Anfang digital vor. Um sie problemlos weiterzuverarbeiten und eine hohe Qualität sicherzustellen, müssen sie ebenso wie traditionelle Papiermanuskripte oder Abbildungsvorlagen bestimmte Anforderungen erfüllen. Dabei kommt es gerade bei elektronischen Daten aufgrund der rasanten technischen Entwicklung und unterschiedlicher Systeme oft zu Schwierigkeiten – wenn die technischen Voraussetzungen nicht rechtzeitig geklärt wurden.

Doch die Vorteile überwiegen: Digitale Daten vereinfachen nicht nur den langwierigen Textverarbeitungsprozess und helfen damit, Kosten zu senken, sondern sie eröffnen neue Produktionswege und ermöglichen neue Angebotsformen oder Fomate. Ohne die Daten jedes Mal völlig neu erfassen zu müssen, kann ein Verlag beispielsweise einen Roman zusätzlich als E-Book anbieten, ein Wörterbuch im Internet bereitstellen oder bei einem Lexikon auf CD-ROM mit einem Klick Verweise, Bilder und zusätzliche Informationen aufrufen. Voraussetzung hierfür sind medienneutrale Daten.

16 Datenfluss

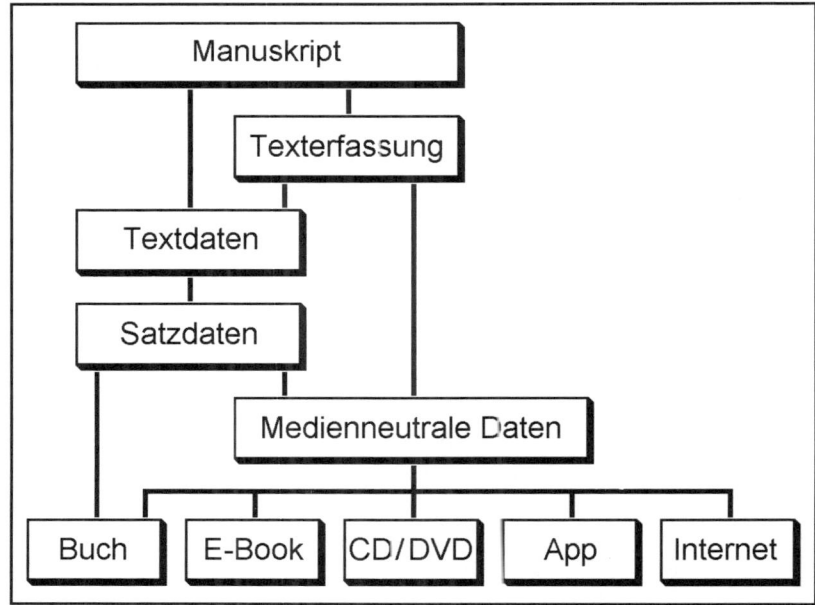

3.1.1
Texte

Fast alle Autoren und Übersetzer verfügen über einen Computer mit einem aktuellen Textverarbeitungsprogramm, einen Drucker und oft sogar einen Scanner. Damit gehören auch in der Belletristik Manuskripte der Vergangenheit an, die auf der Schreibmaschine getippt oder per Hand geschrieben wurden. Trotzdem gibt es noch einige Fälle, in denen der Text nachträglich elektronisch erfasst werden muss.

Papiermanuskript und Texterfassung

In der Regel liefern Autoren und Übersetzer eine Textdatei auf CD-ROM oder einem anderen Datenträger – begleitet von einem Papierausdruck der Endfassung des Manuskripts. Er dient vor allem der Kontrolle und sollte bestimmten Mindeststandards genügen, die vom Verlag festgelegt werden (siehe Kapitel 1.3.1).

Doch auch ohne dazugehörigen Datensatz lassen sich Manuskripte in ein Buch verwandeln. Das ist nicht nur dann notwendig, wenn die Autoren ihr Manuskript nur mit Schreibmaschine oder gar per Hand verfasst haben, sondern auch bei unveränderten Nachdrucken älterer oder vergriffener Werke, für die keine Daten vorliegen. Eine vollständige Texterfassung ist dann unvermeidlich. Das kann bei einer guten Vorlage durch Scannen mithilfe eines Texterkennungsprogramms oder manuell durch ein Schreibbüro geschehen; bei handschriftlichen Manuskripten gibt es zum Abtippen keine Alternative. Da weder Scannen noch Abschreiben fehlerfrei funktionieren, müssen Sie den Text wie üblich Korrektur lesen. Die Fehlerzahl lässt sich allerdings durch eine doppelte Erfassung des Texts und einen Abgleich der beiden Datensätze verringern.

Textdaten

Die nachträgliche zeit- und kostenträchtige Texterfassung ersparen Sie sich, wenn das Manuskript schon von vornherein als Datei vorliegt. Da es aber bei der Konvertierung von Textdaten – zum Beispiel Umlauten oder Sonderzeichen – in das Satzprogramm immer wieder zu Schwierigkeiten kommt, sollten Sie Autoren und Übersetzern genaue Vorgaben zur Formatierung und Speicherung des Texts machen. Außerdem vermeiden Sie so, dass sich die Verfasser unnötige Mühe mit dem Layout geben – in der irrigen Annahme, ein schön gestaltetes Manuskript könne problemlos ohne Änderungen gedruckt werden. Auf jeden Fall ist es empfehlenswert, schon frühzeitig eine Probedatei anzufordern, anhand derer die Herstellungsabteilung die Datenqualität überprüft. Das ist besonders dann wichtig, wenn die Autoren mit einem speziellen Programm arbeiten.

Fehler entstehen bei der Texterstellung am Computer häufig, weil die Verfasser Zeilenschaltungen, Trennstriche oder Seitenzahlen manuell einfügen, Leerzeichen statt Tabulatoren verwenden oder Tabellen mit Leerzeichen aufbauen, statt Tabulatoren oder die Tabellenfunktion zu benutzen. Da Textverarbeitungsprogramme das Ändern, Verschieben und Löschen von einzelnen Wörtern und ganzen Abschnitten erlauben, finden sich manchmal Wortdoppelungen oder Wörter und Satzteile ohne Zusammenhang. Probleme gibt es oft auch bei der Verwendung von Sonderzeichen oder von Zeichen aus anderen Schriftarten. Hinzu kommen die üblichen Flüchtigkeits- und Tippfehler.

Als Datenträger eignen sich vor allem CD-ROMs, deren Speicherkapazität für die meisten Manuskripte ausreicht. Auf die ausschließliche Übermittlung der Daten per E-Mail können Sie sich nicht verlassen: Hier kann es zu Übertragungsfehlern kommen – vor allem bei umfangreichen Werken. Wichtig ist, dass Text- und Bilddateien getrennt voneinander gespeichert werden, damit sie sich später einfacher bearbeiten lassen. Aus dem gleichen Grund sollten große Textdateien möglichst kapitelweise vorliegen.

Unproblematisch ist in der Regel die Speicherung in einem neutralen Datenformat, zum Beispiel als TXT- oder als RTF-Datei. Allerdings gehen besonders im TXT-Format viele Auszeichnungen verloren. Mit eindeutigen Markierungen können Sie oder Ihre Autoren einzelnen Textelementen trotzdem bestimmte Gestaltungsmerkmale zuordnen; diese werden später automatisch durch die korrekte Formatierung ersetzt. Bei stark strukturierten Texten ist diese Art der Auszeichnung allerdings sehr aufwändig und erschwert die redaktionelle und herstellerische Bearbeitung. Besser ist es deshalb, eine Musterdatei mit entsprechenden Druckformatvorlagen anzubieten.

Mit einer Druckformatvorlage, die Sie Ihren Autoren und Übersetzern zur Verfügung stellen, lassen sich die Daten später problemlos in das Satzprogramm konvertieren. Darin werden für den Fließtext, die verschiedenen Überschriftenebenen, Übersichtskästen, Aufzählungen, Marginalien und alle anderen Textelemente bestimmte Formatierungen festgelegt, wie das folgende Beispiel zeigt. Die Autoren erhalten eine Musterdatei, in der sie den Text eingeben und ihm das geeignete Format zuweisen. Unter Umständen ist es sinnvoll, für jede Buchreihe oder jedes Programmsegment eine eigene Formatvorlage zu erstellen, welche die passenden Formatierungen für alle Gestaltungselemente enthält, die im endgültigen Layout vorkommen. Achten Sie aber darauf, dass die Formatvorlage möglichst einfach zu handhaben ist – auch für Menschen, die im Umgang mit dem

Computer nicht besonders versiert sind. Gegebenenfalls müssen Sie dem Manuskript die richtigen Formatvorlagen während der redaktionellen Bearbeitung zuweisen. Übrigens sollten Sie selbst in der Lage sein, mit diesen Formatvorlagen sicher zu arbeiten: Nur dann können Sie Ihre Autoren bei eventuellen Fragen kompetent beraten.

BEISPIEL: Formatvorlage

Name der Formatvorlage	Umsetzung
Überschrift 4	**PRODUKTLEBENSZYKLUS**
Standardtext	Jedes Buch hat einen charakteristischen
Zeichen kursiv	Lebenszyklus. Dieser zeigt, wie *Absatz*
Zeichen kursiv	und *Gewinn* über die gesamte Lebens-
	dauer verlaufen. Der Produktlebens-
	zyklus teilt sich in fünf Phasen:
Aufzählung, Zeichen halbfett	• **Produktentwicklung** Ein neues Buch-
	projekt entsteht und verursacht Kosten,
	aber es gibt noch keine Verkaufserlöse.

Medienneutrale Daten

Textverarbeitungsprogramme wie Word oder Pages und Layoutprogramme wie QuarkXPress oder InDesign verfügen zwar über umfangreiche Gestaltungsmöglichkeiten, erlauben aber kaum eine andere Verwendung der Daten als in den ursprünglich vorgesehenen (Print-)Medien. Hinzu kommt, dass sich die Daten der verschiedenen Programme nur selten problemlos untereinander austauschen lassen. Wenn Sie beispielsweise einen alten Roman als E-Book neu anbieten wollen, so müssen Sie die vorhandenen Satzdaten aufwändig nachbearbeiten. Gefragt sind also medienneutrale Daten, die auf allen Betriebssystemen ohne Konvertierung und ohne Informationsverluste für unterschiedliche Medien verwendet werden können – und das möglichst weltweit, wenn Sie die Inhalte auch im Internet anbieten wollen.

Im Unterschied zu den Daten, die Textverarbeitungs- oder Layoutprogramme erzeugen, beschreiben medienneutrale Daten den Inhalt und die Struktur eines Texts, nicht aber dessen äußere Gestalt beziehungsweise Formatierung. Mit einheitlichen Codes, so genannten Tags, werden Anfang und Ende bestimmter Textelemente markiert – zum Beispiel alle Überschriften, alle Literaturtipps oder alle Personennamen. Eine solche Strukturierung lässt sich sehr differenziert vornehmen, indem beispielsweise »Louvre« gleichzeitig mit »Paris«, »Museum«, »Kunst« und natürlich »Louvre« markiert wird. Der Verwendungszweck bestimmt den Detaillierungsgrad; sinnvoll ist es, ähnliche Texte mit den gleichen Tags zu beschreiben.

Mit XML (Extensible Mark-up Language) steht eine Auszeichnungssprache zur Verfügung, mit der sich Texte nach einem international einheitlichen Standard strukturieren lassen; die Tags lassen sich dabei frei wählen. Eine solche medienneutrale Datenstrukturierung mithilfe eines speziellen Editors bietet mehrere Vorteile: Sie können den Text später gezielt nach Schlagworten durchsuchen und ihm auf Grundlage der Struktur beliebige Gestaltungsmerkmale zuweisen – beispielsweise Eigennamen in einem Buch kursiv setzen, im Internet aber in einer anderen Schriftfarbe. Das macht es möglich, den gleichen Datenbestand ohne aufwändige Anpassungen in unterschiedlichen Medien zu nutzen. So lassen sich aus XML-Daten beispielsweise Daten für Druckerzeugnisse als PDF (Portable Document Format), für E-Books als EPUB (Electronic Publishing) oder für Online-Angebote als HTML (Hypertext Mark-up Language) erzeugen. Auf jeden Fall setzt eine sinnvolle medienneutrale Datenstrukturierung fehlerfreie Daten, umfangreiches Know-how sowie standardisierte Arbeitsabläufe voraus.

3.1.2
Abbildungen

Fotos, Illustrationen, Grafiken, Karten und andere Abbildungen spielen in vielen Büchern eine wichtige Rolle (siehe Kapitel 1.3.3). Besonders in Bildbänden, aber auch in Ratgebern, sind die Ansprüche an die technische Qualität hoch. In der Regel erfordern Abbildungen bei der Buchherstellung besondere Aufmerksamkeit – selbst wenn keine umfangreichen Retuschen oder zusätzlichen Bearbeitungen notwendig sind.

Bildvorlagen gibt es digital, als Durchsichtsvorlagen wie Dias oder Röntgenaufnahmen oder als Aufsichtsvorlagen wie Papierfotos, Illustrationen, Zeichnungen oder Bücher. Sie können als Positiv oder als Negativ vorkommen sowie seitenrichtig oder seitenverkehrt sein. Ein- und mehrfarbige Abbildungen lassen sich weiterhin nach Ihrer Tonwertabstufung unterscheiden:

- **VOLLTON- ODER STRICHABBILDUNGEN** zeigen keine Tonwertabstufung. Es gibt entweder voll gedeckte oder nicht bedruckte Linien und Flächen. Beispiele sind technische Zeichnungen, Holzschnitte oder Kupferstiche.
- **HALBTONABBILDUNGEN** weisen Tonwertabstufungen auf; die Farbtonwerte gehen also stufenlos von hell nach dunkel über. Beispiele sind Fotos, Dias, Aquarelle, Bleistiftzeichnungen oder Radierungen.

Da die Originale von Abbildungen oft empfindlich und manchmal wertvoll oder gar unersetzlich sind, sollten Sie äußerst sorgfältig mit ihnen umgehen und sie vor Beschädigungen schützen. Für Schäden oder gar Verlust muss Ihr Verlag aufkommen – und das kann teuer werden. Deshalb empfiehlt sich, jede Abbildung einzeln in einer Klarsichthülle oder speziellen Diaschutzhüllen aufzubewahren und diese eindeutig zu beschriften. Eventuelle Mängel müssen Sie umgehend reklamieren, damit diese nicht zu Lasten Ihres Verlags gehen. Das ist auch später wichtig, wenn Sie Bilder nach der Bearbeitung von der Setzerei, Reproanstalt oder Druckerei beschädigt zurückbekommen.

Bildvorlagen

Bei der Auswahl und Bearbeitung von Abbildungen gilt: Die Qualität der Vorlage bestimmt die Qualität der Reproduktion. Unbeschädigte und hochwertige Originale eignen sich besonders gut, während Flecken, Knicke und Kratzer eine gute Wiedergabe ebenso erschweren wie kopierte oder bereits gedruckte Vorlagen. Auch Unschärfen, Farbstiche oder eine mangelhafte Auflösung lassen sich trotz aufwändiger Bildbearbeitungsprogramme kaum ausgleichen; die Bearbeitung kostet aber auf jeden Fall viel Zeit und Geld. Deshalb muss die Herstellungsabteilung prüfen, ob sich die Abbildungen überhaupt zur Reproduktion eignen.

Grafiken und Zeichnungen müssen kontrastreich und konturenscharf auf hellem, nicht zu dünnem Papier angefertigt werden oder am besten gleich digital. Werden für ein Buch mehrere Grafiken erstellt, sollte deren Ausgangsgröße identisch sein, da sich bei späteren Vergrößerungen oder Verkleinerungen Linienstärken und Schriftgrößen ändern; Linienstärken unter 0,2 Millimeter sind deshalb problematisch. Das bedeutet auch, dass für alle Beschriftungen die gleiche Schriftgröße und dieselbe Schriftart verwendet werden müssen. Um eine einheitliche und hohe Qualität sicherzustellen, ist es ohnehin meist besser, Zeichnungen oder Diagramme anhand einer Skizze von professionellen Grafikern erstellen zu lassen.

Die wichtigsten Halbtonvorlagen sind in der Praxis Fotopapierabzüge oder Diapositive. Besonders Dias weisen eine hohe Schärfe und Farbbrillanz auf. Wenn Sie gerasterte Drucke als Bildvorlage verwenden, kann bei erneuter Reproduktion ein so genanntes Moiré entstehen: Es entsteht ein wellenförmiges Muster, weil sich unterschiedliche Rasterwinkelungen überlagern. Obwohl sich dieses Problem bei der Reproduktion weitgehend ausgleichen lässt, ist die Bildqualität im Vergleich mit einer ungerasterten Vorlage etwas geringer.

Digitale Abbildungen, die am Computer erstellt werden, mit der Digitalkamera aufgenommen werden oder bereits elektronisch vorliegen, lassen sich später einfach in das Layoutprogramm integrieren. Dafür müssen sie in einem importierbaren Datenformat gespeichert sein – zum Beispiel als TIF- oder EPS-Datei – und dürfen nicht komprimiert werden, zum Beispiel als JPG-Datei. Die erforderliche Auflösung hängt vom gewählten Abbildungsmaßstab ab: Bei Halbtonabbildungen in Originalgröße ist in der Regel eine Auflösung von 300 dpi (Dots per Inch) notwendig, bei Strichabbildungen mindestens 800 dpi. Dies sollten Ihre Autoren wissen, wenn sie beispielsweise mit einer Digitalkamera fotografieren oder Bilder selbst digitalisieren. Da es dabei allerdings schnell zu Qualitätsverlusten kommt, wenn Auflösung oder Farbeinstellungen falsch gewählt werden, sollten die Abbildungen am besten im Verlag bearbeitet werden. Wichtig: Sie brauchen immer auch einen Ausdruck oder Abzug als Vergleichsmedium, um später die Reproduktions- beziehungsweise Druckqualität zuverlässig beurteilen zu können.

Reproduktion

In manchen Fällen liegen die Abbildungen noch nicht reproreif vor: Korrekturen oder Retuschen sind noch notwendig, Bildteile sollen freigestellt werden, Beschriftungen müssen hinzugefügt oder geändert werden. Diese dürfen Sie keinesfalls am Original vornehmen, sondern müssen alle Änderungswünsche ebenso wie Bildausschnitt und Bildgröße auf einer Kopie angeben.

BEISPIEL: Abbildungsfaktor

Das Originalformat eines Fotos beträgt 150 × 100 Millimeter. Für die Abbildung stehen im Layout 90 Millimeter in der Breite zur Verfügung.

$$\text{Abbildungsfaktor} = \frac{\text{Soll-Breite (Layout)}}{\text{Ist-Breite (Vorlage)}}$$

$$\text{Abbildungsfaktor} = \frac{90 \text{ mm}}{150 \text{ mm}} = 60\,\%$$

Die Abbildung muss also auf 60 Prozent ihrer Originalgröße verkleinert werden. Die Bildhöhe berechnet sich dann so:

Bildhöhe = Ist-Höhe (Vorlage) × Abbildungsfaktor

Bildhöhe = 100 mm × 0,6 = 60 mm

Das neue Bildformat im endgültigen Layout hat damit eine Größe von 90 × 60 Millimetern.

Bei der Festlegung der Bildgröße gilt: Verkleinerungen sind meist einfacher ohne Qualitätsverlust möglich als Vergrößerungen. Allerdings müssen Sie bei einer Verkleinerung darauf achten, dass dünne Linien oder kleine Schriften nicht wegbrechen. Die Sollbreite und -höhe geben Sie am besten so an: Breite mal Höhe in Millimetern. Beachten Sie, dass dabei das Seitenverhältnis erhalten bleibt, das Bild also nicht gestaucht oder verzerrt wird. Üblich ist auch eine Angabe des Abbildungsfaktors in Prozent bezogen auf die Originalgröße.

Halbtonvorlagen müssen für die üblichen Druckverfahren mit Ausnahme des Lichtdrucks grundsätzlich gerastert werden. Rasterung bedeutet, dass eine Abbildung in einzelne Punkte aufgelöst wird. Für das Auge sind diese Rasterpunkte bei normalem Leseabstand kaum wahrnehmbar, da sie sich mit den Zwischenräumen des hellen Papiers vermischen: Die Tonwerte scheinen stufenlos ineinander überzugehen; zu sehen sind unterschiedlich helle und dunkle Flächen.

Die Rastergröße beziehungsweise Rasterweite wird in Punkt pro Zentimeter gemessen. Ein 48er-Raster hat also 48 Rasterpunkte pro Zentimeter. Die optimale Rastergröße ist vom gewählten Papier (siehe Kapitel 3.3.1) und der gewünschten Detaillierung abhängig: Grobe Raster zeigen nicht alle Einzelheiten; feine Raster ermöglichen eine sehr detaillierte Wiedergabe, wirken aber oft flach. Die Rastergröße reproduzierter Abbildungen können Sie mit einem Rasterzähler messen – einem durchsichtigen Lineal mit dünnen Linien, das Sie auf die Abbildung legen. Folgende Rasterweiten sind üblich:

• ZEITUNGEN auf rauem Papier: 28er- bis 40er-Raster;
• BÜCHER auf maschinenglattem Werkdruckpapier: 48er- bis 54er-Raster;
• BÜCHER auf satiniertem Werkdruckpapier: 60er-Raster;
• BILDBÄNDE auf gestrichenem Papier: 60er- bis 80er-Raster oder noch feiner.

Der Rastertonwert gibt das prozentuale Verhältnis einer mit Rasterpunkten bedeckten Fläche zu einer ungerasterten Fläche an. Er beschreibt also den Halbton, der durch ein Raster simuliert wird.

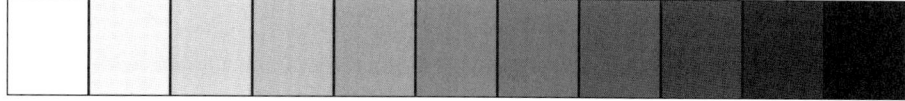

17 Rastertonwerte von 0 bis 100 Prozent (60er-Raster entspricht einer Rasterfrequenz beim Belichten von 152 lpi, also Lines per Inch)

Bei mehrfarbigen Abbildungen wird für jede Farbe ein eigener Auszug hergestellt. Bei den so genannten CMYK-Farben sind das zyanblau (cyan), magentarot (magenta) und gelb (yellow) sowie schwarz (key) für die Tiefenwirkung. Hinzu kommt die Farbe des Papiers, meistens also weiß. Die Grundfarben sind nach einer einheitlichen Farbskala europaweit genormt. Durch den Zusammendruck dieser Farben lässt sich fast jede Mischfarbe erzielen. Farbsysteme wie Pantone oder HKS enthalten eine große Zahl standardisierter Sonderfarben, aber auch Lack-, Leucht- oder Metallicfarben. Darauf können Sie zurückgreifen, wenn Sie eine bestimmte Farbe als Auszeichnungs- oder Sonderfarbe brauchen.

Damit die Farben nicht genau übereinander gedruckt werden, werden die Rasterpunkte nach vorgegebenen Winkelungen angeordnet. Bei normalem Leseabstand entsteht so der Eindruck farbiger Flächen. Bei der Herstellung der Farbauszüge ist höchste Genauigkeit erforderlich, da schon geringe Abweichungen als farbstichig empfunden werden. Farbverbindliche Proofs oder Andrucke sind zur Kontrolle deshalb sinnvoll.

Die Reproduktion von Abbildungen übernehmen Reproanstalten, Setzereien oder auch Druckereien. Während dafür früher spezielle Reprokameras verwendet wurden, ist heute der Einsatz von Scannern üblich. Dieser tastet die Vorlage Punkt für Punkt ab, zerlegt sie mit Filtern in einzelne Farbsignale, wandelt sie in elektronische Daten um und erzeugt für jede Farbe Rasterpunkte. Mit entsprechenden Computerprogrammen können die Abbildungen nun bearbeitet werden. Der Reproduktionsauftrag enthält folgende Angaben:

- **SOLLGRÖSSE DER ABBILDUNG** Welche Größe in Millimeter oder Prozent soll die Abbildung aufweisen?
- **KORREKTUR UND BILDBEARBEITUNG** Welche Korrekturen und Bearbeitungen sollen an der Abbildung ausgeführt werden?
- **PAPIER** Welches Papier wird für die Druckauflage verwendet (siehe Kapitel 3.3.2)?
- **DRUCKVERFAHREN** Welches Druckverfahren kommt zum Einsatz (siehe Kapitel 3.3.3)?
- **RASTER** Welche Größe und Art der Rasterung, zum Beispiel frequenzmodulierter Raster (FM) oder konventioneller Raster (AM-Raster, amplitudenmoduliert), sind gewünscht?
- **FARBEN** Wie viele und welche Farben werden verwendet? Nach welcher Farbskala sollen die Abbildungen reproduziert werden, zum Beispiel ISO- oder Euro-Farbskala?
- **DRUCKFREIGABE** Wie viele Ausdrucke, Proofs oder Andrucke werden zur Korrektur beziehungsweise Druckfreigabe benötigt?
- **REPRODUKTION** Falls die Bilder zum Druck noch auf Filmen ausgegeben werden: Sollen sie positiv oder negativ, seitenrichtig oder seitenverkehrt hergestellt werden? Wie viele Filme werden benötigt?
- **DIGITALE ABBILDUNGEN** Falls zur Bearbeitung bereits digitalisierte Bilder geliefert werden: In welchem Dateiformat liegen die Abbildun-

gen vor? Mit welchem Programm und auf welchem Betriebssystem wurden sie erstellt? Sind die Daten farbverbindlich? In welchem Format sollen sie gespeichert werden?

Hinweise zu Liefertermin und Zahlungsbedingungen runden den Auftrag ab. Je genauer die Informationen sind, desto besser wird das Ergebnis der Reproduktion sein.

Qualitätskontrolle

Bevor die Herstellung die Abbildungen in Druck gibt, müssen alle wesentlichen Eigenschaften der Repros geprüft werden: Stimmen Größe, Bildausschnitt, Bild- und Detailschärfe, Rasterung und Farben? Wurde das Bild wie gewünscht bearbeitet? Notwendige Änderungen vermerken Sie auf einem Korrekturabzug.

Eine erste Kontrolle ist bereits auf dem Bildschirm möglich (Softproof). Allerdings stimmen weder die Auflösung noch die Farbwerte mit dem späteren Druck überein. Ähnliches gilt für den Ausdruck auf handelsüblichen Farbdruckern. Auch Blaupausen, also Lichtpausen der fertig belichteten Druckfilme, eignen sich nur eingeschränkt. Besser sind deshalb vor allem bei Halbtonabbildungen Proofs oder Andrucke; Andrucke werden möglichst auf dem gleichen Papier hergestellt, das für die Druckauflage vorgesehen ist.

Die Qualität von Proofs kommt dem späteren Druckergebnis sehr nahe. Digitale Proofs, die aus dem Datenbestand erstellt werden, sind allerdings in der Regel nicht farbverbindlich, dafür aber recht preiswert. Die Farbtreue lässt sich nur auf entsprechend kalibrierten Proofgeräten und auf Spezialpapier kontrollieren. Analoge Proofs sind sehr farbgenau, da die verschiedenen Farbauszüge auf lichtempfindliche Folien kopiert werden. Den besten Eindruck ermöglichen Andrucke, bei denen einige Exemplare der Abbildungen auf Originalpapier im entsprechenden Druckverfahren hergestellt werden. Das ist vergleichsweise teuer und deshalb nur bei hochwertigen Büchern sinvoll.

3.2
Layout und Satz

Zu den kreativen Aufgaben der Herstellung gehört, in Absprache mit dem Lektorat Bücher zu gestalten – ihnen eine zweckmäßige und ästhetisch ansprechende Form zu geben. Dabei geht es um den grundsätzlichen Buchaufbau, die Seitengestaltung, das richtige Verhältnis von Text und Bild, die Wahl von Schriften und Auszeichnungen oder die Umschlaggestaltung. Hohe Benutzerfreundlichkeit und optimale Lesbarkeit heißen die Hauptziele, denn ein Buch ist ein sinnlicher Gebrauchsgegenstand – zum Sehen, zum Fühlen und als Hörbuch auch zum Hören. Deshalb spielen bei der Buchgestaltung neben dem Inhalt auch Papier, Bindung, Einband und Umschlag eine wichtige Rolle: Gut gestaltete Bücher bilden eine Einheit.

3.2.1
Typografie

Typografie ist sichtbar gemachte Sprache. Ziel ist, ein Buch dem Zweck entsprechend lesbar und vielleicht sogar schön zu gestalten. Welche Mittel Sie dabei wählen, hängt in erster Linie von Inhalt und Zielgruppe ab. So benötigen Kinder und Leseanfänger ein anderes Layout als Vielleser, Fremdsprachler eine andere Schrift als Muttersprachler. Doch wie wird ein Text gelesen? Hans Peter Willberg unterscheidet:

- **TYPOGRAFIE FÜR LINEARES LESEN** Der Text wird kontinuierlich von Anfang bis Ende gelesen – Wort für Wort, Seite für Seite. Die Typografie ist zurückhaltend und bietet einen möglichst hohen Lesekomfort. Beispiel: Belletristik.
- **TYPOGRAFIE FÜR INFORMIERENDES LESEN** Der Text wird zuerst überflogen; gelesen wird nur, was interessiert. Wichtig ist eine klare Gliederung. Beispiele: Sachbücher, Zeitungen, Zeitschriften.
- **DIFFERENZIERENDE TYPOGRAFIE** Diese stark strukturierten Texte für geübte Leser weisen unterschiedliche, aber gleichwertige Auszeichnungen auf. Beispiele: Wissenschaftliche Bücher und Literaturverzeichnisse.
- **TYPOGRAFIE FÜR KONSULTIERENDES LESEN** Texte werden gezielt gesucht und sehr genau gelesen. Die Stichworte müssen deshalb deutlich hervorgehoben werden. Beispiele: Nachschlagewerke und Register.
- **TYPOGRAFIE FÜR SELEKTIERENDES LESEN** Unterschiedliche Textinhalte erfordern unterschiedliche Gestaltungselemente. Der Lesekomfort sollte möglichst hoch sein. Beispiele: Ratgeber und Schulbücher.
- **TYPOGRAFIE NACH SINNSCHRITTEN** Der Zeilenfall wird nach Sinneinheiten gegliedert. Zielgruppe sind Leseanfänger aller Altersgruppen. Beispiele: Lesefibeln und Bilderbücher.
- **AKTIVIERENDE TYPOGRAFIE** Ein auffälliges Layout dominiert den Text und soll zum Lesen verführen. Beispiele: Geschenkbücher und Zeitschriften.
- **INSZENIERENDE TYPOGRAFIE** Das Layout soll den Text verstärken, interpretieren oder verfremden. Beispiel: Bilderlyrik.

18 Typografie für lineares Lesen

19 Typografie für informierendes Lesen

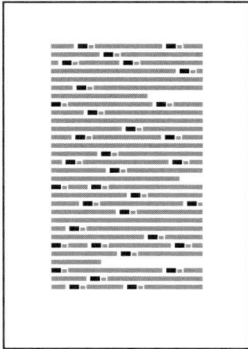

20 Differenzierende Typografie

21 Typografie für konsultierendes Lesen

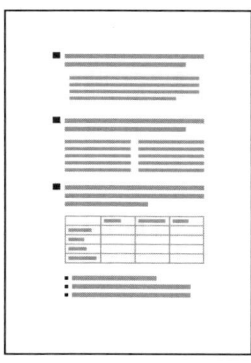

22 Typografie für selektierendes Lesen

23 Typografie nach Sinnschritten

24 Aktivierende Typografie

25 Inszenierende Typografie

Bevor die Herstellung beziehungsweise Sie mit der Gestaltung eines Buchs beginnen, müssen Sie also wissen: Wer liest? Welchen Zweck soll die Typografie erfüllen? Brauchen Sie eine übersichtliche Leserführung? Wünschen Sie eine hohe Wiedererkennbarkeit oder eine auffällige, individuelle Gestaltung? Welche Elemente müssen gestaltet werden? Welches Budget steht für die Umsetzung zur Verfügung? Von diesen Faktoren hängen sowohl das grundsätzliche Seitenlayout als auch die Details der Schriftgestaltung ab. Festlegen müssen Sie unter anderem Buchformat, Farbigkeit, Seitenaufbau, Auszeichnungen, Schriftarten und -größen, Zeilenlängen und -abstände. Obwohl es dabei häufig um Geschmacksfragen geht, gibt es zahlreiche Regeln, die bei der Beantwortung typografischer Fragen helfen (siehe Literaturtipps). Mit ihnen entwickeln Sie zwar kein revolutionäres Layout, bewegen sich aber auf der sicheren Seite. Das gilt besonders für die wichtigste Regel: Gleiches immer gleich behandeln.

Typografie unterliegt Moden: So können ein Layout oder eine Schrift, die heute als modern gelten, morgen schon alt aussehen. Sie haben die Wahl, ob Sie einem Trend folgen wollen oder ob Sie ein zeitloses Layout bevorzugen. In jedem Fall sollte das Layout Ihre Zielgruppe ansprechen (siehe Kapitel 1.1.4). Wenn Sie wissen wollen, was Ihrer Zielgruppe gefällt, finden Sie wertvolle Anregungen in aktuellen Printmedien und vor allem in der Werbung.

LITERATURTIPPS
- Hans Peter Willberg und Friedrich Forssman: *Erste Hilfe in Typografie*. Die Autoren zeigen anhand vieler (schlechter) Beispiele, was gute Typografie ausmacht. Ein empfehlenswertes Buch für typografische Einsteiger.
- Hans Peter Willberg und Friedrich Forssman: *Lesetypografie*. Wer es ganz genau wissen will, findet in diesem verständlichen und umfassenden Nachschlagewerk Antworten auf fast alle Gestaltungsfragen. Themen sind beispielsweise der Umgang mit Überschriften, das Verhältnis von Text und Bild oder der Aufbau von Tabellen.

Buchaufbau

Ein Buch besteht aus mehreren Teilen, die eine gestalterische Einheit bilden sollten: Titelei, Textteil und Anhang. Gut ist, wenn darüber hinaus noch eine Verbindung zu Einband und Umschlag besteht.

Die Titelei enthält alles, was vor dem eigentlichen Textteil steht. Für die Gestaltung der Titelei gibt es keine unverrückbaren Regeln, allerdings ist ihr Aufbau oft für alle Publikationen eines Verlags einheitlich festgelegt – insbesondere die Angaben im Impressum. Die Titelei besteht aus folgenden Bestandteilen, die gegebenenfalls von Leerseiten, so genannten Vakatseiten, ergänzt werden.

- **SCHMUTZTITEL** Diese erste Seite des Titelbogens enthält nur die Namen der Autoren, den Haupttitel des Buchs und eventuell das Verlagslogo. Mit dem Schmutztitel beginnt zugleich die Seitenzählung.
- **SCHMUTZTITELRÜCKSEITE** Bei Reihen oder Sammelwerken stehen hier deren Titel, die Bandnummer und gegebenenfalls die Namen der Herausgeber. Manchmal findet sich hier ein Bild (Frontispiz) oder die Autorenvita, sonst bleibt sie vakat.
- **HAUPTTITEL** Im Gegensatz zum Schmutztitel werden hier alle wesentlichen bibliografischen Angaben vollständig abgedruckt: Vor- und Nachnamen von Autoren und Herausgebern, Haupttitel mit Untertitel sowie Verlagsname und -logo. Hinzu kommen gegebenenfalls Hinweise auf die Auflage oder eine Neubearbeitung, die Namen von Übersetzern, Bearbeitern, Fotografen oder Illustratoren. Die Haupttitelseite wird oft besonders aufwändig gestaltet.
- **HAUPTTITELRÜCKSEITE ODER IMPRESSUM** Das Impressum, das auch ganz am Ende des Buchs stehen kann, enthält die ISBN, das Copyright-Zeichen mit Angabe von Verlag und Erscheinungsjahr (siehe Kapitel 2.1.1) und sonstige Schutzvermerke, den Vermerk auf Aufnahme des Titels in den Katalog der Deutschen Nationalbibliothek sowie die Auflage mit Jahreszahl. Ergänzen können Sie das Impressum durch Angaben zum verantwortlichen Lektor und Hersteller oder anderen Bearbeitern, zur Setzerei, Druckerei und Buchbinderei. Bei Lizenzausgaben ist die Nennung des Originaltitels und Originalverlags gebräuchlich; der Lizenzvertrag schreibt oft den genauen Wortlaut vor.
- **WIDMUNG UND MOTTO** Auf dieser sehr persönlichen Seite nennen die Autoren die Personen, denen sie ihr Buch widmen. Auch kann hier ein Motto stehen.
- **INHALTSVERZEICHNIS** Das Inhaltsverzeichnis bietet einen schnellen Überblick über den Inhalt des Buchs und erleichtert das Auffinden bestimmter Textteile. Dafür ist eine übersichtliche und leserfreundliche Gestaltung erforderlich. In wissenschaftlichen Werken findet sich oft eine kurze Inhaltsübersicht, die nur die wichtigsten Gliederungsebenen umfasst, sowie ein ausführliches Inhaltsverzeichnis mit allen Gliederungsebenen. Das Inhaltsverzeichnis beginnt in der Regel auf einer rechten Seite. Nur im Ausnahmefall sollten Sie es ans Buchende verbannen, da die Leser es dort nicht erwarten.
- **VORWORT** Ein Vorwort, ein Geleitwort oder eine Danksagung können vor oder nach dem Inhaltsverzeichnis stehen oder als Nachwort am

Ende des Buchs. Meist beginnen sie auf einer neuen rechten Seite. Im Gegensatz zur Einleitung sind sie nicht Bestandteil des eigentlichen Texts und enthalten persönliche Kommentare, Dank oder Angaben zum Entstehen des Buchs. Aus diesem Grund ist auch die Unterzeichnung mit Name, Ort und Datum üblich Als Nachwort rundet es den Textteil ab.

Der Hauptteil besteht aus dem eigentlichen Buchtext, der in einzelne Teile, Kapitel und Unterkapitel gegliedert wird. Sein Aufbau folgt inhaltlichen Erfordernissen.

Der Anhang schließt das Buch ab. Hier steht alles, was nicht zum Textteil gehört, aber zum Verständnis notwendig oder nützlich ist. Meist beginnt er auf einer rechten Seite und kann in einem etwas kleineren Schriftgrad gesetzt werden. Zum Anhang gehören zum Beispiel:

- **BILDTEIL** Falls Sie Abbildungen nicht direkt im Text platzieren, kommen diese gesammelt in einen eigenen Bildteil. Möglich ist es auch, mehrere Bildteile über das Buch zu streuen.
- **ZUSATZMATERIALIEN** Der Anhang nimmt weitere Materialien auf, die aufgrund ihres Umfangs den Lesefluss stören würden oder sich auf das ganze Buch beziehen. Hier können Sie beispielweise Adressen, längere Originaldokumente, Übersichtstafeln oder Karten abdrucken.
- **GLOSSAR** Hier werden wichtige Begriffe erklärt.
- **ANMERKUNGEN** Wenn Sie keine Fußnoten einsetzen, stehen die Anmerkungen mit dazugehöriger Anmerkungsnummer gesammelt am Ende des Buchs. Nicht besonders benutzerfreundlich ist die Alternative, Anmerkungen an das jeweilige Kapitelende zu stellen.
- **LITERATUR-, QUELLEN- UND ABBILDUNGSVERZEICHNIS** Diese Verzeichnisse geben Hinweise auf die verwendete und weiterführende Literatur sowie auf die Herkunft von Zitaten und Abbildungen. Sie weisen oft viele Auszeichnungen auf.
- **REGISTER** Das Register enthält die wichtigsten Stich- und Schlagworte, die im Buch vorkommen, und erschließt damit den Text (siehe Kapitel 1.3.4). Üblicherweise wird das Register mehrspaltig, linksbündig und in kleinerem Schriftgrad gesetzt.

Sind am Ende des Buchs noch ein paar Seiten frei, können Sie diese für Werbezwecke nutzen. Werben Sie mit Eigenanzeigen für andere Bücher oder Produkte aus Ihrem Verlagsprogramm, die für Ihre Zielgruppe wahrscheinlich von Interesse sind. Mit Fremdanzeigen, die andere Unternehmen in Ihren Büchern schalten, lässt sich zusätzlich Geld verdienen. Achtung: Die Zahl der Werbeseiten ist beschränkt, wenn das Buch per Post günstig als Büchersendung verschickt werden soll.

Satzspiegel

Boulevardzeitungen machen es vor: Wichtiges steht oben rechts, denn die übliche Blickrichtung beim Erfassen von Texten folgt der Form des Buchstabens Z. Wenn dann das Auge an den Eckpunkten der Seite Halt findet, wird die Aufmerksamkeit der Leser geweckt. Bilder können dem gleichen Zweck dienen, da sie immer vor dem Text wahrgenommen werden.

Bei der Entwicklung eines Buchlayouts geht es nicht nur darum, alle Text- und Bildelemente harmonisch anzuordnen, sondern auch um eine einfache und schnelle Orientierung. Bei Buchreihen spielen zudem Wiedererkennbarkeit für die Leser und Standardisierung bei der Herstellung eine wichtige Rolle. Daraus folgt, dass jedem Buch ein klares Ordnungsprinzip zugrunde liegen sollte – ein einheitliches Gestaltungsraster innerhalb des festgelegten Satzspiegels. Allerdings kann das bewusste Durchbrechen des Ordnungssystems Spannung und Dynamik erzeugen. Trotzdem gilt: Ohne Ordnung herrscht Unübersichtlichkeit!

Die erste grundlegende typografische Entscheidung ist die Wahl des Buchformats, das nicht nur von den drucktechnischen Möglichkeiten abhängt. Ein hohes Format wirkt meist dynamisch, elegant und bisweilen streng, ein breites Format eher ruhig. Abhängig ist das Format vom Inhalt und von der Lesesituation: Ein üppig bebilderter Ausstellungskatalog erfordert beispielsweise ein großes Format, damit die Details der Abbildungen zur Geltung kommen, während ein A4-Format bei einem Wanderführer eher hinderlich ist. Grundsätzlich dürfen Bücher, die beim Lesen auf dem Tisch liegen oder mit beiden Händen festgehalten werden, größer und schwerer sein als Bücher, die nur in einer Hand gehalten werden. Sie können aber auch ein ungewöhnliches Format nutzen, um bei Buchhändlern und Lesern aufzufallen. In diesem Fall ist aber eine frühzeitige Rücksprache mit der Druckerei empfehlenswert, um die technischen Voraussetzungen zu klären. Bedenken Sie auch, dass manchmal schon ein geringfügig größeres Format deutlich höhere Kosten verursachen kann, weil auf einen Druckbogen weniger Seiten passen. Sinnvoll ist es, sich für den Großteil des Buchprogramms auf wenige Standardformate festzulegen – das spart Geld.

Auf der Grundlage des Buchformats lässt sich nun der Satzspiegel festlegen. Das ist der Teil der bedruckten Fläche einer Buchseite, die vom Text einschließlich Überschriften, den Abbildungen und Fußnoten umgrenzt wird. Die Ränder werden als Stege bezeichnet. Außerhalb des Satzspiegels stehen üblicherweise Seitenzahl und Marginalien. Bilder, die über den Satzspiegel bis in den Papierrand ragen, heißen angeschnitten. Sie sollten 3 Millimeter über den Rand des Buchformats hinausreichen, um eventuelle Ungenauigkeiten beim Falzen und Beschneiden der Druckbogen auszugleichen (siehe Kapitel 3.3.3).

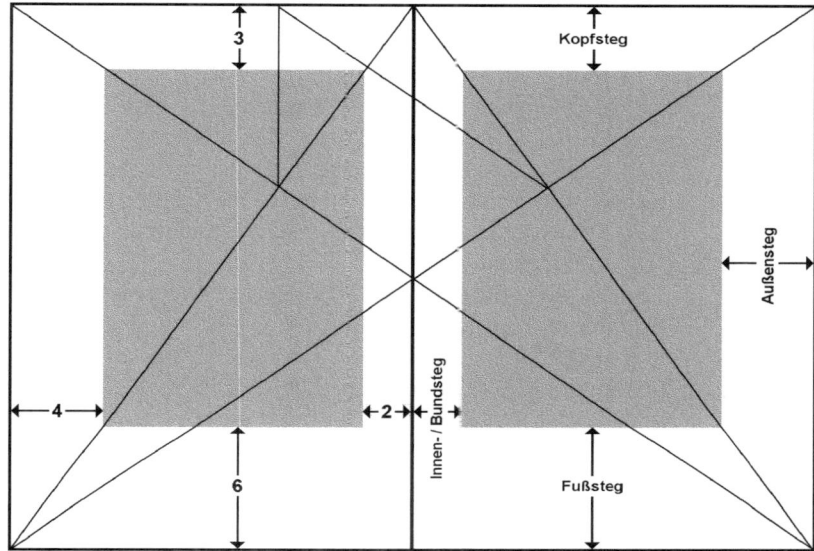

26 Satzspiegelkonstruktion

Der Satzspiegel soll auf einer Doppelseite harmonisch wirken und ein ausgewogenes Verhältnis zwischen bedruckter und unbedruckter Fläche erreichen – danach bestimmen sich Größe und Anordnung. Einige Regeln
helfen bei der Gestaltung: Grundsätzlich wird der Fußsteg größer angelegt
als der Kopfsteg, der Außensteg breiter als der Bundsteg. Dabei sollte der
Bundsteg so schmal sein, dass die bedruckte Fläche einer Doppelseite als
Einheit wahrgenommen wird. Liegen drei Ecken des Satzspiegels auf der
Seiten- beziehungsweise Doppelseitendiagonale, hat er die gleiche Pro-
portion wie die Buchseite (siehe Abbildung 26). Manchmal ist es aus Platz-
gründen erforderlich, den Satzspiegel zu vergrößern, zum Beispiel bei Taschenbüchern. Berücksichtigen Sie bei der Konstruktion des Satzspiegels
auch Papier und Bindeverfahren: Beides beeinflusst die Aufschlagfähigkeit eines Buchs und damit auch den Stand des Satzspiegels auf der Seite.

Seitengestaltung

Nach dem Satzspiegel wird die Anordnung der wichtigsten Gestaltungselemente festgelegt. Grundsätzlich unterscheiden lassen sich eine axiale
und eine anaxiale Ausrichtung: Beim axialen (symmetrischen) Satz stehen beispielsweise Kolumnentitel oder Überschriften mittig auf der Seite, beim anaxialen (asymmetrischen) Satz links- oder rechtsbündig.

Die Zahl der Kolumnen oder Spalten hängt vor allem von der Breite des Satzspiegels ab. Bei großen Buchformaten sorgen mehrere Spalten für kürzere Zeilen und damit für eine bessere Lesbarkeit des Texts. Aber auch für besondere Zwecke können mehrere Kolumnen sinnvoll sein, zum Beispiel für Register, Adressverzeichnisse oder die Zutatenliste eines Kochrezepts. Einspaltig gesetzter Text hat eine ruhige Ausstrahlung, drei und mehr Spalten wirken dynamisch. Der Abstand zwischen den Spalten heißt Zwischenschlag und sollte nicht zu schmal sein – je nach Schriftgröße und Zeilenlänge.

Selbst wenn Sie den Text nur einspaltig setzen, kann Ihrem Layout ein unsichtbares mehrspaltiges Gestaltungsraster zugrunde liegen. Das empfiehlt sich zum Beispiel immer dann, wenn Sie Marginalien oder Abbildungen unterbringen müssen. Dabei sollten die Kolumnen des Ordnungsrasters stets die gleiche Breite besitzen.

Abbildungen ergänzen und illustrieren den Text, sind in Bildbänden und Bilderbüchern der Hauptinhalt oder übernehmen in Comics sogar die Funktion der Schrift (siehe Kapitel 1.3.3). Unterscheiden müssen Sie folglich zwischen textbetonten Büchern, bei denen ein harmonisches Verhältnis zwischen Text und Bild im Vordergrund steht, und bildbetonten Büchern, bei denen der Text den Bildern untergeordnet wird. Neben der optischen Wirkung ist eine leserfreundliche Präsentation wichtig. Deshalb sollten die Abbildungen möglichst nahe bei dem Text stehen, auf den sie sich beziehen. Bewährt hat sich außerdem, die Bildgröße auf wenige Formate zu beschränken; deren Breite lässt sich am einfachsten anhand des Gestaltungsrasters festlegen. Für ein ruhiges Erscheinungsbild ist es sinnvoll, Abbildungen feste Plätze innerhalb des Layouts zuzuweisen. Dabei dürfen Sie durchaus variieren: eine Doppelseite mit einem großen und zwei kleinen Fotos gefolgt von einer Doppelseite mit drei kleinen Bildern.

Die Anordnung von mehreren Abbildungen auf einer Seite benötigt viel Fingerspitzengefühl: Es reicht nicht, allein die Bildgröße festzulegen, auch die Proportionen der einzelnen Motive müssen miteinander harmonieren. Bedenken Sie, dass die Aussage eines Bilds ebenso vom Inhalt abhängt wie von der Platzierung. Deshalb ist es oft besser, mehrere Abbildungen nicht unmittelbar nebeneinander zu stellen. Auf diese Weise vermeiden Sie ungewollte Bildaussagen und erzeugen zusätzliche Spannung.

Bei Tabellen empfiehlt sich ebenfalls eine einheitliche Gestaltung mit festen Formaten. Im Vordergrund stehen dabei Übersichtlichkeit und Verständlichkeit. Waagrechte und senkrechte Linien oder Zwischenräume können dabei helfen, Tabellen optisch zu gliedern. Abhängig von der Gesamtgestaltung ist eine linksbündige Textausrichtung in der Regel deutlicher als eine zentrierte. Zahlen werden allerdings immer dezimal, also auf die Kommastelle, ausgerichtet.

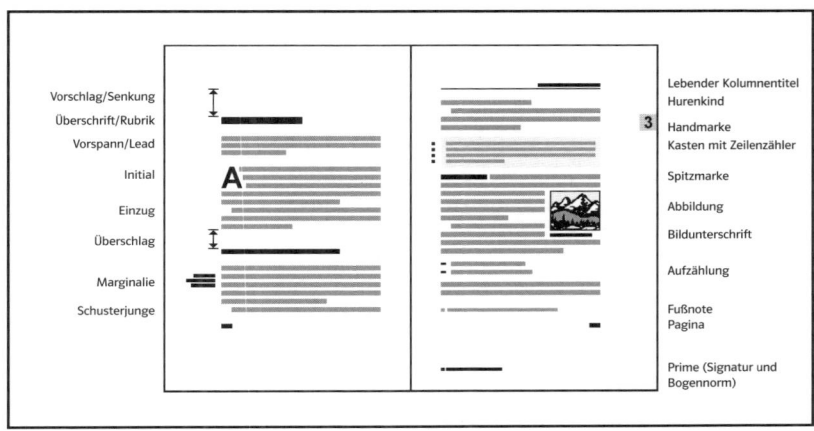

27 Elemente einer Seitengestaltung

Abbildungen und Tabellen sollten immer mit etwas Zwischenraum zum umgebenden Text platziert und einheitlich präsentiert werden. Wenn alle Illustrationen und Tabellen eine kurze Legende tragen und nahe beim dazugehörigen Text stehen, erleichtert dies das Verständnis. Unpraktisch ist es, Abbildungen und Tabellen zu stürzen: Wenn sich das nicht vermeiden lässt, sollten Sie sie einheitlich in nur eine Richtung drehen – am besten so, dass die Unterkanten immer nach rechts zeigen. Achten Sie darauf, dass Beschriftungen dadurch nicht auf dem Kopf stehen.

Überschriften, auch als Rubriken bezeichnet, gliedern den Text. Sie müssen sich deutlich vom Text abheben und die Wertigkeit der Überschriftenebene kenntlich machen – zum Beispiel durch eine andere Schriftart, einen größeren Schriftgrad, eine andere Farbe, durch Versalien oder Fettdruck. Dem gleichen Zweck dienen zusätzliche Zwischenräume vor und nach den Überschriften, Über- und Unterschlag genannt. Dabei sollte der weiße Raum vor einer Überschrift größer sein als danach, damit die Textzugehörigkeit auf den ersten Blick ersichtlich ist. Hauptüberschriften, die immer auf einer neuen Seite beginnen, können mit einem Vorschlag gesetzt werden, also einer Senkung um mehrere Leerzeilen. Solche Auszeichnungen sind auch dann hilfreich, wenn Überschriften mit einer Dezimalnummerierung markiert werden, wie in wissenschaftlichen Werken üblich.

Auf Überschriften muss stets etwas Text folgen; sie dürfen also nicht unmittelbar am Seitenende stehen. Überschriften werden nie im Blocksatz und damit nie in voller Kolumnenbreite gesetzt, sondern sinngerecht umbrochen; vermeiden Sie dabei Worttrennungen. Überschriften müssen übrigens nicht unbedingt über dem Text stehen, sondern können auch ganz oder teilweise neben ihm in der Marginalspalte platziert werden.

Spitzmarken sind Überschriften, die in den Anfang eines Textabschnitts integriert sind. In Lexika markieren sie beispielsweise die einzelnen Stichwörter. Hervorgehoben werden sie meist durch halbfette oder kursive Schriftschnitte, durch eine andere Schriftfarbe oder Schriftart.

Besonders auffällig sind Initialen. Sie sind deutlich größer als die Grundschrift, stehen in der ersten Zeile eines Absatzes, innerhalb des Absatzes oder auch außerhalb des Satzspiegels. Sie können aus einer anderen Schrift als der Grundschrift gesetzt werden.

Ein Vorspann oder Lead folgt ebenso wie ein Motto einer Hauptüberschrift und geht dem eigentlichen Text voraus. Diese meist kurzen Texte können Sie beispielsweise kursiv, in einer anderen Schriftart oder mit geringerem Zeilenabstand setzen. Möglich ist auch, den gesamten Vorspann etwas einzurücken.

Einzelne Absätze gliedern den Fließtext. Deren Beginn markieren Sie am besten mit einem Einzug; die erste Zeile eines Absatzes wird also ein wenig nach rechts eingerückt. So ist der Anfang eines neuen Absatzes auch dann noch zu erkennen, wenn die letzte Zeile eines vorangehenden Absatzes die volle Kolumnenbreite besitzt. Der Einzug beträgt in der Regel ein Geviert – er entspricht also in der Breite der Schriftgröße. Bei großem Zeilendurchschuss kann der Einzug vergrößert werden. Auf alle Fälle sollte der Einzug deutlich ausfallen. Nicht eingezogen werden Absätze, die unmittelbar auf eine Überschrift oder eine Leerzeile folgen. Verwenden Sie möglichst keine Leerzeilen als Absatzmarkierung, da das Seitenbild sonst unruhig wirkt. Leerzeilen eignen sich dagegen, um anstelle einer Überschrift einen neuen Abschnitt mit einer neuen Sinneinheit zu markieren, der aus mehreren Absätzen besteht.

Die letzte Zeile eines Absatzes heißt Ausgangszeile. Wenn sie auf einer neuen Seite oder Spalte als erste Zeile steht, spricht man von einem »Hurenkind«, das Sie aus optischen Gründen unbedingt vermeiden sollten. Das Gegenstück ist der so genannte »Schusterjunge«, die erste Zeile eines neuen Absatzes als letzte Zeile einer Seite oder Spalte.

Ein Kasten nimmt Informationen auf, die den Fließtext ergänzen oder die hervorgehoben werden sollen, etwa Adressen, Literaturtipps, Merksätze oder Zubehörlisten. Als Gestaltungselement weckt er die Aufmerksamkeit der Leser. Üblicherweise wird er von einer Rahmenlinie umgeben oder mit einem leichten Raster unterlegt. Die Schrift muss allerdings stark genug sein, sich von der Rasterfläche abzuheben. Darüber hinaus dürfen Schrift- und Rasterfläche nicht gleich groß sein; auch ein gerasterter Textkasten muss so eingerichtet werden, als wäre er von einem Rahmen umgeben.

Mit Aufzählungen und Nummerierungen lassen sich viele Inhalte prägnant und übersichtlich auflisten. Die einzelnen Aufzählungspunkte werden mit einem Spiegelstrich oder einem anderen Symbol markiert, Nummerierungen mit einer fortlaufenden Zahl oder einem Buchstaben. Der Text wird in der Regel etwas nach rechts eingerückt. Vermeiden sollten Sie Unteraufzählungen: Sie sind nicht nur schwierig zu gestalten, sondern oft auch verwirrend.

Fußnoten sind Anmerkungen, die am Ende der Seite stehen. Sie werden meist in einem kleineren Schriftgrad als der Grundtext gesetzt und von diesem manchmal mit einer Linie abgetrennt. Auf Fußnoten verweist im Text ein Fußnotenzeichen – eine hoch gestellte Ziffer, ein Stern oder ein anderes Symbol. Dieses Zeichen steht in der Fußnote in gleicher Schriftgröße und auf der gleichen Grundlinie wie der Fußnotentext. Fußnoten bieten den Vorteil, dass Leser problemlos auf sie zugreifen können – im Gegensatz zu Anmerkungen, die am Kapitel- oder Buchende zusammengefasst werden. Allerdings ist der Satz von Anmerkungen einfacher als von Fußnoten.

Kolumnentitel dienen zur Orientierung des Lesers und werden meist kleiner als der Grundtext gesetzt. Ein lebender Kolumnentitel besteht immer aus einem Kolumnentitel-Text und optional der Seitenzahl und einer Kolumnentitel-Linie. Er gehört in den Satzspiegel. In diesem Buch gibt es lebende Kolumnentitel mit der Pagina. Hier stehen auf den linken Seiten immer die jeweiligen Überschriften der ersten Gliederungshierarchie und auf den rechten Seiten die entsprechenden Überschriften der zweiten Hierarchie. Als toter Kolumnentitel wird hingegen nur die Seitenzahl bezeichnet, wenn sie ohne Kolumnentitel-Text am Kopf-, Fuß- oder im Außensteg der Seite steht. Ein toter Kolumnentitel gehört nicht zum Satzspiegel. Es gibt auch Bücher, die beide Arten aufweisen.

Marginalien dienen der raschen Orientierung und enthalten Verweise oder zusätzliche Informationen. Sie finden sich neben dem Text, meist im Außensteg. Wenn ein Buch Marginalien enthalten soll, müssen Sie den Satzspiegel schmaler gestalten. Damit wächst der Umfang des Buchs.

Ebenfalls im Außensteg befindet sich von einer Rasterfläche unterlegt die Handmarke beziehungsweise Daumenregister. Sie erleichtern das Auffinden einzelner Kapitel oder Textteile, zum Beispiel bei Nachschlagewerken. Dafür ist es meist sinnvoll, die Handmarken stufenförmig anzuordnen. Da sie angeschnitten werden, müssen sie 3 Millimeter über den Rand des Buchformats herausragen.

Als Pagina wird die Seitenzahl bezeichnet. Auf linke Seiten gehören immer gerade Seitenzahlen, auf rechte Seiten ungerade. Die Seitenzählung beginnt mit dem Schmutztitel als Seite 1. Auf den Seiten 1 bis 4 der Titelei wird die Pagina jedoch nicht gedruckt. Die Nummerierung der Titelei mit römischen Ziffern ist nicht mehr gebräuchlich. Bei alphabetisch geordneten Nachschlagewerken hat die Pagina nur geringe Bedeutung. Bei mehrspaltig gesetzten wissenschaftlichen Werken kann auch eine Spaltennummerierung sinnvoll sein.

Zeilenzähler vereinfachen den Zugriff auf einzelne Textstellen. Verwendet werden sie zum Beispiel bei Lyrikbänden, Dramentexten, Klassikerausgaben oder wissenschaftlichen Editionen. Gezählt wird dabei meist in Fünferschritten. Der Zeilenzähler steht in der Regel in kleinerer Schrift im Bundsteg.

Die Prime ist kein Gestaltungselement, sondern ein Hilfsmittel für die Buchbinderei, um die einzelnen Druckbogen richtig zusammenzustellen (siehe Kapitel 3.3.3). Deshalb steht sie im Beschnitt oder möglichst unauffällig außerhalb des Satzspiegels auf der ersten Seite jedes Druckbogens. Die Prime enthält die Bogensignatur mit der fortlaufenden Nummer des Druckbogens sowie die Bogennorm mit einer Kurzform des Buchtitels.

Scribble

In einem Scribble können Sie den grundsätzlichen Seitenaufbau mit den wichtigsten Gestaltungselementen skizzieren. Das Scribble hilft, ein Layout unabhängig vom Inhalt zu entwickeln. Darüber hinaus vereinfacht es das Gespräch zwischen Lektorat und Herstellung, da Sie Ihre Ideen anhand der Skizzen besser darstellen können. Im Vordergrund stehen dabei die Gestaltungsordnung, nicht die typografischen Feinheiten. Aus diesem Grund müssen Sie Ihr Scribble auch nicht maßstabsgetreu auf Millimeterpapier zeichnen. So gehen Sie am besten vor, wenn Sie ein überzeugendes Layout skizzieren wollen:
• Listen Sie auf, welche unterschiedlichen Textteile in Ihrem Buch vorkommen oder welche Seiten ein eigenes Layout benötigen – zum Beispiel Inhaltsverzeichnis, Adressteil, Textseiten mit und ohne Abbildungen.
• Zeichnen Sie für jede Doppelseite, die Sie gestalten wollen, eine leere Doppelseite auf ein Blatt Papier.
• Skizzieren Sie jeweils den Satzspiegel und das Gestaltungsraster mit der zugrunde liegenden Spaltenzahl.
• Platzieren Sie alle feststehenden, wiederkehrenden Gestaltungselemente wie Pagina und Kolumnentitel.
• Ordnen Sie innerhalb des verbleibenden freien Satzspiegels Textblöcke und Abbildungen an.
• Legen Sie eventuell weitere Gestaltungselemente fest wie Marginalien, Überschriften oder Initiale.

Legen Sie nun das Scribble beiseite, und machen Sie etwas völlig anderes. Später sollten Sie es sich zusammen mit Kollegen nochmals kritisch ansehen und gegebenenfalls verbessern. Fragen Sie sich: Stimmt das gewählte

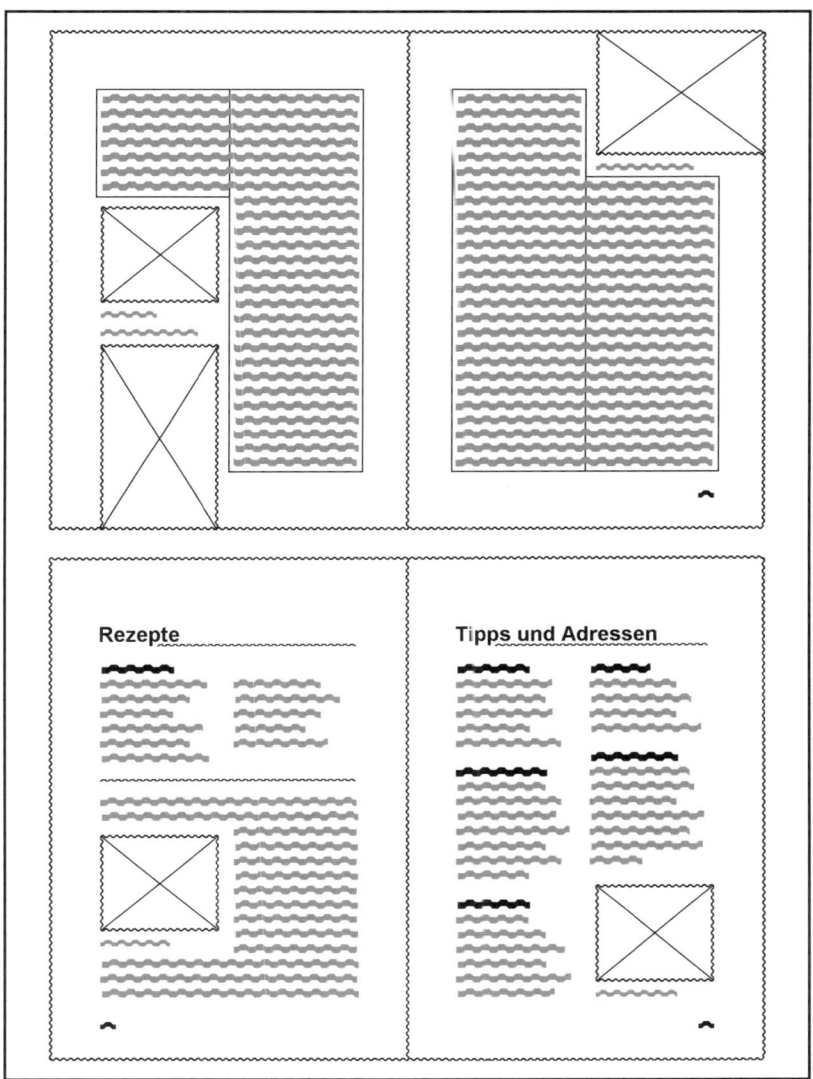

28 Scribble

Buchformat? Ist die Anordnung von Satzspiegel, Textblöcken und Abbildungen harmonisch? Wirken die Seiten dynamisch, eher langweilig oder zu unruhig? Ist die Leserführung eindeutig? Passt das Layout zum Inhalt und zur Zielgruppe? Wenn der Entwurf endgültig steht, können Sie sich mit den typografischen Feinheiten befassen.

Schrift

Die Schrift hat großen Einfluss auf den Charakter eines Buchs – sachlich oder emotional, streng oder verspielt, statisch oder dynamisch, veraltet oder modisch. Sie bestimmt zusammen mit Buchstaben-, Wort- und Zeilenabstand aber nicht nur die Wirkung eines Titels, sondern auch den Umfang und die Lesbarkeit.

Lesbarkeit steht bei der Wahl der Schrift im Vordergrund, denn schwer entzifferbare Werke sind ein Ärgernis – selbst wenn sie anspruchsvoll gestaltet scheinen. Außer von Leseanfängern und sehr ungeübten Lesern werden Texte nicht Buchstabe für Buchstabe erfasst, denn das Auge bewegt sich nicht gleichmäßig über eine Zeile hinweg. Es springt vielmehr von Punkt zu Punkt und erfasst dabei ganze Wortbilder, die im Gedächtnis gespeichert sind. Kann das Auge ein Wort oder einen Buchstaben nicht entziffern, muss es zurückgehen – der Lesefluss gerät ins Stocken. Das ist häufig der Fall bei fremdsprachigen Texten, bei unbekannten Wörtern oder unklaren Buchstabenkombinationen. Auch wenn die Zeilen zu lang oder der Zeilenabstand zu gering sind, verliert das Auge beim Weg vom Zeilenende zum Anfang der nächsten Zeile den Halt. Gute Typografie ist also immer gut lesbare Typografie – abhängig von der Zielgruppe und dem Einsatzzweck. Sie lenkt die Aufmerksamkeit der Leser nicht vom Inhalt ab, sondern erzeugt ein harmonisches, differenziertes und unmissverständliches Schriftbild.

Die Wahl der richtigen Schriftart fällt schwer angesichts mehrerer tausend Schriften, die Ihnen zur Verfügung stehen. Sinnvoll ist es, wenn sich Ihr Verlag – insbesondere bei Sach- und Fachbüchern – auf wenige Hausschriften beschränkt. Das vereinfacht die Herstellung und spart Kosten, weil Sie kein Geld für die Anschaffung neuer Schriften ausgeben müssen.

Schrift interpretiert Inhalte. Deshalb sollten Sie sich regelmäßig fragen: Passt diese Schrift zum Inhalt des geplanten Buchs? Ist sie mühelos lesbar? Trifft sie den Geschmack der Zielgruppe, und entspricht sie deren Bedürfnissen? Besonders bei gestalterisch anspruchsvollen Werken, in der Belletristik, bei neuen Reihen oder bei Büchern, die eine andere Zielgruppe als üblich ansprechen, müssen Sie die Schrift sorgfältig wählen. Am besten überlassen Sie diese diffizile Aufgabe Schriftexperten: Herstellern, Typografen oder Grafikern.

Heute werden in der Buchgestaltung vor allem Antiquaschriften verwendet; weniger gebräuchlich sind die Schriftstile Fraktur und Schreibschriften.

- **ANTIQUA** Die Buchstaben haben An- und Abstriche, die so genannten Serifen, sowie unterschiedliche Strichstärken und Rundungen.
- **SERIFENLOSE LINEAR-ANTIQUA (GROTESK)** Die Buchstaben besitzen eine einheitliche Strichstärke und keine Serifen.

- **SERIFENBETONTE LINEAR-ANTIQUA (EGYPTIENNE)** Die Buchstaben haben eine einheitliche Strichstärke inklusive der Serifen, die aber auch eine deutlich stärkere Strichstärke aufweisen können.
- **GEBROCHENE SCHRIFTEN** Diese Schriften haben ihren Ursprung in der Zeit der Gotik, als man die Rundungen brach, damit die Buchstaben eng und nach oben strebend geschrieben werden konnten. Ein Schriftstil dieser Epoche ist die Fraktur.
- **SCHREIBSCHRIFT** Die Buchstaben ahmen Handschriften nach.

In diesem Buch ist beispielsweise der Fließtext aus der Antiquaschrift Concorde BE gesetzt, die Überschriften und Kästen aus der Groteskschrift GST Polo. Im Allgemeinen eignet sich die Antiqua eher für längere Fließtexte, die Grotesk für Überschriften, Bildunterschriften oder Auszeichnungen. Aber auch sorgfältig ausgewählte Groteskschriften können über längere Strecken gut zu lesen sein. Auf jeden Fall müssen Sie die Schrift auf den jeweiligen Untergrund abstimmen – das Papier, dessen Färbung und eventuelle Rasterflächen. So erfordern beispielsweise farbig gerasterte Flächen eine kräftige Schrift.

Wenn Sie mehrere Schriften in einem Buch verwenden, stehen Sie vor der schwierigen Frage: Welche Schriften passen zusammen? Neben den genannten Schriftformen unterscheidet Hans Peter Willberg deshalb vier Schriftstile, für die es in seinem Buch *Wegweiser Schrift* anschauliche Beispiele gibt:

- **DYNAMISCHE SCHRIFTEN** Die Buchstaben sind horizontal ausgerichtet, wirken dadurch fließend und weisen eine gute Zeilenführung auf.
- **STATISCHE SCHRIFTEN** Die Buchstaben betonen die vertikale Achse und sind in sich geschlossen.
- **GEOMETRISCHE SCHRIFTEN** Die Buchstabenformen sind nach einem strengen Prinzip konstruiert.
- **DEKORATIVE SCHRIFTEN** Auffallende Buchstabenformen, die schmückend oder provozierend wirken.

Beim Mischen von Schriften helfen diese Merkmale, denn stilistisch ähnliche Schriften vertragen sich oft gut miteinander. Sie können also wie in diesem Buch eine dynamische Antiqua gut mit einer dynamischen Grotesk verbinden. Eine dynamische Antiqua zusammen mit einer statischen Antiqua wirkt jedoch fast immer störend; außerdem kann kaum ein Leser den Unterschied wahrnehmen. Wenn Sie Schriften mischen, ist stets viel Fingerspitzengefühl gefragt: Einerseits sollen die Schriften miteinander harmonieren, andererseits sich deutlich genug voneinander abheben. Auch deshalb ist es besser, sich auf wenige Schriftarten zu beschränken.

Zu jeder Schrift gehören verschiedene Schriftschnitte, die eine Schriftfamilie bilden. Alle Schnitte werden eigenständig konstruiert, unterscheiden sich also von elektronisch am Computer veränderten Schriften. So weisen am Computer erzeugte Kapitälchen eine zu geringe Strichstärke und falsche Proportionen auf, und bei der Kursiven handelt es sich oft nicht um einen eigenen Schriftschnitt, sondern nur um schräg gestellte Buchstaben. Diese dürfen Sie keinesfalls verwenden, da sie das Schriftbild stören und beim Druck manchmal Probleme verursachen.

BEISPIEL: Schriftschnitte

	Concorde BE	GST Polo
leicht	–	Rutiksbafgen
leicht-kursiv	–	*Rutiksbafgen*
normal	Rutiksbafgen	Rutiksbafgen
kursiv	*Rutiksbafgen*	*Rutiksbafgen*
halbfett	**Rutiksbafgen**	**Rutiksbafgen**
halbfett-kursiv	***Rutiksbafgen***	***Rutiksbafgen***
fett	–	**Rutiksbafgen**
Kapitälchen leicht	–	RUTIKSBAFGEN
Kapitälchen	RUTIKSBAFGEN	RUTIKSBAFGEN
Kapitälchen halbfett	**RUTIKSBAFGEN**	**RUTIKSBAFGEN**

Für Zahlen gelten die gleichen Prinzipien wie für Buchstaben: Sie müssen vor allem eindeutig sein. Das ist nicht nur bei mathematischen Formeln wichtig, sondern besonders bei Adressen und Telefonnummern. Ziffern gibt es ebenso wie Buchstaben mit und ohne Serifen.

- **VERSALZIFFERN** besitzen die gleiche Höhe wie die Großbuchstaben (Versalien) und haben eine einheitliche Breite. Verwendet werden sie immer, wenn Zahlen im Text auffallen sollen oder Zahlenkolonnen, etwa in Tabellen, untereinander stehen.
  Beispiel: 1 2 3 4 5 6 7 8 9 0.
- **MEDIÄVALZIFFERN** haben wie die Kleinbuchstaben der Schrift (Gemeine) Ober-, Mittel- und Unterlängen (siehe Abbildung 28). Sie lassen sich besonders gut in den Fließtext integrieren.
  Beispiel: 1 2 3 4 5 6 7 8 9 0.
- **INDEXZIFFERN** werden für Bruchzahlen oder Fußnotennummern verwendet.
  Beispiel: 1 2 3 4 5 6 7 8 9 0.

LITERATURTIPPS

- Hans Peter Willberg: *Wegweiser Schrift*. Dieser nicht nur für Fachleute geschriebene anschauliche Ratgeber sensibilisiert für den bewussten Umgang mit Schrift. Im Mittelpunkt steht ein praktisches Schema, das die Einordnung und Mischung unterschiedlicher Schriften erleichtert und als Leitfaden im Schriften-Dschungel dient.

- Wiebke Höljes: *Dreiklänge. Das SchriftMischMusterbuch.* Mustertexte in 32 Schriften und 56 Schnitten bietet dieses handliche Ringbuch. Es ist dreigeteilt, sodass Sie die Wirkung unterschiedlicher Schriftkombinationen selbst ausprobieren können.
- Michael Wörgötter: *TypeSelect.* In der Art eines Farbfächers werden 226 Schriften gezeigt – übersichtlich mit Textbeispielen und nach sechs Stilen geordnet.

Schriftgröße, Laufweite und Zeilen

Die Wirkung einer Schrift hängt entscheidend davon ab, wie sie gesetzt wird. Dabei nimmt die Lesbarkeit nicht automatisch mit einem größeren Schriftgrad zu – das Gegenteil kann sogar der Fall sein. Weitere wichtige Faktoren sind der Buchstabenabstand, der Wortabstand, die Zeilenlänge und der Zeilenabstand.

Der Schriftgrad wird von der Oberlänge bis zur Unterlänge in Punkt gemessen. Allerdings gibt es mehrere Punkt-Systeme: Didot (p) mit 0,376 Millimeter, DTP (pt) mit 0,353 Millimeter und Pica (pt) mit 0,351 Millimeter. Dieser geringe Unterschied hat bereits Einfluss auf den Umfang eines Buchs. Hinzu kommt, dass zwei Schriften trotz gleicher Größe verschieden wirken, wenn die Proportionen von Ober-, Mittel- und Unterlängen unterschiedlich sind. Empfehlenswert ist es deshalb, die optimale Größe anhand eines Schriftmusters zu bestimmen.

Für die Grundschrift im normalen Buchsatz, also für umfangreiche und kontinuierlich zu lesende Texte, sind 9 bis 11 Punkt gängig. Für Kinder und andere Leseanfänger sollte die Schrift etwas größer gewählt werden; das gilt auch für fremdsprachige Texte, deren Lektüre eine erhöhte Aufmerksamkeit verlangt. Geübte Vielleser kommen hingegen problemlos mit kleineren Schriftgraden zurecht. Auch Texte, die wie Anmerkungen oder Register nur bei Bedarf gezielt aufgesucht und nicht über längere Strecken gelesen werden, dürfen kleiner gesetzt werden. Innerhalb eines Buchs sollten Sie sich jedoch auf wenige Schriftgrade beschränken; die Größenunterschiede müssen dabei deutlich sein.

Die Laufweite bezeichnet den Abstand der einzelnen Buchstaben. Die Laufweite der Buchstaben innerhalb einer gut zugerichteten Schrift ist immer optimal aufeinander abgestimmt, sodass diese nicht verändert werden muss – vor allem nicht, um im Blocksatz die vorgegebene Kolumnenbreite einzuhalten. Von Unterschneidung oder Kerning spricht man, wenn der Abstand von bestimmten Buchstabenkombinationen wie

29 Buchstabenhöhe,
Durchschuss
und Zeilenabstand

»Te« oder »Wo« verringert wird. Gut zugerichtete Schriften verfügen über die optimalen Kombinationen der Buchstaben. Ligaturen wie »fi« anstatt »fi« oder »fl« anstatt »fl« verbessern ebenfalls das Wortbild.

Der Wortabstand oder Ausschluss sollte so groß sein, dass die einzelnen Wörter deutlich erkennbar sind, gleichzeitig aber keine Löcher entstehen. Beim so genannten Drittelsatz, der häufig für die Grundschrift in Fließtexten verwendet wird, beträgt er ein Drittel der Schriftgröße; auf jeden Fall sollte er geringer sein als der Zeilenabstand.

Als Durchschuss bezeichnet man den Raum zwischen zwei Zeilen, als Zeilenabstand den Abstand zwischen zwei Grundlinien. Die optimale Größe hängt sowohl vom Schriftgrad als auch von der Zeilenlänge ab. Je länger die Zeile ist, desto größer sollte der Zeilenabstand sein. Auch kleine Schriften sind mit einem etwas größeren Zeilenabstand besser lesbar. Kompresser Satz liegt vor, wenn die Zeilen ohne Durchschuss gesetzt werden, also ohne zusätzlichen Zwischenraum; er ist nur schwer lesbar. Gemessen wird der Zeilenabstand ebenso wie die Schriftgröße in Punkt, kann aber auch in Millimeter angegeben werden: 9,25/12 pt (9,25 auf 12 Punkt) bedeutet beispielsweise, dass bei einer Schriftgröße von 9,25 Punkt der Zeilenabstand 12 Punkt und der Durchschuss 2,75 Punkt beträgt.

Die Zeilenlänge beziehungsweise Satzbreite muss zum gewählten Schriftgrad passen: Sind die Zeilen zu lang, geht die Geschlossenheit des Textblocks verloren. Auch stockt der Lesefluss, weil das Auge auf dem Weg von Zeilenende zum Beginn einer neuen Zeile den Anschluss verlieren kann. Sehr kurze Zeilen hingegen wirken bei langen Texten ermüdend und haben viele Worttrennungen zur Folge – insbesondere im Blocksatz. Optimal sind Zeilen mit 55 bis 70 Anschlägen.

Die Satzart oder Zeilenausrichtung erfolgt im Blocksatz, auf Mittelachse, im linksbündigen oder rechtsbündigen Flattersatz. Während beim Flattersatz die Wortabstände in allen Zeilen gleich bleiben, werden beim Blocksatz die Wortabstände in jeder Zeile erweitert oder verringert, um sie auf Satzbreite zu bringen. Achten Sie beim Blocksatz deshalb darauf, dass die Wortzwischenräume nicht zu groß sind und der Text keine Löcher hat. Dieses Problem ergibt sich fast immer bei sehr schmalen Spalten; dann ist es meist besser, den Text linksbündig zu setzen. Auch beim Flat-

Blocksatz

linksbündiger
Flattersatz

Satz auf
Mittelachse

rechtsbündiger
Flattersatz

30 Zeilenausrichtung

tersatz und beim zentrierten Satz sollte der Zeilenfall durch einen großen Flatterbereich ausgeglichen wirken: Hier werden möglichst wenige Trennungen unter Berücksichtigung optischer Gesichtspunkte vorgenommen. Beim Rausatz werden Zeilenfall und Trennungen durch das Satzprogramm erzeugt. Im Gegensatz zum Flattersatz beziehungsweise Satz auf Mittelachse ist kein Zeilenrhythmus erforderlich. Beim Formsatz ergeben die Außenkanten der Zeilen eine geometrische Figur, und beim Konturensatz folgen sie einer gebogenen Linie, zum Beispiel entlang einer Abbildung.

Auszeichnungen

Die Hervorhebung von einzelnen Textstellen gegenüber der Grundschrift heißt Auszeichnung. Sie können Buchstaben, Wörter, Zeilen oder gar ganze Absätze auszeichnen, um so beispielsweise den Text zusätzlich zu strukturieren, Wichtiges zu betonen oder inhaltliche Unterschiede kenntlich zu machen.

Integrierte Auszeichnungen fügen sich harmonisch in das Textbild ein. Die Leser nehmen sie erst dann wahr, wenn sie an die betreffende Textstelle gelangen. Integrierte Auszeichnungen verringern die Lesegeschwindigkeit und eignen sich deshalb besonders für Textpassagen, die besonders aufmerksam gelesen werden sollen. Im Gegensatz dazu fallen aktive Auszeichnungen schon beim flüchtigen Blick auf eine Seite auf. Sie bieten Orientierung und helfen, bestimmte Textstellen schnell aufzufinden. Folgende Auszeichnungen gibt es:

• **KURSIVE SCHRIFTEN** fallen im Gesamtbild kaum auf. Sie sind leicht lesbar und senken die Lesegeschwindigkeit. Die Kursive können Sie sowohl für einzelne Wörter als auch für ganze Textpassagen verwenden.

- **SPERRUNGEN** verringern ebenfalls die Lesegeschwindigkeit. Sie erfordern einen vergrößerten Wortabstand und sollten sich auf wenige Wörter beschränken. Aber Vorsicht: Zu weites Sperren zerreißt das Wortbild.
- **KAPITÄLCHEN** passen sich dem Textbild an und zwingen die Leser zum Buchstabieren. Sie eignen sich nicht für längere Passagen. Kapitälchen sind nur dann lesbar, wenn sie leicht gesperrt werden.
- **VERSALIEN** oder Großbuchstaben gehören zu den aktiven Auszeichnungen. Wie Kapitälchen müssen sie meist Buchstabe für Buchstabe entziffert werden. Versalien werden oft leicht gesperrt und einen halben bis ganzen Punkt kleiner gesetzt, damit sie sich besser ins Schriftbild einfügen.
- **HALBFETTE, FETTE ODER FARBIGE SCHRIFTEN** fallen bereits beim flüchtigen Blick auf eine Seite auf. Sie bieten Orientierung und helfen, bestimmte Textstellen schnell aufzufinden. Farbige Schrift benötigt kräftige Buchstaben oder muss oft halbfett gesetzt werden, um gegenüber der schwarzen Grundschrift zu bestehen.
- **SCHRIFTMISCHUNGEN** sind sinnvoll, wenn Sie unterschiedliche Inhalte kenntlich machen wollen. Wenn Sie nur einzelne Begriffe in einer anderen Schriftart auszeichnen, muss diese gegebenenfalls halbfett oder fett gesetzt werden, damit sie sich von der Grundschrift abheben.
- **SCHRIFTGRÖSSEN** können Sie variieren, um beispielsweise Haupttexte von Nebentexten zu trennen. Allerdings müssen die Schriftgrößenunterschiede deutlich sein.
- **EINZÜGE** von ganzen Absätzen eignen sich ebenfalls, unterschiedliche Textinhalte kenntlich zu machen. Die Texte können Sie entweder auf nur einer Seite oder auf beiden Seiten einziehen.
- **UNTERSTREICHUNGEN** sind recht auffällig und sollten nur für einzelne Begriffe oder Sätze verwendet werden. Sie können sehr unterschiedlich aussehen: mit durchgezogener, gestrichelter oder gepunkteter Linie, einfach oder doppelt, dünn oder dick. Auf keinen Fall dürfen Unterstreichungen die Unterlänge der Buchstaben berühren.
- **RASTER UND RAHMEN** heben einzelne Begriffe oder ganze Textteile hervor. Der Tonwert der Rasterunterlegung sollte möglichst einen geringen Prozentwert aufweisen, damit die Schrift gut lesbar bleibt. Schriften mit geringen Strichstärken oder kleine Schriftgrade eignen sich nicht für eine Unterlegung durch gerasterte Tonflächen.
- **LINIEN UND BALKEN** am Kolumnenrand markieren ganze Zeilen oder Textpassagen. Oberhalb und unterhalb von Absätzen trennen Linien unterschiedliche Textinhalte. Linien und Balken gehören wie Raster zu den aktiven Auszeichnungen.

Setzen Sie Auszeichnungen mit Bedacht ein. Wenn Sie zuviel hervorheben, geht die Wirkung verloren; außerdem wird das Schriftbild unruhig und der Lesefluss behindert. Auf jeden Fall muss sich den Lesern die
Bedeutung einer Auszeichnung problemlos erschließen.

Formeln

Die typografische Aufbereitung von Formeln bedarf immer großer Sorg-
falt – auch weil die Standards nicht einheitlich sind, sondern je nach
Fachgebiet stark voneinander abweichen. Erforderlich ist deshalb eine
unmissverständliche Kennzeichnung der Formeln im Manuskript. Auf alle Fälle müssen Sie die Konventionen des jeweiligen Fachgebiets einhalten und innerhalb eines Werks oder einer Reihe einheitlich anwenden.
Ziehen Sie also Ihre Hersteller, Ihre Autoren oder andere Experten zu
Rate, wenn Sie sich dabei nicht ganz sicher sind. Hilfreich ist es, wenn
die Autoren schon bei der Texterfassung mit entsprechenden Formel-
editoren oder Programmen wie LaTeX arbeiten.

Beim Satz lautet die Herausforderung: Jede Formel muss eindeutig
und verständlich sein. Notwendig ist deshalb eine klare Strukturierung
mithilfe von Zwischenräumen – insbesondere bei komplizierten oder
umfangreichen Formeln. Auch müssen die einzelnen Bestandteile wie
Bruchstriche oder Exponenten in Bezug zur Zeilengrundlinie richtig positioniert werden. Nur dann erfassen die Leser mühelos, welche Formel-
teile zusammengehören.

Musterseiten

Wenn Sie eine neue Reihe konzipieren oder ein völlig neues Layout entwerfen, ist es besonders bei aufwändig gestalteten Werken sinnvoll,
schon vor dem Satz Musterseiten anfertigen zu lassen – am besten auf
der Grundlage eines Scribbles. So können Sie die Wirkung Ihres Seiten-
entwurfs zuverlässig beurteilen und haben außerdem die Möglichkeit, in
Ruhe mehrere Gestaltungsalternativen oder Schriften auszuprobieren.
Was nicht Ihren Vorstellungen entspricht, können Sie jetzt noch problemlos ändern; nach dem Satz wären umfangreiche Korrekturen nicht
nur recht teuer, sondern würden auch viel Zeit beanspruchen. Außerdem erleichtern Ihnen Musterseiten die präzise Umfangs- und Kosten-
berechnung.

3.2.2
Satz und Korrektur

Der Begriff Satzherstellung stammt aus der Zeit, als aus einzelnen Blei-
lettern der Text Zeichen für Zeichen zusammengesetzt wurde. Dieser so
genannte Bleisatz hat heute bei der Massenproduktion von Büchern keine Bedeutung mehr. In der Regel erfolgt die Satzherstellung heute digital. In den Vordergrund treten dabei die verwendeten Programme, mit
denen die Text- und Bilddaten zusammengeführt werden:

- **TEXTVERARBEITUNGSPROGRAMME** wie Word oder Pages eignen sich vor
  allem für die Manuskripterfassung, weniger für die Satzherstellung
  umfangreicher Werke. Ihre Gestaltungsmöglichkeiten genügen außer
  bei einfach strukturierten und schwarzweißen Büchern professionellen Ansprüchen nicht.

- **LAYOUTPROGRAMME** wie QuarkXPress oder InDesign bieten umfangreiche Gestaltungsfunktionen, mit denen Texte und Abbildungen
  gemeinsam bearbeitet werden können. Ihre Stärke spielen sie besonders bei Werken aus, deren satztechnische Aufbereitung sehr layout-
  intensiv ist. Medienneutrale Daten lassen sich mit ihrer Hilfe allerdings nicht optimal erzeugen.

- **WERKSATZPROGRAMME** wie Framemaker, TUSTEP, PageOne oder
  Arbortext Advanced Print Publisher vereinfachen die Automatisierung
  der Satzherstellung, besonders bei langen und komplexen Texten.
  Erforderlich sind hierfür gut aufbereitete und einheitlich strukturierte
  Textdaten. Werksatzprogramme eignen sich besonders gut für die
  Mehrfachnutzung von medienneutralen Daten.

Beim Autorensatz übernehmen die Autoren die Satzherstellung des
Buchs. Das spart in manchen Fällen Zeit und Kosten, verursacht aber häufig zusätzliche Schwierigkeiten und Fehler. So müssen die Autoren
zunächst über dieselben Programme wie der Verlag verfügen, die erforderlichen Schriften einschließlich der entsprechenden Sonderzeichen besitzen und eine vorgegebene Gestaltung im gesamten Buch oder gar in einer ganzen Reihe einheitlich durchhalten. Die Praxis zeigt, dass allein
schon die Erfassung von Textdaten nach satzrelevanten Gesichtspunkten
für viele Autoren zumindest eine Last darstellt. Auch bereitet die Erstellung von Abbildungen häufig Probleme, da die Autoren die technischen
Anforderungen nicht kennen oder verstehen und den Umgang mit Bild-
bearbeitungsprogrammen nicht sicher beherrschen. Zuletzt müssen aus
den Satzdaten druckfähige PDF-Dateien erstellt werden. Auch damit sind
viele Autoren überfordert, die ihre knappe Zeit ohnehin besser in den Inhalt investieren sollten. Medienneutrale Daten können Sie dabei ohnehin
nicht erwarten. Wenn die Verfasser trotzdem den Satz übernehmen, müs-

sen Sie die technischen Details frühzeitig klären – am besten mithilfe von Probedateien. Auf jeden Fall ist eine enge Abstimmung zwischen Autoren, Lektorat und Herstellung notwendig.

Satzauftrag

Da der Satz von Büchern oft bei externen Dienstleistern erfolgt, besteht eine wichtige Aufgabe der Herstellungsabteilung in der Auswahl eines geeigneten Satzbetriebs. Dieser sollte über die technischen Voraussetzungen verfügen, die für Gestaltung und Druck erforderlich sind. Dazu gehören beispielsweise die Verwendung der richtigen Schriftarten ebenso wie die Ausgabe der Daten im gewünschten Format. Wichtig ist deshalb eine enge Abstimmung zwischen Herstellung, Setzerei und Druckerei. Weitere Entscheidungskriterien sind neben dem Fertigstellungstermin Zuverlässigkeit und Qualität, die sich anhand von Arbeitsproben beurteilen lassen.

Die Satzkosten sind vom Schwierigkeitsgrad und vom Umfang des Buchs abhängig und werden meist als Seitenpreis angegeben. Dieser enthält die Datenaufbereitung, Seitengestaltung, Korrekturabzüge und Datenausgabe; eventuell wird das Buch bereits in der Setzerei Korrektur gelesen. Wenn Ihr Verlag regelmäßig mit derselben Setzerei zusammenarbeitet, wird beispielsweise für Reihen meist ein Preisrahmen vereinbart, der projektunabhängig eine bestimmte Zeit lang gilt.

❚ BEISPIEL: Umfangsberechnung

Gesamtzeichenzahl Manuskript = Zeichen pro Zeile × Zeilen × Seiten

Gesamtzeichenzahl Manuskript = 65 Zeichen × 35 Zeilen × 273 Seiten
$$= 621.075 \text{ Zeichen}$$

$$\text{Umfang Texteil} = \frac{\text{Gesamtzeichenzahl Manuskript}}{\text{Zeichenzahl Musterseite}}$$

$$\text{Umfang Texteil} = \frac{621.075 \text{ Zeichen}}{2.750 \text{ Zeichen}} = 226 \text{ Seiten}$$

Gesamtumfang = Titelei + Inhaltsverzeichnis + Textteil + Register
$$= 4 + 2 + 226 + 3 \text{ Seiten} = 235 \text{ Seiten}$$

Die verschiedenen Korrekturgänge können bis zu einem definierten Umfang im Preis bereits pauschal eingeschlossen sein oder nach Zeitaufwand abgerechnet werden. Dabei läuft Ihr Verlag allerdings Gefahr, dass ein ur-

Projekt			
ISBN:	978-3-934054-52-3	**Hersteller:** HHR	**Datum:** 27. Juni
~~Autor~~/**Herausgeber:**	Michael Schickerling, Klaus-W. Bramann		
Titel/Untertitel:	Bücher machen. Ein Handbuch für Lektoren und Redakteure		
Reihe:	Edition Buchhandel Bd. 13		

Satz und Typografie			
Buchformat:	Größe: 155 × 230 mm		
Satzspiegel:	Größe: 107 × 188 mm	Stand: 33 mm links, 15 rechts, 6 oben, 26 unten	
Kolumnen:	Zahl: 1	Breite: 107 mm · Abstand:	☐ Trennlinie
Zeilenausrichtung:	☒ Blocksatz · ☐ linksbündig · ☐ rechtsbündig · ☐ auf Mitte		
Grundschrift:	Schrift: Concorde BE 9,25/12 pt		
Absatzbeginn:	☒ Einzug um 12 pt, nicht nach Leerzeile	☐ ___ Leerzeilen davor	
Überschrift: 1. Grad:	Schrift: GST Polo 12pt/12 pt halbfett	Stand:⎫ 12 mm links v. Kolumne	
2. Grad:	Schrift: GST Polo 9,75/12 pt halbfett	Stand:⎬ 2 LZ davor, 1 LZ nach	
3. Grad:	Schrift: GST Polo 9,75/12 pt halbfett (Num. mager)	Stand:⎭ (Ü1: 7 LZ vor, neue S.)	
4. Grad:	Schrift: GST Polo 9,75/12 pt halbfett	Stand: 2 LZ davor, 1 LZ danach	
Spitzmarke:	Schrift:	Stand:	
Auszeichnungen:	___ *kursiv* · ___ **halbfett** · ___ g e s p e r r t · ___ VERSALIEN ___ Kapitälchen		
Aufzählungen:	Schrift: Grundschrift	Stand:	
Aufzählungszeichen:	☐ – ☒ • ☐ ▶	Größe:	
Tabellen:	Schrift: Neue Helvetica 57 cn 8/10 pt	Stand:	
Überschrift:	Schrift: Neue Helvetica bold Versalien	Stand:	
Bildunterschriften:	Schrift: GST Polo 8/10 pt halbfett	Stand:	
Marginalien:	Schrift:	Stand:	
Fußnoten:	Schrift:	Stand:	
Kolumnentitel:	Schrift: GST Polo 9/12 pt	Stand:	
Pagina:	Schrift: GST Polo 9,75/12 pt halbfett	Stand:	
Infokästen:	Schrift: GST Polo 9/12 pt	Stand:	
Inhalt: 1.–2. Grad:	Schrift: GST Polo 9,75/12 pt	Stand: Kap-Nr. 12 mm l. v. Kol.	
3. Grad:	Schrift: Concorde BE 9,25/12 pt	Stand:	
Seitenzahlen:	Schrift: GST Polo 9,75/12 pt · ☒ Punktieren	Stand: rechtsbündig	
Register:	Schrift: Concorde BE 8/9 pt	Stand: links, 2. Z. 3 mm Einzug	
Kolumnen:	Zahl: 2	Breite: 51,5 mm	Abstand: 4 mm · ☐ Trennlinie
Zahlen:	☐ versal · ☒ mediäval	☒ Punkt (12.000) · ☐ Spatium (12 000)	
Anführung:	☒ »...« · ☐ «...» · ☐ „...“ · ☐ "..."		
Klammern:	☒ (...) · ☐ [...]		
Sonderzeichen:			
Sonstiges:			

Sonstiges			
Rechtschreibung:	☐ Manuskript · ☐ Duden · ☒ gemäßigt neu · ☐ alt		
Silbentrennung:	☒ Wortstamm · ☐ Sprechsilben		
Korrekturabzüge:	☐ Fahne · ☒ Umbruch · Zahl: 3	Termin: 15. Juli	
Datenausgabe:	☒ offen · ☐ geschlossen	Termin:	
Format:	☒ InDesign · ☒ PDF · ☒ EPUB · ☐ XML		
Sonstiges:			

31 Beispiel: Satzanweisung

sprünglich preiswertes Angebot hohe Kosten nach sich zieht, falls die Korrekturen umfangreich werden. Da die Setzerei immer für Fehler aufkommen muss, die wie Trennfehler erst beim Setzen entstehen, sollten Sie diese auf dem Korrekturabzug gesondert anzeichnen.

Für einen individuellen Kostenvoranschlag oder die Projektkalkulation ist eine exakte Umfangsberechnung erforderlich. Diese nehmen Sie am besten für jeden Buchteil vor, der ein eigenes Layout erhält. Anhand des Manuskripts ermitteln Sie zunächst die Zeichenzahl einschließlich aller Leerzeichen, anhand der Musterseiten die Zeichenzahl im gesetzten Buch. Berücksichtigen müssen Sie außerdem Leerzeilen, beispielsweise vor und nach Überschriften, auslaufende Seiten am Kapitelende, die Titelei oder ein Register.

Die Satzanweisung beschreibt alle erforderlichen Gestaltungselemente. Dazu gehören beispielsweise Größe und Stand des Satzspiegels Schriftart, Zahl der Kolumnen, Zeilenausrichtung und Einzüge, Schriftgrad und Durchschuss für Grundschrift, Überschriften, Marginalien, Kolumnentitel, Pagina, Fußnoten und alle anderen Textarten, die im Buch vorkommen. Festgelegt wird auch, welche Ziffern, Anführungszeichen oder Klammern verwendet werden, nach welchen Rechtschreibregeln das Buch gesetzt wird und in welcher Form die Satzdaten ausgegeben werden sollen. Die Satzanweisung sollte möglichst präzise sein und alle wichtigen Termine enthalten, da sie für die Setzerei eine wichtige Arbeitsgrundlage darstellt.

Umbruch und Korrektur

Für die erste Korrektur wird der Text manchmal als Fahne ausgedruckt. Das heißt, dass der Text zwar bereits mit der richtigen Zeilenbreite gesetzt wurde, Zahl und Länge der Kolumnen aber vom endgültigen Layout abweichen. Fußnoten, Abbildungen und Tabellen sind noch nicht an der richtigen Stelle platziert, und auch der Kolumnentitel fehlt. Bei komplizierten Layouts empfiehlt es sich, anhand einer Fahne Korrektur zu lesen – insbesondere wenn Sie noch größere Textänderungen erwarten. Aber eigentlich ist es besser, das Manuskript von vornherein gründlich zu bearbeiten.

Bei einem Umbruch entsprechen der Seitenumbruch sowie der Stand aller Text- und Bildelemente dem endgültigen Layout. Bei einem so genannten Vor- oder Grobumbruch sind für Tabellen und Abbildungen noch Platzhalter in der richtigen Größe eingefügt, und die Position der einzelnen Gestaltungselemente auf einer Seite steht noch nicht endgültig fest. Einfache Textbände können Sie in der Regel gleich auf Umbruch setzen. Stellt die Setzerei hierbei fest, dass das Buch mehr oder weniger Seiten aufweist als geplant, kann sie in Absprache mit der Herstellungsabteilung und dem Lektorat den Umfang anpassen – durch eine andere Schriftgröße, eine andere Laufweite oder einen anderen Zeilendurchschuss.

Zur Korrektur gehören neben der Suche nach orthografischen Fehlern, die oft schon im Manuskript stecken, auch so genannte Satzfehler, die erst bei der Satzherstellung entstehen. Dazu zählen falsche Trennungen ebenso wie falsche Schriften oder Auszeichnungen. Die notwendigen Korrekturen werden über – möglichst wenige – Revisionsläufe zwischen Autoren, Lektorat und Herstellung in der Setzerei eingearbeitet (siehe Kapitel 1.3.6). Bedenken Sie dabei, dass ein möglichst fehlerfreies Manuskript nicht nur die Herstellungsdauer verkürzt, sondern auch Kosten spart. Aus diesem Grund sollten Sie und Ihre Autoren davon absehen, jetzt noch umfangreiche inhaltliche Änderungen vorzunehmen.

Datenausgabe und Qualitätskontrolle

Für gedruckte Bücher sind PDF-Dateien (Portable Document Format) Standard, die direkt an die Druckerei gehen und deshalb nach deren Vorgaben erstellt werden müssen. Im Gegensatz zu offenen Dateien, die sich mit dem Ursprungsprogramm wieder öffnen lassen, handelt es sich dabei um geschlossene Dateien, die nicht mehr verändert werden können. Da diese Dateien nach einem einheitlichen Standard erzeugt werden, sind sie unabhängig von bestimmten Betriebssystemen, Satzprogrammen, Schriftarten und Schrifteinstellungen, Druckverfahren oder Druckmaschinen. Mit PDF-Dateien können Sie also eine nachträgliche Manipulation der Daten unterbinden; darüber hinaus bieten sie den Vorteil, dass sie wesentlich weniger Speicherplatz belegen als die Satzdaten der üblichen Layoutprogramme. So lassen sich selbst komplizierte Layouts mit vielen Abbildungen problemlos auf einer CD-ROM übermitteln und archivieren.

Für ein optimales Druckergebnis müssen die Druckvorlagen eine hohe Qualität aufweisen. Filme dürfen deshalb nicht verschmutzt oder verkratzt sein. Bei PDF-Dateien können Sie eine erste Kontrolle am Computerbildschirm durchführen. Zuverlässig können Sie die Qualität der Druckvorlagen allerdings nur beurteilen, wenn Sie vor dem Druck Blaupausen, Proofs oder Andrucke anfertigen lassen (siehe Kapitel 3.1.2). Wichtig zu wissen: Auch PDF-Dateien ersparen keine genaue Qualitätskontrolle!

Bei E-Books finden häufig Daten im EPUB-Format (Electronic Publishing) Verwendung, der auf dem XML-Standard basiert. Im Gegensatz zu PDF-Dateien, die fertig umbrochene Seiten mit festem Layout darstellen, ermöglichen sie eine flexible Anpassung des Textes an unterschiedliche Bildschirmgrößen und -auflösungen – und das unabhängig vom verwendeten E-Reader. Daneben gibt es zahlreiche E-Book-Formate, die nur von bestimmten Lesegeräten unterstützt werden.

3.2.3
Umschlaggestaltung

Buchumschläge erfüllen viele Funktionen: Sie schützen das Buch vor Verschmutzungen und Beschädigungen, sie informieren über den Inhalt eines Titels und werben für ein Buch. Bei Reihen oder über das gesamte Buchprogramm unterstützen gut gestaltete Cover die Markenbildung und prägen so das Image eines Verlags. Dabei liegen die Interessen unterschiedlich: Autoren wünschen sich, dass der Umschlag den Inhalt exakt wiedergibt, Verlage erhoffen sich einen starken Kaufanreiz.

Bei der Anlage des Buchcovers müssen Sie zwei Varianten unterscheiden:

* UMSCHLÄGE OHNE KLAPPEN bei einfachen Broschuren oder Hardcover-Ausgaben. Dabei beschränkt sich die Gestaltung auf die Vorder- und Rückseite sowie auf den Buchrücken.
* UMSCHLÄGE MIT KLAPPEN zum Beispiel bei Büchern mit Schutzumschlag oder bei Klappenbroschuren. Hier werden zusätzlich die Innenklappen gestaltet, deren Breite variabel ist.

Bei der Umschlaggestaltung liegt der Schwerpunkt auf der Vorderseite, da sie von den Kunden meist zuerst wahrgenommen wird. Sie soll darum nicht nur Autoren und Inhalt ankündigen, sondern einen Anreiz bieten, das Buch zu kaufen oder zumindest genauer zu betrachten – und das auch bei der briefmarkenkleinen Bildschirmpräsentation im Online-Buchhandel. Nicht vergessen dürfen Sie darüber die Gestaltung des Buchrückens, denn früher oder später verschwinden alle Titel in den Regalen der Buchhandlungen und der Käufer. Damit sie dann noch auffindbar sind, müssen Sie den Umschlagrücken beschriften.

Eine Geschmacksfrage ist, ob Sie den Umschlag als eigenständiges Werbeelement begreifen, das unabhängig vom Innenlayout existiert. Da aber Bucheinband und Buchblock – also Titelei, Textteil und Anhang – immer eine Einheit bilden, sollten Sie bei der Gestaltung des Einbands eine typografische Verbindung zum Innenlayout anstreben. Sinnvoll ist das aber auch bei der Gestaltung des Umschlags, der beispielsweise bei Taschenbüchern als Umschlagkarton untrennbar mit dem Buchblock verbunden ist. Dazu können Sie einzelne Gestaltungselemente übernehmen, zum Beispiel die Schriftart, die Farben, die Textanordnung oder die »Stimmung« des Werks.

Grundsätzlich stellt sich die Frage, ob Sie jedes Cover für sich gestalten oder Umschlägen über mehrere Titel hinweg ein festes Layout geben. Auf eine einheitliche Gestaltung sollten Sie dann Wert legen, wenn wie bei Reihen Markenbildung und Wiedererkennbarkeit wichtig sind. Beispiele hierfür sind die gelben Umschläge der *Edition Buchhandel* oder die Regenbogenfarben der *Edition Suhrkamp*. Allerdings wächst damit die Gefahr, eintönig zu wirken – besonders wenn das gestalterische Konzept nicht durchdacht ist. Eine individuelle Gestaltung ist hingegen sinnvoll, wenn Sie das Besondere betonen und das einzelne Buch aus der Masse der Neuerscheinungen hervorheben wollen.

Die Umschlagvorderseite enthält in der Regel die wichtigsten bibliografischen Angaben wie Autorennamen, Titel und Untertitel sowie Name und Logo des Verlags. Hinzu kommen eventuell Hinweise auf die Auflage (»Aktualisierte Neuausgabe 2012«), auf die Nominierung für einen wichtigen Preis (»Vom Nobelpreisträger für Literatur«), auf die Platzierung in einer Bestsellerliste (»Nr. 1 in den USA«) oder auf einen parallel laufenden Film (»Das Buch zur Fernsehserie auf 3Sat«). Möglich ist auch ein kurzes Statement von Prominenten oder aus den Medien (»Das Beste, was ich je gelesen habe!«). Zusätzlich können Sie grafische Elemente, Illustrationen oder Fotos einsetzen.

- **TEXTLÖSUNGEN** Das Cover ist nur mit den bibliografischen Angaben bedruckt. Die Gestaltung bezieht sich auf Wahl und Anordnung der Schrift sowie die Farbe des Umschlags.
- **TEXT-/GRAFIKLÖSUNGEN** Hierbei werden die bibliografischen Angaben um grafische Elemente ergänzt, zum Beispiel Linien, Muster oder farbige Flächen.
- **TEXT-/BILDLÖSUNGEN** Zu den bibliografischen Angaben kommt eine Illustration oder eine Fotografie.

Welchen Ansatz Sie wählen, hängt vom jeweiligen Buchprojekt, der Zielgruppe und den Vorgaben des Verlags ab, ist aber auch eine Geschmacksfrage und unterliegt Moden. Hier bieten die Werbung und aktuelle Printmedien viele Anregungen. Werden grafische Elemente, Illustrationen oder Fotos verwendet, sollten Sie bei einem einheitlichen Gestaltungsschema für Reihen von Anfang an auf Erweiterbarkeit und Flexibilität achten. Sie dürfen nicht Gefahr laufen, dass Ihnen schon nach wenigen Bänden die Motive ausgehen oder alle Bücher sich zum Verwechseln ähnlich sehen.

Umschlagentwurf

Für die Gestaltung von Buchumschlägen beauftragt die Herstellung in Absprache mit dem Lektorat oder der Marketingabteilung meist externe Grafiker. Bei deren Auswahl spielt nicht nur die Qualität eine Rolle, die Sie anhand von Arbeitsproben beurteilen können, sondern auch Termintreue und Kosten. Der Auftrag muss außerdem enthalten, ob der Preis mehrere Entwürfe und Nachbearbeitungen einschließt, wie die Druckfreigabe erfolgt und in welcher Form die Daten für den Druck ausgegeben werden sollen. Aber auch wenn das Cover im Verlag erstellt wird, benötigen die Grafiker folgende Informationen für den Entwurf:

- **BIBLIOGRAFISCHE ANGABEN** Listen Sie alles auf, was auf dem Umschlag stehen soll, zum Beispiel Namen der Autoren und Herausgeber, Titel- und Untertitel oder Reihenbezeichnung.
- **PROGRAMMBEREICH ODER REIHE** Wenn das Buch in einer Reihe oder einem bestimmten Programmsegment erscheint, sind dadurch bereits viele Gestaltungsmerkmale festgelegt. Machen Sie auch deutlich, welchen Stellenwert der Titel innerhalb des Verlagsprogramms einnimmt.
- **LADENPREIS, ZIELGRUPPE UND KONKURRENZ** Diese Angaben helfen, beim Entwurf den richtigen Ton zu treffen.
- **INHALT** Eine Kurzbeschreibung des Buchs informiert Ihre Grafiker über den Inhalt. Dabei sollte deutlich werden, was das Besondere dieses Titels ist.
- **BILDIDEE UND BILDVORLAGEN** Wenn Sie bereits eine Bildidee haben, sollten Sie diese skizzieren. Fügen Sie Ihrem Briefing alle Abbildungen bei, die sich für das Cover eignen könnten oder die Sie unbedingt verwenden wollen, zum Beispiel Autorenfotos oder Logos von Kooperationspartnern.
- **UMSCHLAGFORMAT** Die Umschlaggröße hängt ab vom Format, der Einbandart, der Klappenbreite, der Stärke der Buchdecke und der Rückenstärke des Buchs. Hinzu kommt ein gleichmäßiger Beschnittrand von circa 3 Millimetern. Dieser wird zwar später wieder abgeschnitten, gleicht aber eventuelle Ungenauigkeiten aus, sodass kein weißer, unbedruckter Rand sichtbar wird. Berücksichtigen Sie dabei

32 Umschlagformat

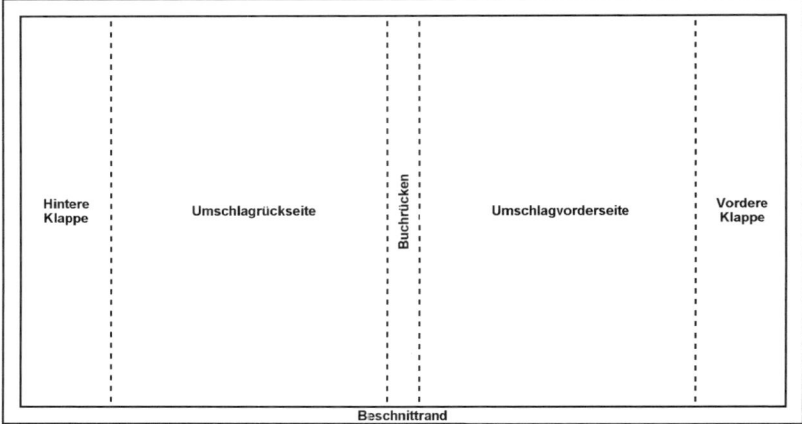

auch, dass je nach Einband- und Heftart nicht die gesamte Vorder- und Rückseite für die Gestaltung zur Verfügung stehen.

• **SONSTIGES** Wenn ein besonderer Bezugsstoff oder eine spezielle Veredelungstechnik vorgesehen ist, sollten Sie das unbedingt erwähnen.

Wenn Sie bereits genaue Vorstellungen haben, wie der Umschlag aussehen soll, sollten Sie das ebenfalls erwähnen. Allerdings werden sich Ihre Wünsche nicht immer umsetzen lassen; vertrauen Sie deshalb der Kreativität und Erfahrung Ihrer Grafiker. In der Regel erhalten Sie ohnehin mehrere Entwürfe, aus denen Sie den besten auswählen können. Dabei sollten Sie sich folgende Fragen stellen: Wird das Cover dem Inhalt gerecht? Passt es zur Zielgruppe und zum Image des Verlags? Entspricht es der angestrebten Positionierung?

Umschläge müssen Sie noch gewissenhafter Korrektur lesen als das Manuskript, da Fehler besonders ärgerlich und teuer sind. Dabei müssen Sie nicht nur auf den Text achten, sondern auch auf die richtigen Formate oder die Verwendung der richtigen Bilder und Farben. Die folgende Checkliste hilft Ihnen, nichts Wichtiges zu vergessen.

CHECKLISTE: BUCHUMSCHLAG

Die folgenden Angaben können auf einem Buchumschlag stehen – abhängig vom jeweiligen Buchprojekt und den allgemeinen Vorgaben Ihres Verlags. Bevor Sie einen Umschlag endgültig abnehmen und die Druckfreigabe erteilen, sollten Sie diese Punkte außerdem auf Vollständigkeit sowie auf inhaltliche, orthografische und typografische Richtigkeit prüfen. Auch eine Farbkontrolle des Covers – insbesondere von Logos – gehört ebenso dazu wie eine Kontrolle des Formats, da oft noch die Rückenstärke der endgültigen Dicke des Buchblocks angepasst werden muss. Sicherstellen müssen Sie außerdem, dass alle Text- und Bildelemente sowie Logos richtig angeordnet sind.

Umschlagvorderseite
• Namen der Autoren und Herausgeber;
• Haupt-, Unter- und Reihentitel;
• Coverabbildung;
• Verlagsname und -logo;
• Logos von Kooperationspartnern.

Umschlagklappe vorne und hinten
• Inhaltsbeschreibung, Textauszüge oder Rezensionen;
• Lebensläufe der Autoren, eventuell mit Bild;
• Hinweise auf vergleichbare Werke aus der gleichen Reihe oder von denselben Autoren;

• Copyright-Vermerke für Coverentwurf, Titelabbildung und Autorenfotos, sofern sie nicht im Impressum stehen.

Umschlagrückseite
• Werbetext als Kaufanreiz, eventuell mit prägnanter Headline;
• Autorenfotos oder andere Abbildungen;
• ISBN, EAN-Code und eventuell Ladenpreis.

Buchrücken
• Namen der Autoren und Herausgeber, eventuell in Kurzform;
• Haupttitel;
• Verlagslogo beziehungsweise Verlagsname.

3.3
Druck und Weiterverarbeitung

Die letzten Stationen der Buchproduktion sind der Einkauf von Papier, der Druck und die buchbinderische Verarbeitung. Die Herstellung muss diese genau aufeinander abstimmen. Mit den grundlegenden Produktionsverfahren muss sie deshalb ebenso vertraut sein wie mit der technischen Ausstattung der Druckereien und Buchbindereien, mit denen der Verlag zusammenarbeitet. Da Papier, Druck und Binden zudem die teuersten Posten bei der Buchproduktion darstellen, gilt besonderes Augenmerk den Kosten. Gute Marktkenntnisse und regelmäßige Preisvergleiche helfen, Geld zu sparen.

Wichtig ist eine genaue Qualitätskontrolle während des gesamten Herstellungsprozesses. Eine mangelhafte Papierqualität, ein schlechtes Druckergebnis, eine ungenügende Bindung und andere Fehler bei der Verarbeitung sind nicht nur ärgerlich, sondern können im schlimmsten Fall die ganze Auflage unbrauchbar und damit unverkäuflich machen.

3.3.1
Papier

Es gibt etwa fünfzehntausend Papiersorten in über hunderttausend Ausführungen. Angesichts dieses großen Angebots fällt die Wahl des richtigen Papiers schwer. Sie hängt ab von dem Verwendungszweck, dem Inhalt, der typografischen Gestaltung, dem Druckverfahren und der Bindung des Buchs. So muss das Papier für einen Reiseführer mehrfarbige Bilder gut wiedergeben, für ein Kinderbuch besonders reißfest sein oder

für eine bibliophile Werkausgabe edel wirken. Dabei bestimmt vor allem
der verwendete Rohstoff die Papierqualität:

- **HOLZSCHLIFF** besteht aus mechanisch zerkleinerten Nadelhölzern.
  Papiere aus diesem Material vergilben schnell und eignen sich deshalb
  für den Zeitungsdruck oder preiswert produzierte Taschenbücher.
- **ZELLSTOFF** wird aus pflanzlichen Fasern auf chemischem Weg gewonnen. Holzfreies Papier besteht zu mindestens 95 Prozent aus Zellstoff
  und wird für den Werkdruck oder als Schreibpapier verwendet.
- **HADERN** aus Leinen, Wolle oder Baumwolle sind sehr haltbar, aber
  teuer. Verwendet werden sie deshalb zum Beispiel für Dokumente,
  Wertpapiere und Banknoten oder als Bibeldruckpapier. Hand-
  geschöpftes Büttenpapier besteht ebenfalls aus diesem Material.
- **ALTPAPIER** ist die Grundlage von Recyclingpapieren. Sie werden in
  unterschiedlichen Qualitäten angeboten und finden beispielsweise im
  Zeitungsdruck Verwendung.
- **SYNTHETISCHE ROHSTOFFE** wie Kunststoffteilchen können natürlichen
  Faserstoffen beigemischt werden und sorgen beispielsweise für eine
  hohe Reißfestigkeit, Wasser- oder Hitzebeständigkeit. Papiere aus
  synthetischen Rohstoffen eignen sich damit für spezielle Einsatz-
  zwecke, zum Beispiel Karten.

Naturpapier besteht aus den oben genannten Rohstoffen sowie weiteren
Zusätzen wie Farbstoffen, um es zu tönen, oder Aufhellern, um es weißer
erscheinen zu lassen. Füllstoffe, Leimstoffe und Wasser verbessern Druck-
eigenschaften, Alterungsbeständigkeit und Undurchsichtigkeit (Opazität). Naturpapier besitzt eine raue, matte (maschinenglatte) oder eine
glatte, leicht glänzende (satinierte) Oberfläche. Zu den Naturpapieren
gehört zum Beispiel Werkdruckpapier.

Gestrichenes Papier wird zusätzlich an der Oberfläche beschichtet.
Dadurch wird es glatter, glänzender, stabiler und weniger durchscheinend, neigt allerdings zum Spiegeln. Gestrichenes Papier gibt es beispielsweise als Kunstdruckpapier für den hochwertigen Bilderdruck (siehe Kapitel 3.1.2).

Das Papierformat gibt die Breite und Länge des Papiers an. Die Standardformate sind genormt und in die Reihen A für Drucksachen, B und
C für Umschläge und Verpackungen eingeteilt. Darüber hinaus werden
Papiere nach den gängigen Maßen der Druckmaschinen hergestellt.
Welche Papiergröße für die Produktion Ihrer Bücher erforderlich ist,
hängt also nicht nur vom Buchformat ab, sondern auch von den einge-
setzten Druckmaschinen.

Geliefert wird das Papier entweder auf Rollen oder in Bogen (Plano-
papier), die bereits auf Format geschnitten sind. Auf jedem Bogen stehen
– je nach Format – eine bestimmte Anzahl von Seiten. Allerdings muss

ein Rand frei bleiben, damit die Druckmaschine das Papier greifen kann. Eine geschickte Bogenausnutzung spart Papier und damit Geld.

Das Papiergewicht oder Flächengewicht wird in Gramm pro Quadratmeter angegeben. Papier wiegt bis zu 150 Gramm pro Quadratmeter, Karton 150 bis 600 Gramm und Pappe mehr als 600 Gramm.

Das Volumen gibt das Verhältnis von der Papierdicke zum Papiergewicht an. So ist ein Papierstapel, der bei einfachem Volumen 10 Millimeter stark ist, bei eineinhalbfachem Volumen 15 Millimeter dick. Gebräuchlich sind Papiere mit ein- bis zweieinhalbfachem Volumen. Volumenpapier können Sie verwenden, wenn Sie ein Buch mit wenigen Seiten aufblähen möchten – um beispielsweise einen bestimmten Ladenpreis zu rechtfertigen. Allerdings müssen Sie Abstriche bei der Druckqualität in Kauf nehmen.

Die Laufrichtung bezeichnet die Ausrichtung der Fasern auf dem Papier. Bei Büchern und Zeitschriften müssen sie parallel zum Rückenliegen. Wird die falsche Laufrichtung gewählt, lässt sich das Papier nur schwer verarbeiten, wirft Wellen und lässt sich schlecht aufschlagen; bei

Papiersorte	Gewicht	Merkmale	Verwendungszweck
Bibel-/ Dünndruckpapier	20–60 g/m²	holzfreies, festes, dünnes Papier mit geleimter Oberfläche	umfangreiche Bücher, Nachschlagewerke
Bilderdruck-/ Kunstdruckpapier	60–170 g/m²	holzfreies oder holzhaltiges, zweiseitig gestrichenes Papier mit glänzender oder matter, glatter Oberfläche	Bildbände
Buchbinderpapier	90–300 g/m²	weißes oder farbig getöntes Naturpapier mit Oberflächenstruktur	Vorsatzpapier zum Bekleben der Innenseiten des Buchdeckels
Chromopapier	70–120 g/m²	meist holzhaltiges, einseitig gestrichenes Papier mit guter Prägefähigkeit	Umschlagbezüge, Etiketten
LWC-Papier	39–72 g/m²	leichtgewichtiges, oft holzhaltiges, gestrichenes Papier	Zeitschriften, Kataloge
Offsetpapier	60–120 g/m²	holzfreies oder holzhaltiges, weißes oder farbig getöntes, geleimtes Papier mit meist glatter, unveredelter Oberfläche	Bücher
Umschlagkarton	130–300 g/m²	holzfreies oder holzhaltiges, maschinenglattes, reißfestes und formstabiles Papier, unterschiedliche Oberflächenbehandlung	Buchumschläge
Werkdruckpapier	60–120 g/m²	holzfreies oder leicht holzhaltiges, maschinenglattes Naturpapier, oft leicht gelblich getönt, leicht geleimte Oberfläche, unterschiedliche Volumen	Bücher
Zeitungspapier	40–60 g/m²	holzhaltiges, maschinenglattes Papier mit hohem Altpapieranteil, oft mit geleimter Oberfläche	Zeitungen, Zeitschriften

der richtigen Laufrichtung können sich die Fasern in Querrichtung aus-
liegen. Wird die falsche Laufrichtung gewählt, lässt sich das Papier nur
schwer verarbeiten, wirft Wellen und lässt sich schlecht aufschlagen; bei
der richtigen Laufrichtung können sich die Fasern in Querrichtung ausdehnen. Die Papierhersteller bieten die meisten Sorten in beiden Lauf-
richtungen an – quer zur kurzen Seite (Schmalbahn) oder quer zur langen Seite (Breitbahn); bei der Angabe des Formats wird die Dehnrich-
tung unterstrichen oder durch den Zusatz »SB« beziehungsweise »BB«
kenntlich gemacht. Wenn Sie die Laufrichtung feststellen wollen, reißen
Sie das Papier am Rand längs und quer etwas ein: Parallel zur Laufrichtung reißt es leicht und geradlinig ein. Sie können aber auch die Längs-
und die Querseite des Papiers anfeuchten: Parallel zur Laufrichtung rollt
es sich, quer zur Laufrichtung wird es wellig.

Papierauswahl

Die Auswahl des Papiers sollte sich an praktischen Kriterien orientieren, denn der Wert eines Buchs hängt vom Inhalt ab, nicht vom Umfang
und Gewicht. So können Sie zwar voluminöses Papier verwenden, damit ein Buch umfangreicher erscheint, als es eigentlich ist. Allerdings
müssen Sie damit rechnen, dass ein dickes Buch, das auf voluminösem
Papier gedruckt wurde und federleicht in der Hand liegt, die meisten
Käufer irritiert. Sinnvoller ist, für den jeweiligen Zweck das richtige
Papier zu finden. Die wichtigsten Kriterien für die Wahl von Papiersor-
te, Oberflächenbehandlung, Gewicht, Volumen, Opazität und Tönung
sind:
- ZIELGRUPPE Wer soll das Buch lesen? Welche Erwartungen haben die
  Leser?
- PREIS Benötigen Sie ein hochwertiges Papier für ein hochpreisiges
  Buch? Oder soll das Papier kostengünstig sein, um einen niedrigen
  Ladenpreis zu ermöglichen?
- TEXT UND BILD Steht die Lesbarkeit des Texts im Vordergrund oder die
  Wirkung von Abbildungen?
- FARBEN Muss das Papier Farben originalgetreu wiedergeben?
- HALTBARKEIT Wie lange soll das Buch halten? Ist es ein Wegwerf-
  artikel, oder brauchen Sie besonders alterungsbeständiges Papier?
- DRUCK UND VERARBEITUNG Lässt sich das Papier gut bedrucken? Lässt
  es sich gut falzen und blättern?

Bei reinen Textbänden ist ein Papier mit matter Oberfläche und einer
leichten elfenbeinfarbenen oder gelblichen Tönung besonders lese-
freundlich. Eine glänzende Oberfläche neigt zum Spiegeln, und hoch-

weißes Papier überstrahlt oft die schwarze Schrift – beides schadet der Lesbarkeit. Gestrichene Papiere sind die beste Wahl, wenn Sie Abbildungen mit allen Feinheiten reproduzieren wollen. Ist Farbtreue wichtig, sollten Sie deshalb zu Bilder- oder Kunstdruckpapier greifen. Wenn Sie farbig getönte Papiere verwenden, müssen Sie sicherstellen, dass die Schrift deutlich lesbar ist. Am besten lassen Sie eine Druckprobe auf dem Originalpapier anfertigen.

Eine wichtige Rolle spielt die Opazität: Wenn das Papier stark durchscheinend ist und sichtbar wird, was auf der Rückseite steht, stört das die Lesbarkeit des Texts und die Wirkung der Abbildungen. Ganz besonders bei Papieren mit geringer Opazität müssen Sie darauf achten, dass die Zeilen Register halten, also deckungsgleich auf der Vorder- und Rückseite stehen. Die Opazität muss deshalb schon bei der typografischen Gestaltung des Buchs berücksichtigt werden.

Papiereinkauf

Da Papier bei der Buchproduktion einen großen Kostenfaktor darstellt, sind Preisvergleiche wichtig. Viel Geld lässt sich sparen, indem die Herstellungsabteilung wenige Male im Jahr Papier auf Vorrat kauft, anstatt für jedes Buch die notwendige Papiermenge einzeln zu ordern. Das lohnt auch für kleine Verlage, wenn diese mehr als nur ein, zwei Bücher pro Halbjahr produziert – sei es als Neuerscheinung oder als Nachauflage. Dabei gilt es, die allgemeine Entwicklung der Papierpreise im Auge zu behalten. Der Papierpreis hängt aber nicht nur von der Bestellmenge ab, sondern auch von der Papierqualität.

Bei der Auswahl Ihrer Papierlieferanten sind außerdem die Zahlungskonditionen, Transportkosten, Lieferfähigkeit und Zuverlässigkeit von Bedeutung. Will Ihr Verlag eine bestimmte Papiersorte über einen längeren Zeitraum verwenden – zum Beispiel für eine Buchreihe –, sollte auch eine konstante Qualität sichergestellt sein. Sollen eine neue Papiersorte oder Papiere eines neuen Lieferanten bestellt werden, sind Papiermuster für Probedrucke nützlich. So lässt sich die Qualität genau beurteilen und feststellen, ob das Papier für den vorgesehenen Verwendungszweck in Frage kommt.

Wenn die Herstellung Papier auf Vorrat kauft, muss sie auf eine sachgemäße Lagerung achten. Papier darf keinesfalls zu feucht oder zu trocken gelagert werden und benötigt deshalb eine konstante Raumtemperatur und Luftfeuchtigkeit. Am besten wird es deshalb direkt an die Druckereien geliefert, mit denen Ihr Verlag regelmäßig zusammenarbeitet und die fast immer über geeignete Lagermöglichkeiten verfügen.

**3.3.2
Druck**

Es gibt unterschiedliche Druckverfahren. Kataloge und farbige Magazine mit hohen Auflagen werden meist im Tiefdruckverfahren produziert; der Hochdruck wird fast nur für handwerklich hergestellte Kleinauflagen verwendet und der Siebdruck beispielsweise für Plakate. Für Bücher und Zeitungen sind nur der Flach- oder Offsetdruck sowie bei Kleinauflagen der Digitaldruck von Bedeutung. Welches Druckverfahren für Ihre Werke in Frage kommt, hängt in erster Linie von der Auflagenhöhe und den Kosten ab. Weitere Kriterien sind die Wiedergabequalität von Abbildungen und Farben, Nachdruckmöglichkeiten und die Art der Druckvorlagen.

Der Offsetdruck oder Flachdruck spielt seine Vorteile besonders bei großen Auflagen aus, denn er ist schnell und preiswert und bietet eine hohe Qualität. Da sich feine Raster punktgenau übertragen lassen, eignet er sich auch für den Druck von hochwertigen Bildbänden. Als Druckvorlagen werden PDF-Dateien genutzt, als Druckform dienen speziell beschichtete Metallplatten. Verwendet werden können viele unterschiedliche Papiersorten und -formate. Beim Bogenoffsetdruck werden einzelne Planobogen verarbeitet, während beim Rollenoffsetdruck Rollenpapier zum Einsatz kommt.

Beim Digitaldruck werden die Druckdaten digital auf die Druckmaschinen übertragen. Das heißt, dass sich die Druckform schnell und problemlos ändern lässt. Damit eignet sich dieses Verfahren vor allem für kleine Auflagen, die sich auf diese Weise recht kostengünstig produzieren lassen. Es ermöglicht außerdem Print-on-Demand, bei dem erst auf Anforderung ein oder mehrere Exemplare eines Buchs hergestellt werden. Zurzeit können noch nicht alle Papiersorten und -formate für den Digitaldruck eingesetzt werden, und auch die Qualität bleibt insbesondere bei aufwändigen oder mehrfarbigen Büchern hinter dem Offsetdruck zurück.

Druckauftrag

Bei der Auswahl des Druckbetriebs sind außer Termin, Preis, Zahlungs- und Lieferbedingungen auch die technische Ausstattung, Produktionsqualität und Zuverlässigkeit wichtige Kriterien. Meist werden mehrere Angebote eingeholt, um die günstigste Druckerei zu finden. Sind mehrere Aufträge zu vergeben, bietet es sich an, feste Konditionen zu vereinbaren. Eine Angebotsanfrage enthält ebenso wie der verbindliche Druckauftrag folgende Punkte:
- **DRUCKVERFAHREN** In welchem Verfahren wird das Buch gedruckt?
- **DRUCKDATEN** Welches Datenformat wird benötigt?

- **FORMAT** Wie groß ist das beschnittene Format des Buchs? Wie ist der Stand der Seiten, also die Breite des Bund- und Kopfstegs?
- **UMFANG** Wie viele Seiten haben Umschlag und Inhalt?
- **AUFLAGE** Wie viele Exemplare sollen gedruckt werden?
- **PAPIER** Welchen Papiersorten werden für Umschlag und Inhalt verwendet? Welche Größe und Laufrichtung hat das Papier?
- **FARBE** Wie viele und welche Farben werden für Umschlag und Inhalt verwendet? Wird das Papier einseitig oder beidseitig farbig bedruckt? (»1/1-farbig« bedeutet, dass beide Seiten einfarbig bedruckt werden; »4/2-farbig« heißt, dass die Vorderseite vierfarbig und die Rückseite zweifarbig wird.)
- **WEITERVERARBEITUNG** Wie wird das Buch weiterverarbeitet? Wie werden die Druckbogen gefalzt?
- **ZUSATZARBEITEN** Welche zusätzlichen Arbeiten wie Lackieren, Kaschieren oder Prägen fallen für Umschlag und Inhalt an?
- **TERMINE** Wann erfolgt die Druckabnahme? Bis zu welchem Termin soll der Druckauftrag abgewickelt sein?
- **LIEFERUNG** Wer übernimmt die Abholung beziehungsweise Lieferung?

Diese Angaben braucht die Druckerei für den Umschlag und den Inhalt ebenso wie für alle weiteren Buchteile, die beispielsweise auf einem anderen Papier oder mit anderen Farben gedruckt werden. Falls Ihr Verlag das Papier nicht selbst beschafft, ist das ebenfalls zu vermerken; die Druckerei wird dann die erforderliche Papiermenge besorgen. Der Druckauftrag sollte darüber hinaus einen Verweis auf die Konditionen des Angebots enthalten.

Druckvorbereitung

Auf Grundlage der Druckdaten muss zunächst die Druckform hergestellt und anschließend in der Maschine eingerichtet werden. Beim Offsetverfahren sind das feste Druckplatten, beim Digitalverfahren dynamische Druckbilder.

Da aber nicht jede Seite einzeln gedruckt wird, werden mehrere Seiten so angeordnet, dass sie nach dem Falzen in der richtigen Reihenfolge stehen. Hierfür benötigt die Druckerei ein Falzmuster von der Buchbinderei. Die Anordnung der Seiten auf einem Druckbogen heißt Ausschießen. Dabei ist zu beachten, dass das Papier meist auf beiden Seiten bedruckt wird (Schöndruck- und Widerdruckseite). Wichtig ist auch ein ausreichend breiter Rand von ein paar Millimetern an Kopf-, Fuß- und Außensteg – bei Klebebindung auch am Bundsteg –, der nach dem Falzen einen problemlosen Beschnitt ermöglicht.

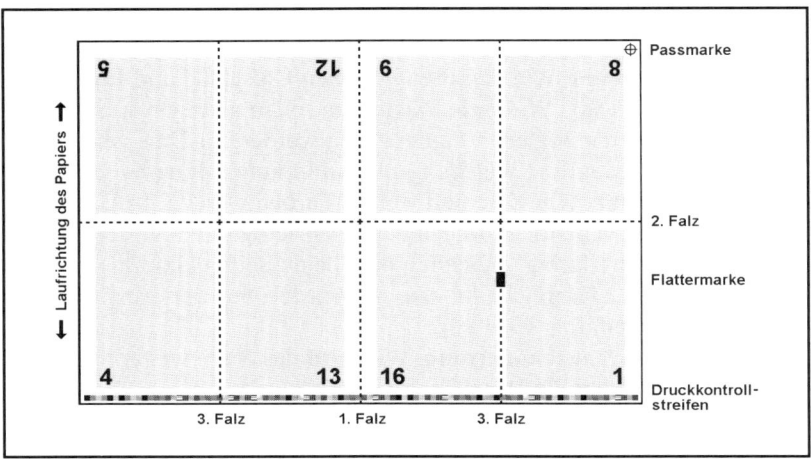

33 Ausschießschema für die Schöndruckform eines 16-seitigen Bogens

Anhand einer Blaupause oder eines Plotter-Ausdrucks der PDF-Dateien lassen sich Inhalt, Stand, Reihenfolge und Vollständigkeit der Druckdaten kontrollieren, nicht aber die Farben. Dafür sind Proofs oder Andrucke erforderlich (siehe Kapitel 3.1.2). Eventuelle Fehler werden angezeichnet, sonst erteilen Sie die endgültige Druckfreigabe (Imprimatur).

Beim Offsetverfahren werden nun die Druckplatten angefertigt, die mit einer lichtempfindlichen Schicht versehen sind; beim Digitaldruck entfällt dieser Arbeitsschritt. In der Praxis wird das Computer-to-Plate-Verfahren eingesetzt: Die PDF-Dateien werden dabei elektronisch ausgeschossen, montiert und direkt auf die beschichtete Druckplatte kopiert.

Nach dem Ausschießen und der Herstellung der Druckformen kann der Druck des Buchs beginnen.

Qualitätskontrolle

Die Qualität sollte gleich nach dem Anlaufen der Druckmaschinen anhand der ersten Bogen geprüft werden – am besten bevor die gesamte Auflage gedruckt ist. Das lohnt sich vor allem bei aufwändig gestalteten oder illustrierten Werken. Folgende Kriterien sind dabei wichtig:

• **FARBGEBUNG** Alle druckenden Teile müssen gleichmäßig eingefärbt sein. Alle Seiten müssen einen einheitlichen Farbauftrag aufweisen, die Schrift darf nicht zuschmieren. Beim Mehrfarbdruck muss jede Farbe gleichmäßig auf das Papier aufgebracht werden, damit keine Farbabweichungen entstehen.

- **PASSERGENAUIGKEIT** Beim Mehrfarbdruck müssen die einzelnen Farben passgenau übereinander gedruckt werden. Sonst wirken Abbildungen unscharf und farbstichig.
- **REGISTERHALTUNG** Der Stand des Satzspiegels muss auf Vorder- und Rückseite eines Bogens deckungsgleich sein.
- **BUTZEN/POPEL/PARTISANEN** Dunkle Punkte, die von einem weißen Rand umgeben werden, entstehen, wenn die Druckform verunreinigt ist.
- **DUBLIEREN** Rasterpunkte erscheinen verdoppelt und wirken unscharf aufgrund einer falschen Einstellung der Druckmaschine.
- **TONEN** Die Seite hat einen leichten Grauschleier, weil die Wasserführung der Druckmaschine falsch eingestellt ist.
- **ABLEGEN/ABZIEHEN** Die Druckfarbe verschmiert den nächsten Bogen, wenn das Papier zu schnell weiterverarbeitet wird und die Farbe nicht genug Zeit zum Trocknen hatte.

Moderne Druckmaschinen überwachen automatisch, dass während des Drucks eine konstante Qualität eingehalten wird. Dazu dient der so genannte Druckkontrollstreifen am Rand des Papierbogens. Er besteht aus schwarzen und farbigen Volltonfeldern, Rasterfeldern mit unterschiedlichen Rasterweiten sowie Feinstrichfeldern. Eventuelle Abweichungen bei Farbgebung und Rasterung werden auf diese Weise ebenso zuverlässig erkannt wie Ungenauigkeiten beim Zusammendruck mehrerer Farben.

34 Druckkontrollstreifen für die 1/1-farbige Produktion dieses Buchs

Manchmal erhält der Verlag vor Beginn der buchbinderischen Arbeiten so genannte Aushänger als letztes Kontrollmittel. Das sind die gefalzten und zusammengetragenen Druckbogen, die noch nicht zum Buchblock verbunden wurden. Mit ihnen können Sie das Werk auf Vollständigkeit und Richtigkeit prüfen. Etwaige Fehler werden sofort der Druckerei gemeldet, damit die Bogen nicht in der Buchbinderei weiterverarbeitet werden.

Druckveredelung

Zur Druckveredelung gehören alle Verfahren, mit denen das Papier nach dem Druck weiterverarbeitet wird, um es haltbarer zu machen oder ihm eine hochwertige Wirkung zu verleihen. Üblich ist die Druckveredelung deshalb vor allem bei der Herstellung von Buchumschlägen. Das sind die wichtigsten Methoden:

- **KASCHIEREN** Papier oder Umschlag werden mit einer dünnen Folie beklebt, um sie vor Beschädigungen oder Verschmutzungen zu schützen.
- **LACKIEREN** Das nachträgliche Aufbringen von Glanz- oder Mattlacken lässt vor allem Farbdrucke hochwertiger wirken. Bei einer Spotlackierung werden nur einzelne Bildteile lackiert.
- **PRÄGEN** Bestimmte Strukturen werden mechanisch auf das Papier übertragen – zum Beispiel Schriften, Linien oder andere Ornamente. Bei einer Farbprägung werden diese Strukturen farbig eingeprägt, bei einer Blindprägung hingegen nur die vertieften Konturen; bei einer Reliefprägung sind sie erhaben ausgeführt.
- **STANZEN** Aus dem Papier werden Konturen herausgeschnitten, zum Beispiel für ein Daumenregister bei einem Nachschlagewerk.

Durch die Druckveredelung entstehen zusätzliche Kosten. Überlegen Sie also genau, ob sie für Ihr Buch notwendig und angemessen ist – zum Beispiel bei hochwertigen Werken oder speziellen Verwendungszwecken.

3.3.3
Bindung

Die Buchbinderei ist die letzte Station der Buchproduktion vor der Auslieferung. Hier werden die bedruckten Papierbogen weiterverarbeitet. Oft liegen dabei Druck und buchbinderische Weiterverarbeitung in einer Hand. Werden beide Aufgaben jedoch von unterschiedlichen Betrieben ausgeführt, sollte sichergestellt sein, dass die Produktionsverfahren aufeinander abgestimmt sind.

Der erste Arbeitsschritt nach dem Druck ist das Falzen der Rohbogen. Dabei werden die Druckbogen umgeknickt und mehrere Seiten in der richtigen Reihenfolge zu so genannten Falzbogen oder Lagen zusammengelegt. Der erste Bogen wird als Signatur 1 bezeichnet, der zweite Bogen als Signatur 2 und so weiter. Es gibt unterschiedliche Falzarten: Beim Parallelfalz liegen alle Brüche parallel zueinander. Der Kreuzfalz ist bei Verarbeitung von 8-, 16- oder 32-seitigen Druckbogen üblich; das heißt, dass die Bogen kreuzweise halbiert gefalzt werden. Für das Falzen werden schon für den Druck die Buchseiten entsprechend angeordnet (Ausschießen). Ein so genanntes Ausschieß- oder Falzmuster zeigt der Druckerei, wie sie die Seiten anordnen muss, oder umgekehrt der Buchbinderei, wie sie die Bogen falzen muss.

Beim Zusammentragen werden die einzelnen Blätter oder Falzbogen in der richtigen Reihenfolge zum kompletten Buchblock zusammengelegt. Dabei helfen außer der Bogennorm und -signatur die so genannten

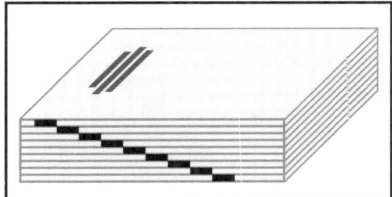

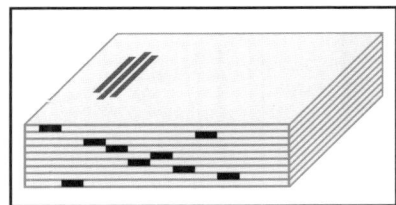

35 Bogen in der richtigen Reihenfolge   **36** Bogen in der falschen Reihenfolge

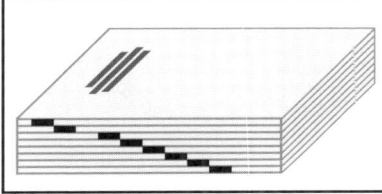

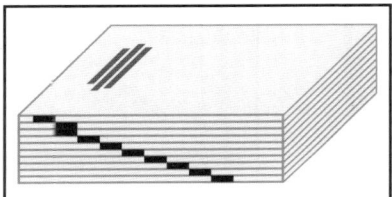

37 Fehlender Bogen   **38** Doppelter Bogen

Flattermarken. Das sind Balken, die auf jedem Bogen zwischen der ersten und der letzten Seite mitgedruckt werden. Die Bogen sind vollständig und haben die richtige Reihenfolge, wenn die Flattermarken treppenförmig angeordnet sind – lückenlos und ohne Doppelungen. Nur bei Zeitschriften oder Broschüren mit Rückenstichheftung werden die Lagen nicht zusammengetragen, sondern ineinander gesteckt.

Vorsatzpapier dient dazu, den Buchblock mit der Buchdecke zu verbinden. Dazu wird es circa 4 bis 5 Millimeter breit an die erste beziehungsweise letzte Seite des Buchblocks geklebt. Das Blatt, das mit der Buchdecke verklebt ist, heißt Spiegel, das andere flatterndes oder fliegendes Blatt. Bei einem integrierten Vorsatz übernehmen die erste und die letzte Seite des Buchblocks die Funktion des Vorsatzpapiers.

Beim **Schneiden** werden die gefalzten und zusammengetragenen Druckbogen an drei Seiten auf das endgültige Buchformat beschnitten. Nicht beschnitten wird die Seite, an der die Lagen später miteinander verbunden werden. Bei einigen Heftarten wird der Buchblock allerdings erst nach dem Heften beschnitten.

Beim **Heften** werden die einzelnen Lagen dauerhaft miteinander verbunden. Welche Heftung für Ihr Projekt am besten ist, hängt nicht nur von den Kosten ab, sondern auch vom Papier, von der gewünschten Wirkung, der Haltbarkeit und dem Aufschlagverhalten. Die folgenden Heft- beziehungsweise Bindeverfahren gibt es:

• **FADENHEFTUNG** Alle Seiten eines Falzbogens werden entlang des Rückens mit einem Heftfaden verbunden; anschließend werden die gehefteten Lagen miteinander vernäht und der Buchrücken verleimt.

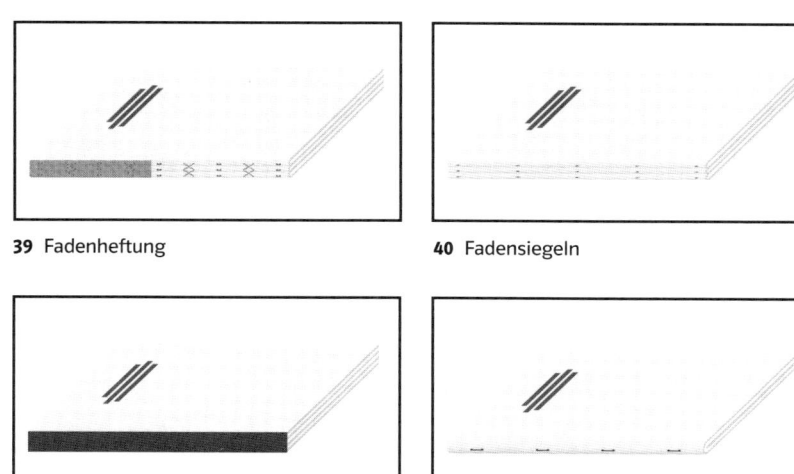

39 Fadenheftung

40 Fadensiegeln

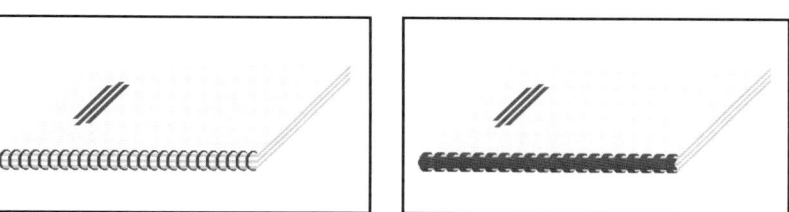

41 Klebebindung

42 Rückenstichheftung

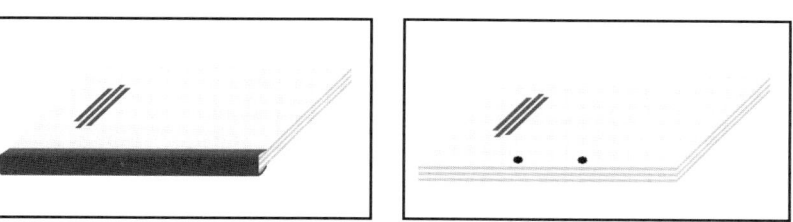

43 Spiralbindung

44 Kammbindung

45 Klemmbindung

46 Lochung/Ringbindung

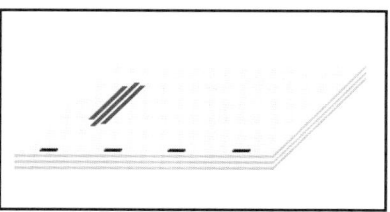

47 Seitliche Blockheftung

Ein angeklebtes Stück Krepppapier oder Gaze verleiht dem Buchblock zusätzliche Stabilität. Fadengeheftete Bücher – meist Deckenbände – lassen sich gut aufschlagen und sind sehr haltbar, allerdings auch teuer.

- **FADENSIEGELN** Die Rücken der Falzbogen werden mit kurzen Plastikfäden oder -klammern von innen durchstoßen. Diese werden von außen erhitzt und so miteinander verschweißt. Die einzelnen Lagen werden wie bei der Klebebindung miteinander verleimt. Diese Heftung ist fast genauso haltbar wie die Fadenheftung, aber preiswerter.

- **KLEBEBINDUNG** Die Lagen werden zunächst am Rücken aufgefräst, um einzelne Blätter zu erhalten. Diese werden aufgeraut und mit Klebstoff bestrichen. Damit sich das Buch nicht schon bald in seine Bestandteile auflöst, müssen Klebstoff, Klebeverfahren, Buchformat, Papiersorte und Papiergewicht genau aufeinander abgestimmt werden. Die Klebebindung ist kostengünstig, aber nicht unbegrenzt haltbar, außerdem lassen sich Bücher je nach verwendetem Klebstoff manchmal nur schlecht aufschlagen. Sie wird für Broschuren und Deckenbände verwendet.

- **RÜCKENSTICHHEFTUNG** Die Bogen werden ineinander gesteckt, darum wird ein Umschlag gelegt. Im Rücken wird das Werk anschließend von außen mit Metallklammern oder mit einem Faden verbunden. Diese Heftart ist sehr preiswert, allerdings darf der Umfang nicht zu groß sein. Sie wird beispielsweise für Zeitschriften verwendet.

- **SPIRALBINDUNG** Die zusammengetragenen Lagen werden mit den Deckblättern meist im Bund in regelmäßigen Abständen gelocht und mit einer Draht- oder Plastikspirale verbunden. Der Vorteil dieser Heftung ist, dass sich das Werk gut aufschlagen lässt, was zum Beispiel bei Kochbüchern oder Musiknoten nützlich ist.

- **KAMMBINDUNG** Wie bei der Spiralbindung wird der Bund gleichmäßig gelocht und mit einem Draht- oder Plastikkamm verbunden. Auch bei dieser Heftart lässt sich das Werk problemlos aufschlagen, außerdem können einzelne Seiten ausgetauscht werden.

- **KLEMMBINDUNG** Der Buchblock samt Deckblättern wird mit einer Klemmschiene verbunden. Hierbei lassen sich die einzelnen Blätter leicht austauschen.

- **LOCHUNG/RINGBINDUNG** Der Buchblock wird mit den Deckblättern im Bund mehrfach gelocht und kann in ein Ringbuch eingeordnet werden. Bei dieser Heftung können einzelne Seiten problemlos entnommen, ergänzt oder ausgetauscht werden, beispielsweise in Loseblattwerken.

- **SEITLICHE BLOCKHEFTUNG** Die zusammengetragenen Lagen werden im Bund mit Drahtklammern zusammengeheftet. Da sich das Werk dann aber schlecht aufschlagen lässt, eignet sich diese Heftart nicht für die

Herstellung von Büchern, sondern nur für geringwertige Drucksachen oder Dissertationen.

Der nächste Arbeitsschritt ist das Einhängen des Buchblocks in den Einband. Dabei wird der Rücken des Buchblocks mit dem Einband verleimt – außer bei Deckenbänden, der Schweizer Broschur und der Freirücken-Broschur. Wenn Sie Vorsatzpapier verwenden, wird dieses mit Leim bestrichen und mit dem Bucheinband verbunden. Gegebenenfalls wird noch ein Schutzumschlag umgelegt.

Das Verpacken der fertigen Bücher bildet den Abschluss der buchbinderischen Arbeiten. Die Werke werden einzeln oder zu mehreren in eine transparente Kunststofffolie eingeschweißt oder in Papier gewickelt, um sie vor Verschmutzungen und Beschädigungen zu schützen. Anschließend werden die Bücher für den Transport direkt auf Paletten oder in Kartons gepackt und an das Auslieferungslager versandt.

Einbandarten

Broschuren (Paperback) und Deckenbände (Hardcover) sind die gebräuchlichen Einbandarten für Bücher. Daneben gibt es noch Loseblatt- und Mappenwerke.

Bei einer Broschur sind die einzelnen Lagen durch Klebebindung, Fadenheftung oder Fadensiegeln miteinander verbunden und in einen flexiblen Umschlagkarton eingehängt. Die Haltbarkeit von Broschuren hängt nicht nur von der Heftart ab, sondern auch von der Qualität des Umschlags. Dessen Flächengewicht sollte umso höher liegen, je dicker der Buchblock ist. Es gibt zahlreiche Broschurarten, die sich zum Teil miteinander kombinieren lassen:

- **STANDARDBROSCHUR** Ein vierseitiger Umschlag wird im Rücken mit dem Buchblock verklebt und dreiseitig beschnitten. Das ist die einfachste und preiswerteste Broschurart.
- **VORSATZBROSCHUR** Das Vorsatzpapier wird an den Buchblock geklebt. Dieser wird in den Umschlag eingehängt und ganzflächig mit dem Umschlagkarton verbunden. Die Vorsatzbroschur ist haltbarer und eleganter als die Standardbroschur, aber auch teurer.
- **KLAPPENBROSCHUR** Der Umschlag besitzt zusätzliche Klappen, die nach innen umgelegt werden. Sie können Beilagen aufnehmen, Werbetexte enthalten oder auch auf der Innenseite den Text mit zusätzlichen Informationen ergänzen.
- **SCHWEIZER BROSCHUR** Die Rückseite des Buchblocks wird ohne Vorsätze mit der dritten Umschlagseite verklebt, sodass der Rücken freiliegt und beim Öffnen nicht knickt.

- **ENGLISCHE BROSCHUR** Der Buchblock wird wie bei der Standard-broschur in einen unbedruckten Einbandkarton eingehängt und drei-seitig beschnitten. Danach wird um den Einbandkarton ein Schutz-umschlag mit Klappen umgelegt und am Rücken oder mit einem Leimstreifen an der Rückseite festgeklebt. Die englische Broschur verleiht Büchern eine hochwertige Anmutung.
- **LAYFLAT-/FREIRÜCKENBROSCHUR** Der Buchblock wird mit dem Um-schlag nicht am Rücken verklebt, sondern seitlich eingehängt. Damit knickt der Rücken beim Aufschlagen nicht.

Beim Deckenband wird zunächst der fadengeheftete, fadengesiegelte oder klebegebundene Buchblock dreiseitig beschnitten. Am Rücken werden dann ein Krepppapierstreifen oder ein reißfester Gewebestreifen (Gaze) angebracht, um den Buchblock haltbarer zu machen. Anschließend wird die Buchdecke an die Vorsätze angeleimt und so fest mit dem Buchblock

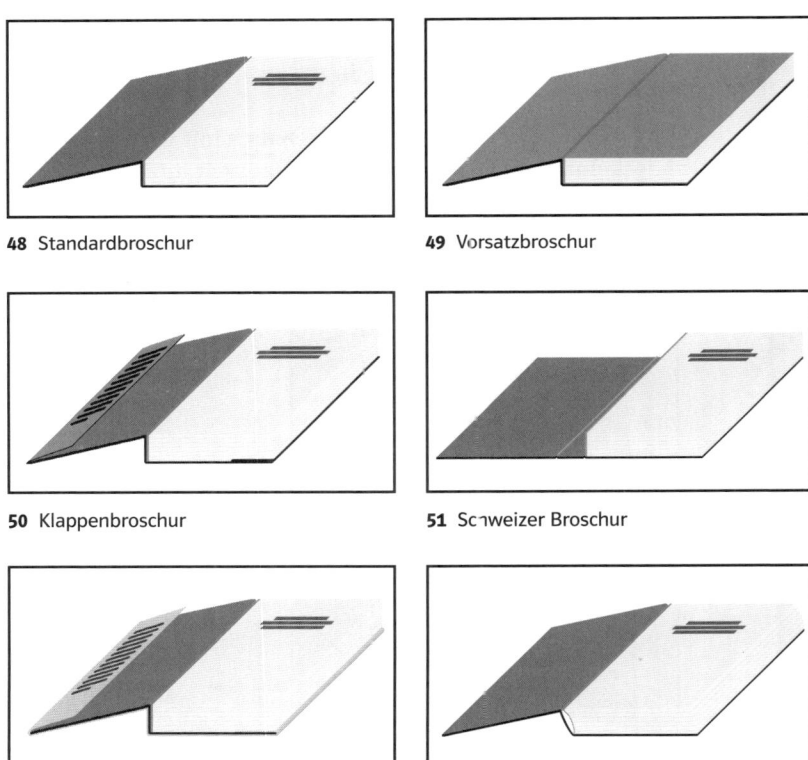

48 Standardbroschur

49 Vorsatzbroschur

50 Klappenbroschur

51 Schweizer Broschur

52 Englische Broschur

53 Fre rückenbroschur

verbunden. Dadurch bekommen Deckenbände im Gegensatz zu Broschuren einen gerundeten oder geraden Hohlrücken. Gegebenenfalls
wird auf den Seiten Farbe für den so genannten Farbschnitt aufgetragen
(Kopf-, Fuß- und Vorderschnitt). Zusätzlich kann der Buchblock mit einem farbigen Stoffbändchen am Kopf und Fuß verziert werden (Kapitalband) oder ein farbiges Lesebändchen erhalten.

Die Buchdecke besteht außer beim Plastikeinband aus einer festen
Pappe, die mit einem Bezugsstoff überzogen wird. Dabei bestimmt die
Stärke des Einbands dessen Flexibilität; das Überzugsmaterial hat großen Einfluss auf die Wirkung des Buchs, kann aber auch praktischen Er-
wägungen folgen, wenn der Umschlag beispielsweise abwaschbar sein
soll. Folgende Buchdecken sind gebräuchlich:

- **GANZBAND** Die Buchdecke wird vollständig mit einem Bucheinbandge-
  webe, Papier, Leder, Kunstleder oder einem anderen Material überzogen. Bei einem Pappband wird nur Papier verwendet. Ein Plastikband,
  der mit Kunststofffolie überzogen wird, ist abhängig von seiner Stärke
  nicht nur recht flexibel, sondern auch wasser- und schmutzabweisend.
- **HALBBAND** Der Rücken wird bis zum Rand der Buchdeckel mit Ge-
  webe oder anderen Einbandmaterialien überzogen – manchmal auch
  die stoßempfindlichen Ecken. Die beiden Deckel werden meist mit
  Papier eingefasst.
- **WATTIERTER BAND** Ein dünner Schaumstoff wird zwischen den Karton-
  deckel und den Bezug eingelegt. Dadurch fühlt sich das Buch weich
  und gepolstert an.

54 Ganzband

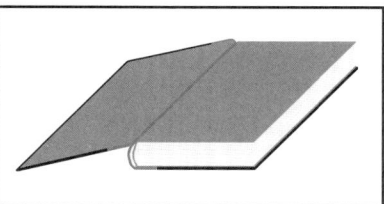

55 Halbband

56 Wattierter Band

Abhängig vom Einbandmaterial lässt sich die Buchdecke bedrucken, kaschieren, prägen, ausstanzen oder mit einem Titelschild versehen. Auf jeden Fall muss der Einband ebenso sorgfältig gestaltet werden wie das Innenlayout des Buchs (siehe Kapitel 3.2.2).

Für Loseblattwerke, die immer auf dem aktuellen Stand gehalten werden müssen, sind Ringordner üblich. Darin können die einzelnen Blätter eingelegt, entnommen und ausgetauscht werden. Einzelne lose Blätter – zum Beispiel Kunstdrucke – können auch in Kassetten oder Mappen verpackt werden.

Zusatzausstattungen

Ein Buch können Sie mit einer Vielzahl von zusätzlichen, teilweise teuren Details ausstatten. Diese dekorieren das Buch, dienen der Vermarktung oder erhöhen den Nutzwert. Das sind die wichtigsten Sonderausstattungen:

- **SCHUTZUMSCHLAG** Oft wird um einen Ganz- oder Halbband noch ein bedruckter Papierumschlag gelegt. Dieser bewahrt das Buch nicht nur vor Verschmutzungen und Beschädigungen, sondern ist vor allem ein wichtiges Gestaltungs- und Werbeelement (siehe Kapitel 3.2.3).
- **BAUCHBINDE** Ein schmaler bedruckter Papierstreifen enthält meist eine zusätzliche Werbebotschaft. Er wird auffällig gestaltet und um den Einband oder Schutzumschlag gelegt, darf dabei aber keine wichtigen Informationen verdecken.
- **AUFKLEBER** Ein Aufkleber oder Button wird auf den Einband, den Schutzumschlag oder die Folienverpackung aufgebracht, manchmal aber auch fest in den Umschlag eingedruckt. Wie die Bauchbinde dient er der Information oder der Verkaufsförderung.
- **BEILAGEN** Karten, CDs oder anderen Beilagen können Sie in eine Einstecktasche einlegen, die auf der zweiten oder dritten Umschlagseite eingeklebt ist, oder bei einer Klappenbroschur in einen Schlitz in der vorderen oder hinteren Klappe einschieben. Eleganter, aber aufwändiger ist es, die Beilagen in den ausgestanzten Buchdeckel zu integrieren.
- **SCHUBER** Ein stabiles Futteral aus Pappe oder Karton dient als Schutz für wertvolle Bücher. Dabei bleibt nur noch deren Rücken sichtbar. Natürlich gibt es zusätzlich die Möglichkeit, den Schuber aufwändig zu gestalten und an das Werk anzupassen. Achten Sie darauf, dass das Buch nicht zu straff im Schuber sitzt und sich leicht herausnehmen lässt.
- **KASSETTE** Mehrere Bücher, die Sie zusammen anbieten, werden am besten in einer Kassette aus Karton, Pappe oder Kunststoff verpackt. Deren Gestaltung können Sie auf den Umschlag abstimmen.

Darüber hinaus werden vor dem Verpacken noch alle losen Beilagen in das Buch eingelegt – zum Beispiel Lesezeichen, Verkaufsprospekte oder Werbepostkarten.

Bindeauftrag

Wie bei der Auswahl des Druckbetriebs ist es sinnvoll, sich mehrere Angebote einzuholen und neben dem Preis auch Zuverlässigkeit und Qualität zu berücksichtigen. Folgende Informationen braucht die Buchbinderei:

- **FORMAT** Wie groß ist das beschnittene Format des Buchs?
- **UMFANG** Wie viele Seiten haben Inhalt und Umschlag?
- **AUFLAGE/BINDEQUOTE** Wie viele Exemplare wurden gedruckt, und wie viele davon sollen gebunden werden?
- **HEFT- UND BINDEART** Wie wird das Buch geheftet? Ist es eine Broschur oder ein Deckenband? Hat es als Deckenband einen runden oder geraden Rücken?
- **VORSÄTZE** Aus welchem Papier sind die Vorsätze? Sind sie eingeklebt oder integriert?
- **EINBAND** Aus welchem Material ist die Buchdecke? Wie ist der Einband überzogen? Soll er geprägt, kaschiert oder in anderer Weise bearbeitet werden?
- **ZUSATZAUSSTATTUNGEN** Welche Sonderausstattungen wie Lesebändchen, Kapitalband, Farbschnitt, Schutzumschlag, Bauchbinde, Aufkleber, Schuber oder Kassette erhält das Werk? In welcher Qualität?
- **BEILAGEN** Welche Beilagen werden wie beigefügt?
- **VERPACKUNG** Wie sollen die Bücher verpackt werden?
- **TERMINE** Wann sollen die Bücher fertiggestellt sein?
- **LIEFERUNG** Wer übernimmt die Abholung beziehungsweise Lieferung der gebundenen und verpackten Bücher? Wohin sollen sie geliefert werden?

Falls Sie nur eine Teilauflage binden lassen, muss außerdem vereinbart werden, wo die restlichen Druckbogen gelagert werden. Am besten bleiben diese in der Buchbinderei, um sie später bei Bedarf rasch binden zu lassen.

Qualitätskontrolle

Mängel am fertigen Produkt lassen sich kaum noch korrigieren. Trotzdem kontrolliert die Herstellung die buchbinderische Qualität sorgfältig, bevor sie ein Werk endgültig abnimmt. Das sind die wichtigsten Kriterien:

- **BESCHÄDIGUNGEN** Ist der Einband nicht beschädigt, geknickt, verkratzt oder verschmutzt?
- **FORMAT** Stimmt das Buchformat?
- **AUFSCHLAGFÄHIGKEIT** Lässt sich das Buch abhängig von der Heftart gut aufschlagen? Bleibt es aufgeschlagen liegen?
- **HEFTUNG** Sind alle Bogen in der richtigen Reihenfolge zusammengetragen? Erfasst die Heftung gleichmäßig alle Seiten? Lösen sich einzelne Seiten?
- **BUCHBLOCK** Hängt der Buchblock fest und gerade im Einband? Ist der Buchblock sauber beschnitten? Sind alle Seiten aufgeschnitten?
- **VORSÄTZE** Sind die Vorsätze gerade eingeklebt? Stimmen Material und Farbe des Vorsatzpapiers?
- **EINBAND** Ist der richtige Einband um das richtige Buch gelegt? Stimmen Material und Farbe des Bezugs? Ist die Beschriftung mittig auf den Rücken aufgebracht?
- **SCHUTZUMSCHLAG** Ist der Schutzumschlag sauber um den Einband gelegt? Steht die Beschriftung mittig auf dem Buchrücken?
- **PRÄGUNG UND AUSSTANZUNG** Sind die Prägung oder Ausstanzung sauber?
- **KASCHIERUNG** Ist die Folie sauber aufgeklebt? Wirft sie keine Blasen?
- **FARBSCHNITT** Ist der Farbschnitt gleichmäßig?
- **ZUSATZAUSSTATTUNGEN** Sind alle zusätzlichen Ausstattungen vorhanden? Wurden Sie richtig ausgeführt?

Bei kleineren Fehlern kann der Verlag einen Preisnachlass aushandeln; nur bei sehr schwerwiegenden Fehlern muss die Auflage neu gedruckt und gebunden werden. Wurde das Buch zu aller Zufriedenheit hergestellt, kann es ausgeliefert werden. Die Vertriebsabteilung übernimmt nun die Verantwortung für das Projekt (siehe Kapitel 4).

4
Vertrieb

Spätestens mit dem Erteilen des Imprimaturs ist Ihre Arbeit im Lektorat weitgehend abgeschlossen. Ab jetzt werden Sie nur noch vereinzelte Fragen beantworten müssen, und der Vertrieb übernimmt die Verantwortung für Ihr Buch. Er plant und koordiniert den Vertretereinsatz, er kontrolliert die Absatzzahlen und wird Sie wohl erst dann wieder kontaktieren, wenn die Verkäufe erfolgreich waren und eine neue, veränderte oder aktualisierte Auflage ansteht. Natürlich werden Sie vom Vertrieb auch dann informiert, wenn aus Ihrem Buch ein Bestseller wurde, der zahlreiche Neuauflagen erfährt. Während der Innendienst koordinierende Aufgaben übernimmt, agiert der Außendienst vor Ort beim Kunden.

In großen Verlagen wird die Gesamtverantwortung in die Hände der Marketingabteilung übergeben, die den Titel auf den Markt bringt. Hier liegt die gesamte Absatzstrategie in einer Hand – inklusive der Planung verkaufsfördernder Maßnahmen wie Autorenlesungen, die in enger Zusammenarbeit mit der Werbe- und der PR-Abteilung organisiert werden. Stören Sie sich nicht daran, dass die Terminologie für die absatz- oder marktorientierten Funktionsbereiche je nach Umfang des Programms und der Arbeitsteiligkeit der Abläufe variieren. Hauptsache, Ihre Kollegen machen gute Arbeit und verhelfen Ihrem Titel zum Erfolg.

Doch zuvor müssen Sie Ihre Titel innerhalb Ihres Verlages zweimal vor einem größeren Publikum verkaufen: zunächst einmal auf der Programmkonferenz und ein paar Wochen später auf der Vertreterkonferenz.

4.1
Programm- und Vertreterkonferenz

Wie verkaufen Sie Ihr Buch? Darüber müssen Sie sich Gedanken machen, sobald Sie sich für ein Projekt entschieden haben und die Verträge unterzeichnet sind. Schließlich gehört zu den Aufgaben von Lektoren und Redakteuren – neben der Projektakquise und Manuskriptbearbeitung –, wichtige Impulse für die Vermarktung zu geben: Warum wurde ein Buch in das Programm aufgenommen? Wer soll es lesen? Was wird darin stehen? Diese Informationen benötigen Vertriebs-, Marketing- und Presseabteilung, um ihre Arbeit optimal vorzubereiten.

Mit der Positionierung eines Projekts haben Sie bereits wesentliche Voraussetzungen geschaffen (siehe Kapitel 1.1.4): Sie kennen die Zielgruppe, wissen, in welcher Reihe oder welchem Programmsegment das Buch erscheinen wird, und haben Ausstattung und Ladenpreis festgelegt. Auch gibt es für das Buch bereits einen aussagekräftigen Titel und einen Coverentwurf.

Etwa ein halbes Jahr vor der geplanten Auslieferung des Buchprogramms findet in vielen Verlagen die so genannte Programmkonferenz statt. An ihr nehmen außer dem Lektorat meist die Verlagsleitung teil sowie Mitarbeiter aus der Vertriebs-, Marketing-, Presse- und Herstellungsabteilung. In der Programmkonferenz geht es darum, die Positionierung einzelner Titel im Rahmen des Gesamtprogramms zu prüfen, Verkaufschancen zu beurteilen und die Spitzentitel festzulegen. Auch werden Fragen wie Umschlaggestaltung und Titelfindung diskutiert und die Weichen für Verkauf, Marketing und Pressearbeit gestellt. Dazu müssen Sie Ihre Titel den anderen Abteilungen kurz vorstellen. Im Vordergrund stehen dabei weniger Inhalte als die wichtigsten Verkaufsargumente und die gegenwärtige Konkurrenzsituation. Vor allem geht es darum, das Besondere Ihrer Buchprojekte deutlich zu machen.

Ziel der Vertreterkonferenz ist, die geplanten Neuerscheinungen dem Außendienst vorzustellen und Argumente für das Verkaufsgespräch an die Hand zu geben. Die Vertretertagung dient auf keinen Fall dazu, das Programm neu zu diskutieren oder noch strittige Fragen zu klären. Das Programm muss zu diesem Punkt definitiv feststehen; begründete Einwände des Außendiensts, die beispielsweise die Umschlaggestaltung, den Ladenpreis oder sogar den Titel betreffen, sollten Sie allerdings ernst nehmen.

Die Vertreterkonferenz beginnt meist mit einem so genannten Reiserückblick, in dem der Außendienst Stellung zum letzten Programm nimmt – insbesondere zu Erfolgen und Misserfolgen, zur Wettbewerbssituation oder zu aktuellen Trends. Das ist eine gute Gelegenheit für Sie, von den Erfahrungen derer zu lernen, die Ihre Bücher verkaufen: Diese Erkenntnisse können Sie bei neuen Buchprojekten berücksichtigen.

Gegebenenfalls präsentiert die Herstellungsabteilung neben den Umschlagentwürfen Fahnenauszüge und eventuell so genannte Dummys – Buchattrappen, die dem späteren Werk in Format und Umfang entsprechen und erste gestaltete Musterseiten enthalten. Die Werbeabteilung erklärt bei größeren Projekten den Werbe- und Mediaplan, um den Außendienstmitarbeitern die flankierenden Werbe- und PR-Aktivitäten bekannt zu machen. Nach Abschluss der Konferenz werden die Außendienstpläne erstellt, die den Vertretereinsatz koordinieren, und die Vertreter erhalten Mustermappen, mit denen sie das Programm beim Buchhandel präsentieren.

Es liegt am Veranstalter, ein attraktives Rahmenprogramm anzubieten. Hierzu kann im belletristischen Bereich die Lesung eines Autors genauso gehören wie im Fachbuchsektor eine Multimedia-Präsentation, mit der ein Autor auf Reise geht, oder der Vortrag einer redegewandten Buchhändlerin, die über den Umgang mit dem Verlagsprogramm am Point-of-Sale berichtet.

Nach der Vertreterkonferenz müssen Sie die Texte für die Programmvorschau schreiben (siehe Kapitel 1.3.7). Die Vorschau ist das wichtigste Werbemittel und dient der Information von Buchhändlern; sie unterrichtet aber auch Journalisten über die Neuerscheinungen des Verlags. Deshalb liegt der Versand der Vorschau zum Teil auch in den Händen der

57 Von der Projektentscheidung zum Verkauf

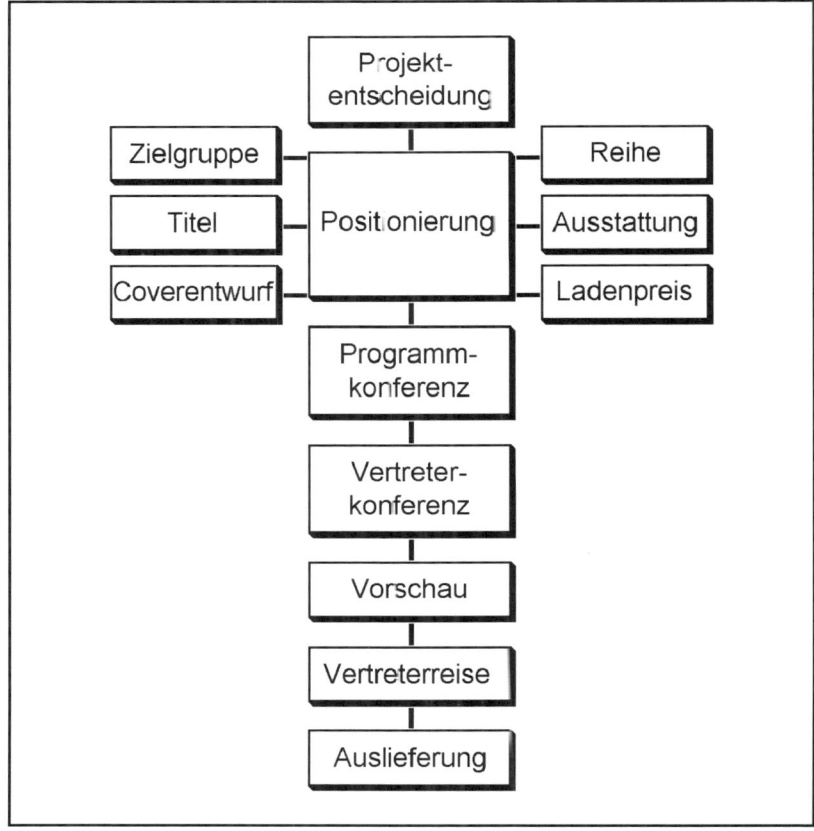

Presseabteilung. Gestaltet wird die Vorschau aber von der Werbeabteilung oder einer externen Werbeagentur. Dabei steht die Stimmigkeit von Inhalt und Form, von Text und Bild im Vordergrund. Als Grundregel gilt: Weniger ist mehr. Ein übersichtliches Layout, der gezielte Einsatz von Farbe und aussagekräftigen Bildern sowie knappe, zugkräftige und informative Texte tragen der Tatsache Rechnung, dass oft nur Bruchteile von Sekunden zur Verfügung stehen, um das Interesse an einem Titel zu wecken.

Für den Außendienst ist die Programmvorschau eine wichtige Verkaufsunterlage bei der Vertreterreise, während der Kunden besucht, die Novitäten vorgestellt und Bestellungen aufgenommen werden. Diese Reise beginnt einige Wochen nach der Außendiensttagung, nachdem die Vertreter sich gründlich auf das neue Programm und ihre wichtigsten Kunden vorbereitet haben. Mehr zu diesem Thema und den Aufgaben des Außendiensts lesen Sie in Kapitel 4.2.

4.1.1
Vorbereitung

Die Vertreterkonferenz entscheidet mehr noch als die Programmkonferenz über Erfolg oder Misserfolg Ihrer Bücher. Bereiten Sie sich also gründlich auf diese wichtige Veranstaltung vor – nicht nur auf Ihre Präsentation, sondern auch auf die Teilnehmer, auf die räumlichen und technischen Gegebenheiten.

CHECKLISTE: VERTRETERKONFERENZ
- **INHALT** Wissen Sie alles über Ihre Buchprojekte, über Autor, Inhalt und Positionierung? Kennen Sie die wichtigsten Verkaufsargumente und Konkurrenzwerke? Gibt es interessante Geschichten oder Anekdoten, die Sie erzählen können? Gibt es einprägsame Bilder, Cartoons, Gegenstände oder sogar Filmausssschnitte, die Sie zeigen können?
- **ABLAUF** Kennen Sie den Zeitplan? Wann beginnt Ihr Vortrag? Wie viel Zeit steht Ihnen zur Verfügung?
- **TEILNEHMER** Kennen Sie alle Teilnehmer? Haben Sie Autoren eingeladen, für Anreise und Unterkunft gesorgt?
- **VERANSTALTUNGSORT** Kennen Sie den Veranstaltungsort? Wissen Sie, wie Sie ihn erreichen und wie viel Zeit Sie für die Anreise benötigen? Wie ist die Sitzordnung?
- **AUSSTATTUNG** Sind alle Geräte vorhanden, die Sie brauchen, zum Beispiel Flipchart, Computer und Beamer? Sind sie funktionstüchtig? Sind Sie mit der Bedienung dieser Geräte vertraut? Benötigen Sie weitere Materialien wie Stifte und Klebeband?

• **UNTERLAGEN** Haben Sie die Unterlagen, die Sie vor Ort verteilen wollen, vorbereitet und in ausreichender Zahl kopiert? Gibt es Informationen, die Sie vorab verschicken können?

• **KLEIDUNG** Gibt es eine Kleiderordnung? Besitzen Sie passende Kleidung, in der Sie sich wohl fühlen?

• **CHECKLISTE** Haben Sie eine Checkliste vorbereitet mit allen Punkten, die Sie nicht vergessen dürfen?

Inhalt

Die Vorstellung des Buchprogramms mit allen Neuerscheinungen oder Neuausgaben ist der Kern der Konferenz. Dies ist Ihre Aufgabe. Über folgende Punkte müssen Sie Bescheid wissen:

• **INHALT** Was ist der Inhalt des Buchs? Wie ist es aufgebaut? Worin liegen die besonderen Stärken?

• **AUTOREN** Wie bekannt sind Verfasser oder Herausgeber? Haben Sie schon erfolgreiche Bücher veröffentlicht? Warum sind sie die idealen Autoren für dieses Werk?

• **VERKAUFSARGUMENTE** Warum soll der Außendienst gerade dieses Buch anpreisen? Warum sollen Buchhändler bestellen? Warum werden Leser danach greifen?

• **KONKURRENZ** Welches sind die ein oder zwei wichtigsten Konkurrenztitel? Wie unterscheidet sich Ihr Buch davon? Warum wird es sich besser verkaufen?

• **AUSSTATTUNG UND LADENPREIS** Gibt es besondere Ausstattungsmerkmale? Warum sind die vorgesehene Ausstattung und der geplante Ladenpreis für diesen Titel optimal?

Antworten auf diese grundlegenden Fragen sollten Sie stets parat haben. Doch wichtiger, als bei der Präsentation Ihrer Titel diese Punkte nacheinander abzuhaken, ist es, dem Außendienst Stoff für das spätere Verkaufsgespräch mit den Buchhändlern zu geben. Denn Ihre Vertreter sind mithilfe von schriftlichen Informationen wie Projektbeschreibung, Vorschautexten oder Leseproben in der Lage, den Inhalt der Bücher eigenständig zu erfassen und sich eine Meinung zu deren Verkäuflichkeit zu bilden. Sie kennen aber nicht die Hintergründe des Projekts: warum Sie ausgerechnet dieses Buch ins Programm genommen haben oder wie Sie an die Autoren geraten sind. Erzählen Sie also Geschichten: eine unterhaltsame Textstelle, ein einprägsames Beispiel aus dem Buch, eine Anekdote über die Autoren. Vielleicht gibt es auch einen kurzen Filmausschnitt, ein prägnantes Bild oder einen passenden Cartoon. Das bleibt besser in Erinnerung, als den Inhalt zu referieren oder komplizierte Handlungsstränge langwierig nachzuerzählen. Dafür haben Sie sowieso nicht genügend Zeit, und bei einer großen Zahl an vorgestellten Novitäten überfordern Sie schnell Ihre Zuhörer.

Präsentieren Sie Ihre Autoren und Projekte in einem möglichst positiven Licht. Über mögliche kleine Schwächen dürfen Sie großzügig hinweggehen. Wenn Sie nicht von Ihren Projekten überzeugt sind – wer soll sie dann mit Begeisterung verkaufen? Verzichten Sie aber auf Übertreibungen: Diese machen Ihren Vortrag nicht glaubwürdiger, wenn Sie ein paar Monate später ein neues Buch vorstellen müssen.

Auf keinen Fall dürfen Sie der Versuchung erliegen, auf der Vertreterkonferenz strittige Punkte wie Ladenpreis, Umschlaggestaltung oder Titelfindung zu erörtern. Diese Fragen sollten Sie bereits im Rahmen der Programmkonferenz geklärt haben. Auch wenn Ihr Außendienst über umfangreiche Erfahrungen verfügt, ist die Vertretertagung nicht der richtige Ort für eine solche Diskussion. Alle grundsätzlichen Entscheidungen zur Projektauswahl und zur Positionierung müssen Sie im Verlag treffen. Denken Sie stets daran: Vertreter erwarten von Ihnen vor allem verkäufliche Bücher, da ihre Erfolgsbeteiligung direkt vom Umsatz abhängt. Wenn es jedoch begründete Einwände, Kritik oder Anregungen gibt, tun Sie gut daran, darüber noch einmal nachzudenken – nach der Veranstaltung und in Abstimmung mit den betroffenen Abteilungen Ihres Verlags.

Ablauf und Teilnehmer

Für die Vertreterkonferenz gibt es eine straff geplante Agenda. Lassen Sie sich den Zeitplan rechtzeitig geben, und halten Sie sich daran. Das heißt insbesondere, dass Sie Ihre Redezeit nicht überdehnen. Für Verzögerungen gibt es meist wenig Spielraum. Sie gehen zulasten Ihrer Kollegen, denen zur Präsentation ihrer Projekte dann weniger Zeit zur Verfügung steht. In den Pausen haben Sie meist Gelegenheit, nochmals mit einzelnen Vertretern ins Gespräch zu kommen. Nutzen Sie die Chance zum Informationsaustausch, und pflegen Sie diese Kontakte auch nach der Konferenz.

Finden Sie heraus, wer an der Außendiensttagung teilnimmt. Prägen Sie sich die Namen Ihrer Vertreter ein, auch wenn Sie sie noch nicht persönlich kennen. Vielleicht können Ihnen Kollegen genaue Informationen über die einzelnen Teilnehmer geben.

Eine gute Idee ist, zur Vertretertagung einen oder mehrere Autoren einzuladen, die Ihre Bücher selbst vorstellen. Das lohnt sich vor allem für die Spitzentitel des Programms, lockert die Konferenz auf und bringt Schwung in die späteren Verkaufsgespräche, wenn Ihre Vertreter davon berichten können. Doch nicht alle, die gut schreiben, können auch gut präsentieren. Stellen Sie also sicher, dass Ihre Autoren nicht nur die Inhalte referieren, sondern auch eine interessante Geschichte erzählen oder eine unterhaltsame Vorstellung bieten. Wenn Sie Autoren einladen, dürfen Sie nicht vergessen, dies rechtzeitig zu tun, für Anreise und gegebenenfalls Unterkunft zu sorgen sowie über Bedeutung und Spielregeln dieser Veranstaltung zu informieren.

Veranstaltungsort

Wenn Sie den Veranstaltungsort nicht kennen, ist es empfehlenswert, ihn vorher in Augenschein zu nehmen. Dabei finden Sie auch den Anfahrtsweg heraus. Schauen Sie sich die Sitzordnung an, und machen Sie sich mit Ihrem »Arbeitsplatz« vertraut: Wo stehen oder sitzen Sie? Wo können Sie Ihre Unterlagen ablegen? Wie verdunkeln Sie den Raum und schalten das Licht an und aus? Prüfen Sie auch, welche Geräte und Präsentationshilfen wie Beamer oder Flipchart vorhanden sind, ob diese einwandfrei funktionieren und ob Sie damit umgehen können.

Unterlagen und Präsentationshilfen

Überlegen Sie bei der Vorbereitung der Vertreterkonferenz, welche Medien sie nutzen und welche Materialien sie dafür brauchen oder an Ihr Publikum aushändigen wollen – und deshalb noch erstellen müssen. Wenn Sie umfangreiche Informationen oder Leseproben ein bis zwei Wochen vor der Tagung versenden, können sich die Teilnehmer in Ruhe vorbereiten. Fertigen Sie von Unterlagen, die Sie während Ihrer Präsentation verteilen, immer ein paar Kopien mehr an als erforderlich. So vermeiden Sie, dass Unruhe entsteht, wenn doch mehr Teilnehmer auftauchen als geplant.

Insbesondere wenn Sie Geräte wie Beamer und Computer nutzen, mit denen Sie noch nie gearbeitet haben, sollten Sie sich damit zuvor unbedingt vertraut machen; meist ist es sowieso sicherer, mit dem eigenen Computer zu arbeiten. So haben Sie den Kopf frei, können sich ganz auf Ihren Vortrag konzentrieren und ersparen Ihrem Publikum technische Pannen.

Persönliches

Halten Sie für Ihren Auftritt auf der Konferenz eine Checkliste parat mit allen Punkten, die Sie keinesfalls vergessen dürfen: Ihr Redeskript oder die Dateien für eine elektronische Präsentation auf USB-Stick oder CD-ROM mit Computer und Beamer, die Teilnehmerunterlagen oder Objekte, die Sie vorführen wollen. Gehen Sie die Liste nochmals durch, bevor Sie aufbrechen. So können Sie sichergehen, dass Sie in der Eile nichts Wichtiges vergessen.

Finden Sie heraus, ob es eine – offizielle oder inoffizielle – Kleiderordnung gibt. Orientieren Sie sich daran und versuchen Sie nicht, vor allem durch Ihre Garderobe in Erinnerung zu bleiben. Kleiden Sie sich aber auf jeden Fall so, dass Sie sich in Ihrer Haut wohl fühlen. Das gibt Ihnen zusätzliche Sicherheit.

Für eine gelungene Präsentation spielen auch körperliche und geistige Fitness eine große Rolle. Gehen Sie also möglichst ausgeruht und entspannt in die Programm- oder Vertreterkonferenz, und sorgen Sie für eine gesunde, ausgewogene Ernährung. Weder mit leerem noch mit vollem Magen können Sie zu Höchstform auflaufen.

4.1.2
Präsentation

Mit einer überzeugenden Präsentation gelingt es Ihnen, Ihre Zuhörer auf der Programm- oder Vertreterkonferenz für sich und Ihre Sache zu gewinnen. Doch der Auftritt vor Publikum fällt vielen schwer. Aber keine Angst: Wenn Sie Ihre Präsentation gründlich vorbereiten und vielleicht sogar proben, kann nichts schiefgehen.

LITERATURTIPPS

• Josef W. Seifert: *Visualisieren – Präsentieren – Moderieren.* Der Ratgeber stellt nicht nur Präsentationstechniken vor, sondern zeigt auch, wie Sie Zusammenhänge überzeugend ins Bild setzen und Besprechungen zielstrebig leiten.
• Gene Zelazny: *Das Präsentationsbuch.* Wie Sie Ihr Publikum informieren, ohne zu langweilen, zeigt Ihnen diese unterhaltsame und gut strukturierte Einführung.

Redeskript

Den besten Eindruck hinterlassen Sie, wenn Sie frei vortragen. Trotzdem sollten Sie nicht der Versuchung erliegen, auf schriftliche Notizen zu verzichten. Das zwingt Sie nicht nur dazu, Ihren Vortrag zu strukturieren, sondern bietet Ihnen zusätzliche Sicherheit. Bevor Sie Ihren Vortrag aber ausarbeiten, sollten Sie sich fragen: Wer sind Ihre Zuhörer? Welche Erwartung haben diese? Was wollen Sie mit Ihrer Präsentation erreichen?

Auf der Programm- oder Vertreterkonferenz steht Ihnen in der Regel nur wenig Zeit zur Verfügung, um ein Buch vorzustellen. Verzichten Sie deshalb auf eine weitschweifige Einleitung, und kommen Sie direkt zur Sache: Was die Vertreter von Ihnen wissen wollen, haben Sie bereits auf den vorigen Seiten erfahren. Schenken Sie dem Schluss Ihres Vortrags besondere Aufmerksamkeit, denn dieser bleibt am längsten haften. Sie können beispielsweise noch einmal die wichtigsten Verkaufsargumente zusammenfassen oder ein originelles Zitat bringen.

Überlegen Sie sich, ob Sie Ihren Vortrag vollständig ausarbeiten. Für Anfang und Schluss Ihrer Präsentation empfiehlt sich das auf jeden Fall. Das hat den Vorteil, dass Sie nichts Wichtiges vergessen und an Ihren Argumenten und Formulierungen feilen können. Auf der anderen Seite wächst die Gefahr, geschwollen und unnatürlich zu klingen. Deshalb sollten Sie später unbedingt die wichtigsten Stichworte groß und deutlich auf wenigen Seiten oder auf Karteikarten notieren. So kommen Sie erst gar nicht in Versuchung, Ihr Redeskript abzulesen, und Ihr Vortrag wirkt lebendig. Denken Sie daran: Ein Vortrag ist gesprochene Sprache. Verwenden Sie also einfache Sätze und kurze Wörter, und vermeiden Sie abstrakte Begriffe. Fachjargon dürfen Sie benutzen, wenn Sie ganz sicher sind, dass Ihr Publikum ihn problemlos versteht.

Medieneinsatz

Bilder bleiben besser in Erinnerung als Worte, wecken das Interesse des Publikums und erleichtern die Orientierung. Dabei ersetzen Visualisierungen nicht das gesprochene Wort, sondern ergänzen es. Würzen Sie also Ihren Vortrag mit visuellen Hilfsmitteln, aber bilden Sie nicht alles, was Sie sagen, auf einer Folie ab. Vorsicht: Schlechte Schaubilder verwirren das Publikum und sorgen für Unruhe. Folgende grundsätzliche Fragen sollten Sie sich vorab stellen:

- BENÖTIGEN SIE ÜBERHAUPT VISUELLE HILFSMITTEL? Vielleicht kommen Sie ganz ohne Anschauungsmaterial aus – zum Beispiel, wenn Sie nur wenige Minuten Redezeit haben. Auf jeden Fall müssen Visualisierungen immer einen Bezug zu Ihrem Vortrag haben.
- AN WELCHEN STELLEN IHRER PRÄSENTATION BENÖTIGEN SIE VISUELLE UNTERSTÜTZUNG? Vermeiden Sie, dass Ihr Vortrag zur Bilderschau wird. Wenn Sie etwas Kompliziertes darstellen, Wesentliches zusammenfassen oder Gedächtnisstützen bieten wollen, sind Visualisierungen richtig.

• **WELCHE GERÄTE STEHEN ZUR VERFÜGUNG?** Erkundigen Sie sich, ob Sie
Flipchart, Computer oder Beamer nutzen können. Daran passen Sie
Ihre Materialien an.

Ein Flipchart ist eine Art Schultafel mit Blättern in Postergröße, die Sie
nach hinten umschlagen können. Es ist fast überall vorhanden, flexibel
einsetzbar und eignet sich besonders, um während Ihres Vortrags einzelne Punkte zu skizzieren. Das wirkt lebendig und sichert Ihnen Aufmerksamkeit – solange Sie eine leserliche Schrift haben und sich nicht verkünsteln. Weniger ist hier mehr. Sie können auch die Möglichkeit nutzen,
ein oder zwei Blätter in Ruhe vorzubereiten und zu Ihrer Präsentation
mitzubringen.

Computer und Beamer sind wichtige Hilfsmittel, die Ihnen fast immer
zur Verfügung stehen. Mithilfe eines elektronischen Präsentationsprogramms wie Powerpoint oder Keynote erstellen Sie »Folien«, um Ihre Inhalte zu visualisieren. Achten Sie darauf, dass diese auch von den hinteren Plätzen noch gut lesbar sind und übersichtlich bleiben. Schreiben Sie
die Folien also nicht mit langen Texten in einer Schriftgröße von nur 12
oder 14 Punkt voll, sondern beschränken Sie sich auf stichwortartige Auflistungen: Sieben bis acht Punkte pro Folie sind genug. Schaubilder sollten Sie ebenfalls möglichst einfach gestalten. Verzichten Sie dabei auf alle überflüssigen Spielereien, die diese Programme bieten: Sie verwirren
damit vor allem ihr Publikum oder belustigen es gar; dafür haben Sie die
Möglichkeit, problemlos auch (kurze) Filme zu zeigen. Vergessen Sie
nicht, den Beamer auszuschalten, wenn Sie ihn gerade nicht brauchen.

Stellen Sie sicher, dass die Geräte funktionsfähig sind und dass Sie
souverän damit umgehen können. Dazu gehört auch, dass Ihr Publikum
freie Sicht auf Ihre Visualisierungen hat und Sie nicht im Weg stehen.
Lassen Sie Ihren Zuhörern stets Zeit, Ihre Folien zu lesen oder Ihre
Schaubilder anzusehen, und halten Sie auch dann Blickkontakt.

Präsentation

Wenn Ihre Präsentation steht, sollten Sie vorher zumindest einmal proben – vor Freunden, vor Kollegen oder vor dem Spiegel. Sie gewinnen dadurch nicht nur Sicherheit, sondern erkennen auch, ob Ihr Vortrag weitschweifig oder gar unverständlich wird. Damit Sie mit Ihrer Präsentation
überzeugen, ist es wichtig, dass Sie von Ihrer Präsentation und deren Inhalten überzeugt sind. Gut vorbereitet können Sie selbstsicher vor Ihr
Publikum treten.

Während Ihres Vortrags sollten Sie möglichst stehen: Sie werden stärker wahrgenommen, haben selbst den besseren Überblick und wirken überzeugender. Dazu gehört auch, stets Blickkontakt zu halten und nicht auf Ihr Redeskript, an die Wand oder aus dem Fenster zu starren. Verteilen Sie die Gunst Ihres Blicks auf das gesamte Publikum, nicht auf einzelne Zuhörer, von denen Sie wissen, dass sie Ihnen ohnehin wohlgesonnen sind.

Zwischenfragen signalisieren Interesse. Deshalb sollten Sie sich von ihnen nicht aus dem Konzept bringen lassen. Denken Sie aber daran: Ihr Vortrag hat immer Vorrang! Wenn es sich also um eine kurze Verständnisfrage handelt, können Sie diese sofort beantworten; alle anderen Fragen sollten Sie möglichst zurückstellen. Lassen Sie Diskussionen nicht ausufern, denn langwierige Fragerunden kosten nicht nur Zeit, sondern sind oft nur für wenige Zuhörer von Interesse. Eventuell können Sie ein persönliches Gespräch in der nächsten Pause oder am Ende der Veranstaltung anbieten.

Besonders wenn Sie ohnehin schon etwas aufgeregt sind, fällt es nicht immer leicht, den richtigen Ton zu treffen. Er sollte weder überheblich noch feierlich sein. Ideal ist ein klarer und sachlicher Vortragsstil. Sprechen Sie also deutlich und artikuliert – lieber zu laut als zu leise. Bremsen Sie sich, wenn Sie zu schnell sprechen, nuscheln, Silben und Wörter verschlucken. Das ist häufig ein Zeichen von Nervosität. Achten Sie auch darauf, ob Sie Vorlieben für bestimmte Formulierungen haben. Meist handelt es sich dabei um Füll- und Verlegenheitsfloskeln, die Ihr Publikum vielleicht als schrullig empfindet. Das gleiche gilt für festgefahrene Angewohnheiten.

LAMPENFIEBER

Fast alle haben vor wichtigen Veranstaltungen mit Nervosität zu kämpfen – besonders wenn sie vor fremden Menschen reden müssen. Dies kann von leichter Übelkeit über einen kurzfristigen Blackout bis zu Kreislaufproblemen reichen. Auslöser für Lampenfieber ist dabei meist die Angst, dass etwas schiefgehen könnte.

Überlegen Sie in Ruhe, wovor Sie am meisten Angst haben. Nehmen Sie sich also ausreichend Zeit für eine gründliche Vorbereitung, und schalten Sie alle Ursachen von möglichen Pannen systematisch aus. Wenn Sie Ihre Präsentation ausgearbeitet und vor Freunden oder Kollegen geprobt haben, mit Ort und Technik vertraut sind, Ihre Zuhörer kennen und sich auf deren mögliche Fragen vorbereitet haben, kann Ihnen nicht mehr viel passieren. Auch wenn Sie vorher Ihren Vortrag nicht bis in jede Einzelheit ausformulieren, sollten Sie auf Karteikarten oder einem Zettel die wichtigsten Stichworte notieren, sodass Sie im Notfall – dem gefürchteten Blackout – den Faden nicht verlieren. Hilfreich sind auch Visualisierungen der Inhalte, denn an Bilder können Sie sich selbst unter Stress noch gut erinnern.

Auf Programm- oder Vertreterkonferenzen sollten Sie sich aber nicht nur perfekt vorbereiten, sondern auch möglichst ausgeschlafen und entspannt sein. Dabei helfen Atem- und Entspannungsübungen, nicht aber Alkohol.

Meistens werden Sie feststellen: Sobald Sie mit Ihrem Vortrag begonnen haben, vergeht die Zeit wie im Flug. Wenn alles nichts hilft: Halten Sie Ihre Präsentation so kurz wie möglich, oder teilen Sie sich den Vortrag mit einem Kollegen. Das sorgt zusätzlich für ein wenig Abwechslung. Im Übrigen wirken Menschen mit kleinen Fehlern oft viel sympathischer als makellose Perfektionisten.

4.2
Wege zum Handel und Endabnehmer

Es gibt für Bücher viele Wege, den Weg zum Käufer und zum Leser zu finden. Denn der Sortimentsbuchhandel ist mit geschätzten 50 Prozent der Verkäufe zu Endverbraucherpreisen in Deutschland für die Verlage zwar der wichtigste, aber bei Weitem nicht der einzige Absatzkanal. Je nach Verlagsart und im Einzelfall auch je nach Objekt wird der Vertrieb entscheiden, in welchem Umfang auch andere Vertriebskanäle eine Rolle spielen sollen. Abbildung 58 bietet Ihnen einen ersten Überblick.

4.2.1
Vertreterreise

Für Verlage mit einem gemischten, vielseitigen und erklärungsbedürftigen Programm gibt es kaum Alternativen zu Vertretern, den wohl wichtigsten Bindegliedern zwischen Verlagen und Buchhandlungen – zumindest, was den Verkauf der Novitäten angeht. Zweimal im Jahr, im Schnitt zwischen vier und acht Wochen nach der Vertreterkonferenz, machen sie sich auf den Weg. Die Frühjahrsreise beginnt traditionell am Jahresanfang und endet gegen Ostern, die Herbstreise beginnt im Juni und endet kurz vor der Frankfurter Buchmesse. Ausgewählte Sortimente werden im November und Anfang Dezember noch ein drittes Mal besucht, damit die wichtigsten Verlagstitel im Weihnachtsgeschäft in den Buchhandlungen gut platziert sind.

In der Regel genießen die Mitarbeiter im Außendienst Kundenschutz. Das heißt: Die einem Vertreter zugeordnete Kundenklientel darf nicht von einem Kollegen aus demselben Haus ebenfalls betreut werden, da sonst für den Außendienstmitarbeiter ein hohes Planungsrisiko und eine unproduktive interne Konkurrenz entstünde. Auch gegenüber den Kunden würde ein ungeordnetes Gerangel um Aufträge ein schlechtes Bild

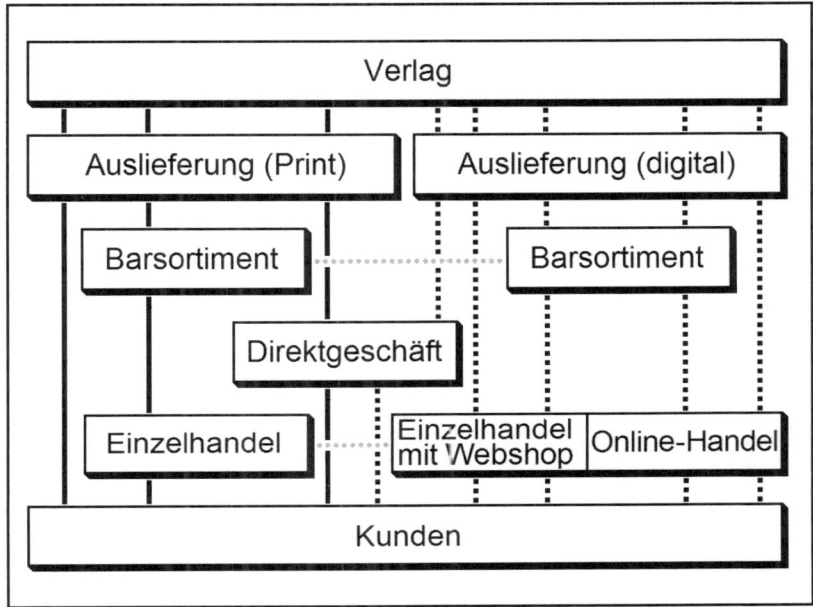

58 Wege zum Handel und Endabnehmer

abgeben. Die übliche Form der Zuständigkeitsgliederung ist die Ordnung nach Regionen. Dies ist übrigens auch der Grund dafür, dass Band 2 des *Adressbuchs für den deutschsprachigen Buchhandel*, das gleichzeitig als Verzeichnis der Börsenvereinsmitglieder dient, die Buchhandlungen nach dem Ortsalphabet aufführt. Wie groß die Regionen zugeschnitten sind, das heißt, wie viele Außendienstmitarbeiter im Einsatz sind, hängt natürlich von der Größe und Struktur des Programms ab. Versuchen Sie einmal, einige Tage mit einem erfahrenen Vertreter auf Reise zu gehen, der Ihre Bücher im Gepäck hat; Sie werden anschließend bestimmt anders von Ihren Produkten denken als zuvor.

Alle Vertreter planen die ersten zwei Wochen ihrer Reise besonders intensiv. In diesem Zeitraum werden in Absprache mit der Vertriebsleitung exemplarische Buchhandlungen besucht, die ein Abbild der Gesamtbranche darstellen. Man versucht also, in großen wie in kleinen Buchhandlungen und in Orten mit unterschiedlicher Einkaufsstruktur zu verkaufen. Da können mitunter auch schon einmal sechs Termine und mehr an einem Tag anfallen. Da die Vertreter mit Mustern reisen und die Titel in der Regel noch nicht gedruckt sind, werden je nach Anzahl der erreichten Vormerkungen nach diesen ersten Verkaufsaktivitäten die Auflagenzahlen nach oben oder unten korrigiert.

Das Berufsbild »Vertreter« wandelt sich. Bestand früher ihre Aufgabe fast ausschließlich darin, Aufträge zu akquirieren, müssen Vertreter heute die Vermarktungsmaschinerie der Verlage dem Handel erklären. Denn der Handel will nicht nur gute inhaltliche Produkte, sondern er will auch wissen, was der Verlag für die Buchhandlung vor Ort und am Point-of-Sale, dem Verkaufsraum, für den Erfolg seiner Bücher investiert.

Feste Angestellte oder feste Freie?

Freie Handelsvertreter oder fest angestellte Reisende? Diese Entscheidung stellt sich ab einer gewissen Größenordnung jedem Verlag bei der Vermarktung seines Buchprogramms. Freie Handelsvertreter sind eigenständige Dienstleister, die zwar den Weisungen des auftraggebenden Verlags unterliegen, jedoch als unabhängige Unternehmer für ihren eigenen Verkaufserfolg verantwortlich sind und prozentual am Umsatz partizipieren, wobei die Beteiligung zwischen 5 und 8 Prozent liegt. Sie können, wenn sie sich einmal einen Namen gemacht haben, die Produktion großer Verlagshäuser exklusiv anbieten. Zu Beginn ihrer Verkaufstätigkeit backen sie aber zumeist kleine Brötchen: Vielfach müssen sie mit einer stattlichen Anzahl von kleineren Verlagen im Gepäck auf Reise gehen, wobei der Verlagsmix der Schlüssel zum Erfolg ist.

Die Alternative zu dieser Outsourcing-Lösung sind die so genannten Reisenden. Sie sind fest angestellte Mitarbeiter des Hauses mit festem Monatsgehalt und entsprechenden Sozialleistungen. In der Regel gibt es noch eine zusätzliche prozentuale Provision als umsatzabhängige Komponente. Es liegt auf der Hand, dass – finanziell gesehen – ein Handelsvertreter nur so lange für den Vertrieb günstiger ist, bis er vom Verkaufsvolumen den Umsatz erreicht, der seine prozentuale Vergütung auf das Niveau des Reisendengehalts bringt. Über die Grenze, ab der sich Reisende rechnerisch lohnen, herrscht keine einheitliche Auffassung; etwa 15 Millionen Euro Jahresumsatz dürften es aber mindestens sein. Dennoch stellt ein Reisender in solchen Fällen nicht unbedingt die bessere Lösung dar, da er aufgrund der geringeren umsatzabhängigen Komponente unter Umständen nicht hundertprozentig motiviert ist, Umsatz zu erzielen. Andererseits kann es aus Verlagssicht jedoch bereits in einem Stadium, in dem Reisende teurer sind als Handelsvertreter, ratsam sein, Reisende einzusetzen, denn sie sind als Festangestellte leichter zu steuern. Da sie nicht auf die Provision angewiesen sind, ist es einfacher, sie zum Verkauf weniger attraktiver Sortimentsbereiche zu motivieren als Handelsvertreter, die sich naturgemäß eher auf Bestseller und Schnelldreher konzentrieren.

4.2.2
Bucheinzelhandel

Vertreter sind ein wichtiges Bindeglied zwischen dem herstellenden und dem verbreitenden Buchhandel. Auf der einen Seite sind sie in den Vertrieb der Verlage eingebunden und besitzen Informationen über Marktdaten im Allgemeinen sowie über das lieferbare und geplante Programm und die diesbezüglichen Marketingaktivitäten im Besonderen. Auf der anderen Seite müssen sie auf die Besonderheiten der einzelnen Buchhandlungen eingehen können und – vor allem bei kleineren Buchhandlungen – bei der Auswahl ihres Sortiments behilflich sein.

Die Vertreter gewährleisten aber nicht nur den Informationsfluss zwischen Verlag und Sortiment; ihre eigentliche Aufgabe besteht natürlich im Verkauf der Ware. Gerade dabei zeigt sich, wie intensiv sie sich mit den unterschiedlichen Kunden in ihren Reisegebieten beschäftigen müssen. Verkaufen sie ihnen zu wenig, so entgeht möglicher Umsatz. Wenn sie jedoch mehr verkaufen, als der Buchhändler vor Ort verkraftet, so müssen sie sich mit dem leidigen Problem der Remittenden (siehe Kapitel 4.4.4) auseinandersetzen, die ihren Erlös nachträglich schmälern – angesichts einer Remissionsquote, die durchschnittlich bei etwa 10 Prozent, bei Publikumsverlagen jedoch zum Teil weit höher liegt, ist das nicht gerade wenig. Übrigens: Remittenden bedürfen immer einer Remissionsgenehmigung. Hierzu »benutzen« die meisten Sortimenter die Vertreter, denn im Rahmen der Vorbereitung des Vertreterbesuchs führen die Buchhändler Lageraufnahmen durch, bei der die Altbestände gesichtet werden. Die Aufgaben von Vertretern umfassen also eine individuelle Beratung der Buchhandlungen ebenso wie maßgeschneiderten Verkauf. Hinzu kommt die langfristige Pflege des Verlagsimages, das die Vertreter durch ihre Persönlichkeit entscheidend mitbestimmen. Vertreter sind damit mehr als nur Verkäufer: Das Gespräch mit den Kunden ist ein wichtiges Instrument des Feedbacks vom Sortiment zum Verlag, das die rein formalen Verkaufsstatistiken mit inhaltlicher Aussagekraft füllt.

Doch bevor es überhaupt zum Verkauf kommt, müssen die Vertreter von ihren Kunden empfangen werden. Ohne festen Termin in einer Buchhandlung vorzusprechen, bedeutet für beide Seiten nur Ärger: Das Suchen nach den verantwortlichen, aber gerade nicht verfügbaren Einkäufern führt zu langen Wartezeiten für die Vertreter. Manche Buchhandlungen heißen Vertreter sogar grundsätzlich nicht mehr willkommen. Das liegt zum einen daran, dass sich beim Einzelhandel die Erkenntnis durchgesetzt hat, dass sich Vertretergespräche mit einem Vertragsabschluss von weniger als 300 Euro Auftragswert nicht lohnen. Denn die Vorbereitung des Besuchs inklusive Lageraufnahme und der Zeit, die man mit dem Verkaufsgespräch verbringt, stehen hierzu in keinem angemessenen Verhältnis. Verlage und Vertreter rechnen mitunter genauso: So werden kleineren und abseits der Reiseroute liegenden Buchhandlungen oft nur die Bestellunterlagen zugeschickt, auf denen der Buchhändler seine Bestellzahlen selber einträgt. Zum anderen kann es daran liegen, dass großen Buchhandelsketten mit vielen Filialen und einem zentralen Gemeinschaftseinkaufs einzelne Gespräche in jedem Haus zu zeitaufwändig sind. Die Vertreter werden statt dessen zu hausinternen Informations- oder Verkaufsveranstaltungen (Hausbörsen) eingeladen und müssen sich mit dem vorgegebenen Zeitbudget begnügen.

Vertreterbörsen

Viele Sortimenter führen das Vertretergespräch nicht mehr in ihren eigenen Geschäftsräumen, sondern besuchen so genannte Vertreterbörsen. Auf solchen regional durchgeführten Veranstaltungen finden sich zahlreiche – im günstigen Fall alle – Vertreter der bedeutenden Publikumsverlage an einem Wochenende zusammen. Die Vorteile solcher Börsen liegen auf der Hand: Die Sortimenter müssen nicht mehr viele Stunden während ihrer Ladenöffnungszeiten mit Vertretern verhandeln, und die Vertreter können ihre Reiseroute straffen. Dadurch wird die Relation Zeitaufwand zu wirtschaftlichem Nutzen sinnvoll optimiert. Allerdings verlieren die Vertreter den unmittelbaren Kontakt zum Ladengeschäft ihrer Kunden und deren Gestaltungs- und Platzierungsmöglichkeiten. Aus diesem Grund plädieren selbst Buchhandlungen für ein Einkaufssplitting: einmal im Jahr zur Börse und einmal der Empfang des Vertreters im eigenen Ladengeschäft.

Key-Account-Management und Jahresgespräche

Key-Account-Management heißt das Schlüsselwort für die Betreuung von Großkunden und resultiert aus Controlling-Überlegungen des Vertriebs. Denn Controlling ist ein Steuerungsinstrument mit dem Ziel, die Unternehmensressourcen effizient und effektiv einzusetzen. Die ABC-Analyse dient dazu, geschäftliche Prioritäten zu ermitteln und deren Berücksichtigung im Arbeitsalltag vorzubereiten. So können Verlage die unterschiedliche Betreuung ihrer A-, B- und C-Kunden festlegen: C-Kunden werden nur postalisch, telefonisch oder per Mail kontaktiert, B-Kunden werden regelmäßig durch die Vertreter besucht, während die Betreuung der A-Kunden, Top-Kunden mit sehr hohem Jahresumsatz, recht häufig Chefsache ist und durch die Vertriebsleitung persönlich erfolgt. Vertriebsleiter agieren in dieser Funktion als Key-Account-Manager. Und ein Key-Account, ein »Schlüsselkunde«, ist beispielsweise ein Zentraleinkäufer einer großen Buchhandelskette.

Mit diesen Großkunden werden individuelle Jahresgespräche geführt, die weniger der Präsentation neuer Titel oder Programmlinien dienen als vielmehr umfassender Absprachen. Neben den Jahreskonditionen wird vor allem die Höhe der Werbekostenzuschüsse verhandelt. Hier fließt ein Teil der Werbegelder des Verlags nicht in die allgemeine Publikumswerbung, sondern wird Einzelhändlern gezielt für deren individuelle Aktionen oder Events zur Verfügung gestellt – entsprechendes Engagement und Präsenz am Point-of-Sale vorausgesetzt. So kann eine Buchhandlung mit Geldern des Verlags Anzeigen und Flyer für Autorenlesungen regional in eigener Regie streuen – eine klassische Form kooperativer Werbung. Ob nun Vertreter, Key-Accounter, Vertriebs- oder Marketingleiter: Immer geht es darum, dass die Zusammenarbeit dem Verlag größtmögliche Wertschöpfungspotenziale bietet und dem Großkunden größtmögliche Zufriedenheit.

4.2.3
Großhandel

Auch die Betreuung des Zwischenbuchhandels gehört in der Regel zu den Aufgaben der Vertreter. Dabei geht es um die Verkäufe an die Barsortimente, die Großhändler der Branche. Marktführer sind Koch, Neff & Volckmar (KNV) und Libri, gefolgt von Umbreit und Könemann-Libri. Die Barsortimente sind deshalb so wichtig, weil über 95 Prozent der täglichen Kundenbestellungen über diese Händler abgewickelt werden. Dieser Wert steht allerdings nicht für das Gesamtverhältnis »Bezug vom Verlag« und »Bezug vom Barsortiment«; dieses ist durch die Relation 65 (Verlag) zu 35 (Barsortiment) gekennzeichnet.

Diese statistischen Durchschnittswerte dürfen aber nicht darüber hinwegtäuschen, dass für zahlreiche Buchhandlungen das Barsortiment als Hauptlieferant dient. Dies betrifft nicht nur Großunternehmen, die ihre Nachbezüge als regalfertige Lieferung über den Großhandel organisieren, sondern auch kleinere und mittelständische Unternehmen. Hier ist vor allem die Einkaufsgenossenschaft eBuch mit ihren 500 Genossenschaftsmitgliedern zu erwähnen, die mit Anabel ein eigenes Barsortiment etabliert haben, das die Libri-Lagerlogistik der Bad Hersfelder Betriebsstätte nutzt. »Anabelisten« verpflichten sich dazu, mindestens 80 Prozent ihres Warenbezugs über dieses System abzuwickeln. Im Gegenzug erhalten sie Rabatte, die höher liegen als der Originalverlagsgrundrabatt, zu dem Barsortimente in der Regel verkaufen. Doch nicht nur Anabel bietet sehr gute Konditionen als Gegenleistung für hohe Bestellvolumen, auch die anderen Barsortimente bieten unterschiedliche sortimenterfreundliche Modelle an, die Umsätze vom Verlag abziehen.

Doch soll tatsächlich jeder mögliche Umsatz über den Verlag abgewickelt werden? Ökonomisch sinnvoller ist folgende Devise: Kleinteiliges wird über das Barsortiment abgewickelt, Großteiliges über den Verlag. Demnach bestellt der Buchhändler direkt beim Verlag, wenn es sich um Titel handelt, die er für sein Lager einkauft. Das betrifft vorrangig die Novitäten, aber auch umfangreiche Lagerergänzungen. Je nach Sortimentsprofil, das sich aus dem Marketingkonzept ergibt, hat jede Buchhandlung für ihr Sortiment eine bestimmte Anzahl von Lager- oder Partnerverlagen festgelegt, die gute Konditionen bieten und damit die Rentabilität des Unternehmens gewährleisten. Diese Verlage unterstützen ihre Vertriebspartner durch eine Vielzahl von Werbeaktivitäten und verkaufsfördernden Maßnahmen. Da sie bessere Konditionen gewähren, wird bei ihnen so viel wie möglich direkt bestellt. Dies betrifft vor allem größere Bestellvolumina ab etwa 300 Euro netto, die bei umsatzstarken Buchhandlungen entsprechend höher liegen. Einzelbestellungen sollten nur dann beim Verlag getätigt werden, wenn der Großhändler den entsprechenden Titel nicht führt oder wenn zwischen Verlag und Sortiment besondere (Konditionen-)Vereinbarungen bestehen.

Die Vorzüge des Barsortimentsbezug liegen für den Sortimenter in erster Linie nicht auf der Seite der Konditionen. Andere Gesichtspunkte rücken in den Vordergrund:

- **BÜNDELUNG** Bezug vieler Titel aus einer Hand. Zwischen 350.000 bis 450.000 Objekte bilden das potenzielle Hintergrundlager für den Buchhandel und sind über einen einzigen Händler verfügbar.
- **MINDERUNG DES LAGERRISIKOS** Das Barsortiment verführt – trotz angebotener Staffelrabatte – nicht zu großen Bestellmengen. So wird die Kapitalbindung im eigenen Warenlager reduziert. Lieferfähigkeit vorausgesetzt, kann schnell nachbezogen werden.
- **SCHNELLE ZUSTELLUNG** Bis in den späten Nachmittag hinein nimmt das Barsortiment Bestellungen an und stellt die Sendungen just in time am nächsten Arbeitstag zu.
- **LIEFERUNG ZUM ORIGINALVERLAGSGRUNDRABATT** Mit weniger Aufwand in der Bestellabteilung erhält der Sortimenter bei Einzelbestellungen den gleichen Rabatt wie bei Verlagseinzelbestellungen – es sei denn, es bestehen besondere Vereinbarungen zwischen Verlag und Sortiment.
- **LIEFERUNG MIT STAFFELRABATTEN** Staffelrabatte sind in den elektronischen Datenbanken (und teilweise noch in gedruckten Listen) vermerkt. Sie variieren je nach Verlagsart und bezogener Menge.
- **VEREINFACHTE BUCHHALTUNG** Die Sendungen kommen täglich mit Lieferschein. Abgerechnet und bezahlt wird zu bestimmten Terminen zwei- oder dreimal im Monat.

- **KOSTENGÜNSTIGE ZUSTELLUNG** Die Zustellgebühr der Barsortiments-
ware berechnet sich bei den großen Barsortimenten nach dem zuge-
stelltem Gewicht, wobei die Gewichtsstaffel abhängig vom Jahresumsatz festgelegt wird. Je höher der Umsatz, desto niedriger ist die
Zustellgebühr, die auf jeden Fall günstiger ausfällt als für die Verlags-
sendungen.
- **DATENBANKEN** Über 95 Prozent der täglich anfallenden bibliografischen Recherchen lässt sich mithilfe der elektronischen Datenbanken
der Barsortimentskataloge erledigen.
- **E-COMMERCE** Die Barsortimente bieten unterschiedliche Lösungen
für den E-Commerce an. Dies reicht von der Abwicklung einzelner
Kundenbestellungen bis zur Installierung ganzer Web-Shops, über die
auch E-Books vertrieben werden.
- **VERRINGERUNG VON VERPACKUNGSMATERIAL** Die Lieferung in Wannen
verringert den Anfall von Verpackungsmüll. Dessen ungeachtet
reduziert allein die Möglichkeit, 500.000 Titel und mehr aus einer
Hand zu beziehen, Verpackungen im Wareneingang.

Derartige Leistungen lässt sich das Barsortiment von den Verlagen durch
deren Höchstrabatt honorieren, der bei etwa 50 Prozent liegt. Dieser Rabatt darf nach dem *Buchpreisbindungsgesetz* (§ 6, Absatz 3) nicht durch
Rabatte an Einzelhändler übertroffen werden. Der Rabattsatz umfasst
den handelsüblichen Einzelhändler-Grundrabatt sowie den so genannten Funktionsrabatt. Zur Verdeutlichung: Publikumsverlage benötigen
rund 50 Prozent des Ladenpreises zur Deckung ihrer Kosten und zur Er-
wirtschaftung ihres Gewinns. Mit einem Rabatt von etwa 50 Prozent vom
Ladenpreis wird der Großhändler beliefert, der seinerseits jedoch die bestellten Bücher mit dem Originalverlagsgrundrabatt – bei Publikumsverlagen zwischen 30 und 35 Prozent vom Ladenpreis – an die Sortimenter
weitergibt. Dem Barsortiment verbleiben somit rund 15 Prozent vom Ladenpreis (Funktionsrabatt), um die eigenen Kosten zu decken und die
Betriebsrentabilität sicherzustellen. Selbstverständlich variieren die Ra-
battsätze je nach Verlag und Verlagsart.

Trotzdem sind die hohen Rabatte aus Sicht des Vertriebs kein vergeu-
detes Geld, denn auch für die Verlage ist das Barsortiment ein lukrativer
Handelspartner, sichert doch die große Lieferfähigkeit der Zwischenbuchhändler die Präsenz des gesamten Verlagsprogramms in allen Buchhandlungen. Dies betrifft nicht nur aktuelle Titel, die nur kurzfristig von öffentlichem Interesse sind und die vom Barsortiment rationell allen Buchhandlungen zur Verfügung gestellt werden, sondern auch Titel aus der
Backlist, die der Großhändler führt. So bleiben Titel, die vom Barsortiment eingekauft worden sind, für einen längeren Zeitraum im Datenbestand. Sie bleiben damit auch dann noch für das Sortiment bibliografisch

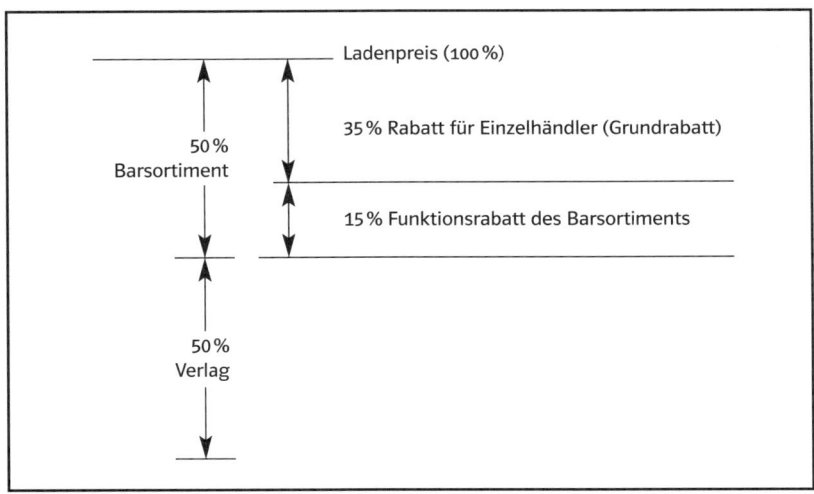

59 Funktionsrabatt des Barsortiments

und physisch verfügbar, wenn die künftigen Neuerscheinungen bereits den Platz in der Regalwand des Einzelhandels beanspruchen und zu einer Remission der älteren Produktion führen. Erst nach dieser Schonfrist wird entschieden, ob ein Titel aufgrund der ökonomischen Eckwerte Ladenpreis, Funktionsrabatt und Bestellbündelung (Anzahl der bestellten Exemplare pro Bestellvorgang) weiterhin bevorratet wird. Ein weiterer, nicht zu unterschätzender ökonomischer Vorteil für die Verlage: Barsortimente entlasten von kostenintensiven und organisatorisch aufwändigen Einzelbestellungen.

Allerdings sei ein Manko der Barsortimente nicht verschwiegen. Das Barsortiment nimmt zwar große Mengen ab, aber der Verlag erfährt nur in Ausnahmefällen, welcher Buchhändler welche Titel in welcher Stückzahl einkauft. Dabei wäre gerade diese Kenntnis unter Umständen wichtig für Marketingaktivitäten vor Ort. Darum sieht der Vertrieb das Barsortiment immer mit einem lachenden und einem weinenden Auge.

4.2.4
Direktgeschäft und Online-Vertrieb

Bei den traditionellen Vertriebskonzepten spielen Vertreter eine wichtige Rolle. Das muss aber nicht zwingend so sein. Im Direktgeschäft zum Beispiel, dem Verkauf an Endabnehmer zu gebundenen Ladenpreisen, haben sie diese Rolle nur, wenn sie potenzielle Käufer besuchen, um erklärungsbedürftige Produkte wie (Fach-)Lexika oder vergleichbare hochwertige Medien im Verkaufsgespräch unter vier Augen anzubieten. Meistens übernehmen diese Aufgabe nicht die normalen Handelsvertreter, sondern Verkäuferteams, die für diese Aufgabe speziell geschult werden – häufig gekoppelt mit vorgeschaltetem Telefonverkauf mittels verlagsinternem oder externem Call-Center. Tandem-Vertrieb nennt man dieses eng verzahnte Zusammenwirken von Außen- und Innendienst, in dessen Rahmen Vertreter- und Telefonverkauf koordiniert werden. Der Tandem-Vertrieb wird eingesetzt bei der Vertriebsvariante »Call-Visit-Call« (telefonische Vereinbarung des Besuchstermins, Besuch beim Kunden, telefonische Nachfassaktion) oder bei paralleler Betreuung von Kunden.

Ansonsten wird das Direktgeschäft über den Innendienst in enger Zusammenarbeit mit der eigenen Auslieferung (siehe Kapitel 4.6) abgewickelt. Seltener macht dies eine verlagseigene Versandbuchhandlung. Als Informationsmedien werden personalisierte Massen-Mailings per Post mit beigelegten Prospekten oder per E-Mail versandt, Anzeigen geschaltet oder zunehmend die eigenen Internetseiten eingesetzt. Das Direktgeschäft genießt – je nach Programmstruktur – einen unterschiedlichen Stellenwert: So sind Verlage, die aufgrund ihrer speziellen Programminhalte im Buchhandel kaum vertreten sind, abhängig von eigenen Verkaufsaktivitäten. Hier hat sich das Internet als neue Variante des Versandgeschäfts etabliert. Insbesondere kleine Fachverlage forcieren das Aufkommen an Direktbestellungen durch geeignete Internetauftritte.

Eine besondere Rolle beim Direktvertrieb von Fachbüchern spielt der Verkauf an institutionelle Großkunden wie Unternehmen, Behörden, Bildungseinrichtungen und Verbände, wo durch Vermittlung von Autoren, Geschäftsführung oder Vertriebsaußendienst mitunter große Stückzahlen von Büchern an die Großkunden zu Sonderkonditionen verkauft werden. Bei manchen Buchprojekten spielen diese Sonderabnahmen eine wichtige Rolle; wenn zum Beispiel ein Unternehmen die Entwicklung seiner innerbetrieblichen Weiterbildung in einer Publikation darstellen lässt, wird es für interne Zwecke einen erheblichen Teil der Auflage abnehmen.

Eine besondere Rolle spielen auch Publikationen, die im Rahmen eines Corporate Publishing zustande kommen: Hier wirkt der Großkunde an der Entstehung des Werks mit und verpflichtet sich zu einer größeren Abnahme, und zwar mindestens zur Abnahme der Deckungsauflage. Weitere Exemplare des Titels werden über andere Vertriebskanäle angeboten, vorzugsweise über den Sortimentsbuchhandel. Die Bedeutung des Verkaufs derartiger Projekte schwankt natürlich je nach thematischer Ausrichtung des Verlags.

Bei Publikumsverlagen hingegen sieht es mit dem Direktgeschäft aufgrund ihrer Programmstruktur und Zielgruppen anders aus. Da der Verkauf via Internet nur in geringem Umfang zusätzliche Buchumsätze mit sich bringt, die Marktanteile sich meist nur von einem Absatzkanal zum anderen verlagern, bedeutet die Stärkung eines Vertriebskanals zwangsläufig eine Schwächung des anderen. Hier entsteht eher ein Konflikt der Vertriebskanäle. Da die Publikumsverlage aber niemals auf den Buchhandel verzichten können, würde eine einseitige Forcierung des Eigenverkaufs via Internet die traditionellen Partner des stationären Buchhandels ebenso verärgern wie die Gründung einer eigenen Versandbuchhandlung. De facto haben die Endabnehmer diesen Konflikt gelöst. Denn sie nutzen alle Einkaufsmöglichkeiten – von der traditionellen Buchhandlung über Weltbild Plus bis hin zu Online-Bestellungen. Den Vertrieb stellt diese so genannte Multioptionalität der Käufer allerdings vor neue Herausforderungen: Er muss sich dem geänderten Kaufverhalten anpassen und die Verlagsprodukte überall anbieten.

Aber es muss ja nicht zwingend ein eigener Warenkorb auf der Internetseite des Verlags sein. Denn man kann auch Links zu den Unternehmen setzen, die sich auf das Verkaufen von Büchern spezialisiert haben. An erster Stelle sei hier auf die Anbindung an das buchhändlerische Vertriebsnetz verwiesen. So gibt es Schnittstellen zu den Online-Datenbanken der Zwischenbuchhändler (WWW.BUCHKATALOG.DE, WWW.LIBRI.DE) oder zum *Verzeichnis Lieferbarer Bücher* (WWW. BUCHHANDEL.DE); von dort aus werden Bestellungen über angeschlossene Buchhandlungen abgewickelt. Und es gibt Kooperationen mit reinen Internet-Buchhändlern, die das komplette Verlagsprogramm anbieten.

4.2.5
Nebenmärkte und sonstige Vertriebswege

Nebenmärkte ist ein Sammelbegriff für alle Verkaufsstellen, wo Bücher im Sinne eines Neben- oder Zusatzsortiments in Fachgeschäften oder Fachmärkten, aber auch in Geschenkboutiquen, Verbrauchermärkten, Lebensmittelgeschäften oder Tankstellen angeboten und zum Teil in eigenen Displays oder Verkaufscontainern regalmeterweise präsentiert werden. Die Warenbeschaffung erfolgt in der Regel über das Rack-Jobbing-Verfahren (Regalhandel), das entweder vom Außendienst der Verlage, von spezialisierten (Groß-)Händlern oder von Einkaufsverbünden organisiert wird. Verlage erschließen dadurch neue Käuferschichten.

Der Warenhausbuchhandel hingegen ist mit seinem Filialnetz ein nahezu klassischer Absatzkanal für Publikumsverlage, obwohl die Marktanteile schrumpfen. Während Karstadt in den 1980er Jahren einmal der größte Buchhändler war, und sich lange, wie übrigens auch Kaufhof, im Ranking der umsatzstärksten Buchhandlungen unter den Top 10 hielt, brachte 2007 der Verkauf der Karstadt-Buchabteilungen an die DBH

Buchhandels GmbH, ein Joint Venture zwischen Weltbild und Hugendubel, Bewegung in dieses Marktsegment. Kleinere Flächen nutzt die DBH nun für ihr Weltbild-Konzept, größere Flächen für die Popularisierung ihrer Marke Hugendubel.

Versandbuchhandlungen unterhalten kein Ladengeschäft, sondern beliefern ihre Kunden ausschließlich auf dem Postweg. Neben den allgemeinen Versendern gibt es zunehmend Spezialversender, deren Warenangebot auf ein spezielles Zielpublikum ausgerichtet ist. Als Informationsmittel werden Websites, Kataloge, Prospekte und Anzeigen eingesetzt. Da sie mehrheitlich ihre Geschäfte über das Internet abwickeln, betreiben sie entsprechende Webshops, die auch die Möglichkeit zum Vertrieb digitaler Inhalte bieten (siehe Kapitel 4.5).

4.3
Konditionen

Der Handel lässt sich seine Leistung, Bücher auf Lager zu nehmen und sie in einem Verkaufsraum einsehbar und vorrätig zu halten, mit Konditionen honorieren. Darunter versteht man die Bedingungen, unter denen Händler bei Lieferanten (Verlagen und Großhändlern) einkaufen. Für den Handel geht es dabei vor allem um drei Nutzeffekte:
• Steigerung des Rohgewinns durch höhere Rabatte, geringe Bezugskosten, Skontoausnutzung und Werbekostenzuschüsse (WKZ),
• Verbesserung der betrieblichen Liquidität durch Valutierung und längere Zahlungsziele,
• Minderung des Lagerrisikos durch besondere Bezugsformen wie Umtausch- und Remissionsrecht.

Viele Publikumsverlage vereinbaren mit ihren Vertriebspartnern konstante Jahreskonditionen, die bei jeder Bestellung und Lieferung im Laufe des Geschäftsjahrs gelten. Dabei handelt es sich um einen Konditionen-Mix, der nicht nur die klassischen Konditionen wie Rabatte, Bezugsformen, Bezugskosten und Zahlungsbedingungen berücksichtigt, sondern auch Aspekte der Verkaufsförderung umfasst. Die Gegenüberstellung auf der folgenden Seite verdeutlicht die Zusammenhänge.

Besondere Bedeutung besitzt die *Verkehrsordnung für den Buchhandel*, die den buchhändlerischen Handelsbrauch im Geschäftsverkehr der einzelnen Sparten (Verlag, Zwischenbuchhandel, Sortimentsbuchhandel) regelt. Seit November 2006 liegt eine Neufassung der *Verkehrsordnung* vor (als Download über die Internetseite des Börsenvereins oder über WWW.BRAMANN.DE verfügbar), die in 20 Paragrafen Besonderheiten beim Warenverkehr der Handelspartner regelt. Die Bestimmungen sind

Pflichten des Verlags	Pflichten der Buchhandlung
Jahresabschlussrabatt … %	Mindestumsatz pro Jahr/pro Auftrag
Portobeteiligung … % vom Warenbezug	Regelmäßiger Vertreterempfang
… Tage Ziel, 2 % Skonto	Verkaufswirksame Präsentation
Beim Einkauf der Novitäten: … Tage Valuta	Remission nicht vor einem Jahr
Remission nach einem Jahr ohne Genehmigung	Beteiligung an den Werbeaktionen des Verlags
Abwicklung von Privatbestellungen über die Partnerbuchhandlungen	Mindestpräsenzpflicht für Taschenbücher 6 Monate
Kostenloser Firmeneindruck in Werbemittel	Akzeptieren von Unverlangt-Sendungen bei Schnellschüssen
Werbekostenzuschüsse über … %	

zwar unverbindlich, doch legen viele Verlage die *Verkehrsordnung* ihren eigenen Liefer- und Zahlungsbedingungen zugrunde.

4.3.1
Rabatte

Grundlage ist der so genannte Originalverlagsgrundrabatt, den jeder Verlag bei Einzelbestellungen gewährt und zu dem auch die Barsortimente an den Einzelhandel verkaufen. Für die Präsenz am Point-of-Sale gewähren Verlage in Form von Reise-, Messe-, Natural-, Staffel- und Aktionsrabatten zwangsläufig höhere Rabatte.

Reise- und Messerabatt

Der Reise- beziehungsweise Vertreterrabatt erhöht den Grundrabatt in der Regel um circa 10 Prozent. Bei Publikumsverlagen liegt er bei 40 Prozent, bei Fachverlagen erreicht er 35 Prozent. Dieser Rabatt hat eine Türöffnungsfunktion, denn die Verlage können über die Vertreter ihre neue Produktion in das Sortiment einführen.

Unabhängig vom Bestellvolumen gilt auch der Messerabatt. Vor allem kleinere Sortimente nutzen diese Möglichkeit, da sie nur auf der Messe viele Verlage antreffen. Da die Messe aber immer weniger eine Einkaufsmesse, sondern in verstärktem Maße eine Präsentations- und Lizenzmesse ist, verliert der überkommene Messerabatt an Bedeutung und gleicht sich dem normalen Reiserabatt an.

Naturalrabatt (Partie)

Die Partie ist eine traditionelle Form des Naturalrabatts. Hier erhöht sich der Rabatt durch Freiexemplare (Naturalien). Publikumsverlage bieten die Partien 11/10 an, das heißt, 11 Exemplare werden geliefert, jedoch nur 10 berechnet. Wissenschaftliche Verlage gewähren unterschiedliche Partiebezüge, gängig ist 7/6. Die Auswirkungen dieser Freiexemplare auf den Effektivrabatt verdeutlicht die nachstehende Übersicht.

Partiebezug bei Publikumsverlagen	Partiebezug bei wissenschaftlichen Verlagen
Vertreterrabatt: 40 %, Partie 11/10	Vertreterrabatt: 30 %, Partie 7/6
10 Exemplare à 40 % = 400 % 1 Exemplar à 100 % = 100 %	6 Exemplare à 30 % = 180 % 1 Exemplar à 100 % = 100 %
11 Exemplare = 500 %	7 Exemplare = 280 %
500 % ÷ 11 = 45,45 % Effektivrabatt	280 % ÷ 7 = 40 % Effektivrabatt

Da sich nur größere Buchhandlungen Partien leisten können, Verlage aber in der Partie ein wichtiges Instrument zur Absatzförderung für Spitzentitel sehen, werden Partieergänzungen ermöglicht. In diesem Fall bestellt der Buchhändler zuerst nur 5 Exemplare eines Titels mit Reiserabatt. Wenn der Titel schnell verkauft wird, kann er innerhalb von 6 Monaten eine zweite Bestellung über 6/5 Exemplare aufgeben, es sei denn der Verlag hat einen kürzeren Zeitraum festgelegt. Das heißt: Hier wird die Partie 11/10 erst bei der zweiten Bestellung komplettiert.

Bei einer Reizpartie wie 23/20 statt 22/20 oder 35/30 statt 33/30, die vor allem bei Publikumsverlagen anzutreffen sind, gewährt der Verlag zusätzliche Freiexemplare. Eine gemischte Partie bezieht sich auf verschiedene Titel einer Verlagsproduktion. Häufig sind gemischte Partien bei Buchreihen mit vereinheitlichtem Preis und bei Kalenderverlagen anzutreffen.

Weitere Rabattarten

Beim Staffelrabatt ist der Händlerrabatt an die bestellte Menge eines Titels gekoppelt; er kann aber auch für Reihen oder den gesamten Jahresumsatz festgelegt werden. Werden einzelne Reihen oder Programmsegmente komplett vom Buchhandel abgenommen, so bedeutet das für den Verlag einen garantierten Mindestabsatz. Aufgrund besserer Kalkulationsgrundlagen bietet er einen Fortsetzungsrabatt an, der je nach Höhe der Fortsetzung gestaffelt sein kann. Der Begriff Fortsetzung ist eng mit dem Begriff Standing Order verknüpft. Er besagt, dass ein Buchhändler sich zur Abnahme bestimmter Programmsegmente oder Reihen verpflichtet, ohne die Titel einzeln bestellen zu müssen. Während der Begriff Standing Order häufig im Fachbuchbereich anzutreffen ist, wird der Begriff Fortsetzung eher von Publikumsverlagen, insbesondere von Taschenbuchverlagen, verwendet.

Der umsatzbezogene Abschlussrabatt wird bei großem Auftragsvolumen gewährt. Häufig nennt man ihn Jahresabschluss, denn er verpflichtet den Buchhändler, binnen 12 Monaten einen im Voraus festgelegten Umsatz zu erreichen, beispielsweise:
• bis 3.000 Euro = 40 Prozent,
• ab 3.000 Euro = 42 Prozent,
• ab 6.000 Euro = 44 Prozent,
• ab 9.000 Euro = 47 Prozent.

Der Jahresabschluss gilt immer remittendenbereinigt; die Remittenden werden von den Einkäufen abgezogen. Bei Nicht-Erreichen des vereinbarten Jahresumsatzes behält sich der Verlag vor, die Differenz zwischen dem Abschlussrabatt und der nächstniedrigen Abschlussstaffel nachzufordern. Er kann aber auch auf dem Kulanzweg nur eine Neueinstufung vornehmen.

Bedeutet der Abschlussrabatt eine Vereinbarung im Voraus, so stellt der Bonus eine Form der rückwirkenden Vergütung dar. Selbst wenn der Bonus zu Beginn eines Geschäftsjahrs vereinbart wurde, so wird er erst nach Abschluss des Jahres gewährt. Der Einführungsrabatt bezieht sich in der Regel auf eine neue Reihe, seltener auf einzelne Titel, und gilt zeitlich beschränkt. Ebenfalls zeitlich beschränkt ist der Aktionsrabatt. Er wird für alle Veranstaltungen gewährt, die den Absatz der Bücher fördern (Lesungen, Signierstunden, Schaufensterwettbewerbe) und erreicht Größenordnungen bis zu 50 Prozent. Dabei ist es egal, ob der Verlag oder das Sortiment die jeweilige Aktion initiiert hat.

4.3.2
Zahlungsbedingungen

Ziel und Skonto sind bei den meisten Verlagen Standardkonditionen, wobei man genauer von Ziel oder Skonto sprechen muss, denn diese Zahlungskonditionen schließen sich gegenseitig aus. Bei »30 Tage Ziel oder 2 Prozent Skonto bei Zahlung binnen 10 Tagen« nutzt der Buchhändler in der Regel Skonto aus: Das bedeutet für ihn 2 Prozent Ersparnis für 20 Tage (10. bis 30. Tag ab Rechnungsdatum), gleichbedeutend mit einem effektiven Jahreszinssatz von 36 Prozent. Daher der treffende Merksatz: Skonto schafft Verlagen Liquidität und Sortimentern Rentabilität.

Auch Valuta ist wie Ziel eine Form der Kreditierung erhaltener Ware. Hier besteht das Vertrauen eines Verlags in die Zahlungsfähigkeit und -willigkeit des Buchhändlers. Valuta heißt in der Banksprache Wertstellung und lässt sich als gedankliche Verschiebung des Rechnungsdatums umschreiben, denn erst nach Ablauf des Valuta-Zeitraums beginnt die eigentliche Zahlungsabwicklung mit Skonto- oder Zieltermin. Bei einem Zeitraum von 60 oder 90 Tagen ist die Wahrscheinlichkeit hoch, dass die Bücher inzwischen verkauft wurden. Es versteht sich, dass Verlage fast ausschließlich bei großen Bestellmengen vor dem Weihnachtsgeschäft, bei Aktionen oder aber bei Vertreterbesuchen und auf Messen diese Vorzugskondition einräumen.

BAG-Einzug

Die Buchhändler-Abrechnungs-Gesellschaft (BAG) gilt als zentrale Verrechnungsstelle. Für die Abwicklung des Zahlungsclearings via BAG benötigt das teilnehmende Unternehmen entweder eine buchhändlerische Verkehrsnummer (siehe Kapitel 4.4.2) oder eine BAG-interne Kundennummer. Entscheidender Vorzug der BAG ist ihre Neutralität, denn sie ist ausschließlich für die technische Abwicklung des Zahlungsverkehrs zuständig, erwirbt kein Eigentum an abzurechnenden Forderungen und übernimmt für diese auch keine Haftung. Seit 2010 gehört die BAG zur DZB BANK und baut ihr Spektrum an (Finanz-)Dienstleistungen aus, so unter anderem die Vermittlung von Darlehen für Angestellte von Buchhandlungen und Verlagen oder Vorfälligkeitsauszahlungen für Verlage.

Die rund 800 über die BAG abrechnenden Verlage erhalten von der BAG zu den Abrechnungsstichtagen (jeweils der 15. und der letzte Tag eines jeden Monats) einen Zahlungseingang für alle zu begleichenden Rechnungen ohne Rücksicht darauf, ob die einzelnen Buchhandlungen (Debitoren) – rund 3.500 nehmen am Zahlungsclearing teil – bereits an die BAG gezahlt haben. Kostenersparnis pur für Buchungsarbeiten und das Ausfüllen von Formularen. Für verspätet eingehende Zahlungen geht die BAG in Vorlage und übernimmt das außergerichtliche Mahnverfahren für überfällig gewordene Forderungen. Die betroffenen Verlage erhalten in diesem Fall vertrauliche Mitteilungen über die säumigen Buchhändler und können gegebenenfalls Liefersperren verfügen.

Die Kosten für das Abrechnungssystem werden in der Hauptsache von den Verlagen bestritten. Sie entrichten neben einer jährlichen Kontenführungsgebühr eine Gebühr für jeden abgerechneten Posten sowie eine prozentuale Provision vom Rechnungsbetrag.

4.3.3
Bezugsformen

Die am häufigsten vorkommende Bezugsform ist der Fest-Bezug. Hier verpflichtet sich der Sortimenter zur Abnahme der bestellten Ware und zur rechtzeitigen Zahlung der entstandenen Verbindlichkeiten. Um das Lagerrisiko zu mindern, sind die Buchhändler jedoch darum bemüht, mit Remissions- oder Umtauschrecht zu bestellen. Da eine Präsenz am Point-of-Sale wichtiger ist, als die Bücher in der eigenen Auslieferung zu verwalten, sind Remissions- oder Umtauschmöglichkeiten gängige Praxis und vor allem bei zeitlich befristeten Aktionen (Lesungen, Schaufensterwettbewerben) fester Bestandteil der Vertragsvereinbarungen. Im Unterschied zum Remissionsrecht (Ware zurück, Geld zurück) basiert das Umtauschrecht (UR) nach dem Prinzip Ware zurück in Verrechnung mit einer Neubestellung. Auf jeden Fall gitl: Nicht genehmigte Remittenden braucht kein Verlag zu akzeptieren.

Die handelsübliche Abkürzung »àc« für den Bedingt-Bezug, nach dem Bücher beim Buchhändler in Kommission gehalten werden, steht für »à condition qu'on le vende«. Der Buchhändler rechnet damit nur verkaufte Ware ab. Die Bücher werden mit Lieferschein verschickt und in einer Art Vorbuchhaltung verwaltet. Am Ende einer vereinbarten Verkaufsperiode – häufig ein Kalenderjahr – gibt es drei Abrechnungsmöglichkeiten: Die verkaufte Ware wird dem Verlag gemäß den vereinbarten Lieferungs- und Zahlungsbedingungen bezahlt (Festübernahme), und die nicht verkaufte Ware wird entweder zurückgeschickt (Remission) oder, falls man ihr noch Verkaufschancen einräumt, weiter im Sortiment bevorratet (Disposition). Zahlreiche Verlage haben das verwaltungstechnisch aufwändige und Vertrauen fordernde àc-Geschäft (manche Buchhändler disponieren trotz Verkauf der Ware) inzwischen aufgegeben. Um trotzdem ihre teilweise sehr hochpreisige Ware im Handel zu wissen, bieten sie dem Sortiment als Ersatz ein langes Zahlungsziel und großzügige Remissionsfristen an.

4.4
Innendienst

Der Handel wird nicht nur vom Außendienst betreut, auch der Innendienst leistet seinen Beitrag zum Gelingen des Buchverkaufs. Seine Aufgabe besteht vor allem in der Sicherstellung der Titelpräsenz in den verkaufsrelevanten Datenbanken sowie in die Annahme, Bearbeitung und Abwicklung eingehender Bestellungen.

4.4.1
Titelpräsenz

Vor der Bearbeitung einer Bestellung müssen zunächst die logistischen Vorbereitungen getroffen werden. Das betrifft die hausinterne Vergabe der ISBN ebenso wie die Information potenzieller Käufer. Denn nur die Titel können bestellt werden, die bibliografisch recherchierbar sind. Hier gilt es, in allen relevanten Medien und Datenbanken präsent zu sein.

Buchhändler recherchieren immer zuerst in den Barsortimentsdatenbanken, wenn sie einen bestimmten Titel zur Bestellung suchen, denn zu offensichtlich sich die Gründe, die für den Bezug über den Großhandel sprechen (siehe Kapitel 4.2.3). Daher ist es unabdingbar, die Barsortimente über die neuen Titel zu informieren und in den Verteiler für Vorschauen und Belegexemplare aufzunehmen. Denn es geht den Katalogredaktionen der Barsortimente auch um die inhaltliche Erschließung der Titel und deren Verschlagwortung, unter Umständen auch in Abweichung zu der vom Verlag vergebenen Warengruppennummer (siehe Kapitel 4.4.2). Je schneller und je gezielter die Informationen sind, die der Innendienst den Zwischenbuchhändlern liefert, desto eher sind die Titel dort zu finden, wo Lektorat und Vertrieb sie im Handel platziert sehen wollen.

Die Meldung an das *Verzeichnis Lieferbarer Bücher* (VLB) gewährleistet die Listung in der umfangreichsten Handelsbibliografie im deutschsprachigen Raum. Rund 1,4 Millionen Datensätze sind im VLB verzeichnet. Hier recherchieren Buchhändler, wenn die Lagerkataloge der Barsortimente nicht mehr weiterhelfen. Die Einträge, aber auch alle späteren Änderungen (Preisänderungen, Preisaufhebungen, Archivierung), werden online im VLB-Titelservice eingepflegt; damit ist der Buchhandel informiert, aber auch der Endverbraucher, der diese Bibliografie unter WWW.BUCHHANDEL.DE in einer Kundenversion findet. Die Preisangaben im VLB entsprechen den gebundenen Ladenpreisen der Verlage.

Der *Neuerscheinungsdienst* der Deutschen Bibliothek, den Bibliotheken als Bestellgrundlage für Neuanschaffungen nutzen, generiert seine Daten aufgrund von Meldungen der Verlage an die VLB-Redaktion. Sobald die Pflichtexemplare bei der Deutschen Nationalbibliothek eingehen, wird die Publikation dort nach formalen und inhaltlichen Gesichtspunkten erschlossen und in den entsprechenden Reihen der *Deutschen Nationalbibliografie* verzeichnet.

Online-Präsenz und Volltextsuche

Google Inc. ist ein 1998 gegründetes kommerzielles Unternehmen, das insbesondere durch seine gleichnamige Suchmaschine bekannt wurde. Das Unternehmen beschreibt seinen Anspruch wie folgt: »Das Ziel von Google besteht darin, die Informationen der Welt zu organisieren sowie allgemein nutzbar und zugänglich zu machen.« Die bekannteste und meistgenutzte Dienstleistung ist die Volltextsuche von Dokumenten im Internet. Neben dem im Internet üblichen HTML-Format durchsucht Google auch andere Dokumenttypen wie etwa PDF, Postscript oder Word-Dateien.

Auf Kollisionskurs mit der Verlagswelt begab sich Google durch das Projekt »Google Book Search« (Google Buchsuche), das mit dem Ziel antrat, das in Büchern gespeicherte Wissen der Welt durch Digitalisierung für die Volltextsuche verfügbar zu machen. Dabei besteht das Problem natürlich nicht darin, dass Verlage freiwillige Kooperationen mit Google eingehen und entsprechende Vergütungen vertraglich regeln. In diesem Fall erhält Google von den Verlagen entsprechende Datensätze, die elektronisch verfügbar gemacht und letztlich in den Index aufgenommen werden.

Stein des Anstoßes und juristisch umstritten war und ist das Projekt »Google Library«, bei dem Bücher großer akademischer Bibliotheken in Amerika zunächst ohne Zustimmung der Rechteinhaber gescannt wurden. Bei Objekten, die urheberrechtsfrei sind, gibt es natürlich keine juristischen Bedenken – aber was ist mit den Titeln, die noch den Urheberrechtsfristen unterliegen? In Europa war man vorsichtiger, aber auch hier beteiligen sich namhafte Bibliotheken an »Google Library«. 2007 gab die Bayerische Staatsbibliothek in München bekannt, als erste deutsche Bibliothek mit dem Projekt zu kooperieren; es sollen rund eine Million urheberrechtsfreie Werke aus den historischen Beständen und aus Spezialsammlungen digitalisiert werden.

Agiert Google in erster Linie als Suchinstanz, die sich durch Werbung finanziert, verfolgt Amazon andere Interessen: Dieses Unternehmen will Waren verkaufen. Mit dem Angebot »Search Inside« (Blick ins Buch) bietet auch sie ihren Kunden die Möglichkeit, in Büchern zu suchen. 1994 gründete Jeff Bezos das US-amerikanische Mutterunternehmen Amazon, das 1995 online ging. Mit Übernahme des Unternehmens Telebook, Inhaberin der deutschen ABC Bücherdienst GmbH, dem damals führenden deutschen Internet-Versandbuchhändler und Online-Pionier, begann Amazon im Oktober 1998 den Verkauf in Deutschland über die Tochter Amazon.de. Der deutsche Unternehmenssitz ist in München; diverse weitere Standorte kümmern sich um die Distribution der Ware, die mittlerweile nahezu alle Handelswaren umfasst.

Amazon ist wegen seiner Marktbedeutung einer der Großkunden für Verlage, deren Titel im Verkaufskatalog gelistet sein sollten. Aber nicht nur die Absatzzahlen sprechen für dieses Muss. Denn für viele Büchermenschen in Deutschland gilt mittlerweile Amazon als Synonym für Buch. Sie recherchieren in dieser Datenbank, die Amazon dadurch optimiert hat, dass durch entsprechende Nutzungsverträge nahezu alle verfügbaren Datenbanken in den Recherchepool integriert sind. Und dies betrifft nicht nur die Datenbanken der Barsortimente, die des VLB und auch die der *Deutschen Nationalbibliografie*. Fündig wird man also immer – auch bei antiquarischen Titeln, die über den Marketplace gehandelt werden. Hier können sowohl Privatpersonen als auch professionelle Unternehmen neue und gebrauchte Bücher (und sonstige Waren) anbieten.

Amazon ist unumstritten der Markführer im Online-Geschäft, gefolgt vom Versandumsatz von Weltbild. Eine Präsenz auf diesen Händlerplattformen ist also Pflicht. Dies gilt nicht nur für Publikumsverlage, sondern auch für Fachverlage, deren Titel ungleich häufiger im Netz recherchiert werden. Ferner ist die Listung bei Spezialanbietern sowie die Pflege der verlagseigenen Intersetseiten ein Muss.

libreka! startete 2007 als ein von der Branche initiiertes Volltextsuche-Projekt in Deutschland. Doch warum eine eigene Plattform für digitale Inhalte, wenn die Internet-Riesen diesen Service ebenfalls anbieten? Das Problem liegt in der Daten- und Rechtehoheit der Verlage begründet. Denn nach Überzeugung der führenden Marktteilnehmer stellt nur eine Branchenplattform, auf die Verlage Einfluss haben, sicher, welche Teile eines Buches (alle Textseiten, Eingangsseiten einzelner Kapitel, die ersten 20 Seiten eines Titels) im Netz verfügbar und einsehbar sein sollen. Außerdem sollen Verlage dies von Titel zu Titel unterschiedlich entscheiden dürfen. Ferner können sie unterschiedliche Zugriffsmöglichkeiten auf Texte erlauben: den Buchhandlungen andere als den Endkunden im Internet. Mittlerweile ist die Datenbank libreka!, die im »Branchenverlag« MVB erscheint, auch eine Händlerplattform. Das Leistungsangebot umfasst neben der Möglichkeit zum Reinlesen in Bücher auch den Kauf von E-Books und gedruckten Büchern.

4.4.2
Nummernsysteme

Lange vorbei sind die Zeiten, als Bestellungen und Meldungen im Klartext geschrieben und manuell weiterverarbeitet wurden. Spätestens mit dem Siegeszug der EDV, die eindeutige Ziffernzuordnungen verlangt, gewannen Nummernsysteme als Rationalisierungsmittel an Bedeutung.

ISBN und EAN-Strichcode

Die ISBN (Internationale Standard-Buchnummer) gilt seit 1971 als DIN-Norm. Sie identifiziert unverwechselbar jeden Buchtitel. Die ISBN wird sowohl inhaltlich als auch ausstattungsbezogen und – bei veränderten Neuauflagen – auch auflagenbezogen vergeben. Die ISBN vergriffener Titel darf nicht wieder neu vergeben werden, da sie auch für Bibliotheken als Bestellziffer gilt. Die 13-stellige ISBN ist in fünf Teile gegliedert, die durch Bindestriche oder Zwischenräume voneinander getrennt sind.

BEISPIEL: **Aufbau einer ISBN** (978-3-934054-52-3)

- PRÄFIX (978)   Eine dreistellige Zahl, wobei 978 für das Medium Buch steht.
- GRUPPENNUMMER (3)   Sie wird von einer internationalen ISBN-Agentur für nationale Staaten, geografische Räume oder Sprachgruppen vergeben. Die Ziffer 3 steht für den deutschsprachigen Raum und gilt für Deutschland, Österreich und die deutschsprachige Schweiz. Die Gruppennummer kann ein- bis fünfstellig sein.
- VERLAGSNUMMER (934054)   Sie wird von nationalen ISBN-Agenturen oder vergleichbaren Institutionen für Verlage innerhalb einer Gruppennummer vergeben. In der Bundesrepublik Deutschland vergibt der Marketing- und Verlagsservice des Buchhandels (MBV) die Verlagsnummer und mit ihr ein bestimmtes Nummernkontingent für die Verlagsproduktion. In Österreich übernimmt diese Aufgabe der Hauptverband des Österreichischen Buchhandels und in der deutschsprachigen Schweiz fungiert der Schweizerische Buchhändler- und Verleger-Verband (SBVV) als nationale ISBN-Agentur. Je kleiner die Verlagsnummer, desto höher ist das Titelkontingent, je umfangreicher desto geringer. Die Verlagsnummer für die Gruppennummer 3 kann zwei- bis siebenstellig sein.
- TITELNUMMER (52)   Das Titelnummernkontingent wird von der nationalen ISBN-Agentur zugeteilt. Der Verlag darf nach eigenem Ermessen hierüber verfügen. Häufig hängt die Vergabe der Titelnummer von der chronologischen Veröffentlichung von (Reihen-)Produktionen ab. So ist bei Taschenbüchern die Titelnummer häufig auch die Bandnummer. Das Titelnummernkontingent ergibt sich in Abhängigkeit von der Verlagsnummer und kann demnach für die Gruppennummer 3 wiederum ein- bis sechsstellig sein.
- PRÜFZIFFER (3)   Die Prüfziffer ist immer einstellig und wird mithilfe eines Algorithmus ermittelt. Der Verlag erhält von der ISBN-Agentur die Prüfziffer bereits mit der Zuteilung der Titelnummer.

Zusätzlich zur ISBN werden Strich- oder Barcodes auf die hintere Umschlagseite (U4) gedruckt, damit die rasche elektronische Weiterverarbei-

60 ISBN und EAN-Code auf der vierten
Umschlagseite (U4)

tung von Bestellungen und die Übernahme in die Warenwirtschaftssysteme des Handels sichergestellt sind. Der EAN-Code entspricht der ISBN und bezeichnet die Europäische Artikelnummer – ein Standard, der weltweit einheitlich gilt. Bei der dreizehnstelligen Zahl auf Büchern steht die einleitende Kombination 978 oder 979 für das Medium Buch, im Anschluss daran die ersten neun Ziffern der ISBN sowie eine Prüfziffer. Der EAN-Code kann zusätzlich auch durch Strichabstände gekennzeichnet werden. Mit dem zusätzlichen Präfix 979 wird der Zahlenkreis für die ISBN verdoppelt.

Die ISBN als eindeutiges und unverwechselbares Identifikationszeichen für jeden Buchtitel wird nach inhaltlichen und herstellungstechnischen Kriterien vergeben. Deshalb kann es durchaus vorkommen, dass es für ein und derselben Titel verschiedene ISBN gibt. Dies ist beispielsweise der Fall bei einer neuen Auflage, die gegenüber der vorhergehenden hinsichtlich des Textes oder der Abbildungen verändert worden ist. Aber auch verschiedene Einbandarten (Leinen, Leder), verschiedene Ausgaben (Schullektüre, Studienausgabe) oder verschiedene Medienarten oder Formate (Buch, EPUB, PDF, Video) bedingen unterschiedliche ISBN. Nicht zu reden von den Fällen, in denen ein Titel bei mehreren Verlagen erscheint. Die Preispolitik hingegen hat keinen Einfluss auf die ISBN. So erhält ein und dieselbe Ausgabe oder Auflage eines Buchs mit verschiedenen Preisen (Vorzugspreis, Subskriptionspreis, Preiserhöhungen infolge von Preisänderungen) nur eine ISBN.

Mehrbändige Werke erhalten eine ISBN, wenn der Titel für das gesamte Werk gilt. Erscheinen aber unterschiedliche Bände, zum Beispiel im Rahmen einer Gesamtausgabe, so kann eine ISBN für das Gesamtwerk und jeweils eine ISBN für jeden Einzelband vergeben werden. In jedem Teilband muss jedoch dann die ISBN für das Gesamtwerk angegeben werden.

Seit 2011 gibt es die internetfähige ISBN-A (ISBN actionable). Auch hier agiert die MVB als Agentur für Deutschland. Die ISBN-A vereint die klassische ISBN mit dem DOI (Digital Object Identifier). Zu jedem mit einer ISBN-A versehenen Titel gibt es eine »Titelkarte«: eine Internetseite, die zentrale bibliografische Daten, das Cover und das Verlagslogo zeigt. Auf dieser Titelkarte kann der Verlag zahlreiche Verknüpfungen zu

Informationen im Internet rund um diesen Titel anbieten wie Textauszüge, Fotos, Fanseiten und Blog des Autors, Formatvarianten und Bezugsquellen, die mit einem Klick erreichbar sind. Die ISBN-A wird den Suchmaschinen zugänglich gemacht und ins VLB aufgenommen, wenn der Titel dort geführt wird. Letzten Endes hat die neue Nummer eine Marketingfunktion: Sie vereinfacht die Vermarktung, indem für Interessenten Informationen gebündelt zur Verfügung gestellt werden.

Warengruppensystematik

Die Warengruppensystematik (WGS) im Buchhandel differenziert inhaltlich, editionstechnisch und nach Kundenbedürfnissen. Sie wurde zunächst von den Barsortimenten erarbeitet, 2006 aber noch einmal überarbeitet. Die WGSneu dient nun als Grundlage für alle Statistiken über die wirtschaftliche Entwicklung einzelner Segmente im Buchhandel. Als Branchenstandard dient folgender Aufbau:
1. ZIFFER Warengruppen-Index (Editionsform), der die äußere Form der Ausgabe (Produktmerkmal) anzeigt.
2. ZIFFER Hauptwarengruppe
3. und 4. ZIFFER Untergruppen zur Hauptwarengruppe, die der näheren inhaltlichen Einordnung dienen.

Warengruppen-nummer	Buchtitel
1692	Pschyrembel, *Klinisches Wörterbuch* (de Gruyter)
	1 = Buch (Editionsform)
	6 = Hauptwarengruppe: Naturwissenschaften
	9 = Warengruppe: Medizin
	2 = Unterwarengruppe: Allgemeine Nachschlagewerke

Über die Vergabe der Warengruppe entscheidet der Verlag, der alle seine Titel in die verabschiedete Systematik einordnen muss. Die VLB-Redaktion betreut und pflegt die Daten. Eine wesentliche Veränderung im Jahr 2006 bestand in der Abgrenzung von Fachbuch, Sachbuch und Ratgeber. Das Fachbuch wird nun definiert als »handlungs- und wissensorientierte Literatur mit primär beruflichem oder akademischem Nutzwert« und findet sich in den Hauptwarengruppen 5 bis 7 wieder. Das Sachbuch erfasst die »wissensorientierte Literatur mit primär privatem Nutzwert«; hier greift die Hauptwarengruppe 9. Ratgeber gelten als »handlungs- und nutzenorientierte Literatur für den privaten Bereich« und werden in der Hauptwarengruppe 4 erfasst. Als Freibereich für individuelle Nutzung durch den Handel bleiben die Ziffern 990 bis 999.

HAUPTWARENGRUPPEN

1 Belletristik
2 Kinder- und Jugendbücher
3 Reise
4 Ratgeber
5 Geisteswissenschaften, Kunst, Musik
6 Naturwissenschaften, Medizin, Informatik, Technik
7 Sozialwissenschaften, Recht, Wirtschaft
8 Schule und Lernen
9 Sachbuch

Vorangestellte Ziffern stehen für den Warengruppen-Index. Hier dienen neun Editionsformen der Identifizierung des Trägermediums (Produktmerkmal):

WARENGRUPPEN-INDEX

1 Hardcover, Softcover
2 Taschenbuch
3 Zeitschrift, Loseblattausgabe
4 DVD, Video
5 Audio-CD, Kassette
6 CD-ROM, DVD-ROM
7 Kalender
8 Karten, Globen
9 Non-Book/PBS

International Standard Serial Number (ISSN)

Diese Nummer wird für fortlaufende Serienwerke vergeben. Hierzu gehören Zeitungen, Zeitschriften und zeitschriftenartige Reihen – also Medien, die keinen von vornherein begrenzten Abschluss haben und mindestens einmal im Jahr erscheinen. Die ISSN ist stets achtstellig und setzt sich aus zwei Vierer-Blöcken zusammen, das vom Börsenverein herausgegebene *Börsenblatt* hat beispielsweise die ISSN 1611-4280. Die ISSN wird nur titelbezogen vergeben. Anders als bei der ISBN sind keine Rückschlüsse auf Verlage und Titelnummern möglich.

Das System wird organisiert von der Internationalen ISSN-Agentur mit Sitz in Paris. Nationale Zentren sorgen dann für die Feinabstimmung. Das Nationale ISSN-Zentrum für Deutschland hat seine Geschäftsstelle bei der Deutschen Nationalbibliothek in Frankfurt am Main (WWW.DNB.DE). Für ISSN-Anfragen und Informationen in der Schweiz ist die Schweizerische Landesbibliothek Bern (WWW.SNL.ADMIN.CH) zuständig.

In Österreich wird die ISSN durch die Österreichische Nationalbibliothek in Wien (WWW.ONB.AC.AT) vergeben.

Internationale Lokationsnummer (ILN)

Eine Öffnung für internationale Märkte bietet die ILN. Das Fernziel: eine einheitliche, weltweit gültige und überschneidungsfreie Nummer, die in der Datenkommunikation und in den Strichcodes die kostspielige Übertragung von Adressen und Artikelbeschreibungen ersetzt. Die Nummern selbst sind nicht inhaltlich bestimmt; ihre einzige Aufgabe ist die Identifikation der entsprechenden Information, die in den Liefer- und Empfängerbetrieben in Datenbanken abgespeichert sind. Die ILN wird, ebenso wie der EAN-Code, von der GS1 Germany vergeben, der deutschen Zentrale von Global Standards One – einer Organisation, deren Ziel die Entwicklung, Umsetzung und Optimierung weltweiter Standards in Logistik- und Nachfrageketten ist.

Verkehrsnummer

Die Verkehrsnummer wird an Firmen vergeben, die einem der buchhändlerischen Fachverbände (Börsenverein, Landesverbände) oder fachverwandten Organisationen angehören. Sie wird innerbetrieblich vor allem in der Buchhaltung verwendet, und für den Geschäftsverkehr wird sie auf Briefbögen oder Rechnungs- und Zahlungsformularen aufgedruckt. Im elektronischen Verkehr gilt sie als Adresse der jeweiligen Partner, auch im Rahmen des BAG-Abrechnungsverfahrens. Die Verkehrsnummern sind unterteilt in Kreditoren- und Debitorennummern. Die Kreditorennummern (10.000 bis 19.999) werden Verlagen und Zwischenbuchhändlern (Kreditgeber) und die Debitorennummern (20.000 bis 59.999) den Buchhandlungen (Kreditnehmer) zugeteilt.

In Österreich vergibt der Hauptverband spezielle Verkehrsnummern. In der Schweiz teilt der Schweizerische Buchhändler- und Verleger-Verband (SBVV) Branchenverkehrsnummern zu.

4.4.3
Bestellverwaltung und Datenübermittlung

ONIX hat sich als einheitliches Branchenformat etabliert. Hierfür haben sich die führenden Katalog- und Datenbankanbieter der Branche (Deutsche Nationalbibliothek, MVB, KNV, Libri, Schweizer Buchzentrum) zusammengeschlossen; deshalb können zum Beispiel ONIX-Datensätze via Datenexport aus dem VLB-Titelbestand exportiert werden. ONIX steht für »Online Information Exchange« und ist ein Datenformat, das neben rein bibliografischen Angaben auch Zusatzinformationen wie Texte, Bilder, Video- oder Audiodateien einbinden, anzeigen und versenden kann, was für die Vermarktung von Titeln durch Cover-Abbildungen, Inhaltsverzeichnisse und Annotationen wichtig ist. Damit liegen die Vorteile für die Verlage auf der Hand:

- zeitnahe Bewerbung der Titel am Markt,
- verkaufsfördernde, weltweite Präsentation der Titel durch Cover-Abbildungen,
- sofortige Bestellbarkeit der Titel,
- bevorzugte Bearbeitung der in ONIX gemeldeten Titel bei den Datenbank-Anbietern,
- Zeit- und Kostenersparnis.

4.4.4
Remittenden

In kaum einer anderen Einzelhandelssparte spielt das Remissions-(un)wesen eine so ausgeprägte Rolle wie im Buchhandel. Denn hier werden nicht nur Bücher zurückgeschickt, die Mängel aufweisen (Defektexemplare, also Bücher mit Schäden, die eindeutig auf einen Fehler in der Herstellung zurückzuführen sind), sondern auch Bücher, die im Voraus mit Remissionsrecht, Umtauschrecht oder in Kommission bestellt wurden. Hinzu kommt die Lagerbereinigung im Sortiment anlässlich des Vertreterbesuchs. Was aber geschieht mit den Remittenden und welche Konsequenz hat die Remission auf die Preisbindung der Titel?

Unumstritten ist: Der Begriff Remittende sagt nichts über den Erhaltungszustand eines Buchs aus. Das heißt, neuwertige Remittenden bleiben zwangsläufig preisgebunden. Nur wenn die Bücher beschädigt sind, kann man sie als Mängelexemplar kennzeichnen, die dann – wie auch die Titel, die der Verlag aus der Preisbindung herausnimmt – nicht mehr der Preisbindung unterliegen. Ein Problem besteht darin, dass manche Vertriebsabteilungen selbst renommierter Verlage neuwertige Remittenden als Mängelexemplare anbieten. Dies kommt jedoch einer Aushöhlung der Preisbindung gleich. Das von der Rechtsabteilung des Börsenvereins herausgegebene *Merkblatt Mängelexemplare* formuliert sowohl die juristische als auch die praktische Seite des Problems. Unter anderem steht hier: »Grundsätzlich ist jedes Buch (Einzelfallprüfung) vor seiner Kennzeichnung als ›Mängelexemplar‹ darauf zu untersuchen, ob es auch tatsächlich äußerlich erkennbare Schäden aufweist. Der Verkauf von ›gemängelten‹

Büchern, die abgesehen von der Bestempelung als ›Mängelexemplar‹ einwandfrei sind, stellt einen Preisbindungsverstoß dar. Vor diesem Hintergrund ist insbesondere auch die Praxis, noch eingeschweißte einwandfreie Bücher als Mängelexemplare zu verkaufen, unzulässig. Das Oberlandesgericht (OLG) Frankfurt hat ausdrücklich betont, dass der Verkäufer für die Richtigkeit der Auszeichnung als Mängelexemplar verantwortlich ist. Der Verlag hat seinerseits geeignete Vorkehrungen zu treffen, um sicherzustellen, dass remittierte, aber äußerlich einwandfreie Exemplare nicht als preisbindungsfreie Mängelexemplare auf den Markt gelangen. Die mit der Entscheidung für die Wiederverkäuflichkeit der einzelnen Bücher befassten Mitarbeiter, auch solche beauftragter Firmen, sind entsprechend zu schulen. Bei einer ›Mängelung‹ ohne sachlichen Grund liegt wettbewerbswidriges Verhalten vor.«

4.5
Auslieferung – Print und Digital

Die Antwort auf die Frage, wie Verlage das Lagern und das Ausliefern von Büchern organisieren, diese Entscheidung über »make or buy«, wird zunehmend zugunsten von Full-Service-Dienstleistern getroffen. Die Begründung ist nachvollziehbar. Denn selten fließt die Produktion unterschiedlicher Programmbereiche gleichmäßig über das Jahr verteilt ab, eher spiegeln saisonabhängige Spitzen die Realität (siehe Abbildung 61). Hinzu kommt, dass bei hohen Auflagen Erstverkaufstage große logistische Probleme mit sich bringen. Damit stellt sich im Allgemeinen wie im Speziellen die Frage, wie der jeweils aktuelle Raum- und Personalbedarf, der bei Absatzspitzen entsteht, bewältigt werden kann. Dieses Problem können Verlagsauslieferungen mit ihren immensen Lagerflächen und einem in Sachen Lagerlogistik geschulten und variabel einsetzbaren Mitarbeiterstamm am besten lösen. Außerdem wird der Verlag von EDV-Investitionen im Bereich Lagertechnik entlastet und kann seinen Kernkompetenzen nachgehen – dem Generieren und Produzieren von Content.
    Es gibt zwei Grundformen von Verlagsauslieferungen: Auslieferungen die nach dem Mandantenprinzip handeln, und Auslieferungen, die Factoring anbieten. Im ersten Fall wird die Auslieferung für jeden Verlag völlig separat geführt – vom Bestelleingang über die Bearbeitung, die Lagerung und Kommissionierung bis zur Fakturierung. Die Bezahlung erfolgt auf ein Konto des Verlags. Im zweiten Fall kauft die Verlagsauslieferung die Forderungen ihrer Verlage (Factoring) und kann damit Bestellungen bei verschiedenen Verlagen auf eine Rechnung setzen und zu einer Sendung bündeln. Die Bezahlung erfolgt in diesem Fall an die Verlagsauslieferung und nicht an die einzelnen Verlage. Eine Mischform liegt im Falle der Ver-

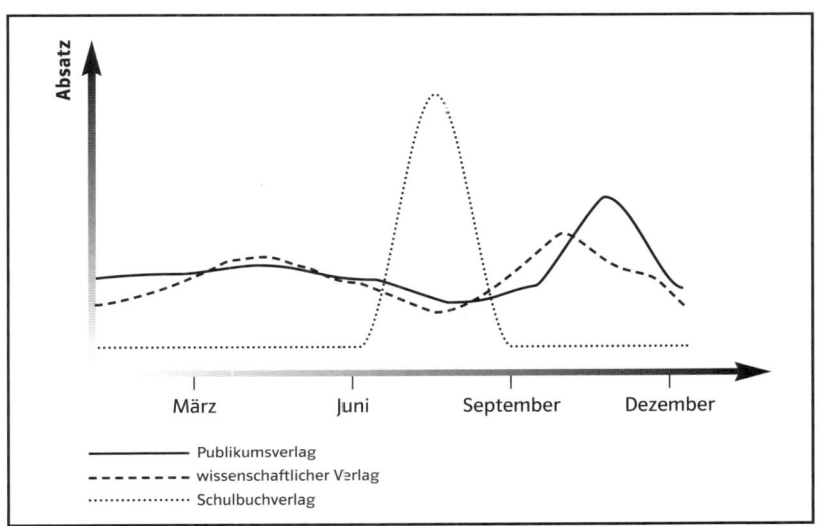

61 Schematisierte Absatzkurven unterschiedlicher Verlagsarten

sandgemeinschaften vor. Diese praktizieren kein Factoring, aber Verlage oder ganze Verlagsgruppen schließen sich aus logistischen und/oder absatzpolitischen Gründen zusammen. Die sich hierbei ergebenen größeren Packstücke sind nicht nur preiswerter, sondern optimieren darüber hinaus die Arbeitsabläufe im Wareneingang der Handelspartner.

Die Gebühren für Verlage berechnen sich jeweils nach dem gleichen Prinzip: Es werden eine gewichtsabhängige Lagermiete sowie eine prozentuale Beteiligung am Umsatz in Rechnung gestellt. Dass Verlage trotzdem unterschiedliche Sätze bezahlen – die Gebühren liegen zwischen 5 und 12 Prozent vom Nettoumsatz beziehungsweise Verlagserlös – liegt an den unterschiedlichen (Detail-)Dienstleistungen, die in die Gebühr einfließen.

Digitale Verlagserzeugnisse werden über Webshops vertrieben. Auch hier entscheidet der Verlag, ob er dies in eigener Regie organisiert oder ob er eine digitale Verlagsauslieferung mit dieser Aufgabe betraut. Im letzteren Fall muss es nicht zwangsläufig die Auslieferung sein, die bereits für die physische Buchdistribution zuständig ist. Denn es gilt, EDV-technische und logistische Probleme zu lösen, die sich im digitalen Vertrieb anders stellen. Demnach splitten manche Verlage das operative Distributionsgeschäft in digitale Auslieferung (fremd) und Buchdistribution (eigen oder fremd).

Digitale Verlagsauslieferungen sind auf den richtigen Verlagsinput angewiesen. Da Sie weder das Layout noch den Informationsumfang beeinflussen können, die Webshops ihrerseits Ihren Kunden anbieten, sind vor allem vollständige und dateigerechte Informationen vonnöten. Hierzu gehören bibliografische Metadaten (bevorzugt ONIX-Datensätze, die aus dem VLB-Titelbestand exportiert werden können), eine Produktabbildung, Textinformationen (Autorenporträt, Inhaltsverzeichnis, Hinweis auf Rezension(en), Leseproben) und natürlich die Mastercopy der E-Book-Datei.

So noch keine E-Book-Datei vorliegt, wird sich die digitale Verlagsauslieferung zunächst um die Konvertierung der Druckdaten in gängige E-Book-Formate (PDF, EPUB, Mobipocket et cetera) kümmern. Ihre Hauptaufgabe besteht jedoch in der automatisierten Auslieferung an alle relevanten in- und ausländischen Online-Verkaufsplattformen. Und die gibt es im Überfluss – nicht nur in Gestalt des iBook-Stores von Apple oder des Kindle-Stores von Amazon. Darüber hinaus stehen weitere Dienstleistungen im Raum, die unter dem Gesichtspunkt der Bündelung von einigen digitalen Verlagsauslieferungen bereits angeboten werden:

• Zusammenfassung der über die zahlreichen Webshops generierten Umsätze,
• Integration der Absätze in die Absatzstatistiken der Verlage,
• Integration der Umsätze in die Umsatzstatistiken der Verlage,
• Überweisung der Umsätze auf das Verlagskonto,
• Aufbereitung der Umsätze für die Honorarabrechnung.

Egal wie detailliert der Dienstleistungskatalog einer digitalen Verlagsauslieferung im Einzelfall auch aussehen mag: Für den Vertrieb ist entscheidend, dass er die Umsätze und Absatzzahlen im Print-Bereich und die Um- und Absatzzahlen im digitalen Geschäftsbereich auf einen Blick sieht. Damit kann er Verschiebungen von offline zu online genau beziffern, Entwicklungstendenzen fundierter vorhersagen und den künftigen Programmmachern wertvolle Informationen liefern.

5
Werbung und Öffentlichkeitsarbeit

Als Lektor übernehmen Sie neben Ihrer eigentlichen Arbeit vielfältige Kommunikationsaufgaben, denn Ihre genaue Kenntnis der Themen und Zielgruppen ist für die Werbung und Öffentlichkeitsarbeit des Verlags von großer Bedeutung. Zum einen leisten Sie mit Ihren Produkten und den dazugehörigen Informationen einen wichtigen Beitrag, um ein erfolgreiches Werbe- und PR-Konzept zu entwickeln. Zum anderen vertreten Sie selbst den Verlag nach außen und sind somit für zahlreiche Aspekte der Kommunikation mit dem Umfeld zuständig. Je mehr Ihnen das bewusst ist und je genauer Sie die Abläufe in den Abteilungen Verkauf, Werbung und Öffentlichkeitsarbeit kennen, desto besser können Sie Ihre Kollegen unterstützen und damit sowohl für stimmige Inhalte als auch für effektive Kommunikationsprozesse sorgen.

Die Verlagskommunikation muss unterschiedliche Anforderungen erfüllen und zeigt vielfältige Strukturen – je nach Zielgruppe, Nachricht, Umfeld oder Bedeutung. Die interne Kommunikation richtet sich beispielsweise an die Mitarbeiter oder Eigentümer des Verlags, während sich die externe Kommunikation an Buchhändler, Journalisten, Kunden oder andere Teile der Öffentlichkeit wendet. Diese kann informationsbetont oder eher umsatzorientiert sein. Das spiegelt sich wider in den verschiedenen Kommunikationsebenen, beispielsweise in der klassischen Werbung, der Öffentlichkeitsarbeit oder besonderen Formen wie Sponsoring und Product-Placement. All dies sind Kommunikationsformen, die mit unterschiedlichen Methoden arbeiten, aber das gleiche Ziel verfolgen: Verständigung und Dialog.

Warum ist das für Sie als Lektorin oder Lektor so wichtig? Ihre Aufgaben liegen hauptsächlich in der Programm- oder Produktpolitik – dem ersten Bereich des Marketingmix (siehe Kapitel 1.1). Doch das ist nicht alles, denn Marketing bedeutet, alle Aktivitäten am Markt auszurichten – und dazu gehört auch die Kommunikation. Das ist Aufgabe aller Verlagsmitarbeiter, nicht nur der Kollegen aus den entsprechenden Abteilungen. Jedes Verhalten, jeder Auftritt, jede Aussage, Anmerkung oder Bemerkung ist ein Baustein im Gebäude der Marketingkommunikation und sollte bewusst stattfinden. Nur so lässt sich eine effektive Kommunikationsstruktur aufbauen. Dazu gehört beispielsweise, dass Sie die Basistexte

liefern, die in der Werbe- oder Presseabteilung zu Vorschau- oder Pressetexten umgearbeitet werden.

Was versteht man nun unter Kommunikationspolitik, und was soll sie
erreichen? Im Mittelpunkt der so genannten Promotion – einem weiteren Bereich des Marketingmix – stehen Informationen für Buchhändler,
Journalisten, Kunden und andere Marktpartner. Es geht darum, den Verlag sowie seine Produkte, Ziele und Ideen in der Öffentlichkeit zu repräsentieren und dabei Glaubwürdigkeit, Kompetenz und ein eindeutiges
Profil zu vermitteln. Wichtigstes Ziel ist immer, die Marktposition auszubauen oder zu festigen.

Die kommunikativen Aktivitäten von Verlagen werden gewöhnlich in
vier Schwerpunkte unterteilt: Werbung, Verkaufsförderung, persönlicher
Verkauf und Public Relations (PR). Diese vier Instrumente unterscheiden
sich in ihren Zielen und meist auch in den angesprochenen Zielgruppen.
Sowohl ihre Gewichtung als auch ihre Koordination entscheiden über
den Erfolg der Kommunikationsstrategie Ihres Verlags und somit über
dessen Bild in der Öffentlichkeit.

Üblicherweise sind in Buchverlagen verschiedene Abteilungen für
die Werbung und für die Öffentlichkeitsarbeit zuständig. Das hat gute
Gründe: Während die Werbung eindeutig verkaufs- und umsatzorientiert arbeitet und ausschließlich die positiven Seiten von Büchern, Autoren und Verlag darstellt, verstehen sich Journalisten und Redakteure –
meist wichtigste Zielgruppe der Öffentlichkeitsarbeit – nicht als kostenlose Werbeagentur. Im Gegenteil: Sie wollen ihre eigene Zielgruppe
möglichst sachlich informieren oder gut unterhalten. Dafür brauchen
sie Hintergrundinformationen, die über die oft eher plakativen Botschaften der Werbung hinausreichen. Um eine objektive Berichterstattung sicherzustellen, arbeiten deshalb in fast allen Zeitungs- und Zeit-
schriftenverlagen Redaktion und Anzeigenabteilung unabhängig voneinander.

LITERATURTIPPS
• Ralf Laumer (Hg.): *Bücher kommunizieren.* Ein guter Überblick über die PR-
  Arbeit in der Buchbranche.
• Ralf Laumer (Hg.): *Verlags-PR.* Dieser Ratgeber ist auf die Bedürfnisse von
  Buchverlagen zugeschnitten. Er behandelt alle Themen von Redaktionsreisen
  über Buchmessen bis zur Zusammenarbeit mit externen Dienstleistern.
• Holger Ehling (Hg.): *Social Media für die Verlagspraxis.* Eine praktische
  Einführung aus Verlagssicht und nützlichen Tipps zum Monitoring, zum
  Marketing und zur Öffentlichkeitsarbeit.

5.1
Werbung

Von Henry Ford ist der Satz überliefert: »Ich weiß, dass ich die Hälfte meines Werbeetats falsch ausgebe; ich weiß nur nicht, welche Hälfte.« Obwohl Verlage ihre Werbeausgaben in den Ladenpreis einkalkulieren, dürfen diese nicht ausufern. Das Budget für Werbemaßnahmen beträgt in der Regel zwischen 5 und 10 Prozent des Umsatzes, wobei eine gleichmäßige Verteilung des Werbeetats nach dem Gießkannenprinzip über alle Titel hinweg schon lange der Vergangenheit angehört – üblich ist die Fokussierung auf wenige Spitzentitel und Topautoren. Folgende Fragen muss die Werbe- oder Marketingabteilung klären:

- Welches Budget wird für die Händler- und welches für die Publikumswerbung benötigt?
- Welches Budget wird für die Novitäten- und welches für die Backlistwerbung benötigt?
- Welches Budget wird für die Spitzentitel benötigt?
- Welches Budget wird für Produktwerbung und welches für imageorientierte Werbung benötigt?
- Welches Budget wird für neue Reihen oder Relaunch-Maßnahmen benötigt?
- Welche Werbemittel und Werbeträger werden eingesetzt?
- Mit welchen Agenturen soll man zusammenarbeiten?

Machen Sie sich klar, welchen Stellenwert die von Ihnen betreuten Buchprojekte haben und welcher Werbeetat dafür zur Verfügung steht. Meist ist das viel weniger, als Sie und Ihre Autoren sich wünschen. Jede Ausgabe will also gut überlegt sein und muss einen nachweisbaren Beitrag zur Erreichung der Verkaufsziele leisten. Das müssen Sie auch Ihren Autoren erklären, die sich oft mehr öffentlichkeitswirksames Engagement seitens des Verlags wünschen. Wenn Sie aber in einem Marketingplan bestimmte Werbemaßnahmen verbindlich vereinbart haben (siehe Kapitel 1.1.3), müssen Sie sich natürlich daran halten.

5.1.1
Werbeplanung

Wie lässt sich die Werbebotschaft bei den ausgewählten Zielgruppen erfolgreich platzieren? Entscheidend ist die optimale Kombination geeigneter Werbemittel und Werbeträger.

- **WERBEMITTEL** Gestaltete Form der Werbebotschaft, zum Beispiel Anzeigen, Plakate oder Radiospots.

• **WERBETRÄGER** Medien, welche die Werbebotschaft transportieren, zum Beispiel Tageszeitungen, Plakatwände oder Radiosender.

Während bei der Wahl der Werbemittel finanzielle und inhaltliche Überlegungen im Vordergrund stehen, spielen bei der Wahl der Werbeträger etwaige Streuverluste eine entscheidende Rolle. Diese ergeben sich, wenn das Verbreitungsgebiet eines Werbeträgers Kunden erreicht, die eigentlich nicht beworben werden sollen. So gibt es kaum Streuverlust bei einer themenspezifischen Individualwerbung mithilfe einer eigenen Kundenkartei, während die landesweite Kampagne eines Regionalia-Verlags mit Radiowerbung, Plakaten und Anzeigen beachtliche Ausmaße annehmen kann.

Werbemittel \ Werbeträger	Zeitung	(Fach-)Zeitschrift	Kino	Hörfunk	Fernsehen	Online-Medien	Außenwerbung	Schauwerbung/POS	Messe	Event	Mailing	Telefonmarketing	Außendienst
Anzeige/Banner	●	●				●							
Prospekt/Katalog	●	●					●	●	●	●			●
Plakat							●	●	●	●			
Gespräch						●		●	●	●		●	●
Produktprobe/Give-away								●	●	●			●
Brief/E-Mail											●		●
Spot			●	●	●	●							

62 Werbemittel-Werbeträger-Matrix

Es kommt immer darauf an, das wenige zur Verfügung stehende Geld effizient einzusetzen. Daher fällt der so genannten Media-Selektion eine entscheidende Rolle zu: Welche Werbemittel und welche Werbeträger sind zu wählen, damit die jeweiligen Zielgruppen zu vertretbaren Kosten am wirkungsvollsten erreicht werden? Ist es beispielsweise sinnvoller, für eine aktuelle Biografie des Bundeswirtschaftsministers eine Zeitungsanzeige oder einen Fernsehspot zu schalten? Ist für eine Anzeige die *Süddeutsche Zeitung* oder die *Frankfurter Allgemeine Zeitung* das passgenauere Medium? Soll die Anzeige im Politik- oder im Wirtschaftsressort erscheinen? Große Verlagshäuser beauftragen oft Werbe- oder Marketingagenturen mit der Mediaplanung, der Erstellung und der Durchführung der Werbemaßnahmen.

Nur bei neuen Produkten lässt sich der richtige Zeitpunkt für Werbeaktivitäten präzise festlegen. Aber es gibt drei weitere Orientierungsmöglichkeiten: die zyklische Werbung, durch die der Werbeaufwand entsprechend der Umsatzspitzen eingesetzt wird, die antizyklische Werbung, die den Werbeeinsatz in umsatzschwachen Zeiten aktiviert, und die konstante Werbung, die ohne Berücksichtigung der Umsatzschwankungen eines Geschäftsjahrs erfolgt. Wie auch immer im Einzelfall die Entscheidung hierüber ausfällt oder welche Mischform gewählt wird: Alle Werbeaktivitäten müssen langfristig geplant, organisiert und dokumentiert werden. Hierzu bedarf es eines Werbeplans, der nicht nur die Termine der Werbe- und auch PR-Maßnahmen erfasst, sondern darüber hinaus die einzelnen Werbeaktivitäten koordiniert.

CHECKLISTE: WERBEPLANUNG
- ZIELE Was soll die Werbung bezwecken?
- ZIELGRUPPE Welche Zielgruppe soll angesprochen werden?
- INHALT Welche Produkte oder Dienstleistungen sollen herausgestellt werden?
- FORM Welche Aufmachung bewirkt welchen Effekt?
- TIMING Wann ist der günstigste Zeitpunkt, an die Öffentlichkeit zu treten?
- FREQUENZ Wie häufig und in welchen Intervallen soll die Zielgruppe angesprochen werden?
- WERBEMITTEL Welche Werbemittel versprechen den meisten Erfolg?
- WERBETRÄGER Welche Werbeträger bieten die gewünschte Resonanz?
- BUDGET Welcher Werbeetat steht zur Verfügung?
- UMSETZUNG Welche Partner oder Dienstleister helfen weiter?

Die Zielgruppe steht im Mittelpunkt der Werbung. Nur wenn Sie wissen, wen Sie wie ansprechen wollen, finden Sie eine treffende Werbeaussage, eine wirkungsvolle Aufmachung und den richtigen Zeitpunkt. Universelle Werbeaussagen und -mittel, die für alle gleichermaßen passen, gibt es nicht: Jede Zielgruppe – der Buchhandel, das breite Publikum oder der eigene Außendienst – hat ein eigenes Informationsbedürfnis und muss unterschiedlich angesprochen werden. So kann es zum Beispiel Buchhändler besonders motivieren, die Bücher Ihres Verlags zu verkaufen, wenn sie großzügig mit Leseexemplaren ausgestattet werden. Die Vertreter erreichen Sie dagegen vielleicht besser mit finanziellen Anreizen für gute Leistungen. Wenn Sie die geeigneten Mittel und Botschaften wählen, zeigen sich messbare Erfolge: bessere Verkaufszahlen, eine höhere Bekanntheit oder ein besseres Image.

Um die Werbebotschaften zu vermitteln, können Sie Anzeigen, Vorschauen, Prospekte, Aufkleber, Plakate oder kleine Geschenke – so genannte Give-aways – einsetzen. Wichtig ist aber auf jeden Fall eine hohe Wiedererkennbarkeit. Die umworbene Zielgruppe soll auf Anhieb wissen, mit wem sie kommuniziert. Das erreichen Sie, indem Sie beispielsweise bestimmte Farben, Schriften, Schriftzüge oder Logos immer wieder verwenden (Corporate Design). Aber auch die Gestaltung des Produkts beeinflusst die Wiedererkennbarkeit. Darüber hinaus schafft das Aussehen eines Buchs Aufmerksamkeit und regt zum Kauf an (siehe Kapitel 3.2.3). Optische Reize gehören in der Mediengesellschaft zu den wichtigen Bestandteilen der Kommunikation: Sowohl Händler als auch Kunden lassen sich durch visuelle Kommunikationsaussagen beeinflussen und überzeugen.

Damit Werbung zum Kauf anregt und so den Umsatz Ihres Verlags erhöht, sollte aber nicht nur die visuelle Aufmachung stimmen, sondern auch die Sprache der Werbetexte muss überzeugen. Entsprechend der AIDA-Formel (siehe Kapitel 1.3.7) soll Aufmerksamkeit geweckt, ein Kaufwunsch ausgelöst und der Kauf initiiert werden – sowohl durch optische als auch durch verbale Aussagen. Werbeaussagen dürfen daher ruhig plakativ sein; sie dürfen provozieren, werten und müssen auffallen. Auch für die Werbesprache gibt es eine Zauberformel – KISS: »Keep it short and simple!« Kurz und einfach müssen Ihre Botschaften sein, damit sie wirken.

5.1.2
Handels- und Publikumswerbung

Es gibt zwei unterschiedliche Zielgruppen für Werbemaßnahmen: die Endabnehmer, die mithilfe der Publikumswerbung angesprochen werden, sowie die Händler als Absatzmittler. Die Publikumswerbung stellt den Nutzen des Buchs in den Vordergrund und weckt die Nachfrage auf Konsumentenseite. Gleichzeitig ist eine breit angelegte Konsumentenwerbung ein wichtiges Argument, um beim Buchhandel für Interesse an einem Titel zu sorgen. Wenn Titel intensiv beworben werden, lässt dies auf eine hohe Absatzerwartung des Verlags schließen, was wiederum ein Auslöser für erhöhte Umsatzerwartungen des Handels sein kann – und damit auf gute Verkäufe im Handel. Der Händlernutzen tritt also in den Vordergrund, der eng mit dem Umsatz beziehungsweise mit der zu erwartenden Rendite verbunden ist. Daher sind die Kernaussagen der Handelswerbung grundsätzlich anders gelagert als die Werbeaussagen der Publikumswerbung. Dennoch lassen sich die Grenzen zwischen Handels- und Publikumswerbung nicht immer scharf ziehen, insbesondere beim Social-Media-Marketing, wo Sie sowohl auf Buchhändler als auch auf Leser treffen.

Handelswerbung

Bewährte Instrumente der Handelswerbung sind Verlagsvorschauen und Anzeigen in der buchhändlerischen Fachpresse sowie – für Spitzentitel in der Belletristik oder im populären Sachbuch – Leseexemplare oder umfangreiche Leseproben. Kombiniert mit der persönlichen Werbung des Außendiensts ergibt sich so eine aufwändige, aber notwendige Multi-Channel-Vertriebsstrategie.

Die Verlagsvorschauen leisten – sowohl in gedruckter als auch digitaler Form – den Spagat zwischen nüchterner Titelinformation und emotionaler Ansprache. Folgende Informationen sind für Händler wichtig:
• Autorennamen und Titelbezeichnung,
• Abbildung des Covers sowie gegebenenfalls von Buchinnenseiten,
• Informationen über die Autoren,
• Kurzinhalt, gegebenenfalls Leseproben oder Inhaltsverzeichnis,
• Ausstattung, Format und Umfang,
• Erscheinungstermin,
• Preise für Deutschland, Österreich und die Schweiz,
• ISBN und EAN-Strichcode,
• Verkaufsargumente, Werbemaßnahmen und Sonderaktionen.

Bei Spitzentiteln ist häufig der Einsatz von Leseexemplaren oder umfangreichen Leseproben, bei Hörbüchern von Hörproben-CDs, sinnvoll. Große Publikumsverlage versenden vor der Vertreterreise ein Informationspaket, das neben der Verlagsvorschau auch diese Leseexemplare und Hörproben enthält. Zusätzlich wird manchmal eine Karte beigelegt, auf der der Buchhändler aufgefordert wird, seine Meinung zu den Novitäten zu äußern. Aussagekräftige Kurzstatements lassen sich dann als Testimonials in der Anzeigenwerbung verwenden. Für Sie bedeutet das, schon zu diesem Zeitpunkt das ganze Manuskript oder eine ausgewählte Textstelle bearbeitet und eventuell gesetzt zu haben. Denken Sie daran, dass fehlerhafte oder schlecht redigierte Leseproben Ihrem Projekt schaden.

In Deutschland gibt es drei Fachzeitschriften: *Börsenblatt*, *Buchreport* und *Buchmarkt*, hinzu kommen der *Anzeiger* in Österreich sowie der *Schweizer Buchhandel*. Diese Vielfalt für einen relativ kleinen Markt verlangt auf der einen Seite natürlich Auswahl, auf der anderen Seite einen guten Kontakt zu allen Organen. Die Mediadaten der Zeitschriften geben nicht nur Auskunft über Anzeigenpreise, Auflagenzahlen und technische Daten, sondern bieten auch eine Übersicht über Sonderhefte, Themenschwerpunkte oder Leseranalysen. Zu *Börsenblatt*, *Anzeiger* und *Schweizer Buchhandel* sei eine Anmerkung angefügt: Als Verbandsorgane haben sie einen offiziellen Charakter. Was dort steht, gilt der gesamten Branche als mitgeteilt.

Verkaufsförderung

Während die Werbung Verkaufsargumente liefert, zielen zeitlich befristete verkaufsfördernden Maßnahmen direkt auf eine Steigerung des Absatzes. Verkaufsförderung richtet sich wie Werbung an zwei Zielgruppen: an die Buchkäufer und an den Buchhandel. Die konkreten Maßnahmen werden auf die Bedürfnisse und Interessen der jeweiligen Zielgruppe zugeschnitten und mit den anderen Kommunikationsmaßnahmen aus der Werbe- und Presseabteilung abgestimmt.

Klassische Formen der kundenorientierten Verkaufsförderung sind Autorenlesungen und Signierstunden. Deren Vorbereitung ist zwar zeitaufwändig, aber sie verschaffen nicht nur dem einzelnen Buch, den Autoren und dem Verlag, sondern auch den Buchhandlungen öffentliche Resonanz. Um den Aufwand zu minimieren, sollten Lesereisen organisiert werden – eine Aufgabe, die meist der Presseabteilung übergeben wird. Die anfallenden Kosten werden oft zwischen Verlagen und Buchhandlungen in der Weise aufgeteilt, dass die Buchhandlung das Honorar für die Autoren übernimmt und der Verlag die Kosten für Übernachtungen und Reisen. Lesung ist aber nicht gleich Lesung: Nur gelungene Events stellen eine positive Verbindung zu den Veranstaltern her – ein Grund mehr, sich über die Zielgruppe klar zu werden. Dies gilt übrigens für alle verkaufsfördernden Maßnahmen, egal ob es sich um Lesungen, Fachveranstaltungen oder um Plätzchenbacken in der Vorweihnachtszeit handelt. Neben diesen inhaltsorientierten Formen der Verkaufsförderung gibt es weitere Möglichkeiten, um die Aufmerksamkeit der Käufer auf die eigenen Produkte zu lenken, zum Beispiel durch Gewinnspiele oder Preisausschreiben.

Wie die Werbung ist auch die Verkaufsförderung nicht ohne den Handel machbar, da die Präsenz am Point-of-Sale für viele Bücher eine der wichtigsten Voraussetzungen für den Verkauf ist. Der Handel steht daher bei den meisten Verkaufsförderungsmaßnahmen im Zentrum des Interesses, zum Beispiel bei Schaufensterwettbewerben und Aktionen mit dazugehörigem Dekorationsmaterial, Prospekten oder Fachkatalogen. Unterstützt werden diese Bemühungen durch eine entsprechende Rabatt- und Konditionenpolitik mit Aktionsrabatten, Remissionsmöglichkeiten, Werbekostenzuschüssen und längeren Zahlungszielen. Auch Seminare oder Verkaufsschulungen sind Möglichkeiten der Verkaufsförderung.

Publikumswerbung

Die Publikums- oder Endkundenwerbung hängt stark vom Verlagsprogramm, dem einzelnen Produkt und der Zielgruppe ab. Neben der mittlerweile obligatorischen Werbung über eigene Internetseiten versuchen wissenschaftliche Fachverlage beispielsweise, durch Prospekte in Fachbuchhandlungen, Anzeigen in einschlägigen Fachzeitschriften oder Online-Portalen sowie Präsenz auf Kongressen auf ihre Titel aufmerksam zu machen. Publikumsverlage hingegen setzen die Schwerpunkte ihrer Endkundenwerbung auf Anzeigen in Zeitungen und Zeitschriften, Zeitungsbeilagen, Bannerwerbung auf geeigneten Internetseiten, Plakate und Prospektwerbung im Sortiments- und Warenhausbuchhandel.

Wirksam sind Anzeigen in hochauflagigen Kundenzeitschriften. Da ist zunächst einmal das *Buchjournal* zu erwähnen, das regelmäßig mehr als eine Million Leser erreicht, die dreimal so viel Geld im Jahr für Bücher ausgeben als der Bundesbürger im Durchschnitt. Aber auch *Buch aktuell* sowie Kundenmagazine großer Buchhandelsketten werben um Ihre Gunst. Kundenzeitschriften bieten den Vorteil, dass man »PR-Anzeigen« buchen kann: Man liefert also nicht nur die klassische Produktanzeige ab, sondern gleichzeitig auch einen vom Zeilenumfang her vorgegebenen »redaktionellen« Text.

Radio-, Fernseh- oder Kinowerbung spielen aufgrund der enorm hohen Kosten für Produktion und Sendezeit keine große Rolle. Dafür wird aber die Online-Werbung immer wichtiger – indem beispielsweise Banner oder Pop-ups auf relevanten Internetseiten geschaltet werden. Eine genaue Kenntnis Ihrer Zielgruppen hilft Ihnen, aus der Vielfalt das richtige Medium auszuwählen: Fordern Sie bei den Vermarktern von Werbeflächen oder Werbezeiten die so genannten Mediadaten an: Dort erfahren Sie alles über die soziodemografische und psychografische Zusammensetzung der jeweiligen Adressaten.

Insbesondere in Fachverlagen lohnt sich die Direktwerbung mittels Brief, Telefax oder E-Mail – bei sehr hochpreisigen Produkten auch Telefonmarketing. Das hat mehrere Vorteile: Sie können Ihre Kunden persönlich ansprechen, individuelle Angebote unterbreiten und haben so minimale Streuverluste. Voraussetzung sind in jedem Fall ein aktueller und zielgruppenspezifischer Adressbestand und die genaue Beachtung der gültigen Datenschutzbestimmungen.

Hinzu kommen die kontinuierliche Betreuung von Kunden oder Handelspartnern sowie Verkaufsgespräche. Gerade in diesen zeigt sich die enge Verknüpfung der einzelnen Marketinginstrumente deutlich, da hier die Werbeargumente aufgegriffen oder die Konditionen verhandelt werden. In Buchverlagen ist dafür der Vertrieb verantwortlich, insbesondere der Außendienst. (siehe Kapitel 4.2.1): Er erklärt die geplanten Werbe- und Pressemaßnahmen, informiert über relevante Marktentwicklungen und unterstützt Buchhändler aktiv bei ihren eigenen Verkaufsaktivitäten. Auf alle Fälle prägt er in entscheidendem Maß Reputation und Image des Verlags gegenüber seinen Partnern.

5.1.3
Messen und Veranstaltungen

Buchmessen oder Buchausstellungen sind neben ihrer Bedeutung für das Lizenzgeschäft (siehe Kapitel 1.1.2) ideale Marketing- und PR-Plattformen. Hier trifft man Interessenten und sonstige Multiplikatoren, sodass neue Kontakte geknüpft und bestehende gepflegt werden können. Hier werden Informationen vermittelt und das Unternehmen der Fachöffentlichkeit und dem Publikum präsentiert. Außerdem ist die üblicherweise im Umfeld einer Messe bestehende erhöhte Aufmerksamkeit zu beachten. Deshalb wird man sich bemühen, die Medien auf die eigenen Autoren und auf das eigene Programm zu fokussieren.

Neben der Frankfurter Buchmesse im Oktober hat sich die Leipziger Buchmesse im März eines jeden Jahres fest als Publikumsmesse etabliert. Vor allem mit dem umfangreichen Rahmenprogramm »Leipzig liest« wird hier einem großen Publikum die Vielfalt der Branchenproduktion gezeigt. Wichtige Auslandsmessen sind die Messen in London, Paris und die BookExpo America. Darüber hinaus gewinnen Fachmessen für Kinderbücher (Bologna) oder Computerbücher (CeBit) im Zuge der Spezialisierung von Verlagsprogrammen an Bedeutung.

Die weltweit größte Buchmesse ist die jährlich im Oktober stattfindende Frankfurter Buchmesse. Ihre frühere Bedeutung als Ordermesse hat sie schon lange verloren, denn die Vertreter der Verlage verkaufen bereits in den Monaten vor der Messe auf ihrer Herbstreise die Novitäten an das Sortiment, und die Buchhändler ergänzen ihre Lager regelmäßig während des ganzen Jahres. Ausnahmen betreffen vielleicht kleine Buchhandlungen, die von Vertretern nicht besucht werden oder deren Eigentümer den Messebesuch nutzen, um Anregungen für ihr Sortiment zu bekommen. Verlage sollten sich daher genau überlegen, ob sich ein eigener Stand auf der Frankfurter Buchmesse lohnt, denn die Kosten für Standgebühren zuzüglich Reise-, Hotel-, Bewirtungs- und andere Nebenkosten summieren sich bereits für einen mittleren Verlag leicht auf über 20.000 Euro. Dieser Aufwand rechnet sich nur, wenn man die Messe zusätzlich unter dem Aspekt der Projektakquise und der Öffentlichkeitsarbeit sieht.

Unabhängig von diesen Überlegungen gilt die Frankfurter Buchmesse als die weltweit größte PR-Show für das Buch und andere Medien. Die Medienpräsenz ist allgegenwärtig: Das Fernsehen sendet Ausschnitte aus der Eröffnungsveranstaltung, überträgt die Verleihung des Friedenspreises des Deutschen Buchhandels und bringt ausführliche Reportagen, Kurzinterviews mit Verlegern und Autoren oder lässt in seinen Kulturmagazinen Repräsentanten der Branche miteinander diskutieren. Dies alles ist öffentlichkeitswirksame Werbung für das Medium Buch, garantiert aber nicht, dass zwangsläufig auch das eigene Verlagsprogramm wahrgenommen wird. Hier ist gute Arbeit der Experten aus Ihrer Presse- und Werbeabteilung wichtig; dort weiß man, wie Ihre Zielgruppen am besten erreicht werden.

Außer auf Buchmessen können Sie auch auf anderen Veranstaltungen für Ihren Verlag, Ihre Bücher und Ihre Autoren werben. Infrage kommen Fachkongresse ebenso wie beispielsweise Ausstellungen, Festivals und andere Events. Der Vorteil ist derselbe wie bei Messen: Sie kommen unkompliziert mit Ihrer Zielgruppe und wichtigen Multiplikatoren in Kontakt – und gewinnen vielleicht auch neue Autoren.

5.1.4
Social-Media-Marketing

Amazon macht es schon lange vor: Leser bewerten und kommentieren öffentlich die Bücher, die der Online-Händler anbietet. Die Gefahr dabei: Schlecht bewertete Titel werden zu Ladenhütern, und die Kunden kaufen insgesamt weniger. »Nein, sie werden weniger Bücher kaufen, die sie ohnehin nicht wollen«, dessen war sich Amazon-Gründer Jeff Bezos sicher. Tatsächlich ist die Angst vor Kontrollverlust über die publizierte Meinung nur dann begründet, wenn Qualität, Leistung oder Preis nicht stimmen. Denn Kunden lassen sich nicht den Mund verbieten und vertrauen Empfehlungen Gleichgesinnter mehr als klassischer Werbung. Die glattpolierte Selbstdarstellung, beispielsweise auf der eigenen Internetseite, wird damit zwar nicht überflüssig, verliert aber an Bedeutung.

Die Nutzerzahlen bei Online-Communitys wie Facebook, Google+, Twitter, YouTube oder Xing steigen seit Jahren beständig. Allein Facebook nutzen in Deutschland, Österreich und der Schweiz im Sommer 2012 etwa 30 Millionen Menschen – und darunter befinden sich auch Ihre Leser, Autoren, Buchhändler und Rezensenten. Diese Portale, die auf persönlicher Vernetzung, Empfehlungen und Vertrauen basieren, sind inzwischen ein wesentlicher Bestandteil der Alltagskommunikation, aber auch der Unternehmenskommunikation.

Wenn Sie in den sozialen Netzen aktiv werden wollen, heißt das zunächst zuhören. Dort wird nämlich bereits über Ihren Verlag, Ihre Bücher, Ihre Autoren und vielleicht sogar Sie selbst gesprochen. Doch wo wird über Sie geredet? Und wer sind die Meinungsführer? Das finden Sie leicht mithilfe spezieller Monitoring-Dienste heraus wie zum Beispiel Google Alerts (WWW.GOOGLE.DE/ALERTS) oder Socialmention (WWW.SOCIALMENTION.COM). Sie werden vermutlich überrascht sein, wer alles über Ihre Themen spricht und wie groß die Anhängerschar mancher Blogger, Twitterer und Gruppenmoderatoren ist.

Grund genug also, sich in diese Gespräche einzubringen – wenn Sie genau wissen, wen und was Sie damit erreichen wollen. Gefragt sind dabei keine platten Werbebotschaften oder plumpe Eigen-PR, sondern attraktive (Insider-)Informationen für ein interessiertes Publikum: Leser ebenso wie Autoren, Buchhändler, Journalisten und andere Multiplikatoren. Sie können zum Beispiel auf Facebook oder Google+ eine Fanseite für den Verlag oder einzelne Autoren einrichten, ein Video auf YouTube einstellen, die Follower Ihrer Autoren auf LovelyBooks oder Twitter mit exklusiven Vorabinformationen versorgen oder auf Xing ein Forum zu einem für Ihr Programm relevanten Thema moderieren.

Social-Media-Marketing ist mit Aufwand verbunden und braucht vor allem Geduld. Sie werden nicht auf Anhieb Tausende Fans gewinnen, sondern müssen sich als ehrlicher und interessanter Gesprächspartner auf Augenhöhe bewähren. Dabei ist viel Fingerspitzengefühl und meist auch Tempo gefragt, besonders in schwierigen Situationen: wenn der neueste Roman ein Flop ist, die Thesen eines Sachbuchautors umstritten sind, ein Buch voller Fehler steckt oder der Verlag in der Kritik steht. Dabei muss stets klar sein, wer auf den Online-Plattformen öffentlich für Ihr Haus sprechen darf – eine immer wichtiger werdende Unternehmensaufgabe, die sich nicht nebenbei erledigen lässt. Der Lohn: eine präzisere Kenntnis der eigenen Zielgruppen und deren Wünsche, Vorlieben und Abneigungen.

5.2
Öffentlichkeitsarbeit

Im Gegensatz zur Werbung verfolgt Public Relations (PR) einen anderen Ansatz: Hier geht es nicht in erster Linie um Absatzsteigerung oder Umsatzerhöhung. Die Öffentlichkeitsarbeit – so die Übersetzung des englischen Begriffs Public Relations – will keine direkten, kurzfristigen Verkaufsimpulse geben, sondern stellt das Image in den Mittelpunkt. Sie orientiert sich am Markt der Meinungen und Informationen und besitzt eine eindeutige Serviceausrichtung. Sie versucht, Informationen zu vermitteln, Sympathien zu schaffen und Meinungen zu beeinflussen. Die PR-Abteilung versteht sich imgrunde als Informations- und Servicestelle für Journalisten und andere Interessenten. Sie prägt in hohem Maß die Kommunikation des Verlags.

Doch wer verbirgt sich hinter dem Begriff Öffentlichkeit? Im Jargon des Marketings spräche man vom Markt oder von Marktsegmenten, aber auch die PR segmentiert die Öffentlichkeit. Wenn Sie diese Teilöffentlichkeiten genau betrachten, erkennen Sie auf Anhieb die Vielfalt der Aufgaben: Seien es nun Leser, Handelspartner, Medienvertreter oder sonstige Multiplikatoren, politische Institutionen, Finanziers, Mitarbeiter, Autoren oder Dienstleister – alle haben ein eigenes Informations- und Kommunikationsbedürfnis. Öffentlichkeitsarbeit ist also in hohem Maß zielgruppenorientiert. Alle Maßnahmen, Botschaften und sogar die Sprache müssen entsprechend gewählt werden, um die jeweiligen Teile der Öffentlichkeit zu erreichen und einen vertrauensvollen, dialogorientierten Informationsfluss zu ermöglichen.

Eine wichtige Arbeitsgrundlage für die Presseabteilung ist der Adressverteiler. Er enthält Adressen und weitere Kontaktdaten von Institutionen, Redaktionen, freien Journalisten, Rezensenten und sonstigen Ansprechpartnern, die als Multiplikatoren für den Verlag wichtig sind. Sinnvollerweise werden diese Daten um weitere Angaben ergänzt, beispielsweise zu inhaltlichen Schwerpunkten oder Interessengebieten. So lassen sich über das Adressverwaltungsprogramm die relevanten Ansprechpartner zu einem bestimmten Thema schnell finden und gezielt ansprechen. Ein solcher Verteiler entsteht oft über Jahre – den Grundstock bilden zu Anfang meist gekaufte Adressen. Spezielle Verzeichnisse dienen als Basis und werden auch später immer wieder zur Aktualisierung des Adressbestands eingesetzt. Berücksichtigen Sie dabei nicht nur die etablierten Journalisten, sondern auch die wichtigsten Rezensenten und Blogger bei Amazon, LovelyBooks oder anderen für Ihr Verlagsprogramm relevanten

MEDIENVERZEICHNISSE

- STAMM Dieser *Leitfaden durch Presse und Werbung* erscheint jährlich neu für Deutschland als Buch und CD-ROM, für Österreich und die Schweiz nur als CD-ROM. Er enthält alle Medien – Print, Film, Funk, Fernsehen – und nennt die Ansprechpartner in Redaktionen und Anzeigenabteilungen. Aufgelistet werden auch Werbe- und PR-Agenturen, Pressedienste, Ausschnittdienste, Presseämter, Markt- und Meinungsforschungsinstitute sowie alle Verbände und Organisationen der Publizistik und Kommunikation. Ausführliche Informationen finden Sie im Internet unter WWW.STAMM.DE, wo Sie auch einen Presseverteiler nach Ihren Bedürfnissen online bestellen können.
- ZIMPEL Der Zimpel gehört zu den umfangreichsten Media-Datenbanken. Als Online-Datenbank unter WWW.ZIMPEL.DE verzeichnet er Zeitungen, Publikumszeitschriften, Fachzeitschriften, Funk und Fernsehen sowie Anzeigenblätter und freie Journalisten.
- KROLL PRESSE-TASCHENBÜCHER Diese kleinen Nachschlagewerke im Taschenkalenderformat sind jeweils einem Thema gewidmet. So gibt es beispielsweise Presse-Taschenbücher zu Wirtschaft, Touristik, Kunst, Architektur und Design, Ernährung und Gesundheit oder Schule, Wissen und Bildung. Im Internet erfahren Sie Näheres unter WWW.KROLL-VERLAG.DE.

Online-Portalen; manche Blogs, Twitter-Konten oder Facebook-Seiten, die sich mit Ihren Themen oder Autoren befassen, besitzen ebenfalls eine große Fangemeinde.

Die kontinuierliche Pflege des Adressverteilers zählt zu den wichtigen Aufgaben der Presseabteilung, denn nur so kommen die Mailings, Presseinformationen oder Rezensionsexemplare genau dorthin, wo sie hingehören und wo sie im Sinn der Verlagspromotion wirken sollen. Pflege bedeutet dabei, die Kontaktdaten immer auf dem Laufenden zu halten und in regelmäßigen Abständen zu prüfen, ob die erfassten Kommunikationspartner für Ihren Verlag überhaupt von Nutzen sind. Journalisten, die zwar regelmäßig Rezensionsexemplare anfordern, aber niemals eine Besprechung Ihrer Bücher veröffentlichen, sollten Sie zunächst direkt auf diesen Sachverhalt ansprechen und um Belege bitten. Wenn Sie keine zufriedenstellende Antwort erhalten, können Sie eine Frist setzen, nach der Sie diese Journalisten aus Ihrem Verteiler streichen. Hilfreich ist dabei auch der Kontakt zum Arbeitskreis der Verlagspressesprecher (WWW.AVP-NETZWERK.DE). Die Kolleginnen und Kollegen tauschen sich offen über ihre Erfahrungen mit solchen Problemfällen aus und können Ihnen sicher Tipps für Ihren konkreten Fall geben.

5.2.1
PR-Konzept

Öffentlichkeitsarbeit müssen Sie genau planen und organisieren. Das ist schon der halbe Erfolg. Wenn Sie ein PR-Konzept entwickeln, sollten Sie diese Fragen stellen:

- ZIEL Was wollen Sie erreichen?
- ZIELGRUPPE Wen wollen Sie erreichen?
- BOTSCHAFT Was wollen Sie mitteilen?
- MITTEL Wie erreichen Sie diese Vorgaben?

Da die Planung und Umsetzung solcher Konzepte vom Budget und von der Zeit abhängig sind, die Ihnen zur Verfügung stehen, müssen Sie sich mitunter auf einzelne Aspekte oder auf einzelne Zielgruppen beschränken. Hier bieten sich Multiplikatoren wie Redakteure oder Buchhändler an, über die Sie mit relativ geringem Aufwand eine große Zielgruppe erreichen können. Gerade den Medien kommt hierbei eine große Bedeutung zu; daher ist in vielen Verlagen die Pressearbeit wichtigster Bestandteil der PR-Aktivitäten.

Bei der Entwicklung des PR-Konzepts ist eine enge Abstimmung mit den anderen Abteilungen notwendig – insbesondere mit der Verlagsleitung, dem Vertrieb und dem Lektorat. Um mit den verschiedenen PR-Instrumenten wirkungsvoll an die Öffentlichkeit zu treten, müssen deshalb innerhalb des Verlags alle Informationen reibungslos fließen. Kein Öffentlichkeitsarbeiter kann aktiv werden, wenn die notwendigen Hintergründe, Inhalte und Informationen nicht zur Verfügung stehen. Von Lektoren und Redakteuren benötigt die Presseabteilung folgende Informationen:

- **PROJEKT** Beschreiben Sie kurz Inhalt und Zielgruppe des Buchs. Nennen Sie auch die wichtigsten Konkurrenztitel und Verkaufsargumente (siehe Kapitel 1.1.4).
- **WERBETEXT** Ein kurzer Werbetext aus Ihrer Feder dient als Grundlage für weitere Pressetexte (siehe Kapitel 1.3.7).
- **LESEPROBE** Bei wichtigen Büchern kann es sinnvoll sein, Journalisten schon vor der Auslieferung mit dem Text zu versorgen. So können diese pünktlich zum Erscheinen über das neue Werk berichten. Achten Sie aber unbedingt darauf, dass die Leseproben oder Druckfahnen bereits redigiert und Korrektur gelesen wurden. Geben Sie keine Texte heraus, wenn Sie noch mit größeren Änderungen rechnen.
- **AUTOREN** Stellen Sie alle wichtigen Informationen über die Autoren zusammen. Dazu gehören neben einem kurzen Lebenslauf auch ein Foto und die aktuellen Kontaktdaten. Klären Sie mit Ihren Autoren frühzeitig, ob Sie deren Adresse weitergeben dürfen und ob sie für Interviews, Lesungen oder andere PR-Aktivitäten zur Verfügung stehen. Gerade bei sehr prominenten Autoren kann es sinnvoll sein, solche Vereinbarungen bereits im Verlagsvertrag zu verankern.
- **KONTAKTE** Listen Sie auf, welche Medien oder Institutionen für die PR-Arbeit zu Ihrem Buch in Frage kommen. Wenn Ihre Autoren über persönliche Kontakte zu Journalisten verfügen, sollten Sie das ebenfalls erwähnen.

5.2.2
Pressespiegel

Öffentlichkeitsarbeit besitzt noch eine weitere Dimension: Pressesprecher und Presseabteilung sind idealerweise nicht nur Sprachrohr des Verlags, sondern zugleich auch das Ohr – also eine Art Informations- und Frühwarnsystem. Das heißt: Die PR-Abteilung beobachtet die Medien, die Reaktionen der Öffentlichkeit auf Verlag, Bücher und Autoren sowie die allgemeine Entwicklung der Branche und gibt Impulse an die Kollegen.

Die für Ihren Verlag wichtigsten Zeitungen und Zeitschriften werden in der Regel von der Presseabteilung jeden Tag selbst gelesen und ausgewertet. Doch natürlich ist es unmöglich, alle Medien im Blick zu behalten. Gegen ein Honorar helfen hier so genannte Ausschnittdienste oder

Clipping-Dienste weiter. Sie beobachten eine Vielzahl von Medien und durchsuchen diese nach bestimmten Stichworten, die Sie vorgeben. Sinnvoll sind zum Beispiel alle Artikel, in denen Ihr Verlag erwähnt wird, Ihre Autoren oder Ihre Bücher. Darüber hinaus können Sie auch nach Berichten über Ihre Konkurrenten, über Dienstleister oder die Buchbranche im Allgemeinen suchen lassen. Was Clipping-Dienste für die klassischen Medien leisten, leistet Social-Media-Monitoring im Internet (siehe Kapitel 5.1.4).

In den meisten Verlagen werden alle wichtigen Artikel regelmäßig in einem Pressespiegel zusammengestellt und in Umlauf gegeben oder ins Intranet gestellt. Der Pressespiegel ist eine Dokumentation der Berichterstattung in den Medien. Mithilfe des Medientenors können Sie den Erfolg der PR-Aktivitäten kontrollieren, denn er zeigt, ob die Presseabteilung ihre Ziele erreicht hat. Darüber hinaus ist der Pressespiegel ein wichtiges Arbeits- oder Informationsmittel für alle Abteilungen. So werden interessante Artikel oder prägnante Textpassagen häufig zur Werbung oder Verkaufsförderung benutzt. Bei Neuauflagen können Sie beispielsweise wohlwollende Zitate auf dem Umschlag abdrucken. Im Übrigen sollten Sie Ihre Autoren über alle Berichte informieren, die für sie von Bedeutung sind, falls das nicht bereits die Presseabteilung für Sie übernimmt.

5.2.3
PR-Instrumente

Schriftliche und auf direkter, persönlich-mündlicher Kommunikation beruhende PR-Instrumente ermöglichen einen einfachen Informationsaustausch zwischen Verlag und Öffentlichkeit. Zu den schriftlichen PR-Instrumenten gehören Presseinformationen, Pressemappen, Newsletter, Weblogs, Image-Broschüren oder Geschäftsberichte, aber auch das Schwarze Brett oder das Intranet zur Kommunikation innerhalb eines Verlags. Der Internetauftritt oder audiovisuelle Präsentationen, zum Beispiel Podcasts oder auch Filme zur Selbstdarstellung von Verlag, Büchern und Autoren, sind ebenfalls wichtige PR-Instrumente. Zu den Maßnahmen, die auf direkter persönlicher oder mündlicher Kommunikation beruhen, zählen unter anderem Pressereisen, Pressekonferenzen, Redaktionsbesuche, Hintergrundgespräche, Interviews, Talkshow-Auftritte, Lesungen und sonstige Ereignisse wie Jubiläen, Feste, Preisverleihungen, Kongresse oder Symposien. Sie alle dienen dazu, bestimmte Informationen bei bestimmten Zielgruppen zu platzieren.

Das Internet bietet interessante Möglichkeiten und erleichtert die Kommunikation. Zum einen steht es als schneller Kommunikationsweg zur Verfügung, zum anderen eignet es sich hervorragend als Informationsplattform. So bieten viele Verlage im Internet einen besonderen Presseservice an: Bildarchive, Presseinformationen zum Herunterladen oder direkte Kontaktmöglichkeiten. Auch Online-Presseverteiler, Chatrooms, virtuelle Pressekonferenzen oder die Unterstützung der klassischen PR-Maßnahmen durch die kontinuierliche Begleitung im Netz gehören zu den Möglichkeiten eines serviceorientierten Internetauftritts.

Direkte PR-Instrumente

Das Pressegespräch ist ein Informations- oder Hintergrundgespräch mit einem ausgewählten Kreis von Redakteuren oder einem besonders wichtigen Journalisten in einer persönlichen Atmosphäre. Es ist weniger offiziell als beispielsweise eine Pressekonferenz, die eine Informationsveranstaltung zu bestimmten Ereignissen oder Themen ist. Üblicherweise geben hier Referenten Statements ab, erläutern Zusammenhänge und liefern konkrete Informationen. Danach können die anwesenden Redakteure Fragen stellen. Ein wirklicher Dialog entsteht so kaum. Pressekonferenzen, deren Organisation einiges an Zeit und Geld kostet, eignen sich für besonders wichtige Themen, bei hochrangiger Besetzung und bei einer großen Zahl erwarteter Journalisten, die man gleichzeitig informieren will. Ziel ist normalerweise die unmittelbare Veröffentlichung der präsentierten Inhalte in den Medien.

Einen besonderen Stellenwert hat das Interview, in dem Fragen direkt beantwortet werden können. Es bietet somit eine relativ große Nähe zwischen den Kommunikationspartnern. Bei einem Exklusiv-Interview wird eine Redaktion bevorzugt behandelt und erhält als einzige Informationen zu einem bestimmten Thema. Gerade hier sollte man darauf achten, den Text vor der Veröffentlichung noch einmal zu sehen, um Missverständnisse oder Fehler zu korrigieren. Doch nicht immer werden Journalisten diese Möglichkeit einräumen können – vor allem wird sich kein Journalist darauf einlassen, das Interview noch einmal kosmetisch zu überarbeiten, wenn Sie mit Ihren Aussagen nicht mehr zufrieden sind. Daher sollten Sie schon vor dem Interview genau wissen, wer angesprochen werden soll, in welchem Zusammenhang und in welcher Form die Informationen genutzt werden. Auch bei einem überraschenden Telefon-Interview müssen Sie sich die Zeit zur Klärung der Rahmenbedingungen nehmen und die folgenden Punkte mit dem Redakteur absprechen:

- **RAHMENBEDINGUNGEN** Wo, wie und wann soll das Gespräch stattfinden? Wie lange wird das Interview dauern?
- **VERÖFFENTLICHUNG** Wo und wann soll der Beitrag veröffentlicht werden? Wie lang soll er etwa werden?

- **THEMA** Was ist das genaue Thema des Beitrags? Zu welchen Themen-aspekten werden Ihre Autoren befragt?
- **GESPRÄCHSPARTNER** Wer wird das Gespräch führen?
- **INFORMATIONSQUELLEN** Gibt es weitere Informanten zu diesem Thema?

Noch begehrter ist ein Auftritt in einem Fernsehmagazin oder einer Talkshow. Voraussetzung hierfür sind ein möglichst hoher Bekanntheits-grad Ihres Autors sowie ein aktuelles Thema oder eine brisante Story. Eine gründliche Vorbereitung auf den TV-Auftritt ist unverzichtbar, denn im Gegensatz zum Interview, das vor Erscheinen noch gegengelesen und freigegeben werden muss, ist der Eindruck, den Ihr Autor auf dem Bild-schirm hinterlässt, nicht mehr zu korrigieren. Unerfahrenen Autoren ist deshalb vorab unbedingt ein Medientraining zu empfehlen.

- **RAHMENBEDINGUNGEN** Handelt es sich um eine Live-Sendung oder eine Aufzeichnung? Wo und wann wird aufgezeichnet? Für welchen Sender? Wie viel Gesprächszeit steht zur Verfügung?
- **SENDUNG** Wo und wann wird die Sendung ausgestrahlt? Wann wiederholt?
- **THEMA** Was ist das Thema der Sendung? Gibt es einen Fragenka-talog zur Vorbereitung?
- **GESPRÄCHSPARTNER** Wer ist der Moderator der Sendung? Welche weiteren Gesprächspartner sind anwesend? Welche Rolle nehmen diese ein? In welcher Reihenfolge werden diese befragt?

Unter Pressereisen versteht man speziell für Medienvertreter organisier-te ein- oder mehrtägige Informationsreisen. Sie sind in der Tourismus-oder Automobibranche ein gebräuchliches und effektives PR-Instrument.

Ebenfalls als Pressereise bezeichnen viele PR-Leute Redaktionsbesu-che. Verlagspressesprecher besuchen in der Regel zweimal jährlich im Vorfeld der Neuerscheinungen die wichtigsten Redaktionen. Diese Besu-che dienen zum einen der Kontaktpflege, zum anderen bieten sie Gele-genheit, mit den Medienvertretern über konkrete Vorhaben oder ge-meinsame Projekte zu sprechen. Weil Redaktionsbesuche viel Zeit und Geld kosten, werden mehrere Termine meist gebündelt. Das heißt, alle wichtigen Redaktionen oder freien Journalisten einer Stadt oder Region werden nacheinander an wenigen Tagen besucht.

Schriftliche PR-Instrumente

Die Pressemappe enthält Informationsmaterial, das Medienvertretern auf Messen, bei Pressekonferenzen und anderen Veranstaltungen überreicht wird. In die Pressemappe kommt alles, was Journalisten die Recherche erleichtert und deren eigene Eindrücke sinnvoll belegt oder ergänzt. Das sind zum Beispiel vorbereitete Pressemitteilungen, konkrete Informationen zu einzelnen Büchern, Programmvorschau und Gesamtverzeichnis, Lebensläufe und Statements von Autoren, Verlagsmitarbeitern oder anderen Personen, gegebenenfalls auch Informationen zur Geschichte des Verlags, Geschäftsberichte, Bilanzen, Umsatz- und Mitarbeiterzahlen. Darüber hinaus interessieren sich Journalisten für Abbildungen, Fotos und Grafiken.

Die Pressemitteilung oder Pressemeldung ist das wichtigste schriftliche PR-Instrument. Sie trägt den Charakter einer Nachricht: Deshalb sollte sie aktuell, verständlich, sachlich, überprüfbar und vor allem von öffentlichem Interesse sein. Die Presseinformation wird den Redaktionen oder Nachrichtenagenturen als Vorschlag zur Veröffentlichung angeboten und darf von ihnen bearbeitet, ergänzt oder gekürzt werden. Sie stellt eine Arbeitsgrundlage für Journalisten dar, die normalerweise unter erheblichem Zeitdruck arbeiten und eventuell dankbar für aufschlussreiche Quellen sind. Daher gilt: Je journalistischer die Pressemitteilung aufbereitet ist, desto höher ist die Wahrscheinlichkeit, dass Redakteure sie für ihre Arbeit verwenden. Pressetexte sind demnach immer dann besonders erfolgreich, wenn sie sich an journalistischen Maßstäben orientieren, also professionell aufbereitet sind und durch druckfähige und rechtefreie Fotos, Grafiken oder weitere Serviceangebote ergänzt werden. Ganz wichtig ist, dass sie ein interessantes oder aktuelles Thema zum Inhalt haben. Dabei können Sie die PR-Abteilung unterstützen: mit entsprechenden Informationen, Anregungen und vielleicht sogar mit bereits journalistisch aufbereiteten Texten.

Eine große Rolle spielt bei Pressemeldungen die Zielgruppe: Für welches Medium ist die Information gedacht? Welches Publikum soll angesprochen werden? Welchen wichtigen, aktuellen oder originellen Ansatz gibt es für die Nachricht? Die Themen sind vielfältig: Nicht nur neue Bücher oder neue Autoren sind von Interesse, auch Sonderaktionen, Kooperationen, wichtige unternehmerische Entscheidungen oder Entwicklungen können spannend sein.

Neben der Aufbereitung des Inhalts verrät auch die Form, ob die Presseabteilung über journalistisches Know-how verfügt. Das zeigt sich bereits beim Aufbau der Pressemitteilung. Redakteure beginnen ihre Artikel üblicherweise mit den wesentlichen Aussagen und gehen anschließend immer weiter ins Detail, erläutern nähere Umstände und vielleicht auch die Vorgeschichte – frei nach der Journalistenregel: Ein Artikel sollte sich von hinten kürzen lassen. Das heißt, dass das Wichtigste immer am Anfang des Pressetexts stehen muss. Der Artikel bekommt eine Überschrift, die neugierig macht und zum Weiterlesen einlädt, gegebenenfalls auch eine ergänzende zweite Überschrift, die Näheres erläutert. Ein Vorspann oder Lead fasst den Inhalt übersichtlich zusammen, dann folgt der eigentliche Text. Dieser kann zusätzlich Fotos, Grafiken, Tabellen oder so genannte O-Töne enthalten, also Aussagen und Zitate von interessanten Personen. Längere Texte werden übersichtlich strukturiert durch Zwischenüberschriften und Absätze.

Die Sprache gehört zum wichtigsten Handwerkszeug von Journalisten. Deshalb müssen Sie genau wissen, wie die unterschiedlichen Medien Ihre Zielgruppe ansprechen – und Ihre Pressetexte entsprechend anpassen. In Kapitel 1.3.7 finden Sie bereits einige Anregungen zum Schreiben von Werbetexten, die auch für die PR-Sprache gelten. Aber Vorsicht: Die Werbesprache kann und darf plakativ sein, sie soll werten und provozieren. Bei der Öffentlichkeitsarbeit kommen Sie mit diesem Ansatz nicht weiter. Denn die PR-Sprache sollte vom Tenor her knapp, sachlich, informativ und verständlich sein. Sie soll Vertrauen schaffen und Sympathien wecken, Glaubwürdigkeit und Kompetenz ausstrahlen und insgesamt einen objektiven, distanzierteren Eindruck vermitteln. Unübersichtlichkeit, Floskeln und Worthülsen, Übertreibungen und Selbstlob, Mutmaßungen oder gar Fehlinformationen verärgern Journalisten. Zu Recht, schließlich sind sie nicht Mitarbeiter der Werbeabteilung Ihres Verlags.

6
Berufswege

Lektor oder Redakteur: Für viele ist das ein Traumberuf, der noch dazu als recht elitär gilt. Ein Beruf wie jeder andere ist es nicht, denn Routine gibt es trotz standardisierter Abäufe selten. Jedes Buchprojekt verlangt, sich auf neue Inhalte und andere Menschen einzustellen, von denen einige im Licht der Öffentlichkeit stehen. Ein kleines Stück von diesem Glamour fällt auf die betreuenden Lektoren ab. Kein Wunder, dass Jahr für Jahr unzählige Studenten, Studienabbrecher und Hochschulabsolventen Praktika in Verlagen absolvieren – sei es aus Verzweiflung mangels beruflicher Alternativen, aus Liebe zum Medium Buch oder aus Interesse für einen der vielseitigsten und schönsten Berufe überhaupt. Die Bezahlung kann es jedenfalls nicht sein, mit der Verlage talentierte Mitarbeiter locken.

Wer sich darauf einlässt, als Lektor oder Redakteur in einem Buchverlag tätig zu sein, tut dies mit Haut und Haaren: Geregelte Arbeitszeiten stehen oft nur auf dem Papier, denn das Arbeitsergebnis bemisst sich nicht nach geleisteten Stunden, sondern nach Qualität, Verkaufserfolg und pünktlichem Erscheinen der Produkte. Dass viele Veranstaltungen außerhalb der offiziellen Arbeitszeiten stattfinden, dass Autoren auch nach Feierabend oder am Wochenende ein offenes Ohr erwarten, wird als selbstverständlich vorausgesetzt. Gefragt ist also der Einsatz der ganzen Persönlichkeit, nicht nur des (unter-)bezahlten Lohnarbeiters. Der Dank für diese Mühen? Das Gehalt ist in anderen Branchen besser, und den Ruhm ernten die Autoren. Wer schnell viel Geld verdienen will und nicht damit zurechtkommt, vor allem im Hintergrund zu wirken, wird in diesem Beruf nicht glücklich. Alle anderen aber gewinnen nicht nur neue Einsichten, sondern vor allem spannende Kontakte zu vielen außergewöhnlichen Menschen.

Für Lektoren und Redakteure in Buchverlagen gibt es weder eine einheitliche, geregelte Ausbildung noch klar vorgezeichnete Karrierewege. Dabei sind die Anforderungen in diesem Beruf hoch, die Aufgaben vielfältig – das zeigt auch dieses Buch:
- **PROGRAMMPLANUNG** Marktbeobachtung, Programmentwicklung und Akquise;
- **PROJEKTMANAGEMENT** Koordination des Produktionsprozesses;

- **AUTORENMANAGEMENT** Kontaktgewinnung und -pflege;
- **REDAKTION** Bearbeitung von Manuskripten von der Entstehung bis zur Druckreife.

Hinzu kommen verkäuferische Aufgaben wie die Präsentation des Buchprogramms bei Programm- und Vertreterkonferenzen, betriebswirtschaftliche Aufgaben wie die Kalkulation, Kostenkontrolle und Preisfindung sowie herstellerische Aufgaben wie die Beurteilung von Layoutentwürfen oder Bildern. Gesucht sind also starke Persönlichkeiten mit umfassendem Know-how. Die Arbeitsagentur (WWW.BERUFENET.ARBEITSAGENTUR.DE) sagt zum Berufsbild: »Es handelt sich um eine körperlich leichte Arbeit, die aber zum Teil eine erhebliche nervliche Belastung mit sich bringt.«

Wer den Beruf des Lektors oder Redakteurs ausfüllen will, sollte eine gute Allgemeinbildung und ein erfolgreich abgeschlossenes Hochschulstudium mitbringen, für die Tätigkeit in einem Fachverlag vielleicht sogar promoviert sein oder über Berufserfahrung verfügen. Das sind nicht nur wichtige formale Kriterien, sondern eine wesentliche Voraussetzung, um beispielsweise mit Autoren, die Spezialisten auf ihrem jeweiligen Fachgebiet sind, auf gleicher Augenhöhe zu verkehren. Darüber hinaus sind folgende Talente gefragt:

- **LESELUST** denn Lesen ist Ausgangs-, Ziel- und Mittelpunkt des Berufs;
- **NEUGIER** um sich immer wieder auf neue Menschen einzulassen, in neue Themen einzuarbeiten und permanent weiterzubilden;
- **KOMMUNIKATIONSTALENT** um auch in heiklen Situationen mit eigenwilligen Menschen zurecht zu kommen und um andere für die eigenen Ideen zu gewinnen;
- **ÜBERZEUGUNGSFÄHIGKEIT UND DURCHSETZUNGSSTÄRKE** um bei unterschiedlichen Interessen keinen faulen Kompromiss, sondern die beste Lösung zu erzielen;
- **ORGANISATIONSTALENT** um bei allen Projekten den Überblick zu behalten und diese termingerecht abzuschließen;
- **MARKTORIENTIERUNG** um Trends und Leserinteressen zu erkennen, neue Autoren zu finden und den in- und ausländischen Buchmarkt im Blick zu behalten;
- **URTEILSVERMÖGEN** um Projektangebote sicher zu bewerten und Manuskripte zielgruppengerecht zu bearbeiten;
- **SPRACHGEFÜHL UND SPRACHKENNTNISSE** für den souveränen Umgang mit der deutschen und englischen Sprache sowie nach Bedarf weiterer Fremdsprachen;
- **REDAKTIONSKENNTNISSE** damit aus Manuskripten druckreife Bücher werden;
- **HERSTELLUNGSKENNTNISSE** um Gestaltungsfragen kompetent zu beurteilen und um zu wissen, was technisch machbar und sinnvoll ist;

• **ZAHLENVERSTÄNDNIS** um den richtigen Ladenpreis zu finden und die Kosten unter Kontrolle zu halten.

Gefordert sind auch Veränderungsbereitschaft und Experimentierfreude, um die Möglichkeiten der neuen Medien zu erkennen und zu nutzen. Denn die Verlagsbranche steht vor einem gewaltigen Umbruch, der viele bekannte Geschäftsmodelle revolutioniert und neue Chancen eröffnet. Für Lektoren und Redakteure – insbesondere in Fachbuchverlagen – bedeutet das: Sie werden in Zukunft nicht allein Bücher machen, sondern Inhalte so aufbereiten, dass sie online via Internet, mobil via Handy beziehungsweise als E-Book oder weiterhin ganz klassisch in gedruckter Form verfügbar sind.

Viele Fähigkeiten und Kenntnisse, die Ihnen vielleicht noch fehlen, können Sie in Seminaren erwerben oder wachsen mit der Erfahrung. Aber nicht allein Talent entscheidet über Ihren beruflichen Erfolg, sondern vor allem Ihre persönlichen und beruflichen Ziele. Überlegen müssen Sie zudem, wie Sie Ihre Tätigkeit ausüben wollen: fest angestellt in einem Verlag oder selbstständig als Freiberufler. Die Aufgaben und Anforderungen sind in beiden Fällen ähnlich; die Selbstständigkeit erfordert zusätzlich ein höheres Maß an Flexibilität und Risikobereitschaft bei gleichzeitig schlechterer sozialer Absicherung. Darauf müssen sich auch alle einstellen, die vor allem »am Text« arbeiten wollen, denn diese Aufgabe wird zukünftig immer weniger im Verlag selbst, sondern vielmehr von Freien erledigt. Im Gegenzug konzentrieren sich die festangestellten Mitarbeiter auf die Akquise und das Projektmanagement.

LITERATURTIPPS
• Richard Nelson Bolles: *Durchstarten zum Traumjob*. Dieser Ratgeber hilft Ihnen, Ihre beruflichen Wünsche herauszufinden und erfolgreich auf Jobjagd zu gehen. Dazu gibt es auch ein Arbeitsbuch.
• Uta Glaubitz: *Der Job, der zu mir passt*. Mithilfe dieses Ratgebers können Sie aus Ihren Wünschen und Begabungen Ihr persönliches Berufsprofil entwickeln..

6.1
Fest angestellte Lektoren und Redakteure

Etwa 30.000 Menschen sind in deutschsprachigen Buchverlagen beschäftigt, Kleinstverlage ohne Angestellte nicht mitgezählt. Wie viele Lektoren und Redakteure darunter sind, ist nicht bekannt. Klar ist: Die Zahl der

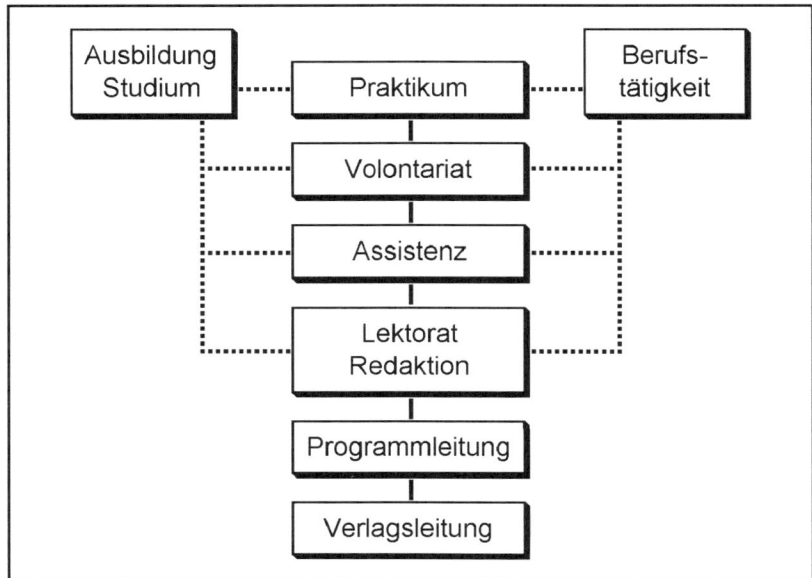

63 Karrierewege

Stellen für diese Berufsgruppe ist begrenzt. Entsprechend begehrt sind die Arbeitsplätze in den Lektoraten der Buchverlage – nicht nur unter Geisteswissenschaftlern, für die der Arbeitsmarkt ohnehin wenig handfeste Berufsperspektiven bietet. Auch zahlreiche Spezialisten anderer Fachrichtungen finden insbesondere in Fachverlagen ihr Auskommen.

Für den Beruf des Lektors gibt es, wie bereits erwähnt, keine geregelte Ausbildung und damit auch keine einheitlichen und verbindlichen Mindestqualifikationen. So finden sich in den Lektoraten Studienabbrecher und Promovierte unterschiedlicher Fachrichtungen ebenso wie Medienkaufleute oder Umsteiger aus anderen Berufen. Die Möglichkeiten des Berufseinstiegs sind genauso vielfältig und reichen vom Praktikum über das Volontariat bis zum Direkteinstieg als Lektor oder Redakteur. Für den beruflichen Aufstieg bis hin zum Programm- oder Verlagsleiter gelten hingegen die gleichen Bedingungen wie in allen anderen Branchen.

6.1.1
Einstieg

Für den Berufseinstieg in das Lektorat oder in eine Redaktion existieren keine festen Karrierewege. Die Regel ist immer noch ein Studium mit anschließendem Praktikum oder Volontariat. Aber daneben gibt es zahlreiche andere Möglichkeiten: eine Ausbildung als Medienkaufmann oder -kaufrau, ein Studium oder Aufbaustudium der Buch- oder Medienwissenschaften, ein Einstieg als Assistent, Lektor oder Redakteur.

JOBBÖRSEN

Neben den üblichen Jobbörsen im Internet und in den Tageszeitungen, gibt es einige Stellenbörsen, die sich auf die Verlagsbranche spezialisiert haben. In der Regel ist es dort – gegen Gebühr – auch möglich, ein eigenes Stellengesuch zu schalten.

• BÖRSENBLATT Jeden Donnerstag veröffentlicht das *Börsenblatt* seine Stellenanzeigen, auch im Internet unter WWW.BOERSENBLATT.NET in der Rubrik »Stellenmarkt«.

• BÖRSENVEREIN Auf den Internetseiten des Börsenvereins (WWW.BOERSEN-VEREIN.DE) finden Sie unter der Rubrik »Jobbörse« einen Stellenmarkt, unterteilt nach Tätigkeitsfeld und Bundesland.

• ANZEIGER Das Branchenblatt des Hauptverbands des Österreichischen Buchhandels bietet online Stellenanzeigen unter WWW.BUECHER.AT in der Rubrik »Karriere/Jobs«.

• SCHWEIZER BUCHHANDEL Die Angebote des Branchenmagazins des Schweizer Buchhändler- und Verlegerverbands finden Sie auf den Internetseiten von WWW.SCHWEIZER-BUCHHANDEL.CH in der Rubrik »Stellenpool«.

Darüber hinaus veröffentlichen auch einige Landesverbände des deutschen Börsenvereins im Internet regionale Stellenangebote. Deren Adressen finden Sie online unter WWW.BOERSENVEREIN.DE.

Praktikum

Ein Praktikum bietet die Chance, die Lektoratsarbeit kennen zu lernen und herauszufinden, ob Ihnen die Tätigkeit überhaupt zusagt. Praktika dauern üblicherweise zwei bis drei Monate. In einigen Verlagen durchlaufen Sie während dieser Zeit mehrere Abteilungen, in anderen werden Sie nur im Lektorat eingesetzt. Zwar wird ein Praktikum meist schlecht bezahlt – manchmal sogar nur mit Naturalien, also Büchern –, auf jeden Fall aber bekommen Sie einen Einblick in die Arbeit eines Buchverlags und können erste Kontakte innerhalb der Branche knüpfen. Das ist spätestens dann von Nutzen, wenn Sie sich nach einer Festanstellung umsehen.

Beschränken Sie sich bei der Suche nach einem geeigneten Praktikumsplatz nicht auf Ihre Lieblingsverlage. Bedenken Sie: Die Arbeitsabläufe sind überall ähnlich, und in kleinen Verlagen bekommen Sie vielleicht sogar umfassendere Aufgaben zugewiesen als in großen Verlagshäusern. Es ist sogar empfehlenswert, mehrere Praktika in unterschiedlichen Redaktionen zu absolvieren, zum Beispiel in einem Lektorat für historische Sachbücher und in einer Kochbuchredaktion. So vertiefen Sie Ihren Einblick in die Buchbranche, verbessern Ihre beruflichen Kenntnisse und stellen Ihr Qualifikationsprofil auf eine breite Grundlage.

Achten Sie bei der Auswahl eines Praktikums darauf, dass Sie einen festen Ansprechpartner für Ihre Fragen haben, klare Aufgaben zugewiesen bekommen und nicht nur für Springertätigkeiten eingesetzt werden. Vielleicht können Sie sogar an einem Projekt mitarbeiten. Schlecht ist, wenn Sie sich jeden Tag Aufgaben und Arbeitsplatz neu suchen müssen. Denken Sie aber daran: Auch unbeliebte Tätigkeiten wie das Kopieren von Manuskripten oder das Abgleichen von Korrekturen sind keine Schikane, sondern gehören zum Arbeitsalltag aller Lektoren.

Manche Verlage muss man leider daran erinnern: Praktikanten sind keine schlecht bezahlten Aushilfen! Manchmal sind sie zwar eine wichtige und kostengünstige Stütze bei der Erfüllung der täglichen Aufgaben, aber gleichzeitig geht der Verlag die Verpflichtung ein, berufliche Orientierung zu bieten. Praktikanten haben also ein Anrecht auf eine gründliche Einführung und Beantwortung ihrer Fragen. Das ist zeitraubend für deren Ansprechpartner, aber eine angemessene Gegenleistung für den geringen Lohn. Da Verlage aus dem Kreis ehemaliger Praktikanten oft auch Volontäre, Lektoren und Redakteure rekrutieren, bieten sich für beide Seiten Vorteile: Der Verlag kann ohne großes Risiko auf erprobte neue Mitarbeiter zurückgreifen, und Sie können auf die Personalverantwortlichen einen dauerhaften Eindruck machen – positiv wie negativ. Selbst wenn im Anschluss an ein Praktikum weder Volontariat noch Festanstellung winken, ergibt sich oft die Möglichkeit, dem Verlag als freier Mitarbeiter weiterhin verbunden zu bleiben (siehe Kapitel 6.2).

Volontariat

Ein Volontariat in Verlagen entspricht einem Trainee-Programm, wie es in vielen anderen Branchen üblich ist. Es ist keine formelle Ausbildung mit verbindlichen Regelungen, sondern eine praktische Einarbeitung nach dem Motto »Learning by Doing«. Für eine spätere Tätigkeit als Lektor oder Redakteur wird meist ein abgeschlossenes Volontariat vorausgesetzt.

Je nach Verlag kann ein Volontariat sehr unterschiedlich organisiert sein: So schwankt die Dauer zwischen sechs Monaten und zwei Jahren; in der Regel beträgt sie ein Jahr. Ein Volontariat wird entweder ausschließlich im Lektorat absolviert oder umfasst weitere Stationen wie Herstellung und Presseabteilung. Auch die Bezahlung bewegt sich zwischen ausbeuterisch und angemessen; in manchen Regionen ist die Vergütung tarifvertraglich geregelt.

Volontariatsplätze sind noch seltener als Praktika und entsprechend begehrt. Trotzdem sollten Sie sich bei jedem Angebot genau fragen, ob es Ihren Vorstellungen entspricht. Ein schlecht bezahltes Volontariat in einem renommierten Verlag können Sie wahrscheinlich als gute Investition in Ihre Zukunft betrachten, viel wichtiger ist aber, dass Sie während dieser Zeit das erforderliche Know-how erwerben. Das bedeutet, dass Sie systematisch an die eigenständige Projektabwicklung herangeführt werden und alle wesentlichen Tätigkeiten von der Autorenakquise über die Projektkalkulation und Vertragsverhandlung bis zur Manuskriptbearbeitung kennen lernen. Klären Sie also, wie die Einarbeitung erfolgt und ob das Volontariat nur im Lektorat oder in mehreren Abteilungen absolviert wird. Auf jeden Fall sollte sichergestellt sein, dass Sie zumindest einen Überblick über die Arbeitsabläufe von Herstellung, Presse, Marketing und Vertrieb erhalten. Wie bei einem Praktikum dürfen Sie keinesfalls auf einen eigenen Arbeitsplatz und einen festen Ansprechpartner verzichten, der Sie anleitet und Ihnen bei Problemen zur Seite steht.

Volontäre erhalten in der Regel einen befristeten Arbeitsvertrag und sind rechtlich anderen Arbeitnehmern gleichgestellt. Eine Übernahmegarantie gibt es selten. Versuchen Sie frühzeitig in Erfahrung zu bringen, ob und an welcher Stelle der Verlag Sie nach Ablauf des Volontariats in eine Festanstellung übernehmen will – gute Leistungen natürlich vorausgesetzt.

Ausbildung als Medienkauffrau oder -kaufmann Digital und Print

Medienkaufleute finden bei ausreichender Qualifikation auch im Lektorat Beschäftigung, besonders als Produktmanager von Fachmedien. Die Ausbildung setzt in der Praxis die Hochschulreife voraus und dauert drei Jahre, kann aber um maximal ein Jahr verkürzt werden. Sie ist in einer Ausbildungsordnung gesetzlich geregelt. Schwerpunkte sind die Produktionsplanung sowie die kundenorientierten Bereiche Marketing und Vertrieb. Das sind die wichtigsten Lerninhalte im Überblick:

- **ALLGEMEINES** Den Ausbildungsbetrieb präsentieren, gesamtwirtschaftliche Einflüsse auf Medienunternehmen analysieren.
- **PERSONAL** Personalwirtschaftliche Aufgaben wahrnehmen.
- **FINANZEN UND CONTROLLING** Wertströme und Werte erfassen, dokumentieren und auswerten; Jahresabschlüsse analysieren und bewerten;

wirtschaftlichen Erfolg von Medienprodukten analysieren, beurteilen und steuern.

• **EINKAUF** Beschaffungsprozesse planen, steuern und kontrollieren.
• **HERSTELLUNG** Herstellungsprozesse von Digital- und Printmedien planen, steuern und kontrollieren.
• **REDAKTION UND LEKTORAT** Arbeitsprozesse in Redaktion und Lektorat unterstützen.
• **MARKETING UND VERTRIEB** Märkte analysieren und bewerten; Medialeistungen bewerben und verkaufen; Medienprodukte und Dienstleistungen verkaufen.

Die theoretische Ausbildung erfolgt an der Berufsschule, die praktische Ausbildung im Verlag. Die Höhe der monatlichen Vergütung ist gegebenenfalls im Tarifvertrag festgelegt. Ausführliche Information finden Sie online unter WWW.AUSBILDUNG-VERLAG.DE in der Rubrik »Ausbildung« oder in der Berufsdatenbank der Arbeitsagentur unter WWW.BERUFENET.ARBEITSAGENTUR.DE In Österreich gibt es eine vergleichbare Ausbildung für Redaktions- oder Verlagsangestellte, in der Schweiz für kaufmännische Angestellte (Verlag/Werbung/Druck). Informationen sind im Internet verfügbar für Österreich unter HTTP://FMSERVER.BRAINTRUST.AT und für die Schweiz unter WWW.BERUFSBERATUNG.CH.

LITERATURTIPP
• Patrick Körber und Dorothée Werner: *Vom Buch bis zur digitalen Welt*. Das Standardwerk für angehende Medienkaufleute.

Studium der Buch- oder Medienwissenschaften

Ein Studium der Buchwissenschaften oder der Medienwissenschaften führt nicht automatisch zu einer sicheren Stelle in einem Verlag. Das liegt nicht zuletzt daran, dass die einzelnen Studiengänge je nach Universität unterschiedliche Schwerpunkte setzen – und sich nicht immer an der Praxis orientieren. So beschäftigen sich manche Buchwissenschaftler vor allem mit der Buch-, Druck- und Schriftgeschichte, während andere Studiengänge stark betriebswirtschaftlich ausgerichtet sind. Es ist also unbedingt empfehlenswert, sich über die verschiedenen Studienangebote genau zu informieren. Schon vor Studienbeginn sollten Sie sich deshalb über Ihre beruflichen Wünsche im Klaren sein.

Studieren können Sie an Universitäten ebenso wie an Fachhochschulen oder Berufsakademien – manchmal auch als Aufbaustudium. Entsprechend variieren Abschlüsse und Dauer. Aktuelle Informationen zu den einzelnen Studiengängen und -orten erhalten Sie in den Berufsberatungszentren der Arbeitsämter. Gute Informationsmöglichkeiten bietet der Messestand »Studium rund ums Buch« in Frankfurt und Leipzig.

Informationen für Deutschland finden Sie unter WWW.STUDIENWAHL.DE und zum Teil bei den Landesverbänden des Börsenvereins, zum Beispiel unter WWW.AUSBILDUNG-VERLAG.DE in der Rubrik »Studium und Fortbildung«. In Österreich werden Sie fündig unter WWW.YOURCHOICEINFO.AT und in der Schweiz unter WWW.BERUFSBERATUNG.CH oder WWW.AGAB.CH.

Assistenz

Lektorats- und Redaktionsassistenten arbeiten meist einer Person oder einem kleinen Team zu. Da sie von Anfang an in das Tagesgeschäft eingebunden sind, bekommen sie schnell einen Überblick über alle anfallenden Tätigkeiten. Die Aufgaben von Assistenten reichen von den üblichen Sekretariats- und Verwaltungsarbeiten bis zur selbstständigen Projektabwicklung.

Da Lektorats- und Redaktionsassistenten mit ihren direkten Vorgesetzten in der Regel eng zusammenarbeiten, sind sie von diesen stark abhängig, und es kann schwierig werden, sich eigenständig zu profilieren. Selbst gute Assistenten laufen Gefahr, dauerhaft in dieser Position zu verharren, und bekommen manchmal kaum Gelegenheit, selbst Verantwortung zu übernehmen. Mehr noch als bei allen anderen Positionen sollten Sie deshalb von vornherein über Entwicklungsperspektiven sprechen und darauf achten, mit Ihrem Vorgesetzten oder Team auch persönlich gut zurecht zu kommen.

Das Gehalt von Assistenten liegt über der Bezahlung von Volontären, ist aber selten üppig; sofern ein Tarifvertrag existiert, richtet sich das Gehalt danach. Befristete Anstellungsverträge sind ebenso üblich wie unbefristete Arbeitsverhältnisse.

Direkteinstieg

Der Direkteinstieg in den Buchverlag als Lektor oder Redakteur eignet sich vor allem für Kandidaten mit Berufserfahrung. Oft waren sie schon zuvor einige Zeit für Verlage tätig, beispielsweise als freie Mitarbeiter, Gutachter oder Autoren. In Lehrbuchverlagen finden Lehrer und Dozenten Beschäftigung, in Fachverlagen Berufstätige aus den Branchen, die Zielgruppe des Programms sind. In einem medizinischen Fachverlag können das zum Beispiel Ärzte oder Physiotherapeuten sein. Sie verfügen meist bereits über wichtige Kontakte zur Zielgruppe oder zu Autoren, die sie in ihre neue Tätigkeit einbringen.

Der Direkteinstieg bietet im Vergleich zu einem Volontariat nicht nur ein höheres Gehalt, sondern von Anfang an auch einen eigenen Arbeitsbereich mit entsprechender Verantwortung. Dafür findet nur selten eine so ausgiebige Einarbeitung wie bei einem Volontariat statt. Von Direkteinsteigern werden in der Regel schnell konkrete Arbeitsergebnisse erwartet. Der Arbeitsvertrag ist nach der Probezeit üblicherweise unbefristet.

6.1.2
Aufstieg

Sie haben den Einstieg in die Verlagsbranche erfolgreich gemeistert, doch irgendwann wollen Sie sich beruflich verbessern: mehr Verantwortung übernehmen, eine bessere Position einnehmen oder ein höheres Gehalt verdienen. Mit zunehmender Berufserfahrung ist dieser Wunsch völlig normal, selbst wenn Sie mit Ihrem aktuellen Arbeitsplatz im Großen und Ganzen zufrieden sind. Vielleicht haben Sie aber auch das Gefühl, auf Ihrer bisherigen Stelle nicht voranzukommen, oder Sie wollen einfach etwas Neues wagen. Spätestens dann ist die Zeit gekommen, nach beruflichen Alternativen Ausschau zu halten. Das gilt umso mehr, wenn Sie sich in Ihrem Verlag oder im Kollegenkreis unwohl fühlen, mit Ihren Vorgesetzten nicht zurecht kommen oder das Betriebsklima zu wünschen übrig lässt.

Die üblichen Karrierewege reichen aus einem Volontariat oder einer Assistenzposition hinaus in eine Anstellung als Redakteur oder Lektor. Diese sind während der ersten Berufsjahre überwiegend mit der Abwicklung von Buchprojekten beschäftigt (Copy-Editor) und übernehmen später immer mehr Verantwortung für einzelne Reihen oder andere Bereiche des Gesamtprogramms, die sie weiterentwickeln und für die sie neue Titel und Autoren akquirieren (Acquisition-Editor). Die weiteren Aufstiegsmöglichkeiten sind aufgrund der geringen Zahl von Führungspositionen in Verlagen sehr begrenzt. Die Programmleitung, die Redaktionsleitung oder das Cheflektorat gestalten eigenständig einen abgegrenzten Teilbereich des Verlagsprogramms sowohl in inhaltlicher als auch in finanzieller Hinsicht; neben der Projektakquise stehen deshalb die Programmentwicklung sowie zusätzlich die Budgetplanung und Budgetkontrolle im Vordergrund. Der Verlagsleitung untersteht schließlich das Gesamtprogramm, für dessen Ergebnis sie sich verantwortlich zeichnet.

LITERATURTIPP
- Jürgen Lürssen: *Die heimlichen Spielregeln der Karriere.* Nicht Fachkompetenz entscheidet über den beruflichen Aufstieg, sondern Loyalität, der Zugang zu wichtigen Informationen sowie der richtige Umgang mit Vorgesetzten und Kollegen.

Aufstiegshilfen

Wenn Sie sich mit dem Gedanken tragen, die Stelle zu wechseln, haben Sie im Prinzip zwei Möglichkeiten: Entweder suchen Sie sich eine neue Position innerhalb Ihres bisherigen Unternehmens, oder Sie suchen sich einen neuen Arbeitgeber. Für den internen Stellenwechsel spricht, dass Sie genau wissen, worauf Sie sich einlassen, und dass Sie Ihre Kenntnis des Unternehmens weiter nutzen können. Zudem erfahren Sie verlagsintern schneller von offenen Stellen und müssen keine neue Probezeit überstehen. Als Nachteil erweist sich oft, dass Sie bei einem Aufstieg gegenüber den Kollegen, denen Sie bisher gleichgestellt waren, eine andere Rolle einnehmen müssen; das fällt vielen Menschen erfahrungsgemäß schwer. Dieses Problem haben Sie nicht bei einem externen Stellenwechsel, also einem Wechsel des Unternehmens. Dafür gehen Sie in einem neuen Verlag mit neuen Vorgesetzten und Kollegen und einer anderen Unternehmenskultur ein größeres Risiko ein. Die Probezeit dient dann beiden Seiten dazu festzustellen, ob man zueinander passt. Ein externer Wechsel wird auf alle Fälle mit einem enormen Zuwachs an Erfahrungen belohnt; außerdem können Sie dabei meist einen größeren Gehaltssprung machen und mehr Verantwortung übernehmen als bei einem internen Aufstieg.

Wenn Sie sich mit einem internen Stellenwechsel innerhalb Ihres Verlags verbessern wollen, sollten Sie zunächst unbedingt mit Ihren Vorgesetzten sprechen. In der Regel werden diese Ihren Wunsch nach Veränderung unterstützen, sofern sich dafür Möglichkeiten bieten – allein um Ihre wertvolle Arbeitskraft zu halten. Ihre Beziehungen sollten Sie verlagsintern auch nutzen, um schon frühzeitig von Vakanzen zu erfahren. Im Prinzip gilt: Bleiben Sie im Gespräch, und zeigen Sie, dass Sie bereit sind, über Ihre bisherigen Aufgaben hinaus mehr Verantwortung zu übernehmen.

Bei einem externen Stellenwechsel sind Sie nicht allein auf Stellenanzeigen und Jobbörsen angewiesen; oft können Ihnen Kollegen und Bekannte in anderen Unternehmen weiterhelfen. Fein raus ist, wer einen Anruf von einem Headhunter erhält, worauf Berufseinsteiger nicht hoffen sollten. Wer aber schon über etwas Berufserfahrung verfügt – mindestens ein Jahr –, kann sich die Dienste professioneller Personalvermittler zunutze machen. Diese unterstützen Sie dabei, Ihren Wünschen und Fähigkeiten entsprechend den optimalen Arbeitsplatz zu finden. Personalagenturen haben Kenntnis von Stellen, die nicht offen ausgeschrieben werden. In Deutschland ist deren Tätigkeit für Sie übrigens kostenfrei: Im Vermittlungsfall muss der neue Arbeitgeber eine Prämie zahlen; nur für Arbeitslose gibt es mit den Vermittlungsgutscheinen der Arbeitsagentur eine Ausnahme.

PERSONALBERATER

Mehrere Personalberater haben sich hierzulande auf die Vermittlung von Fachkräften für Buchverlage spezialisiert:

* **PERSONALAGENTUR SABINE DÖRRICH** Sabine Dörrich leitet die Personalagentur sehr engagiert und diskret. Sie verfügt über hervorragende Kontakte und vermittelt Stellen im gesamten deutschsprachigen Raum, allerdings keine Praktika und Volontariate. Alle Stellensuchenden werden individuell betreut. Nähere Informationen finden Sie unter WWW.AGENTUR-DOERRICH.DE.
* **STAEHLER & PARTNER** Michael Staehler vermittelt ebenfalls Stellen im deutschsprachigen Raum (WWW.STAEHLERUNDPARTNER.DE).
* **BOMMERSHEIM CONSULTING** Helena Bommersheim und Kirsten Steffen vermitteln nicht nur Stellen für Kandidaten mit Berufserfahrung, sondern bieten auch professionelles Karriere-Coaching für (angehende) Führungskräfte (WWW.BOMMERSHEIM.DE).

Ob Sie in einem kleineren, inhabergeführten Verlag oder in einem Konzernverlag besser aufgehoben sind, hängt von Ihren persönlichen Zielen ab. Große Verlage bieten intern bessere Aufstiegs- und Weiterbildungsmöglichkeiten, sind aber häufig straff organisiert und tun sich folglich schwer, auf individuelle Vorstellungen einzugehen. Kleinverlage hingegen bieten zwar meist nur begrenzte Perspektiven, dafür aber vielleicht mehr Spielraum – wenn es den Geschäftsführern gefällt. Noch mehr als im Konzernverlag kommt es also darauf an, dass Sie als Team gut miteinander arbeiten können.

Networking

Beziehungen schaden nur denjenigen, die sie nicht haben – das ist eine häufig zitierte Binsenweisheit. Für manche hat das etwas Anrüchiges: Wer es nötig habe, auf Beziehungen zurückzugreifen, verfüge wohl nicht über ausreichende fachliche Fähigkeiten. Dabei ist das Gegenteil richtig: Wer gute Beziehungen pflegt, besitzt eine hohe soziale Kompetenz und kann offensichtlich besonders gut mit anderen Menschen umgehen. Das hat große Vorteile, denn Beziehungen helfen Ihnen auch im Verlagswesen auf dem Weg nach oben.

Aufbau und Pflege von Beziehungen laufen heute unter dem Stichwort Networking und beruhen grundsätzlich auf Gegenseitigkeit. Dabei liegt es an Ihnen, wie gut Ihr Beziehungsnetz ist. Das heißt, Sie müssen aktiv werden und auf andere zugehen. Wenn Sie Ihre Kontakte nutzen, dürfen Sie allerdings nicht erwarten, dass dabei gleich ein neuer Job herausspringt. Was Sie aber wahrscheinlich gewinnen, sind wertvolle Informationen oder die Telefonnummer einer Person, die Ihnen weiterhelfen kann.

Ihr persönliches Beziehungsnetz besteht aus Ihren inner- und außerbetrieblichen Kontakten sowie allen Menschen aus Ihrem privaten Umfeld. Innerbetriebliche Kontakte erleichtern Ihnen den Zugang zu wichtigen Informationen und helfen damit bei der Erledigung Ihrer Aufgaben. Außerbetriebliche Kontakte erweitern Ihren fachlichen Horizont und eröffnen Ihnen vielleicht Karrierechancen in einem anderen Verlag. In jedem Fall erhalten Sie durch den regelmäßigen Austausch mit anderen Menschen neue Ideen und Rat in schwierigen Situationen. Entscheidend ist dabei die Größe Ihres Beziehungsnetzes: Je mehr Kontakte Sie pflegen, desto besser sind Ihre Chancen, bei speziellen Problemen genau die Hilfe zu bekommen, die Sie brauchen.

ORGANISIERTE BEZIEHUNGEN

In einigen Orten gibt es regelmäßige Treffen von Lektoren und Redakteuren. Wichtig: Wenn Sie von solchen organisierten Beziehungsnetzen profitieren wollen, müssen Sie bereit sein, sich regelmäßig in die Gruppe einzubringen. Gegenseitige Sympathie ist dabei ein entscheidender Faktor. Bei der Suche nach bestehenden Beziehungsnetzen helfen Ihnen die Branchenverbände. Für Frauen ist besonders empfehlenswert:

- BÜCHERFRAUEN Die meisten Beschäftigten in Verlagen sind Frauen. Kein Wunder also, dass die »Women in Publishing« eines der wichtigsten Beziehungsnetze in der Buchbranche sind, das zahlreiche Treffs und Veranstaltungen anbietet. Im Internet erfahren Sie Näheres unter WWW.BUECHER-FRAUEN.DE für Deutschland; in Österreich sind die BücherFrauen über den Hauptverband (WWW.BUECHER.AT) zu erreichen.

- XING Diese Networking-Plattform (WWW.XING.COM) ist zwar nicht auf die Verlagsbranche spezialisiert, bietet dafür aber die Möglichkeit, auch mit Autoren in Kontakt zu treten. Daneben gibt es zahlreiche Foren, die sich mit einzelnen Branchen oder Themen beschäftigen.

• FACEBOOK UND GOOGLE+ Facebook und Google+ sind als internationale Online-Communitys nicht auf die Buchbranche spezialisiert, aber auch hier treffen Sie Gleichgesinnte, Kollegen, Konkurrenten, Autoren und Leser.

Alternativen

Für Lektoren und Redakteure gibt es außerhalb von Buchverlagen ebenfalls interessante berufliche Chancen. Auf eine freiberufliche Tätigkeit wird ausführlich in Kapitel 6.2 eingegangen. Darüber hinaus suchen große Unternehmen, PR- und Werbeagenturen ebenso wie Verbände oder kulturelle Institutionen für Ihre Publikationen immer wieder erfahrene Lektoren; allerdings ist die Zahl der Stellen auch dort begrenzt. Literarische Agenturen, Book-Packager, Redaktionsbüros und Producer bieten als Dienstleister für die Buchbranche weitere Alternativen.

Möglich ist auch ein Wechsel vom Lektorat in die Herstellung, den Vertrieb, die Marketing- oder Presseabteilung. Hierbei treten Sie jedoch mit Bewerbern in Konkurrenz, die bereits über wertvolle Berufserfahrung und Kontakte auf diesem Gebiet verfügen, sodass Sie einen solchen Fachwechsel gut vorbereiten sollten. Am besten schnuppern Sie schon bei Ihrem jetzigen Arbeitgeber in die neue Abteilung hinein oder erwerben in Seminaren fehlende Qualifikationen.

6.1.3
Weiterbildung

In einem Beruf, der mehr als viele andere auf Wissen aufbaut, spielt die kontinuierliche Weiterbildung eine entscheidende Rolle. Das, was Sie einmal während Ihres Studiums oder Ihrer Ausbildung gelernt haben, reicht nicht aus, um neuen Anforderungen gerecht zu werden – zumal die Digitalisierung der Medien auch in den kommenden Jahren die Verlagswelt und damit Tätigkeit und Berufsbild von Lektoren und Redakteuren weiter stark verändern wird. Eigeninitiative ist deshalb gefragt, wenn es darum geht, Ihre Fähigkeiten und Kenntnisse auf dem aktuellen Stand zu halten. Das betrifft Ihre allgemeinen fachlichen Qualifikationen als Lektor, Ihre spezielle inhaltliche Kompetenz sowie Ihre persönlichen Fähigkeiten, zum Beispiel Verhandlungs- oder Präsentationstechniken. Wer dazu nicht bereit ist, darf sich nicht wundern, spätestens beim nächsten Vorgesetztenwechsel auf das berufliche Abstellgleis geschoben zu werden.

Weiterbildung ist teuer und zeitaufwändig: In der Regel wird Ihr Arbeitgeber Ihren Wunsch nach Fortbildung nicht abschlagen, denn diese kommt auch ihm zugute. In vielen Verlagen sind die Übernahme der Kosten und die Freistellung von der Arbeit geregelt; zudem haben Sie in einigen deutschen Bundesländern Anspruch auf regelmäßigen Bildungsurlaub. Wenn Ihr Arbeitgeber Sie bei Ihren Bemühungen nicht unterstützt, sollten Sie trotzdem nicht darauf verzichten, in Ihre berufliche Zukunft zu investieren. Im Übrigen können Sie die Kosten für Seminare und Workshops ebenso wie den Erwerb von Fachliteratur in Ihrer Steuererklärung geltend machen, solange sie beruflich bedingt sind.

Fachliteratur

Die wichtigste und preiswerteste Quelle für die eigene Weiterbildung sind Bücher, Zeitungen und Zeitschriften, aber auch andere Medien wie Radio, Fernsehen und Internet. Sie informieren über neue Trends und vermitteln aktuelles Wissen – über den Buchmarkt im Allgemeinen und Ihr Fachgebiet im Besonderen. Deshalb empfiehlt es sich, alle für Ihr Programmsegment wichtigen Zeitungen und Zeitschriften zu lesen; in der Regel sind das die Medien, die auch von Ihrer Zielgruppe gelesen werden. Darüber hinaus sind Fachbücher zur beruflichen Fortbildung ebenso wichtig wie die regelmäßige Lektüre der Branchenpresse.

BRANCHENPRESSE

Die Branchenpresse informiert über neue Entwicklungen im Buchmarkt – seitens der Verlage, des Buchhandels oder der Leser. Zur Pflichtlektüre gehören deshalb die folgenden regelmäßig erscheinenden Magazine:

- BÖRSENBLATT Das offizielle Organ des Börsenvereins des Deutschen Buchhandels erscheint jeden Donnerstag. Der Anzeigenteil nimmt in diesem Magazin breiten Raum ein und informiert über Neuerscheinungen. Wichtig für Lektoren und Redakteure sind insbesondere die Titelschutzanzeigen. Im Internet werden unter WWW.BOERSENBLATT.NET regelmäßig aktuelle Meldungen aus der Buchbranche veröffentlicht.
- BUCHMARKT Dieses monatlich erscheinende Magazin richtet sich vor allem an Buchhändler und Verlagsmitarbeiter aus Vertrieb und Marketing. Die Internet-Ausgabe WWW.BUCHMARKT.DE bietet ständig aktuelle Nachrichten aus der Branche.
- BUCHREPORT MAGAZIN und BUCHREPORT EXPRESS Erscheinen monatlich beziehungsweise wöchentlich und bieten aktuelle Informationen über die Buchhandels- und Verlagslandschaft. Nützlich sind die Bestseller-Listen, eine Zusammenstellung aller Buchrezensenten in den deutschsprachigen Zeitungen und Zeitschriften, ein Verlagskompass sowie ein Filialatlas der Buchhandelsketten – alles auch im Internet unter WWW.BUCHREPORT.DE.

- ANZEIGER Das Branchenblatt des Hauptverbands des Österreichischen Buchhandels erscheint einmal monatlich. Hier finden Sie Nachrichten und Berichte vom österreichischen Buchmarkt, Autorenporträts und Buchtipps sowie regelmäßige Schwerpunktthemen (WWW.BUECHER.AT, Rubrik »AKTUELL«).
- SCHWEIZER BUCHHANDEL Das Magazin des Schweizer Buchhändler- und Verlegerverbands erscheint außer im Sommer und nach Weihnachten alle zwei Wochen und berichtet ausführlich über den schweizerischen Buchmarkt (WWW.SCHWEIZER-BUCHHANDEL.CH).

Wer sich einen Überblick über die aktuelle Fachliteratur verschaffen möchte, hat dazu auf der Frankfurter Buchmesse Gelegenheit: Am Stand des Sortimenter-Ausschusses des Börsenvereins finden Sie alljährlich eine thematisch geordnete Ausstellung von Literatur zu Buchhandel und Verlagswesen. Gleichzeitig erscheint als Begleitbroschüre das kostenlose Verzeichnis *Buchhändlerische Fachliteratur*, das Sie auch direkt beim Sortimenter-Ausschuss anfordern können.

LITERATURTIPPS

Neben den zahlreichen Büchern, die bereits zu einzelnen Themen genannt wurden, gibt es einige grundlegende Werke, die für Lektoren und Redakteure interessant sind:

- Hans-Helmut Röhring: *Wie ein Buch entsteht*. Ein immer noch aktueller Klassiker, der eine knappe, aber gelungene Einführung in die Arbeitsabläufe in einem Buchverlag bietet.
- Wolfgang Ehrhardt Heinold: *Bücher und Büchermacher*. Dieses faktenreiche Buch bietet einen aktuellen Überblick über die Verlagsbranche und überzeugt durch seinen Informationsreichtum.
- Thomas Breyer-Mayländer: *Wirtschaftsunternehmen Verlag*. Eine allgemeine Einführung in das Verlagswesen, die auch den Zeitschriften- und Zeitungsmarkt berücksichtigt.
- Rainer Groothuis: *Wie kommen die Bücher auf die Erde?* Dieses schön illustrierte Buch zeigt auf anschauliche und unterhaltsame Weise, was Verlage machen, und eignet sich auch vorzüglich als Geschenk.

Als Nachschlagewerke sind empfehlenswert:

- Klaus-W. Bramann und Rolf Plenz (Hg.): *Verlagslexikon*. Ein sehr praxisnahes Nachschlagewerk, das besonders für Verlagsangestellte nützlich ist.
- Ursula Rautenberg (Hg.): *Sachlexikon des Buches*. Dieses umfangreiche Lexikon lässt nahezu keine Frage rund ums Buch offen.

Seminare

In vielen Seminaren und Workshops können Sie zusätzliche Qualifikationen erwerben oder Ihre Kenntnisse und Fähigkeiten verbessern. Warten Sie nicht darauf, dass Ihre Vorgesetzten Ihnen sinnvolle Weiterbildungsmaßnahmen empfehlen, sondern schlagen Sie von sich aus geeignete Seminare vor. Damit zeigen Sie Initiative und stellen Ihre Motivation unter Beweis.

Meist müssen Sie auf externe Seminarveranstalter zurückgreifen. Große Verlagshäuser bieten auch interne Fortbildungsmaßnahmen an, die genau auf die konkrete Arbeitssituation und den Wissensstand der Mitarbeiter eingehen. Externe Seminare haben hingegen den Vorteil, dass Sie außerhalb Ihres üblichen Arbeitsumfelds und unbeobachtet von Ihren Kollegen neues Wissen erwerben und Ihre Probleme offen erörtern können. Das ist vor allem dann wichtig, wenn Sie Ihre persönlichen oder sozialen Kompetenzen verbessern und beispielsweise Vortrags- oder Verhandlungstechniken üben wollen. In unternehmensinternen Seminaren fällt das vielen Menschen schwer – besonders wenn die eigenen Vorgesetzten ebenfalls teilnehmen. Deshalb sollte sich die Seminargruppe aus Mitarbeitern unterschiedlicher Abteilungen zusammensetzen; das fördert außerdem die Kommunikation im gesamten Unternehmen. Gut ist auch, wenn interne Weiterbildungsmaßnahmen nicht im Verlag selbst, sondern auf neutralem Boden stattfinden. Das verhindert, dass Sie während der Veranstaltung in Gedanken bei Ihrer Arbeit sind, in den Pausen Ihren Arbeitsplatz aufsuchen oder gar von Kollegen gestört werden.

Bei der Auswahl des richtigen Seminars steht in erster Linie Ihr persönlicher Weiterbildungsbedarf im Vordergrund: Welches Know-how benötigen Sie, um Ihre Arbeit besser zu bewältigen? Welche zusätzlichen Fähigkeiten brauchen Sie, um die nächste Stufe auf der Karriereleiter zu erklimmen? Und welches Thema interessiert Sie persönlich? Achten Sie vor allem darauf, dass die Referenten über praktische Erfahrungen verfügen. Diese müssen nicht unbedingt aus einem Buchverlag stammen: Manchmal bereichert gerade der branchenübergreifende Blick den eigenen Horizont. Darüber hinaus bieten Seminare eine einzigartige Gelegenheit, Kollegen aus anderen Verlagen zu treffen, deren Arbeitsweisen kennen zu lernen und neue Kontakte zu knüpfen.

SEMINARANBIETER
Es gibt unzählige Anbieter von Seminaren und Workshops. Auf die Verlagsbranche haben sich folgende Institutionen spezialisiert:
• MEDIACAMPUS FRANKFURT Seminare zu unterschiedlichen Themen bietet der Mediacampus an den Schulen des Deutschen Buchhandels in Frankfurt am

Main an. Besonders empfehlenswert für Berufseinsteiger sind die einwöchigen Lektorenseminare und die Herstellerseminare, die in Druckereien stattfinden. Das aktuelle Kursprogramm finden Sie im Internet unter WWW.MEDIACAMPUS-FRANKFURT.DE.

- AKADEMIE DES DEUTSCHEN BUCHHANDELS Die Akademie in München hat ein sehr umfangreiches und spezialisiertes Programm, das fast keine Weiterbildungswünsche offen lässt. Näheres erfahren Sie online unter WWW.BUCHAKADEMIE.DE
- LANDESVERBÄNDE DES BÖRSENVEREINS Die Online-Datenbank WWW.FORT-BILDUNG-VERLAG.COM listet alle Weiterbildungsmöglichkeiten der Landesverbände des Börsenvereins, des Mediacampus Frankfurt sowie der Akademie des Deutschen Buchhandels auf.
- AKADEMIE BUCH In Wien bietet der Hauptverband des Österreichischen Buchhandels zusammen mit dem Fachverband der Buch- und Medienwirtschaft regelmäßig Seminare an. Die Termine der aktuellen Seminare stehen im Internet unter WWW.FACHAKADEMIE-BUCH.AT.
- SCHWEIZER BUCHHÄNDLER- UND VERLEGERVERBAND Für Interessenten in der Schweiz ist Swissbooks die erste Anlaufstelle. Das Seminarprogramm ist online zugänglich auf den Seiten von WWW.SWISSBOOKS.CH. in der Rubrik »Aus-/Weiterbildung«.

Wenn Sie hier ein bestimmtes Angebot vermissen, sollten Sie mit diesen Institutionen Kontakt aufnehmen. Meist ist es sogar möglich, Workshops oder Seminare zu organisieren, die speziell auf die Bedürfnisse Ihres Verlags abgestimmt sind.

6.2
Freie Lektoren und Redakteure

Der Wandel in der Verlagsbranche hat in den letzten 20 Jahren ein neues Berufsbild hervorgebracht: die freiberufliche Lektorin, den freiberuflichen Lektor. Zwar gab es schon früher Einzelne, die als freie Mitarbeiter auf Honorarbasis Lektoratsarbeiten für Verlage übernahmen, doch erst seit einigen Jahren hat sich ein ganzes Berufsfeld etabliert, das in jeder Hinsicht wächst: Es gibt immer mehr Freie, deren Arbeitsbereiche sich kontinuierlich ausdehnen. Eine zunehmende Professionalisierung sorgt außerdem dafür, dass die Qualität der Lektoratsdienstleistungen steigt.

In den Verlagen selbst haben sich die Schwerpunkte der Lektoratstätigkeit verlagert. Oft stehen nicht mehr Autorenbetreuung und Manuskriptredaktion im Mittelpunkt, sondern Projektmanagement und Marketing. Auch die fest angestellten Verlagslektorinnen sehen sich mit immer komplexeren Anforderungen des Buchmarkts konfrontiert. Für die Redaktion von Manuskripten, die viel Zeit und Ruhe erfordert, beauftragen die Projektmanager daher zunehmend externe Dienstleister: freie Lektoren und Redakteure. Viele Verlage geben inzwischen auch die Abwicklung ganzer Buchprojekte – vom Konzept bis zum Druck – an Producer, die ihrerseits Teilaufträge an freie Lektorinnen, Bildredakteure und Herstellerinnen untervergeben. Andererseits gibt es inzwischen bereits eine Umkehrung dieses Trends: Manche Buchverlage kehren dahin zurück, Manuskripte ganz oder weitgehend intern zu lektorieren.

Ähnlich wie im klassischen freien Berufsfeld des Übersetzens bilden sich auch unter den freien Lektoren Zusammenschlüsse wie der im Jahr 2000 gegründete Verband der Freien Lektorinnen und Lektoren (VFLL). Dieser Berufsverband hat das Ziel, die Vernetzung, Qualifizierung und Interessenvertretung seiner Mitglieder zu fördern. Auch Aufklärungsarbeit und Imagepflege wird hier geleistet, weil oft noch die Frage gestellt wird: Freie Lektorin? Ist das ein Beruf? Was tun diese Leute eigentlich?

LITERATURTIPP
- Goetz Buchholz: *Der Ratgeber Selbstständige.* Umfassende und detaillierte Informationen rund um die Freiberuflichkeit, zu Verträgen, Steuern, Versicherungen und zum Urheberrecht, stehen in diesem regelmäßig aktualisierten Handbuch. Unter www.mediafon-ratgeber.de gibt es eine kostenlose Internetversion mit aktuellen Ergänzungen.
- Susanne Ackstaller, Momo Evers und Constanze Hacke (Hg.): *Treffpunkt Text.* Ein aktuelles Handbuch, das alle Fragen rund um die Selbstständigkeit, das Berufsbild von Freien in Medienberufen beantwortet.

6.2.1
Tätigkeitsfeld

Freie Lektoren decken als externe Mitarbeiter nur einen Teil des gesamten Arbeitsgebiets ab, der in Verlagen zum Lektorat gehört. So sind sie in der Regel nicht an der Programmgestaltung, der Budgetierung der Projekte und der Koordination mit Herstellung, Vertrieb und Marketing beteiligt. Dennoch ist die Palette der von Freien angebotenen Dienstleistungen für Verlage, Zeitschriften, Medienfirmen und Werbeagenturen vielseitig.

Lektorat und Redaktion

Eine der wichtigsten Tätigkeiten ist die Redaktion von Texten: Vom Verlag bekommen Sie das Manuskript eines zur Veröffentlichung vorgesehenen Buchs, das noch stilistisch und inhaltlich geprüft und überarbeitet werden soll (siehe Kapitel 1.3).

In der Belletristik handelt es sich dabei meistens um eine Übersetzung, zu über 70 Prozent aus dem Englischen, seltener aus dem Französischen, Spanischen oder einer anderen Sprache. Die Kenntnis der Originalsprache ist Voraussetzung für eine gute Redaktion, denn im Zweifelsfall müssen Sie die Übersetzung mit der entsprechenden Stelle in der Originalausgabe vergleichen. Auch ist ein gutes Sprachgefühl wichtig, um die Qualität der Übersetzung zu beurteilen und zu entscheiden, wie stark in diese eingegriffen werden darf und muss. Gravierende Eingriffe in den Text sollten Sie allerdings nur nach Rücksprache mit den Übersetzern vornehmen, denn diese besitzen ein eigenes Urheberrecht an den von ihnen geschaffenen deutschen Texten (siehe Kapitel 2.1.2). Zudem sind sie diejenigen, die sich am ausführlichsten mit dem Original und vielleicht sogar mit dem Autor auseinandergesetzt haben. Das gemeinsame Ziel der Zusammenarbeit zwischen Übersetzerinnen und Lektoren: Am Ende der langen Bearbeitungskette merken die Leser gar nicht, dass es sich um eine Übersetzung handelt, weil sie flüssiges, zeitgemäßes und nuanciertes Deutsch vor sich haben.

Eine deutschsprachige Originalausgabe stellt andere Anforderungen. Hier entfällt der Vergleich mit der Übersetzung, dafür erfordert die Redaktion oft umfangreiche Eingriffe in den Text und viel Fingerspitzengefühl. Denn das Manuskript wurde noch nicht lektoriert – bei einer Übersetzung wurde die Originalausgabe in der Regel bereits bearbeitet – und ist genauestens auf inhaltliche Stimmigkeit, Erzählperspektive, Entwicklung des Plots und der Charaktere zu prüfen. Oft sind Kürzungen oder umfangreiche Änderungen notwendig, die natürlich mit den Autoren abgesprochen werden wollen. Für diese sind solche Änderungen oft schwerer zu verkraften als für Übersetzer, da sie sich viel stärker mit ihrem Werk identifizieren. Umso wichtiger ist es, die eigenen Eingriffe in den Text schlüssig begründen zu können. Als freie Lektorin nehmen Sie daher oft eine wichtige Vermittlerposition zwischen Autoren und Verlag wahr, die viel Kommunikationsfähigkeit, Sensibilität und Souveränität erfordert.

Bei der Redaktion von Sach- und Fachbüchern liegt der Schwerpunkt weniger auf Sprache und Stil, wenngleich auch hier Verständlichkeit und Lesbarkeit wesentlich sind. Ziel des Buchs ist jedoch in erster Linie die Vermittlung von Informationen; das gilt für populäre Ratgeber ebenso wie für hochspezialisierte Fachbücher. Es geht um Gliederung und

Aufbau, Richtigkeit und verständliche Vermittlung der Inhalte. Sachbuchlektoren müssen also genügend Fachkenntnisse besitzen, um zu verstehen, wovon die Rede ist, und um mögliche Fehler oder Ungenauigkeiten zu erkennen. Insbesondere bei populären Sachbüchern sollten sie den Text zugleich aus der Perspektive eines breiten Publikums lesen, das ohne große Vorkenntnisse Gewinn aus der Lektüre ziehen möchte. Während wissenschaftliche Werke und Fachbücher in der Regel von entsprechenden Fachlektorinnen bearbeitet werden, setzt das populäre Sachbuch vor allem eine gute Allgemeinbildung und Know-how in der Recherche voraus.

Schulbuchredaktionen erfordern zusätzlich zu den jeweiligen Fachkenntnissen didaktische Fertigkeiten und eine Vertrautheit mit den Lehrplänen. Die Redaktion von Lehrmaterial für Schulen beinhaltet meistens eine umfassende Koordination des gesamten Projekts – von der Autorenkonferenz über Redaktion, Bild- und Rechtebeschaffung bis zur Terminüberwachung aller Arbeitsschritte.

Während belletristische Texte manchmal noch auf Papier redigiert werden, gehört zur Sachbuchredaktion meist die Eingabe der Änderungen am Bildschirm. Das ist sinnvoll, weil Sie hierbei oft stark in den Text eingreifen: Ganze Passagen werden umgeschrieben, gekürzt oder innerhalb des Manuskripts verschoben. Vor allem wenn das Layout eine entscheidende Rolle spielt, zum Beispiel bei Bildbänden und Reiseführern, oder wenn die Länge eines Texts bis auf eine genaue Zeichen- oder Zeilenzahl vorgegeben ist, werden Bücher häufig komplett am Bildschirm bearbeitet – von der Eingabe der Korrekturen bis zur Erstellung einer satzfertigen Vorlage.

Unabhängig von der Art der Redaktion liegt es in Ihrer Verantwortung als freie Lektorin, auftretende Fragen und Probleme so weit wie möglich selbst zu klären – ob durch Recherche, Nachfragen im Kollegenkreis oder Absprache mit Autor, Ghostwriter oder Übersetzerin. Ihr Auftraggeber im Verlag hat das Manuskript schließlich hinausgegeben, um sich nicht mehr damit beschäftigen zu müssen. Bei grundsätzlichen Fragen und größeren Eingriffen sollten Sie Ihre Ansprechpartner im Verlag jedoch über das Problem informieren, selbst eine Lösung vorschlagen und sie dann um ihre Meinung bitten.

Nicht nur Bücher wollen redigiert werden. Auch Zeitschriften, Werbetexte oder Firmenbroschüren liefern freien Lektoren Arbeit und Lohn. Da die Honorare in der Buchbranche traditionell gering sind, betreiben viele Freie eine Art Mischkalkulation und arbeiten gelegentlich – oder auch überwiegend – für Zeitschriftenverlage (Schlussredaktion), Werbe- und PR-Agenturen (Korrektorat und Texten) sowie für Firmen aus unterschiedlichen Branchen (Geschäftsberichte, Kunden- und Mitarbeiterzeitschriften).

Autorenberatung und Gutachten

Einige Privatkunden, die es sich leisten können, geben ihre Texte zur Begutachtung, Überarbeitung und Korrektur an freie Lektoren. Dabei setzt die Redaktion von Dissertationen und wissenschaftlichen Texten Fachkenntnisse und eine Vertrautheit mit den Regeln wissenschaftlichen Publizierens voraus und wird meist von spezialisierten Wissenschaftslektorinnen angeboten. Romane, Lebens- und Familiengeschichten von Hobbyautoren hingegen stellen andere Ansprüche. Außer einer professionellen Bearbeitung ihrer Texte wünschen sich die Verfasser häufig Rat und Unterstützung bei der Suche nach einem Verlag für ihr Werk. Je nach Qualität des Textes können hier erprobte Tipps oder auch eine ehrliche Desillusionierung angebracht sein, um keine falschen Hoffnungen zu wecken. Wenn sich die Autorinnen auch ohne Aussicht auf eine spätere Verlagsveröffentlichung dafür entscheiden, in eine professionelle Bearbeitung zu investieren, haben sie immer noch die Möglichkeit, ihr redigiertes und korrigiertes Werk im Selbstverlag oder im Books-on-Demand-Verfahren zu publizieren.

Für viele freie Lektoren – sofern sie nicht aus einem Verlag kommen und entsprechende Kontakte mitbringen – beginnt die Laufbahn mit dem Schreiben von Gutachten. Das gibt Ihnen die Chance, Ihre Fähigkeiten zu beweisen, und dem Verlag die Möglichkeit, ohne großes Risiko die Zusammenarbeit zu testen. Eine Redaktion aus den Händen zu geben, ist vor allem Vertrauenssache. Eine Kontrolle der geleisteten Arbeit erfolgt allenfalls stichprobenartig und würde bei negativem Ergebnis sämtliche Zeitpläne über den Haufen werfen. Zudem ist die Begutachtung von Büchern und Manuskripten – überwiegend englischsprachige Originale, bei denen der Verlag erwägt, die Lizenz einzukaufen – eine Gelegenheit für freie Mitarbeiter, sich mit dem Verlagsprogramm vertraut zu machen. Denn bei einer Empfehlung oder Ablehnung geht es nicht nur um Qualitätskriterien an sich, sondern ebenso sehr um die Frage, ob das betreffende Werk in das Programm passt. Denn ein Buch, das sich in der populären Fantasy-Reihe eines Publikumsverlags gut verkaufen könnte, muss nicht unbedingt zu einem literarisch ambitionierten Kleinverlag passen und umgekehrt.

Das Schreiben von Gutachten setzt voraus, dass Sie Wesentliches prägnant zusammenfassen und Qualitätskriterien benennen können. Darüber hinaus müssen Sie in der Lage sein, nicht Ihren eigenen Geschmack, sondern das Profil des Verlags zum Maßstab zu nehmen. Auch sind Branchenkenntnisse und ein Gespür für Trends nützlich. Insgesamt handelt es sich also um eine anspruchsvolle Tätigkeit, was sich aber selten in der Bezahlung niederschlägt. Das ist auch der Grund, warum das Verfassen von Gutachten eher zu den Einstiegstätigkeiten zählt und später allenfalls in geringer Dosierung zur Mischkalkulation beitragen kann.

Schreiben, Übersetzen, andere Medien

Viele freie Lektorinnen redigieren nicht nur Bücher, sondern sie übersetzen sie auch, geben sie heraus oder schreiben sie. Ebenso wie ihre Kollegen in den Verlagen sind die Freien in großer Mehrheit unverbesserliche Bibliophile. Die Schnittmenge zwischen freien Lektoren, Übersetzerinnen und Autoren ist beträchtlich. Ob die Herausgabe einer literarischen Anthologie oder Ghostwriting – die Betätigungsfelder rund um das gedruckte Wort sind vielfältig.

Doch es muss nicht immer »schwarz auf weiß« sein: Neue Medien erobern die Märkte, neue Tätigkeiten und Techniken sind gefragt. Auch Hörbücher, Smartphone-Apps, CD-ROMs und Internetseiten enthalten Texte, die geschrieben, redigiert und korrigiert werden müssen. Um etwa Textbeiträge zu multimedialen CD-ROMs oder DVDs zu verfassen, recherchieren Sie im Internet, schreiben Audio- und Videotexte, die den speziellen Anforderungen gesprochener Texte Rechnung tragen, sich gut sprechen lassen und als Hörtexte verständlich sind. Oder Sie entwickeln Internetseiten in Zusammenarbeit mit Programmierern oder Grafikern und schreiben, übersetzen, redigieren und aktualisieren die Internettexte. Auch diese müssen besondere Eigenschaften erfüllen, denn am Bildschirm wird anders gelesen als auf Papier.

Das Spektrum des freien Lektorats ist groß und im Wandel begriffen. Während ein freier Lektor wochenlang dicke Romane am Schreibtisch redigiert, liest ein anderer auf Abruf Werbetexte Korrektur und verschickt sie eine Stunde später per E-Mail. Seine Kollegin redigiert eine ganze Sachbuchreihe am Bildschirm und liefert dem Producer satzfertige Vorlagen. Der Producer selbst akquiriert die Aufträge, konzipiert in Abstimmung mit dem Verlag die Projekte und koordiniert den gesamten Ablauf. Auch er gehört zum weiteren Kreis der freien Lektoren, nimmt jedoch als Dienstleister einerseits und Auftraggeber andererseits eine Sonderstellung ein. Manche Lektoren haben sich auf ein Fachgebiet spezialisiert, andere bieten eine breite Palette von Dienstleistungen an – vom Konzept bis zur Herstellung.

Producing

Producing für Verlage wird im deutschsprachigen Raum noch nicht lange und erst von wenigen Dienstleistern angeboten. Es umfasst eine Palette von Tätigkeiten – von der Buchkonzeption über Kalkulation, Übersetzung, Redaktion, Korrektorat, Layout und Bildbeschaffung bis zur Erstellung der Datei beziehungsweise des Films. Zum Teil übernehmen Producing-Büros zudem die Abwicklung des Drucks mit den Druckereien.

Einige Producer entwickeln auch eigene Buchideen oder sogar die Konzeption ganzer Reihen, doch publiziert und vertrieben werden die Bücher von dem Verlag, der die Idee und ihre Umsetzung bei den Producern einkauft. Oft treten Verlage ihrerseits mit Buchkonzepten an Producer heran, die diese dann komplett oder in Teilbereichen umsetzen.

Viele Producer bieten nicht alle genannten Tätigkeiten an, sondern decken nur einige Bereiche ab. Doch in jedem Fall bedeutet Producing in erster Linie Projektmanagement. Bei den Producern laufen alle Fäden zusammen, sie sind für die Koordination und den Zeitplan des Gesamtprojekts und aller Beteiligten verantwortlich. In der Regel verfügen sie über einen großen Pool von festen oder freien Mitarbeitern: Autorinnen, Übersetzer, Redakteure, Herstellerinnen, Grafikerinnen, Korrektoren. Die meisten Producer arbeiten in Bürogemeinschaften oder kooperieren projektbezogen mit anderen Partnern; einige Producer führen fast alle Tätigkeiten in Eigenregie durch. Organisationstalent ist die Schlüsselqualifikation für erfolgreiches Producing, doch auch betriebswirtschaftliches und verlegerisches Know-how, Verhandlungsgeschick, Marktkenntnis und Herstellungswissen gehören zu den Fähigkeiten, die bei dieser vielfältigen Arbeit zum Einsatz kommen.

6.2.2
Selbstständigkeit

Wie wird man freie Lektorin oder freier Lektor? Die Wege sind beinahe so vielfältig wie die Personen, und doch gibt es Gemeinsamkeiten und Grundvoraussetzungen für diesen Beruf. Ein Ausbildungsgang existiert bisher nicht, es werden jedoch Aufbaustudiengänge und Fortbildungen angeboten. Lektor ist keine geschützte Berufsbezeichnung wie Rechtsanwalt oder Psychoanalytiker. Wer will, kann sich Visitenkarten drucken und loslegen. Doch es braucht mehr als geduldiges Papier, um langfristig Erfolg zu haben in einer krisenanfälligen Branche, in der sich viele findige Mitbewerber um eine überschaubare Anzahl von Auftraggebern bemühen.

Berufliche und persönliche Qualifikation

Die meisten Lektoren haben ein Studium abgeschlossen, oft im literatur-, sprach- und geisteswissenschaftlichen Bereich, auch Natur- und Wirtschaftswissenschaftler sind darunter, ehemalige Buchhändlerinnen, Lehrer oder Journalistinnen. Einige haben zum Teil viele Jahre fest angestellt in der Verlagsbranche gearbeitet, zum Beispiel als Verlagskauffrau oder

Lektor, bevor sie zu Freiberuflern wurden. Bei nicht wenigen war dieser Schritt eine Folge von Arbeitslosigkeit, denn auch in den Verlagen sind Stellenabbau und Outsourcing seit Jahren aktuell. Andere haben von Anfang an auf Selbstständigkeit statt auf die wenigen raren Stellen gesetzt – manche aus Pragmatismus, andere als überzeugte Freiberufler. Ein großer Vorteil der ehemals Angestellten ist außer ihrem Insiderwissen über die Arbeitsabläufe im Verlag ihr Fundus an bestehenden Kontakten. Denn wie überall zählen persönliche Beziehungen und Empfehlungen immer noch zu den besten Eintrittskarten. Erfahrungen von innen zu sammeln – im Rahmen eines Volontariats oder mehrerer Praktika (siehe Kapitel 6.1.1) –, ist daher allen dringend zu raten, die sich ernsthaft eine freiberufliche Existenz aufbauen möchten. Natürlich ist auch ein Quereinstieg aus verwandten Berufen möglich. Fachkenntnisse aus anderen Berufsfeldern sind eine hervorragende Qualifikation für das Fachlektorat, etwa in Wirtschaft, Recht oder Medizin.

Unabdingbare Voraussetzung für professionelle Lektoren, ob fest oder frei, sind Sprachgefühl und Stilsicherheit – und das bedeutet weit mehr als die ebenfalls notwendige Sicherheit in Rechtschreibung und Grammatik. Nur wer fähig ist, Kriterien für gelungene und misslungene Texte zu erkennen und umzusetzen und die stilistischen Besonderheiten unterschiedlicher Textsorten zu handhaben, kann die Texte anderer Leute wirklich verbessern. Für das Redigieren von Belletristik gilt das natürlich in besonderem Maß, und literarische Vorbildung gehört hier unbedingt zum Hand- beziehungsweise Kopfwerkzeug. Besonders für das Sachbuchlektorat ist eine gute Allgemeinbildung erforderlich. Fremdsprachenkenntnisse, insbesondere sehr gute Englischkenntnisse, sind inzwischen ebenso unabdingbar wie Know-how in der Textverarbeitung und Internet-Recherche. Bei allen, die auch am Layout der Texte arbeiten, sind zudem ein sicherer Umgang mit Layout-Programmen und zumindest Basiskenntnisse in der Herstellung gefragt.

Hardware und Soft Skills

Die technischen Erfordernisse halten sich in Grenzen: Computer, Fax, Internet und E-Mail bilden die Grundausstattung. Ein separates Telefon ist auch für das Home Office empfehlenswert. Aktuelle Textverarbeitungs-, Virenschutz- und eventuell Layoutprogramme gehören ebenso zur Standardausrüstung wie eine Handbibliothek mit Lexika, Wörter- und Fachbüchern. Zur aktuellen Informationsbeschaffung kann jedoch keine Bibliothek das Internet ersetzen. Gute Dienste leisten hier auch Mailinglisten wie die des VFLL, in der sich für jede noch so abseitige Frage Expertinnen und damit Antworten finden.

Außer fachlichen Qualifikationen spielen gerade für freie Lektoren die so genannten Soft Skills oder persönlichen und sozialen Qualifikationen eine wesentliche Rolle: Organisationstalent, Selbstmotivation und Zeitmanagement sind das A und O im Alltag aller Freien. Es gibt weder feste Arbeitszeiten noch Vorgesetzte, die anordnen, wann Sie was und wie zu tun haben. Jede Entscheidung will eigenverantwortlich getroffen werden, und wer zu spät kommt, den bestraft am Ende nur das Konto. Wenn Sie Schwierigkeiten haben, sich selbst zu motivieren, und nur bei äußerem Druck auf Touren kommen, werden Sie als Freiberufler wahrscheinlich eher arm als glücklich.

Genauigkeit, Gründlichkeit, Ausdauer und Konzentrationsfähigkeit gehören ohnehin meist zu den Charakteristika von Menschen, denen es Freude macht, jeden Tag an Texten und einzelnen Worten zu feilen. Ebenso wichtig sind jedoch kommunikative Fähigkeiten, wenn es gilt, Kontakte aufzubauen, Beziehungen zu pflegen, Aufträge zu akquirieren und Honorare zu verhandeln. Die Kommunikation mit Verlagen, Übersetzerinnen, Autoren und Kolleginnen gehört ebenso zum täglichen Geschäft wie die konzentrierte Arbeit am Schreibtisch.

Sie sollten in der Lage sein, flüssige und lesbare Texte zu schreiben, ohne sich deshalb mit den Autoren zu verwechseln. Bescheidenheit – man kann es auch Pragmatismus nennen – gehört ebenfalls zu den Soft Skills, denn freies Lektorat ist eine Dienstleistung. Sie sind nicht Urheber der Texte. Mögen Sie auch noch so viel zu ihrem Gelingen beigetragen haben, Ihre Arbeit bleibt – gerade wenn sie gelungen ist – weitgehend unsichtbar, und aller Voraussicht nach werden Sie weder reich noch berühmt.

Mit stressigen Phasen und Termindruck müssen Freie ebenso zurechtkommen wie mit gelegentlichen Flauten und einer andauernden existenziellen Unsicherheit. Selbst wer gut im Geschäft ist, kann selten länger als einige Monate im Voraus planen, weiß nie sicher, ob in absehbarer Zeit genügend Arbeit und Geld da sein wird. Bezahlten Urlaub und Lohnfortzahlung bei Krankheit gibt es in der Regel ebenso wenig wie Arbeitslosengeld – von geregeltem Einkommen, Beförderungen, Tariferhöhungen oder Sozialplänen ganz zu schweigen. Gegen die meisten Risiken der Freiberuflichkeit gibt es keine Versicherung. Wer diesen Weg trotzdem wählt, braucht daher Risikobereitschaft, emotionale Stabilität und eine gute Prise Humor.

Rechtsformen und Steuern

Was gilt es auf dem Weg in die Selbstständigkeit zu beachten? Je nach Land gelten teilweise sehr unterschiedliche Bestimmungen hinsichtlich

Rechtsform, Besteuerung und Sozialversicherung. In diesem Kapitel sind die Regelungen für Deutschland ausführlich dargestellt; in Österreich und der Schweiz erkundigen Sie sich am besten bei der zuständigen Finanzverwaltung, den Sozialversicherungsträgern, den Arbeitsämtern oder bei Ihren Berufsverbänden.

Bei jeder Existenzgründung stellt sich zunächst die Frage nach gewerblicher oder freiberuflicher Tätigkeit. Diese Unterscheidung hat Konsequenzen: So müssen Gewerbetreibende etwa Gewerbesteuer abführen, sind zu doppelter Buchführung verpflichtet und zahlen meist eine höhere gewerbliche Miete, falls sie Büroräume mieten. Freie Lektoren und Redakteure gelten jedoch ebenso wie Übersetzerinnen oder Journalisten in der Regel als Freiberufler. Als solche müssen sie ihre Tätigkeit zwar dem Finanzamt melden und sind einkommensteuerpflichtig, können sich jedoch mit einfacher Buchführung begnügen und zahlen keine Gewerbesteuer. Wird die Tätigkeit in der eigenen Wohnung ausgeübt, so muss für dieses »stille Gewerbe« weder eine Erlaubnis der Vermieter eingeholt werden, noch berechtigt es diese dazu, eine höhere Miete zu verlangen. Das gilt jedoch nur, solange durch die Ausübung der Tätigkeit kein größerer Publikumsverkehr entsteht, also keine Kundinnen oder Lieferanten ein- und ausgehen.

Die Privilegien der Freiberuflichkeit sind zudem daran geknüpft, dass eine qualifizierte publizistische oder künstlerische Tätigkeit ausgeübt wird, die »eine höhere Bildung oder schöpferische Begabung« erfordert. Die stilistische und inhaltliche Bearbeitung von Texten, also das Lektorieren und Redigieren, zählt zu den freiberuflichen Tätigkeiten – reine Korrektur sowie das Übersetzen von Beipackzetteln oder Gebrauchsanweisungen dagegen nicht. Weil aber auch das Korrekturlesen in der Regel stilistische Änderungen einschließt, können Sie sich im Zweifel darauf berufen. Auch Arbeiten im Bereich Layout und Desktop-Publishing gelten als freiberuflich, während Satz und Druck als gewerblich eingestuft werden. Freie Lektoren, die sowohl freiberufliche als auch gewerbliche Tätigkeiten ausüben, müssen diese Tätigkeiten folgerichtig gesondert abrechnen.

Nachdem die Frage der Freiberuflichkeit geklärt ist, stellt sich diejenige nach der Rechtsform: Einzelunternehmerin, Gesellschaft bürgerlichen Rechts oder Partnerschaftsgesellschaft? Die weitaus meisten Lektorinnen üben ihren Beruf allein aus und sind damit Einzelunternehmerinnen. Zwei und mehr Personen, die irgendeine Form der Kooperation, Honorar- oder Kostenteilung vereinbaren, gelten automatisch als Gesellschaft bürgerlichen Rechts (GbR). Diese relativ lockere Form der Zusammenarbeit schafft dennoch einige Verbindlichkeiten: So haften beispielsweise die Partner bei der gemeinsamen Abwicklung eines Projekts gegenseitig für Fehler und deren Folgekosten oder Mitglieder einer Bürogemeinschaft für Mietschulden. Um dieses kaum kalkulierbare Risiko zu verringern, bietet sich als Alternative für freie Berufe die Rechtsform der Partnerschaftsgesellschaft an. Im Unterschied zur GbR kann hier eine gegenseitige Haftung vertraglich ausgeschlossen werden. Die Partner einer solchen Gesellschaft können ebenso wie eine GbR unter einem gemeinsamen Namen firmieren und gemeinsam am Markt auftreten, dabei aber rechtlich und finanziell weitgehend unabhängig bleiben.

Bürogemeinschaften, Partnerschaftsgesellschaften und andere Zusammenschlüsse bieten den Vorteil, Ressourcen gemeinsam zu nutzen. Sie können zusammen mit anderen Dienstleistern Büroräume oder eine Imagebroschüre finanzieren, ein Sekretariat einrichten oder sich in Abwesenheit vertreten und den Auftraggebern so eine kontinuierliche Erreichbarkeit gewährleisten. Sie haben die Möglichkeit, gemeinsam Aufträge zu akquirieren und diese flexibel untereinander zu verteilen, Flauten und Überlastungsphasen auszugleichen, sich weiterzuempfehlen und einander Kunden zu vermitteln. Schließen sich Profis verschiedener Fachgebiete zusammen – Literaturagentin und Übersetzer oder Herstellerin, Lektor und Marketingexpertin –, können sie ihren Kunden auf Wunsch sogar ein Gesamtpaket oder die flexible Kombination von Teildienstleistungen bieten. In jedem Fall ermöglicht Ihnen die Kooperation mit anderen Freiberufler nicht nur eine professionelle Außenwirkung, sondern bewahrt Sie auch durch täglichen Austausch von Informationen, Ideen, Rat und Feedback vor der Gefahr einer Isolierung. Falls Sie lieber zu Hause arbeiten möchten, können Sie sich zum Beispiel einer virtuellen Bürogemeinschaft anschließen, deren Mitglieder zwar räumlich getrennt arbeiten, aber bei größeren Projekten kooperieren.

Seit August 2006 gibt es eine Förderung durch den Gründungszuschuss. Der Gründungszuschuss, der Existenzgründer unterstützt, die sich aus der Arbeitslosigkeit heraus selbstständig machen, ist seit Ende 2011 keine Pflichtleistung der Arbeitsagentur mehr. Insgesamt wurden die zur Verfügung stehenden Mittel gekürzt und der Rechtsanspruch ist einer Ermessensentscheidung gewichen. Gefördert werden soll nur, wer nicht in eine abhängige Beschäftigung vermittelt werden kann und noch mindestens 150 Tage Anspruch auf Arbeitslosengeld I hat. Des Weiteren wird der Zuschuss in Höhe des zuvor bezogenen Arbeitslosengeldes zuzüglich 300 Euro sechs Monate lang gewährt; danach kann für weitere neun Monate ein Zuschuss von 300 Euro beantragt werden. Wer Arbeitslosengeld II erhält, kann bei der Arbeitsagentur Einstiegsgeld beantragen, um eine hauptberufliche Selbstständigkeit auszuüben. Die Höhe des Einstiegsgeldes wird auf der Grundlage des monatlichen Regelbedarfs und persönlicher Umstände errechnet; die Förderungsdauer beträgt maximal 24 Monate. Nähere Informationen erhalten Sie bei der Bundesagentur für Arbeit oder im Internet unter WWW.ARBEITSAGENTUR.DE.

Grundsätzlich sind alle Selbstständigen einkommensteuer- und umsatzsteuerpflichtig, müssen also sämtliche Einnahmen versteuern. Auf ihr Honorar müssen sie die volle gesetzliche Umsatzsteuer von zurzeit 19 Prozent für Redaktion und Korrektur aufschlagen beziehungsweise den ermäßigten Steuersatz von 7 Prozent für die Produktion urheberrechtlich geschützter Werke – sei es als Autor, Übersetzerin oder Journalist. Eine Umsatzsteuerbefreiung erhalten auf Antrag so genannte Kleinunternehmer, deren Umsatz im letzten Jahr nicht höher als 17.500 Euro war und im laufenden Jahr 50.000 Euro voraussichtlich nicht überschreiten wird. Eine solche Befreiung von der Umsatzsteuerpflicht ist allerdings nicht empfehlenswert: Erstens kann jeder sofort an der Rechnung erkennen, dass Sie neu im Geschäft sind und wenig verdienen, was sich nicht gerade imagefördernd auswirken dürfte. Zweitens bringen Sie sich so um die Möglichkeit, die Mehrwertsteuer, die Sie selbst beim Erwerb von Produkten oder Dienstleistungen gezahlt haben, als Vorsteuer geltend zu machen. Nur wer überwiegend für Personen oder Institutionen arbeitet, die ihrerseits keine Umsatzsteuer einnehmen, beispielsweise Privatpersonen, viele soziale Einrichtungen und Bildungsträger, fährt mit einer Befreiung von der Umsatzsteuerpflicht eventuell besser. Nähere Informationen erhalten Sie bei Ihrem zuständigen Finanzamt (WWW.FINANZAMT.DE).

CHECKLISTE: PFLICHTANGABEN AUF RECHNUNGEN
Das Finanzamt verlangt auf Rechnungen folgende Angaben:
• Name und Anschrift des Lieferanten oder des leistenden Unternehmens,
• Name und Anschrift des Rechnungs- oder Leistungsempfängers,
• Rechnungsdatum,
• fortlaufende Rechnungsnummer,
• Bezeichnung und Menge der Lieferung oder Leistung,
• Zeitpunkt der Lieferung oder Leistung, auch wenn dieser mit dem Rechnungsdatum identisch ist,
• Nettosumme in allen Rechnungen über 100 Euro,
• Umsatzsteuersatz und -betrag in allen Rechnungen über 100 Euro,
• Gesamtsumme einschließlich Umsatzsteuer,
• Steuernummer oder Umsatzsteuer-Identifikationsnummer.

In Einzelfällen kommen folgende Punkte hinzu:
• Hinweis auf eine eventuelle Steuerfreiheit des Umsatzes,
• Hinweis auf die Steuerschuld des Leistungsempfängers,
• Zeitpunkt der Einnahme des Betrags, wenn die Zahlung bereits vor Rechnungsstellung erfolgte.

Die elektronische Übermittlung von Rechnungen, zum Beispiel per E‑Mail, ist seit Juli 2011 ohne elektronische Signatur erlaubt. Jedoch müssen solche Rechnungen in digitaler Form und nachweislich unverändert zehn Jahre lang aufbewahrt werden.

64 Beispiel: Rechnung

TEXTLAND **Roman Schreiber**

Lesegasse 3
12345 Buchstadt
Telefon (01 23) 3 45 67-8
Telefax (01 23) 3 45 67-9
E-Mail rs@textland.com

Roman Schreiber · Lesegasse 3 · 12345 Buchstadt

15. November 2011

Bramann Verlag
Lektorat
Alt Erlenbach 17

60437 Frankfurt am Main

Rechnung: **171071**
Auftrag: »Bücher machen« vom 11. Juli 2011, 3. Auflage
Lieferdatum: 30. Oktober 2011

Leistung	Honorar		Betrag
Redaktionelle Bearbeitung:	280 Seiten à	4,00 €	1.120,00 €
Registererstellung:	7 Stunden à	25,00 €	175,00 €
Summe:			1.295,00 €
Umsatzsteuer:	19 Prozent		246,05 €
Endsumme:			1.541,05 €

Bitte überweisen Sie den Rechnungsbetrag ohne Abzüge
bis zum 15. Dezember 2011 auf mein unten genanntes Konto.
Vielen Dank für Ihren Auftrag!

Bankverbindung	Sparkasse Buchstadt
Bankleitzahl	100 100 10
Kontonummer	4321 10-01
Umsatzsteuer-ID	DE 101234567

Der Arbeitsaufwand für die Buchführung und Steuererklärung hält sich für freie Lektoren in Grenzen, zumal hier einfache Computerprogramme eine große Hilfe bieten. Dennoch sind Grundkenntnisse der Buchführung und des Steuerrechts notwendig. Wer sichergehen und das Optimale herausholen möchte, sollte eine professionelle Steuerberatung in Anspruch nehmen.

Versicherungen

Welche Versicherungen brauchen freie Lektoren? Unumgänglich ist zunächst eine Krankenversicherung – in Österreich und der Schweiz ist sie sogar Pflicht. Selbstständige können sich privat versichern, doch die günstigste Alternative ist in Deutschland noch immer die Künstlersozialkasse (KSK); die Kranken- und Pflegeversicherung ist damit abgedeckt. Ihren über die KSK erworbenen Rentenanspruch müssen Sie aber durch eine private Altersvorsorge ergänzen, da er aufgrund der niedrigen eingezahlten Beiträge meist nicht ausreicht. Auch freie Lektoren haben die Möglichkeit, zur Altersvorsorge einen Vertrag mit dem Presseversorgungswerk (WWW.PRESSEVERSORGUNG.DE) oder im Rahmen der Riester-Rente abzuschließen. Eine unabhängige individuelle Beratung vor Abschluss ist in jedem Fall ratsam.

Unter bestimmten Voraussetzungen können sich auch Existenzgründer gegen Arbeitslosigkeit versichern. Sie müssen in den letzten 24 Monaten vor der Gründung mindestens 12 Monate sozialversicherte Beschäftigung nachweisen oder unmittelbar vorher Arbeitslosengeld I oder eine andere Entgeltersatzleistung wie Übergangs-, Unterhalts- oder Insolvenzgeld bezogen haben. Anträge sind bei der zuständigen Arbeitsagentur zu stellen. Selbstständige zahlen, unabhängig vom Einkommen, einen festen Monatsbeitrag zur freiwilligen Arbeitslosenversicherung. Dieser war anfangs sehr günstig, ist seitdem deutlich gestiegen und betrug 2012 bereits etwa 70 Euro pro Monat, Tendenz weiter steigend.

In Österreich sind alle freien Lektoren im Bereich der Kranken- und Pensionsversicherung bei der Sozialversicherungsanstalt der gewerblichen Wirtschaft pflichtversichert (WWW.SVA.OR.AT); in der Schweiz steht ihnen die Mitgliedschaft in einer Pensionskasse offen (WWW.VORSORGEFORUM.CH).

Den Abschluss einer Berufsunfähigkeitsversicherung sollten Freiberuflerinnen ebenfalls ernsthaft in Erwägung ziehen. Eine Versicherung von Vermögensschäden kann für das Werbelektorat nützlich sein, wenn diese tatsächlich für Folgekosten übersehener Fehler aufkommt – etwa den Neudruck einer Broschüre oder Anzeige –, was von vielen Versicherungen ausgeschlossen wird. Ein vergünstigter Gruppentarif wird über den VFLL angeboten.

KÜNSTLERSOZIALKASSE

Die Künstlersozialkasse (KSK) steht in Deutschland allen offen, deren Haupterwerbsquelle eine selbstständige künstlerische oder publizistische Tätigkeit ist – die freie Autorin, der Übersetzer, der Layouter und die Lektorin zählen dazu. Um KSK-Mitglied zu werden, müssen Sie mit Ihrer Arbeit ein bestimmtes jährliches Mindesteinkommen erwirtschaften; Einkünfte aus anderen selbstständigen oder angestellten Tätigkeiten dürfen die aus selbstständigen künstlerischen oder publizistischen nicht überschreiten. In den ersten drei Jahren gilt die Mindesteinkommensgrenze jedoch nicht, und auch später zieht erst ein mehrmaliges Unterschreiten dieser Grenze einen Ausschluss aus der KSK nach sich. Das für das folgende Jahr zu erwartende Einkommen müssen Sie jeweils zum Jahresende als Schätzung angeben; daraus errechnen sich prozentual die Beiträge zur Kranken-, Pflege- und Rentenversicherung analog zu den geltenden Sätzen für Angestellte. Beiträge zur Arbeitslosenversicherung werden über die KSK nicht gezahlt, entsprechend erwerben Sie keine Ansprüche auf Leistungen der Arbeitsagentur.

Die Künstlersozialkasse wurde 1983 ins Leben gerufen, um der fehlenden sozialen Absicherung und der weit verbreiteten Armut unter Künstlerinnen und Publizisten entgegenzuwirken. Durch die Mitgliedschaft in der KSK werden diese Berufsgruppen in die gesetzlichen Sozialversicherungssysteme eingebunden, indem sie einen Beitrag in die Kranken-, Pflege- und Rentenversicherung einzahlen. Dieser einkommensabhängige Betrag liegt jedoch gerade bei den zahlreichen Geringverdienern deutlich unter dem üblichen Einstiegssatz für freiwillig in den gesetzlichen Kassen versicherte Selbstständige oder jeder privaten Versicherung. Zudem wird der jeweils gezahlte Beitrag um die gleiche Summe aufgestockt – analog zum Arbeitgeberanteil bei Angestellten: 20 Prozent vom Gesamtbetrag trägt der Bund, 30 Prozent werden von den Verwertern der künstlerischen und publizistischen Produkte eingezahlt, zum Beispiel von Rundfunkanstalten, Verlagen, Theatern, Galerien oder Filmproduzenten.

Da die Abgaben der Verwerter an die KSK in letzter Zeit gesunken, die Mitgliedszahlen dagegen gestiegen sind, werden die Aufnahmekriterien für neue Mitglieder strenger gehandhabt als früher. Zudem werden unter den KSK-Versicherten verstärkt stichprobenartige Kontrollen der tatsächlichen Einkünfte durchgeführt. Ausführliche Informationen einschließlich der Anmeldeunterlagen finden Sie im Internet unter WWW.KUENSTLERSOZIALKASSE.DE.

6.2.3
Arbeitsalltag

Zum täglichen Geschäft freier Lektorinnen und Lektoren gehört sehr viel mehr als die Arbeit am Text. Als Freiberufler müssen Sie Ihre Aufträge selbst akquirieren, Honorarverhandlungen führen, Verträge schließen, sich um Buchführung und Steuern kümmern, sich fortbilden, informieren und mit anderen vernetzen. All das ist Arbeit, und die meisten dieser Tätigkeiten rund um die freiberufliche Existenz sind unbezahlt. Dies sollten Sie bei der Planung Ihrer Arbeitszeit und der Kalkulation Ihrer Honorare berücksichtigen.

Akquise

Am Anfang steht die Akquise. Besonders für die Freien, die nicht aus der Branche kommen und Kontakte zu Auftraggebern mitbringen, ist die Akquise von Kunden und Aufträgen der erste und oft schwerste Schritt. Doch auch für langjährige freie Lektoren gehört Akquise zum Geschäft, solange sie ihren Beruf ausüben. Gerade in der Verlags-, Medien- und Werbebranche mit ihrer hohen personellen Fluktuation wechseln Auftraggeber immer wieder oder fallen ganz weg, sodass Sie ständig neue Kontakte zu Kunden aufbauen und pflegen müssen.

Wie gewinnen Sie Ihre Kunden? Wie kommen Sie an Aufträge? Akquise ist eine hohe Kunst – die man allerdings lernen und trainieren kann. Akquise- und Verhandlungstrainings gehören sicher zu den wichtigsten Fortbildungsmaßnahmen für Freie. Besonders wichtig ist die Telefonakquise, denn über das Telefon laufen die meisten Kontakte. Briefe oder E-Mails ohne einen vorbereitenden und nachhakenden Anruf bleiben gewöhnlich unbeantwortet. Akquisegespräche auf der Buchmesse sind schwierig, denn die Verlagslektoren haben dort eine Vielzahl von Terminen wahrzunehmen, die für sie weitaus wichtiger sind, als freie Mitarbeiter kennen zu lernen. Zur Auffrischung und Pflege bereits bestehender Kontakte kann ein Gespräch auf der Messe aber eine gute Gelegenheit sein; einen Termin sollten Sie frühzeitig vereinbaren. Erfolgversprechender als Treffen auf der Messe sind Besuche bei den Kundinnen im Verlag, der Redaktion oder Agentur. Sie zeigen dadurch Engagement, erfahren etwas über das Umfeld Ihrer Kooperationspartnerinnen und gehen nicht selten mit einem konkreten Auftrag nach Hause.

Wollen Sie neue Kunden gewinnen, ist eine gute Gesprächsvorbereitung wichtig. Eine kundenorientierte Selbstpräsentation nach dem Motto »Was kann ich Ihnen bieten?« setzt voraus, dass Sie die Bedürfnisse der anderen Seite kennen und berücksichtigen. So sollten Sie sich beispielsweise mit dem Programm des Verlags vertraut machen und sich über aktuelle Entwicklungen und Trends auf dem Markt informieren. Die Lektüre der Branchenpresse (siehe Kapitel 6.1.3), Besuche der Buchmessen (siehe Kapitel 1.1.2) und Gespräche mit Angestellten und anderen Freien helfen Ihnen, aktuelle Branchenkenntnisse zu erlangen.

Manche Verlage erwarten vor der ersten Zusammenarbeit ein kostenloses Probelektorat. Sofern Sie tatsächlich neu im Geschäft sind und das Probelektorat einen Umfang von 20 Seiten nicht übersteigt, kann das eine lohnende Investition in eine gute zukünftige Zusammenarbeit sein. Wenn Sie jedoch bereits Erfahrungen nachweisen können, zum Beispiel durch eine Referenzliste, Arbeitsproben oder Belegexemplare, sollten Sie darauf zurückgreifen. Denn es ist nicht in Ihrem Interesse, dass Sie sich das Vertrauen jedes neuen Kunden stets umsonst erarbeiten müssen.

Bauen Sie sich möglichst einen relativ breiten Kundenstamm auf, um nicht von einzelnen Auftraggebern abhängig zu werden. Fällt Ihr Hauptauftraggeber einmal weg, steht damit schnell die ganze Existenz auf dem Spiel; eine solche Abhängigkeit schwächt außerdem Ihre eigene Markt- und Verhandlungsposition. Arbeiten Sie überwiegend oder ausschließlich für einen Auftraggeber, droht zudem die Gefahr der Scheinselbstständigkeit, wenn Sie dem Auftraggeber gegenüber weisungsgebunden und in dessen Arbeitsorganisation eingegliedert sind (siehe Kapitel 1.2.5). Doch nicht nur Einseitigkeit, auch eine zu große Beliebigkeit der Auftraggeber ist nicht förderlich, denn die Beziehungen zu den Kunden brauchen Aufmerksamkeit und individuelle Pflege. Zudem bauen Sie sich anhand Ihres jeweiligen Kundenstamms ein Image auf: Ihre Referenzliste gibt künftigen Auftraggebern einen Einblick in Ihre Arbeitsschwerpunkte und Ihr persönliches Profil. Außer der Referenzliste, die zumindest Ihre wichtigsten Kunden und Projekte enthalten sollte, sind auch Belegexemplare der lektorierten Bücher oder Broschüren ein Nachweis der geleisteten Arbeit. Am besten ist es, wenn Sie im Impressum unter Lektorat oder Redaktion mit Namen und Ortsangabe – idealerweise auch E-Mail-Adresse oder Internetseite – genannt werden, sodass potenzielle Auftraggeber Kontakt zu Ihnen aufnehmen können.

Voraussetzung für einen erfolgreichen und überzeugenden Marktauftritt ist auch eine professionell gestaltete Geschäftsausstattung: Briefpapier und Visitenkarten bilden die Grundausstattung, ein einprägsames Logo erhöht den Erinnerungswert. Auch ein Faltblatt mit grundlegenden Informationen über Ihre Qualifikationen und Dienstleistungen, eventuell mit Referenzen, unterstreicht beim Gegenüber den Eindruck der Professionalität und erweckt Vertrauen in die Seriosität Ihres Angebots.

Ein eigener Internetauftritt ist ebenfalls eine gute Möglichkeit, um sich selbst und das eigene Angebotsprofil sowie realisierte Projekte oder Arbeitsproben zu präsentieren. Auch ein eigener Blog, ein Forum oder Newsletter können zur Kundenfindung und -bindung beitragen. Damit die eigene Homepage zur positiven Außendarstellung wird, sind allerdings eine stetige Pflege und Aktualisierung unabdingbar.

Weitere Möglichkeiten der Eigen-PR bietet der Eintrag in Datenbanken und Branchenverzeichnisse. Im Internet verzeichnet eine kommerzielle Datenbank unter WWW.LEKTORAT.DE freie Lektorinnen und Korrektoren aus Deutschland, Österreich und der Schweiz gegen eine Jahresgebühr. Für Mitglieder des VFLL kostenlos ist der Eintrag unter WWW.LEKTOREN.DE. Dieses Verzeichnis listet Lektorinnen und Lektoren mit ihren jeweiligen Tätigkeitsfeldern und Spezialisierungen auf und bietet verschiedene Suchoptionen. Freie haben hier die Möglichkeit, ihr Angebot zu präsentieren, und Auftraggeber können gezielt nach geeigneten Dienstleistern suchen (siehe Kapitel 1.2.5).

Zusätzliche Foren zur Präsentation und Vernetzung bieten soziale Netzwerke wie Facebook, Google+, Xing oder LinkedIn, wobei die beiden Ersteren den Schwerpunkt auf der privaten, die Letzteren auf der professionellen Vernetzung haben. Eine Präsenz in sozialen Netzwerken kann beruflich sinnvoll sein, wenn Sie auf den Datenschutz achten und mit der Trennung oder auch Vermischung von privaten und beruflichen Inhalten bewusst umgehen.

Eine große Hilfe bei der Akquise neuer Kunden sind Empfehlungen von anderen Freien, die bereits für den potenziellen Auftraggeber arbeiten; noch wirkungsvoller sind Empfehlungen von anderen Auftraggebern, für die Sie bereits gearbeitet haben. Die überzeugende Qualität Ihrer Arbeit ist die Basis für den Aufbau Ihrer Geschäftsbeziehungen. Doch gute Arbeit allein führt nicht automatisch zu neuen Aufträgen. Sie müssen Ihre Arbeit, Ihr Know-how, Ihr berufliches und persönliches Profil auch überzeugend verkaufen. Ob Visitenkarte, Internetseite oder Datenbankeintrag: Es kommt darauf an, sich mit einer individuellen Note von den anderen Anbietern abzuheben, sei es durch Spezialgebiete, persönlichen Sprachstil, ein originelles Foto oder einen Firmennamen, der im Gedächtnis bleibt. Und da Sie vermutlich keine eigene PR-Abteilung haben, heißt es für Sie selbst: »Tue Gutes, und rede darüber!«

CHECKLISTE: ZUSAMMENARBEIT MIT VERLAGEN

Das wünschen sich fest angestellte Lektoren und Redakteure von Freien:

- ERFAHRUNG UND FACHKOMPETENZ Dazu zählen neben Ihren fachlichen und sprachlichen Fähigkeiten auch Kenntnisse über die Arbeitsabläufe im Verlag. Gefragt sind vor allem Dienstleister mit Erfahrung, die souverän auf die Wünsche Ihrer Auftraggeber eingehen.
- EIGENSTÄNDIGKEIT UND ENTSCHEIDUNGSSTÄRKE Verlage wünschen sich in erster Linie eine reibungslose Zusammenarbeit mit Dienstleistern, die Probleme lösen, nicht aber suchen oder gar verursachen. Wichtig ist dabei das rechte Augenmaß: Allzu große Detailverliebtheit bei der Redaktion eines Manuskripts nützt nichts, wenn sie vom Verlag gar nicht erwartet und bezahlt wird; gleichzeitig sollten Sie nicht großzügig über offensichtliche Schwächen hinwegsehen. Das heißt auch, dass Sie Ihre eigenen fachlichen Grenzen

kennen und mögliche Schwierigkeiten rechtzeitig offen ansprechen – wenn Sie beispielsweise sehen, dass ein Projekt mehr Arbeit erfordert als ursprünglich geplant und als das Honorar hergibt.

- FINGERSPITZENGEFÜHL UND KOMMUNIKATIONSSTÄRKE Viele Festangestellte tun sich schwer damit, ihre Kontakte zu Autoren und Übersetzern abzugeben; das gilt meist als Vertrauenssache. Beim direkten Austausch mit Autoren oder Übersetzern wird von Ihnen deshalb in besonderem Maß Kommunikationstalent erwartet, zumal Sie zwar im Auftrag des Verlags arbeiten, gleichzeitig aber nur über eingeschränkte Kompetenzen verfügen.

- TERMINTREUE Die Zeitpläne sind in den Verlagen oft eng. Dass Sie Termine nicht einhalten können, kann immer einmal vorkommen. Wichtig ist, dass Sie Ihre Ansprechpartner frühzeitig informieren. Auf keinen Fall dürfen Sie vereinbarte Termine ohne Vorwarnung verstreichen lassen oder bei unerwarteten Schwierigkeiten auf Tauchstation gehen. Schlecht ist auch, wenn Sie dann versuchen, die Schuld auf andere zu schieben, zum Beispiel die Post.

- HONORARE In der Verlagsbranche verdient kaum jemand gut. Da hilft es wenig, wenn Sie immer wieder über die schlechten Honorare lamentieren. Auch wenn Sie auf Verständnis stoßen, sind Ihre Verhandlungspartner nicht in der Lage, etwas am grundsätzlichen Preisgefüge zu ändern. In jedem Fall sollten Sie aber der Versuchung widerstehen, mit einer ungenauen Abrechnung Ihr Honorar ein wenig aufzubessern.

Falls es bei der Zusammenarbeit mit Ihren Auftraggebern doch einmal zu Schwierigkeiten kommen sollte: Klären Sie diese Probleme im direkten Gespräch mit der betreffenden Person. Nur im äußersten Notfall sollten Sie den Weg über Vorgesetzte oder gar die Verlagsleitung einschlagen.

Verhandlungen und Honorare

Zur Akquise eines Auftrags gehört, die Bedingungen zu klären und zu verhandeln. Bei umfangreichen Projekten sollten Sie einen Vertrag abschließen, in dem Umfang und Art der Arbeit, Abgabetermin und eventuell Nachbesserungskonditionen sowie Höhe und Fälligkeit des Honorars möglichst präzise festgehalten werden. Dasselbe empfiehlt sich bei Privatkunden; hier kann bei einer größeren Summe auch eine Anzahlung angebracht sein. Bei einer durchschnittlichen Redaktion reicht dagegen die Bestätigung der mündlich vereinbarten Konditionen per Brief, E-Mail oder Fax durch den Auftraggeber.

Gutachten werden üblicherweise pauschal honoriert, Redaktionen und Übersetzungen pro Normseite (siehe Kapitel 1.2.4). Für überdurchschnittlich aufwändige Redaktionen ist ein entsprechend höheres Seitenhonorar angemessen. Stellt sich der Mehraufwand erst während der Arbeit heraus, müssen Sie nachverhandeln. Dasselbe gilt natürlich für ausgehandelte Pauschalen, die Sie deshalb nicht zu niedrig ansetzen sollten. Erfahrungsgemäß hat jedes Projekt seine Tücken, und niemand zahlt gerne mehr als ursprünglich erwartet. Oft wird eine nachträgliche Erhöhung des Honorars auch generell abgelehnt.

Wird nach Stundensätzen abgerechnet, wie das etwa im Werbelektorat üblich ist, möchten die Auftraggeber ebenfalls meist vorher wissen, welche Kosten auf sie zukommen. Um einen Kostenvoranschlag zu erstellen, sollten Sie sich unbedingt vorab mehrere repräsentative Seiten schicken lassen, diese bearbeiten, die investierte Zeit anhand des Gesamtumfangs hochrechnen und mit dem eigenen Stundensatz multiplizieren. Eine Spanne von plus/minus 20 Prozent wird den auftretenden Eventualitäten besser gerecht als ein Festpreis. Zusätzlich entstehende Kosten, beispielsweise für Porto, Telefon, Internet, Ausdrucke oder Kopien, können Sie entweder von vornherein in die Pauschale beziehungsweise das Seiten- oder Stundenhonorar einkalkulieren oder als gesonderte Posten in Rechnung stellen; zu viele kleine Extrapöstchen werden jedoch nicht gern gesehen. Den Zeitaufwand für die Kommunikation mit Verlag, Autorin und Übersetzer sollten Sie ebenfalls berücksichtigen.

Sind Sie neu im Geschäft, können Sie sich in den Verbänden und Netzwerken über branchenübliche Honorare kundig machen. Die Mittelstandsgemeinschaft Freier Lektorinnen und Lektoren im VFLL bietet Honorarbeispiele sowie Hinweise zu Kalkulationsgrundlagen und zur Kostentransparenz. Außerdem führt sie eine Honorarkartei, in der VFLL-Mitglieder sich über bisher von bestimmten Verlagen und Agenturen gezahlte Honorare für vergleichbare Projekte erkundigen können.

CHECKLISTE: PROJEKTVERTRAG

- **ART DES AUFTRAGS** Um was für ein Buch handelt es sich? Ist es ein Einzeltitel oder Teil einer Reihe? (Wenn es ein Reihentitel ist oder im Verlag bereits ein Titel desselben Autors erschienen ist, lassen Sie sich ein Ansichtsexemplar zum Vergleich schicken.) Welche Besonderheiten gibt es?
- **UMFANG DES AUFTRAGS** Wie viele (Norm-)Seiten hat das Manuskript? Was genau sollen Sie tun? Hier eine Auswahl: Inhalt auf sachliche und fachliche Richtigkeit prüfen, recherchieren, Aufbau und Gliederung prüfen und eventuell ändern, kürzen, stilistisch bearbeiten, Grammatik und Orthografie korrigieren, mit Autorin oder Übersetzer kommunizieren, das Manuskript für den Satz auszeichnen, die Änderungen und Korrekturen in die Textdatei eingeben, Inhaltsverzeichnis und Register erstellen, Klappentexte schreiben, das Layout bearbeiten, Formatvorlagen beachten, eine satzfertige Fassung erstellen, Korrektur lesen, Kollationieren.

- ZEITRAHMEN Wann bekommen Sie das Manuskript (als Ausdruck oder auf
  Datenträger)? Wann ist der Abgabetermin? Bei einem umfangreichen Projekt
  können Sie mehrere Zwischentermine vereinbaren.
- HONORAR Bekommen Sie einen Seitenpreis, ein Stundenhonorar oder eine
  Pauschale? (Wenn Sie über das Honorar verhandeln, bevor Sie den ganzen Text
  gesehen haben, vereinbaren Sie eine Spanne, und lassen Sie auf jeden Fall
  Spielraum für möglichen Mehraufwand.) Welche Zusatzleistungen werden wie
  vergütet (zum Beispiel Kommunikationskosten, Kurier, Ausdrucke, Kopien)?
- SONSTIGES Kennen Sie Telefonnummer und E-Mail-Adresse des Autors
  beziehungsweise der Übersetzerin? Haben Sie geklärt, ob Sie ins Impressum
  aufgenommen werden? (Bei Abgabe des Manuskripts sollten Sie daran
  erinnern.) Haben Sie eine kurze Bestätigung der vereinbarten Konditionen per
  Brief, E-Mail oder Fax erhalten oder selbst eine solche Auftragsbestätigung
  nach Erhalt des Manuskripts verschickt? Haben Sie Ihre Freude über die (erste,
  weiterhin gute) Zusammenarbeit zum Ausdruck gebracht?

Sobald das Manuskript eingetroffen ist, sollten Sie unbedingt einen Blick
hineinwerfen, auch wenn der Abgabetermin noch weit ist. Prüfen Sie, ob
es vollständig sowie in einer brauchbaren Verfassung ist und ob die elektronischen Daten mit dem Ausdruck übereinstimmen. Grundsätzliche
oder umfangreiche Probleme können auf den letzten Drücker zu einer
bösen Überraschung führen, rechtzeitig bemerkt aber noch vernünftig
gelöst werden.

Weiterbildung und Networking

Lebenslanges Lernen ist auch und gerade für Freiberuflerinnen wichtig.
Außer dem täglichen Learning-by-Doing gibt es Seminarangebote für fast
alle Anforderungen des Lektorenalltags – von Akquise über Herstellungswissen bis Zeitmanagement (siehe Kapitel 6.1.3). Sowohl die Akademie des Deutschen Buchhandels in München als auch der Mediacampus Frankfurt bieten Seminare für Lektoren an, in Kooperation mit dem
VFLL auch speziell für Freie. Weitere Kooperationen für Mitglieder in Sachen Fortbildung hat der VFLL mit dem Übersetzerverband und den
BücherFrauen geschlossen.
    Rechtsberatung und Rechtsschutz für Mitglieder, Seminarangebote
und Beratung bei Vertragsabschlüssen bietet die Vereinigte Dienstleistungsgewerkschaft Verdi (WWW.VERDI.DE), in der sich im Fachbereich
Kunst und Medien auch Freie organisieren können. Ein Service speziell
für Freie aus der Medienbranche ist die kostenpflichtige telefonische Be-
ratungshotline Mediafon: Unter der Nummer 0 18 05-75 44 44 gibt es

sachkundigen Rat. Auf der Internetseite www.mediafon.net finden Sie Informationen über aktuelle Entwicklungen und branchenrelevante Themen; auch kann dort ein monatlicher Newsletter abonniert werden.

Ein ähnliches Angebot wie Verdi bietet in der Schweiz die Mediengewerkschaft Syndicom. Hier sind vor allem Angestellte aus der Buch- und Medienbranche organisiert, doch es gibt auch eine Kommission speziell für die Belange der Freelancer (www.syndicom.ch). Ein eigener Berufsverband speziell für freie Lektorinnen und Lektoren existiert in der Schweiz und Österreich bisher nicht. Es gibt jedoch Kooperationen in informellen Netzwerken und mit Organisationen verwandter Berufsgruppen wie der Übersetzergemeinschaft in Österreich.

Unschätzbare Kontakt- und Informationsquellen für Freie sind Netzwerke und Berufsverbände wie der VFLL, der Verband deutschsprachiger Übersetzer (VdÜ) oder die BücherFrauen. Während Berufsverbände wie der VFLL vor allem dem Austausch der Freien untereinander sowie einem geschlossenen Auftreten nach außen dienen, können Beziehungsnetze wie die BücherFrauen auch als Jobbörse fungieren.

ORGANISIERTE BEZIEHUNGEN

Beziehungsnetze und Verbände sind keine Seilschaften, ihr primäres Anliegen ist ein möglichst ausgewogenes Geben und Nehmen aller Mitglieder. Hier die wichtigsten Adressen:

- BÜCHERFRAUEN Zusammenschluss von angestellten und selbstständigen Frauen aus der gesamten Buchbranche (www.buecherfrauen.de).
- ÜBERSETZER Für Übersetzerinnen und Übersetzer gibt es folgende Vereinigungen: Verband deutschsprachiger Übersetzer literarischer und wissenschaftlicher Werke (www.literaturuebersetzer.de); Bundesverband der Dolmetscher und Übersetzer (www.bdue.de), Übersetzergemeinschaft (www.translators.at) und Schweizerischer Übersetzer-, Terminologen- und Dolmetscherverband (www.astti.ch).
- JOURNALISTEN Der Deutsche Journalistenverband steht allen offen, die hauptberuflich journalistisch arbeiten (www.djv.de). Der Journalistinnenbund ist ein deutschlandweites Netz für Frauen, die hauptamtlich journalistisch tätig sind (www.journalistinnen.de). In Österreich gibt es den Österreichischen Journalisten Club (www.oejc.at) und in der Schweiz Impressum (www.impressum.ch).
- FACHVERBAND FREIER WERBETEXTER Der Berufsverband für Texter und Konzeptioner steht Festangestellten wie Selbstständigen gleichermaßen offen (www.werbetexter.com).
- TEXTERINNEN Netzwerk für Produzentinnen von Texten aller Sparten (www.texttreff.de).

Verband der Freien Lektorinnen und Lektoren (VFLL)

Der Verband wurde 2000 gegründet, um eine berufsspezifische Interessenvertretung für die immer zahlreicheren freien Lektorinnen, Redakteure und Korrektorinnen zu schaffen. Er bietet ein Forum der Kommunikation für seine Mitglieder untereinander sowie Vernetzungen mit verwandten Berufsverbänden. Weitere Aufgaben im Sinne der Interessenvertretung nach außen sind Öffentlichkeitsarbeit, Imagepflege und Mitwirkung in Institutionen. So ist der VFLL etwa Mitglied der Deutschen Literaturkonferenz, der Sektion Wort des Deutschen Kulturrats sowie im Beirat der Künstlersozialkasse und zeigt Präsenz auf den Buchmessen.

Der Verband erstellt jährlich ein Mitgliederverzeichnis als Datenbank auf der Homepage, auf die potenzielle Auftraggeber Zugriff haben. Zudem gibt der VFLL eine eigene Schriftenreihe heraus, unter anderen den *Leitfaden Freies Lektorat* mit vielen nützlichen Informationen. Mit dem Expertenwissen der Mitglieder wird ein Lektoren-Wiki aufgebaut. Verbandsmitglieder erhalten kostenlose juristische Erstberatung. Der VFLL ist zugleich Ansprechpartner für Lektoren in den Verlagen, und die Mitgliedschaft im Verband ist für Auftraggeber ein Anhaltspunkt für Qualifikation und Professionalität. Zur kontinuierlichen Weiterqualifizierung seiner Mitglieder organisiert der Verband eigene Fortbildungsseminare, etwa zweimal im Jahr ein Seminar für Berufseinsteigerinnen, und Seminare in Kooperation mit der Akademie des Deutschen Buchhandels, dem Mediacampus Frankfurt, dem Wissenschaftsladen Bonn und den Bücher-Frauen.

Die Verbandsarbeit auf Bundesebene leisten der ehrenamtliche Vorstand, die Geschäftsstelle und verschiedene Arbeitsgemeinschaften. Regional sind mehr als 700 Mitglieder in etwa einem Dutzend Regionalgruppen im ganzen Bundesgebiet organisiert. Diese veranstalten regelmäßige Themenabende, zum Teil mit externen Referentinnen, Seminare und öffentliche Veranstaltungen. Die Internetseite WWW.VFLL.DE beziehungsweise WWW.LEKTOREN.DE bietet eine Fülle von Informationen über den Verband und laufende Aktivitäten.

Chancen, Risiken und Nebenwirkungen

Sie sind Ihr eigener Chef, Ihre eigene Chefin. Niemand erteilt Ihnen Anweisungen, niemand überweist Ihnen am Ende des Monats ein Gehalt. Sie müssen sich nicht krank melden, keinen Urlaub beantragen, und vielleicht stellen Sie bald fest, dass Sie sich weder Krankheit noch Urlaub leisten können. Sie arbeiten wann, wo, wie und mit wem Sie wollen. Und wahrscheinlich auch abends, am 1. Mai und am Wochenende, um den Abgabetermin Ihres Projekts einzuhalten. Eine Auftragsflaute nimmt Ihrer wählerischen Seite in Bezug auf Qualität und Bezahlung eines Auftrags leicht den Wind aus den Segeln. Im Gegensatz zu Ihren angestellten Kolleginnen genießen Sie den Luxus der konzentrierten Arbeit am Text, die Ruhe an Ihrem Arbeitsplatz – an dem Ihnen von Zeit zu Zeit die Decke auf den Kopf fällt. Sie haben alle Chancen und Risiken der Freiberuflichkeit, potenziert mit den Chancen und Risiken einer krisenanfälligen und ziemlich verrückten Branche.

Mit den Festangestellten aus den Verlagen und Medien teilen Sie jenen Hang zum Buch, zum Text, zum Wort und jenes gewisse Etwas, das für viele Risiken und Nebenwirkungen entschädigt: die Liebe zur Sache. Mit den Freiberuflern aller Sparten verbindet Sie die Liebe zur Unabhängigkeit.

Verzeichnis weiterführender Literatur

Ackstaller, Susanne; Evers, Momo; Hacke, Constanze: **Treffpunkt Text.** Das
Handbuch für Freie in Medienberufen. Frankfurt am Main, Bramann 2006
Adressbuch für den deutschsprachigen Buchhandel (3 Bände). Frankfurt am Main,
MVB (erscheint jährlich)

Baumert, Andreas: **Professionell texten.** Grundlagen, Tipps und Techniken.
3. Auflage, München, DTV 2012
Baron, Gabriele: **Ideen finden.** Top-Tools für kreative Köpfe. München, Financial
Times Prentice Hall 2001
Blana, Hubert: **Die Herstellung.** Ein Handbuch für die Gestaltung, Technik und
Kalkulation von Buch, Zeitschrift und Zeitung. 4. Auflage, München, Saur 1998
Börsenverein des Deutschen Buchhandels (Hg.): **Buch und Buchhandel in Zahlen.**
Frankfurt am Main, MVB (erscheint jährlich)
Börsenverein des Deutschen Buchhandels (Hg.): **Buchhändlerische Fachliteratur.**
Frankfurt am Main, Börsenverein des Deutschen Buchhandels (erscheint
jährlich)
Bolles, Richard Nelson: **Durchstarten zum Traumjob.** Das ultimative Handbuch für
Ein-, Um- und Aufsteiger. 10. Auflage, Frankfurt am Main, Campus 2012
Bramann, Klaus-Wilhelm; Plenz, Ralf (Hg.): **Verlagslexikon.** Frankfurt am Main,
Bramann 2002
Breyer-Mayländer, Thomas [u. a.]: **Wirtschaftsunternehmen Verlag.** Märkte analy-
sieren und bewerten, Herstellungsprozesse verstehen und planen, Medialeis-
tungen bewerben und verkaufen, Medienprodukte vertreiben, Arbeitsprozesse
in Redaktion oder Lektorat organisieren. 4. Auflage, Frankfurt am Main,
Bramann 2010
Buchholz, Goetz: **Der Ratgeber Selbstständige.** 7. Auflage, Berlin, Verdi 2011

Davies, Gill: **Beruf: Lektor.** Friedrichsdorf, Hardt & Wörner 1995
Delp, Ludwig: **Kleines Praktikum für Urheber- und Verlagsrecht.** 5. Auflage, München,
Beck 2005
Dudenredaktion (Hg.): Duden. **Die deutsche Rechtschreibung.** 25. Auflage, Mann-
heim, Bibliographisches Institut 2009

Ehling, Holger (Hg.): **Social Media für die Verlagspraxis.** Frankfurt am Main,
Bramann 2011 (auch als E-Book)
Englert, Sylvia: **Autorenhandbuch.** So finden Sie einen Verlag für Ihr Manuskript.
Schritt für Schritt zur eigenen Veröffentlichung. 7. Auflage, Berlin, Autorenhaus
2012

Fisher, Roger; Ury, William; Patton, Chris: **Das Harvard-Konzept.** Der Klassiker der
Verhandlungstechnik. 23. Auflage, Frankfurt am Main, Campus 2009

Förster, Hans-Peter: **Texten wie ein Profi.** Ein Buch für Einsteiger und Könner. 12. Auflage, Frankfurt am Main, FAZ 2011

Gevatter, Annette: **Druckreif.** Ein Begleiter durch Vorstufe, Papier, Druck, Veredelung und Verarbeitung. Neuausgabe, Ludwigsburg, AV-Edition 2010
Glaubitz, Uta: **Der Job, der zu mir passt.** Das eigene Berufsziel entdecken und erreichen. 5. Auflage, Frankfurt am Main, Campus 2009
Gleeson, Kerry: **Mit PEP an die Arbeit.** So organisiere ich mich und meinen Job. 9. Auflage, Frankfurt am Main, Campus 2012
Groothuis, Rainer: **Wie kommen die Bücher auf die Erde?** Über Verleger und Autoren, Hersteller, Verkäufer und Gestalter, die Kalkulation und den Ladenpreis, das schöne Buch und Artverwandtes. Nebst einer kleinen Warenkunde. 4. Auflage, Köln, DuMont 2007

Hardt, Petra Christine: **Buying, Protecting and Selling Rights.** Wie urheberrechtlich geschützte Werke erworben, gesichert und verbreitet werden. Frankfurt am Main, Bramann 2008
Heinold, Ehrhard Wolfgang: **Bücher und Büchermacher.** 6. Auflage, Frankfurt am Main, Bramann 2009
Höljes, Wiebke: Dreiklänge. **Das SchriftMischMusterbuch.** 32 Schriften mit 56 Schriftschnitten in 3-geteilten Abschnitten zum Selbermixen. Mainz, Hermann Schmidt 2000
Hömberg, Walter: **Lektor im Buchverlag.** Repräsentative Studie über einen unbekannten Kommunikationsberuf. 2. Auflage, Konstanz, UVK 2011

Kaizik, Andreas; Schulz, Christine: **Gute Texte – gute Geschäfte.** Kompetent, seriös, glaubwürdig, überzeugend, erfolgreich. Frankfurt am Main, Bramann 2012
Kalka, Jochen; Allgayer, Florian (Hg.): **Zielgruppen.** Wie sie leben, was sie kaufen, woran sie glauben. 2. Auflage, Landsberg am Lech, mi 2007
Körber, Patrick; Werner, Dorothée: **Vom Buch bis zur digitalen Welt.** Ausbildung im Verlag – ein Wegweiser für Medienkaufleute Digital und Print. Frankfurt am Main, Bramann, 2007
Kotler, Philip; Armstrong, Gary; Saunders, John; Wong, Veronica: **Grundlagen des Marketing.** 5. Auflage, München, Pearson Studium 2010
Krämer, Walter: **So lügt man mit Statistik.** Neuausgabe, München, Piper 2011

Laumer, Ralf (Hg.): **Bücher kommunizieren.** Das PR-Arbeitsbuch für Bibliotheken, Buchhandlungen und Verlage. 2. Auflage, Bremen, Falkenberg 2010
Laumer, Ralf (Hg.): **Verlags-PR.** Ein Praxisleitfaden. 2. Auflage, Frankfurt am Main, Bramann 2008
Levin, Joel R.; Anglin, Gary J.; Carney, Russell N.: »On empiracally validating functions of pictures in prose.« In: **The Psychology of Illustration I.** Basic Research. Hg. von Dale M. Willows und Harvey A. Houghton. New York und Heidelberg, Springer 1987
Lürssen, Jürgen: **Die heimlichen Spielregeln der Karriere.** Wie Sie die ungeschriebenen Gesetze am Arbeitsplatz für Ihren Erfolg nutzen. 3. Auflage, Frankfurt am Main, Campus 2010

Märtin, Doris: **Erfolgreich texten.** Für Kunden, im Unternehmen, in der Werbung, im Studium, in der Wissenschaft, im Internet. 4. Auflage, Frankfurt am Main, Bramann 2010

Meynecke, Dirk R.: **Von der Buchidee zum Bestseller.** Für Autoren und alle, die es werden wollen. 4. Auflage, Berlin, Ullstein 2007

Nöllke, Matthias: **Kreativitätstechniken.** TaschenGuide. 6. Auflage, Freiburg, Haufe 2010

Nickel, Gunther (Hg.): **Krise des Lektorats?** Göttingen, Wallstein 2006

Plenz, Ralf (Hg.): **Verlagshandbuch.** Leitfaden für die Verlagspraxis. Loseblatt-Ausgabe, Hamburg, Input 2005 ff.

Rautenberg, Ursula (Hg.): **Sachlexikon des Buches.** 2. Auflage, Stuttgart, Reclam 2003

Reichle, Gregor: **Produktmanagement von Fachmedien.** Produktmarketing, Informationsmanagement, Projektmanagement. Frankfurt am Main, Bramann 2003

Reiners, Ludwig: Stilfibel. **Der sichere Weg zum guten Deutsch.** München, DTV 2007

Röhring, Hans-Helmut: **Wie ein Buch entsteht.** Einführung in den modernen Buchverlag. 9. Auflage, Darmstadt, Primus 2011

Ruf, Winfried: »Das 3 × 3 Verfahren zur Entwicklung von Verlagsobjekten – eine Einführung.« In: **Verlagshandbuch.** Leitfaden für die Verlagspraxis. Hg. von Ralf Plenz. Hamburg, Input 2001

Ruta, Hans-Heinrich: **Basiswissen Herstellung für Buchhändler.** Frankfurt am Main, Bramann 2010

Schneider, Ute: **Der unsichtbare Zweite.** Die Berufsgeschichte des Lektors im literarischen Verlag. Göttingen Wallstein 2005

Schneider, Wolf: **Deutsch fürs Leben.** Was die Schule zu lehren vergaß. 13. Auflage, Reinbek, Rowohlt 2004

Schneider, Wolf: **Deutsch!** Das Handbuch für attraktive Texte. Reinbek, Rowohlt 2007

Schönstedt, Eduard; Breyer-Mayländer, Thomas: **Der Buchverlag.** Geschichte, Aufbau, Wirtschaftsprinzipien, Kalkulation und Marketing. 3. Auflage, Stuttgart, Metzler 2010

Schulze, Gernot: **Meine Rechte als Urheber.** Urheber- und Verlagsrecht. 6. Auflage, München, DTV 2009

Seifert, Josef W.: **Visualisieren – Präsentieren – Moderieren.** 30. Auflage, Offenbach, Gabal 2011

Seiwert, Lothar J.: **Das neue 1 × 1 des Zeitmanagement.** 6. Auflage, München, Gräfe und Unzer 2007

SevenOne Media (Hg.): **Sinus-Mileus.** Lebensstil, Fernsehnutzung und Umgang mit neuer Kommunikationstechnologie. Unterföhring, SevenOne Media 2007

Stamm, Willy; Tewes, Ulrich (Hg.): **Stamm.** Leitfaden durch Presse und Werbung. Essen, Stamm (erscheint jährlich)

Textor, A. M.: **Sag es treffender.** Ein Handbuch mit über 57.000 Verweisen auf sinnverwandte Wörter und Ausdrücke für den täglichen Gebrauch. 12. Auflage, Reinbek, Rowohlt 2010

Tschichold, Jan: **Erfreuliche Drucksachen durch gute Typografie.** Eine Fibel für jedermann. Augsburg, Maro 2001

Uschtrin, Sandra; Hinrichs, Heribert: **Handbuch für Autorinnen und Autoren.** Informationen und Adressen aus dem deutschen Literaturbetrieb und der Medienbranche. 7. Auflage, München, Uschtrin 2010

Verlage. Deutschland, Österreich, Schweiz und internationale Verlage mit deutschen Auslieferungen. Köln, Banger (erscheint jährlich)

Wantzen, Stefan: **Betriebswirtschaft für Verlagspraktiker.** Jahresabschluss – Kalkulation – Erfolgssteuerung. 2. Auflage, Frankfurt am Main, Bramann 2008 (auch als E-Book)
Wenzel, Eike; Dziemba, Oliver; Langwieser, Corinna: **Wie wir morgen leben werden.** 15 Lebensstiltrends, die unsere Zukunft prägen werden. München, mi 2012
Willberg, Hans Peter: **Wegweiser Schrift.** Erste Hilfe für den Umgang mit Schriften. Was passt, was wirkt, was stört. Mainz, Hermann Schmidt 2001
Willberg, Hans Peter; Forssman, Friedrich: **Erste Hilfe in Typografie.** Ratgeber für Gestaltung mit Schrift. Mainz, Hermann Schmidt 1999
Willberg, Hans Peter; Forssman, Friedrich: **Die neue Lesetypografie.** Mainz, Hermann Schmidt 2004
Witzer, Brigitte: **Satz und Korrektur.** Texte bearbeiten, verarbeiten, gestalten. Mannheim, Bibliographisches Institut 2002
Wörgötter, Michael: **TypeSelect.** Der Schriftenfächer. Mainz, Hermann Schmidt 2005

Zelazny, Gene: **Das Präsentationsbuch.** 3. Auflage, Frankfurt am Main, Campus 2009

Sachregister

Petra Christine Hardt

Buying, Protecting and Selling Rights

Wie urheberrechtlich geschützte Werke erworben,
gesichert und verbreitet werden

Ein Plädoyer für Vertrags-
werte, die auf der Grund-
lage des Autorenvertrages
eine langfristige Beziehung
zwischen Autor und Verlag
stiften.

»Dieses schmale Buch von 77 Seiten
hat alle Aussichten, ein Grundbuch
über das Verhältnis Autor und Verlag
zu sein; es ist ein Buch ganz im Geist
Siegfried Unselds, in dessen Verlagen
die Autorin seit vielen Jahren der
Abteilung Rechte und Lizenzen vor-
steht. […]

Petra Hardts Buch ist ein Fachbuch,
gewiss, aber ein Fachbuch mit ›Haltung‹,
und also hochwillkommen und unverzichtbar. Die Lektüre entschlüsselt das Mysterium der
Rechte-und-Lizenzen-Abteilungen und sollte über den engen Kreis der Ausübenden weit hinaus
gehen. Mehr Fachwissen braucht keiner, er muss- es nur umzusetzen wissen.«

Klaus Schöffling im *Börsenblatt* anlässlich der ersten Auflage des Titels

Bramann – BÜCHER FÜR MEDIENBERUFE
E-Mail: info@bramann.de • www.bramann.de

Kösel

Über 400 Jahre
Bücher mit System

Die Erde ist eine Scheibe.
Und alle Bücher sind gleich!

Sie machen ein besonderes Buch?
Wir sind der richtige Partner für Sie.
Kösel kombiniert den traditionellen
Qualitätsbegriff mit innovativen
Ideen – stets im Dienst des Lesers.

Nutzen Sie unsere Erfahrung.

Kösel GmbH & Co. KG
Am Buchweg 1
87452 Altusried-Krugzell
Telefon (0 83 74) 5 80 - 0
Telefax (0 83 74) 5 80 - 103
www.koeselbuch.de

Edition Buchhandel
aus dem lieferbaren Programm

Band 5   Thomas Breyer-Mayländer u. a.
Wirtschaftsunternehmen Verlag   ISBN 978-3-934054-37-0

Band 11   Stephan Wantzen
Betriebswirtschaft für Verlagspraktiker
ISBN 978-3-934054-34-9 (Print)
ISBN 978-3-934054-46-2 (PDF)
ISBN 978-3-934054-47-9 (EPUB)

Band 12   Gregor Reichle
Produktmanagement von Fachmedien   ISBN 978-3-934054-15-8

Band 13   Michael Schickerling, Birgit Menche u. a.
Bücher machen   ISBN 978-3-934054-52-3

Band 14   Thomas Breyer-Mayländer
Online-Marketing für Buchprofis   ISBN 978-3-934054-19-6

Band 16   Klaus-W. Bramann, Michael Buchmann, Michael Schikowski (Hg.)
Warengruppen im Buchhandel   ISBN 978-3-934054-24-0

Band 17   Wolfgang Ehrhardt Heinold
Bücher und Büchermacher   ISBN 978-3-934054-25-7

Band 18   Wolfgang Ehrhardt Heinold
Bücher und Buchhändler   ISBN 978-3-934054-26-4

Band 19   Hans-Heinrich Ruta
Basiswissen Herstellung für Buchhändler   ISBN 978-3-934054-27-1

Band 20   Patrick Körber und Dorothée Werner
Vom Buch bis zur digitalen Welt   ISBN 978-3-934054-29-5

Band 21   Holger Ehling (Hg.)
Social Media für die Verlagspraxis
ISBN 978-3-934054-43-1 (Print)
ISBN 978-3-934054-44-8 (PDF)
ISBN 978-3-934054-45-5 (EPUB)

Band 22   Ralf Laumer (Hg.)
Verlags-PR – ein Praxisleitfaden   ISBN 978-3-934054-32-5

Band 23   Petra Christine Hardt
Buying, Protecting and Selling Rights   ISBN 978-3-934054-33-2

Weitere Informationen zu den Titeln der Edition Buchhandel – inklusive Gliederungs-
übersichten und Leseproben – finden Sie auf der Website des Verlags.

⫶ Bramann – BÜCHER FÜR MEDIENBERUFE
E-Mail: info@bramann.de • www.bramann.de